KB065011

독일외교문서
한 국 편
1874~1910

4

이 저서는 2017년 대한민국 교육부와 한국학중앙연구원(한국학진흥사업단)의 한국학 분야 토대연구지원사업의 지원을 받아 수행된 연구임 (AKS-2017-KFR-1230002)

This work was supported by Korean Studies Foundation Research through the Ministry of Education of the Republic of Korea and Korean Studies Promotion Service of the Academy of Korean Studies (AKS-2017-KFR-1230002)

▌독일학총서 Bibliothek der Germanistik▐

독일외교문서 한국편 1874~1910

4

고려대학교 독일어권문화연구소 편

보고사
BOGOSA

발간사

개항기 한국 관련 독일외교문서 번역총서 발간에 부쳐

1. 본 총서에 대하여

본 총서는 고려대학교 독일어권문화연구소가 한국학중앙연구원에서 시행하는 토대사업(2017년)의 지원을 받아 3년에 걸쳐 출간하는 작업의 첫 결과물이다. 해당 프로젝트 〈개항기 한국 관련 독일외교문서 탈초·번역·DB 구축〉은 1866년을 전후한 한-독 간 교섭 초기부터 1910년까지의 한국 관련 독일 측 외교문서 9,902면을 탈초, 번역, 한국사 감교 후 출판하고, 동시에 체계적인 목록화, DB 구축을 통해 온라인 서비스 토대를 마련함으로써 관련 연구자 및 관심 있는 일반인에게 제공하기 위한 것이다. 본 프로젝트의 의의는 개항기 한국에서의 독일의 역할과 객관적인 역사의 복원, 한국사 연구토대의 심화·확대, 그리고 소외분야 연구 접근성 및 개방성 확대라는 측면에서 찾을 수 있다.

이번 우리 연구소가 국역하여 공개하는 독일외교문서 자료는 한국근대사 연구는 물론이고 외교사, 한독 교섭사를 한 단계 끌어올릴 수 있는 중요한 일차 사료들이다. 그러나 이 시기의 해당 문서는 모두 전문가가 아닌 경우 접근하기 힘든 옛 독일어 필기체로 작성되어 있어 미발굴 문서는 차치하고 국내에 기수집된 자료들조차 일반인은 물론이고 국내 전문연구자의 접근성이 극히 제한되어 있는 상황이다. 이런 상황에서 우리의 프로젝트가 성공적으로 마무리된다면 절대적으로 부족한 독일어권 연구 사료를 구축하여, 균형 잡힌 개항기 연구 토대를 마련하고, 연구 접근성과 개방성, 자료 이용의 효율성을 제고함과 동시에 한국사, 독일학, 번역학, 언어학 전문가들의 학제 간 협동 연구를 촉진하는 중요한 계기가 될 것이다.

2. 정치적 상황

오늘날 우리는 전 지구적 세계화가 가속화되고 있는 상황 속에 살고 있다. '물결'만으로는 세계화의 속도를 따라잡을 수 없게 되었다. 초연결 사회의 출현으로 공간과 시간,

그리고 이념이 지배하던 지역, 국가 간 간극은 점차 줄어들고 있다. 그렇다고 국가의 개념이 사라지는 것은 아니다. 오히려 국가는 국민을 안전하게 보호하고 대외적으로 이익을 대변해야 하는 역할을 이런 혼란스러운 상황 속에서 더욱 성실히 이행해야 하는 사명을 갖는다.

한국을 둘러싼 동아시아 국제정세는 빠르게 변화하고 있다. 지난 2년 사이에 남북한 정상은 두 번의 만남을 가졌고, 영원히 만나지 않을 것 같았던 북한과 미국의 정상 역시 싱가포르에 이어 하노이에서 역사적 회담을 진행하였다. 한반도를 둘러싼 오랜 적대적 긴장 관계가 완화되고 화해와 평화의 분위기가 조성된 것이다.

하지만 한반도에 완전한 평화가 정착되었다고 단언하기란 쉽지 않다. 휴전선을 둘러싼 남북한의 군사적 대치 상황은 여전히 변한 것이 없다. 동아시아에서의 주변 강대국의 패권 경쟁 또한 현재 진행형이다. 즉 한반도 평화 정착을 위해서는 한국, 북한, 미국을 비롯해서 중국, 러시아, 일본 등 동아시아 정세에 관여하는 국가들의 다양하고 때로는 상충하는 이해관계들을 외교적으로 세밀하게 조정할 필요가 있다.

한국은 다양한 국가의 복잡한 이해관계를 어떻게 조정할 것인가? 우리 프로젝트 팀은 세계화의 기원이라 할 수 있는 19세기 말에서 20세기 초 한반도의 시공간에 주목하였다. 이 시기는 통상 개항기, 개화기, 구한말, 근대 초기로 불린다. 증기기관과 증기선 도입, 철도 부설, 그 밖의 교통 운송 수단의 발달로 인해서 전 세계가 예전에 상상할 수 없을 정도로 가까워지기 시작하던 때였다. 서구 문물의 도입을 통해서 한국에서는 서구식 근대적 발전이 모색되고 있었다.

또 한편으로는 일본뿐만 아니라 청국, 그리고 서구 열강의 제국주의적 침탈이 진행되었던 시기였다. 한국 문제에 관여한 국가들은 동아시아에서 자국의 이익을 유지, 확대하려는 목적에서 끊임없이 경쟁 혹은 협력하였다. 한국 역시 세계화에 따른 근대적 변화에 공감하면서도 외세의 침략을 막고 독립을 유지하려는 데에 전력을 기울였다. 오늘날 세계화와 한국 관련 국제 정세를 이해하기 위해서는 무엇보다 그 역사적 근원인 19세기 후반에서 20세기 초반의 상황을 알아야 한다. 이에 본 연구소에서는 개항기 독일외교문서에 주목하였다.

3. 한국과 독일의 관계와 그 중요성

오늘날 한국인에게 독일은 친숙한 국가이다. 1960~70년대 약 18,000여 명의 한국인은 낯선 땅 독일에서 광부와 간호사로 삶을 보냈다. 한국인들이 과거사 반성에 미흡한 일본을 비판할 때마다 내세우는 반면교사의 대상은 독일이다. 한때는 분단의 아픔을 공유하기도 했으며, 통일을 준비하는 한국에 타산지석의 대상이 되는 국가가 바로 독일이다. 독일은 2017년 기준으로 중국과 미국에 이어 한국의 세 번째로 큰 교역 국가이기도 하다.

한국인에게 독일은 이웃과도 같은 국가이지만, 정작 한국인들은 독일 쪽에서는 한국을 어떻게 인식하고 정책을 추진하는지 잘 알지 못한다. 그 이유는 독일이 한반도 국제정세에 결정적인 역할을 끼쳐온 국가가 아니기 때문이다. 오늘날 한국인에게는 미국, 중국, 일본, 러시아가 현실적으로 중요하기에, 정서상으로는 가까운 독일을 간과하는 것이 아닐까 하는 생각이 든다.

그렇다면 우리는 독일을 몰라도 될까? 그렇지 않다. 독일은 EU를 좌우하는 핵심 국가이자, 세계의 정치, 경제, 사회, 문화를 주도하는 선진국이자 강대국이다. 독일은 유럽뿐만 아니라 동아시아를 비롯한 전 세계의 동향을 종합적으로 고려하는 가운데 한국을 인식하고 정책을 시행한다. 독일의 대한정책(對韓政策)은 전 지구적 세계화 속에서 한국의 위상을 보여주는 시금석과 같다.

세계화의 기원인 근대 초기도 지금과 상황이 유사하였다. 미국, 영국에 이어서 한국과 조약을 체결한 서구 열강은 독일이었다. 청일전쟁 직후에는 삼국간섭을 통해서 동아시아 진출을 본격화하기도 했다. 하지만 당시 동아시아에서는 영국, 러시아, 일본, 청국, 그리고 미국의 존재감이 컸다. 19세기 말에서 20세기 초 한반도를 둘러싼 국제정세에서 독일이 차지하는 위상은 상대적으로 높지 않았다.

하지만 당시 독일은 동아시아 정세의 주요 당사국인 영국, 러시아, 일본, 청국, 미국 등의 인식과 정책 관련 정보를 집중적으로 수집하고 종합적으로 분석하였다. 세계 각국의 동향을 종합적으로 판단한 과정에서 독일은 한국을 평가하고 이를 정책으로 구현하고자 했다.

그렇기 때문에 개항기 한국 관련 독일외교문서는 의미가 남다르다. 독일외교문서에는 독일의 한국 인식 및 정책뿐만 아니라, 한국 문제에 관여한 주요 국가들의 인식과 대응들이 담겨 있는 보고서들로 가득하다. 독일은 자국 내 동향뿐만 아니라 세계 각국의 동향을 고려하는 과정에서 한국을 인식, 평가하고 정책화하였다. 그렇기에 독일외교문서는 유럽 중심에 위치한 독일의 독특한 위상과 전 지구적 세계화 속에서 세계 각국이 한국을 이해한 방식의 역사적 기원을 입체적으로 추적하기에 더할 나위 없이 좋은 자료인 것이다.

4. 이번 번역총서 작업과정에 대해

1973년 4월 4일, 독일과의 본격적인 교류를 위하여 〈독일문화연구소〉라는 이름으로 탄생을 알리며 활동을 시작한 본 연구소는 2003년 5월 15일 자로 〈독일어권문화연구소〉

로 명칭을 바꾸고 보다 폭넓은 학술 및 연구를 지향하여 연구원들의 많은 활동을 통해, 특히 독일어권 번역학 연구와 실제 번역작업에 심혈을 기울여 왔다. 이번에 본 연구소에서 세상에 내놓는 4권의 책은 모두(冒頭)에서 밝힌 대로 2017년 9월부터 시작한, 3년에 걸친 한국학중앙연구원 프로젝트의 1년 차 연구의 결과물이다. 여기까지 오기까지 작업의 역사는 상당히 길고 또한 거기에 참여했던 인원도 적지 않다. 이 작업은 독일어권연구소장을 맡았던 한봉흠 교수로부터 시작된다. 한봉흠 교수는 연구소소장으로서 개항기 때 독일 외교관이 조선에서 본국으로 보낸 보고 자료들을 직접 독일에서 복사하여 가져옴으로써 자료 축적의 기본을 구축하였다. 그 뒤 김승옥 교수가 연구소 소장으로 재직하면서 그 자료의 일부를 번역하여 소개한 바 있다(고려대 독일문화연구소 편, 『(朝鮮駐在)獨逸外交文書 資料集』, 우삼, 1993). 당시는 여건이 만만치 않아 선별적으로 번역을 했고 한국사 쪽의 감교를 받지도 못하는 상태였다. 그러나 당시로써 옛 독일어 필기체로 작성된 보고문을 정자의 독일어로 탈초하고 이를 우리말로 옮기는 것은 생면부지의 거친 황야를 걷는 것과 같은 것이었다.

우리 연구팀은 저간의 사정을 감안하여 이번 프로젝트를 위해 보다 철저하게 다양한 팀을 구성하고 연구 진행에 차질이 없도록 하였다. 연구팀은 탈초, 번역, 한국사 감교팀으로 나뉘어 먼저 원문의 자료를 시대별로 정리하고 원문 중 옛 독일어 필기체인 쿠렌트체와 쥐털린체로 작성된 문서들을 독일어 정자로 탈초하고 이를 타이핑하여 입력한 뒤 번역팀이 우리말로 옮기고 이후 번역된 원고를 감교팀에서 역사적으로 고증하여 맞는 용어를 선택하고 필요에 따라 각주를 다는 등 다양한 협력을 수행하였다. 이번에 출간된 4권의 책은 데이터베이스화하여 많은 연구자들이 널리 이용할 수 있을 것이다. 총서는 전체 15권으로 구성될 예정이다.

2017년 9월부터 2018년 8월까지 작업한 1차분 4권을 드디어 출간하게 된 것을 연구책임자로서 기쁘게 생각한다. 무엇보다 긴밀하게 조직화된 팀워크를 보여준 팀원들(번역자, 탈초자, 번역탈초 감수 책임자, 한국사 내용 감수 책임자, 데이터베이스팀 책임자)과 연구보조원 한 분 한 분에게 감사드린다. 그리고 프로젝트의 준비단계에서 활발한 역할을 한 김용현 교수와 실무를 맡아 프로젝트가 순항하도록 치밀하게 꾸려온 이정린 박사와 한승훈 박사에게 감사의 뜻을 전한다. 본 연구에 참여한 모든 연구원의 해당 작업과 명단은 각 책의 말미에 작성하여 실어놓았다.

2019년 봄날에
고려대학교 독일어권문화연구소장
김재혁

일러두기

1. 『독일외교문서 한국편 1874~1910』은 독일연방 외무부 정치문서보관소(Archives des Auswärtigen Amts)에서 소장하고 있는 근대 시기 한국 관련 독일외교문서를 번역한 것이다. 구체적으로는 1874년부터 1910년에 이르는 시기 독일 외무부에서 생산한 한국 관련 사료군에 해당하는 I. B. 16 (Korea)과 I. B. 22 Korea 1에 포함된 문서철을 대상으로 한다. ※ Peking II 127, 128에 수록된 한국 관련 기사(시기 : 1866~1881)는 별도 권호를 지정해서 출판할 예정(2020년)임을 알려둔다.

2. 당시 독일외무부는 문서의 외무부 도착일, 즉 수신일을 기준으로 문서를 편집하였다. 이에 본 문서집에서는 독일외무부가 문서철 편집과정에서 취했던 수신일 기준 방식을 따랐다.

3. 본 문서집은 한국어 번역본과 독일어 원문 탈초본으로 구성되어 있다.

   1) 한국어 번역본에는 독일어 원문의 쪽수를 기입함으로써, 교차 검토를 용의하게 했다.
   2) 독일어 이외의 언어로 작성된 문서는 한국어로 번역하지 않되, 전문을 탈초해서 문서집에 수록하였다. 해당 문서가 주 보고서인 경우는 한국어 번역본과 독일어 원문 탈초본에 함께 수록하였으며, 첨부문서에 해당할 경우에는 한국어 번역본에 수록하지 않고, 독일어 탈초본에 수록하였다. ※ 주 보고서에 첨부문서로 표기되지 않은 상태에서 추가된 문서(언론보도, 각 국 공문서 등)들은 [첨부문서]로 표기하였다.

4. 당대 독일에서는 쿠렌트체(Kurrentschrift)로 불리는 옛 독일어 필기체와 프로이센의 쥐털린체(Sütterlinschrift)가 부가된 형태의 외교문서를 작성하였다. 이에 본 연구팀은 쿠렌트체와 쥐털린체로 되어 있는 독일외교문서 전문을 현대 독일어로 탈초함으로써 문자 해독 및 번역을 용이하게 했다.

   1) 독일어 탈초본은 작성 당시의 원문을 그대로 현대 독일어로 옮기는 것을 원칙으로 했다. 그 때문에 독일어 탈초본에는 문서 작성 당시의 철자법과 개인의 문서 작성상의 특성이 드러나 있다. 최종적으로 해독하지 못한 단어나 철자는 [*sic*]로 표기했다.

2) 문서 본문 내용에 대한 다양한 종류의 제3자의 메모는 각주에 [Randbemerkung]을 설정하여 최대한 수록하고 있다.

3) 원문서 일부에 있는 제3자의 취소 표시(취소선)는 취소선 맨 뒤에 별도의 각주를 만들어 제3자의 취소 영역을 표시했다. 편집자의 추가 각주 부분은 모두 대괄호를 통해 원주와 구분하고 있다.

4) 독일어 탈초본에서는 연구자들의 편의를 돕기 위해서 각 문건 상단에 원문출처, 문서수발신 정보, 문서의 수신 과정에서 추가된 문구 등을 알아볼 수 있도록 표를 작성하였다.

예) Die Rückkehr Li hung chang's nach Tientsin. —❶

PAAA_RZ201-018901_162 —❷			
Empfänger	Bismarck —❸	Absender	Brandt —❹
A. 6624. pr. 30 Oktober 1882. —❺		Peking, den 7. September 1882. —❻	
Memo	Orig. 1. 11. nach Hamburg —❼		

① 문서 제목 : 원문서에 제목(문서 앞 또는 뒤에 Inhalt 또는 제목만 표기됨)이 있는 경우 제목을 따르되, 제목이 없는 경우는 "[ ]"로 표기해 원문서에 제목이 없음을 나타냄.

② 원문출처 : 베를린 문서고에서 부여한 해당 문서 번호에 대한 출처 표기. 문서번호-권수_페이지 수로 구성

③ 문서 수신자

④ 문서 발신자

⑤ 문서 번호, 수신일

⑥ 문서 발신지, 발신일

⑦ 문서 수신·전달 과정에서 추가적으로 작성된 문구

이 같은 표가 작성되지 않은 문서는 베를린 자체 생성 문서이거나 정식 문서 형태를 갖추지 않은 문서들이다.

5. 본 연구팀은 독일외교문서의 독일어 전문을 한국어로 번역·감교하였다. 이를 통해 독일어 본래의 특성과 당대 역사적 맥락을 함께 담고자 했다. 독일외교문서 원문의 번역 과정에서 뜻이 분명하지 않은 경우에는 [번역 주석]을 부기하였으며, [감교 주석]을 통해서 당대사적 맥락을 보완하였다. 아울러 독일외교문서 원문에 수록된 주석의 경우는 [원문 주석]으로 별도로 표기하였다.

6. 한국어 번역본에서는 중국, 일본, 한국의 지명, 인명은 모두 원음으로 표기하되, 관직과 관청명의 경우는 한국 학계에서 일반적으로 통용되는 한문의 한국어 발음을 적용하였다. 각 국가의 군함 이름 등 기타 사항은 외교문서에 수록된 단어를 그대로 병기하였다. 독일외교관이 현지어 발음을 독일어로 변환되는 과정에서 실체가 불분명해진 고유명사의 경우, 독일외교문서 원문에 수록된 단어 그대로 표기하였다.

7. 한국어 번역본에서는 연구자들의 편의를 돕기 위해서 각 문건 상단에 문서제목, 문서 수발신 정보(날짜, 번호), 문서의 수신 과정에서 추가된 문구 등을 알아볼 수 있도록 표를 작성하였다.

예)

01

조선의 현황 관련 —❶

발신(생산)일	1889. 1. 5 —❷	수신(접수)일	1889. 3. 3 —❸
발신(생산)자	브란트 —❹	수신(접수)자	비스마르크 —❺
발신지 정보	베이징 주재 독일 공사관 —❻	수신지 정보	베를린 정부 —❼
	No. 17 —❽		A. 3294 —❾
메모	3월 7일 런던 221, 페테르부르크 89 전달 —❿		

① 문서 제목, 번호 : 독일어로 서술된 제목을 따르되, 별도 제목이 없을 경우는 문서 내용을 확인 후 "[ ]"로 구별하여 문서 제목을 부여하였음. 제목 위의 번호는 본 자료집에서 부여하였음.
② 문서 발신일 : 문서 작성자가 문서를 발송한 날짜
③ 문서 수신일 : 문서 수신자가 문서를 받은 날짜
④ 문서 발신자 : 문서 작성자 이름
⑤ 문서 수신자 : 문서 수신자 이름
⑥ 문서 발신 담당 기관
⑦ 문서 수신 담당 기관
⑧ 문서 발신 번호 : 문서 작성 기관에서 부여한 고유 번호
⑨ 문서 수신 번호 : 독일외무부에서 문서 수신 순서에 따라 부여한 번호
⑩ 메모 : 독일외교문서의 수신·전달 과정에서 추가적으로 작성된 문구

8. 문서의 수발신 관련 정보를 특정하기 어려운 문서(예를 들어 신문 스크랩)의 경우는 독일외무부에서 편집한 날짜, 문서 수신 번호, 그리고 문서 내용을 토대로 문서 제목

을 표기하였다.

9. 각 권의 원문 출처는 다음과 같다.

자료집 권	독일외무부 정치문서고 문서 분류 방식			
	문서분류 기호	일련번호	자료명	대상시기
1	I. B. 16 (Korea)	R18900	Akten betr. die Verhältnisse Koreas (1878년 이전) 조선 상황	1874.1~1878.12
	I. B. 22 Korea 1	R18901	Allgemiene Angelegenheiten 1 일반상황 보고서 1	1879.1~1882.6
	I. B. 22 Korea 1	R18902	Allgemiene Angelegenheiten 2 일반상황 보고서 2	1882.7~1882.11
2	I. B. 22 Korea 1	R18903	Allgemiene Angelegenheiten 3 일반상황 보고서 3	1882.11~1885.1.19
	I. B. 22 Korea 1	R18904	Allgemiene Angelegenheiten 4 일반상황 보고서 4	1885.1.20~1885.4.23
	I. B. 22 Korea 1	R18905	Allgemiene Angelegenheiten 5 일반상황 보고서 5	1885.4.24~1885.7.23
3	I. B. 22 Korea 1	R18906	Allgemiene Angelegenheiten 6 일반상황 보고서 6	1885.7.24~1885.12.15
	I. B. 22 Korea 1	R18907	Allgemiene Angelegenheiten 7 일반상황 보고서 7	1885.12.16~1886.12.31
	I. B. 22 Korea 1	R18908	Allgemiene Angelegenheiten 8 일반상황 보고서 8	1887.1.1~1887.11.14
4	I. B. 22 Korea 1	R18909	Allgemiene Angelegenheiten 9 일반상황 보고서 9	1887.11.15~1888.10.3
	I. B. 22 Korea 1	R18910	Allgemiene Angelegenheiten 10 일반상황 보고서 10	1888.10.4~1889.2.28
	I. B. 22 Korea 1	R18911	Allgemiene Angelegenheiten 11 일반상황 보고서 11	1889.3.1~1890.12.13
	I. B. 22 Korea 1	R18912	Allgemiene Angelegenheiten 12 일반상황 보고서 12	1890.12.14~1893.1.11

10. 본 문서집은 조선과 대한제국을 아우르는 국가 명의 경우는 한국으로 통칭하되, 대한제국 이전 시기를 다루는 문서의 경우는 조선, 대한제국 선포 이후를 다루는 문서의 경우는 대한제국으로 표기하였다.

11. 사료군 해제

I. B. 16 (Korea)와 I. B. 22 Korea 1은 개항기 전시기라 할 수 있는 1874년부터 1910년까지 한국 관련 독일외교문서를 연, 월, 일에 중심으로 분류하여 정리한 사료군이다. 개항기 한국과 독일의 거의 전 분야에 걸친 다양한 관계를 확인할 수 있는 기초적인 사료라 할 수 있다. 한국과 독일의 관계 전반을 확인할 수 있는 편년체식 사료군은 독일이 동아시아정책에 기반을 둔 한국정책을 수립하는 데 기본이 되었다.

• **I. B. 16 (Korea) :** 1859년 오일렌부르크의 동아시아 원정 이후 베이징과 도쿄에 주재한 독일 공사들이 조선과 독일의 수교 이전인 1874~1878년간 조선 관련하여 보고한 문서들이 수록되어 있다. 이 시기는 조선이 최초 외세를 향해서 문호를 개방하고 후속 조치가 모색되었던 시기였다. 특히 쇄국정책을 주도하였던 흥선대원군이 하야하고 고종이 친정을 단행함으로써, 국내외에서는 조선의 대외정책 기조가 변화할 것이라는 전망이 나오던 시절이었다. 이러한 역사적 배경 속에서 I. B. 16 (Korea)에는 1876년 이전 서계문제로 촉발되었던 조선과 일본의 갈등과 강화도조약 체결, 그리고 조선의 대서구 문호개방에 관련해서 청국, 일본을 비롯해서 조선의 문호개방에 관여한 국가에 주재한 외교관의 보고서 및 언론기사를 비롯한 참고문서들이 수록되어 있다.

• **I. B. 22 Korea 1 :** 독일 외무부는 조선과 조약 체결을 본격화하기 시작한 1879년부터 별도로 "Korea"로 분류해서 한국 관련 문서를 보관하기 시작하였다. 영국외무부가 한국 관련 문서를 "China"와 "Japan"의 하위 목록에 분류한 것과 비교해보면, 독일외무부는 일찍부터 한국에 대한 중요성을 인식하고 대응했던 것으로 볼 수도 있다.

그 중에서 I. B. 22 Korea 1은 1879년부터 1910년까지 한국에 주재한 독일외교관을 비롯해서 한국 관련 각종 문서들이 연, 월, 일의 순서로 편집되어 있다. 개항기 전시기 독일의 대한정책 및 한국과 독일관계를 조망하는 본 연구의 취지에 부합한 사료군이라 할 수 있다. 그러기에 I. B. 22 Korea 1에는 한국의 국내외 정세 관련해서 한국에 주재한 독일외교관을 비롯해서 청국, 일본, 영국, 러시아 등 한국 문제에 관여한 국가에 관한 보고서 및 언론 기사를 비롯한 참고문서들이 수록되어 있다.

차례

외무부 정치 문서고 조선 관계 문서
1887.11.15~1888.10.3

외무부 정치 문서고 조선 관계 문서
1888.10.4~1889.2.28

외무부 정치 문서고 조선 관계 문서
1889.3.1~1890.12.13

외무부 정치 문서고 조선 관계 문서
1890.12.14~1893.1.11

외무부
A편

외무부 정치 문서고
조선 관계 문서

1887년 11월 15일부터
1888년 10월 3일까지

제9권
참조: 제10권

조선 No. 1

목차	
서울발, 87년 9월 24일 자 No. 74. 외아문 독판 서상우의 의원면직. 현 내아문 협판 조병식이 그의 후임자로 임명.	14126 87년 11월 19일
베이징발, 10월 30일 자 No. 304. 육군대령 롱(Charles Chaille Long)이 조선 주재 미국 공사관의 서기관이자 총영사로 임명(No. 287에서 보고된 것처럼 공사로 임명된 것이 아님).	15642 87년 12월 19일
도쿄발, 11월 11일 자 No. 128. 조선의 자주성에 대해 임박해 있다고 하는 청국의 위협 문제에서 일본 정부의 신중한 태도, 이토 및 구로다의 평화적 견해, 그럼에도 불구하고 일본 정부는 조선에서 일본의 이해관계에 대해 경계. 베이징 주재 일본 공사 시오다에 대한 훈령, 이토의 일본 해안방위 순찰 및 11월 10일 자 Japan Daily Mail지. – 11월 26일 사본을 페테르부르크 914, 런던 1066에 전달.	15931 87년 12월 25일
베이징발, 10월 29일 자 Tientsin Chinese Times지에 관한 11월 4일 자 No. 309. 외국인들의 영향에 반대하는 조선 감찰사가 조선 왕에게 상소한 건백서. 10월 28일 자 Shanghai North-China Daily News지. 조선의 자주성을 위하여.	15976 87년 12월 26일
베이징발, 12월 7일 자 No. 352. 청국 달력의 샘플 3백 부를 요청한 조선 사절에 관한 청국 의전부의 보고.	968 88년 1월 24일
베이징발, 11월 16일 자 No. 84. 조선 정부에 고용된 미 합중국 현역 소속 3명의 육군 교관 다이, 커민스, 리 일행이 나가사키로부터 Senchuan[1]을 향해 출발.	6745 88년 6월 7일
6월 7일 워싱턴에 발송한 훈령 No. 39; 상기 교관 3명의 신원에 관한 보고 요청.	6745에 대해
서울발, 4월 18일 자 No. 22; 조선 육군 교관으로 3명의 미국 장교 도착(사본 6월 16일 런던 및 워싱턴에 전달).	7266 6월 16일
7월 18일 자 Münchener Allgemeine Zeitung지; 묄렌도르프의 조선 귀환, 그의 업적 및 문명의 진보.	8757 7월 18일
서울발, 5월 30일 자 No. 29; 금후 2년 더 조선 관직에 데니 임명 및 묄렌도르프의 서울 도착(7월 21일 런던 610, 페테르부르크 320, 함부르크 152에 전달).	8887 7월 21일

1 [감교 주석] 인천으로 확인

7월 28일 자 Post지; 묄렌도르프의 이른바 조선 귀환은 사실무근.	9236 7월 28일
서울발, 6월 11일 자 No. 34; 영국 총영사관 대리의 인사교체. 떠나가는 워커 접견을 왕이 거절(8월 1일 런던 637에 전달).	9383 8월 1일
베이징발, 6월 19일 자 No. 154; 조선 내부정세, 러시아 정부의 태도.	9583 8월 5일
서울발, 6월 22일 자 No. 37; 외국인을 향한 조선 민중의 흥분과 격노(Ib부의 원문)	9909 8월 13일
8월 14일 자 Hamburgischer Korrespondent지; 서울에서 소요사태 발발; 외국 선교사들에 대한 격분.	9965 8월 14일
베이징발, 6월 26일 자 No. A. 163; 조선에서 일어난 소란, 묄렌도르프.	10065 8월 17일
서울발, 6월 23일 자 No. 38; 서울에서의 소란; 외국인들을 향한 흥분.	10117 8월 18일
베이징발, 7월 4일 자 No. A. 172; 조선의 현 국내 정세에 관한 여러 가지 보고.	10272 8월 22일
베이징발, 8월 24일 자; 조선에서 최근 일어난 소란.	10392 8월 24일
함부르크발, 8월 24일 자 No. 122; A. 10117의 반송.	10443.
서울발, 7월 12일 자 보고서; 묄렌도르프의 청국 귀환.	10806
9월 4일 자 Kölnische Zeitung지; 묄렌도르프의 톈진 귀환.	10935
9월 4일 자 Hamburgischer Korrespondent지.	10941
9월 5일 자 Norddeutsche Allgemeine Zeitung지; Hamburgischer Korrespondent지에 실린 묄렌도르프 관련 단신에 관하여.	10984
9월 11일 자 Hamburgischer Korrespondent지; 일본 전함 6척을 조선에 파견.	11284 9월 11일
베이징발, 7월 31일 자 No. 205; 조선에서 최근 일어난 소란; 조선 주재 청국 변리공사 위안스카이의 태도.	11398 9월 14일
베이징발, 8월 9일 자 No. 220; 조선에 대한 러시아와 청국의 관계.	12161 9월 28일
베이징발; 8월 15일 자 No. 228; 조선과 청국의 관계에 대한 조선 왕의 미국인 고문의 소책자.	12411 10월 3일

01

원문 p.323

외아문 독판의 인사 교체

발신(생산)일	1887. 9. 24	수신(접수)일	1887. 11. 19
발신(생산)자	크리엔	수신(접수)자	비스마르크
발신지 정보	서울 주재 독일 총영사관	수신지 정보	베를린 정부
	No. 74		A. 14126
메모	A. 14916 / No. 88 참조 // 연도번호 No. 413		

A. 14126 1887년 11월 19일 오전 수신

서울, 1887년 9월 24일

No. 74

비스마르크 각하 귀하

올해 7월 26일 자 본인의 No. 60[1]과 관련하여, 현 외아문 독판 서상우[2]는 이번 달 22일에 의원면직되었고 그의 후임자로 현 내아문 협판 조병식[3]이 임명되었음을 보고드립니다.

이 보고서의 사본을 베이징 주재 독일제국 공사관에 발송하겠습니다.

크리엔

내용: 외아문 독판의 인사 교체

1 [원문 주석] A. 11362 위탁으로 첨부하였음.

2 [감교 주석] 서상우(徐相雨)

3 [감교 주석] 조병식(趙秉式)

02

원문 p.324

조선 정세 관련 보고서 반송

발신(생산)일	1887. 9. 24	수신(접수)일	1887. 11. 19
발신(생산)자	슈이스만	수신(접수)자	비스마르크
발신지 정보	함부르크	수신지 정보	베를린 정부
	No. 127		A. 15302
메모	A. 14884 조선 8		

A. 15302 1887년 12월 13일 오전 수신, 첨부문서 1부

함부르크, 1887년 12월 12일

No. 127

비스마르크 각하 귀하

이번 달 6일 자 각하의 훈령 No. 242[1]와 관련하여, 조선 정세에 관한 베이징 주재 독일제국 공사[2]의 이번 달 10월 15일 자 보고서를 첨부하여 반송해드립니다.

슈이스만

1 [원문 주석] A. 14884 첨부하였음.

2 [감교 주석] 브란트(M. Brandt)

03

원문 p.325

정보용으로 전달되었던 보고서의 반송

발신(생산)일	1887. 10. 30	수신(접수)일	1887. 12. 19
발신(생산)자	브란트	수신(접수)자	비스마르크
발신지 정보	베이징 주재 독일 공사관	수신지 정보	베를린 정부
	No. 204		A. 15642
메모	A. 16084 // 12월 23일 함부르크 전달		

A. 15642 1887년 12월 19일 오전 수신

베이징, 1887년 10월 30일

No. 204

비스마르크 각하 귀하

조선 정세에 관한 본인의 10월 15일 자 No. 287[1]에서 본인은 미국의 신임 변리공사의 임명에 대해 언급한 바 있습니다. 이 소식은 신문의 오보에 기인했던 것임을 본인은 확인할 수 있었습니다. 본인이 언급했던 롱(육군대령)[2]은 조선 주재 미국 공사관의 서기관이자 총영사로 임명되었습니다.

브란트

내용: 정보용으로 전달되었던 보고서의 반송, 첨부문서 1부

1 [원문 주석] A. 14884 첨부하였음.

2 [감교 주석] 롱(C. Chaille-Long)

베를린, 1887년 12월 23일

A. 15642

쿠써로우
독일제국 공사 귀하
함부르크

No. 259

1870년 1월 23일 자 본인의 훈령(No. 3)에 따라, 미국의 조선 주재 신임 총영사[3] 임명에 관한 베이징 주재 독일제국 공사의 10월 30일 자 보고서를 첨부하여 전달해드립니다.

---

3 [감교 주석] 브란트의 서신에는 총영사 겸 서기관으로 서술되어 있음.

04

원문 p.327

조선 문제

발신(생산)일	1887. 11. 11	수신(접수)일	1887. 12. 25
발신(생산)자	홀레벤	수신(접수)자	비스마르크
발신지 정보	도쿄 주재 독일 공사관	수신지 정보	베를린 정부
	No. 128A		A. 15931
메모	12월 26일 페테르부르크 914, 런던 1066 전달 연도번호 No. 355A		

A. 15931 1887년 12월 25일 오후 수신, 첨부문서 1부

도쿄, 1887년 11월 11일

No. 128A

비스마르크 각하 귀하

최근에 다시금 어느 정도 주요 관심거리로 등장한 조선 외교관의 외국 파견 계획 및 그 부분적인 수행과 관련한 조선 문제에 대해서 일본 정부 측에서는 지금까지 직접적인 조치를 취하지 않았습니다.[1] 러시아 공사 측에서, 또 아마 미국 공사 측에서도 조선의 자주성[2]에 대한 청국의 위협이 임박해 있음을 일본에게 부지런히 지적하고 있음에도 불구하고, 이곳 일본 정부는 매우 합리적인 그들의 신중한 태도에서 벗어나지 않고 있습니다. 이토[3]는 본인에게 말하길, 그 자신은 이 문제에 대해서는 순전히 학술적인 그 어떤 대화도 회피해 왔고, 또 청국의 합병야욕에 대한 실제 근거가 존재하는 경우에 일본은 어떻게 대처할 것인가에 대한 그 어떤 해명도 거부해왔다고 합니다. 러시아가 유럽의

---

1 [감교 주석] 1887년에 조선 정부는 일본, 미국, 그리고 유럽 5개국(영국, 독일, 러시아, 프랑스, 이탈리아) 주재 공사를 파견하기로 결정하였음. 그중 일본 주재 공사는 단기간 방문으로 그쳤으며, 유럽 5개국 공사(조신희)의 경우는 실제 주재하지 않았음. 그에 비해 워싱턴 주재 조선 공사로 임명된 박정양의 경우, 실제 임지로 가서 1년 여간 공사직을 수행하였음. 본문에서 언급하였던 '부분적으로 수행'되었다는 뜻은 공사로 부임한 경우(주미공사 박정양)와 그렇지 않은 사례(유럽 5개국 공사 조신희)가 있다는 점을 함께 설명하기 위함임.

2 [감교 주석] 조선이 일본, 미국, 유럽 5개국(영국, 독일, 러시아, 프랑스, 이탈리아)에 공사를 파견함으로써, 대외적으로 청의 속방이 아니라 독립국임을 내세우려는 시도를 설명하고 있음.

3 [감교 주석] 이토 히로부미(伊藤博文)

분쟁에 휘말려 들어가기만 하면 곧바로 청국이 조선을 합병할 것이라고 이곳 청국 공사[4]의 다소 경솔한 발언을 그쪽으로 계산에 넣어 해석하려 하지 않는 한, 청국의 조선합병 야욕의 근거가 있다는 것은 지금까지 결코 사실에 부합하지 않습니다.

이전에는 주전파의 지도자로 간주되었고 지금은 일본이 러시아의 지대한 동정을 받게 한 공로자로 알려져 있는 구로다[5]도 본인에게 매우 평화적으로 견해를 표명하면서, 일본은 조선에서 러시아를 위해 불 속의 밤을 줍는 식으로 러시아에 이용당하지 않도록 조심할 것이라고 분명하게 강조하였습니다.

실제로 일본이 취하는 조처는 아무리 외교적인 것이라 할지라도 톈진조약[6]에 입각하여, 청국이 일본에 아무런 통고도 없이 조선에 군대를 파견했을 경우에야 비로소 발동[7]할 수 있을 것입니다. 그러나 청국은 해당되는 경우라면 분명 그러한 통고를 게을리하지 않을 것입니다. 분규는 청국이 조선에서 현실적으로 눌러앉으려는[8] 기미를 보이게 되는 경우에야 비로소 일어나게 될 것입니다. 그러나 그렇게 되는 경우 일본이 현실적으로 어떤 조치를 취하기에는 너무 늦어지는 셈이고, 따라서 일본은 이미 일어난 사실에 순응하지 않을 수 없게 될 것입니다. 그런데 바로 이러한 결과야말로 현재의 일본 국가 지도부에게 아마도 달갑지 않은 것만은 아닐 것입니다. 왜냐하면 이 방식은 일본의 군사적 능력을 심히 의심케 하기에 충분하기 때문입니다.

그러나 이와 같은 평화적인 경향과 더불어 사람들은 조선 내에서 일본의 이해관계를 주의 깊게 감시하고 있기도 합니다. 실제로 조선에는 수천 명의 일본인이 정착해 있고 또 수백만의 일본 자본이 그곳에 참여하고 있는 이상 일본이야말로 조선에서 이해관계가 가장 큰 나라일 것입니다. 만약 조선과 청국의 합병이 언젠가 실제로 실현된다면, 일본은 자신의 이익에 대한 보증을 요구할 권리를 갖게 될 것입니다. 일본이 그것 말고도 현명하게 행동하는 한 일본은 그러한 보증을 아마도 받게 될 테지만 그에 반해 경솔한 행동이야말로 조선에서 지워진 일본의 이해관계를 무엇보다도 위험에 빠트리게 할 것입니다. 베이징 주재 일본 공사 시오다[9]가 최근 이곳으로 귀임할 때 받은 바 있는 지령 또한 이러한 토대 위에서 움직이게 될 것이라고 추측할만한 근거를 본인은 가지고 있습

4 [감교 주석] 리수창(黎庶昌)

5 [감교 주석] 구로다 기요타카(黑田淸隆)

6 [감교 주석] 갑신정변 사후 처리 과정에서 청과 일본이 1885년에 체결한 조약

7 [감교 주석] 여기서는 청국이 조선에 군대를 파병할 경우, 일본도 조선에 병력을 파견할 것이라는 뜻으로 해석됨.

8 [감교 주석] 청국이 조선에 군대 파병을 장기화할 경우로 해석이 가능함.

9 [감교 주석] 시오다 사부로(鹽田三郎)

니다. 그런다고 해서, 이토가 어떤 기회에 류큐제도[10]를 방문하게 될는지 간에 지난해와 마찬가지로 그가 바로 지금 지난 1년간 아주 많이 변한 것 같지는 않은 일본 해안방위대의 뒤떨어진 시설(물)들을 군함 몇 척을 거느리고 순시하는 것을 물론 막지는 못합니다. 이것은 일본이 류큐제도 문제 같은 것을 염두에 두고 있지 않다는 것을 세계에, 특히 청국에 보여주기 위해서입니다.

이토는 어린아이 장난 같은 이 소규모의 함대시위를 통해 조선과 일본 양국에 관계된 모든 문제에서 꽤나 민감한 일본의 여론에 영합하고자 합니다. 일본 여론이 적어도 야당지에 의해 대표되는 한 소극적인 정책에 동의하지 않으리라는 것은 첨부된 이번 달 10일자 Japan Mail의 기사에서[11] 드러나고 있습니다. 그런데 일본 정부는 여론의 이 부분을 유감스럽게도 바로 지금 과거보다 더 많이 고려해야 합니다.

이 보고서의 사본을 베이징 주재 독일제국 공사관에 발송하였습니다.[12]

홀레벤

내용: 조선 문제, 첨부문서 1부

C. No. 128A의 첨부문서

첨부문서의 내용(원문)은 독일어본 329~332쪽에 수록.

---

10 [감교 주석] 류큐(琉球), 현재 오키나와

11 [감교 주석] 원문에는 '첨부된 ~ 기사에서'에 취소선이 표기됨.

12 [감교 주석] 원문에는 '이 보고서의 ~ 발송하였습니다.'에 취소선이 표기됨.

베를린, 1887년 12월 26일

A. 15931

주재 외교관 귀중
1. 페테르부르크 No. 914
5. 런던 No. 1066

조선 문제에 관한 도쿄 주재 독일제국 공사[13]의 이번 달 11일 자 보고서 사본을 첨부하여 기밀 정보로 전달해드립니다.

13 [감교 주석] 홀레벤(T. Holleben)

05

원문 p.334

조선 정세 및 청국 내 영국 언론의 조선 정세에 대한 견해 관련

발신(생산)일	1887. 11. 4	수신(접수)일	1887. 12. 26
발신(생산)자	브란트	수신(접수)자	비스마르크
발신지 정보	베이징 주재 독일 공사관	수신지 정보	베를린 정부
	No. 309		A. 15976
메모	25976/87 참조		

A. 15976 1887년 12월 26일 오전 수신, 첨부문서 2부

베이징, 1887년 11월 4일

No. 309

비스마르크 각하 귀하

톈진의 Chinese Times지는 10월 29일 자 발행호에서 조선 왕에게 상소한 어느 장령[1]의 건백서를 공개하였습니다. 부분적으로만 입수 가능했던 중국어 원문에 따라 수정된 이 건백서의 번역문을 첨부하여 각하에게 전달해드립니다.

그런데 이미 어느 정도 구식인 이 문서는 전적으로 보수적이고 따라서 무조건적으로 척외적인 경향을 그 특징으로 나타내고 있으며 그것은 청국 변리공사 위안스카이가 1년 전 조선 왕에게 상소한 바 있는 건의들과 대체로 일치합니다.[2] 위안스카이의 건백서 번역문은 서울 주재 독일제국 영사관을 통해 각하에게 제출되었습니다. 따라서 이 두 문서로 미루어 보건대, 청국의 영향력 내지 조선 내 친청파의 영향력의 확대는 외국인들과의 산업적, 상업적 관계의 확대에 반하는 작용을 하게 될 것입니다.

11개의 조항으로 나뉜 이 건백서의 요점은 다음과 같이 짧게 특징지을 수 있습니다:

1. 절약; 외국 사절들에게 베푸는 연회를 위한 지출, 기정[3]의 구매 및 수도 근해상으

1 [감교 주석] 장령(掌令). 사헌부의 정4품 벼슬

2 [감교 주석] 『고종실록』 고종 23년(1886년) 7월 29일(양력 8월 28일) 자 기사에는 조선대국론(朝鮮大局論)을 비롯해서 위안스카이가 고종에게 보낸 두 건의 건의서가 수록되어 있음. 독일외교문서 조선편 7권에서는 후자의 건의서를 소개하였음.

3 [감교 주석] 기정(汽艇)

로의 수송을 위한 지출, 왕궁에의 전등 도입을 위한 지출은 불필요한 것입니다. 이 점에 있어서는 상소자가 전적으로 옳지 않다고는 할 수 없을 것 같습니다.

2. 화폐문제; 신 화폐를 도입하려고 한 시도는 그에 대한 백성들의 무관심으로 말미암아 완전히 실패하였습니다.

3. 궁 내부의 무질서; 궁정에서 진행되는 모든 것은 즉시 외부에 알려집니다. 이것은 외국 대표들과 궁정 사이의 관계를 가리키는 것일 수도 있습니다.

4. 수도의 학술원; 수도 학술원의 건물은 폐허화되고 학자들은 궁핍에 시달리고 있으나 그런데도 영어학원을 위해서는 대형건물들이 지어지고 그 교원들에게는 거액의 급여를 지불하고 있습니다.

5. 행정 조직; 행정은 특히 종전의 지침들이 지켜지지 않기 때문에 지극히 열악한 상태에 놓여 있습니다.

6. 군대; 어디에서든 혼돈, 항명, 태만이 만연해 있습니다.

7. 관리들; 관리들은 전혀 신뢰할 수 없고 쉽게 매수당합니다.

8. 상인들; 상인들의 오만은 나날이 심해지고 있고 학자, 농민, 노동자, 상인(사농공상)이라는 4대 계급의 신분질서에 따라 그들이 차지해야 할 비천한 지위와 전혀 일치하지 않습니다. 특히 용납할 수 없는 것은 상인들이 학자 신분의 구성원들에게까지도 금지되어 있는 비밀결사를 조직한다는 사실입니다.

9. 교통수단; 외국 선박들은 우리나라 선박보다는 훨씬 더 값이 많이 나갑니다. 뿐만 아니라 만약 외국 선박들이 사용되기라도 하는 경우에는 조선인의 지휘감독을 받아야 마땅합니다.

10. 공안; 강도행위는 현재 전에 비해 훨씬 더 빈번합니다. 이것은 관리들의 나쁜 영향 탓이라고 봅니다.

11. 무역항구들; 외국과의 교역을 위해서는 항구들을 개방하는 것이 좋다 하더라도 수도만큼은 외국인들에게 접근 가능해선 안 됩니다. 현재 외국인들은 수도에 와서 온갖 교역을 장악하고 우리의 집에 살면서 우리나라 문제에 간섭하고 있습니다.

말씀드린 바와 같이 이 글의 철저히 척외적인 경향에도 불구하고 Chinese Times지는 청국에서 발간되는 영자 신문들, 특히 톈진의 Chinese Times 및 Shanghai Courier가 조선에 대한 청국의 종주권이라는 취지로 온전한 진군을 개시하였듯이 이 건백서를 이용해서 조선에 대한 청국의 종주권을 힘주어 강조하지 않을 수 없음을 다그칠 기회를 잡았습니다. 이것은 러시아에 대한 두려움과 조선에서 미국의 영향력에 대한 짜증으로 설명될 수 있을 것입니다. 그러나 이 문제에 대해서 최근 두드러진 영자 신문들의 민첩성에 자극을 준 것은 이곳 영국 공사관이라고 추측한다고 해서 본인이 잘못 판단했다고는 생각하지 않습니다.[4]

이와는 반대로 10월 28일 자 상하이의 North China Daily News지는 물론 사설은 아니지만 조선의 자립성에 유리한 기사를 실었는데, 본인도 다른 외국 대표들과 마찬가지로 모르는 사람한테서 이 기사문의 별쇄 형태로 대폭 확대된 몇 부를 입수하였습니다.

조선의 독립성에 관한 이 '편지' 한 부를 첨부하여 보내드립니다만, 이 글의 필자는 그가 표현하고 있는 것처럼 청국과 일본에서 발간되는 영자 신문들의 아무리 관대하게 봐줘도 애매한 그 태도와는 반대로 이 나라의 독립성 원칙을 옹호하고 있으며, 그 해결책으로서는 조선인들 측에서 기독교를 받아들이는 것이라고 하면서 기독교는 조선인들로 하여금 러시아에 대해서도 그들의 독립성을 지킬 수 있게 할 것이고 또 그럼으로써 간섭할 수 있는 모든 구실을 청국한테서 빼앗을 수 있게 할 것이라고 하였습니다.

이 필자는 이전에 이미 언급한 바 있는 즈푸[5] 주재 러시아(동시에 또 벨기에, 프랑스 및 스페인의) 영사 페르구손입니다.

브란트

내용: 조선 정세 및 청국 내 영국 언론의 조선 정세에 대한 견해 관련

1887년 11월 4일 자 No. 309의 첨부문서

1887년 10월 29일 자
Chinese Times지에서 발췌
중국어 원문에 따라 수정됨.

조선 국왕에게 상소한 장령 지석영의 건백서[6]

전하께 삼가 바라오건대, 평화시에는 대신들의 말이 깃털보다 더 가벼우나 비상시에

---

4 [원문 주석] 메모: 이 문제를 이와 같이 다룸으로써 영국의 무역 이익은 확실히 증가한다.

5 [감교 주석] 즈푸(芝罘)

6 [감교 주석] 『고종실록』 고종 24년(1887) 3월 29일 자 기사에 상소의 요약본이 수록되어 있음.

는 필부의 말이 태산(산둥에 있는 성스러운 산)만큼이나 무겁다는 말에 유의해주십시오. 소인은 본디 상민 계급에 속해 있었습니다. 지금은 장령이라는 신분으로 상승하였습니다. 따라서 만약 소인이 마땅히 논의하여야 할 것들에 대해서 침묵한다면 소인이 스스로 죄를 범하게 되는 것입니다. 오, 전하께서 왕실의 선조들을 계승하시고 왕가의 유산으로 상속하신 왕실의 권력을 확장하시었으니 참으로 영광스러운 일이 아닐 수 없습니다. 민 왕자의 아들[7]로서 전하께서는 또한 이 왕족의 주도적 정신으로도 간주되시어야 하오며 왕국의 모든 대신으로부터 충성스러운 방식으로 지지받으셔야 합니다. 지금의 시대는 바야흐로 귀족과 상민 두 계급의 공동의 활동을 필요로 합니다. 벌레와 같이 미비하고 개나 당나귀와 같이 아둔한 소인이 감히 전하 앞에 이 말씀을 상소함은 전하께서 아래의 진술을 헤아려주시옵기를 바라마지 않는 오직 단 하나의 희망에서입니다.

1. 절약.[8] 수입과 지출을 서로 맞추는 것은 모든 재정의 일차적이고도 가장 기본적인 것입니다. 상류계급이 하류계급의 복리를 위해서 세금을 부담하는 것은 다수의 신민이 희망하는 바입니다. 이전 시대에 모든 조세는 확고한 법규에 따라서 징수되고 사용되었습니다. 그러나 모든 관세는 줄어들었고 징수에 관하여 확고한 세율이 있는 세금은 오래전부터 체납 상태에 있습니다. 지금과 같은 빈곤의 원천은 지출이 너무 많이 증가하였기 때문입니까, 아니면 규칙적인 수입원의 수익성이 점점 갈수록 떨어졌기 때문입니까? 이 모든 실태의 원인은 낭비에 있습니다. 예를 들어 소인은 어느 유럽의 공사 영접에 대규모의 준비가 행하여지는 것을 본 적이 있습니다. 단 한 번의 축하연에 천 냥 이상이나 들었습니다. 그런데 마치 그것으로도 충분치 않은 것처럼 가축과 채소를 필요한 양보다 훨씬 더 많이 사들였습니다. 한 사람의 중요한 인사를 접대하는 이와 같은 향응은 뛰어난 준마 값보다도, 또 10에이커의 대규모 뽕나무 재배지보다도 훨씬 더 많은 비용이 듭니다. 기선들이 수도의 근해로 옮겨졌을 때, 이 기선들을 수륙양로로 나아가게 하려는 노력은 거의 달성할 수도 없었습니다. 궁전에 전등을 설치하였을 때, 이 휘황찬란한 전등은 단기간에 제조되었던 데 반해 그 비용은 엄청난 거액에 달하였습니다. 절약으로 유명한 한 왕조의 한-웬 황제는 단 100냥만이라도 절약하기 위해서 자신의 궁전에 테라스 설치를 금지하였습니다. 또한 절약으로 이름 높은 웨이 왕조의 또 다른 황제 우는 무명옷을 입음으로써 군대를 집결시킬 재원을 확보하였습니다. 부유한 나라에는 가난한 신하가 있을 수 없다고 하는 것과 마찬가지로 가난한 백성들은 나라를 부유하게 만들 수 없다고

7 [감교 주석] 효명세자(후에 익종으로 추존)로 추정할 수 있음.

8 [감교 주석] 공가(貢價)

언제나 믿어왔습니다. 그러므로 소인은 전하께서 이 점에 유의하여 주시기를 바랍니다.

2. 화폐.[9] 상평통보가 유통되었을 때는 심지어 무지한 부녀자와 어린아이들까지도 누구나 그 가치를 알고 있었습니다. 그러나 당백전, 당오전 엽전이 발명되자 전국 각 도에서는 이 화폐들을 받으려고 하지 않았습니다. 그 이유는 세금을 징수할 때 교활한 세리들이 모든 당백전과 당오전 엽전을 거부하거나 그렇지 않으면 공제액을 떼고 받았던 데 반해 탐욕스러운 관리들은 수도의 국고에 납부할 때에 이 화폐들을 액면가 그대로 계산하였기 때문입니다. 이것은 그러한 엽전들이 공적 거래에서 거부당하는 데 대한 책임을 백성에게 씌울 수 없다는 것을 분명하게 보여주고 있습니다. 그러므로 소인은 이 문제에 대해 헤아려주십사 전하께 부탁을 드리는 것입니다.

3. 궁 내부의 무질서.[10] 궁 내부에서는 모든 것이 규제되어야 하고 질서가 유지되어야 합니다. 그런데 지금은 밤낮으로 대문이 열려 있어서 백성들은 궁 내부에서 일어나는 모든 것을 들여다볼 수 있습니다. 연회와 오락은 밤낮 가리지 않고 거리낌 없이 벌어지고 있습니다. 이와 같은 것은 건강과 맑은 정신에 해롭고, 이와 같은 경영의 난맥상은 나라를 파멸시키고야 맙니다. 왜냐하면 명령이 "궁궐의 안쪽 밀실"에서 나오면 정부는 부패하기 마련이기 때문입니다. 이것이 개선되고 효과를 거두려면 명령은 오직 회의와 협의를 위해 마련된 회의실에서 나와야만 합니다. 소인은 전하께서 이 문제를 고려해주십사 상소합니다.

4. 수도의 학술원.[11] 정부는 학술원을 그 기초로 하고 있으며 백성을 지도하는 선비들은 정부에 의존하고 있습니다. 이 제도는 5백 년 전부터 존속하고 있습니다. 그러나 지금은 그 건물의 동쪽과 서쪽 날개가 함몰되어 있고 학술원 회원들의 생계는 곤란에 처해 있어 그들은 모두 기아에 시달리고 있습니다. 춘추 봉헌제는 더 이상 거행할 수 없게 되었으며 회랑과 강당은 폐허로 되어 학술원 회원들은 굶어죽을 지경입니다. 이와는 대조적으로 영어학원은 대규모의 건물로 이루어져 있고 그 교원들은 넉넉한 보수를 지불받고 있으며 학생들에게 필요한 것들은 잘 마련되고 있습니다. 이 두 기관 간의 차이는 현저합니다. 서방의 언어와 학문은 우리나라 문제에서 중요한 자리를 차지하고 있습니다. 그러나 선비들에 대해서는, 나라의 평화적인 통치를 위해서라도 이와 동등하게 면밀히 보살펴야 마땅합니다. 소인은 전하께서 이 문제를 고려해주십사 상소합니다.

5. 정부 조직.[12] 정부가 올바른 토대 위에 서 있으면 모든 관리도 공정하고 단정하게

---

9 [감교 주석] 전폐(錢幣)

10 [감교 주석] 궁금(宮禁)

11 [감교 주석] 태학(太學)

행동하는 법입니다. 그러나 모든 개혁에도 불구하고 관리들의 직권남용은 구태의연합니다. 상습적인 사기는 계속되고 있습니다. 불법적으로 임명된 관리와 환관들은 그 비정상적인 임명의 이유가 어떤 것인지 백성도 모르는 채 벼슬자리를 차지하는 일이 흔했습니다. 이것이 정부를 구축하는 올바른 원칙입니까? 거짓 이름과 거짓 관직명이 들어가고 위조된 직인이 찍힌 공문서가 발송되어 죄 없는 백성들을 속임으로 그들은 사소한 부주의로 재산 전부를 잃어버리는 일이 허다합니다. 그러한 범죄를 저지른 사람들은 처벌받지 않거나 처벌을 받는다 해도 중형을 받지 않고 빠져나오는 일이 허다합니다. 법은 아무 가치도 없는 것으로 되어버린 것 같습니다. 작은 부정을 저지르는 사람들조차 그 어떤 권세가문의 비호하에 있다는 이유로 문책할 수가 없습니다. 아버지가 높은 관직에 임명되면 그들의 아들과 친척들이 부하관리가 되는 반면, 더 나은 관리는 배를 곯아야 하고 그의 하인과 부하관리는 온갖 고난을 겪을 수밖에 없습니다. 절약한답시고 하급관리 몇몇이 해임되기는 하나, 눈에 띄는 사실은 매우 많은 고위관리가 의회에 앉아 있다는 것입니다. 소인은 오직 유능한 사람만이 관직에 있어야 함을 권고해드리고 싶습니다. 전하의 숙고를 바라면서 이를 상소합니다.

6. 군 복무.[13] 오군영[14]은 하나의 합동병력으로 합해져 축소되었습니다. 사람들은 병정들이 좋은 무기를 지니게 되었고 적합한 군사훈련을 받게 되었으리라고 생각할 것입니다. 그런 사람들은 500년 전부터 이 왕국을 지켜왔습니다. 그러나 지금 보건대, 우리의 옛 전사들은 전쟁터에서 용감하였으나 오늘날의 전사들은 오직 개인적인 싸움질만을 일삼고 있다고 하지 않을 수 없습니다. 그들은 규율과 법을 어기면서 홍등가를 찾고 그런 집을 제집처럼 편하게 드나들고 있습니다. 그들은 개인적인 다툼거리를 가지고 줄기차게 서로 싸우다가 급기야 중상자가 여럿이 나와야 중단합니다. 군대의 지휘와 조직을 위한 올바른 기본원칙이 존재함에도 불구하고 장교고 졸병이고 할 것 없이 그 원칙을 따르려고 하지 않습니다. 비견에 의하면 병사들을 규제하는 최선의 대책은 더 많이 처벌하고 보수는 덜 주고 일을 더 많이 시키고 휴식을 덜 주는 것입니다. 비단옷을 입히면 그들의 탐욕을 키우게 되고 그들에게 수여된 직함은 그들의 교만을 부풀립니다. 사령관들은 그들의 근무지에서 멀리 떨어져 사는 경우가 흔하여 병사들을 게으름피우게 만듭니다. 무기는 전투에 사용하려고 있는 것이지, 장난감이 아닙니다. 어떤 종류의 군사훈련이 실시되고 있는지 소인은 아는 바 없습니다. 군대는 전쟁의 위기에 대비해서 양성되는

---

12 [감교 주석] 정령(政令)

13 [감교 주석] 병정(兵丁)

14 [감교 주석] 오군영(五軍營)

것이므로 임의로 축소해서는 안 됩니다. 어떤 방법으로 지금 병사들을 지휘하고 있는지 소인은 이해할 수 없습니다. 이것이 바로 소인이 전하의 숙고를 바라오며 상소하는 또 하나의 문제입니다.

7. 관리들.[15] 궁정은 무엇보다도 백성에 대한 통치를 위임할 수 있는 관리들을 선발하여야 합니다. 보상과 처벌은 법으로 규정되어 있습니다. 그러나 지금은 온갖 종류의 뇌물이 공공연하게 성행하고 있고 승진은 너무나도 빠르고 부당하게 이루어짐으로 인해 백성조차 한 해 동안에 임명되는 고관들의 수를 알지 못합니다. 실질적인 권력은 완전히 하부 관리들의 손아귀로 들어갔습니다. 그들은 자신들이 하는 짓을 어떻게든 숨기지도 않으면서 방탕한 생활을 하고, 강탈하며, 신음하는 백성에 대한 동정심도 없습니다. 비교적 높은 자리에 있는 관리들은 신경 쓰는 일 하나 없이 아무 일도 안 하면서 오직 급여만을 챙기고 있습니다.

8. 상인들.[16] 백성들은 예부터 네 가지 계급, 즉 양반, 농민, 공인, 상인으로 나뉘어져 있습니다. 그런데 이 모든 계급은 정부에 예속해 있습니다. 상인들은 옛날에는 오직 장사에만 전념했으나 오늘날은 불법적인 조합으로 뭉치는 일이 흔합니다. 그들은 분쟁문제를 관공서에 제기하지도 않고 자신들의 판단대로 결정합니다. 그들은 정부에 대해서는 아무런 신경도 쓰지 않고 자기들끼리 우두머리를 선출합니다. 그들은 선량하고 의지력이 약한 사람들을 겁주는 일이 빈번합니다. 왜냐하면 그들은 자기네한테 속하지 않는 사람들로 하여금 자기네한테 복종하게 하고 자기네를 따르도록 강요하기 위해 갖은 방법으로 그들을 압박하기 때문입니다. 문사들은 비밀결사에 가입하기만 해도 이미 처벌의 대상이 됩니다. 그런데도 비천한 계급인 상인들은 어찌하여 끼리끼리 뭉쳐서 조합을 결성하고 정부의 통제에서 벗어나도록 내버려둘 수 있단 말입니까! 이것이 전하께서 숙고해주시기를 바라마지 않는 또 하나의 문제입니다.

9. 수송수단.[17] 우리나라 고유의 수송수단이 이용되었을 때는 공미[18] 수송이 필요한 때였습니다. 그러나 기만적인 방식으로 파선과 유실을 빙자하는 경우가 흔했습니다. 이 악습은 수백 년 동안이나 계속되어왔습니다. 이 악습으로부터의 보호 차원에서 지금은 한 번에 1만 담[19]을 수송할 수 있는 외국 기선이 이용되고 있습니다. 이 장점은 실로

---

15 [감교 주석] 수령(守令)

16 [감교 주석] 부상(負商)

17 [감교 주석] 『고종실록』에서는 수송수단에 관한 내용이 누락되어 있음.

18 [감교 주석] 공미(貢米)

19 [감교 주석] 담(擔)

대단한 것입니다. 그러나 단 하루의 비용 지출이 8백 냥에 달합니다. 그럼에 따라 왕복 운항에 대한 비용은 그만큼 더 높아집니다! 외국 선박은 파선되지도 않고 적재물의 유실도 없다고 소인은 믿고 있었습니다. 그러나 사실은 정반대입니다. 단 한 번의 선적미에 대한 운임은 우리나라 고유 수송선 한 척의 건조비보다도 더 큰 액수에 달합니다. 기선의 장점은 더 많이 실을 수 있고 더 빠르다는 데 있습니다. 그런데 그런 일이 자주 있는 것은 아니지만, 첫째, 기선 한 척을 구하는 데 얼마나 많은 시간이 소요됩니까. 필요한 모든 것은 외국으로부터 조달되어야 하고 모든 이익은 외국인의 손에 들어가며 우리에게 남는 것은 오직 비용을 지불하는 것뿐입니다. 이런 방식으로는 이익은 고사하고 커다란 손실이 발생할 뿐입니다. 기선이 사용된다면 그것은 오직 우리의 지시에 따라야 할 것입니다. 그러나 지금 실정이 그러하듯이 그렇게 진행되지는 않을 것입니다. 이것이 전하께서 숙고해주시기를 소인이 바라옵는 또 하나의 점입니다.

10. 강도행위.[20] 옛날에는 사람들이 가난 때문에 강도가 되었으나 오늘날 강도들은 모두 부유한 자들입니다. 옛날에는 강도들이 발각되는 것을 두려워하였으나 요즘의 강도들은 널리 알려지기를 원합니다. 밤에는 패거리가 가택에 침입하여 강도짓을 하고 대낮에는 무장 강도가 대로를 다니고 있습니다. 그들은 무덤을 파헤치고 시체를 끌어내어 몸값을 털어냅니다. 그들은 온갖 짓을 저지르고 있고, 관리들은 비겁한 나머지 그들에 대해 아무런 대책도 강구하지 못하고 있습니다. 그러나 주된 책임은 관리들에게 있다고 소인은 생각합니다. 관리들은 백성한테서 갈취하지 말아야 하며 혼란을 조장해서는 안 됩니다. 그렇게 한다면 백성도 악행을 버리고 성실한 신민이 될 것입니다. 이것이 전하께서 숙고해주시기를 바라옵는 또 다른 문제입니다.

11. 무역항구.[21] 외국인들에게 무역항구를 개방하는 것은 모든 국가에서 일반적인 일이지만 수도를 개방하여 거기에서 거래를 하도록 허용하지는 않습니다. 외국인의 거래를 위해 서울을 개방했기 때문에 우리의 약점이 충분히 간파될 수 있습니다. 외국인들은 서울에 와서 우리의 거래를 독점하고 우리의 가옥에 살면서 우리의 문제에 간섭합니다. 우리 국민이 시장에서 어떤 부당한 일을 당했다고 호소한다 해도 궁정조차 그를 곤경에서 도와주기 위해 할 수 있는 일은 없습니다. 어떤 사람들은 시장을 양수[22]로 옮기자고 제안하나 결과는 매한가지일 것입니다. 어쨌든 상업을 위해 수도를 개방하는 것은 위험한 일입니다. 그리고 이것은 또 국제법과도 모순됩니다. 따라서 인천에 있는 항구 하나로

20 [감교 주석] 도적을 경계

21 [감교 주석] 개잔(開棧)

22 [감교 주석] 본문에 Yangsu로 표기됨. 용산으로 추정.

충분합니다. 전하께서 이 문제 대해서도 숙고해주시기를 바랍니다.

상술한 11개 항목을 통해 소인이 말씀드린 모든 것은 소인의 비견의 표현에 불과하오나 이에 대해 전하께서 공명정대하게 유념해주시기를 바랍니다. 전하의 왕국은 다른 나라에 비해 값어치가 덜합니까? 아니면 전하의 지혜가 이전 왕조의 왕들에 비해 부족합니까? 만약 중국의 유명한 두 황제 요, 순과 같이 이 나라를 평화롭게 다스리려는 의지를 갖고 있기만 하다면 그것을 해낼 수 있다고 소인은 믿고, 또 만약 한 왕조, 당 왕조 같은 행정을 잘 구축하려는 의지를 갖고 있기만 하다면 이 역시도 해낼 수 있다고 소인은 확신합니다. 우리에게 필요한 단 한 가지는 우리나라의 내부 상태를 개선하는 데 주의를 기울이는 일이고, 그렇게만 된다면 우리나라는 강력한 왕국이 될 것이며, 한편으로는 유럽인들과 최선의 외교관계를 맺고 다른 한편으로는 청국과 좋은 이웃관계를 유지하면서 살아가게 될 것입니다. 우리는 청국과 더 이상 반목할 것이 아니라 혀와 치아 사이의 관계와 같이 서로 평화롭게 지내게 될 것입니다. 주[23] 왕조 시대의 노[24]와 제[25] 두 소왕국은 강국으로 도약하였으나 진[26]과 초[27]의 두 대국은 그 힘을 잃어버렸습니다. 우리에게는 가혹한 시대가 임박해 있다든가 또는 현재의 사태는 개선의 방책을 발견할 수 없을 정도로 나쁘다든가 이렇게 믿을 근거는 없다고 봅니다. 전하께서는 소인이 상소한 문제에 대해 조속히 현명한 결정을 내리시어 소인의 언사가 공언으로 끝나지 않도록 해주시옵기를 바라옵니다.

1887년 11월 4일 자 No. 309의 첨부문서 2

첨부문서의 내용(원문)은 독일어본 342~354쪽에 수록.

---

23 [감교 주석] 주(周)

24 [감교 주석] 노(魯)

25 [감교 주석] 제(齊)

26 [감교 주석] 진(晉)

27 [감교 주석] 초(楚)

06

원문 p.355

조선 관련 베이징발 공사 보고서의 반송

발신(생산)일	1887. 12. 28	수신(접수)일	1887. 12. 29
발신(생산)자	쿠써로우	수신(접수)자	비스마르크
발신지 정보	함부르크	수신지 정보	베를린 정부
	No. 139		A. 16084

A. 16084 1887년 12월 29일 오전 수신

함부르크, 1887년 12월 28일

No. 139

비스마르크 각하 귀하

이번 달 23일 자 259번 훈령과 관련하여, 조선 주재 미국 총영사의 임명에 관한 베이징 주재 독일제국 공사의 10월 30일 자 보고서를 첨부하여 반송해드립니다.

쿠써로우

내용: 조선 관련 베이징발 공사 보고서의 반송, 첨부문서 1부

07

원문 p.356

연행사절단의 시헌력(時憲曆) 수령

발신(생산)일	1887. 12. 7	수신(접수)일	1888. 1. 24
발신(생산)자	브란트	수신(접수)자	비스마르크
발신지 정보	베이징 주재 독일 공사관	수신지 정보	베를린 정부
	No. 352		A. 968

발췌문

A. 968 1888년 1월 24일 오후 수신

베이징, 1887년 12월 7일

No. 352

비스마르크 각하 귀하

내년 달력이 11월 14일 예부로부터 황실에 전달되었습니다. 예부가 이 기회에 동시에 보고한 바에 따르면, 황후의 탄생일 축사를 가지고 이곳에 도착한 조선 사절이 그의 '작은 진공국[1]'을 위한 달력 3백 부를 청원하였고 이 청원에 또한 응해주었다고 합니다.

달력의 송부와 수령은 중국의 관념에 의하면 달력을 수령하는 나라의 주권에 대한 명시적 인정에 부합하는 것입니다.

브란트

1 [감교 주석] 진공국(進貢國)

08

원문 p.357

조선을 위해 일할 미국 육군 교관들의 도착에 관해서

발신(생산)일	1888. 4. 16	수신(접수)일	1888. 6. 7
발신(생산)자	브란트	수신(접수)자	비스마르크
발신지 정보	베이징 주재 독일 공사관	수신지 정보	베를린 정부
	No. 84		A. 6745
메모	G. Washington z. Bericht über Personal 6월 7일 워싱턴 A. 39 전달		

A. 6745 1888년 6월 7일 오전 수신

베이징, 1888년 4월 16일

No. 84

비스마르크 각하 귀하

조선 정부에 고용된 미 합중국 현역 소속의 육군 교관 세 명, 즉

다이[1] 장군

커민스[2] 대령

리[3] 소령

이 4월 1일 나가사키에 도착하였고 이번 달 3일에 계속해서 인천으로 출발하였음을 각하께 보고드립니다.

브란트

내용: 조선을 위해 일할 미국 육군 교관들의 도착에 관해서

---

1 [감교 주석] 다이(W. M. Dye)

2 [감교 주석] 커민스(E. H. Cummins)

3 [감교 주석] 리(J. G. Lee)

베를린, 1888년 6월 7일 A. 6745

Graf Arw 귀하
워싱턴
A. 39

8587 참조

베이징 주재 독일제국 공사의 4월 16일 자 보고에 의하면 조선 정부는 미 합중국의 군대 소속이라고 하는 육군 교관 세 명을 고용하였다고 합니다. 즉 다이[4] 장군, 커민스[5] 대령, 리[6] 소령은 4월 1일 나가사키에 도착하였고 동월 3일에 계속해서 인천으로 출발하였다고 합니다.

상기 교관들의 신원을 확인하고 이에 관해 보고해주시기를 요청드립니다.

---

4 [감교 주석] 다이(W. M. Dye)

5 [감교 주석] 커민스(E. H. Cummins)

6 [감교 주석] 리(J. G. Lee)

09

원문 p.359

세 명의 미국 육군 교관의 도착

발신(생산)일	1888. 4. 18	수신(접수)일	1888. 6. 16
발신(생산)자	크리엔	수신(접수)자	비스마르크
발신지 정보	서울 주재 독일 총영사관	수신지 정보	베를린 정부
	No. 184		A. 7266
메모	A. 3469 참조 6월 16일 런던 536, 워싱턴 41 전달 연도번호 No. 184		

A. 7266 1888년 6월 16일 오전 수신

서울, 1888년 4월 18일

No. 22

비스마르크 각하 귀하

조선 군대의 훈련을 맡는다고 하는 미국 장교 3명이 수일 전 이곳에 도착하였음을 각하께 보고드립니다. 이들은 다이[1] 장군, 커민스[2] 대령, 리[3] 소령입니다.

탐문한 바에 의하면 앞의 두 사람은 미국 남북전쟁에 장교로서 참전하였는데, 다이 장군은 북군 측에, 커민스 대령은 남군 측에 속해 있었다고 합니다. 전자, 즉 다이 장군은 그 밖에 약 6년간 이집트의 Khediv Ismael호에서 근무할 때 육군 교관으로 활동한 일이 있습니다. 리 소령은 미국 민병대, 즉 펜실베니아 주 국민방위대에 속해 있었습니다. 그는 3년간 다름슈타트 공과대학에서 공부하였고 독일어를 유창하게 구사합니다.

외아문 독판이 오늘 본인에게 구두로 전한 바에 따르면, 조선 정부와 이 장교들 간의 계약은 아직 체결되지 않았다고 합니다. 그러나 정부는 이들 중 장군에게는 무료주택 외에 연봉 5천 달러, 대령과 소령에게는 각각 연봉 3천 달러씩의 3년 고용을 확약하였다고 합니다.

1 [감교 주석] 다이(W. M. Dye)
2 [감교 주석] 커민스(E. H. Cummins)
3 [감교 주석] 리(J. G. Lee)

이 보고서의 사본을 베이징 주재 독일 공사관에 발송합니다.[4]

크리엔

내용: 세 명의 미국 육군 교관의 도착

4 [감교 주석] 원문에는 '이 보고서의 ~ 발송합니다.'에 취소선이 표기됨.

베를린, 1888년 6월 16일 A. 7266

주재 외교관 귀중

1. 런던 No. 536
2. 워싱턴 공사관 No. A 41

2에 대해: 기밀

미국 육군 교관들의 조선 도착에 관한 서울 주재 독일제국 영사관 대리의 올해 4월 18일 자 보고서 사본을 첨부하여 1에게는 정보용으로 전달하되 그 내용을 재량에 따라 이용할 권한을 부여하고, 2에게는 기밀 정보로 전달합니다.

10

원문 p.361

[묄렌도르프 동향 보도]

발신(생산)일		수신(접수)일	1888. 7. 18
발신(생산)자	기록 없음(o. A.)	수신(접수)자	
발신지 정보		수신지 정보	베를린 외무부
			A. 8757

A. 8757 1888년 7월 18일 오후 수신

뮌헨 알게마이네 차이퉁[1]

1888년 7월 18일 자

* 상하이, 6월 25일. Der Ostasiatische Lloyd지는 다음과 같이 보도하였다. "일단 두 개의 서로 다른 소식통으로부터 소문으로 우리에게 들어오긴 했어도 아마 가까운 시일 내에 확인될 소식에 따르면, 묄렌도르프[2]는 가까운 장래에 조선 왕의 고문이라는 그의 이전의 관직에 복귀할 것이라고 하는데, 이 소식을 듣게 된다면 동양뿐만 아니라 본국에 있는 우리의 모든 동포는 크게 만족스러워할 될 것이다. 주지하는 바와 같이 묄렌도르프는 이 나라가 외국과의 교역에 문호를 개방하게 된 후로부터(1882년 봄) 조선 궁정에서 협판[3]의 직책에 있었다. 그는 상하이 주재 미 합중국 전 총영사 데니[4]가 그의 후임자로 취임한 1885년 여름까지 이 자리에 있었다. 데니는 조선 정부와 월급 1,000달러의 5년 계약을 맺었다. 말하자면 묄렌도르프는 관직에서 만 3년을 채우지 못하였고, 지금에 와서 왕의 고문으로서 그의 체제하에 조선이 큰 발전을 이루었다라고 그에 대해 말할 수는 없다. 그의 공적은 기껏해야 다수의 미국 선교사와 약간 명의 미국 군제 개편자[5]를 불러 왔던 데 국한될 뿐이다. 무역과 상업을 촉진하고 서양 문명에 동참하기 위해 조선이 취한 조치 중에서 예를 들어 해상세관의 설립, 양잠업의 촉진, 전환국, 학원 등의 가장

1 [감교 주석] 뮌헨 알게마이네 차이퉁(Münchener Allgemeine Zeitung)
2 [감교 주석] 묄렌도르프(P. G. Möllendorff)
3 [감교 주석] 외아문 협판
4 [감교 주석] 데니(O. N. Denny)
5 [감교 주석] 미국 군사교관을 의미함.

중요한 조치들은 묄렌도르프의 유일한 공로이다. 이 자리에서는 묄렌도르프가 당시 어떤 이유에서 조선 왕의 고문이라고 하는 관직을 사임하고 다시금 직례성 총독 리훙장의 개인 비서를 수락하게 되었는지 하는 주제로 되돌아가서 논할 수는 없을 것이다. 어쨌든 이미 언급한 바와 같이 묄렌도르프가 그의 예전의 활동무대로 되돌아가게 된다는 소식은 모든 독일인에게 만족할만한 일이 됨에 틀림없고, 그의 앞으로의 활동이 유감스럽게 아직도 여전히 적대적인 당파들로 분열되어 있는 이 나라에 이익이 될 수밖에 없으리라는 데는 의심의 여지가 없다. 묄렌도르프는 들려오는 바에 의하면 현재 조선에 체류 중이다.

11

원문 p.363

또 다시 2년간 데니의 채용과 묄렌도르프의 서울 도착

발신(생산)일	1888. 5. 30	수신(접수)일	1888. 7. 21
발신(생산)자	크리엔	수신(접수)자	비스마르크
발신지 정보	서울 주재 독일 총영사관	수신지 정보	베를린 정부
	No. 29		A. 8887
메모	A. 10806 참조, A. 10065 참조 7월 21일 런던 610, 페테르부르크 320, 함부르크 152 전달 연도번호 No. 244		

A. 8887 1888년 7월 21일 오전 수신

서울, 1888년 5월 30일

No. 29

기밀

비스마르크 각하 귀하

조선 왕의 고문인 데니[1]가 조선 정부로부터 또 다시 2년간 월급 1천 달러로 고용되었음을 각하께 보고드립니다. 관련 계약서에는 이번 달 14일에 한 편에서는 영의정 및 외아문 독판[2]이, 그리고 다른 편에서는 데니가 각각 서명하였습니다. 얼마 전에 이삼일간 병가를 냈던 외아문 독판은 결국 왕의 근엄한 명령에 따라 계약서에 서명하였습니다. 최근 조병식이 영사관을 방문하였을 때 자진하여 본인에게 주저 없이 전달해준 바에 의하면 그는 대다수의 조선 관리들이 그러하듯이 데니를 무능하고 불필요한 사람이라고 생각했기 때문에 그를 계속해서 채용하는 것에 절대 반대하였다고 합니다. 그러면서 동시에 그는 해상세관 총감독 메릴[3]이 데니보다는 백배 더 값어치가 있다고 말하였습니다. 전자, 즉 메릴은 최소한 일하고는 있지만 후자, 즉 데니는 아무 일도 하고 있지 않다는 것입니다. 독판은 왕이 데니의 친한 친구인 러시아 공사 베베르[4]에게 호의를 보이려고

1 [감교 주석] 데니(O. N. Denny)

2 [감교 주석] 조병식(趙秉式)

3 [감교 주석] 메릴(H. F. Merill)

4 [감교 주석] 베베르(K. I. Weber)

데니를 계속해서 채용하였노라고 본인에게 넌지시 암시하였습니다.

이 나라의 재정상태는 애처롭습니다. 10개월 전부터 삼등 이하의 관리들은 그들 자신과 그들의 하인들에게 줄 쌀도 공도 받지 못했습니다. 그런데 현물급여는 관리들의 수입의 주요 부분을 이루는 데 반해 그들의 현금 급여는 거의 언급할만한 가치가 없습니다. 예를 들어 외아문 독판은 보통 월 1만 냥 또는 대략 8달러 정도를 받고 있습니다.

이와 같은 실정에서 그때까지 아무런 고정 계약이 없던 데니를 그렇게나 엄청나게 높은 급여로 채용하는 것은 설명하기 힘든 것으로 여겨집니다. 왕의 이 결정에 대한 근거를 찾아보지만 헛수고입니다. 이곳에서는 또 다시 러시아와 조선 양국의 비밀 방위조약[5]이 문제되고 있는데, 이 조약은 데니의 중재로 작년 6월에 체결되었다고 합니다. 그 결과 왕은 어쩔 수 없이 그의 그때까지의 고문을 계속해서 유지하지 않을 수 없게 되었다는 식이라고 합니다.

데니의 계약이 체결된 그날 오후에 묄렌도르프가 톈진으로부터 이곳에 도착하였습니다. 그는 우선 일주일 동안은 완전히 두문불출하였습니다. 왜냐하면 그는 왕의 알현을 희망하고 있었는데 이 알현이 이루어지기 전에는 아무도 만나지 않으려 했기 때문입니다. 그의 알현 희망은 실패하였으나 그럼에도 불구하고 그는 8일 전에 본인을 찾아와 즉석에서 왕이 그를 그의 이전 관직에 다시 받아들이도록 (직례[6]; 감교자)총독 리훙장[7]이 그를 서울로 보냈노라고 서슴지 않고 본인에게 말하였습니다. 위안스카이[8]는 그가 부왕의 명을 받고 온 것이 아니라는 말을 퍼뜨리긴 했으나, 진실을 은폐하는 것은 무익한 일이므로 그(묄렌도르프: 번역자)는 위안스카이의 이 말을 어디까지나 부인할 것이라고 합니다. 만약 왕이 그의 기대에 반하여 그를 고용하지 않는다면 그는 청국 공관에 머물러 있을 것이라고 합니다. 그가 조선을 러시아의 보호국으로 만들려 한다고 당시 영국 측에서 그에 대해 발설한 풍문은 근거 없는 것임을 총독에게 증명하는 데 성공하였다고 하고, 그는 지금 또다시 총독의 완전한 신임을 누리고 있다는 것입니다.

이와는 반대로 이곳 청국 대표의 비서인 탕[9]은 본인에게, 묄렌도르프는 리훙장이 보낸 것이 아니라고 아주 단호한 방식으로 되풀이해서 언명하였습니다. 묄렌도르프는 오히려 2개월간의 휴가를 얻었을 뿐이며 거의 틀림없이 곧 다시 톈진으로 돌아가게 될

---

5 [감교 주석] 제2차 조러밀약설

6 [감교 주석] 직례(直隸)

7 [감교 주석] 리훙장(李鴻章)

8 [감교 주석] 위안스카이(袁世凱)

9 [감교 주석] 탕사오이(唐紹儀)

것이라는 것입니다.

지금까지 묄렌도르프는 왕의 접견을 받지 못하였습니다.

이 보고서의 사본을 베이징 주재 독일제국 공사관에 발송합니다.

크리엔

내용: 또 다시 2년간 데니의 채용. 묄렌도르프의 서울 도착.

베를린, 1888년 7월 21일

A. 8887

주재 외교관 귀중
2. 런던 No. 610
4. 페테르부르크 No. 320
7. 함부르크 No. 152

데니[10]의 재차 2년간 조선 관직에의 채용 및 묄렌도르프의 서울 도착에 관한 서울 주재 독일제국 영사관 대리의 올해 5월 30일 자 보고서 사본을 첨부하여 기밀정보로 전달해드립니다.

기밀!

10 [감교 주석] 데니(O. N. Denny)

12

원문 p.366

묄렌도르프 동향 추가 보도

발신(생산)일		수신(접수)일	1888. 7. 28
발신(생산)자	기록 없음(o. A.)	수신(접수)자	
발신지 정보		수신지 정보	베를린 외무부 A. 9236

A. 9236 1888년 7월 28일 오후 수신

디 포스트[1]

1888년 7월 28일 자

7월 26일 자 함부르기셔 코레스폰덴트[2]는 조선에 체류 중인 묄렌도르프에 대해 다음과 같이 쓰고 있다: Der Ostasiatische Lloyd(상하이에서 발행되는 독일신문: 번역자)는 올해 5월 24일 자 발행호에서 'P. G. von 묄렌도르프'라는 제목이 달린 기사를 실었는데, 이 기사의 내용인즉, 아직은 풍문에 불과하지만 신뢰할만한 측으로부터 신문에 들어온 소식에 의하면 묄렌도르프는 가까운 시일 내에 조선 왕의 고문이라는 그의 이전 관직에 복귀할 텐데, 이 소식을 들으면 모든 독일인은 만족스러워할 것이라고 한다. 이 기사는 계속해서 조선 궁정에서 묄렌도르프의 이전 활동에 대한 간단한 소개말과 그의 관직 후임자인 전 미국 총영사 데니[3]의 성과에 대한 부정적인 비판을 덧붙였다. 이 보도들이 그동안 여러 독일 신문에도 게재된 이후 확실한 소식통으로부터 들려오는 바에 의하면, 묄렌도르프가 가까운 시일 내에 조선 관직에 재취임하리라는 보도는 실제적인 근거가 없다고 한다. 묄렌도르프는 현재 조선에 체류하고 있으나 그의 조선 여행 동기는 전적으로 사적인 것이었으며, 특히 청국 정부 또는 독일 정부의 위탁 운운과는 아무런 관련도 없었다."

1 [감교 주석] 디 포스트(Die Post). 베를린에서 발행되는 일간지
2 [감교 주석] 함부르기셔 코레스폰덴트(Hamburgischer Korrespondent). 함부르크에서 발행되는 일간지
3 [감교 주석] 데니(O. N. Denny)

13

원문 p.367

영국 총영사관 대리 인사 교체와 왕의 워터스 접견 거절

발신(생산)일	1888. 6. 11	수신(접수)일	1888. 8. 1
발신(생산)자	크리엔	수신(접수)자	비스마르크
발신지 정보	서울 주재 독일 총영사관	수신지 정보	베를린 정부
	No. 34		A. 9383
메모	A. 13825 참조 8월 1일 런던 637 전달 연도번호 No. 275		

A. 9383 1888년 8월 1일 오전 수신

서울, 1888년 6월 11일

No. 34

비스마르크 각하 귀하

오늘 (서울 주재; 감교자) 영국 총영사관 대리 워터스[1] 측으로부터 본인에게 입수된 보고에 의하면 그는 비교적 긴 휴가를 받고 총영사관의 직무는 포드[2]에게 위임하였다고 합니다.

포드는 지금까지 푸저우[3] 주재 영국 부영사였습니다.

이번 달 8일 워터스가 본인에게 구두로 전한 바에 의하면 그는 이번 달 6일에 그 다음 날 오후 포드와 함께 왕을 알현하도록 초청받았다고 합니다. 그가 고별인사차 방문한 김에 외아문 독판[4]에게 또 "무슨 일이라도 일어날는지" 질문하였는데 독판은 그런 일은 없다고 부인하는 식으로 대답하여, 워터스는 왕이 이제는 자기를 더 이상 접견하지 않는 것 아니냐고 추측하였다고 합니다. 그래서 그는 그의 예복을 싸서 제물포에 보냈다는 것입니다. 그런데 또 알현의 초대를 받게 되었으므로 그는 즉시 의정부 비서인 그의 조선인 통역관에게 자신의 예복을 이미 발송했다는 사실을 설명하고 사교복을 입고 가

1 [감교 주석] 워터스(T. Watters)

2 [감교 주석] 포드(C. M. Ford)

3 [감교 주석] 푸저우(蒲州)

4 [감교 주석] 조병식(趙秉式)

도 왕이 자신을 접견할 것인가 하고 그에게 질문했다고 합니다. 이에 대해 통역관은 염려할 것 없다고 대답하였다고 합니다. 그는 통역관에게 알현일 오전에 상술한 이유로 예복을 입지 못한 채 입궐할 것이라고 궁정 관리에게 알리도록 지시하고 같은 날 오후 사교복을 입고 입궐하였던 데 반해 포드는 예복을 입었다고 합니다. 그를 맞이하는 궁전 관리들에게 그는 도착 즉시 그의 사교복 착복에 대한 사정을 설명하였다고 합니다.

그런 후 한 시간 이상이나 기다리고 나서 알현이 지연되는 이유를 물은 결과 그가 '일상복'을 입고 입궐했기 때문에 왕은 그를 아마도 접견하지 않을 것 같다는 답변을 받았다고 합니다. 그래서 그는 그가 사교복을 입었다는 것을 다시 한번 강조하였으나 이에 대해 왕은 그를 접견할 수 없을 것이라는 통고를 받게 되었으므로 그는 포드와 함께 집에 돌아와 그의 상사인 베이징 주재 영국 공사에게 이 사건에 대해 서면으로 보고하였다고 합니다.

워터스는 왕이 데니에게 그의 견해에 대해 문의하였고 데니는 위에 든 사교복 착복을 이유로 자신을 접견하지 말도록 왕에게 권고했을 것이라고 추측한다고 본인에게 말하였습니다. 그 사이에 본인은 신뢰할만한 측으로부터 워터스의 이 추측이 들어맞음을 확인받았습니다. 그 후 데니는 조선 사람들이 워터스가 일상복을 입고 입궐하였다고 그에게 알려주었다는 변명을 하고 있습니다.

이 사건은 이곳에서 상당히 사람들의 이목을 끌었으므로 각하에게 이에 대해 보고해야 한다고 본인은 생각하였습니다. 본인이 탐문한 바에 의하면 청국 대표는 이 사건에 대해서 상세하게 톈진에 타전하였다고 합니다.

덧붙여 보고드려야 할 것은, 이곳을 떠나가는 외교 및 영사 대표들에게는 왕으로부터 언제나 고별 알현이 허용되어 있다는 사실과 또 외국인들의 응접에 관한 궁중예식이 지금까지 확정되어 있지 않다는 것입니다.

워터스는 어제 서울을 떠났고, 모레 아침 일찍 제물포를 출발하는 일본 우편선을 타고 조선을 떠날 것입니다.

이 보고서의 사본을 베이징 주재 독일제국 공사에게 발송합니다.

크리엔

내용: 영국 총영사관 대리 인사 교체. 왕의 워터스 접견 거절

베를린, 1888년 8월 1일

A. 9383

주재 외교관 귀중
2. 런던 No. 637

기밀!

서울 주재 영국 총영사 대리 교체 및 이임하는 워터스[5]에 대한 조선 왕의 접견 거절에 관한 서울 주재 대리 영사의 올해 6월 11일 자 보고서 사본을 첨부하여 기밀 정보로 전달해드립니다.

5 [감교 주석] 워터스(T. Watters)

14

원문 p.370

조선 내부정세에 관하여; 러시아 정부의 태도

발신(생산)일	1888. 6. 19	수신(접수)일	1888. 8. 5
발신(생산)자	브란트	수신(접수)자	비스마르크
발신지 정보	베이징 주재 독일 공사관	수신지 정보	베를린 정부
	No. 154		A. 9583
메모	8월 7일 런던 647, 페테르부르크 333 전달		

A. 9583 1888년 8월 5일 오후 수신

베이징, 1888년 6월 19일

No. 154

기밀

비스마르크 각하 귀하

조선 국내정세에 관해서 올린 바 있는 올해 6월 2일 자 134번 보고서[1]에서 본인은 (직례[2]; 감교자)총독 리홍장[3]이 본인의 러시아인 동료에게 서울 주재 러시아 대리공사 베베르[4]에 대해 터뜨렸던 불만을 언급한 바 있습니다. 쿠마니[5]의 비밀 보고에 의하면, 그는 이번 달 17일에 페테르부르크로부터 전보 지시를 받았다고 하는데, 그 전보의 내용인즉, 그곳에서는 리홍장의 불만 표시를 허위까지는 아니더라도 과장된 서울 주재 청국 변리공사 위안스카이[6]의 보고 탓으로 돌린다고 하고, 또 본디 불필요한 것으로 보고 있긴 하지만 러시아 정부가 1886년 톈진에서 맺은 합의(즉 상호 간섭 자제)를 지키면서 조선 왕의 독립 욕구를 조장하는 것과는 전혀 관계가 없도록 이미 예전에 베베르에게 내린 지시를 다시 한번 반복하고자 한다는 것입니다.

이곳 정부 인사들 가운데서도 최근에는 주로 쩡지쩌[7]의 발의에 호응하여 조선 문제에

1 [원문 주석] 1888년 8월 5일에 II 15403/5 첨부하였음.

2 [감교 주석] 직례(直隷)

3 [감교 주석] 리홍장(李鴻章)

4 [감교 주석] 베베르(K. I. Weber)

5 [감교 주석] 쿠마니(A. M. Kumani). 독일어 원문에는 Coumany로 적혀 있음.

6 [감교 주석] 위안스카이(袁世凱)

열중하고 있습니다. 열강들 간의 조약에 의해 조선 중립성을 보장해주자는 동 후작의 구상은 그동안 총리아문의 다른 구성원들의 찬동을 받지 못하고 있습니다. 청국 정부는 지금까지 판명된 바로는 외부적 사건들에 의해서 불가피하게 그럴 수밖에 없게 되지 않는 한 조선과 관련해서는 그 어떤 성명도 자제할 것입니다.

묄렌도르프의 서울 체류, 그리고 그동안 확인되지 않은 것으로 보이는 파울리[8] 소령의 서울행[9] 소문은 이곳에서는 여전히 온갖 억측을 빚어내고 있습니다. 조선 문제에 대한 우리의 올바른 태도는 우리가 이 두 사람을 우리의 목적에 이용하려고 시도할 수도 있을 것 같다는 의심으로부터 우리를 보호해줍니다.

브란트

내용: 조선 내부정세에 관하여; 러시아 정부의 태도

---

7 [감교 주석] 쩡지쩌(曾紀澤)

8 [감교 주석] 파울리(Pauli)

9 [원문 주석] 아니다 – 이미 베를린에. Tsp.

베를린, 1888년 8월 7일

A. 9583

주재 외교관 귀중

2. 런던 No. 647

4. 페테르부르크 No. 333

기밀!

조선 국내정세 및 대 조선 러시아 정부의 태도에 관한 베이징 주재 독일제국 공사의 올해 6월 19일 자 보고서 사본을 첨부하여 기밀 정보로 전달해드립니다.

15

원문 p.373

[영유아 납치 사건 소문에 관한 건]

발신(생산)일	1888. 6. 22	수신(접수)일	1888. 8. 13
발신(생산)자	크리엔	수신(접수)자	비스마르크
발신지 정보	서울 주재 독일 총영사관	수신지 정보	베를린 정부
	No. 184		A. 9909

사본

A. 9909 1888년 8월 13일 오전 수신

서울, 1888년 6월 22일

No. 37

비스마르크 각하 귀하

청국 대표[1]와 러시아 대리공사[2]는 지금까지 이곳에 몸소 오지는 않았습니다. 전자, 즉 청국 대표는 와병 중이고 후자, 즉 러시아 대표는 현재 외국인에 대해 크게 흥분하고 격노하는 것으로 알려지고 있는 조선 민중이 두려워 일주일 전부터 대다수의 외국 공사관과 영사관 건물이 많이 들어서 있는 정동 지구를 떠나지 못하고 있습니다. 두 인사는 그들의 불참을 사과하면서 본인에게 그들의 동정어린 관심을 서면으로 입증하였습니다.

크리엔

1 [감교 주석] 위안스카이(袁世凱)

2 [감교 주석] 베베르(K. I. Weber)

16

원문 p.374

[영유아 납치 사건 소문 관련 보도]

발신(생산)일		수신(접수)일	1888. 8
발신(생산)자	기록 없음(o. A.)	수신(접수)자	
발신지 정보		수신지 정보	베를린 외무부
			A. 9965

A. 9965 1888년 8월 오후 수신

함부르기셔 코레스폰덴트[1]

1888년 8월 14일 자

조선

영국의 신문지상에는 조선의 수도 서울에서 일어난 심각한 소요사태에 관하여 최근 동양에서 들어온 보도들이 게재되었다. 근년에는 이러한 소요사태가 끊임없이 주기적으로 되풀이되었으나 이번의 경우에는 그 원인이 독특한 것이었다. 몇몇 청국인은 미국 선교사들이 어린아이들을 죽이고 그 시체를 삶아서 약제를 만든다는 거짓 이야기를 퍼뜨렸다. 또 다른 버전에 의하면 선교사들은 시체로 사진촬영용 화학약품을 만든다고 한다. 이와 같은 것들은 청국에서는 널리 믿어진다. 그래서 1870년에 톈진에서 일어난 학살사건도 역시 그러한 소문이 원인이 되었다고 한다. 서울에서 소요사태가 일어나기 전에 다행히 당국에서 선교사들의 보호와 안전을 위한 조치를 취하였다. 어린아이들을 팔았다고 하는 조선 관리 9명이 대로상에서 군중에 의해 목이 잘렸다. 외국의 공사관들은 40 영국 마일 떨어져 있는 항구 제물포에서 군함을 부르는 전보를 쳤다. 저녁 10시에 러시아, 미국, 프랑스의 수병들이 포함을 타고 서울에 도착하였다. 다음날 아침에는 일본 선원부대도 도착하였다. 그러는 사이에 조선 당국에서도 외국 공사관과 영사관의 보호를 위해서 군대를 투입하였다. 동시에 묄렌도르프도 톈진으로부터 제물포에 도착하였다. 그는 리훙장의 권유로 서울로 떠나갔다고 한다. 이 통신의 발신 중에도 소동은 지속되었다.

---

1 [감교 주석] 함부르기셔 코레스폰덴트(Hamburgischer Korrespondent)

17

원문 p.375

조선 내부 정세에 관하여

발신(생산)일	1888. 6. 26	수신(접수)일	1888. 8. 17
발신(생산)자	브란트	수신(접수)자	비스마르크
발신지 정보	베이징 주재 독일 공사관	수신지 정보	베를린 정부
	No. 163		A. 10065
메모	8월 17일 런던 665, 베이징 350 전달		

A. 10065 1888년 8월 17일 수신

베이징, 1888년 6월 26일

No. 163

비스마르크 각하 귀하

이곳에 입수된 몇몇 서울발 전보에 의하면 그곳에서 적지 않은 인명피해가 초래된 소요사태가 일어난 것 같습니다. 톈진 주재 조선 영사는 6월 21일에 전보 한 통을 받았는데, 그 내용인즉 서울에서는 주민들 사이에서 표면상으로는 외국인을 향해 크게 분노하는 분위기가 감돌고 있다는 것입니다. 또 본인의 일본인 동료에게는 22일에 서울 주재 일본대리공사의 전보가 도쿄를 거쳐 입수되었는데, 이에 따르면 그곳(서울: 번역자)에서 다수의 희생자를 낸 소요사태가 일어났으나 이미 평온이 회복되었다고 합니다. 제물포에 정박 중인 일본 군함의 승무원들이 공사관 보호를 위해 상륙하였다고 합니다.

이곳의 외국 공사관들은 모두 서울로부터 직접 보고를 받은 일이 없다는 사실과 또 총리아문의 대신들은 어제 이 사건에 대해 아무것도 알지 못하고 있음이 확실했다는 사실은 소요사태가 그리 중대하지 않았고 인명피해는 토착인[1]들에게만 국한되었으리라는 희망을 품게 합니다. 그러나 당파와 음모로 지리멸렬된 이 작은 나라에서 이와 같은 소란 사건이 빈번하게 일어난다는 것은 이 나라의 와해가 진행 중임을 잘 말해주고 이와 더불어 또 다른 국제적 분규까지도 예상하게 하는 우려스러운 징후입니다.

서울 주재 독일제국 영사관의 올해 5월 30일 자 29번 보고서[2]에서 언급된 이른바

1 [감교 주석] 조선인

러시아와 조선 양국 간 방위조약의 존재[3]를 이곳 러시아 공사 쿠마니[4]는 단호히 부인하면서 그것은 청국 변리공사 위안스카이[5]와 묄렌도르프[6]의 모략이라고 하였습니다. 어쨌든 간에 묄렌도르프는 6월 16일 조선 왕이 그에게 허락해준 첫 알현 결과에 따라 22일에 톈진에 있는 그의 가족을 불러 그의 뒤를 따라오게 하였습니다. 본인은 쿠마니의 보고에는 하등 의심할 이유가 없다고 생각합니다. 한편으로는 그러한 방위조약은 러시아에 아무 이익도 줄 수 없을 뿐만 아니라 오히려 청국으로 하여금 1886년의 톈진 합의를 파기하도록 허용해줄 것입니다. 이 합의는 러시아가 조선에서 추구하는 기다림의 정책을 펼치기에 소국과의 방위조약에 비해서 훨씬 더 유리한 계기를 러시아에 줄 수 있을 것입니다. 다른 한편으로 러시아와 조선 간의 관계가 실제로 이와 같은 조약 체결이 가능할 정도로 그렇게까지 친밀한 관계라면 수년 전부터 양국 간에 협상 중인 국경무역 협정은 벌써 체결되었어야 할 것입니다.

그러므로 본인은 사실 주로 묄렌도르프가 퍼뜨리고 있는 소문도 마찬가지로 둘이 함께 청국의 권리주장에 반하여 조선의 독립을 옹호하는 투사로 간주되는 러시아 공사[7]와 미국 공사[8]를 겨냥한 것이라고 간주하고 싶습니다. 그런데 문제의 이 인물들이 그렇게 간주되는 것은 그들이 대표하고 있는 그들 정부의 의도보다는 그들의 개인적 견해와 좀 더 관련 있을 것입니다.

브란트

내용: 조선 내부 정세에 관하여

2 [원문 주석] A. 8887 조선 1의 위임으로 첨부하였음.
3 [감교 주석] 제2차 조러밀약설
4 [감교 주석] 쿠마니(A. M. Kumani). 독일어 원문에는 Coumany로 적혀 있음.
5 [감교 주석] 위안스카이(袁世凱)
6 [감교 주석] 묄렌도르프(P. G. Möllendorff)
7 [감교 주석] 베베르(K. I. Weber)
8 [감교 주석] 포크(G. C. Foulk)

베를린, 1888년 8월 17일 A. 10065

주재 외교관 귀중
1. 런던 No. 665
2. 페테르부르크 No. 350

조선의 국내 정세에 관한 베이징 주재 독일제국 공사의 올해 6월 26일 자 보고서 사본을 첨부하여 (귀하의 기밀 정보로)
1에게는: 정보용으로 전달하되 내용을 재량에 따라 비밀리에 이용할 권한을 부여하고,
2에게는: 기밀 정보로 전달합니다.

18

원문 p.378

서울에서의 소요사태

발신(생산)일	1888. 6. 23	수신(접수)일	1888. 8. 18
발신(생산)자	크리엔	수신(접수)자	비스마르크
발신지 정보	서울 주재 독일 공사관	수신지 정보	베를린 정부
	No. 38		A. 10117
메모	1. 8월 18일 런던 669, 페테르부르크 351, 워싱턴 A58, 드레스덴 567, 뮌헨 562, 슈투트가르트 548, 칼스루에 103, R. A. d. 내무 및 외무성, 내각 전달, 원문 8월 18일 함부르크 180 전달 2. 9월 19일 바이마르 455 전달 연도번호 No. 311		

A. 10117 1888년 8월 18일 오전 수신, 첨부문서 5부

서울, 1888년 6월 23일

No. 38

비스마르크 각하 귀하

이번 달 16일 이후로 서울 주민들 사이에서 심한 흥분상태가 두드러지게 나타났음을 각하에게 보고 올립니다. 외국인들, 특히 일본인, 미국인, 프랑스인들의 위탁으로 수많은 조선 어린아이가 유괴당하고 잡아먹혔다고 하는 소문이 도시 곳곳에 퍼져 있었습니다. 이번 달 16일부터 19일까지의 기간에 세 명에서 일곱 명에 이른다고 하는 이른바 어린이 납치범이 격노한 민중에 의해 수도의 대로상에서 맞아 죽었습니다.

17일에는 형조가 도시의 여러 성문에 번호 1번으로 번역된 포고문을 게시하였는데, 이는 주민의 어리석은 의심을 더욱 더 부채질하기에 알맞았습니다.

그 결과, 외국인들 가운데는 걱정이 대단했습니다. 사람들은 미국 선교사들과 대부분의 외국인이 살고 있는 정동 지역, 그리고 일본인 거류지에 대한 습격을 두려워하였습니다. 프랑스인 조선 교구장 블랑은 가톨릭 선교사들에게 거리로 나가는 것을 금지하였습니다.

미 합중국, 러시아 및 프랑스 대표들은 17일과 18일에 자국민을 보호하기 위해 제물포에 정박 중인 그들의 군함에 일정 수의 해군부대 파견을 명령하였는데, 그 다음 며칠 동안 총 70여 명이 이곳에 도착하였습니다.

10월 18일에 합중국 대리공사[1]는 이곳 외교 대표단 수석의 자격으로 외아문 독판의

구상서를 받았는데, 이 구상서를 통해 독판은 그의 서한에 동봉한 포고문을 성문과 거리의 길목에 게시하게 하려 한다는 것을 통고하였습니다. 이 구상서를 부록 2로 번역하여 첨부합니다. 아주 서툴게 작성된 이 공지문도 역시 외국인들을 똑같이 의심하도록 되어 있어서 민중을 진정시키려는 그 본래의 목적을 달성할 수 없을 것 같았으므로 딘스모어는 독판 조병식[2]에게 당분간 이 포고문을 공개하지 말도록 급히 요청하였고 그 다음날 러시아[3], 일본[4], 프랑스[5] 및 영국 대표[6]들을 회합에 참석하도록 소집하였습니다.

미국 대리공사는 이 모임에 청국 대표[7]를 초청하지 않았습니다. 딘스모어가 영국 총영사에게 밝힌 바에 의하면 그는 청국 대표를 깜빡 잊었을 뿐이라고 합니다.

본인은 이 기회에 프랑스 주교 블랑[8] 예하가 본인에게 구두로 전한 풍문 하나를 언급할 필요가 있습니다. 이 풍문에 의하면 청국 공사관은 외국인을 배척하도록 조선 민중을 선동하기 위해 대원군[9]과 협력해서 1870년 톈진에서 일어났던 기독교인 학살에 관한 소책자를 내륙지방과 수도에 배포하였다고 합니다. 청국인들과 친청파 조선인들은 이 선동책자에 의해 예상되는 민중의 폭동을 이용하여 왕을 체포하고 폐위하려고 한다는 것입니다. 왕은 정동 습격에 뒤이어 계속해서 왕궁 습격까지로도 번질 것이 예상되어 이번 달 17일부터 19일까지 큰 불안에 떨고 있었다고 합니다. 이 풍문에서 무엇이 사실인지 본인은 아직까지 확인하지 못하였습니다.

어쨌든 기이한 것은, 조선의 어린아이들을 사서 청국에 되파는 사람들은 유일하게 청국인들뿐임이 명백하건만, 그런데도 오로지 청국인들만은 조금도 의심받지 않는다는 것입니다.

이 회합에서 특히 러시아 대리공사가 비상한 흥분과 우려를 표시하였으나 자신의 공사관 보호를 위해 이미 6명의 수병과 함께 1명의 러시아 장교가 배치되어 있고 야포 1문까지 서울에 도착해 있는 만큼 그의 흥분과 우려는 이해하기 어렵습니다.

상기한 대표들은 3번으로 동봉한 공동 구상서를 조병식에게 전달하기로 결의하였는데, 떠돌고 있는 황당무계한 소문을 논박하는 포고문이 중국어로 번역되어 첨부된 이

---

1 [감교 주석] 딘스모어(H. A. Dinsmore)
2 [감교 주석] 조병식(趙秉式)
3 [감교 주석] 베베르(K. I. Weber)
4 [감교 주석] 곤도 마스키(近藤眞鋤)
5 [감교 주석] 플랑시(V. C. Plancy)
6 [감교 주석] 포드(C. M. Ford)
7 [감교 주석] 위안스카이(袁世凱)
8 [감교 주석] 블랑(M, G. Blanc)
9 [감교 주석] 흥선대원군(興宣大院君)

구상서로 그들은 조병식에게 이 포고문을 공포하게 하고 또 순찰대를 파견하여 외국인에 대한 만일의 폭동을 미연에 방지해달라고 간청하였습니다. 이 공고는 본인이 생각하기에도 유용한 것이었기 때문에 대표들의 공동행동에 본인도 참가해야 한다고 생각했습니다.

포고문은 이번 달 20일에 적합한 방법으로 공고되었으며, 독판은 이 사실을 이번 달 21일 자 서한(부록 5)을 통해 외국 대표들에게 통고하였습니다.

앞서 언급 드린 구상서가 조병식에게 전달되기 전에 조병식은 부록 4로 첨부한 서한을 딘스모어에게 발송하여 그(조병식: 번역자)가 이전의 포고를 철회했고 그 대신에 자신의 지난번 서한에 첨부한 바 있는 게시물을 약간 더 유리하게 작성하여 공표했노라고 외국 대표들에게 통고하였습니다. 본인은 이 급보의 수령을 확인하는 데 그쳤습니다.

본인이 여러 방면으로부터 들은 바로는, 독일 영사관 대지가 시의 한가운데에 다른 외국인들의 주택에서 멀리 떨어져 있음에도 불구하고 다른 외국인들과는 반대로 독일제국 영사관이나 이곳의 독일인들에게는 아무런 소란이나 불안요인도 나타나지 않았음에 대해 조선인들은 놀라워하고 있습니다. 그러므로 조선 국민은 외국인들에게 뒤집어씌우고 있는 그 범죄에 대해 우리 독일인들에게는 죄가 없다고 생각했다는 것입니다.

실제로 본인은 독일제국 영사관이 위치하고 있는 지역에서는 이렇다 할 소란도 감지하지 못했고, 또 독일인들에 대한 적대적인 행동도 결코 두려워한 일이 없습니다. 폭도들의 분노는 의심할 바 없이 무엇보다도 먼저 조선인들에게 미움을 받고 있는 일본인들과 그들의 정착촌을 향한 것이며, 다음으로는 미국과 프랑스의 선교사들을 목표로 한 것인데, 특히 후자 둘은 조선 유치원을 경영하고 있기 때문입니다.

사흘 전부터 주민들의 흥분은 매우 현저히 가라앉았습니다. 따라서 프랑스 해병들은 오늘 아침 다시 서울을 떠났고 미국과 러시아의 대표들은 탐문한 바에 의하면 그들의 수병들을 다음 주에 제물포로 돌려보낼 예정이라고 합니다.

일본 대리공사는 이번 달 19일 이곳에 도착한 일본군대를 같은 날 저녁에 이미 그곳(제물포: 번역자)으로 돌아가게 하였습니다. 그 이유로서 청국 공사관이 주장하는 바에 의하면, 그가 1885년 4월 18일 체결된 청국과 일본 간의 조약에 따라 군대를 상륙시키고자 하는 의도를 이곳 청국 대표에게 사전 통고하는 것을 놓쳤기 때문이라고 합니다.

조선인 통역관이 본인에게 전한 바에 의하면, 곤도[10]는 어떤 기회에 일본 군대가 제물포에서 서울로 파견된 것은 그의 요청에 의한 것이 아니라 일본 함대의 사령관에 의한 것이라고 외아문 독판에게 설명하였다고 합니다. 그러나 그(곤도: 번역자)가 곧바로 군

---

10 [감교 주석] 곤도 마스키(近藤眞鋤)

대를 제물포로 다시 돌려보낸 것은 필요한 경우에 조선 정부가 조선 병사들을 통해 자국민들을 조선 주민의 폭력행위로부터 보호해주리라는 굳은 신뢰를 조선 정부에 대하여 품고 있기 때문이었다고 합니다.

곤도는 이번 달 19일에 13명의 일본 해군장교가 7~8명의 장정들과 함께 그에게 작별인사를 하려고 서울을 방문했던 것에 대해 전해주었습니다. 그러나 그는 그들 중의 대부분을 같은 날 저녁에 이미 제물포로 돌아가도록 결정하고 자국민에 대한 조선인들의 흥분을 더 부채질하지 않도록 하였다고 합니다.

수도는 현재 외견상 완전히 평온을 회복하였습니다만, 그래도 특히 중급 및 하급 관리들 사이에서 감돌고 있는 외국인들에 대한 불만과 분노를 부인할 수는 없습니다. 이 관리들은 1년 전부터 현물급여를 더 이상 받지 못하고 있는데도 다른 한편으로 정부에 고용된 미국인들은 전체 수입으로 월 약 4천 달러라는, 조선치고는 어쨌거나 막대한 금액을 받고 있습니다.

게다가 고위 장교들 사이에서는 지금까지 약 6천 명에 달하는 정규군 3개 대대를 지휘하고 있던 장성 3명 중에서 2명이 최근 파면당한 데 대해 언짢은 분위기가 감돌고 있습니다. 육군은 현재 형조판서와 서울 포도대장을 겸임하고 있는 한규설[11]의 최고지휘하에 있습니다. 한규설은 날마다 궁정에 나타나서 얼마 전부터 왕에게 가장 중요한 영향을 끼치고 있습니다. 동시에 그는 베베르[12]와 데니[13]에게 전적으로 충성을 다하고 있습니다.

끝으로 조선 귀족[14]들은 유괴당한 어린아이들을 후에 노비로 사용하려고 사는 경우가 자주 있다는 것을 각하에게 보고 올립니다. 그 이유는 그들의 가정에서 양육되어 자신의 본래 가족 구성원을 알지 못하는 사람들은 보통의 하인들보다 그들(귀족: 번역자)에게 보다 더 헌신적이고 보다 더 지조를 지킨다고 생각하기 때문입니다.

뿐만 아니라 많은 조선인 사이에서는 어린아이의 인육을 먹음으로써 다른 방법으로는 불치의 나병 같은 몇 가지 병이 낫는다는 견해가 지배하고 있습니다.

이 보고서의 사본을 베이징 및 도쿄 주재 독일제국 대사관에 발송합니다.

크리엔

내용: 서울에서의 소요사태, 첨부문서 5부

---

11 [감교 주석] 한규설(韓圭卨)

12 [감교 주석] 베베르(K. I. Weber)

13 [감교 주석] 데니(O. N. Denny)

14 [번역 주석] 조선 측 맥락에서 살펴보면 양반보다는 집권세력 내지는 세도가로 볼 수 있음. 다만 독일외교관이 조선 내부의 신분제 질서를 이해하는 방식을 그대로 담아낸다는 관점에서 본문에서는 '귀족'으로 번역함.

No. 38의 첨부문서 1

사본

포고

(1888년 6월 17일에 게시)

야음을 틈타 범법행위를 저지르는 나쁜 무뢰한들이 도시와 그 관할 구역 곳곳에서 어린아이들을 꼬여 유괴하고 있음은 주지의 사실이다. 어쨌든 이 범죄의 배후에는 반드시 누군가 있어서 그들을 그렇게 하도록 부추기고 있음에 틀림없다. 그러므로 이 범인들을 법에 의거하여 처단하기 위해 도처에서 열심히 범인들을 수색하고 있다. 그럼에도 매우 유감스러운 것은 (주민들에 의하여) 직접 형이 집행되고 (범죄자들 중 몇 명이) 살해되는 바람에 그들을 심문조사할 수도 없게 되었고 이 사건의 배후에 무엇이 숨어 있는지를 해명해낼 수도 없게 되었다는 사실이다. 금후 이러한 범법 무뢰한이 나타나거든 즉시 포박, 억류하고 그 원흉을 찾아낼 수 있도록, 그리고 또 (범죄자에 대한) 자체적인 법 집행과 살해를 통해 범죄자로부터 아무것도 심문할 수 없게 되지 않도록 아래의 형조에 신고할 것을 공지하는 바이다.

형조.

번역에 대한 책임자로서

라인스도르프

No. 38의 첨부문서 2

사본

외아문 독판[15]의 서한

1888년 6월 15일 자

가두에서 실종되었다고 하는 어린아이들에 대한 이야기가 지금 본인의 귀에 들려오고 있습니다만, 무지한 대중에 의해 유포되고 있는 이 이야기는 외국인들에 대한 의심을 시사하면서 마치 샘물처럼 용솟음치고 불꽃처럼 활활 타오르고 있습니다. 모든 사람들

15 [감교 주석] 조병식(趙秉式)

이 그런 의심을 공유하고 있고, 부인하는 사람은 한 사람도 없습니다.

외아문은 인심을 진정시키고 외국인들을 의심하지 않게 하려는 특별한 의도에서 포고문을 발포하였습니다. 따라서 본관은 이에 대한 인지와 관용을 요망하며 귀하에게 이 포고문의 사본을 전달해드립니다.

조병식

외아문의 포고문

들려오는 바에 의하면 대로와 골목길에서 어린아이들이 실종되어 외국인들에게 팔려갔다고 하는데, 외국인들은 이 어린아이들을 요리해서 먹었다고 하며 또 가두에서 온갖 어린이 납치범들이 붙잡혀 그 사실을 자백하였다고 한다.

만약 실제로 소문대로라면 외국인들은 식인종일 것이며 사람들은 분노의 감정을 억누를 수 없을 것이다.

외아문은 대외관계를 취급하는 관청이다. 따라서 범죄자의 즉각적 처벌을 도모하는데 대한 설명이 틀림없이 이루어져야만 할 것이다. 그러나 우리는 범죄자의 동기를 드러낼 수 있는 명백하고도 확실한 증거를 아직 갖고 있지 않다. 그러나 우리는 노소를 막론하고 우리 온 국민에 대해 동정하고 있으며 그들 각자에 대해 염려하고 있다. 금후 범법무뢰한이 어린아이를 유괴하여 판매한다든가 또는 사서 잡아먹는다든가 하면 관련자들은 즉시 체포되어 면밀한 심문을 받을 것이다. 그리고 나서 즉석에서 포고한 후 외아문은 외국 대표들에게 연락을 취할 것이다. 인신매매의 죄를 지었거나 인육을 먹는 죄를 지어 체포된 자들은 국적에 대한 고려 없이 즉시 능지처참함으로써 일반 대중의 분노를 진정시킬 것이다.

소문을 퍼뜨리는 자가 아무도 없기를 희망한다. 모든 사람은 (어린아이를 숨겨 놓은) 비밀장소를 신고하여야만 한다.

번역에 대하여

라인스도르프

No. 38의 첨부문서 3

첨부문서의 내용(원문)은 독일어본 384~385쪽에 수록.

No. 38의 첨부문서 4
사본

1888년 6월 19일 자 외아문 독판의 서한

민간에 유포되고 있는 소문을 종식시키기 위해서 본관이 어제 귀하에게(존칭생략) 발송해드린 외아문의 포고문은 오늘 수정하여 게시될 것입니다. 잘못된 소문을 수용하면서(포고문에서 되풀이하면서) 사태를 진술하는 수밖엔 없습니다. 그렇다고 해서 외국인에 대한 그러한 이야기들이 실제로 일어났다는 것을 의미하는 것은 아닙니다. 만약 귀하께서(존칭생략) 이를 양지해주신다면 모든 것은 한낱 웃음거리에 지나지 않을 것입니다.

외아문 독판
조[16]

외아문의 포고문(1888년 6월 20일)

들려오는 바에 의하면 외국인들은 조선의 어린아이들을 사서 요리해 먹는다고 하며, 도처에서 어린아이들을 유괴하는 자들이 범행현장에서 붙잡혔다고 한다. 오, 순결과 평화의 이 세계, 인류 계몽의 이 시대에 어찌 사람이 사람을 잡아먹는다는 말인가! 뒷골목에서 이야기되고 대로상에서 논의되어 마침내 호랑이 이야기처럼 시장에까지 번져 대중은 그것을 믿게 되고 아무도 믿지 않도록 막지 못한다. 어찌하여 이 잘못된 소문이 민간에 이렇게까지 퍼질 수 있는가? 이미 누차 일어난 사실이지만, 어린아이가 실종되면 사실 운운을 이야기하기 전에 철두철미하게 조사하여 어떤 국적을 가진 사람이 어느 장소에서 인육 거래를 하였는지 정확히 설명하여야 할 것이다. 만약 그 사람을 체포하고 인도하여 형조에 고발한다든지 하면 그 사람은 엄중히 의법처단을 받게 될 것이다. 외아문은 외국인들에 관한 모든 것을 소관하는 곳이고, 따라서 외국 대표들과 연락을 취하고 사건을 조사하고 민중의 흥분을 진정시켜야만 한다. 아직은 분명하고 확실한 증거가 없다. 이제 이 특별 포고문이 공포된다. 우리 국민은 누가 납치범인지 캐내어 그들의 범죄사실이 입증되도록 해야 한다. 조사는 엄밀하게 이루어져야 하고, '법의 충복'(형조)은 외아문

16 [감교 주석] 조병식(趙秉式)

이 외국 대표들과 즉시 연락을 취하도록 외아문에 고발해야 한다. 만약 인신매매의 죄를 지었거나 인육을 먹는 범죄를 저지른 자가 체포되면 이를 공표하고 그 범죄자를 즉시 능지처참으로 처형할 것이다. 소문을 유포시켜서는 안 된다. 어린아이들을 유괴해간 실제 범인을 찾아내 입증해야 한다.

번역에 대한 책임

라인스도르프

No. 38의 첨부문서 5

사본

1888년 6월 21일 자 외아문 독판[17]의 급보

(미국; 번역자) 합중국, 러시아, 일본, 프랑스, 독일, 영국 대표 귀하

이번 달 19일 자의 공동 구상서에 대하여, 이번 달 20일에 포고문을 귀하가 제안해주신 형식으로 관인 날인 하여 공표하였습니다. 수일 동안 우리나라 우매한 천민들 간에 유포된 불안스러운 소문으로 말미암아 본관에게 포고문을 전달하게 하는 번거로움을 끼쳐드려 심히 무안하고 동시에 심심한 사의를 표합니다.

주야간에 걸친 군인 순찰은 귀하의 구상서를 접수하기 이전에 본관이 형조에 의뢰하여 이미 배치되었습니다. 민간의 소문도 점차 누그러져가고 있으며 외국인들에 대한 공격도 물론 일어나지 않을 것입니다.

번역에 대한 책임

라인스도르프

---

17 [감교 주석] 조병식(趙秉式)

베를린, 1888년 8월 18일 A. 10117

주재 외교관 귀중
1. 런던 No. 669
2. 페테르부르크 No. 351
3. 워싱턴 No. 58
4. 드레스덴 No. 567
5. 뮌헨 No. 562
6. 슈투트가르트 No. 548
7. 칼스루에 No. 103
8. 뵈티버 (각하)
9. 독일제국 국무대신 및 상공 대신 비스마르크 (각하)
10. 쿠써로우, R. d. S, 함부르크 No. 180
11. 프러시아 왕국 내각

(서울에서의 소란[18]에 관한 올해 6월 23일 자 서울 주재 독일제국 영사관 대리)의 보고서 사본을 첨부하여
2~3에게는 기밀 정보로
1에게는 정보제공 및 재량에 따라 그 내용을 이용할 권한을 부여하여
4~7에게는 1885년 3월 4일 자 훈령에 따라 전달 권한을 부여하여
전달해드립니다.

(ins. aus 1-7)의 보고서 사본을 참고용으로 첨부하여 전달해드립니다.

10. 1870년 1월 23일 자 본인의 39번 훈령에 따라 금후의 기회를 위해 (ins. aus 1-7)의 보고서를 첨부하여 전달해드리면서, 반환해주시기를 요청드립니다.
11. (ins. aus 1-7)의 보고서 사본을 첨부하여 참고용으로 전달해드립니다.

18 [감교 주석] 영유아 납치 사건 소문에 관한 건

19

원문 p.389

조선 국내 정세에 관하여

발신(생산)일	1888. 7. 4	수신(접수)일	1888. 8. 22
발신(생산)자	브란트	수신(접수)자	비스마르크
발신지 정보	베이징 주재 독일 공사관	수신지 정보	베를린 정부
	No. 172		A. 10272

A. 10272 1888년 8월 22일 오전 수신, 첨부문서 4부

베이징, 1888년 7월 4일

No. 172

기밀

비스마르크 각하 귀하

최근 서울에서 일어난 소란[1]에 관하여 몇 편의 보고서를 부록으로 전달해드립니다. 이 보고서들은 비록 불완전한 것이기는 하나 그곳에서 일어난 사건들과 그곳 실정에 대한 인식에 도움이 될 것입니다. 제1호와 2호는 청국 소식통에서 나온 것이며 제3호는 프랑스 공사관에서, 그리고 제4호는 영국 공사관에서 나온 것입니다. 이 보고서들은 한결같이, 이른바 외국인들의 사주를 받거나 외국인들을 위해서 어린이 유괴가 행하여지고 있다는 소문이 이 범죄를 저지른 것으로 간주되는 토착민[2]을 상대로 폭행을 유발하였고 또 모든 외국인은 민중 사이에서 퍼져 있는 대흥분에 위협을 받고 있는 것 같다는 데 대해 일치하고 있습니다. 특징적인 것은, 청국 소식통에서 나온 소식들은 프랑스 선교사들의 행동이 소란을 유발하였다고 하고 이는 부분적으로 영국 총영사관의 보고에 의해 입증되는 데 반해 프랑스인 조선 교구장은 피살자 가운데 토착민 기독교 신자가 있었다는 것을 부인하고 있다는 것입니다. 그런데 특히 흥미로운 것은, 영국 측 정보원에서 나온 소식에 의하면 민중의 분노는 일차적으로 일본인들을 겨냥한 것이었다고 하는데 이는 또 첨부해드린 6월 30일 자 톈진의 Chinese Times지의 기사에 의해서도 일종의

1 [감교 주석] 조선인 영유아 납치 및 살해 소문

2 [감교 주석] 조선인

확인이 되고 있는 것으로 보인다는 점입니다.

사실 궁정과 대원군[3] 간의, 청국 공사관과 궁정 간의, 관리들 중 친청파와 반청파 간의, 여러 외국 대표들과 데니[4], 그리고 묄렌도르프[5] 간의 시기와 음모가 불만족스러운 실태의 원인이었을 것입니다. 이러한 실태는 특히 청국 측의 사주하에 왕이나 왕비에 대해 어떤 조치를 취하기만 하면 민족적 반청파들은 그것을 조선의 자주성에 대한 침해로 간주하고 러시아나 일본 측에서는 청국이 지고 있는 그 의무를 침범하는 것으로 간주하게 되므로 자칫 중대한 분규를 초래할 수 있습니다.

이곳에서 일반적으로 조선의 정세에 대해 어떻게 생각하고 있는가는 첨부해드린 (베이징 주재 영국 공사; 감교자) 월샴[6]이 본인에게 보내온 사적 서한의 발췌문을 통해 미루어 짐작해주시기를 바랍니다.

브란트

내용: 조선 국내 정세에 관하여, 첨부문서 4부

1888년 7월 4일 자 No. 172의 첨부문서 1

사본

Ⅰ. 1888년 6월 27일 직례[7]성 재판관으로부터 독일제국 부영사 파인델에게 전달

본인이 들은 바에 의하면, 5월 초순(6월 9일부터 19일까지) 서울에서 선교사들(즉 가톨릭 선교사들)이 어린아이들을 삶아 먹는다는 소문이 퍼져 민중은 큰 흥분상태에 빠졌다고 합니다. 외아문은 이에 대해 민심을 진정시키고자 포고문을 공포하였습니다. 외국 군함들은 각각 10 내지 20명씩 수병을 서울로 보내 공사관(내지 영사관)을 보호하

---

3 [감교 주석] 흥선대원군(興宣大院君)

4 [감교 주석] 데니(O. N. Denny)

5 [감교 주석] 묄렌도르프(P. G. Möllendorff)

6 [감교 주석] 월샴(J. Walsham)

7 [감교 주석] 직례(直隸)

고 있는데, 이와 같은 조치는 탐문한 바에 의하면 외아문이 외국 공사와 대표들에게 스스로 자신을 보호하도록 지시하였기 때문에 취해졌다고 합니다. 이 병정들은 지금은 이미 제물포로 다시 돌아왔습니다. 어제 도착한 보고에 의하면 서울은 평온해졌다고 합니다. 급히 몇 자 적어 올립니다.

정확한 번역 책임

렌츠 박사

II. 1888년 6월 28일 자 부영사 파인델의 사적 서한에서의 발췌

어제 몇 자 적어 올린 본인의 편지에 이어 조선과 관련하여 볼터가 서울에서 이곳에 도착하였음을 알려드립니다. 동씨는 물론 소란이 벌었을 때는 이미 출발한 상태였지만 즈푸[8]의 도대[9]한테서 조선 수도에서 일어난 사건들에 관한 세부내용이 담긴 전보를 볼 수 있는 기회가 있었습니다. 소란이 일어나게 된 계기는 가톨릭 선교단의 사업이 왕궁 안을 들여다볼 수 있는 위치의 언덕 위에 있다는 것이었습니다. 그러나 대지는 여기에서 꽤나 멀리 떨어져 있으므로 이것은 표면상의 구실에 불과한 것이며, 사실인즉 몇몇 조선인 귀족[10], 주로 고위 관리들이 가톨릭 선교단이 인근에 정착하게 되었고 또 그곳에 양육원까지 연 것에 대해 불만족스러워했던 것입니다. 이러한 복지시설은 청국에서나 마찬가지로 조선에서도 정부의 특별한 승인을 얻어 오직 정부에서 허가한 대지에만 개설할 수 있습니다. 선교단과 이미 얼마 전에 이 토지수용 협상이 있었으나 원하는 결과에 이르지 못하였습니다. 그 결과 상술한 고관들이 민중을 선동하여 선교사들과 기독교인들을 상대로 폭행을 가하게 되었던 것입니다. 목숨을 잃은 사람들은 토착[11] 기독교인들이고 유럽인들은 모두 무사히 빠져나온 것 같습니다. 더욱이 왕은 폭행 계획을 사전에 알고 있으면서도 그것을 금지도 저지도 하지 않은 것이 사실이라고 하는데, 그 이유는 사람들이 그에게 대지의 취득에 의해 왕의 존엄이 손상되었다고 하는 확신을 심어주었기 때문입니다.

---

8 [감교 주석] 즈푸(芝罘)

9 [감교 주석] 도대(道臺)

10 [번역 주석] 조선 측 맥락에서 살펴보면 양반보다는 집권세력 내지는 세도가로 볼 수 있음. 다만 독일외교관이 조선 내부의 신분제 질서를 이해하는 방식을 그대로 담아낸다는 관점에서 본문에서는 '귀족'으로 번역함.

11 [감교 주석] 조선인

III. 1888년 6월 30일 자 프랑스 공사 르메르의 사적 서한에서의 발췌

Mon cher Collègue.

"Des Coréens considérés comme complices des Etrangers qu'on accuse de voler les enfants pour les manger ont été massacrés dans les rues de Séoul - Il s'en est, suivi une vive inquictude. Le Ministre d'Amérique, Le chargé d'affaires Russe et le Consul de France ont fait venir à Séoul les Compagnies de débarquement de leurs navires de guerre - Les craintes sont aujourd'hui calmées - aucun chrétien n'a été massacré."

Tel est le télégramme que je reçus à l'instant de M. Collin de Plancy et que je m'empresse de vous communiquer en vous remerciant des renseignements que vous m'avez données.

1888년 7월 4일 자 No. 172의 첨부문서 2

IV. 서울 주재 영국 총영사[12]가 베이징(주재 영국 공사; 감교자)의 월샴[13]에게 보낸 1888년 6월 18일 자 보고서에서 발췌한 글의 번역문

어쩌면 서울에 사는 외국인들의 목숨을 위협할 수 있는 심각한 폭동이 준비되고 있는 것 같다는 보고를 올립니다. 바로 얼마 전부터 무뢰한들이 돌아다니면서 어린아이를 유괴해 외국인에게 팔아넘긴다는 풍문이 퍼졌습니다. 1870년 톈진에서 일어난 폭동의 계기가 되었던 것과 같은 유사한 이야기들, 특히 외국인이 그렇게 사들인 어린아이를 삶아 먹고 심장과 눈은 제약에 이용한다고 하는 소문은 주민들을 크게 자극하여 이번 달 11일 이후 유아 납치범이라는 혐의를 받은 일련의 조선인이, 몇몇 보고에 의하면 7명이라고도 하는데, 이 도시의 가두에서 맞아 죽었다고 합니다. 모든 외국인, 특히 그런 아이들을 사갔다고 하는 소문을 뒤집어쓴 일본인들, 그 다음으로는 모든 선교사, 본인이 탐문한 바에 의하면 특히 프랑스 사제들에 대한 분노의 감정은 격렬합니다. 왕과 정부는 불안을 느끼고 우려하게 되었습니다. 그래서 어제 형조에서는 여기 첨부된 포고문을 성문에 게시하였는데, 이 포고문에는 의심할 바 없이 좋은 의도에서였음에도 불구하고 민심의 흥

12 [감교 주석] 포드(C. M. Ford)

13 [감교 주석] 월샴(J. Walsham)

분을 진정시키기에는 그다지 적당치 못한 문장 하나가 포함되어 있습니다. 그것은 어린이 납치범들이 그들로 하여금 범죄를 저지르게 하는 어떤 목적을 가지고 있다고 인정하는 문장인데, 여기에는 동시에 일반 민중 사이에서 퍼져 돌아다니고 있는 그들의 목적에 관한 이야기들이 악의적이고 사실과 다르다고 하는 점이 명백히 표현되어 있지 않은 것입니다.

총영사 대리

콜린 포드

포고

모든 사람들에게 통고하는, 그리고 모든 사람들이 조심해야 할 내용

들려오는 바에 의하면 야음을 틈타 극악무도한 악당들이 집 문 앞과 골목길을 몰래 다니며 어린아이들을 유괴한다고 한다. 이와 같은 범죄행동에는 그 어떤 목적이 깔려 있음에 틀림없다. 그와 같은 악한들을 곳곳에서 추적하여 찾아내도록 지방 관청에 신속한 명령이 하달되었다. 그런데 (주민들이) 독단적으로 (범인들을) 때려죽이기 때문에 범인들은 더 이상 말할 수 없으므로 (즉 아무런 진술도 할 수 없으므로) 사건을 규명할 수 없게 됨은 말할 수 없이 유감스러운 일이다. 금후 다시 그러한 무뢰한들이 (발견되는 경우) 포박하여 해당 지구(지역 감옥)에 감금해두고 본 포도청에 신고하여 범죄의 동기 또는 사태의 근본을 조사하도록 하여야 하며 (민중이) 독단적으로 그들을 때려죽여 그들의 입이 "사라지지" 않도록 해야 한다.

포도청

정확한 번역 책임

렌츠 박사

1888년 7월 4일 자 No. 172의 첨부문서 3

첨부문서의 내용(원문)은 독일어본 393~397쪽에 수록.

1888년 7월 4일 자 No. 172의 첨부문서 4

첨부문서의 내용(원문)은 독일어본 397~398쪽에 수록.

20

원문 p.399

[유아 납치 소동 관련 언론 보도]

발신(생산)일		수신(접수)일	1888. 8. 24
발신(생산)자	기록 없음(o. A.)	수신(접수)자	
발신지 정보		수신지 정보	베를린 외무부
			A. 10392

A. 10392 1888년 8월 24일 오후 수신

1888년 8월 24일 자 함부르기셔 코레스폰덴트[1]

최근 조선에서 일어난 소동

6월 23일 서울발 보고:

"지난 8일간 우리는 이곳에서 정말로 불안한 시간을 보냈다. 수많은 조선 어린아이가 외국인들, 특히 일본인, 미국인, 프랑스인들의 사주로 유괴되어 이들에 의해 잡아먹혔다고 하는 소문이 토착[2]주민들 간에 퍼졌다. 이번 달 16일부터 19일까지의 기간 중 3명에서 7명에 이른다고 하는 여러 명의 이른바 어린이 납치범이 수도 거리에서 격분한 민중들에게 맞아 죽었다. 그 결과 외국인들 사이에서는 커다란 걱정거리가 생겨났다. 특히 이번 달 17일 시의 성문에 게시된 포도청의 포고문은 주민들의 어리석은 그 의심을 더욱 굳게 하기에 알맞았다. 미국 선교사들과 대부분의 외국인이 살고 있는 정동 지구와 일본인 거류지가 습격당하지 않을까 사람들은 두려워하였다. 프랑스 견외관구장은 가톨릭 선교사들에게 가두외출을 금지하였고 합중국, 러시아, 프랑스 대표들은 17일과 18일 제물포에 정박 중인 그들의 군함에 전보로 명령을 내리어 자국민 보호를 목적으로 총 70명에 달하는 해군부대를 출정하게 하였고, 해군부대는 그 후 며칠간 이곳에 도착하여 위협받고 있던 사람들이 크게 안심하게 되었다. 저 터무니없는 유언비어가 발생한 데 대해 사람들은 1870년 텐진에서 일어난 기독교인 학살에 관한 소책자가 내륙지방과 수도에서

1 [감교 주석] 함부르기셔 코레스폰덴트(Hamburgischer Korrespondent)

2 [감교 주석] 조선인

배포된 것이라고 이야기하고 있다. 이와 같은 선동책자로 기대했던 폭동이 일어나기만 하면 그것을 이용하여 왕을 체포하고 그를 제거하려 했다는 것이다. 이 이야기에 맞는 것이 들어 있는지는 아직 불확실하다.

그런데 조선의 귀족[3] 자신이 유괴된 어린아이를 사서 후일에 하인으로 사용하는 일은 자주 있는 일이다. 그 이유는 그(귀족: 번역자)의 집에서 길러져 자기 스스로의 가족관계를 알지 못하는 사람은 보통의 하인보다 그에게 더 헌신적이고 지조를 더 잘 지킨다고 믿기 때문이다.

여러 방면으로부터 탐문한 바에 의하면, 조선인들은 대부분의 독일인이 시의 중심지에서 다른 외국인들과는 멀리 떨어져 살고 있는데도 불구하고 이곳의 독일인들 사이에서는 다른 외국인들과는 반대로 아무런 소란이나 불안도 보이지 않는다는 사실에 놀라워했다. 그러므로 주민들은 외국인들에게 뒤집어씌우고 있는 그 범죄에 대해 우리 독일인들에게는 죄가 없다고 생각했다는 것이다.

천민들의 분노는 의심할 바 없이 일차적으로 조선인들에게 미움을 받고 있는 일본인들과 그들의 거류지를 향한 것이고, 다음으로는 조선인 유치원을 경영하고 있는 미국과 프랑스 선교사들을 겨냥한 것이었을 테니 실제로 우리 독일인들은 두려워해야 할 특별한 이유가 없다.

그러는 동안 주민들을 계몽하고 진정시키기 위해 이곳 외국 대표들과 조선 정부에 의해 승인된 합당한 포고문이 발표된 이후 지난 사흘간 주민들의 흥분은 매우 현저히 가라앉았고 수도는 현재 완전히 평온상태를 회복하였다. 따라서 프랑스 해군병정들은 오늘 아침 다시 서울을 떠났고, 미국과 러시아의 수병들도 근일 중 제물포로 돌아갈 것이다.

외국인에 대한 깊은 불만과 분노는 아마도 특히 중하급 관리들 사이에서는 여전히 남아 있는 것 같다. 이들은 1년 전부터 현물급여를 받지 못하고 있는 데 반해 다른 한편에서 정부에 고용된 미국인들은 약 4천 달러의 총수입을 받고 있고, 이는 조선으로서는 어쨌든 엄청난 금액이다.

더욱이 고급장교들 사이에서는 지금까지 3개 대대 약 6천 명에 달하는 정규군 부대를 지휘하고 있던 3명의 장군 중에서 2명이 최근 파면되었고 따라서 이제 육군은 형조판서이자 서울 포도청 포도대장인 한규설[4]의 최고지휘하에 놓이게 되었음에 대한 불만이

3 [번역 주석] 조선 측 맥락에서 살펴보면 양반보다는 집권세력 내지는 세도가로 볼 수 있음. 다만 독일외교관이 조선 내부의 신분제 질서를 이해하는 방식을 그대로 담아낸다는 관점에서 본문에서는 '귀족'으로 번역함.

4 [감교 주석] 한규설(韓圭卨)

감돌고 있다. 한규설은 러시아 대표[5]와 현재 왕의 고문인 미국인 데니[6]에게 완전히 헌신적이라고 한다."

5 [감교 주석] 베베르(K. I. Weber)
6 [감교 주석] 데니(O. N. Denny)

21

원문 p.401

서울에서의 소란에 관한 서울 주재 독일제국 영사관 대리의 올해 6월 22일 자 보고서의 반송

발신(생산)일	1888. 8. 24	수신(접수)일	1888. 8. 25
발신(생산)자	쿠써로우	수신(접수)자	비스마르크
발신지 정보	함부르크	수신지 정보	베를린 정부
	No. 122		A. 10443

A. 10443 1888년 8월 25일 오후 수신, 첨부문서 6부

함부르크, 1888년 8월 24일

No. 122

비스마르크 각하 귀하

이번 달 18일 자 각하의 180호 훈령[1]과 관련하여, 서울에서의 소동[2]에 관한 서울 주재 독일제국 영사관 대리의 올해 6월 23일 자 보고서를 부록들과 함께 첨부하여 반송해드리며, 본인은 그 내용을 수시로 이용하기 위해 사본 및 발췌본을 남겨놓았습니다.

쿠써로우

내용: 서울에서의 소란에 관한 서울 주재 독일제국 영사관 대리의 올해 6월 22일 자 보고서의 반송, 첨부문서 6부

1 [원문 주석] 첨부하였음.

2 [감교 주석] 조선인 영유아 납치 및 살해 소문 건

원문 p.402

22
묄렌도르프의 청국으로의 귀환

발신(생산)일	1888. 7. 12	수신(접수)일	1888. 9. 2
발신(생산)자	크리엔	수신(접수)자	비스마르크
발신지 정보	서울 주재 독일 공사관 No. 46	수신지 정보	베를린 정부 A. 10806
메모	9월 3일 함부르크 No. 195 전달 연도번호 No. 376		

A. 10806 1888년 9월 2일 오전 수신

서울, 1888년 7월 12일

No. 46

비스마르크 각하 귀하

올해 5월 30일에 올린 바 있는 본인의 No. 29[1]에 이어, 묄렌도르프[2]가 이번 달 8일에 제물포를 떠나 톈진으로 돌아갔음을 보고드립니다.

베이징 주재 공사[3]에게 묄렌도르프의 귀환에 관하여 알렸습니다.

크리엔

내용: 묄렌도르프의 청국으로의 귀환

1 [원문 주석] A. 8887 위탁으로 첨부하였음.

2 [감교 주석] 묄렌도르프(P. G. Möllendorff)

3 [감교 주석] 브란트(M. Brandt)

베를린, 1888년 9월 3일 A. 10806

함부르크 주재 사절 귀하
No. 195

올해 7월 21일 자 본인의 훈령(No. 152)에 이어, 묄렌도르프[4]의 청국 귀환에 관한 서울 주재 독일제국 영사의 올해 7월 12일 자 보고서 사본을 첨부하여 정보 제공용으로 전달해드립니다.

4 [감교 주석] 묄렌도르프(P. G. Möllendorff)

23

원문 p.404

[묄렌도르프 관련 언론 보도]

발신(생산)일		수신(접수)일	1888. 9. 4
발신(생산)자	기록 없음(o. A.)	수신(접수)자	
발신지 정보		수신지 정보	베를린 외무부
			A. 10935

A. 10935　1888년 9월 4일 오후 수신

1888년 9월 4일 자 쾰니셔 차이퉁[1]

베를린, 9월 3일

들어온 소식에 따르면 묄렌도르프[2]는 올해 7월 8일에 이미 조선 제물포를 떠나 그의 청국 직책에 복귀하기 위해 톈진으로 향하였다. 이미 얼마 전에 반박되었던 소문, 즉 묄렌도르프가 조선 왕의 고문이라는 그의 이전의 관직에 복귀할 것이라는 소문은 이로써 그 근거가 완전히 없어지게 되었다.

1 [감교 주석] 쾰니셔 차이퉁(Kölnische Zeitung)

2 [감교 주석] 묄렌도르프(P. G. Möllendorff)

24

원문 p.405

[묄렌도르프 관련 언론 보도]

발신(생산)일		수신(접수)일	1888. 9. 4
발신(생산)자	기록 없음(o. A.)	수신(접수)자	
발신지 정보		수신지 정보	베를린 외무부
			A. 10941

A. 10941 1888년 9월 4일 오후 수신

1888년 9월 4일 자 함부르기셔 코레스폰덴트[1] 신문

묄렌도르프[2]

올해 7월 26일 자 본지 발행호에서 이미 묄렌도르프가 조선 왕의 고문이라는 그의 이전 직무를 다시 맡게 되리라는 풍문을 부인한 바 있으나 그 후 알려지게 된 바, 동아시아에서 입수된 최근 소식에 따르면 묄렌도르프는 이미 올해 7월 8일에 다시 조선을 떠나 톈진에 돌아갔으며, 이곳에서 그는 주지하다시피 리훙장 총독에게 고용되어 있다고 한다.

1 [감교 주석] Hamburgischer Korrespondent

2 [감교 주석] 묄렌도르프(P. G. Möllendorff)

25

원문 p.406

[묄렌도르프 관련 언론 보도]

발신(생산)일		수신(접수)일	1888. 9. 5
발신(생산)자	기록 없음(o. A.)	수신(접수)자	
발신지 정보		수신지 정보	베를린 외무부
			A. 109484

A. 10984 1888년 9월 5일 오후 수신

1888년 9월 5일 저녁 노르트도이췌 알게마이네 차이퉁[1] 신문

9월 4일 자 함부르기셔 코레스폰덴트지[2]는 묄렌도르프[3]에 대해 다음과 같은 단신을 기재하였다:

"올해 7월 26일 자 본지 발행호에서 이미 묄렌도르프가 조선 왕의 고문이라는 그의 이전 직무를 다시 맡게 되리라는 풍문을 부인한 바 있으나 그 후 알려지게 된 바, 동아시아에서 입수된 최근 소식에 따르면 묄렌도르프는 이미 올해 7월 8일에 다시 조선을 떠나 톈진에 돌아갔으며, 이곳에서 그는 주지하다시피 리훙장 총독에게 고용되어 있다고 한다."

---

1 [감교 주석] 노르트도이췌 알게마이네 차이퉁(Norddeutsche Allgemeine Zeitung)

2 [감교 주석] 함부르기셔 코레스폰덴트(Hamburgischer Korrespondent). 함부르크에서 발행되는 일간지

3 [감교 주석] 묄렌도르프(P. G. Möllendorff)

26

원문 p.407

[묄렌도르프 관련 언론 보도]

발신(생산)일		수신(접수)일	1888. 9. 11
발신(생산)자	기록 없음(o. A.)	수신(접수)자	
발신지 정보		수신지 정보	베를린 외무부
			A. 11284

A. 11284 1888년 9월 11일 오후 수신

1888년 9월 11일 자 함부르기셔 코레스폰덴트[1]

청국

* 상하이, 9월 6일. 여섯 척의 군함으로 편성된 일본 원정대의 조선파견 목적에 관하여 이곳에서는 수많은 추측이 나오고 있다. 일본은 보루를 시찰하는 것이라고 둘러대고 있다.[2] 그러나 이 군사행동의 기저에는 정치적 이유가 있는 것으로 보인다. 왜냐하면 조선의 정세가 불안하기 때문이다.

---

1 [감교 주석] Hamburgischer Korrespondent

2 [감교 주석] 조선에서 영유아 납치 사건 소문에 관한 건이 발생하였을 때, 일본은 무장병력을 대동하고 서울의 공사관을 호위하였음. 이는 1885년 청국과 일본의 톈진조약에서 규정한 군대의 조선 철수 및 주둔 금지, 그리고 조선에 병력을 파병할 때 상호 통지해야 하는 건을 위반할 소지가 있었음. 일본은 그 점을 고려해서 일본군의 서울 파견 건에 대해서 조심스럽게 접근함.

27

원문 p.408

조선 내부 정세에 관하여

발신(생산)일	1888. 7. 31	수신(접수)일	1888. 9. 14
발신(생산)자	브란트	수신(접수)자	비스마르크
발신지 정보	베이징 주재 독일 공사관	수신지 정보	베를린 정부
	No. 205		A. 11398
메모	9월 14일 페테르부르크 363, 런던 710, 드레스덴 622, 뮌헨 619, 슈투트가르트 604, 함부르크 207 전달		

A. 11398 1888년 9월 14일 오후 수신

베이징, 1888년 7월 31일

No. 205

비스마르크 각하 귀하

본인의 프랑스인 동료[1]가 본인에게 말해준 바에 따르면, 그가 입수한 소식들로 미루어 최근 조선에서 일어난 소란은 청국 변리공사 위안스카이[2]가 꾸민 것임에 거의 의심의 여지가 없습니다. 위안스카이는 외국인들에 대한 국민 분노의 표출을 야기하여 왕에게 타격을 입히기 위한 구실로 이용하려고 했다는 것입니다. 그(프랑스인 동료: 번역자)는 이와 같은 취지로 파리에 보고하였다고 하는데, 만약 서울에서 파리에 도착한 보고와 그가 한 보고가 일치한다면 그는 조선에서 위안스카이를 계속해서 활용하는 데 대해 이곳에서 매우 엄중히 이의를 제기하라는 임무를 부여받게 되리라는 것을 의심하지 않는다고 합니다.

르메르의 견해는 본인이 보기에 그 신중치 못한 처신으로 서울에서 일어난 이번 사건에 일부 책임이 있다고 볼 수 있는 가톨릭 선교사들의 영향을 받은 것 같습니다만, 이 선교사들은 지금 이 기회를 이용하여 그들이 선교사로서 조선에 존재하고 있는 데 대한 승인을 관철하려 하고 있습니다. 서울에서 위안스카이의 활동에 대해 본인이 생각하는 바는 이전에 올려드린 바 있는 본인의 보고서를 통해 충분히 아실 것입니다.[3] 그러나

---

1 [감교 주석] 플랑시(V. C. Plancy)

2 [감교 주석] 위안스카이(袁世凱)

본인이 생각하기에, 서울에서 사람들이 그의 행동을 지극히 비정치적이고도 위험스럽다고 볼 수 있을 것이나 그렇다고 해서 그를 동시에 외국인들의 안전을 위협하는 계획들을 꾸미는 장본인이라고는 보지 않을 것입니다. 어쨌든 청국 측 인사들 사이에서도 위안스카이에 대한 불만이 높아지는 것 같고, 최소한 그의 해임에 대해서 많은 논의가 이루어지고 있습니다. 하지만 현재로서 그는 리훙장에 의해 아직은 자리를 유지해나가고 있습니다. 리훙장은 비밀 누설에 의해 나름 그 지위에서 강등당하지나 않을까 두려워하고 있을지도 모릅니다. 왜냐하면 서울에서 그의 정책 또한 아주 썩 정직한 정책이 아니어서 그것이 밝혀지면 조선 내에서 청국의 위신에 거의 특별히 유리하지 않을 것임이 분명하기 때문입니다.

브란트

내용: 조선 내부 정세에 관하여

3 [원문 주석] 사건들 조선 1 Vol. 7 및 8 위탁으로 첨부하였음.

베를린, 1888년 9월 14일

A. 11398

주재 외교관 귀중
1. 페테르부르크 No. 363
2. 런던 No. 710
3. 드레스덴 No. 622
4. 뮌헨 No. 619
5. 슈투트가르트 No. 60

기밀

조선 정세에 관한 베이징 주재 독일제국 공사[4]의 올해 7월 31일 자 보고서 사본을 첨부하여
1에게는 기밀 정보로 전달해드립니다.
2에게는 정보용으로 전달해드립니다.
3-6에게는 1885년 3월 4일 자 훈령에 따라 비밀리에 알려드립니다.

4 [감교 주석] 브란트(M. Brandt)

베를린, 1888년 9월 19일 A. 10117

데렌탈 독일제국 공사 귀하
바이마르 No. 455

1885년 3월 4일 자 훈령에 관련하여, 서울에서의 소란[5]에 관한 서울 주재 독일제국 영사관 대리의 올해 6월 23일 자 보고서 사본을 첨부하여 통보의 권한과 함께 전달해드립니다.

5 [감교 주석] 조선인 영유아 납치 및 살해 소문 건

28

원문 p.412

조선에 대한 러시아와 청국 간의 관계에 관하여

발신(생산)일	1888. 8. 9	수신(접수)일	1888. 9. 28
발신(생산)자	브란트	수신(접수)자	비스마르크
발신지 정보	베이징 주재 독일 공사관	수신지 정보	베를린 정부
	No. 220		A. 12161
메모	15155 참조 9월 28일 런던 743, 페테르부르크 370, 함부르크 221 전달		

A. 12161 1888년 9월 28일 오전 수신

베이징, 1888년 8월 9일

No. 220

기밀

비스마르크 각하 귀하

8월 2일 자 상하이의 North China Daily News지에는 "Peking, from our own Correspondent"라는 제목의 기사가 실려 있는데, 여기에는 특히 조선 관계에 대해 다음과 같은 보도가 담겨 있습니다:

"The Tientsin Chinese Times in its issue of the 7. July gives its readers a fairly readable and correct leader on Tibet and Corea. We think however the writer has fallen into an error when he refers „to the curious unwritten pact between the Viceroy Li and Monsieur Ladygensky, a pact that the Russian Government, at least, has scrupulously respected so far and which by all processes of reasoning gives the Russian Government the right to be consulted in affairs that may arise. "I believe this pact is unknown to the Chinese Government and consequently has never been recognized by it."

(직례[1]; 감교자)총독 리훙장[2]과 러시아 대리공사 라디젠스키[3] 간의 협약은 1886년에 이루어진 협약[4]으로, 조선 문제에의 간섭에 대한 상호 억제에 관한 것이며 본인이 누차

보고해드린 바와 같이 실제로 이때부터 조선 문제에 관한 러시아 정책의 기초를 형성하였습니다.

위에 언급 드린 기사의 필자는 두전 박사인데, 직함상으로는 그렇지 않다 할지라도 실질적으로는 청 후작의 주치의이자 개인비서입니다. 그런데 이 사실은, 톈진에서 구두로 맺은 합의가 청국 정부는 알지 못하고 있는 것이며 따라서 결코 동 정부의 승인을 받은 적이 없다고 하는 설명에 모종의 의미를 부여하는 것입니다. 본인은 Shanghai Daily News지의 이 기사가 무슨 사주를 받아 쓰인 것으로 간주하려는 것은 아니고, 이 기사의 필자는 그저 청 후작으로부터 들은 바를 그대로 재진술한 것에 불과합니다.

리훙장과 라디젠스키 간의 협약을 만약의 경우에 중앙정부가 알지 못하는, 따라서 동정부에 의해 재가받지 못한, 다시 말해 동 정부를 구속하지 않는 협약[5]으로 나타내려는 시도는 청국의 정책의 전통에 전적으로 부합할 것입니다. 1885년 리훙장과 이토 간에 체결한 대 조선 청일 양국의 관계에 관한 조약[6]의 일부와 관련하여 총리아문에서는 비슷한 말을 본인 자신에게 하였습니다. 협약에 대해 아는 바 없다고 말하는 청국 정부의 태도를 실질적으로 뒷받침하는 것은 존재하지 않습니다. 리훙장이 준비가 되어 있다고 선언한 바 있는 그 협약의 문서화를 정부는 오히려 금지하였습니다.

브란트

내용: 조선에 대한 러시아와 청국 간의 관계에 관하여

---

1 [감교 주석] 직례(直隸)

2 [감교 주석] 리훙장(李鴻章)

3 [감교 주석] 라디젠스키(Ladygensky)

4 [감교 주석] 리훙장-라디젠스키 협약으로 알려져 있지만, 실제 서명을 통해서 문서로 공식화한 것은 아님. 구두로 서로 간의 입장을 확인하였음. 이를 통해 러시아는 영국이 거문도에서 철수한다면, 거문도를 비롯해서 조선의 어떠한 영토로 침략하지 않겠다고 약속함. 리훙장과 라디젠스키의 협약 이후, 리훙장은 영국에게 거문도 철수를 요구하였으며, 영국은 1887년 2월에 거문도에서 철수함.

5 [감교 주석] 리훙장 라디젠스키 협약으로 알려졌지만, 실제 두 협상자가 서명한 협약은 아니었음. 구두로 약속한 수준에 머물렀음. 그렇기에 청국 정부에서는 리훙장에게 해당 내용을 보고받지 못하였다고 언급하였던 것으로 예상할 수 있음. 하지만 영국의 거문도 철수를 이끌었던 근거가 리훙장-라디젠스키 협약이라는 점은 분명하기에, 청국 정부가 그 내용을 인지하고 있지 않았다는 것은 설득력이 떨어짐.

6 [감교 주석] 톈진조약

베를린, 1888년 9월 28일

A. 12161

주재 외교관 귀중

1. 런던 No. 743
2. 페테르부르크 No. 370
3. 함부르크 공사관 No. 221

조선에 대한 러시아와 청국의 관계에 관련한 베이징 주재 독일제국 공사의 지난달 9일 자 보고서 사본을 첨부하여 기밀 정보로 전달해 드립니다.

기밀!

29

원문 p.415

청국과 조선의 관계에 대한 조선 국왕의 미국인 고문의 소책자 관련

발신(생산)일	1888. 8. 15	수신(접수)일	1888. 10. 3
발신(생산)자	브란트	수신(접수)자	비스마르크
발신지 정보	베이징 주재 독일 공사관	수신지 정보	베를린 정부
	No. 228		A. 12411
메모	15155 참조		

A. 12411 1888년 10월 3일 오전 수신, 첨부문서 1부

베이징, 1888년 8월 15일

No. 228

기밀

비스마르크 각하 귀하

조선 왕의 미국인 고문[1]이 저술하였고 원고로 인쇄된, 1888년 2월 3일 서울이라는 일자를 붙인 소책자가 아는 측으로부터 본인에게 기밀 검토용으로 전달되었는데, 이 소책자는 "청국과 조선, 왕 및 외아문 독판 고문 데니 지음"이라는 제목을 붙이고 있습니다. 이 소책자는 처음에는 분명 널리 보급하기로 되어 있었으나 나중에 저자에 의해 제지당한 것 같습니다.

데니는 이 책의 앞부분에서, 1885년 7월 리훙장이 그에게 조선 왕의 고문이라는 직책을 맡아달라고 요청하였고 그 기회에 그에게 안정과 질서를 유지하려는 모든 노력과 조선의 번영을 위해 강력한 지원을 약속하였으나 유감스럽게도 그 후 이 약속을 지키지 않았다고 밝히고 있습니다. 데니가 본 논문에서 제시한 과제는 다음과 같은 문제들을 다루는 것이라고 합니다: 1.) 조선과 청국 사이의 국제법적 및 국법상의 관계, 2.) 청국이 조선에 부여한 대우, 3.) 왕[2]에 대하여 유약하고 통치능력이 없다고 하는 비난. 첫 번째 항에 대해 데니는 그다지 새로운 것을 제시하고 있지는 않습니다. 세 번째 항에서의 비난에 대해 그는 논박하고 있지만 그 어떤 증거를 대고 있진 않습니다. 좀 더 흥미로운

1 [감교 주석] 데니(O. N. Denny)
2 [감교 주석] 고종(高宗)

것은 그가 두 번째 항에 대해 하고 있는 말입니다.

리훙장은 평양의 개항이 뉴좡[3]에서 청국의 무역 이익에 손해를 끼치리라는 이유로 평양의 개항에 대한 동의를 거부합니다. 조선이 차관을 체결하기 위해서는 자신의 동의를 얻어야 한다고 리훙장은 요구합니다. 청국 군함의 함대 사령관들에 의해 행하여지고 있는 밀수거래는, 밀수 범죄자들이 본인 스스로 밀수사업에 관여하고 있는 청국 변리공사 위안스카이[4]한테서 보호받고 있으므로 세관당국도 조선 정부도 억누를 수 없다고 합니다. "하찮은 책략, 범죄, 불의"와 "잔인성"에서 국제법적 교역의 역사에서 그 유례를 찾아보기 힘든 위안스카이의 행동은 다소간 격앙된 방식으로 청국 정부를 상대로 한 고발장으로 제출됩니다. 특히 흥미로운 것은 1887년 7월에 꾸며진 음모를 묘사한 것인데, 이 음모의 목적은 왕을 생포하고 왕의 조카[5]를 대원군의 섭정하에 등극시키려는 것이었다고 합니다. 이 음모는 왕이 사전에 인지한 가운데 이 음모에 가담했던 민영익 공이 음모자들의 계획을 폭로하였기 때문에 실패하고 말았다는 것입니다.[6] 이는 또한 민 공이 갑작스레 조선을 떠나 도피한 것을 설명해줄 것입니다.

이 소책자 중 해당하는 대목의 사본을 부록으로 첨부함과 동시에, 이 보고서의 다른 내용과 마찬가지로 이 부록을 절대 기밀로 취급하여 주시시기를 바랍니다.

브란트

내용: 청국과 조선의 관계에 대한 조선 국왕의 미국인 고문의 소책자 관련,
첨부문서 1부

1888년 8월 15일 자 No. 228의 첨부문서

첨부문서의 내용(원문)은 독일어본 416~418쪽에 수록.

---

3 [감교 주석] 뉴좡(牛莊)

4 [감교 주석] 위안스카이(袁世凱)

5 [감교 주석] 이준용(李埈鎔)

6 [감교 주석] 1886년 제2차 조러밀약설에 따라 위안스카이가 고종 폐위를 주장하였음. 그 당시 대원군은 고종 대신에 이준용을 왕위에 앉힐 구상을 하였음. 그 과정에서 민영익이 조러밀약설을 위안스카이에게 비밀리에 알려주었다고 알려지면서, 민영익은 중국으로 망명을 떠났음. 그리고 리훙장이 위안스카이의 고종 폐위 주장을 받아들이지 않으면서, 일련의 사건들이 무마됨.

외무부
A편

외무부 정치 문서고 조선 관계 문서

1888년 10월 4일부터
1889년 2월 28일까지

제10권
참조 : 제11권

조선 No. 1

목차	
10월 21일 자 뮌헨 알게마이네 차이퉁 : 9월 7일 자 도쿄발 통신 ; 조선, 동아시아의 불가리아.	13502 10월 21일
8월 28일 자 서울발 보고 제59호 : 조선 국왕의 영국 총영사 워터스 영접 거절	13825 10월 27일
9월 14일 자 베이징발 보고 제246호 : 조선에서의 청국주권에 대한 청국역사기록 관련	13942 10월 29일
8월 24일 자 서울발 보고 제58호 : 데니(궁정고문 및 외아문 협판)의 "청국과 조선"[1] 보고	13808 10월 27일
9월 31일 자 쾰른신문 : 조선의 러시아와 청국	14123 10월 31일
9월 27일 자 베이징발 보고 제271호 : 조선의 미국인 궁정고문 데니의 청국과 조선의 관계에 대한 팸플릿 관련	15155 11월 18일
9월 26일 서울발 보고 제66호 : 워터스 영접문제 종료	15486 11월 24일
11월 12일 자 워싱턴발 보고 제398호 : 데니를 조선으로부터 격리시키고자 하는 청국 정부의 희망에 관한 "뉴욕 헤럴드"지 기사	15560 11월 25일
9월 12일 자 서울발 보고 제61호 : 외아문 독판 조병식의 퇴진	14916 11월 14일
9월 30일 자 베이징발 보고 제272호 : 미국의 조선과의 관계 ; 클리블랜드 대통령[2]의 조선 공사 박정양[3] 영접.	15156 11월 18일
12월 9일 자 헤센신문 : 러시아의 권익을 위한 데니의 행위	16403 12월 9일
11월 7일 자 베이징발 보고 제321호 : 조선 국왕의 서울 주재 청국 총독의 소환 요구 관련	17275 12월 24일
10월 29일 자 상동의 보고 제308호 : 조선의 정세, 청국과의 관계, 조선의 공사관.	16764 12월 15일 런던, 페테르부르크, 워싱턴 발송 사본 함부르크 발송 원본은 A6427호로 소급

1 [감교 주석] 청한론

2 [원문 주석] 입력자: 미국 22대/24대 대통령 클리블랜드(Stephen Grover Cleveland)

3 [원문 주석] 입력자: 1888년 미국 대통령을 만나 국서를 제출한 박정양(朴定陽)

11월 16일 자 상동 보고 제340호 : 조선 공사관에 관한 상기 보고 내용의 정정	17596 12월 31일 런던으로 전달발송
11월 24일 자 상동의 보고 제347호 : 서울 주재 청국 총독 위안스카이의 소환에 관한 청국과 조선 간의 논의 관련 ; 혹은 위안의 후임	601 1889년 1월 12일
11월 21일 자 베이징발 보고 제344호 : 11월 17일 자 "차이니스 타임스" 조선의 정세 관련 기사 ; (리훙장의 기관) 신문의 청국 총독 위안의 소환 요구	325 1월 7일
1월 8일 자 워싱턴발 보고 제12호 : 미국의 대조선 관계 ; 조선 공사대표 알렌 박사의 "헤럴드"지 기자에게 한 부당한 발언. 1월 24일 자 발췌문 전달발송 런던 No. 78호, 페테르부르크 제43호	1042 1월 20일
12월 6일 자 베이징발 보고 제364호 : 청국의 대조선 청구에 관한 "상하이 쿠리어"지 기사	1052 1월 20일 1월 24일 자 전달발송 런던 No. 74호, 페테르부르크 제42호
12월 9일 자 베이징발 보고 제368호 : 청국 총독 위안의 소환 요구한 조선 특사의 베이징으로부터 출발 ; 데니와 마키-청 간의 상하이 협상	1827호 2월 4일
12월 25일 자 베이징발 보고 제382호 : 데니와 마키-청의 협상 결과 ; 위안의 해임 가능성	2558호 2월 18일
12월 27일 자 베이징발 보고 제328호 : 조선이 일본의 보호정책을 의뢰했다고 하는 오쿠마의 발언 (원본은 조선 제3호)	2564호 2월 18일

01

원문 p.423

[조선의 국제적 지위 관련 언론 기사 보고]

발신(생산)일		수신(접수)일	1888. 10. 21
발신(생산)자	기록 없음(o. A.)	수신(접수)자	
발신지 정보		수신지 정보	베를린 외무부
			A. 13502

A. 13502 1888년 10월 21일 수신

뮌헨 알게마이네 차이퉁[1] 1888년 10월 21일

일본

도쿄발 9월 7일. 조선이 동아시아의 불가리아로 불리는 건 이미 오래 된 일이다. 여기에 더하여 매순간 국제적인 분쟁을 불러일으킬 수 있는 이웃한 나라들의 야심이 충돌하고 있어서 국내 정세는 매우 어수선하고 불안정하다는 느낌을 준다. 청국은 예로부터 조선을 그들의 속국으로 여겨왔기에 그들의 요구를 당연한 것으로 생각하고 있다. 북쪽에 이웃한 러시아는 태평양 연안으로 연중 결빙되지 않는 항구를 갖기 위해 남쪽으로 진출할 좋은 기회가 될 것을 기대하고 있다. 블라디보스토크는 매년 겨울 몇 달 동안 결빙으로 폐쇄되기 때문이다. 러시아는 바로 실행에 옮길 준비가 되었다. 일본의 신문이 전해준 최근 소식에 의하면, 대륙횡단 철도를 북동 지역의 어느 한 구역으로 연장하는 것을 허용한 것과 관련하여 조선의 정부와 어떤 계약을 체결했다고 하는데, 러시아가 오래전부터 염두에 두고 있었던 곳으로 그래서 러시아식 이름을 가지게 되었던 조선의 동쪽해안 중간쯤에 자리한 라자레프항[2]이 될 것으로 보이지만, 개항이 언제가 될지는 아직 미지수라고 했다. 일본이 이러한 상황을 걱정스럽지만 회의적으로 바라보고 있다고 해서 그리 놀랄 일이 아니다. 일본 역시 조선에 많은 관심을 가지고 있는데다가 인접 국가로서 입장이 전혀 다르기 때문이다. 실제로 일본은 충돌이 생길 때마다 거의 빠지지

1 [감교 주석] 뮌헨 알게마이네 차이퉁(Münchener Allgemeine Zeitung)

2 [감교 주석] 영흥만(Port Lazareff)

않는다. 조선의 수도 서울에서 주도권을 잡는 일로 일본과 청국 간의 전쟁이 벌어질 뻔했던 일이 불과 4년 전인 1884년이었고[3], 당시 일본군과 청국군 부대 간에 격렬한 전투가 벌어졌던 걸 기억할 것이다. 국왕은 일본 공사[4]에게, 일본군 보병 2개 중대로 하여금 궁내에서 자신을 안전하게 지켜 줄 것을 요청했다. 일본군이 궁에 배치되자 청국군도 즉시 출동하여 같은 권리를 실행하고자 했고 곧 바로 전투가 벌어졌다. 청국군이 우위에 있었지만 일본군은 열두시간의 전투 끝에 궁을 지켜냈고 질서정연하게 철수함으로써 왕과 그 일족을 안전하게 지켜준 셈이었다. 당시 일본에 대한 베이징의 분위기는 극도로 적대적이었다. 러시아와 마찬가지로 조선에서 한 몫을 차지하려던 생각이었을 것으로 보였다. 다만 당시 베이징과 톈진에 파견되어 있던 외교사절 이토[5]는 일본이 청국에 대해 우호적이라는 걸을 공식적으로 확인시켰다. 무엇보다도 양국 누구도 사전 협의 없이 조선으로 군대를 파견해서는 안 된다는데 합의한 이홍장[6]-이토 간의 협의[7] 체결이 이루어졌다. 이 즈음부터 여러 나라들의 시기, 혼란, 음모 같은 일들이 끊임없었다. 최근 조선의 기독교인과 외국인, 특히 일본에 대해 격앙된 조선 정부의 심상치 않은 발표가 있었다. 조선의 어린 아이들을 살해했거나 그 같은 목적으로 파견되었다는 혐의로 외국인 기독교도들이 여럿 처형되었다. 그리고 우리의 독일 출신의 묄렌도르프[8]가 돌연 조선에 다시 모습을 드러냈고, 곧 예전과 같이 궁정고문직을 다시 맡게 되리라는 소식은 일본의 여론을 매우 혼란하게 했다. 그는 왕으로 하여금 조선을 청국에 의지하게 할 것이라고 보고 있다. 그럼에도 불구하고 최근 몇 년 동안 일본은 조선 문제에 대해 대등한 입장을 취하려는 것으로 보인다. 이토 내각은 종종 강렬한 정책을 바라는 국민들로부터 질책과 불만의 대상이 되었다. 최근 일본 정부가 두 가지 방안을 내놓았는데, 도쿄에서는 이것이 동아시아 전체에 걸친 불평등한 여건에 따른 심각한 관계로 인한, 발전적이라기보다 오히려 혼란을 야기 시킨다는 견해들이 나오고 있다. 그중 하나는 청국과 조선과 시베리아를 순회하는 대규모 방문단을 보내는 것이고, 다른 하나는 현재 파견근무 중인 전직 총리대신이자 현 내각수반인 이토와 해군대신 사이고[9]를 조선과 시베리아로 보내는 것이다. 두 정치인은 나가사키에서 순회방문에서 돌아오는 전함을 맞아 거기서 방문단에

3 [감교 주석] 갑신정변
4 [감교 주석] 다케조에 신이치로(竹添進一郎)
5 [감교 주석] 이토 히로부미(伊藤博文)
6 [감교 주석] 리훙장(李鴻章)
7 [감교 주석] 톈진조약
8 [감교 주석] 묄렌도르프(P. G. Möllendorff)
9 [감교 주석] 사이고 쓰구미치(西鄕從道)

합류하여 함께 조선과 블라디보스토크로 가게 된다. 당시로서 일본 최고의 현대식 전함의 파견 자체로 이미 전력을 시위한 듯한 인상을 주지만, 이 방안은 두 중진 정치인들이 방문단과 동행하여 언급된 나라들을 방문한다는 것으로 큰 의미를 지닌다. 이 방문의 숨겨진 목적에 대해서는 여러 관점이 있다. 일본이 하나의 선전효과를 의도하였다는 걸로 받아들인다면, 그만큼 혼란에 빠질게 분명하다. 고문의 업무에 충실했고 그 외에도 지난 세월 동안 심한 열병을 앓았던 이토의 파견만으로도 일본은 특히 평화롭고 사려깊은 정책을 이행하며, 그로써 청국에 대한 미션을 통하여, 혹은 달리 이런 정책의 발의자이자 대표자를 보낸다는 인상을 주려는 것이다. 다른 한편으로는 어떤 대등한 입장에 있지 못한 일본으로서 두 중진 정치인을 파견하여 러시아의 탐욕과 청국의 종잡을 수 없이 변덕스러운 간섭에 충격을 받지 않고 국가적인 이익에 손상이 가지 않도록 함으로써, 위험에 빠지지 않고 정확히 지향하게 하여 이웃 국가와의 관계에서 생생한 이익을 챙기려는 의도가 보인다.

02
원문 p.426

데니가 펴낸 책자 '청국과 조선'

발신(생산)일	1888. 8. 24	수신(접수)일	1888. 10. 27
발신(생산)자	크리엔	수신(접수)자	비스마르크
발신지 정보	서울 주재 독일 영사관 No. 58	수신지 정보	베를린 정부 A. 13808
메모	A. 13808 참조 I. 11월 2일 런던 851, 페테르부르크 405 전달 II. 11월 2일 런던 852, 페테르부르크 406, 서울 A No.1 전달 III. Chiffre a. 3. 11 n. Peking A. 29, do. Söul A. 2 연도번호 No. 439		

A. 13808 1888년 10월 27일 오전 수신, 첨부문서 1부

서울, 1888년 8월 24일

No. 58

비스마르크 각하 귀하

"궁정고문 겸 외아문 협판" 데니[1]가 펴낸 책자로, 며칠 전 외국인 대표자들과 그의 미국인 친구들에게 배포한 "청국과 조선"[2]을 각하께 삼가 올립니다.

데니는 이 책의 제1부에서 양국의 국가적 관계를 조선의 입장에서 밝히면서, 조선은 청국에 공물을 올리는 입장이기는 하지만, 전반적으로 독립적인 국가라는 결론을 짓습니다. 제2부에서는 지난 몇 년간 청국 정부가 조선에 행한 정책은 위법이며 이는 두 나라 모두에게 해가 되는 것임을 지적했고, 무엇보다 1886년 여름 무력적으로 국왕폐위를 모의한 조선 주재 청국 대표[3]에 대해서 강하게 비방했습니다. - 당시의 사건은 켐퍼만[4] 총영사의 1886년 8월 24일 자 No. 52에 상세히 보고되어 있습니다.

끝으로 데니는 국왕의 위약함과 우유부단함에 대한 비난을 변론합니다.[5]

---

1 [감교 주석] 데니(O. N. Denny)
2 [감교 주석] 청한론(淸韓論) 원제는 "China and Korea"
3 [감교 주석] 위안스카이(袁世凱)
4 [감교 주석] 켐퍼만(T. Kempermann)

데니는 여러 친지들에게 다음과 같이 설명하였습니다. 자신을 공격하는 청국 정부를 압박하려는 의도를 이 책에서 강력하게 시사했다는 것입니다. 그는 위아스카이가 해임되지 않는다면 자신의 주장에 대해 모두 공개할 증거자료를 가지고 있다고 합니다. (직례[6]; 감교자)총독 리훙장[7] 두 달 전에 책자를 보냈습니다.

경애하는 각하께 보고드려야 할 사항은 이 책에서 언급된 유럽으로 파견된 조선 사절단에 관한 것으로, 최근의 소식에 따르면 아직 홍콩에 머물고 있다는 것입니다. 각하께 이 기회에 감히 청원 드리고자 하는 것은, 1886년 산터우[8]로부터 전달된 부들러 부영사의 청국에 대한 조선의 국가주권 관련 문서 사본을 제국공사관으로 내려 보내주셨으면 하는 것입니다.

이 보고서 사본을 베이징 주재 제국공사관으로 발송하겠습니다.[9]

크리엔

내용: 데니가 펴낸 책자 '청국과 조선'

No. 58의 첨부문서

첨부문서의 내용(원문)은 독일어본 428~449쪽에 수록.

5 [감교 주석] 원문에는 '당시의 사건은 ~ 비난을 변론합니다.'에 취소선이 표기됨.

6 [감교 주석] 직례(直隸)

7 [감교 주석] 리훙장(李鴻章)

8 [감교 주석] 중국 광둥성 산터우(汕頭, Shantou) 지역

9 [감교 주석] 원문에는 '경애하는 각하께 ~ 발송하겠습니다.'에 취소선이 표기됨.

03

원문 p.450

조선 국왕의 영국 총영사 워터스 영접 거절

발신(생산)일	1888. 8. 28	수신(접수)일	1888. 10. 27
발신(생산)자	크리엔	수신(접수)자	비스마르크
발신지 정보	서울 주재 독일 총영사관	수신지 정보	베를린 정부
	No. 59		A. 13825
메모	15486 참조 // 10월 31일 런던 836 전달 // 연도번호 No. 445		

A. 13825 1888년 10월 27일 오전 수신, 첨부문서 3부

서울, 1888년 8월 28일

No. 59

비스마르크 각하 귀하

6월 11일 자 No. 34로 보고드린 국왕의 영국 총영사 워터즈[1] 영접 거절 건에 관해 여기 첨부한 중국어 문서의 번역본을 베이징 주재 영국 공사와 외아문 독판 간에 나눈 내용을 각하께 삼가 올립니다.

포드[2] 총영사대리의 보고에 따르면, 지난달 24일 자 외아문의 서신으로 자신의 총영사 신임장 제정이 비공개적으로 진행되었다고 합니다. 발신 며칠 후 청원을 하고서야 사본을 받았다고 하는데, 그에 곧바로 조병식[3]을 찾아가 그 서한에 대한 불만을 제기했다고 합니다. 외아문은 그에 대해 크게 놀라 곧바로 서한을 취소하는 한편 (베이징 주재 영국 공사; 감교자) 월샴[4] 앞으로 납득할만한 회신을 주기로 하였고, 그리고 지난달 3일 자 서한의 문안에 대해 이해를 한 후 공사에게 그런 의미를 담은 전문을 보냈다고 합니다.

포드는 그로써 이 소란을 잘 마무리한 것으로 생각하고 있습니다.

이 보고서 사본을 베이징 주재 제국공사관에도 보냅니다.

크리엔

1 [감교 주석] 워터스(T. Watters)
2 [감교 주석] 포드(C. M. Ford)
3 [감교 주석] 조병식(趙秉式)
4 [감교 주석] 월샴(J. Walsham)

내용: 조선 국왕의 영국 총영사 워터스 영접 거절. 첨부문서 3부

No. 59의 첨부문서 1

사본

1888년 7월 10일 급보

베이징 주재 영국 공사 월샴[5]은 조선의 외아문 독판[6]에게 서한을 보냈다. (서울 주재 영국 총영사; 감교자) 워터스[7]가 병가를 떠난 사실과 그의 대리로 포드를 세운 건 관례상 조선 외아문 독판에 의해 공지되어왔다. 그러나 워터스와 포드[8]는 6월 7일 전하를 알현하였던 자리에서 월샴에게 알렸을 통보를 받지 못했을 것이다. 오랜 시간이 지나서야 궁정관리가 전하기를 전하께서 그들을 영접할 수 없다고 했다면, 예법을 벗어난 중대한 과실도 아닐 뿐더러 또한 궁을 떠나지 않을 수도 없었을 것이다. 워터스가 출국하고 난 뒤까지도 아무 해명이 오지 않았고 워터스의 업무 대행을 위임받은 포드 역시 6월 17일까지 외아문 독판으로부터 아무 통지를 받지 않았다.

월샴 역시 국왕이 영국정부의 두 관리를 나무라거나 영국 정부의 두 직원을 모욕할 의도가 없었다고 믿는다 해도, 6월 7일 두 사람이 겪은 그런 접대에 대해 해명이 되지 않고 사과가 아직 없는 걸로 보아 그에 대한 의혹은 여전히 남아 있음에 틀림없다.[9]

월샴은 그래서도 외아문 독판의 조속한 답변이 있기를 기대하고 있음이 분명하다. 정부를 대변하는 외아문 독판으로부터 워터스와 포드의 영접이나, 만약 월샴에게 그 일에 대해 왜 국왕은 자신의 입장을 표명하지 않는지, 월샴은 이 해명을 받지 못할 경우 매우 유감스럽게 생각할 것이다.

번역

라인스도르프

---

5 [감교 주석] 월샴(J. Walsham)

6 [감교 주석] 조병식(趙秉式)

7 [감교 주석] 워터스(T. Watters)

8 [감교 주석] 포드(C. M. Ford)

9 [감교 주석] 원문에는 '월샴 역시 ~ 틀림없다.'에 취소선이 표기됨.

No. 59의 첨부문서 2
사본

1888년 7월 24일 급보

1888년 7월 10일 전문 급보에 대한 조선식 음력으로 올해 6월 9일(1888년 7월 17일)자 회신입니다:

(서울 주재 영국; 감교자) 총영사 워터스[10]가 포드[11]를 총영사대리로 위임했다는 사실을 보고받으신 전하께서는 오랜 업무 동안 보여준 워터스의 탁월한 능력을 떠올리시고, 포드 역시 그들 정부로부터 엄선된 사람으로서 업무수행의 탁월함이 인정된 관리임을 확신하셨으며, 또한 양국 간의 우호적인 관계가 더욱 내실화되도록 희망하면서 6월 7일[12] 두 사람을 초대하였다. 전하께서는 워터스가 영국으로 복귀하는 편에 (빅토리아; 번역자) 여왕께 안부를 전하기를 바라시는 한편, 떠나는 이에 대한 치하와 인사를, 그리고 그 후계자에 대한 특별한 감회를 전하려 했다.

전하께서는 우리의 우호적인 관계가 가능한 한 밀접하게 유지되기를 두 사절이 확고히 해주기를 희망하셨다.[13] 두 사람이 궁에 도착하였을 때 마침 중요한 국사가 논의되던 중이라 곧바로 영접이 이루어지지 못했고, 대전에 불려온 다른 관리들과 함께 대기실에 앉아 반 시간을 기다려야 했다. 전하께서 업무가 끝이 나고 그들을 영접하려 했는데, 둘은 어떤 이유에서인지 자리를 뜬 상황이었지만, 알현 자리에 있었던 다른 관리들도 영문을 알지 못했다. (두 사람이 돌아오도록 재차 애를 썼지만 둘의 기분을 움직이게 할 수 없었고, 그들은 우호적인 관계를 돈독히 하고자 하는 전하의 바람에 대해서는 알지 못하는 것 같았다.)[14]

전하께서 알현실에 오래 기다리다가 두 사람이 궁 밖으로 나가버렸으며, 그 이유를 전혀 알 수 없었다는 설명을 듣고는 매우 놀라셨다. 아마도 무슨 오해가 있었는지 모르고, 혹은 알현하러 온 동석한 관리들과의 오해가 있었는지 모르지만 전하께 상세한 원인을 아뢰지 못했다.

---

10 [감교 주석] 워터스(T. Watters)

11 [감교 주석] 포드(C. M. Ford)

12 [감교 주석] 원문에는 '오랜 업무 ~ 6월 7일'에 취소선이 표기됨.

13 [감교 주석] 원문에는 '전하께서는 ~ 희망하셨다.'에 취소선이 표기됨.

14 [감교 주석] 원문에는 '두 사람이 ~ 같았다.'에 취소선이 표기됨.

전하께서는 두 사람의 해명을 기대하며 이 일을 잘 정리하도록 본인에게 명하셨다. 한 달이 넘도록 기다렸지만, (총영사 워터스는 어떤 말도 없이 떠났고 총영사대리 포드가 이미 오래전 자신의 업무에 임한 걸로 알고 있지만, 그 일에 관해 외아문으로 해명하러 오지도 않고 있다: 본인은)[15] 그에 대해 매우 의아해하고 있으며, 지금까지 귀하의 전문도 두 사람이 어찌하여 마음이 상해 가버렸는지 그 이유에 대한 어떤 설명도 접하지 못하고 있다. 본인은 전하께서 두 사람을 모욕할 뜻이 전혀 없었다는 사실을 분명히 할 수 있다: 전하께서 영접을 취하하신 명을 내리신 적이 없었고 알현하러 온 다른 관리들과 함께 배석할 수 없다는 전갈도 한 적이 없었다.

전하께서 업무상 영접을 잠시 미루셨던 일로 오해가 생겼던 것이라면, 그건 전하와 정부로서 전혀 의도치 않은 일이다. 두 사람이 왜 기분이 상해 가버렸는지 그 이유를 알지 못하는 상황에서 이에 대해 어떤 설명을 기다릴 수밖에 없었고, 이 모든 일이 아직 정리가 되지 않은 것도 어떤 해명으로 사과를 해야 할지 알 수 없어 생긴 일인 것이다.[16]

주객 간에는 상호 반드시 지켜야 하는 예의가 있는 법이다. 두 사람이 격에 맞는 알현을 기대하였지만 어떤 예견치 못한 오해로 해서 마음이 상해 자리를 떴고 이를 되돌리지 못한 것은, 이후 외아문 관리에게 어떤 설명을 줄 기회를 주지 않았고 우호관계의 내실에 대한 전하의 뜻을 거의 인지하지 못한 탓이라 여겨진다. 이는 본인으로서는 결코 예상치 못한 일이다. 나아가 오해로 비롯된 상심이 있었고, 그래서 두 사람이 그에 대해 의논하고자 하나 외아문을 방문하는 데 방해가 되는 일이 있다면 따로 본인에게 설명할 자리를 마련하기 바란다. 전하와 외아문은 무엇보다도 어떻게 해야 할지 전혀 모르는 입장이다.

(두 나라 간의 좋은 우호관계에 비중을 두고 대리 총영사 포드에게 상기 내용의 서한을 내기에 이르렀으며, 여기 관계자 앞으로 전문을 보낸다.)[17]

번역
라인스도르프

---

15 [감교 주석] 원문에는 '총영사 워터스는 ~ 본인은'에 취소선이 표기됨.

16 [감교 주석] 원문에는 '전하께서 ~ 일인 것이다.'에 취소선이 표기됨.

17 [감교 주석] 원문에는 '두 나라 ~ 보낸다.'에 취소선이 표기됨.

No. 59의 첨부문서 3
사본

외아문 독판[18]의 급전. 1888년 7월 24일

올해 7월 10일 자 급전에 대해 아래와 같이 회신합니다:

(서울 주재 영국; 감교자) 대리총영사 워터스[19]가 대리총영사 포드[20]에게 업무를 위임했을 때 전하께서는 (오랜 근무기간 동안 보여준 워터스의 특별히 유능했던 일을 떠올리시고, 포드 역시 정부의 선발을 받은 사람으로서 어떤 경우로든 업무수행의 탁월함이 인정된 관리임에 틀림없음을 확신하셨으며, 또한 두 나라 간의 우호적인 관계를 한층 깊이하기 위해)[21] 6월 7일 두 사람을 초대하셨다. 전하께서는 워터스 편에 귀국의 (빅토리아; 번역자) 여왕께 안부를 전하기를 바라시고, 떠나는 이에 대한 석별과 그 후임자에 대해 받은 특별한 인상을 전하고자 하셨다.

전하의 이러한 기대 속에 초청된 두 사람은 궁에 도착하여 알현 시중드는 신하들과 함께 옆방에서 대기하고 있었다. 전하께서 들어오라는 전갈을 주었을 때 시중을 들던 신하의 언어 이해 부족으로 잘못 전달이 되었고, 그래서 두 사람은 그 자리에서 물러갔지만 그게 전하의 의도는 아니었다.

전하는 두 사람을 들이지 말라는 명을 내리지 않았으니 둘을 모욕한 적이 없으며, 이는 전적으로 알현을 담당하는 신하로부터 비롯된 실수였다.

유감스럽게도 두 사람이 나가버린 원인이 무엇이었는지 모르는 본인으로서는 (또한 어떤 설명으로 사과를 해야 할 지도 몰랐기에) 어떤 해명도 사과도 드릴 수 없는 입장이다.)

(귀하의 문서를 받고서, 우리 제국의 우호관계에 큰 무게를 싣고 있기에 상기한 대리총영사 포드에게 이에 대해 설명을 하고자 한다.)[22]

번역
라인스도르프

---

18 [감교 주석] 조병식(趙秉式)
19 [감교 주석] 워터스(T. Watters)
20 [감교 주석] 포드(C. M. Ford)
21 [감교 주석] 원문에는 '오랜 근무기간 ~ 깊이하기 위해'에 취소선이 표기됨.
22 [감교 주석] 원문에는 '또한 어떤 ~ 하고자 한다.'에 취소선이 표기됨.

04

원문 p.456

조선에 대한 청국 주권 관련 청국 역사기록 발췌

발신(생산)일	1888. 9. 14	수신(접수)일	1888. 10. 29
발신(생산)자	브란트	수신(접수)자	비스마르크
발신지 정보	베이징 주재 독일 공사관	수신지 정보	베를린 정부
	No. 246		A. 13942
메모	11월 1일 런던 No. 842, 페테르부르크 No. 399 전달		

A. 13942 1888년 10월 29일 오전 수신

베이징, 1888년 9월 14일

No. 246

비스마르크 각하 귀하

톈진의 Chinese Times에 9월 8일 자로 청국의 저명한 저자 웨이위엔[1]의 "성무기"[2]에서 인용한 "조선에 대한 청국의 종주권"이란 제목의 번역 기사를 실었는데, 이 책은 1842년 출간되어 이후 여러 편이 발간되어 모두 45권에 이릅니다. 그중에는 현 왕조의 다양한 군사 작전을 다룬 것도 있습니다.

Chinese Times가 이를 기사화한 것은 아마도 청국 정부 측에서 의도한 것으로 보이긴 하지만, 그중 아주 짧은 내용은 큰 관심을 끕니다.

"BC 2205년부터 BC 2198년까지의 하나라 우제[3] 재위시절 대제 재위 시절, 조선은 청국 형주[4]성의 일부였고, (아마도 BC 1766년의 상[5] 왕조의 초대 황제) 탕[6] 황제 시대에는 청국 변방의 하나의 독립된 성이었다. 주 왕조의 건립자 우왕(BC 1122~1110) 때 왕조로 격상되어 기자 치하에 들어갔다.

이렇듯 조선은 항상 청국의 일부가 되어왔다.

---

1 [감교 주석] 웨이위엔(魏源)
2 [감교 주석] 『성무기(聖武記)』
3 [감교 주석] 하(夏)나라 우제(禹帝)
4 [감교 주석] 형주(荊州)
5 [감교 주석] 상(商)나라
6 [감교 주석] 탕(湯)

1619년에 현 왕조[7]의 첫 황제로 알려진 태조[8]와 명 왕조의 만력[9] 황제 간의 전쟁이 벌어지던 동안 조선은 명군에 원군을 보냈다. 명군이 패했고 조선의 원군 대부분이 포로가 되었다. 태조는 조선의 장군 몇을 고향으로 돌려보내 줬다. 이혼[10] 왕으로 하여금 명 황제가 예전에 일본과의 전쟁[11] 때 조선을 도왔던 것처럼, 조선은 이제 명 왕조 대신 태조를 받들 것을 표명하도록 했다.

그것으로 사죄의무를 이행한 걸로 보고 황제는 과거사를 더 이상 문책하지 않을 것을 천명하였다고 하는데, 조선 국왕[12]은 그러나 그를 따를지 명 황제를 자신의 주군으로 받들지 결단을 내야 할 입장이었다.

그런 통보에 회답을 하지 않고 조선은 여전히 명 왕조를 받드는 입장을 취했다. 이에 태조와 후계자 태종[13] 황제가 1627년 조선으로 군사를 보내 전투에서 연이은 승전을 하면서 인종 왕에게 화친과 굴복을 종용하였다.[14] (청국의 역사편찬가에 따르면 이것이 조선이 항복조약을 맺은 최초의 일이었다.) 조선에 남아있던 만주의 점령군들은 왕의 요청으로 봄과 가을 매년 공물을 올리고 Chung-chiang을 통상지역으로 개항한다는 약속을 받고 나서야 같은 해에 철군하였다.)[15]

이런 평화협정에도 불구하고 만주와 조선 간의 관계는 여전히 긴장상태였다. 만주에 투항한 데에 대해 마땅히 이행해야 할 공물과 조력의 불이행, 아무 성과도 없이 마냥 끌고 있는 자신의 사신에 대한 적절하지 못한 응대에 태종의 불평이 반복되다가 급기야 1636년에는 다시 조선을 침공하게 되고 순식간에 완전히 제압하였다.[16]

이종[17]왕은 이때부터 만주 황제에 굴복하여 종속되었다.)[18] 다음과 같은 내용으로 새로운 협약이 만들어졌다. (명으로부터 받은 이종의 인장과 옥새를 인도받는 것과 왕의 두 아들을 인질로 삼는 것.)[19] 상전으로 모시는 표시로 (앞으로 계속) 만주왕조의 연력을

---

7 [감교 주석] 청조(淸朝)
8 [감교 주석] 태조(太祖). 청 태조 천명제(天命帝) 누르하치
9 [감교 주석] 명 신종(神宗) 만력제(萬曆帝)
10 [감교 주석] 광해군(光海君)
11 [감교 주석] 임진왜란
12 [감교 주석] 인조(仁祖)
13 [감교 주석] 태종(太宗). 숭덕제(崇德帝)
14 [감교 주석] 정묘호란(丁卯胡亂)
15 [감교 주석] 원문에는 '청국의 역사편찬가에 ~ 철군하였다.'에 취소선이 표기됨.
16 [감교 주석] 병자호란(丙子胡亂)
17 [감교 주석] 인조(仁祖)
18 [감교 주석] 원문에는 '이종왕은 ~ 종속되었다.'에 취소선이 표기됨.
19 [감교 주석] 원문에는 '명으로부터 ~ 삼는 것.'에 취소선이 표기됨.

사용. (명 왕조에 했던 것처럼 본 왕조에 공물을 올리고 축하 사절을 보낼 것.) 전시 지원과 장군과 병사의 보수 분담금 지불. 사전허락 없이 성곽축조 금지. Tai-tsung 비호 지역 밖으로의 투항(정치적 망명을 일컫는 듯) 금지. 이러한 조건들이 충실히 이행되는 것이 보일 경우, 황제는 조선 왕조에 대해 300년 종사의 지속과 국토의 안전을 보장한다.

양측 군주 간의 협약이 이루어지자 태종이 왕좌에 올랐고, 조선의 국왕은 모든 측근과 함께 그 앞에서 무릎을 꿇고 지난 과오들을 벌해 줄 것을 간하였다. 황제는 그를 용서하고 이종[20]과 그의 신하들은 아홉 번 고두례[21]를 했다. 그런 연후에 펼쳐진 연회에서 조선의 국왕은 만주 왕자들 옆자리를 지정받았다.

귀환하는 길에 태종은 앞으로 두해 동안의 공물을 면제해 주었고 형편이 어려울 경우에는 그에 상응해 관용을 베푼다는 칙령을 내렸다.

이렇듯 확연히 드러난 왕의 굴복에도 불구하고 이후의 세월동안 태종은 여러 차례 불만을 드러냈고, 특히 1642년 명에 동조한 행동이 발견되어 조선 관리가 처벌된 일이 있었다.[22]

1643년에 새로 즉위한 만주황제[23] 순치[24]는 조선에게 공물의 삼분의 일을 면제해 주었고 이듬해에는 베이징의 경축식에 초대했으며, 천하통일을 경축하는 자리에서 (인질과 포로를 풀어주며)[25] 공물을 반으로 감하여 주도록 했다. 뒤를 이은 황제들은 아울러 여러 혜택을 더 주어 오늘날에는 예전의 십 분의 일에 지나지 않게 되었다.

강희[26] 황제와 그 후대 황제 때는 조선 전체에 기근이 퍼지자 청국은 구조 식량을 보냈다. 도적 떼와 유민이 나라 전체를 불안하게 만들었을 때는 금전적 지원도 아끼지 않았다. 명왕조의 역사 기록[27]에 의하면 이종[28] 왕의 행위나 움직임이 불리하게 비판되는 부분이 있으면 기록에서 곧 바로 삭제되었다. 다른 어떤 나라에서도 이와 유사한 호의를 베푼 적이 보이지 않았다.

청국 사신이 조선으로 오게 되면 향연이 벌어지고 영접송시가 만들어졌다. 마찬가지

---

20 [감교 주석] 인조(仁祖)

21 [감교 주석] 삼궤구고두례(三跪九叩頭禮)

22 [감교 주석] 임경업 사례를 이야기하는 것임.
[감교 주석] 원문에는 '명 왕조에 ~ 일이 있었다.'에 취소선이 표기됨.

23 [감교 주석] 독일어 원문에는 "Mandschu-Kaiser"로 적혀 있음.

24 [감교 주석] 청 세조(世祖) 순치제(順治帝)

25 [감교 주석] 원문에는 '인질과 ~ 풀어주며'에 취소선이 표기됨.

26 [감교 주석] 청 성조(聖祖) 강희제(康熙帝)

27 [감교 주석] '정사(正史)'의 오자로 추정

28 [감교 주석] 인조(仁祖)

로 조선의 사절이 청국으로 가면 황제는 우호적으로 영접하고 송시로 그를 환영했다.[29]

1706년 강희 황제는 조선은 관습, 문명, 문학 그리고 자연산물에서 다른 어느 나라보다 청국과 유사하다는 말로 시작되는 칙령을 내렸다. 청 태종이 조선으로 침공해 왔을 때, 왕과 백성이 처음에는 저항을 했지만, 곧 항복을 하고 황제의 행적과 공덕을 기리는 공덕비[30]를 세웠다. 공덕비는 오늘날에도 그대로 서 있다. 명왕조가 망했음에도 조선은 명나라에 대해 연을 놓지 않았으며 여전히 명에 대한 신의를 지켰다는 중대한 만족감을 나타내는 요인이 되고 있다."

브란트

내용: 조선에 대한 청국 주권 관련 청국 역사기록 발췌

29 [감교 주석] 원문에는 '강희 황제와 ~ 환영했다.'에 취소선이 표기됨.

30 [감교 주석] 대청황제공덕비(大淸皇帝功德碑). 오늘날 삼전도비

베를린, 1888년 10월 31일 A. 13825

주재 외교관 귀중

2. 런던 No. 836

금년 8월 1일 발생된 조선 국왕의 (서울 주재; 감교자) 영국 총영사 워터스[31] 영접 거절 관련 8월 28일자 서울 주재 제국 영사의 보고서 사본을 관련 자료와 함께 보냅니다.

10월 31일

31 [감교 주석] 워터스(T. Watters)

05

원문 p.461

[조선의 독립국 지위에 관한 언론 기사 보고]

발신(생산)일		수신(접수)일	1888. 10. 21
발신(생산)자	기록 없음(o. A.)	수신(접수)자	
발신지 정보		수신지 정보	베를린 외무부
			A. 13502

A. 14123 1888년 10월 31일 오후 수신

쾰른신문 No. 303 1888년 10월 31일

아시아

상하이로부터 나온 소문에 따르면 조선의 독립선언이 준비 중이며, 러시아[1]와 미국 대표[2]가 국왕의 그 계획에 힘을 실어주었다. 전함의 움직임이 소문의 가능성을 뒷받침해주고 있으며, 이런 근거로 불안감이 조성되고 있었다. 조선과의 전쟁[3]에서 승리한 후 청국은 다시 잠잠해졌으며 청국을 깨어나게 했던 쩡지쩌[4] 후작의 좋은 연설도 오랫동안 의미를 잃고 있었다. 총리아문은 허황된 꿈을 꾸거나, 혹은 일찍이 강화된 러시아가 군대를 조선으로 보내고 청국의 태평양 진출의 전초배치를 위협한다는 사실에조차 관심을 갖지 않는 것 같다. 러시아의 영향을 받는다면, 적대적으로 대치하고 있는 아일랜드에 대한 잉글랜드의 위협[5]도 청국이 조선에서 처해질 위험에 비할 바가 못 될 것으로 보인다. 납득하기 어려운 근시안적인 시각으로 청국은 모든 으뜸 패들을 조금씩 빼먹고 있다. 현 조선 국왕의 선왕[6]을 납치하여 청국의 한 지방[7]에 감금시켰을 때만 해도 이 나라의

1 [감교 주석] 베베르(K. I. Weber)

2 [감교 주석] 딘스모어(H. A. Dinsmore)

3 [감교 주석] 본문 상의 내용으로는 조선과의 전쟁이 무슨 사건을 의미하는지 확인할 수 없음.

4 [감교 주석] 쩡지쩌(曾紀澤)

5 [원문 주석] "eine feindlichen Macht" 각주 "3. 원문에 따른 표기"

6 [감교 주석] 흥선대원군(興宣大院君). 흥선대원군과 고종의 부자관계에 대한 이해가 부족한 상황에서 작성된 것으로 보임.

7 [감교 주석] 바오딩부(保定府)

주권은 확실했고 당시 아무도 그에 이의를 제기하지 않았다. 영국 군이 해밀턴항[8]에 정박했을 때 러시아 측의 첫 묘수가 나왔다. 러시아는 당시 브로튼만[9]의 라자레프항[10]을 차지하며 압박했고,[11] 사실상 영국은 청국의 요청으로 이를 묵인했다.

러시아에 대치하여 건설한 태평양 연안의 지브랄타(Gibraltar)에 비견할 수 있었는데, 청국은 이미 러시아의 요구를 물리칠 만한 힘을 가지지 못함을 다시 보여준 것이다. 조선에 대한 러시아의 이해관계를 간접적으로 시인한 것이다.[12] 러시아는 당시 조선에 개입을 해서 보상을 받아내려던 것으로, 조선의 독립을 지지함으로써 발칸으로 나아가는 발판을 택한 것이다. 그 첫걸음은 워싱턴[13]과 유럽으로 간 조선의 사절[14]과 관계되어 있었다. 최소한 페테르부르크 사절을 억류한 열한시간 동안에도 총리아문은 그걸 인정하려 들지 않았다. 잠정적으로 그 계획이 좌초되면서 조선이 청국에 대응하는 것은 불가리아가 터키를 대하는 입장과도 같다. 단지 여기서 한반도가 청국으로부터 완전한 독립을 이루는 데는 보다 상위의 개념이 연관되어 있다. 얼마 전 조선을 방문한 적이 있었던 러시아의 한 대공이 국왕과 비밀 협의를 했다고 하는데, 아마도 헛소문은 아닐 것이다. 찡지쩌 후작이 유럽에서 쌓은 경험을 활용하지 못한 것은 청국 관리의 단순한 면이기도 하지만, 영향력 행사에 흥미를 잃었기 때문인 것으로 보인다.

---

8 [감교 주석] 거문도(Port Hamilton)

9 [감교 주석] 브로튼만(Broughton's Bay), 영흥만을 부르는 또 다른 호칭임.

10 [감교 주석] 영흥만(Port Lazareff)

11 [감교 주석] 영국의 거문도 점령 당시 러시아의 영흥만 점령 가능성이 제기되었지만, 러시아는 영흥만을 점령하지 않았음. 당시 상황에 대한 풍문을 사실로 규정한 것으로 보임.

12 [원문 주석] "4. 원문서에 따른 표기"

13 [감교 주석] 주미 조선 공사로 부임한 박정양(朴定陽)

14 [감교 주석] 주 오국(영국, 독일, 러시아, 이탈리아, 프랑스) 조선 공사 조신희(趙臣熙). 박정양은 워싱턴에서 공사 업무를 수행하지만, 조신희는 홍콩에 머물다가 귀국하였음.

베를린, 1888년 11월 1일 A. 13942

주재 외교관 귀중
1. 런던 No. 843
2. 상트페테르부르크
No. 399

청국 역사서[15]로부터 인용한 조선에 대한 청국 주권에 관한 내용을 금년 9월 14일 자 베이징 주재 제국 공사의 보고서 발췌 사본을 관련 자료로 보냅니다.

메모: 변경과 삭제를 고려한 원본의 사본

11월 1일

15 [감교 주석] 웨이위엔(魏源)의 『성무기(聖武記)』

베를린, 1888년 11월 2일 | A. 13808(1차 보고)

주재 외교관 귀중
2. 런던 No. 851
4. 페테르부르크 No. 405

데니 저술 "청국과 조선"[16] 책자 관련 자료로 금년 8월 24일 자 서울 주재 제국 영사의 보고서 사본을 함께 보냅니다.

메모:
괄호를 생략하고
첨부물이 없는 원본의 사본

11월 1일

16 [감교 주석] 청한론(淸韓論) 원제는 "China and Korea"

베를린, 1888년 11월 2일

A. 13808[17], 14123 (2차 보고)

주재 외교관 귀중
1. 런던주재 No. 852
2. 상트페테르부르크 No. 406
3. 서울 A. 1

금년 8월 24일 서울 주재 제국 영사의 보고서 관련하여 상하이에 퍼진 조선의 독립선언 준비에 관한 소문에 관한 이달 31일 "쾰니셰 차이퉁"[18] 기사를 참고자료로 동봉하여 송부합니다.

금년 8월 24일 자 보고서 제58호로 데니[19]의 글 "청국과 조선"[20]에 관련하여 조선의 청국에 대한 국가 간 관계에 관한 1886년 2월자 부들러[21] 부영사의 초안 사본을 첨부하여 제국 영사관 기록 자료실로 보냅니다.

17 [원문 주석] 앞 페이지의 "Aug.1."과 연관된 표기로 보임.
18 [감교 주석] 쾰니셰 차이퉁(Kolnische Zeitung)
19 [감교 주석] 데니(O. N. Denny)
20 [감교 주석] 청한론(淸韓論) 원제는 "China and Korea"
21 [감교 주석] 부들러(H. Budler)

베를린, 1888년 11월 3일 A. 13808III 및 14123II

1. 브란트, 베이징 No. A 29
2. 크리엔, 서울 No. A 2

A. 5494 참조

이달 31일 자 "쾰니셔 차이퉁"[22] 보도에 따르면, 조선 정부는 청국으로부터 독립선언을 준비하고 있으며 그에 대해 러시아와 미국의 지원을 받고 있다는 소문이 상하이에 돌고 있다.
첨부 2 "쾰니셔 차이퉁"의 기사가 정확하다면, 8월 24일 자 기사에 실린 데니[23]의 책[24]에 대한 소개는 예상을 넘은 커다란 반향을 일으킬 것이다.
첨부 1과 2의 보고와 질문에 대한 요청.

---

22 [감교 주석] 쾰니셔 차이퉁(Kolnische Zeitung)

23 [감교 주석] 데니(O. N. Denny)

24 [감교 주석] 청한론(淸韓論) 원제는 "China and Korea"

06
원문 p.467

외아문 독판의 퇴진

발신(생산)일	1888. 9. 12	수신(접수)일	1888. 11. 14
발신(생산)자	크리엔	수신(접수)자	비스마르크
발신지 정보	서울 주재 독일 총영사관	수신지 정보	베를린 정부
	No. 61		A. 14916
메모	A. 12699 참조 11월 15일 함부르크 263 전달 연도번호 No. 467		

A. 14916 1888년 11월 14일 오전 수신

서울, 1888년 9월 12일

No. 61

비스마르크 각하 귀하

금년 9월의 No. 74호로 외아문 독판 조병식[1]이 자리에서 물러나 관백지방의 함경도 관찰사로 나가게 된 일에 대해 각하께 삼가 보고합니다. 그 후임은 아직 확정되지 않았습니다. 이조참판을 지낸 이중칠[2]이라는 사람이 현재 의장 대리로 직무수행하고 있습니다.

독일의 입장에서 조병식의 퇴진결정은 유감입니다. 그는 재임기간 동안 독일에 대단히 우호적이었습니다. 마이어 상사[3]의 업무허가 처리 동안에도 그는 조선 정부의 요구사항이 충족되도록 열정적으로 최선을 다했습니다.

전출은 그가 바라던 것이었습니다.

각하께서 아시는 것처럼 조선의 관리들의 보수는 열악합니다. 외아문 관리로서는 부수입이 생기는 기회가 아주 적지만 지방 관찰사의 자리는 벌이가 매우 좋은 것으로 알려져 있습니다.

조병식은 관직에 오르면서부터 청국과 이곳의 청국 대표자[4]에 대한 뚜렷한 반대성향

1 [감교 주석] 조병식(趙秉式)
2 [감교 주석] 이중칠(李重七)
3 [감교 주석] 세창양행(世昌洋行)
4 [감교 주석] 위안스카이(袁世凱)

이었습니다. 후에는 위안스카이와 상당히 가까운 관계를 유지했으며, 최근에는 데니[5]와 반청 세력에 대해서도 적대적이었습니다.

이 보고서의 사본을 베이징 주재 제국공사관에 보냅니다.

크리엔

내용: 외아문 독판의 퇴진

5 [감교 주석] 데니(O. N. Denny)

베를린, 1888년 11월 15일

A. 14916

주재 외교관 귀중
1. 함부르크 No. 263

A. 16498 참조

요청하신 금년 9월 12일 자 서울 주재 제국 대리영사의 보고서를 보냅니다. 1885년 3월 4일 자로 발표된 조선 외아문 독판[6]의 퇴진 관련 보고서입니다.

11월 15일

6 [감교 주석] 조병식(趙秉式)

07

원문 p.470

청국과 조선의 관계에 대한 미국인 궁정고문의 책자 관련

발신(생산)일	1888. 9. 27	수신(접수)일	1888. 11. 18
발신(생산)자	브란트	수신(접수)자	비스마르크
발신지 정보	베이징 주재 독일 공사관	수신지 정보	베를린 정부
	No. 271		A. 15155

A. 15155 11월 18일 오전 수신, 첨부문서 1부

베이징, 1888년 9월 27일

No. 271

비스마르크 각하 귀하

9월 22일 자 텐진의 Chinese Times는 미국인 궁정고문[1]이 발표한 청국과 조선의 관계를 다룬 책자[2]에 관해 장문의 기사로 다루었습니다. 이는 8월 9일과 15일 자 보고서 A. 220과 A. 229[3]에 다룬 내용입니다.

정확한 기사의 사본을 함께 첨부합니다.

이미 다양한 관점에서 주장되어 왔듯이 데니는 원래 리훙장[4]이 청국의 이익을 위해 조선에 파견한 인물이라는 점이고, 다른 한편 조선의 입장에서 지난 시절 청국과의 관계에서 받은 분쟁과 음모의 상당부분은 데니와 청국의 위안스카이[5]와의 개인적인 불화에서 비롯되었다는 주장입니다.

브란트

내용: 청국과 조선의 관계에 대한 미국인 궁정고문의 책자 관련

1888년 9월 27일 A. No. 271의 첨부문서
첨부문서의 내용(원문)은 독일어본 471~474쪽에 수록.

---

1 [감교 주석] 데니(O. N. Denny)
2 [감교 주석] 청한론(淸韓論) 원제는 "China and Korea"
3 [원문 주석] A. 12161호와 12411호 삼가 첨부함.
4 [감교 주석] 리훙장(李鴻章)
5 [감교 주석] 위안스카이(袁世凱)

08

원문 p.475

[워싱턴 주재 조선 공사 박정양의 부임 건]

발신(생산)일	1888. 9. 30	수신(접수)일	1888. 11. 18
발신(생산)자	브란트	수신(접수)자	비스마르크
발신지 정보	베이징 주재 독일 공사관	수신지 정보	베를린 정부
	No. 272		A. 15156
메모	11월 21일 런던 899, 페테르부르크 426, 워싱턴 A. 95 전달		

A. 15156 1888년 11월 18일 오전 수신

베이징, 1888년 9월 30일

No. 272

비스마르크 각하 귀하

8월 17일 자 London & China Express[1]지에 클리블랜드[2] (미국; 감교자) 대통령의 (워싱턴 주재; 감교자) 조선 공사 영접에 관한 뉴욕주재 조선 총영사 프레이저[3]의 기사가 실렸습니다. 이 보도에 따르면 조선 공사 박정양[4]는 1887년 12월 20일 베이야드[5] 국무장관의 배석으로 대통령의 영접을 받았고, 12월 17일에 조선 측 인사로 특사 비서와의 사전면담이 있었습니다.

영접석상에서 클리블랜드 대통령은 공사로부터 신임장을 건네받으면서 이를 낭독하고 그 답서를 전했습니다. 이 문서에는 대통령의 아주 온화한 경의의 표시와 대사의 워싱턴 도착에 대한 환영의 뜻이 담겨 있었습니다.

프레이저는 그 상세한 내용을 London & China Express지 발행인에게 보냈습니다. 그의 표현대로 보자면, 조선의 공사가 이제 지속적으로 워싱턴에 주재하게 되지만 대통령의 공식영접을 받지 못했다는 영국에서 유포되고 있는 잘못된 소식을 바로잡기 위한

1 [원문 주석] 금일 우편 A. 15155호 관련
2 [감교 주석] 클리블랜드(S. G. Cleveland)
3 [감교 주석] 프레이저(E. Frazer)
4 [감교 주석] 박정양(朴定陽)
5 [감교 주석] 베이야드(T. F. Bayard)

것이었습니다.

London and China Express지의 이번 호에 공개된 내용은 조선 공사관의 서기관으로서, 굳이 부연하자면 조선의 공사관 해외 파견을 기안한 원조인 알렌[6] 박사와 New-york Herald지의 기자와의 회견으로 이루어진 것입니다. 이 보도에 의하면 알렌은 조선과의 교역에 참여할 뉴욕의 여러 무역상들과 협력관계를 맺으려하고, 그런 노력과 협의의 성과는 조선에게는 대단히 중요하며 미국과의 통상의 중요한 도약이 될 것이라 믿고 있다고 합니다.

역시 알렌에 의하면, 캘리포니아의 자본가들도 그들의 자금을 조선의 금광에 기꺼이 투자할 용의가 있어 이미 조선 정부에 허가원을 제출하였으며, 그들의 제안이 유익했고 공정하기에 정부는 그에 동의하게 될 것이고 곧 사업이 시작될 것으로 전망된다고 합니다.

알렌은 그에 대해 정치적 관계에서 러시아는 조선의 독립을 지원하지 않을 수 없다고 했습니다만, 이는 청국이 조선에서 권위를 행사할 경우, 이 나라가 영국의 영향에 들어가는 거나 마찬가지인 셈이 되어 러시아의 이익에 부합되지 않기 때문이라는 것입니다.

다시 보고드리고자 하는 것은, 이곳의 미국과 영국의 신문에서 다루어졌듯이 미국 궁정고문 데니[7]의 책자[8]가 미국에서 있었던 프레이저와 알렌의 성명에 맞춰 공표되었다는 것입니다. 조선의 관리로서, 외형적으로 비친 언론 캠페인으로 보자면, 그 자신과 그들에게 직위를 부여하고 은혜를 베풀고 있는 나라를 위해 선전하는 일에 개인적인 관심을 가지고 있습니다. 워낙 그 문제 자체는 별 의미가 없고, 예측하건대 조선 정부의 경제적 어려움과 관계되어 있으면서, 미국의 양심 없는 모험과 투기를 야기하는 것으로 끝날 수 있습니다. 한편으로 데니, 알렌 그리고 그의 동료들의 노력이 워싱턴의 편중되지 않은 위치에서 주시를 받고 지지를 얻지 못하게 되거나, 다른 한편으로는 청국 정부가 무분별해 진다면 진정 정치적으로 연루된 결과를 낳을 우려가 있습니다.

이러한 상황 아래서 청국 정부가 어떤 결정을 취하려는지 당분간은 확실치 않을 것이며 현재로서 미국의 선행조처로 말미암은 어떤 당혹할 만한 단계에 아직 이르지 않았습니다.

브란트

---

6 [감교 주석] 알렌(H. N. Allen)

7 [감교 주석] 데니(O. N. Denny)

8 [감교 주석] 청한론(淸韓論) 원제는 "China and Korea"

베를린, 1888년 11월 21일

A. 15156

주재 외교관 귀중
1. 런던, No. 899
2. 상트페테르부르크, No. 426

미국의 대 조선관계에 관한 금년 9월 30일 자 베이징 주재 제국공사[9]의 보고서 사본을 올립니다.

원본 사본

상기 2): 관련자료
상기 1): 관련 자료와 판단에 따른 내용 이용의 권한 위임

1042/89 참조

3) 워싱턴 주재 공사[10] A95호

London & China Express지에 보도된 기사의 사실 여부의 보고를 요청하며 금년 9월 30일 자 베이징 주재 제국공사의 보고서 사본을 보냅니다.

---

9 [감교 주석] 브란트(M. Brandt)
10 [감교 주석] 박정양(朴定陽)

09

원문 p.478

워터스 영접문제 종료

발신(생산)일	1888. 9. 26	수신(접수)일	1888. 11. 24
발신(생산)자	크리엔	수신(접수)자	비스마르크
발신지 정보	서울 주재 독일 총영사관	수신지 정보	베를린 정부
	No. 66		A. 15486
메모	연도번호 No. 485		

A. 15486 1888년 11월 24일 오전 수신

서울, 1888년 9월 26일

No. 66

비스마르크 각하 귀하

지난달 28일 자 No. 59호로 워터스[1]의 (고종; 감교자) 알현이 이루어지지 않았던 이임 인사에 관해 보고한 일과 관련하여, 이곳 영국 총영사 대리[2]의 통지에 의하면, 지난달 3일 자 외아문 독판 조병식[3]의 성명에서 충족된 것으로 보고, 그저께 정부는 이를 해결된 것으로 여긴다는 내용의 (베이징 주재 영국 공사; 감교자) 월샴[4]의 전보를 받았다는 내용을 삼가 보고합니다.

이 보고서 사본을 베이징 주재 제국공사관에 보냅니다.

크리엔

내용: 워터스 영접문제 종료

1 [감교 주석] 워터스(T. Watters)
2 [감교 주석] 포드(C. M. Ford)
3 [감교 주석] 조병식(趙秉式)
4 [감교 주석] 월샴(J. Walsham)

10

원문 p.479

뉴욕 헤럴드지의 조선발 기사 관련

발신(생산)일	1888. 11. 12	수신(접수)일	1888. 11. 25
발신(생산)자	아르코	수신(접수)자	비스마르크
발신지 정보	워싱턴 주재 독일 공사관	수신지 정보	베를린 정부
	No. 398		A. 15560
메모	11월 26일 런던 915, 베이징 A. 34 전달		

A. 15560 1888년 11월 25일 오전 수신

워싱턴, 1888년 11월 12일

No. 398

비스마르크 각하 귀하

"뉴욕 헤럴드"지는 오늘자 신문에, 1885년 이래로 조선의 외무 관련 대외업무를 위한 대신[1]의 자격으로 있었던 데니[2] 판사가 오리건주의 미첼[3] 상원의원에게 보낸 서한에서, 조선의 국왕을 살해하려는 계획의 책임을 청국의 (직례[4]; 감교자)총독 리훙장[5]에게 전가한 까닭에 청국 정부로부터 면직되리라는 기사를 내었습니다.

"헤럴드"지는 또한 외교가에서 나도는 소식으로, 데니가 조선에서 청국에 불리할 정도로 러시아를 비호한다고 전했습니다. 국무부에서 나온 데니의 해임은 아직 확인되지 않고 있습니다. 그 외에도 이곳의 신문들이 전하기로 청국은 조선이 워싱턴 주재 사절[6]을 소환하려는 입장이라고 합니다.

이 사실무근의 이야기는 중환으로 휴가를 신청해 놓은 공사의 병가청원에서 비롯된 것으로 보입니다.

---

1 [감교 주석] 외아문 협판
2 [감교 주석] 데니(O. N. Denny)
3 [감교 주석] 미첼(Mitchel)
4 [감교 주석] 직례(直隸)
5 [감교 주석] 리훙장(李鴻章)
6 [감교 주석] 박정양(朴定陽)

그 외에도 청국은 조선이 워싱턴 주재 공사관을 설립하는 것에 대해 어떠한 동의도 없었다는 사실을 삼가 보고드립니다.

아르코[7]

내용: 뉴욕 헤럴드지의 조선발 기사 관련

7 [감교 주석] 루드비히(Ludwig, Graf von Arco-Valle)

베를린, 1888년 11월 26일

A. 15560

주재 외교관 귀중

1. 런던, No. 915
2. 베이징 주재 공사 A. 34

원본 사본

뉴욕헤럴드지의 조선의 정세에 관한 기사와 관련하여 이달 12일 자 워싱턴 주재 제국공사[8]의 보고서 사본을 그 자료와 판단에 따라 내용을 이용할 수 있는 권한 위임으로 보냅니다.

11월 26일

8 [감교 주석] 루드비히(Ludwig, Graf von Arco-Valle)

11

원문 p.481

[데니의 청한론 관련 언론 기사 보고]

발신(생산)일		수신(접수)일	1888. 12. 9
발신(생산)자	기록 없음(o. A.)	수신(접수)자	
발신지 정보		수신지 정보	베를린 외무부
			A. 16403

A. 16403 1888년 12월 9일 오후 수신

헤센 차이퉁[1] 1888년 12월 9일

서울(조선), 11월 1일 (포스짜이퉁 "Voss. Ztg." 독점보도) 미국인 궁정고문 데니[2]가 조선 왕국의 독립을 요구하며 청국을 강하게 공격한 편지[3]는 예상치 못한 큰 물의를 일으켰으나 그의 의도가 무엇인지는 밝혀지지 않았다. (직례[4]; 감교자)총독 리훙장[5]은 조선 국왕에게 데니의 해임을 요구했고 청국은 그에 대해 무력행사조차 주저치 않을 것으로 보여 이 요구에 관하여 마냥 침묵할 수만은 없다. 데니가 청국으로 하여금 조선에서의 몫을 러시아에게 떼어줄 것을 선동한 것이 분명한 데, 이는 러시아가 일본처럼 조선에 대해서 청국의 주도권을 전혀 인정하지 않았기 때문이다. 청국의 주도권은 사실상 조선에서 여전히 반복되고 있었다. 미 해군사령관 슈펠트[6]가 두해 전 미국과 조선 간에 협약[7]을 맺었을 때, 이 협약의 초안자였던 이 총독은 자신의 자원개발을 발전시킬 목적으로 서구와의 협약이 성사되기를 희망한다고 했다. 이 협약에는 청국의 조선에 대한 주권[8]이 특히 부각되어 있었고[9] 실제로 조선은 청국으로부터 독립을 전혀 행사할 수

1 [감교 주석] 헤센 차이퉁(Hessische Zeitung)

2 [감교 주석] 데니(O. N. Denny)

3 [감교 주석] 청한론(淸韓論) 원제는 "China and Korea"

4 [감교 주석] 직례(直隸)

5 [감교 주석] 리훙장(李鴻章)

6 [감교 주석] 슈펠트(R. W. Shufeldt)

7 [감교 주석] 1882년 조미수호통상조약(朝美修好通商條約). 기사에서는 조약 체결 연도를 2년 전인 1886년으로 명시하고 있는데, 이는 잘못된 정보에 기인한 것으로 보임.

8 [감교 주석] 종주권을 의미함.

9 [감교 주석] 1882년 조미수호통상조약(朝美修好通商條約) 체결 당시 청국은 제1조에 조선은 청의 속방이라

없었다. 야망이 있는 정치가 데니는 예전에, 1881년 미국 대통령으로부터 임명받았던 상하이 주재 미국 총영사직에서 물러난 후, 이 섭정의 수하에서 일을 한 적이 있었다. 그는 청국의 이익과 관련되어 리훙장에 의해 묄렌도르프[10]의 후임으로 조선의 궁정고문의 지위를 얻게 되었고 그래서 청국 정부의 성실한 수행자로 평가받고 있었다. 그러나 서울에서는 러시아 측의 부추김에 귀를 기울이면서 이를 청국에 대한 그의 영향력으로 유용하게 사용하는 것 같았다. 필자는 올해 56살인 데니와는 십 년 전부터 아는 사이다. 그랜트[11] 대통령이 톈진 영사로 임명한 이후 오랫동안 그는 동아시아에서 일을 해왔고 모든 면에서 아주 정통했다. 타고난 정치가로서 미국 오리건주의 공화당원으로 활동했고 그를 통해 유능한 징세관으로 인정받았으며 훗날 그 주의 재판관으로도 활동했다. 불안한 정신의 소유자인 그는 책략과 야심에 찬 사람으로서 끊임없이 자신의 이익에만 주목하고 있다. 아무튼 그가 지금 서울에 나타나, (이미 오래전부터 조선에 탐욕의 눈길을 보낸) 러시아에 우호적으로 의지하는 것이 조선을 위한 최고의 정책이며 청국의 예속에서 벗어나는 것이 국가발전에 이익이 되는 것이라고 확신하고 있다. 데니가 자발적으로 확신을 하게 된 것이 아니라, 조선의 북쪽 국경에서 (조선과 러시아 사이의 중요한 교역상 이익을 주선[12]함으로써 약한 국왕에게 러시아에 대한 자신의 영향력을 보여주려는 계산 같은 게 은밀히 내재되어 있다는 견해가 압도적이다. 그러나 청국에 대해 공공연하게 적의를 품는 것은 데니의 큰 실수였다. 조선은 현재 청국과의 전쟁을 불사할 입장이 아닐 뿐 아니라, 러시아와 청국의 긴장관계가 고조되더라도 조선과 청국 간에 갈등이 생길 경우, 러시아는 조선의 국왕을 지켜줄 입장이 아니기 때문이다. 게다가 조선의 군대는 잘 훈련되지 않았고, 이제 겨우 미국 장교의 현대식 전술로 훈련을 받으려 하고 있다. 현재의 이러한 상황들처럼 데니는 총독 리훙장의 희망대로 따르게 될 것이고 그래서 그 자신 주위를 정리할 것이 분명하다. 리훙장은 또한 조선의 워싱턴 주재 (조선; 감교자) 공사[13] 소환도 요구할 것이라는 소문이 널리 나 있다. 데니의 후임으로는 현재 (서울 주재; 감교자) 미국 공사 딘스모어[14]가 거론되고 있다.

는 문구를 넣으려다가 슈펠트의 반대로 철회함. 그 대신 조약 체결 직후 조선 국왕 명의로 조선은 청의 속방이라는 점을 명시한 속방조회문을 미국 대통령에게 발송하도록 했음. 이 기사에서는 속방조회문을 지칭하는 것으로 보임.

10 [감교 주석] 묄렌도르프(P. G. Möllendorff)

11 [감교 주석] 그랜트(H. U. Grant)

12 [감교 주석] 조러육로통상장정의 체결 협상을 의미함.

13 [감교 주석] 박정양(朴定陽)

14 [감교 주석] 딘스모어(H. A. Dinsmore)

12

원문 p.483

조선 외아문 관련 영사보고

발신(생산)일	1888. 12. 8	수신(접수)일	1888. 12. 11
발신(생산)자	쿠써로우	수신(접수)자	비스마르크
발신지 정보	함부르크	수신지 정보	베를린 정부
	No. 182		A. 16498

A. 16498 1888년 12월 11일 오전 수신

함부르크, 1888년 12월 8일

No. 182

비스마르크 각하 귀하

지난달 15일의 No. 263의[1] 조선 외아문 독판[2]의 퇴임발령과 관련, 금년 9월 12일 자 서울 주재 제국 총영사 대리[3]의 보고를 참조 및 극비사항으로 삼가 소급 보고드립니다.

쿠써로우

내용: 조선 외아문 관련 영사보고, 첨부문서 1

1 [원문 주석] 삼가 첨부합니다.
2 [감교 주석] 조병식(趙秉式)
3 [감교 주석] 크리엔(F. Krien)

13

원문 p.484

데니의 해임서에 관한 조선의 입장

발신(생산)일	1888. 10. 29	수신(접수)일	1888. 12. 15
발신(생산)자	브란트	수신(접수)자	비스마르크
발신지 정보	베이징 주재 독일 공사관	수신지 정보	베를린 정부
	No. 308		A. 16764
메모	12월 15일 런던 980, 페테르부르크 459, 워싱턴 A.104 원본 함부르크 294		

A. 16764 1888년 12월 15일 오전 수신, 첨부문서 1부

베이징, 1888년 10월 29일

A. No. 308

비스마르크 각하 귀하

각하께 삼가 첨부로 10월 27일 자 톈진의 China Times[1]에 실린 조선 국왕의 궁정고문 데니[2]의 서한을 올립니다. 이 신문의 편집인에게 그의 저술로 알려진 팜플렛 "China und Corea"[3]의 호의적이지 않은 비평에 대한 답신으로 보낸 서한입니다.

데니는 이 편지에서 상기 저서에서 제기한 자신의 주장을 반복하기를 서울 주재 청국 총독[4]과의 관계와 리훙장[5]의 지원이, 청국을 조선의 최고의 지지자로 보려는 입장과 충돌하면서 야기된 것이라는 것입니다.

언급된 팸플릿이 베이징의 모든 외국사절 간에 일으킨 나쁜 인상은 데니의 최근의 서한으로도 거의 약화되지 않고 있습니다.

그간 조선에서는 어떤 변화가 있었는데, 홍콩에 도착해 있는 것으로 알려졌던 유럽 파견 사절이 10월 15일 파견공사[6]를 제외한 다른 모든 구성원들이 3등 선실을 이용하여

1 [감교 주석] 앞에 나온 문서의 신문 이름의 표기로 보아 'Tientsin Chinese Times'의 오기로 추정.
2 [감교 주석] 데니(O. N. Denny)
3 [감교 주석] 청한론(清韓論) 원제는 "China and Korea"
4 [감교 주석] 위안스카이(袁世凱)
5 [감교 주석] 리훙장(李鴻章)
6 [감교 주석] 유럽 5개국(영국, 독일, 러시아, 이탈리아, 프랑스) 주재 조선 공사 조신희(趙臣熙)

청국의 무역선 Kang-chi로 제물포로 돌아왔습니다.

지금 미확인 소문으로는 조선의 워싱턴 주재 사절[7]도 소환될 것이며 오랜 동안 홍콩에 머물러 있던 민영익 공도 서울로 돌아올 것이라는 것입니다.

어떻든 (직례[8]; 감교자)총독 리홍장[9]은 며칠 전 특사서기관 케텔러 남작에게 설명하기를 조선의 소란에 불안해 할 일은 없다고 합니다.

브란트

내용: 데니의 해임서에 관한 조선의 입장

1888년 10월 29일 자 No. 308의 첨부문서

첨부문서의 내용(원문)은 독일어본 485~488쪽에 수록.

---

7 [감교 주석] 박정양(朴定陽)

8 [감교 주석] 직례(直隸)

9 [감교 주석] 리홍장(李鴻章)

베를린, 1888년 12월 15일 A. 16764

주재 외교관 귀중
1. 런던 No. 780
2. 상트페테르부르크 No. 459
3. 워싱턴 No. A.104
4. 함부르크 No. 294
극비!

A. 6427 참조

금년 10월 29일 자 베이징 주재 제국공사[10]의 조선의 정세 관련 보고서 사본을 극비자료로 보냅니다.

상기1. 관련자료

상기2. 극비자료

관계담당자 귀하

이에 원본 사본을 수정을 하지 않고 첨부합니다.

금년 10월 29일 베이징 주재 제국공사의 조선의 정세에 관한 보고서를 1885년 3월 4일 자 소환요구 발령 자료와 함께 첨부합니다.

12월 15일

---

10 [감교 주석] 브란트(M. Brandt)

14

원문 p.490

조선 국왕의 청국 총독 위안스카이의 소환 요구 관련

발신(생산)일	1888. 11. 7	수신(접수)일	1888. 12. 24
발신(생산)자	브란트	수신(접수)자	비스마르크
발신지 정보	베이징 주재 독일 공사관	수신지 정보	베를린 정부
	No. 321		A. 17275
메모	12월 24일 런던 1009, 페테르부르크 469 전달		

A. 17275 1888년 12월 24일 오전 수신

베이징, 1888년 11월 7일

No. 321

극비

비스마르크 각하 귀하

톈진으로부터 받은 믿을만한 소식으로는, 조선의 국왕은 청국 측의 대 조선 업무를 관장한 책임자 (직례[1]; 감교자)총독 리홍장[2]에게 서한을 보내어 청국 총독 위안스카이[3]의 소환을 요구하였고, 그 요청이 곧바로 이행되지 않을 경우 황제에게 직접 청원할 것이라고 하였습니다. 국왕의 서한에는 위안스카이에 대한 죄목과 증거를 제시되어 있는데, 이는 각하께서도 아시다시피 데니의 팸플릿x)[4]에 제시된 바 있었던 것을 다시 가져온 것입니다, 그리고 1882년의 청국과의 조약[5]에 소환요구 관련 합의내용에 따른 것으로, 양국은 관리들의 소환을 요청할 수 있도록 되어 있기에 이 소환 청원은 합법적으로 주창된 것입니다.

그 사항은 1882년 조선과 청국 간 조약 제1조에 들어있습니다 (참조. 1882년 12월 3일 자 보고서 A. 78)[6]

---

1 [감교 주석] 직례(直隷)

2 [감교 주석] 리홍장(李鴻章)

3 [감교 주석] 위안스카이(袁世凱)

4 [감교 주석] 청한론(淸韓論) 원제는 "China and Korea"

5 [감교 주석] 조청상민수륙무역장정

6 [감교 주석] 원문에는 '참조 ~ A. 78'에 취소선이 표기됨.

톈진에서는 격론이 일어날 것이 예상되고 서울에서도 아마도 혼란이 있을 것입니다. 리훙장이 조선에 묄렌도르프[7]를 보낸 것도 위안스카이가 한 일이라고 드러나면서 그 역시 적잖이 큰 체면손상이 되겠지만, 그 자세한 내용은 잘 알 수 없습니다.

브란트

내용: 조선 국왕의 청국 총독 위안스카이의 소환 요구 관련

7 [감교 주석] 묄렌도르프(P. G. Möllendorff)

베를린, 1888년 12월 24일 A. 17275

주재 외교관 귀중

1. 런던 No. 1009
2. 상트페테르부르크 No. 469

극비!

조선 국왕의 서울 주재 청국 총독[8]의 소환요구 관련, 지난달 7일 베이징 주재 제국공사[9]의 보고서 사본을 삼가 올립니다.

상기 2) 극비자료

상기 1) 관련 자료와 판단에 따른 내용의 극비 이용 권한 위임

12월 24일

---

8 [감교 주석] 위안스카이(袁世凱)

9 [감교 주석] 브란트(M. Brandt)

15

원문 p.493

[유럽 5개국(영국, 독일, 러시아, 이탈리아, 프랑스) 주재 조선 공사 일행의 귀국 관련 건]

발신(생산)일	1888. 11. 16	수신(접수)일	1888. 12. 31
발신(생산)자	브란트	수신(접수)자	비스마르크
발신지 정보	베이징 주재 독일 공사관	수신지 정보	베를린 정부
	No. 340		A. 17596
메모	12월 31일 런던 1040 전달		

A. 17596 1888년 12월 31일 오전 수신

베이징, 1888년 11월 16일

A. No. 340

비스마르크 각하 귀하

각하께 삼가 보고드리려는 것은 금년 10월 29일 자 A. 308호[1]로 보고드린, 유럽으로 파견된 조선 사절[2]이 홍콩으로부터 서울로 돌아간다는 소식에 관해 확인된 바, 일부인사는 귀환 길에 올랐지만 공사[3] 자신은 홍콩에 남아 있다는 내용입니다. 본인이 접수한 이 정보는 조선으로부터 직접 입수한 것으로 이는 Chinese Times에서도 다루어져 있었습니다. 지금 알려져 있는 것처럼 일행 중 일부가 조선으로 귀환한 것이 유럽 파견 사절단의 비용을 원활히 수급하기 위한 것이라면 조선에 있는 외국인 관리들도 이미 여러 달 동안 임금을 받지 못한 상황이고 보면 그게 모두 소용없는 일일 것입니다.

브란트

1 [원문 주석] 12월 15일 함부르크로 보내진 A. 16764호 사본을 삼가 첨부합니다.
2 [감교 주석] 유럽 5개국(영국, 독일, 러시아, 이탈리아, 프랑스) 주재 조선 공사 일행
3 [감교 주석] 조신희(趙臣熙)

베를린, 1888년 12월 31일

A. 17596

주재 외교관 귀중
1. 런던, No. 1040

이달 15일 자 발령 No. 980에 따라 지난달 16일 자 베이징 주재 제국공사[4]의 조선의 정세 관련 보고서 사본을 자료와 함께 보냅니다.

원본 사본

L. 1월 3일

4 [감교 주석] 브란트(M. Brandt)

16

원문 p.495

조선의 정세 관련

발신(생산)일	1888. 11. 21	수신(접수)일	1889. 1. 7
발신(생산)자	브란트	수신(접수)자	비스마르크
발신지 정보	베이징 주재 독일 공사관	수신지 정보	베를린 정부
	No. 344		No. 325
메모	1월 15일 런던 45, 페테르부르크 35, 함부르크 13 전달		

A. 325　1889년 1월 7일 오전 수신, 첨부문서 1부

베이징, 1888년 11월 21일

No. 344

비스마르크 각하 귀하

11월 17일 자 톈진의 Chinese Times지의 조선의 정세 관련 기사를 삼가 올립니다. 이 신문은 꾸준히 청국의 조선에서의 주권[1]을 아주 예리하게 대변해 왔고 일반적으로 (직례[2]; 감교자)총독 리훙장[3]을 객관적으로 보고 있는데, 현재 (서울 주재; 감교자) 청국의 위안스카이[4] 총독의 소환 자체가 조선의 상황을 진정시키기 위해서도 필요한 요구입니다.

브란트

내용: 조선의 정세 관련
1888년 11월 17일 자 No. 344 관련 기사

1888년 11월 21일 No. 344의 첨부문서
첨부문서의 내용(원문)은 독일어본 496~500쪽에 수록.

---

1 [감교 주석] 종주권을 의미함.
2 [감교 주석] 직례(直隸)
3 [감교 주석] 리훙장(李鴻章)
4 [감교 주석] 위안스카이(袁世凱)

1888년 11월 17일 자 "차이니스 타임스"지의 발췌기사

조선의 시급한 문제는 청국 총독 위안스카이의 소환이다. 조선의 "외아문" 대표[5]인 데니[6]는 (직례[7]; 감교자)총독이자 (북양; 감교자) 대신[8] 리훙장[9]에게 명확히 표명하기를 필요시에는 황제에게 직접 올릴 것이라고 압박하였다. 데니의 청국 대표에 대해 비난한 내용을 모두 정당하게 볼 수는 없다하더라도 청국이 조선에서 취할 영향력에 관련해서 보자면 아무래도 위안스카이의 소환에 동의해야 할 것으로 보인다. 조선은 자립적이지 못하고 누군가에 기대야 할 필요가 있다. 그래서도 나라 자체가 주변 열강들과의 관계로 단단하게 엮여 있다. 무엇보다도 러시아와 일본, 둘 중 어느 하나에 관심을 갖는 것은 그들의 힘을 빌려 청국에 대항하기 위해서이기도 하지만 그리 정당한 입장은 아니다. 러시아는 터키, 페르시아, 아프가니스탄 문제에 집중하기 위해서도 조선의 문제에 대해서는 조용히 관망하고 있다. 어느 경우든 청국이 예를 들어 서울을 점령하기 위해 군대를 파견하려 하였다면 침묵을 지키고만 있지는 않을 것이며, 마찬가지로 일본도 수동적으로 있지는 않을 것이다. 그래서도 청국 정부는 모든 상황을 고려하여 평화롭게 조선에서의 영향력을 회복을 해결해야만 하고, 거기에 위안스카이의 소환이 놓여 있는 것이다.

5 [감교 주석] 외아문 협판
6 [감교 주석] 데니(O. N. Denny)
7 [감교 주석] 직례(直隷)
8 [감교 주석] 북양대신(北洋大臣)
9 [감교 주석] 리훙장(李鴻章)

17

원문 p.501

서울의 청국 총독 위안스카이의 소환 논의 관련

발신(생산)일	1888. 11. 24	수신(접수)일	1889. 1. 12
발신(생산)자	브란트	수신(접수)자	비스마르크
발신지 정보	베이징 주재 독일 공사관	수신지 정보	베를린 정부
	No. 347		A. 601
메모	1월 12일 런던 34, 페테르부르크 28, 함부르크 11 전달		

A. 601 1889년 1월 12일 오전 수신

베이징, 1888년 11월 24일

A. No. 347

극비

비스마르크 각하 귀하

리훙장과 총리아문은 조선의 국왕의 청국 위안스카이[1]의 소환 요청에 대해 미국인 궁정고문 데니[2]를 즉각 해임해야 한다는 답서를 보냈습니다. 그래서 이 문제는 다시 어려워지게 되었지만 그럼에도 불구하고 본인은 조만간 서울 주재 청국 총독 인사에 어떤 변화가 있을 것으로 봅니다. 지금으로서 지목되고 있는 후임자는 톈진의 도대[3]와 전 도쿄 주재 청국 공사관 서기관[4]인데, 위안스카이[5]의 등장으로 야기된 나쁜 인상을 씻어내고 조선과 청국 간의 오랜 관계를 회복하는 데 필요할만한 권위는 거의 갖추지 못한 것 같습니다만, 청국 총독의 인사에 관한 어떤 식의 변화든 현재로서 조선에서 혼란이 생기는 위험과, 그로 해서 정치적 상황이 더 이상 복잡하게 전개되는 걸 감소시키는데 어떤 도움이 될 것이 분명합니다.

브란트

내용: 서울의 청국 총독 위안스카이의 소환 논의 관련

1 [감교 주석] 위안스카이(袁世凱)
2 [감교 주석] 데니(O. N. Denny)
3 [감교 주석] 마젠중(馬建忠)으로 추정
4 [감교 주석] 황쭌셴(黃遵憲)으로 추정
5 [감교 주석] 위안스카이(袁世凱)

베를린, 1889년 1월 13일 A. 601

주재 외교관 귀중

1. 런던 No. 34
2. 상트페테르부르크 No. 28
3. 함부르크 No. 11

극비!

서울의 청국 총독 위안스카이의 소환 협의 관련 11월 24일 자 베이징 주재 제국공사의 보고서 사본을 동봉합니다.

상기 2: 극비자료

상기 1 및 3: 관련 자료와 판단에 따른 내용의 극비 이용 권한 위임

1월 12일

베를린, 1889년 1월 15일

A. 325

주재 외교관 귀중

2. 런던 No. 45

4. 상트페테르부르크 No. 35

3. 함부르크 No. 13

원본 사본!

이달 12일 자 발령에 따라 지난달 21일 자 베이징 주재 제국공사[6]의 조선의 정세 관련 보고서 사본을 자료와 함께 보냅니다.

1월 15일

6 [감교 주석] 브란트(M. Brandt)

18
조선 관련

원문 p.504

발신(생산)일	1889. 1. 8	수신(접수)일	1889. 1. 20
발신(생산)자	아르코	수신(접수)자	비스마르크
발신지 정보	워싱턴 주재 독일 공사관	수신지 정보	베를린 정부
	No. 12		A. 1042
메모	1월 24일 런던 78, 페테르부르크 43 전달		

A. 1042 1889년 1월 20일 오전 수신

워싱턴, 1889년 1월 8일

No. 12

비스마르크 각하 귀하

미국의 대조선 관계에 관한 11월 21일 자 No. 95호[1] 관련, 베이징 주재 제국 공사[2]의 보고에 따른 London & China Express 보도기사의 사실근거 여부를 조사하였습니다.

워싱턴 주재 조선 공사가[3] 다른 해외 대표들의 경우와 동일하게 영접 받았다는 사실에 대해서는 본인의 전임자가 각하께 보고드린 바 있습니다.

London und China Express의 기사에 의하면, 공사가 병으로 출국한 이래로 지금까지 이곳 조선 공사관 소속으로서 중요한 역할을 수행하고 있는 알렌[4] 박사가 헤럴드지의 기자에게 뉴욕의 무역상들과 캘리포니아의 자본가들이 조선과의 통상에서 적극적으로 참여하게 된다고 설명하였다는 의미에서 거듭한 이야기였습니다. 전 시암[5] 주재 미국 공사 할더맨 장군[6]은 조선을 여러 차례 방문한 적이 있어 현지사정에 정통한 사람으로 꼽힙니다만, 알렌이 공공연히 그런 소문을 퍼뜨린 것은 순전히 정치적 이유로 그랬을 거라고 했습니다. 조선의 항구들은 겨울에도 선박의 정박이 원활하기 때문에 러시아로

1 [원문 주석] 삼가 A. 15156호 문서를 첨부합니다.
2 [감교 주석] 브란트(M. Brandt)
3 [감교 주석] 박정양(朴定陽)
4 [감교 주석] 알렌(H. N. Allen)
5 [감교 주석] 현 태국
6 [감교 주석] 할더맨(J. A. Halderman)

서는 커다란 매력이 될 걸로 보이기 때문에 미국에 대해서 정치적이고 경제적으로 접근하려는 의도를 견지하려 했을 것이기 때문입니다. 그런 이유로 미국과 친선관계를 맺게 하면서 러시아의 욕심을 잘 이용할 수 있을 것이라 합니다. 그 외에도 알렌은, 조선의 모든 상황이 그렇듯 이 나라의 비약적인 경제발전에 대해서는 언급할 수 없을 것이고, 그래서도 미국의 자본가들이 거기서 손실을 볼 수밖에 없을 겁니다. 몇 개월 전 조선의 정치경제적 장래에 대해 매우 낙관적으로 언급한 적이 있었던 국무장관 베이야드[7]의 말도 할더맨의 조선에 관한 비밀문서를 통해 설명될 수 있습니다. 뉴욕과 샌프란시스코발 소식들에 의하면 알렌 박사가 조선과의 교역과 광산에 미국 자본을 끌어들인다는 건 거짓으로 밝혀졌습니다. 게다가 한때 이곳의 공사관에 많은 종사자들이 있다가 생필수단의 부족으로 이제는 알렌과 두 명에 불과하고, 그중 한 사람은 고용직이지만 공식적인 영접행사에서는 공사관 일원으로 참여합니다. 그 외에도 어제는 조선의 통신사 자격으로 전임 서기관 한 사람이 샌프란시스코에 도착하였는데, 알렌은 급보의 내용에 대해 적잖이 우려한 것으로 보였습니다. 금일 자 "헤럴드"지는 알렌과 헤럴드지의 기자와의 다분히 논란이 될 만한 대담기사를 다루었는데, 세간에서는 알렌이 청국이 조선에 내린 최후통첩에 맞선 조선의 독립에 대한 설명이라 하고, 국왕을 폐위시키려는 청국 측의 갖은 압박에도 불구하고 중대한 변화가 일어나지 않을 것으로 전망하고 있습니다. 또한 미국인 궁정고문 데니[8]는 매우 열정적인 인물로 리훙장의 음모 때문에 제거되는 일은 없을 것이라 합니다.

이곳의 공관 분위기에서는 알렌 박사에 대한 신임이 약화됨에 따라 지금까지의 조선에 대한 관심도는 매우 떨어지고 있습니다. 그렇지만 간과할 수 없는 사실은 블레인이 베이야드의 (국무장관; 감교자) 후임자로 임명될 경우, 적극적인 정책이 효력을 발하게 될지 모른 다는 것입니다.

아르코

내용: 조선 관련

---

7 [감교 주석] 베이야드(T. F. Bayard)

8 [감교 주석] 데니(O. N. Denny)

19
원문 p.506

조선의 정세 관련

발신(생산)일	1888. 12. 6	수신(접수)일	1889. 1. 20
발신(생산)자	브란트	수신(접수)자	비스마르크
발신지 정보	베이징 주재 독일 공사관	수신지 정보	베를린 정부
	No. 364		A. 1052
메모	1월 24일 런던 74, 페테르부르크 42 전달		

A. 1052　1889년 1월 20일 오전 수신, 첨부문서 1부

베이징, 1888년 12월 6일

No. 364

비스마르크 각하 귀하

청국의 대 조선 관계에 관해 11월 27일 자 Shanghai Courier지에서 인용한 기사를 각하께 삼가 올립니다. 도쿄의 "마이니치신문"[1] 보도기사에 근거한 이 기사에서 청국은 조선의 국왕이 부친[2]의 섭정하에 세자에게 양위하고 (아마도 조부[3] 대원군을 칭하는 듯 함.) 나아가 조선의 정부는 조약을 맺은 모든 열강 국가에, 조선은 청국의 속국임을 알리고 모든 개항지에 청국 관리를 임명하도록 한다는 내용입니다.

이는 청국 총통 위안스카이[4]가 오랫동안 국왕의 퇴위와 옳건 그르건 청국에 우호적인 성향을 보인 대원군의 섭정을 계획해 왔던 것이 명백합니다. 즉 본인의 판단으로 보자면 마이니치신문의 기사는 그러나 최소한 조선 주재 청국 상무관 측에서 제기한 요구로 다루어질 만한 것은 아니라는 점에서 분명히 모순되는 것입니다.

마찬가지로 이 기사의 내용에 따르면, 영국 전함 함장이 얼마 전 조선 정부의 허가 여부와 관계없이 포트 해밀턴[5]의 양도를 재차 요구했다는 것도 사실무근입니다.

브란트

1 [감교 주석] 마이니치신문(每日新聞)
2 [감교 주석] 흥선대원군(興宣大院君)
3 [감교 주석] 세자의 조부
4 [감교 주석] 위안스카이(袁世凱)
5 [감교 주석] 거문도(Port Hamilton)

내용: 조선의 정세 관련, 첨부문서 1

1888년 12월 10일 자 No. 364의 첨부문서

첨부문서의 내용(원문)은 독일어본 507쪽에 수록.

베를린, 1889년 1월 24일 A. 1042

주재 외교관 귀중

2. 런던 No. 78

4. 상트페테르부르크 No. 43

조선과 미국의 관계에 관한 이달 8일 자 워싱턴 주재 제국공사[6]의 보고서 사본을 첨부합니다.

메모:

작년 11월 21일 자

본인의 보고서 관련하여

상기 2: No. 899

상기 4: No. 426

1월 24일

6 [감교 주석] 루드비히(Ludwig, Graf von Arco-Valle)

20

원문 p.509

조선 관련

발신(생산)일	1889. 1. 8	수신(접수)일	1889. 1. 20
발신(생산)자	아르코	수신(접수)자	비스마르크
발신지 정보	워싱턴 주재 독일 공사관	수신지 정보	베를린 정부
	No. 12		A. 1042
메모	1월 24일 런던 78, 페테르부르크 43 전달		

사본

A. 1042 1889년 1월 20일 오전 수신

워싱턴, 1889년 1월 8일

No. 12

비스마르크 각하 귀하

미국의 대조선 관계에 관한 11월 21일 자 각하의 부령 No. 95[1]에 따라, 베이징 주재 제국 공사[2]의 보고에 따른 London & China Express 보도기사의 사실근거 여부를 조사하였습니다.

워싱턴 주재 조선 공사가[3] 다른 해외 대표들의 경우와 동일하게 영접받았다는 사실에 대해서는 본인의 전임자가 각하께 보고드린 바 있습니다.

London und China Express의 기사에 의하면, 공사가 병으로 출국한 이래로 지금까지 이곳 조선 공사관 소속으로서 중요한 역할을 수행하고 있는 알렌[4] 박사가 헤럴드지의 기자에게 뉴욕의 무역상들과 캘리포니아의 자본가들이 조선과의 통상에서 적극적으로 참여하게 된다고 설명하였다는 의미에서 거듭한 이야기였습니다. 전 시암[5] 주재 미국 공사 할더맨 장군[6]은 조선을 여러 차례 방문한 적이 있어 현지사정에 정통한 사람으로

1 [원문 주석] 삼가 A. 15156호 문서를 첨부합니다.

2 [감교 주석] 브란트(M. Brandt)

3 [감교 주석] 박정양(朴定陽)

4 [감교 주석] 알렌(H. N. Allen)

5 [감교 주석] 현 태국

6 [감교 주석] 할더맨(J. A. Halderman)

꼽힙니다만, 알렌이 공공연히 그런 소문을 퍼뜨린 것은 순전히 정치적 이유로 그랬을 거라고 했습니다. 조선의 항구들은 겨울에도 선박의 정박이 원활하기 때문에 러시아로서는 커다란 매력이 될 걸로 보이기 때문에 미국에 대해서 정치적이고 경제적으로 접근하려는 의도를 견지하려 했을 것이기 때문입니다. 그런 이유로 미국과 친선관계를 믿게 하면서 러시아의 욕심을 잘 이용할 수 있을 것이라 합니다. 그 외에도 알렌은, 조선의 모든 상황이 그렇듯 이 나라의 비약적인 경제발전에 대해서는 언급할 수 없을 것이고, 그래서도 미국의 자본가들이 거기서 손실을 볼 수밖에 없을 것이라고 합니다. 몇 개월 전 조선의 정치경제적 장래에 대해 매우 낙관적으로 언급한 적이 있었던 국무장관 베이야드[7]의 말도 할더맨의 조선에 관한 비밀문서를 통해 설명될 수 있습니다. 뉴욕과 샌프란시스코발 소식들에 의하면 알렌 박사가 조선과의 교역과 광산에 미국 자본을 끌어들인다는 건 거짓으로 밝혀졌습니다. 어제는 조선의 통신사 자격으로 전임 서기관 한사람이 샌프란시스코에 도착하였다고 들었는데, 알렌은 급보의 내용에 대해 적잖이 우려한 것으로 보였습니다. 금일 자 "헤럴드"지는 알렌과 헤럴드지의 기자와의 다분히 논란이 될 만한 대담기사를 다루었는데, 세간에서는 알렌이 청국이 조선에 내린 최후통첩에 맞선 조선의 독립에 대한 설명이라 하고, 국왕을 폐위시키려는 청국 측의 갖은 압박에도 불구하고 중대한 변화가 일어나지 않을 것으로 전망하고 있습니다. 또한 미국인 궁정고문 데니[8]는 매우 열정적인 인물로 리훙장의 음모 때문에 제거되는 일은 없을 것이라 합니다.

이곳의 공관 분위기에서는 알렌 박사에 대한 신임이 약화됨에 따라 지금까지의 조선에 대한 관심도는 매우 떨어지고 있습니다. 그렇지만 간과할 수 없는 사실은 블레인이 베이야드의 (국무장관; 감교자) 후임자로 임명될 경우, 적극적인 정책이 효력을 발하게 될지 모른 다는 것입니다.

아르코

내용: 조선 관련

---

7 [감교 주석] 베이야드(T. F. Bayard)

8 [감교 주석] 데니(O. N. Denny)

베를린, 1889년 1월 24일

A. 1052

주재 외교관 귀중

2. 런던 No. 74

4. 상트페테르부르크 No. 42

지난달 6일 자 청국과 조선의 관계에 관한 베이징 주재 제국공사[9]의 보고서 사본을 동봉합니다.

1월 29일

9 [감교 주석] 브란트(M. Brandt)

21
원문 p.512

조선과 청국 관계

발신(생산)일	1888. 12. 9	수신(접수)일	1889. 2. 4
발신(생산)자	브란트	수신(접수)자	비스마르크
발신지 정보	베이징 주재 독일 공사관	수신지 정보	베를린 정부
	No. 368		A. 1827
메모	A. 2558 참조 2월 4일 런던 107, 페테르부르크 50, 워싱턴 22 전달		

A. 1827 1889년 2월 4일 오전 수신

베이징, 1888년 12월 9일

No. 368

극비

비스마르크 각하 귀하

믿을만한 소식통으로부터 입수한 정보에 의하면 조선의 특사가 어제 베이징을 떠났다고 합니다. 이 특사의 임무는 무엇보다 청국 총독 위안스카이[1]의 소환요구에 관한 것이지만, 청국 정부는 조선의 국왕이 그 같은 요구를 할 권한이 없다는 답서를 보냈다고 합니다. 청국에서는 군주의 지위를 갖지 못해 청국 정부의 신임장을 받은 사절의 소환을 요구할 수 없고, 황제가 파견한 관리를 승인하고 영접해야 할 총독일 뿐이라고 했다는 내용입니다.[2] 만일 국왕이 자신의 이름으로 데니[3]가 거론한 위안스카이에 대한 비난을 반복하고 정당화 하려한다면, 이를 다시 거론하는 것을 청국 정부는 달갑지 않게 여길 것이고 예전의 조사에서 뭔가가 나오지 않는다 하더라도 그것 역시 다시 한번 고려하게 하는 것이며 위안스카이가 부담을 갖게 될 수 있을 것입니다.

다른 보도에 따르면, 상하이에서 데니와 예전에 조선에 관한 협상에서 알게 된 윤선

1 [감교 주석] 위안스카이(袁世凱)

2 [감교 주석] 즉 조선 국왕은 청국 정부의 신임장을 받은 사절을 요구할 수 없고, 황제가 승인하고 파견한 관리를 영접하는 역할만 있다는 것을 의미함.

3 [감교 주석] 데니(O. N. Denny)

초상국[4]의 마길장[5] 간에 개인 차원의 협상이 있었고 그 결과로, 데니는 조선에서 자신의 지위를 포기하고 나라를 떠나는 책임을 받고, 그에 대해 청국 측으로부터 넘겨받는 것은 조선 정부가 그의 부채를 갚고 미국으로 돌아가는 것이라고 합니다.[6]

데니의 부적절한 재정 상황이 불확실한 것은 아님에도 불구하고, 최근의 이 소식의 정당성은, 청국 측에서 이 문제들을 어떻게 파악 취급하는가에 놓여있다는 것은 확실한 듯합니다.

도쿄 및 서울 주재 제국대표께 이 보고서 사본을 삼가 보냅니다.

브란트

내용: 조선과 청국 관계

4 [감교 주석] 윤선초상국(輪船招商局; China Merchants Steamship Company)

5 [감교 주석] 마길장

6 [감교 주석] 데니가 조선에서 맡은 직책(외아문 협판 및 고종의 고문)을 책임지고 물어나는 대신에, 청국은 조선 정부가 데니에게 진 부채(임금 등을 포함)를 대신 갚도록 한다는 뜻(다름 문서에서 그 내용이 나옴).

베를린, 1889년 2월 4일

A. 1827

주재 외교관 귀중

1. 런던 No. 107
2. 상트페테르부르크 No. 50
3. 워싱턴 A. 22

극비!

작년 12월 9일 자 베이징 주재 제국공사[7]의 조선과 청국의 관계에 관한 보고서 사본을 첨부하여 보냅니다.

상기 2) 및 3): 비밀문서

상기 1): 관련자료 및 판단에 따른 내용 이용의 권한 위임

2월 4일

7 [감교 주석] 브란트(M. Brandt)

22

원문 p.515

조선 문제; 미국인 국왕고문의 퇴진 관련

발신(생산)일	1888. 12. 25	수신(접수)일	1889. 2. 18
발신(생산)자	브란트	수신(접수)자	비스마르크
발신지 정보	베이징 주재 독일 공사관	수신지 정보	베를린 정부
	No. 382		A. 2558
메모	A. 5491 참조 2월 18일 런던 155, 워싱턴 26 전달		

A. 2558 1889년 2월 18일 오전 수신

베이징, 1888년 12월 25일

A. No. 382

비스마르크 각하 귀하

본인이 올린 12월 9일 자 보고서 No. 368[1]과 관련하여 삼가 각하께 보고드립니다. 위의 보고서에서 언급한 조선 국왕의 고문 데니[2]와 리훙장[3]으로부터 전권위임 받은 도대 마젠중[4] 간의 상하이 협상에서 나온 결과로, 데니는 청국 측에 조선 정부가 진 대략 3만 달러를 지불했으며, 그 안에는 자신의 최근 만료된 2년 동안의 급여를 포함한 것으로 추정됩니다. 데니는 관직을 내놓고 미국으로 돌아갈 것이라고 이미 밝힌 바 있습니다. 동시에 청국 측에서는 머지않은 시기에 위안이 소환될 것이라 합니다.

리훙장이 제시한 중요한 현금 지불은 데니를 조선에서 떼 놓는다는 데 의미가 있습니다. 데니가 처리한 이런 훌륭한 성과로 인해 이를 모방한 비슷한 사례가 없지 않을 것입니다.[5]

브란트

내용: 조선 문제; 미국인 국왕고문의 퇴진 관련

1 [원문 주석] A. 1827호를 삼가 첨부합니다.
2 [감교 주석] 데니(O. N. Denny)
3 [감교 주석] 리훙장(李鴻章)
4 [감교 주석] 마젠중(馬建忠)
5 [감교 주석] 조선 정부가 지불해야 할 채무를 청국 정부가 대신 갚도록 하는 행위.

베를린, 1889년 2월 18일 A. 2558

주재 외교관 귀중

1. 런던 No. 155
2. 워싱턴 A. 26

이달 4월자 본인의 공문(1: No. 107, 2: A. 26)과 관련하여 베이징 주재 제국공사[6]의 조선과 청국의 관계에 관한 작년 12월 25일 자 보고서 사본을 첨부합니다.

상기2): 극비문서
상기1): 관련문서 및 판단에 따른 내용 이용의 권한 위임

2월 16일

6 [감교 주석] 브란트(M. Brandt)

23
원문 p.517

[일본에서 제기되는 조러밀약설에 관한 건]

발신(생산)일	1888. 12. 27	수신(접수)일	1889. 2. 18
발신(생산)자	브란트	수신(접수)자	비스마르크
발신지 정보	베이징 주재 독일 공사관	수신지 정보	베를린 정부
	No. 392		A. 2564

A. 2564 1889년 2월 18일 오전 수신

베이징, 1888년 12월 27일

No. 392

비스마르크 각하 귀하

도쿄 주재 제국공사[1]로부터 입수한 자칭 조선에 대한 러시아의 조선 보호조치[2]에 관하여 작년 11월 26일 자로 각하께 드린 보고에는, 최근에 이르기까지 조선이 여러 차례 일본의 보호조치를 요청했다는 오쿠마의 견해가 들어 있습니다. 오쿠마가 기회가 있을 때마다 서울 주재 일본 대표의 무책임한 인사에 대해 언급한 데에는 어떤 의미가 깔려있다고 하는데, 이는 실제와는 다릅니다. 즉 서울에서 떠도는 많은 소문들로는, 조선 당국에서는 외국의 보호조치에 대한 의미나 영향에 대해서는 명쾌히 하지도 않을 뿐 아니라 그에 대해서 진지하게 여겨본 일도 없다는 것입니다.

오쿠마[3]가 선언한 조선 문제에 대한 불간섭 정책에도 불구하고 조선에 와 있는 일본인들은 현지 정세의 전개에 정말로 과한 관심을 가지고 있으며, 점차 커지고 있는 러시아의 영향과 세칭 계획과 책략에 관한 대부분의 놀라운 소식들은 일본으로부터 비롯되었으므로 특히 주의를 해야 하는 것입니다.

브란트

원본 조선 3

1 [감교 주석] 홀레벤(T. Holleben)

2 [감교 주석] 조러밀약설

3 [감교 주석] 오쿠마 시게노부(大隈重信)

외무부
A편

외무부 정치 문서고 조선 관계 문서

1889년 3월 1일부터
1890년 12월 13일까지

제11권
참조: 제12권

조선 No. 1

목차	
1월 5일 베이징에서의 No. 17: 조선을 보호국으로 삼으려는 러시아의 시도와 독립을 선언하려는 조선의 의도에 대한 소문은 근거 없음. 3월 7일 런던 221, 페테르부르크 89 전달	3294 3월 3일 수신
2월 7일 베이징으로부터의 No. 77: 조선 왕이 자신의 고문인 데니의 해임에 대해 분명한 입장을 취함. 고인이 된 미국 대통령의 아들인 프레드 그랜트(Fred Grant)가 예상 후임자로 여겨짐; 청국 공사 위안스카이는 서울에 계속 체류함; 베이징 주재 영국 공사 월샴이 곧 서울을 방문하고, 영국 공사단의 첫 번째 통역관인 힐리어가 조선 주재 총영사로 임명될 여지가 있음. 4월 10일 런던 351, 페테르부르크 131 전달	4817 4월 1일 수신
2월 16일 서울에서의 No. 18: 데니, 상해로 떠나고, 조선으로 귀국 예상	5491 4월 14일 수신
2월 6일 서울에서의 No. 15: 조선의 독립 시도에 관한 소문과 러시아 및 미국 대표자들의 정치 관련	5494 4월 14일 수신
3월 2일 서울에서의 No. 21: 흉작으로 인한 조선 남부지방의 기근; 기근 피해자들에 대한 청국의 지원에 관해 청국 변리공사에 보낸 청국 대표의 외교각서 4월 28일 런던 432 전달	6049 4월 26일 수신
3월 7일 서울에서의 No. 23: 청국 대표자인 위안스카이의 퇴임 가능성, 데니의 후임자로 예상되는 미국 공사 딘스모어에 대한 위안스카이의 의견 표명 4월 29일 런던 436, 페테르부르크 151, 워싱턴 61 전달	6050 4월 26일 수신
7월 6일 자 "베를리너 타게블라트(Berliner Tageblatt, 일간지)": 조선에서 새로운 폭동 발생; 영국, 러시아 및 청국 군함 주둔	9525
7월 18일 서울에서의 No. 50: 조선 왕의 고문인 데니, 조선으로 귀환 4월 16일 런던 388, 페테르부르크 135 전달	12698 9월 17일 수신
8월 1일 서울에서의 No. 53: 민종묵을 외아문의 수장(통판교섭통상사무)으로 임명; 전임자인 조병직은 추밀원 부의장(협판내무부사)으로 임명 9월 18일 함부르크 165 전달	12699 9월 17일 수신

7월 19일 베이징에서의 No. 232: 미국이 조선 주재 청국 대표 위안스카이의 지위에 대해 총리아문 측에서 명확히 규정을 하도록 조치를 취함. 독일 물품의 과세에 대한 텐진 세관 관리의 독단적인 결정 9월 13일 런던 796, 페테르부르크 303 발췌문 전달	12460 9월 12일 수신
1월 14일 서울에서의 No. 7: 2명의 미국인 군사교관 해임; 조선 군대의 러시아 훈련규정 도입에 관한 신문 보도설	3469 1890년 3월 12일 수신
3월 13일 서울에서의 No. 27: 미국 르젠드르 장군을 조선 내무부의 부의장(협판내무부사)으로 임명	5671 5월 2일 수신
3월 14일 자 서울에서의 No. 28: 미국 군사교관 커민스와 리의 조선 근무 해직 건을 처리하기 위해 미국 공사 블랜이 지시를 내림; 미국 대표(블랜)는 조선 왕을 알현하지 않음.	5676 5월 2일 수신
3월 11일 서울에서의 No. 36: 청국 대표 위안스카이가 외교단 회의에 불참하고, 비서관인 탕샤오이가 대리 참석한 것에 대해 미국 공사가 항의함.	5684 5월 2일 수신
5월 6일 서울로 보내는 훈령 No. 2: 독일제국 대표는 청국 대표의 외교단 회의 불참으로 인해 발생한 외교상의 예법 논쟁에서 의견 표명을 자제할 것.	5684 첨부
3월 20일 베이징에서의 No. 89: 르젠드르 장군 서울 도착; 그는 해상세관의 관리권을 직접 쥐려고 함. (원본 일본 1 참고)	5672 5월 2일 수신
3월 23일 도쿄에서의 No. 30: 르젠드르 장군의 조선 체류 목적; 그는 데니의 후임자가 되기 위해 노력했으며, 이미 내무부 부의장(협판내무부사)으로 임명됨. (원본 일본 I 참고)	5842 5월 5월 수신
4월 22일 도쿄에서의 No. 32: 조선의 차관 협상을 위해 르젠드르 장군이 서울에서 도쿄로 돌아감. (원본 일본 I 에서)	6631 5월 28일 수신
4월 20일 서울에서의 No. 36: 내무부에서 데니 해임: 조선의 차관 협상을 위해 르젠드르 장군이 서울에서 도쿄로 돌아감.	7087 6월 9일 수신

5월 7일 서울에서의 No. 40: 해임된 미국 변리공사 딘스모어에 대한 작별사; 후임자 어거스틴 허드 도착	7551 6월 20일 수신
5월 28일 서울에서의 No. 43: 신임 미국 변리공사의 임명식; 전임자 딘스모어의 출국	8314 7월 12일 수신
6월 8일 도쿄에서의 No. 55 르젠드르 장군, 조선으로 출국 전 한반도의 정세에 대해 의견 표명; 조선이 러시아와 영국으로 양도된다는 소문	8950 7월 30일 수신
6월 10일 베이징에서의 No. 164: 조선의 대왕대비 서거. 소위 조선 왕 보호를 위해 미 해군 상륙	8788 7월 25일 수신
6월 7일 서울에서의 보고 6월 7일 No. 46: 조선의 대왕대비 서거, 미 해병대 서울 도착	9427 8월 15일 수신
6월 17일 서울에서의 No. 48: 제물포로 미 해병대 귀환	9474 8월 16일 수신
7월 27일 워싱턴에서의 No. 340: 미국-조선 관계에 대한 "뉴욕 월드(New York World)"지의 편파적인 보도, "뉴욕 헤럴드(New York Herald)"지를 통해 해당 보도 정정	9545 8월 19일 수신
8월 3일 도쿄로부터의 No. 73A: 러시아-조선 국경을 흐르는 강의 일부 삼각주 지역을 취하려고 하는 이른바 러시아의 의도로 일본이 러시아에 대해 불신함. (원본 조선 I 에서)	10021 9월 6일 수신
7월 30일 서울에서의 No. 58: 르젠드르 장군, 자신과 조선 정부의 관계에 대해 의견 표명	10644 9월 29일 수신
9월 30일 서울에서의 No. 72: 그레이트하우스 미국 총영사의 서울 체류; 그레이트하우스, 르젠드르 장군과 함께 청국 공사 위안스카이 방문 - 데니	12156 11월 17일 수신
11월 9일 도쿄에서의 No. 96A: 위와 동일; 그레이트하우스, 조선 근무로 옮김	12925 12월 13일 수신

01
원문 p.525

조선의 현황 관련

발신(생산)일	1889. 1. 5	수신(접수)일	1889. 3. 3
발신(생산)자	브란트	수신(접수)자	비스마르크
발신지 정보	베이징 주재 독일 공사관	수신지 정보	베를린 정부
	No. 17		A. 3294
메모	3월 7일 런던 221, 페테르부르크 89 전달		

A. 3294 1889년 3월 3일 수신

베이징, 1889년 1월 5일

No. 17

기밀

비스마르크 각하 귀하

얼마 전부터 일본 신문이나, 청국, 유럽에서 발간되는 신문들은 조선 왕이 소위 조선의 독립을 열망한다는 보도를 하고 있는데, 이는 곧 러시아의 보호국으로 청원하여 승인받는 형태나 청국의 주권에서 벗어나는 형태가 될 것이라고 언급했습니다.

이 두 가지 방식 모두 실제적인 근거가 부족하다고 볼 수 있습니다.

러시아 정부의 모든 관심은 조선 문제가 이미 심각해져가는 상황을 방지하는 데 있습니다. 유럽과 관계된 상황을 제외하더라도 러시아 정부는 지금 시점에서는 만족할 만한 결과를 얻기 위해 청국에 대한 공격적인 대응을 -가령, 보호국 승인을 포함한- 명확히 취할 수 있는 상황이 아니라고 보입니다.

태평양에 있는 러시아 해군도, 조선과 만주의 국경 지방에 주둔하고 있는 군대도, 그 숫자나 조직, 무장 상황을 보더라도 삼엄한 러시아-청국 국경지대, 제국의 수도 변방이나 조직적이고 무장된 리훙장[1]의 군대와 근접한 지역에서 청국과 전쟁을 일으킬 만한 여건이 안 됩니다. 단지 시베리아 철도가 부분적으로 완공되어 기본적으로 러시아에게 유리한 상황으로 변하겠지만, 청국이 주변의 위험 국가들과 필적하기 위해 앞으로 수년

1 [감교 주석] 리훙장(李鴻章)

간 중대한 조치를 취할 여지가 더 높습니다.

러시아는 앞으로 얼마간은 국익을 위해 조선 내에서나 조선으로 인한 어떤 분쟁도 피하려 할 것이며, 청국이 조선에서 강하게 대응해 나가고 있기 때문에, 이는 부득이한 상황이라고 봅니다.

조선의 사안과 청국의 조선 관련 요구사항 등 이에 대한 러시아 정책의 열쇠는 1886년 톈진에서 체결된 구두합의[2]에 놓여 있습니다. 이 합의에서 러시아는 청국도 동일하게 응한다면 조선에 대해 개입하지 않겠다고 선언했습니다. 아마 서울(조선 정부)에서도 청국으로부터 자유로워진다는 것을 지금까지 전혀 진지하게 고려하지 않았을 것입니다. 서울에서는 지금 불확실한 상황들과 함께 '아녀자들의 정치'가 성행하고 있습니다. 데니,[3] 포크,[4] 알렌[5] 등 미 군사교관들과 많은 미국 선교사들은 지금까지 그들이 책임질 수 있는 범위를 넘어 많은 말을 하고 글을 썼으며, 지금도 마찬가지입니다; 또한 조선 왕후[6], 데니 부인, 베베르 부인(러시아 통상 담당관의 부인)과 몇몇 선교사 부인들이 외국인과 관료의 소규모 모임, 특히 일본 신문이나 청국에서 발간되는 신문들을 소란스럽게 만들고 있습니다.

그러나 조선에는 소위 독립에 대한 열망이 −본인이 추측하는 것보다 실제로는 그 열망이 더 크다 할지라도− 성공적으로 달성될 수 있도록 하는 모든 요소들이 부족한 상황입니다; 조선에는 군인도 배도 자금도 없습니다. 또한 "구조선 세력"이라고 말할 수 있는 국내의 친청파는 조선 정부가 고위 관료들이 혜택을 보는 베이징 공사[7]의 이윤 높은 상거래들과 개인적으로 매우 유리한 공물 관계를 중지시키려 할 때, 이에 대해 즉각적으로 반대 입장을 취합니다. 청국 언론들은 선정적인 뉴스를 세간에 알리기 위해 어떤 기회라도 이용하고 있으며, 이러한 뉴스들은 유럽 언론에서 반복 보도되어 더욱 과장되기도 합니다.

이로 인해 미국 주둔 사령관인 챈들러[8] 해군 제독이 자신의 함대 일부를 가지고 작년 여름 말경에 상하이에 기항하였다는 간단한 사실만으로도 다음과 같은 소문이 유발되었

2 [감교 주석] 소위 리훙장-라디젠스키 협약을 의미함. 문서에서도 "구두합의"라고 명시해 두었듯이, 이 협약은 문서의 형태로 서명한 것이 아님. 그러기에 "구두합의"가 정확한 표현임. 다만 학계에서는 "협약"으로 사용하기에, 그 점을 고려해서 '리훙장-라디젠스키 협약'으로 주석을 담.

3 [감교 주석] 데니(O. N. Denny)

4 [감교 주석] 포크(G. C. Foulk)

5 [감교 주석] 알렌(H. N. Allen)

6 [감교 주석] 명성황후(明成皇后)

7 [감교 주석] 연행사절단

8 [감교 주석] 챈들러(Chandler)

습니다. 조선이 독립을 선언하길 원하고, 이에 미국과 러시아 정부가 지원하고 있으며, 이를 위해 미국 함대가 조선 해역에서 청국에 대한 시위를 결정했다는 것입니다; 그러나 지금까지 제물포항에 정박해 있던 군함 "Essex"가 물러나고 대신 어떤 배도 배치가 되지 않았다는 사실은 통신사 측이 아무런 보도도 하지 않고 무시했습니다.

본인이 아는 한, 이 서울 주재 러시아 공사 겸 총영사 베베르가 러시아 정부로부터 종종 허가받지 않은 불안전한 일들을 수행했으며, 데니의 논란은 바로 청국 측에서 발생한 현금 지불에 항의하며 본인이 수행했던 조선에 유익한 활동들을 포기했다는 것입니다. 미국에서 얼마 동안, 특히 워싱턴 주재 조선 공사관의 비방자들이 주도하는 언론 캠페인과 이들의 목적을 용인했을지도 모르는 베이야드[9] 국무장관의 불분명한 태도는 청국 문제에 대해 청국에 더욱 순응하게 만들었다고 보입니다. 이에 대해 미국 언론 자체가, 특히 "뉴욕 헤럴드(New York Herald)"가 상당히 격한 비판을 했으며, 본인이 생각하기에 대부분 일본 출처의 놀라운 긴급 소식들(이를 출처로 "스탠다드(Standard)" 통신원들이 여러 번 전신을 보낸 것으로 보임)이 어느 정도 개연성이 있다고 보입니다; 그러나 본인은 이를 확실히 확인하고자, 이와 같은 제 의견을 (베이징 주재 영국 공사; 감교자) 월샴[10]과 나누었으며, 그 또한 이에 대해 분명하게 동의했습니다. 그는 조선에 대한 러시아 보호령 관련 뉴스들로 인해 어느 정도 정부가 격앙된 상황을 대변하면서, 러시아는 조선을 보호국으로 두려는 생각이 없으며, 조선 또한 독립 선언에 대해 고려하고 있지 않다고 언급했습니다.

그러나 조선 내에서나 조선으로 인한 분쟁에서 확실히 위험요소가 있다는 사실은 부정할 수 없습니다. 이러한 위험이란 조선 왕이 청국 변리공사 위안스카이[11]의 계속되는 불평으로 인해 부주의한 행위를 할 수밖에 없다는 것입니다. 이로 인해 최근 청국의 개입으로 러시아의 개입이 재차 초래되기도 하였습니다. 이러한 위험은 강대국들이 조선의 평화 유지에 관심을 갖고 진지하게 발언을 함으로써, 전부는 아니더라도 현저하게 줄어들 것이며, 앞으로 이런 상황이 될 것으로 여겨집니다.

브란트

내용: 조선의 현황 관련

---

9 [감교 주석] 베이야드(T. F. Bayard)

10 [감교 주석] 월샴(J. Walsham)

11 [감교 주석] 위안스카이(袁世凱)

베를린, 1889년 3월 1일 A. 3294

주재 외교관 귀중
1. 런던 No. 221
2. 상트페테르부르크 No. 89

조선 현황에 관한 금년 1월 3일 자 베이징 주재 독일 황제 공사[12]의 보고 사본을 삼가 송부해 드립니다.

12 [감교 주석] 베베르(K. I. Weber)

02
원문 p.529

조선의 현황 관련

발신(생산)일	1889. 2. 7	수신(접수)일	1889. 4. 1
발신(생산)자	브란트	수신(접수)자	비스마르크
발신지 정보	베이징 주재 독일 공사관	수신지 정보	베를린 정부
	No. 77		A. 4817
메모	4월 10일 런던 351, 페테르부르크 131 전달		

A. 4817 1889년 4월 1일 오전 수신

베이징, 1889년 2월 7일

No. 77

비스마르크 각하 귀하

청국 소식통에 따르면, 조선 왕은 자신의 고문이자 미국인 법관인 데니[1]가 요구한 해임 건을 승인할 준비가 되어있으며, 이는 데니가 그의 후임자를 지정한다는 조건하에서입니다. 조미조약을 체결한 미 해군제독 슈펠트[2]가 이 자리의 적임자로 자신을 언급했지만, 본인이 생각한 바와 같이 이는 최종적으로 거부되었습니다. 반대로 서거한 미 대통령의 아들인 그랜트[3] 장군을 그 자리에 제안하려는 계획이 있는 것으로 보입니다.

청국 변리공사[4]를 서울에서 송환하는 것이 완전히 취소된 것이 아니라면 아마 연기된 것 같습니다.

다른 소식통에 따르면, 조선에서도 신임이 있는 본인의 영국인 동료가 이번 이른 봄 서울을 방문할 계획이며, 이곳 공사관의 첫 통역관인 힐리어[5]가 조선 총영사로 임명될 것 같다고 합니다. 만약 (베이징 주재 영국 공사; 감교자) 월샴[6]이 실제로 그에게 주어진 임무를 수행한다고 한다면, 이것은 아마도 런던의 특정한 지령을 수행하는 범위 내에서

1 [감교 주석] 데니(O. N. Denny)
2 [감교 주석] 슈펠트(R. W. Shufeldt)
3 [감교 주석] 그랜트(F. Grant)
4 [감교 주석] 위안스카이(袁世凱)
5 [감교 주석] 힐리어(W. C. Hillier)
6 [감교 주석] 월샴(J. Walsham)

이고, 서울에서의 미국과 러시아의 영향에 맞서서 이루어질 것으로 보입니다.

본인은 도쿄[7] 및 서울 주재 독일 황제 대표단[8]에 이 충심어린 보고의 사본을 송부해 드렸습니다.

브란트

내용: 조선의 현황 관련

7 [감교 주석] 홀레벤(T. Holleben). 도쿄 주재 독일 공사

8 [감교 주석] 크리엔(F. Krien). 서울 주재 독일 총영사

베를린, 1889년 4월 10일

A. 4817

주재 외교관 귀중
런던 No. 351
상트페테르부르크 No. 131

각하께 본인은 조선의 상황에 관한 2월 7일 자 베이징 주재 독일 황제 공사[9]의 보고 사본을 이에 동봉하여 삼가 보내드립니다.

9 [감교 주석] 브란트(M. Brandt)

03

원문 p.531

데니의 출국

발신(생산)일	1889. 2. 16	수신(접수)일	1889. 4. 14
발신(생산)자	크리엔	수신(접수)자	비스마르크
발신지 정보	서울 주재 독일 총영사관	수신지 정보	베를린 정부
	No. 18		A. 5491
메모	연도번호 No. 133		

A. 5491 1889년 4월 14일 오전 수신

서울, 1889년 2월 16일

No. 18

비스마르크 각하 귀하

각하께 매우 영광스럽게 다음과 같이 삼가 보고드립니다. 조선 왕의 고문인 데니[1]는 이달 13일 자신의 부인과 함께 제물포를 떠났습니다. 그는 우선 상해로 떠난다고 했으며, 그의 부인은 일본에 머물 것이라고 했습니다. 아울러, 그는 5~6주 후에 다시 조선으로 온다고 전했습니다.

이달 9일 데니는 조선 왕을 알현하였는데, 그때 그는 왕비[2]의 접견을 받았습니다. 이와 같은 이유와 함께 브란트가 각하께 올린 작년 12월 25일 자 No. A. 382[3]에 따르면, 데니가 미국으로 돌아갈 것이라고 추측됩니다.

본인은 이 보고의 사본을 베이징 주재 독일 황제 공사관[4]에 보내드립니다.

크리엔

내용: 데니의 출국

---

1 [감교 주석] 데니(O. N. Denny)

2 [감교 주석] 명성황후(明成皇后)

3 [원문 주석] A. 2558을 정중히 첨부함.

4 [감교 주석] 브란트(M. Brandt)

04
원문 p.532

데니의 사임에 관한 건

발신(생산)일	1889. 2. 6	수신(접수)일	1889. 4. 14
발신(생산)자	크리엔	수신(접수)자	비스마르크
발신지 정보	서울 주재 독일 총영사관	수신지 정보	베를린 정부
	No. 15		A. 5494
메모	4월 10일 런던 388, 페테르부르크 135 전달		

A. 5494 1889년 4월 14일 오후 수신

서울, 1889년 2월 6일

No. 15

비스마르크 각하 귀하

암호해독

작년 12월 3일 자 훈령 No. 2에[1] 본인은 각하께 다음과 같은 보고를 정중히 올립니다.

상하이 발간 "쾰른 신문"을 통해 전해진 소문이 금년 봄과 여름에 이곳에서 퍼졌으며, 데니[2]와 베베르[3]가 이와 관련이 있다고 여겨집니다.

본인이 생각하는 바로는, 이 러시아 공사가 데니를 통해 왕에게 특정하지 않은 방식으로 러시아 정부의 지원을 약속해 주었다는 사실을 배제할 수 없어 보입니다. 그렇지만, 독립 선언으로 조선 왕이 퇴위될 수도 있기 때문에, 조선 정부가 이를 행할 것이라고는 전혀 예상할 수 없는 바입니다.

미국 공사[4]는 베베르의 정책에 동의하고 있습니다. 그 주된 이유는 그가 베베르의 영향력을 통해 데니의 후임자가 되기를 바라고 있기 때문입니다. (서울 주재; 감교자) 미국 공사 서기관 롱[5]이 최근 스스로 비밀리에 전하는 바에 따르면, 딘스모어는 지난

1 [원문 주석] C.ad A. 13808Ⅲ(14123Ⅱ) 정중히 첨부함.

2 [감교 주석] 데니(O. N. Denny)

3 [감교 주석] 베베르(K. I. Weber)

4 [감교 주석] 딘스모어(H. A. Dinsmore)

봄 데니의 병세가 심각했을 때, 자신을 현재의 직위에서 면직하고, 대신 조선 왕의 고문으로 추천해 주기를 미국 정부에 전신으로 요청했습니다. 그러나 국무장관은 이 청원을 거절했습니다.

롱은 딘스모어가 추구하는 사적 이해에 얽힌 정치를 한탄하며, 미국 정부는 조선에 절대 개입하지 않는다는 것을 확언했습니다.

크리엔

5 [감교 주석] 롱(C. Long)

베를린, 1889년 4월 16일 A. 5494

주재 외교관 귀중

1. 런던 No. 388 (보안)
2. 상트페테르부르크
   No. 135 (보안)

기밀!

작년 11월 2일 각하께 통고해 드린, 조선 정부의 독립 노력과 이에 대한 러시아와 미국의 지원설에 관한 10월 31일 자 "쾰른 신문"의 보도에 따라, 본인은 서울 주재 독일 황제 영사관[6]이 이에 대해 보고하도록 요청했습니다.

본인은 이 문서에 동봉하여 금년 2월 6일 서울 주재 영사관에서 보내온 보고서의 발췌 일부를 기밀 정보로서 각하께 삼가 송부해 드립니다.

6 [감교 주석] 크리엔(F. Krien)

서울, 1889년 2월 6일

앞서 보고된 문서본으로 4월 16일 런던 388, 페테르부르크 135 전달

상하이 "쾰른 신문"이 보도한 소문이 이곳에서 작년 봄과 여름에 퍼졌습니다. 이 소문의 근원은 데니와 베베르와 관련이 있다고 보입니다.

본인은 이 러시아 통상 담당관이 데니[7]를 통해서 조선 왕에게 불명확한 방식으로 러시아의 원조를 제시했다고 생각합니다.

그러나 조선 정부가 독립 선언을 할 것이라고 예상되지 않습니다. 왜냐하면, 이로 인해 조선 왕이 자신의 왕위를 박탈당할 수 있기 때문입니다.

미국 대표자는 베베르[8]의 정책에 동의를 하고 있는데, 그 주된 이유는 베베르의 도움을 받아 데니의 후임자가 되려고 하기 때문입니다.

본인의 기밀 소식통에 따르면, 딘스모어[9]는 지난 봄 데니가 병중인 동안 전신으로 그의 해임을 요구하고, 아울러 자신을 조선 왕의 고문으로 추천해 주기를 요청했습니다. 그러나 이러한 청원에 국무장관이 거부 답변을 보냈다고 합니다.

본인의 정보원은 사적 이익을 우선시하는 딘스모어의 정책에 유감을 표하며, 미국 정부는 절대로 조선 문제에 관여하지 않을 것이라고 언급했습니다.

크리엔

7 [감교 주석] 데니(O. N. Denny)
8 [감교 주석] 베베르(K. I. Weber)
9 [감교 주석] 딘스모어(H. A. Dinsmore)

05

원문 p.535

조선 남부의 흉작과 조선의 기근 피해자를 위한 청국의 지원에 대해 미국 공사에게 보내는 청국 대표의 서한

발신(생산)일	1889. 3. 2	수신(접수)일	1889. 4. 26
발신(생산)자	크리엔	수신(접수)자	비스마르크
발신지 정보	서울 주재 독일 총영사관	수신지 정보	베를린 정부
	No. 21		A. 6049
메모	A. 12460 참조 // 4월 28일 런던 No. 432 전달 // 연도번호 No. 155		

A. 6049 1889년 4월 26일 오후 수신, 첨부문서 1부

서울, 1889년 3월 2일

No. 21

비스마르크 각하 귀하

본인은 각하께 삼가 다음과 같은 보고를 올리는 영광을 갖습니다. 최근 조선의 남부 지방을 여행한 미국 선교사들의 보고에 따르면, 전라도와 경상도에서 지난여름 계속되는 가뭄으로 인해 흉작이 심해져 기근 사태가 발생했습니다.

이 때문에 미국 공사[1]는 지난달 20일 조약의 당사자인 강대국 대표단들에게 회람문을 보내, 기근 피해자 지원을 목적으로 조선 주재 외국인 회의가 소집되어야 하는지에 대해 그들의 의견을 듣고자 했습니다.

이에 대해 청국 대표[2]는 딘스모어에게 사본으로 첨부된 외교각서를 보냈습니다. 이 각서에서 의미 있게 유추할 수 있는 사실은 위안스카이가 이 상황을 이용해서 조선이 청국에 종속되어 있다는 상황을 강조하려 한다는 것입니다.

딘스모어는 이 각서에 답신을 하지 않았습니다.

아울러 각하께 다음의 사항도 삼가 보고드립니다. 조선의 소식통에 의하면, 피해가 극심했던 지난 1874년과 1886년 당시 섭정을 했던 대원군[3]이나 조선의 왕도 청국 정부의

1 [감교 주석] 딘스모어(H. A. Dinsmore)

2 [감교 주석] 위안스카이(袁世凱)

3 [감교 주석] 흥선대원군(興宣大院君)

지원을 요청한 적도 없고, 이를 받은 적도 없다고 합니다.

본인은 이 충심어린 보고의 사본을 베이징 주재 독일 황제 공사관[4]에 송부해 드립니다.

크리엔

내용: 조선 남부의 흉작. 조선의 기근 피해자를 위한 청국의 지원에 대해 미국 공사에게 보내는 청국 대표의 서한, 첨부문서 1부

No. 21의 첨부문서

사본

H. I. C. M.[5] 공관

서울, 1989년 2월 21일

어제 회람을 통해 귀하께서는 본인에게 다음과 같은 사항을 알려주셨습니다. 조선의 남부 지방 사람들의 고통과 궁핍한 상황을 고려해서, 모든 외국 대표들이 인도적 조치를 취해 이 고통 받는 사람들을 돕자는 것이었습니다.

이에 대한 답변으로 본인은 다음과 같이 말씀드리고자 합니다. 기근이 조선의 민중들에게 창궐하는 때에 조선 왕은 (청국) 황제께 필요한 지원을 요청할 것이며, 이러한 요청에 따라 베이징의 청국 정부는 즉시 필요한 조치를 취할 것입니다.

본인은 이미 본국의 정부에 남부 지역의 조선인들이 겪고 있는 고통에 대해 보고를 올렸습니다. 이러한 진행 과정에서 독일과 같은 외국 정부들이 어떤 조치라도 취해 주실 수 있다면, 본국의 정부와 조선의 민중들은 이에 대해 크게 감사할 것입니다.

따라서 본인은 각 국의 대표들과는 처한 상황이 다르므로, 오늘 오후 귀하의 공사관에서 열리는 회의에는 참석하지 못함을 알려드립니다.

본인은 이 서한을 삼가 보내 드립니다.

위안스카이[6]

---

4 [감교 주석] 브란트(M. Brandt)

5 [감교 주석] 청국 상무관

6 [감교 주석] 위안스카이(袁世凱)

06

원문 p.537

데니의 예상 후임자에 관한 청국 대표의 정보

발신(생산)일	1889. 3. 7	수신(접수)일	1889. 4. 26
발신(생산)자	크리엔	수신(접수)자	비스마르크
발신지 정보	서울 주재 독일 총영사관	수신지 정보	베를린 정부
	No. 23		A. 6050
메모	4월 29일 런던 436, 페테르부르크 151, 워싱턴 A. 61 전달 연도번호 No. 157		

A. 6050 1889년 4월 26일 오후 수신

서울, 1889년 3월 7일

No. 23

기밀

비스마르크 각하 귀하

각하께 삼가 다음과 같은 보고를 드리게 되어 영광입니다. 위안스카이[1] 청국 대표가 어제 본인을 방문하여, 다음과 같은 비밀 정보를 전해 주었습니다.

데니[2]가 결국 조선을 떠났다고 합니다. 그는 원래 (직례[3]; 감교자)총독 리훙장[4]으로 인해 조선 근무를 시작했기 때문에, 청국 정부는 그에게 30,000달러 금액(데니에 대한 조선 왕의 채무)을 지급해 주어야 한다고 판단했습니다. 데니와 이러한 불편한 상황을 겪으며 청국 정부는 이제 조선 왕이 자신의 고문을 직접 선발하도록 완전히 위임했으며, 이에 대해 더 이상 어떠한 책임도 지지 않을 것이라고 합니다.

(서울 주재 러시아 공사; 감교자) 베베르[5]로부터 전적인 지원을 받고 있는 현 (서울 주재; 감교자) 미국 공사[6]는 아마도 이 고문 자리에 관여할 것 같습니다. 조선 왕은 얼마

1 [감교 주석] 위안스카이(袁世凱)
2 [감교 주석] 데니(O. N. Denny)
3 [감교 주석] 직례(直隸)
4 [감교 주석] 리훙장(李鴻章)
5 [감교 주석] 베베르(K. I. Weber)
6 [감교 주석] 딘스모어(H. A. Dinsmore)

전부터 딘스모어와 협의 중에 있다고 합니다. 딘스모어는 일단 고문 제의를 거절했다고 합니다. 왜냐하면, 그가 데니가 최근까지 받았던 월 급료인 1,000달러를 요구했지만, 조선인들이 이보다 200~300달러 적은 급료를 제시했기 때문입니다.

아울러 위안스카이는 자신이 바라던 대로 마침내 조선에서의 임무에서 벗어날 수 있는 희망이 생겼다고 언급하고, 예상되는 후임자가 조선의 상황에 대해 매우 정통한 사람이라고 덧붙여 말했습니다.

본인의 충심 어린 견해로 말씀드리자면, 독일 경제의 이익을 고려할 때, 미국인들보다 "독일무역협회 소속 마이어 회사[7]의 조선 주재 대표를 지원해 주었던 위안스카이가 퇴임하고, 딘스모어가 조선 왕의 고문으로 임명되는 것은 유감스러운 일이라고 생각합니다. 딘스모어는 데니와는 달리 교양 있고 영리하고, 또한 매우 유능한 인물이며, 게다가 전형적인 미국인입니다. 그는 정부와의 모든 접촉을 위해, 특히 본국의 광부업자들이 조선의 광산 채굴권을 얻을 수 있도록 아마도 가능한 모든 일을 할 것입니다.

그러나 위안스카이는 딘스모어가 조선 왕에게 큰 영향력을 행사할 수 있을 것이라고 생각하지 않습니다. 무엇보다, 조선 왕은 사람을 쉽게 믿지 않으며, 어떤 다른 외국인보다도 영향력이 있었던 묄렌도르프[8] 조차도 상황에 따라 많은 것을 관철하기가 어려웠다고 합니다.

이 보고의 사본을 베이징[9] 및 도쿄 주재 독일 황제 공사관[10]에 보내드립니다.

크리엔

내용: 데니의 예상 후임자에 관한 청국 대표의 정보

7 [감교 주석] 마이어 회사(E. Meyer & Co.; 세창양행(世昌洋行))
8 [감교 주석] 묄렌도르프(P. G. Möllendorff)
9 [감교 주석] 브란트(M. Brandt)
10 [감교 주석] 홀레벤(T. Holleben)

베를린, 1889년 4월 28일 A. 6049

주재 외교관 귀중
1. 런던 No. 432

기밀!

지난달 7일 자 서울 주재 독일 황제 영사관[11]의 보고 사본을 동봉하여 각하께 삼가 송부해 드립니다. 이 보고는 조선의 기근 사태를 다루고 있으며, 각하께서 그 내용을 참고하시고, 전권위임으로 판단에 따라 기밀로 사용하시길 바랍니다.

11 [감교 주석] 크리엔(F. Krien)

베를린, 1889년 4월 29일

A. 6050

주재 외교관 귀중

1. 런던 No. 436
2. 상트페테르부르크 No. 151

보안 유지

3. 워싱턴 A No. 61

지난달 2일 자 서울 주재 독일 황제 영사관[12] 보고의 사본을 이에 첨부하여 각하께 삼가 송부해 드립니다. 이 보고는 데니[13]의 후임자에 대한 서울 주재 청국 대표의 정보를 다루고 있습니다.

2(상트페테르부르크 대사관)와 3(워싱턴 공사관): 정보 참고

1(런던 대사관): 정보 참고 및 전권위임으로 판단에 따라 기밀로 사용

12 [감교 주석] 크리엔(F. Krien)

13 [감교 주석] 데니(O. N. Denny)

07

원문 p.541

조선 상황에 관한 베이징 주재 공사관의 보고

발신(생산)일	1889. 4. 30	수신(접수)일	1889. 5. 2
발신(생산)자	쿠써로우	수신(접수)자	비스마르크
발신지 정보	함부르크	수신지 정보	베를린 정부
	No. 41		A. 6427

A. 6427 1889년 5월 2일 수신, 첨부문서 2부

함부르크, 1889년 4월 30일

No. 41

비스마르크 각하 귀하

작년 12월 5일 자 훈령 No. 294[1]와 관련하여, 조선 상황에 관한 베이징 주재 독일 황제 공사관[2]의 10월 29일 자 보고를 위임에 따라 각하께 삼가 정중히 올리게 되어 영광입니다.

쿠써로우

내용: 조선 상황에 관한 베이징 주재 공사관의 보고, 첨부문서 2부

1 [원문 주석] A. 16764 C I. a. 정중히 첨부합니다.

2 [감교 주석] 브란트(M. Brandt)

08

원문 p.542

[조선 관련 언론 기사 보고]

발신(생산)일		수신(접수)일	1889. 7. 6
발신(생산)자	기록 없음(o. A.)	수신(접수)자	
발신지 정보		수신지 정보	베를린 외무부
			A. 9525

A. 9525 1889년 7월 6일 오후 수신

베를리너 타게블라트[1]

89년 7월 6일

런던 7월 6일 (베를리너 타게블라트 신문사의 개인 전보)

상해에서 "Standard"지에서 다음과 같은 소식을 전했다. Hankow에서 또다시 외국인에 대한 폭동이 발생했다. 쫓겨난 유럽인들을 보호하기 위해 영국 포함 "Merlin"호가 그곳으로 출발했다. 청국 전투함대가 한국 동해안에 정박 중인 러시아 군함을 지켜보고 있다. 서울의 상황은 매우 평온하다. 포함 "Espoir"호가 영국의 이익을 보호하기 위해 제물포로 소환되었다.

1 [감교 주석] 베를리너 타게블라트(Berliner Tageblatt)

09

원문 p.543

조선 주재 청국 대표의 지위와 조선의 보호 관련

발신(생산)일	1889. 7. 19	수신(접수)일	1889. 9. 12
발신(생산)자	케텔러	수신(접수)자	비스마르크
발신지 정보	베이징 주재 독일 공사관	수신지 정보	베를린 정부
	No. 232		A. 12460
메모	A. 5684 참조 9월 13일 런던 796, 페테르부르크 303 전달		

A. 12460 1889년 9월 12일 오전 수신

베이징, 1889년 7월 19일

No. 232

비스마르크 각하 귀하

본인은 각하께 다음과 같은 사항에 대해 상세히 보고드리게 되어 영광으로 생각합니다. 미국 정부의 명령에 따라 조선 주재 미국 공사[1]가 총리아문이 조선 주재 청국 대표의 공적 지위의 특성과 청국 정부가 인정한 그의 위치에 대해 명확한 해명을 하도록 요청하였고, 아울러 청국 당국이 재차 새로운 방식으로 조선의 보호국 상황을 매우 강조하고 있습니다.

베이징 주재 미국 공사인 덴비[2] 대령의 보고에 따르면, 서울 주재 미국 변리대사 딘스모어가 본국 정부에 서울 주재 청국 대표 위안스카이[3]의 태도에 대해 불만을 전했습니다. 조선 주재 외교단의 최고참인 딘스모어는 위안스카이에게 공동 회의에 참석하도록 여러 번 요청했지만, 그는 몸이 좋지 않다는 이유로 이에 응하지 않고, 외교 대표자들의 협상에 그의 비서관을 대신 보내고 있다고 합니다.

이로 인해 딘스모어는 미국 정부가 필요한 조치를 취해 베이징 주재 총리아문이 위안스카이의 공적인 지위에 대해 명확히 설명해 주도록 요청했습니다. 위안스카이는 영어

1 [감교 주석] 딘스모어(H. A. Dinsmore)

2 [감교 주석] 덴비(C. Denby)

3 [감교 주석] 위안스카이(袁世凱)

칭호인 "Resident"[4]를 스스로에게 부여하고, 조선 주재 외국 대표자들의 공동 행동에 참여하지 않고 있습니다. 그는 자신이 예외적인 위치에 있고, 조선이 청국에 종속되어 있다는 이유를 들어 이를 정당화하고 있습니다.

위안스카이와 그의 동료 관료와의 (직위상의) 관계에 대해 미국 공사가 명확한 알고자 이를 요청하는 직접적인 이유는 아마도 지난해 위안스카이가 최고참자인 딘스모어에게 보낸 서한 때문일 것이라고 추측됩니다. 이 서한에서 위안스카이는 조선의 기근 피해자 지원을 위한 외국 대표들의 공동 회의에 자신이 참석하지 못하는 이유를 설명하고, 이와 동시에 조선의 왕과 영토가 청국에 종속되어 있음을 명확히 강조했습니다.

위안스카이의 서한 내용과 그의 거부행위와 관련된 상황들은 지난해 3월 2일 자 서울 주재 독일 황제 영사관의 보고를 통해 각하께 전해졌습니다. 워싱턴의 국무부는, 조선 주재 변리공사의 요청에 따라, 이곳의 미국 공사가 청국 정부에 필요한 조치토록 위임했고, 이후 덴비 대령은 총리아문에 외교각서를 보냈습니다. 이 외교각서에서 그는 자신이 미국 정부의 위임을 받아 조선 주재 청국 대표(위안스카이)의 공적 지위와 자격에 대해 명확한 설명을 요청한다는 것이었습니다.

총리아문은 며칠 전 외교각서를 통해 이에 대해 답변하였습니다. 각서에서 황태자와 공사들은 조선이 청국이 보호하고 있는 나라[5]라는 사실을 고려할 때 조선 주재 청국 대표(위안스카이)를 협정 국가들의 외교 및 공사 관료들과 비교하는 것은 자신들이 언급하기에 적절치 않으며, 위안스카이가 어떻게 특별 임무를 부여받게 되었는지 이에 대해 상세히 설명했습니다.

총리아문의 각서는 위안스카이에게 그의 지금까지의 칭호인 "타오타이(Taotai)"[6], 즉 내무 행정직에서 일하는 청국 관료의 칭호와는 다른 명칭을 부여하는 것을 아주 조심스럽게 피하고 있습니다. 그러나 청국어에서도 외교 및 공사관 관료들의 직위가 우리의 직위와 똑같이 상응하도록 선별되었기 때문에, 이 동급의 직위에 대해 (청국) 공사들이 모르는 것이 아닙니다.

총리아문의 공사들이 미국 정부의 이 문의요청에 대해 취한 유일한 직접적인 답변은

---

4 [감교 주석] "Resident"는 통감을 뜻하는 "Resident General"과는 다름. 하지만 부들러도 밝혔듯이 "Resident"는 상주 대표의 뜻을 갖고 있는 "Resident Commissioner"보다는 정치적 영향력을 행사하는 직함임에는 분명함. 실제 영국이 "Resident"는 인도의 번왕국에 파견한 영국인 총독을 지칭한 단어였다는 점을 고려한다면, 위안스카이가 사용하고자 했던 "Resident"는 속방 조선에 대한 정치적 영향력을 행사하겠다는 뜻을 담고 있다고 볼 수 있음.

5 [감교 주석] 조선은 청의 속방이라는 의미

6 [감교 주석] 도대(道臺)

위안스카이가 조선에서 청국의 사안들을 관리하도록 그 임무를 부여받았다는 것입니다. 이 표현은 미국 공사관 통역자가 "to manage Chinese affairs in Corea"라고 번역을 했습니다.

덴비 대령은 이와 같은 보고와 함께 총리아문의 회피적인 답변에 대한 자신의 불만을 표명한 후, 미국 정부가 그에게 부여한 (문의 요청에 관한) 임무는 이미 수행 전부터 완전히 무의미한 것이었다고 신랄하게 비판했습니다. 그가 자신의 의견이 워싱턴에 전달될 때까지 또는 이 임무를 다시 맡을 때까지 이 문의요청을 미룰 수도 있었다고, 아울러 책임을 지고 이 결실 없는 조치에서 정부를 보호할 수 있었다고 가정할 수 있습니다. 하지만, 이러한 가정은 덴비 공사에게 전혀 의미가 없었던 것으로 보입니다.

덴비 대령은 청국의 이 같은 답신을 수신하고 워싱턴에 전달하는 것으로 이렇게 자신의 임무가 끝났다고 생각하고 있습니다.

총리아문이 이 사안을 다룬 방식처럼, 경험상으로 볼 때 개항지의 청국 관료들도 이러한 기회를 놓치지 않고, 조선이 (청국의) 보호를 받고 있고, 종속되어 있다는 그들의 견해를 강조하고 있는 상황입니다.

그런 식으로 며칠 전, 본인이 위와 같은 미국 정부의 문의 요청과 이에 대한 답변을 아직 알기도 전에, 톈진의 세관 관리는 일방적인 결정 하나를 내렸습니다. 이에 대한 추가적인 보고는 이 사안이 다음 단계로 진행이 된 이후에 정중히 보고드리도록 하겠습니다.

"타오타이" 위안[7]은 독일의 무역협정에 따라 청국 내에서 운송되는 조선 수출물품들을 현지(청국) 물품으로 처리한다는 의견을 갑작스럽게 제시했습니다. 이 물품들은 교역항구에서 독일의 협정에 따라 부과된 관세율로 과세된 상태였고, 톈진의 독일 수입업자가 물품을 들여올 때 세관에서 완전한 수입 관세가 청국의 세율에 따라 부과된 것들이었습니다. 리우 관리는 독일 황제 공사가 위임해 날인한 국내증명서를 거부하고, 해당 물품인 조선의 종이는 (청국의) 보호국의 생산물이므로, 청국 물건으로 간주한다고 언급했습니다. 이 때문에 이전의 국내 세에 우선하는 외국 물품이 누리는 특권을 요구할 수 없으며, 전체 '내국세'를 절차상 지불해야 한다고 관련 규정을 제시했습니다.[8]

---

7 [감교 주석] 위안스카이(袁世凱)

8 [감교 주석] 청국은 자국으로 수입되는 외국 상품에 대해서는 5%의 수입 관세, 그리고 그 상품이 청국 내지로 갈 때는 2.5%의 내지 세를 추가로 지불하도록 규정하였음. 위 문서에 의거해서 청국이 자국으로 수입되는 조선 상품을 국내 상품으로 규정할 경우, 2.5%의 내지 세가 아닌 국내 상품에 적용되는 각종 세금을 부과해야 함.

리우 관리는 이 결정을 총리아문에 보고하고, 톈진주재 독일 황제 영사에게 통보했습니다. 따라서 본인은 총리아문이 이 사안을 이해하는데 어떠한 의구점도 갖지 않도록 하는 것이 본인의 의무라고 판단하고, 이에 따라 최근 공사들을 방문한 자리에서 이에 대해 정중하게 설명해 드렸습니다.

당시 본인은 다음과 같은 확고한 사항들을 강조해서 말씀드렸습니다. 우선 물품 원산지에 관한 문제가 현 상황에서 매우 사소하게 다루어질 수도 있다는 것입니다. 그러나 청국 세관으로부터 일방적으로 관세가 아닌 완전한 수입세가 부과된 물품들 모두가, 실제로는 세관 스스로가 애초에 이를 처리할 때 완전히 외국 원산지로 인정했기 때문에, 이 물품들에 대한 혜택과 권한을 누릴 수 있다고 주장하는 바입니다. 그리고 해당 물품들이 이와 같은 혜택과 권한을 갖는 이유는 일반적으로 단지 협정서를 보더라도 그러하고, 이 경우에는 수입세 전부를 지불했다는 증명서도 있기 때문입니다.

이 사안은 이미 공사들에게 알려졌으며, 이들은 이 사안에 대한 설명을 듣고 매우 불편하고 당혹해 보였습니다. 공사들은 가능한 신속하고 자신들이 바라는, 또한 톈진에서 저희에게 만족스런 방식으로 이 분쟁 사안을 해결하기로 약속했습니다.

그러나 본인이 공사들에게 분명히 주지시키고자 했던 바는, 청국의 한 지방 관리의 독단적인 행위로 발생한 이 사안이 긴급하게 총리아문의 해명이 필요한 일이 되는 것은 매우 바람직하지 않은 상황이라는 것입니다.

청국 측의 불분명한 답변은 바로 청국 정부가 조선 문제를 처리하고 조약 당사국들로부터 관대하고 호의적인 입장을 얻는데 어려움을 갖고 있다는 것을 의미하기도 하는데, 이러한 답변에 대해 본인은 공사들에게 다음과 같은 사실을 주의 깊게 알리지 않을 수 없었습니다. 그것은 조선 주재 독일 대표부와 이곳의 공사관이 청국과 다른 나라에 대한 조선의 지위와 관련한 모든 정치적 문제들에 대해 분명하게 거리를 두고 있으며, 독일은 조선에서 오직 상업적인 이해만을 추구한다는 것을 충분히 설명했다는 것입니다. 그러나 독일은 조약상의 권리가 자유롭게 제한 없이 이행되고, 모든 교역관계가 침해되지 않고 유지될 수 있도록 이에 대해 더 많이 요구할 수 있을 것입니다. 이러한 요구는 독일이 지난 몇 년간 조선을 동요시킨 다양한 문제들에서 취한 입장들을 고려하여, 조선 정부가 우리에게 감사하고, (만약 청국이 조선의 안녕에 관심이 있다면) 청국 정부 또한 우리에게 감사할 수 있을 때 가능한 일입니다.

공사들은 본인이 위에 언급한 내용이 정당하다고 인정하며, 톈진 물품 문제를 진지하게 처리하여 이에 대한 결과를 추후에 통보해 줄 것을 약속했습니다.

총리아문이 이 문제에 대해 추가적인 조치를 취하는 대로, 각하께 사안 전반에 대해 정중히 보고를 드리겠습니다. 아울러, 현재 본인은 각하께서 이 문제에 대해 조심스럽게 행하는 본인의 행위들에 대해 동의해 주시길 희망하는 바입니다.

저의 충심어린 보고의 사본을 도쿄 주재 독일 황제 공사[9]와 서울 주재 독일 황제 영사[10]에게도 송부하겠습니다.

케텔러

내용: 조선 주재 청국 대표의 지위와 조선의 보호 관련

---

9 [감교 주석] 홀레벤(T. Holleben)

10 [감교 주석] 크리엔(F. Krien)

베를린, 1889년 9월 13일

A. 12460

주재 외교관 귀중
런던 No. 196
상트페테르부르크 No. 303
보안 필요
기밀!

각하께 본인은 [*sic.*] 및 조선 주재 청국 대표[11]의 지위에 관한 지난해 7월 19일 자 베이징 주재 독일 황제 통상 담당관의 보고서의 사본을 아래와 같이 삼가 보내드립니다.
수신지 2, 3: 정보 참고

수신지 1: 정보 참고 및 전권위임으로 판단에 따라 기밀로 사용

---

11 [감교 주석] 위안스카이(袁世凱)

10

원문 p.549

[조선 주재 청국 대표의 지위와 조선의 보호 관련]

발신(생산)일	1889. 7. 19	수신(접수)일	1889. 9. 12
발신(생산)자	케텔러	수신(접수)자	비스마르크
발신지 정보	베이징 주재 독일 공사관	수신지 정보	베를린 정부
	No. 232		A. 12460
메모	9월 13일 런던 796, 페테르부르크 303 전달		

발췌

A. 12460 1889년 9월 12일 오전 수신

베이징, 1889년 7월 19일

No. 232

비스마르크 각하 귀하

베이징 주재 미국 공사인 덴비[1] 대령의 보고에 따르면, 서울 주재 미국 변리공사 딘스모어[2]가 본국 정부에 서울의 청국 대표 위안스카이[3]의 태도에 대해 불만을 전했다고 합니다. 조선 주재 외교단의 최고참인 딘스모어가 위안스카이에게 공동 회의에 참석하도록 여러 번 요청했지만, 그는 몸이 좋지 않다는 이유로 이에 응하지 않고, 외교 대표자들의 협상에 그의 비서관을 대신 보내고 있다고 합니다.

이로 인해 딘스모어는 미국 정부가 필요한 조치를 취해 베이징 주재 총리아문이 위안스카이의 공적인 지위에 대해 명확히 설명해 주도록 요청했습니다. 위안스카이는 영어 칭호인 "Resident"[4]를 스스로에게 부여하고, 조선 주재 외국 대표자들의 공동의 행동에

---

1 [감교 주석] 덴비(C. Denby)

2 [감교 주석] 딘스모어(H. A. Dinsmore)

3 [감교 주석] 위안스카이(袁世凱)

4 [감교 주석] "Resident"는 통감을 뜻하는 "Resident General"과는 다름. 하지만 부들러도 밝혔듯이 "Resident"는 상주 대표의 뜻을 갖고 있는 "Resident Commissioner"보다는 정치적 영향력을 행사하는 직함임에는 분명함. 실제 영국이 "Resident"는 인도의 번왕국에 파견한 영국인 총독을 지칭한 단어였다는 점을 고려한다면, 위안스카이가 사용하고자 했던 "Resident"는 속방 조선에 대한 정치적 영향력을 행사하겠다는 뜻을 담고 있다고 볼 수 있음.

참석하지 않는 것을 정당화하며, 자신이 예외적인 위치에 있고 조선이 청국에 종속되어 있기 때문이라는 것입니다.

따라서 덴비 대령은 총리아문에 외교각서를 보냈고, 이를 통해 그는 미국 정부의 위임으로 조선 주재 청국 대표(위안스카이)의 공적 지위와 자격에 대해 명확한 설명을 요청했습니다.

총리아문은 며칠 전 외교각서를 통해 이에 대해 답변하였습니다. 각서에서 황태자와 공사들은 조선이 청국이 보호하고 있는 나라라는 사실을 고려할 때 조선 주재 청국 대표(위안스카이)를 협정국가들의 외교 및 공사 관료들과 비교하는 것은 자신들이 언급하기에 적절치 않으며, 위안스카이가 어떻게 특별 임무를 부여받게 되었는지 이에 대해 상세히 설명했습니다.

총리아문의 각서는 위안스카이에게 그의 지금까지의 칭호인 "타오타이(Taotai)"[5], 즉 내무 행정직에서 일하는 청국 관료의 칭호와는 다른 명칭을 부여하는 것을 아주 조심스럽게 피하고 있습니다. 그러나 청국어에서도 외교 및 공사관 관료들의 직위가 우리의 직위와 똑같이 상응하도록 선별되었기 때문에, 이 동급의 직위에 대해 공사들이 모르는 바가 아닙니다.

총리아문의 공사들이 미국 정부의 이 문의요청에 대해 취한 유일한 직접적인 답변은 위안 타오타이(Taotai)가 조선에서 청국의 사안들을 관리하도록 그 임무를 부여받았다는 것입니다. 이 표현은 미국 공사관 통역자가 "to manage Chinese affairs in Corea (조선에서 청국 사안을 관리)"라고 번역을 했습니다.

케텔러

5 [감교 주석] 도대(道臺)

11

원문 p.551

데니의 귀환 관련

발신(생산)일	1889. 7. 18	수신(접수)일	1889. 9. 17
발신(생산)자	크리엔	수신(접수)자	비스마르크
발신지 정보	서울 주재 독일 총영사관	수신지 정보	베를린 정부
	No. 50		A. 12698
메모	연도번호 No. 380		

A. 12698 1889년 9월 17일 오전 수신

서울, 1889년 7월 18일

No. 50

비스마르크 각하 귀하

올해 2월 16일 자 No. 18과 관련하여 각하께 다음과 같이 삼가 보고드립니다. 조선 왕의 고문이었던 데니[1]는 예상과는 달리 이번 달 2일에 서울로 돌아왔습니다. 데니는 그동안 상하이에서 몇 달간을 보냈고, 홍콩과 나가사키에 잠시 머물렀다고 합니다.

이 보고의 사본을 베이징 주재 독일 황제 공사관[2]에 송부해 드립니다.

크리엔

내용: 데니의 귀환 관련

---

1 [감교 주석] 데니(O. N. Denny)

2 [감교 주석] 브란트(M. Brandt)

12

원문 p.552

민종묵의 외아문 독판 임명

발신(생산)일	1889. 8. 1	수신(접수)일	1889. 9. 17
발신(생산)자	크리엔	수신(접수)자	비스마르크
발신지 정보	서울 주재 독일 총영사관	수신지 정보	베를린 정부
	No. 53		A. 12699
메모	A. 355 참조 9월 18일 함부르크 165 전달 연도번호 No. 396		

A. 12699 1889년 9월 17일 오전 수신

서울, 1889년 8월 1일

No. 53

비스마르크 각하 귀하

작년 9월 12일 자 No. 61[1]과 관련하여 각하께 다음과 같이 삼가 보고를 드리게 되어 영광입니다. 조선의 외아문 독판이 지난달 29일 자로 다시 임명되었습니다. 이 자리는 오랫동안 공석이었으며, 최근까지 독판 서리[2]인 조병식[3]이 임시로 맡은 바 있습니다.

외무부의 새 수장인 민종묵[4]은 조선의 일등급 관리[5]입니다. 그는 지금까지 추밀원(Staatsrat; 국가회의)의 부의장[6]으로 일했으며, 현재 가장 알려진 고위 관료 중 한 사람입니다. 그 이유는 그가 외교 및 영사 대표들을 조선 왕에게 소개하고, 알현에 항상 참석했기 때문입니다. 그는 왕비[7]와 친척 관계는 아닙니다.

---

1 [원문 주석] A. 14916 정중히 첨부함.

2 [감교 주석] 독판서리(督辦署理). 함경도 관찰사직을 수행하고 있었던 조병식이 후임 외아문 독판 임명 이전까지 독판서리 직을 수행하였음.

3 [감교 주석] 조병식(趙秉式)

4 [감교 주석] 민종묵(閔種默)

5 [감교 주석] 정확한 품계를 의미하는지 알 수 없음. 다만 민종묵이 외아문 독판으로 부임하기 전에 맡았던 홍문관제학은 종2품에 해당하는 관직이었음.

6 [감교 주석] 홍문관제학(弘文館提學)

7 [감교 주석] 명성황후(明成皇后)

마지막으로 독판직을 대리했던 조병식은 재무부 부의장[8]으로 임명되었습니다. 이 임명은 분명 직위상의 승진이라고 볼 수 있으며, 그가 최근 프랑스 특별위원에 대한 태도(올해 6월 24일 자 No.42)로 인해 조선 왕의 총애를 잃은 것이 아님을 보여줍니다.

또한, 그의 급여를 올려주기 위해 소득이 좋은 직책으로 조선의 전 수도가 있었던 경기도 송도의 군사령관이라는 직위[9]도 함께 부여했습니다. 송도는 지금도 조선에서 가장 크고 부유한 상업도시입니다. 값비싼 홍삼 재배는 송도 지역에서만 허용되고 있습니다.

이 충심어린 보고의 사본을 베이징 주재 독일 황제 공사관에 송부해 드립니다.

크리엔

내용: 민종묵의 외아문 독판 임명

8 [감교 주석] 통리군국사무아문(이하 내무부) 협판

9 [감교 주석] 개성부 유수

베를린, 1889년 9월 18일 A. 12699

주재 외교관 귀중
함부르크 No. 165

본인은 각하께 지난달 1일 자 서울 주재 영사관[10] 보고의 사본을 동봉하여 삼가 송부해 드립니다. 지난해 11월 5일 자 훈령 No. 263과 1885년 3월 4일 자 훈령과 관련하여, (조선의) 새로운 외아문 독판[11]의 임명에 관한 이 보고를 전권 위임으로 통고하는 바입니다.

10 [감교 주석] 크리엔(F. Krien)
11 [감교 주석] 민종묵(閔種默)

13

원문 p.555

미국인 군사교관들 관련

발신(생산)일	1890. 1. 14	수신(접수)일	1890. 3. 12
발신(생산)자	크리엔	수신(접수)자	비스마르크
발신지 정보	서울 주재 독일 총영사관	수신지 정보	베를린 정부
	No. 7		A. 3469
메모	A. 10645, A. 5676 참조		

A. 3469 1890년 3월 12일 오전 수신, 첨부문서 1부

서울, 1890년 1월 14일

No. 7

비스마르크 각하 귀하

각하께 첨부문서로 지난해 11월 29일 자 Ostasiatischer Lloyd지의 단신 기사 사본을 삼가 보내드리게 되어 영광입니다. 이 기사에 따르면, (조선 정부에 고용되었던; 감교자) 미국인 군사교관들이 해임되었으며, 조선 군대는 지금 러시아식으로 훈련받고 있다고 합니다.

이 뉴스의 출처는 지난해 11월 7일 자 Hong Kong Telegraph이며, 이 신문의 통신원인 던컨(Duncan)이라는 현재 제물포에 거주중인 영국인이 해당 뉴스를 가져와 영국과 미국의 신문들에 전달했습니다. 그러나 이 뉴스는 보도 기사로서 적합하지 않습니다.

1888년 4월 18일(No. 22) 미 군사교관 3명이 서울에 도착했음을 각하께 삼가 보고드린 바 있습니다. 이들 중 커민스[1] 대령과 리[2] 소령이 9월 중순 해임되었습니다. 63세의 커민스 대령은 게으른 사람으로, 군사 보조과목과 수학 등의 이론 수업 담당을 거부하였으며, 군인들의 실무 훈련에도 매우 불규칙적으로 참여한 이유로 해임되었습니다. 리 소령의 해임 사유는 Philadelphia Evening Telegraph의 통신원으로 조선의 상황에 대해 사실과 다른 불리한 내용을 기사화하고, 본연의 임무를 제대로 이해하지 못했다는 것입

1 [감교 주석] 커민스(E. H. Cummins)

2 [감교 주석] 리(Lee)

니다. 이 두 장교는 원래 올해 5월 만료로 조선 정부와 계약을 체결했기 때문에, 이들은 이러한 해임이 부당하다는 항의서한을 조선 주재 미국 공사[3]에게 보내고 현재까지 서울에 머물고 있습니다.

군 파견단 총책임자인 다이[4] 장군은 조선 군대를 위해 미국의 군대 훈련규정의 토대가 되는 자신만의 전술을 문서로 작성해 주었지만, 이 전술의 몇몇 사항들이 지켜지지 않았습니다. 다이 장군이 러시아 공사 베베르[5]와 절친한 친구 관계이기 때문에, 아마도 던칸이 –그는 올해 초 러시아의 디어 아일랜드[6] 점령에 관한 긴급뉴스를 상하이에 보도한 적이 있음– 러시아의 군대 훈련규정이 조선에 도입될 것이라고 신문에 의도적으로 퍼트린 것으로 보입니다.

현재 다이 장군 외에도, 1887년 말 조선 정부가 고용한 전 고베 주재 미국 영사관 관리인 닌스테드[7]가 "캡틴(Captain)"이라는 칭호를 갖고 조선 군대의 일부와 40여 명의 사관생도를 훈련시키고 있습니다.

본인은 이 충성어린 보고의 사본을 베이징 주재 독일 황제 공사[8]관에 송부해 드립니다.

크리엔

내용: 미국인 군사교관들 관련, 첨부문서 1부

3 [감교 주석] 허드(A. Heard)
4 [감교 주석] 다이(W. M. Dye)
5 [감교 주석] 베베르(K. I. Weber)
6 [감교 주석] 절영도(絕影島; Deer–Islands)
7 [감교 주석] 닌스테드(F. J. H. Nienstead)
8 [감교 주석] 브란트(M. Brandt)

No. 7의 첨부문서
사본

1889년 11월 29일 자
"동아시아 로이드(Ostasiatischer Lloyd)" 신문의 단신 기사

조선

소문과 같이 지난 1년간 조선 장교들이 훈련받았던 미국식 훈련 방식이 폐지되고, 대신 러시아 방식이 도입되었다. 서울 주재 러시아 공사관은 이를 위해 러시아 훈련규정을 한글로 번역했다고 한다. 그 미국인 군사교관들은 조선 정부로부터 해임 통보를 받았다. 그러나 이들의 조선 정부와의 계약은 내년 5월 전에 만료되지 않으며, 소문대로 그들의 해임은 소송으로 이어졌다. 왜냐하면, 조선 정부가 당시 지불 기한이 된 급여를 지급하고 있지 않기 때문이다. 이 군사교관 중의 한 사람인 리[9] 소령은 지금은 고인이 된 리 장군[10]의 가까운 친척으로, 리 장군은 남북전쟁으로 세간에 알려진 인물이었다.

---

9 [감교 주석] 리(Lee)
10 [감교 주석] 남북전쟁 당시 남부군 장군으로 활약한 리(R. E. Lee) 장군으로 추정됨.

14

원문 p.557

미국인 르젠드르의 내무부 협판 임명

발신(생산)일	1890. 3. 13	수신(접수)일	1890. 5. 2
발신(생산)자	크리엔	수신(접수)자	비스마르크
발신지 정보	서울 주재 독일 총영사관	수신지 정보	베를린 정부
	No. 27		A. 5671
메모	7087 참조 // 연도번호 No. 160		

A. 5671 1890년 5월 2일 오전 수신

서울, 1890년 3월 13일

No. 27

비스마르크 각하 귀하

각하께 삼가 다음의 보고를 올리게 되어 영광입니다. 이달 9일 자 조선의 관보에 미국 르젠드르[1] 장군이 2품 관료인 조선 내무부의 협판으로 임명되었다는 소식이 실렸습니다. 그는 3주전 도쿄에서 조선으로 입국했고, 보통 일본 정부가 데니[2]의 후임자로 추천한 인물로 알려져 있습니다. 데니의 임용계약은 2년으로 올해 5월 중순에 종료됩니다.

하야시[3] (서울 주재; 감교자) 일본(공사관; 감교자) 교제관시보가 며칠 전 전한 바로는, 르젠드르 장군이 최근까지 일본 재무부에서 일했다고 합니다.

르젠드르 장군이 조선 정부로부터 약속받은 급여가 얼마인지는 정확히 들은 바가 아직 없습니다. 이곳 미국 선교사들의 주장에 따르면, 월 급여가 500달러로 합의되었다고 합니다.

이 충성어린 보고의 사본을 베이징과 도쿄 주재 독일 황제 공사관에 송부해 드립니다.

크리엔

내용: 미국인 르젠드르의 내무부 협판 임명

---

1 [감교 주석] 르젠드르(C. W. Legendre)

2 [감교 주석] 데니(O. N. Denny)

3 [감교 주석] 하야시 부이치(林武一)

15

원문 p.558

르젠드르의 조선 도착 및 서울 주재 미국 공사 허드 부임

발신(생산)일	1890. 3. 20	수신(접수)일	1890. 5. 2
발신(생산)자	브란트	수신(접수)자	비스마르크
발신지 정보	베이징 주재 독일 공사관	수신지 정보	베를린 정부
	No. 89		A. 5672

사본

A. 5672 1890년 5월 2일 오전 수신

베이징, 1890년 3월 20일

No. 89

기밀

비스마르크 각하 귀하

각하께서 다른 측 보고를 통해 이미 인지하시고 계신 것처럼, 익히 알려진 르젠드르[1] 장군이 최근 조선에 도착하였습니다. 그는 오랫동안 일본에서 근무를 했으며, 몇 년 전부터는 분명치 않은 상태로 도쿄에 살았습니다, 그가 조선에 도착했을 때, 일본 주재 조선 공사[2]도 조선으로 귀환했습니다.

믿을만한 소식통에 따르면, 르젠드르 장군은 서울에서 개항지의 해상관세청 지휘권을 손에 얻으려고 노력했다고 합니다. 청국 정부는 이러한 시도에 대해 변리공사인 위안스카이로부터 보고를 받은 후, 이를 매우 단호하게 저지하라고 위안스카이[3]에게 지시를 내렸습니다. 아울러, 하트[4]는 조선 해관의 고위 관료들에게 절대로 이 관리권을 르젠드르 장군에게 넘겨주지 말 것을 명령했습니다.

조선 주재 일본 공사인 오토리[5]는 르젠드르 장군이 왜 조선에 들어왔는지 이에 대해

1 [감교 주석] 르젠드르(C. W. Legendre)

2 [감교 주석] 곤도 마스키(近藤眞鋤)

3 [감교 주석] 위안스카이(袁世凱)

4 [감교 주석] 하트(R. Hart)

5 [감교 주석] 본문에는 '조선 주재' 일본 공사로 오토리를 서술하고 있지만, 당시 일본 공사는 곤도 마스키였으며 오토리 게이스케(大鳥圭介)는 청국 주재 일본 공사였음. 오토리가 서울에 부임하는 때는 1893년임.

전혀 아는 바가 없다고 합니다. 하지만 도쿄 주재 독일 황제 공사의 보고에 따르면, 최소한 일본 정부와 조선 통상담당관의 공모 가능성을 배제할 수 없는 상황입니다.

본인의 영국인 동료인 (베이징 주재 영국 공사; 감교자) 월샴[6]은 르젠드르 장군이 조선에 체류하고 있는 것을 매우 걱정스러운 신호로 보고 있습니다. 그리고 다음과 같은 상황으로 인해 여러 위험한 상황들이 발생할 수 있다고 상세히 언급했습니다. 그것은 바로 르젠드르 장군과 조선을 근무지로 택한 다른 미국인 야심가들의 음모로 인해 청국이 개입하게 되고, 이 때문에 러시아의 간섭도 발생할 수 있다는 것입니다.

신문에서 보도한 조선 주재 신임 미국 변리공사 허드[7]는 전직이 상인이었으며, 청국에 있는 그의 엄청난 저택 때문에 60년대 중반 자신의 지출을 줄여야 했던 적이 있습니다.

허드는 본인이 개인적으로 매우 잘 아는 인물입니다. 그는 매우 사려 깊은 사람으로, 그의 교양과 에티켓은 보통의 극동 아시아 상인들과는 확연히 다릅니다. 여하튼 그의 임명이 의미하는 바는 미국 측이 동아시아 상황에 정통한 사람이 서울에 주재하길 원한다는 것입니다.

브란트

6 [감교 주석] 월샴(J. Walsham)

7 [감교 주석] 허드(A. Heard)

16

원문 p.560

미국인 군사교관인 커민스와 리의 해임

발신(생산)일	1890. 3. 14	수신(접수)일	1890. 5. 2
발신(생산)자	크리엔	수신(접수)자	비스마르크
발신지 정보	서울 주재 독일 총영사관	수신지 정보	베를린 정부
	No. 28		A. 5676
메모	A. 3991 참조 연도번호 No. 161		

A. 5676 1890년 5월 2일 오전 수신

서울, 1890년 3월 14일

No. 28

비스마르크 각하 귀하

지난달 5일 자 베이징 주재 독일 황제 공사[1]의 보고와 올해 1월 14일 자 본인의 충성 어린 No. 7과 관련하여, 각하께 다음의 사항을 삼가 보고드리게 되어 영광입니다. 리(Lee) 육군 소령에 따르면, 조선 주재 미국 변리공사가 국무장관 블레인[2]으로부터 아래와 같은 지시사항을 받았습니다:

(서울 주재; 감교자) 미국 변리공사[3]는 커민스[4] 대령과 리[5] 소령, 이 두 명의 해고된 군사교관들의 문제를 조선 정부와 화해적으로 해결하도록 노력해야 한다. 이 두 장교가 중대한 부당 행위나 직무 태만을 저질렀다면, 변리공사는 계약에 따라 각각 500달러의 귀국경비를 이들에게 지급해 줄 것을 주장해야 한다. 이들의 과실이 증명이 안 된다면, 변리공사는 조선 정부가 계약 만료시까지 이들의 모든 급여와 미국으로의 귀국비용을 지불해 줄 것을 강하게 주장해야 한다.

딘스모어는 최근 본인과의 대화에서, 조선 정부가 제기한 이 두 장교들의 과실의 근

1 [감교 주석] 브란트(M. Brandt)
2 [감교 주석] 블레인(J. G. Blaine)
3 [감교 주석] 딘스모어(H. A. Dinsmore)
4 [감교 주석] 커민스(E. H. Cummins)
5 [감교 주석] 리(Lee)

거가 무엇인지 설명해 주기를 조선 외아문 독판[6]에게 재차 서면으로 요청했지만, 독판으로부터 답신을 받을 수 없을 것이라고 말했습니다. 조선 정부를 대표해 이 미국인 교관들과의 계약에 서명한 한규설[7] 장군이 얼마 전 딘스모어에게 다음과 같이 언급했습니다. 리 소령의 무능력은 조선 병사들에게도 매우 분명한 사실이며, 그가 이전에 매우 잘못된 명령을 하달했다는 것입니다. 딘스모어는 이러한 주장에 대해 당혹스러운 반응을 보였고, (한규설) 장군에게 다음과 같이 말했습니다: "그 장교들은 조선 정부가 수년간 끊임없이 부탁하여, 미국 최고의 군사 전문가, 지금은 고인이 된 쉐리단[8] 장군이 선발한 사람들입니다. 쉐리단 장군이 선발한 장교들에 대해 판단하는 것 자체가 조선의 월권입니다. 비록 리 소령이 잘못된 명령을 내렸다 하더라도, 이것이 그의 해임 사유가 될 수 없습니다. 조선 정부는 미국의 호의(kindness)를 모욕(insult)으로 응답했습니다."

딘스모어는 다음과 같이 (조선 외아문) 독판에게 덧붙여 설명했습니다. 자신이 위 서한에 대해 독판으로부터 아무런 답신을 못 받고, 아울러 합당한 대우를 못 받았기 때문에, 당분간은 조선 왕의 알현에 응할 수 없다는 것입니다. 실제로 이 미국 변리공사는 지난 두 차례 왕의 알현에 참석하지 않았습니다.

리 소령이 이 사안의 경과에 대해 며칠 전 딘스모어에게 물어오자, 안타깝지만 이 사안에 대해 조선 정부가 현재의 입장을 바꾸도록 설득할 수 없었다고 답했습니다. 그는 자신이 이에 대해 취한 조치들을 워싱턴에 보고했다고 합니다.

이 충심어린 보고의 사본을 베이징 주재 독일 황제 공사관에 송부해 드립니다.

크리엔

내용: 미국인 군사교관인 커민스와 리의 해임

6 [감교 주석] 민종묵(閔種默)

7 [감교 주석] 한규설(韓圭卨)

8 [감교 주석] 쉐리단(Sheridan)

17

원문 p.562

청국 대표가 외국대표자 회의 참석을 거부함

발신(생산)일	1890. 3. 11	수신(접수)일	1890. 5. 2
발신(생산)자	크리엔	수신(접수)자	비스마르크
발신지 정보	서울 주재 독일 총영사관	수신지 정보	베를린 정부
	No. 26		A. 5684
메모	5월 6일 서울 A. 2, 베이징 A. 12 전달 // 연도번호 No. 156		

A. 5684 1890년 5월 2일 오후 수신, 첨부문서 1부

서울, 1890년 3월 11일

No. 26

비스마르크 각하 귀하

작년 7월 19일 자 베이징 주재 독일 황제 공사관[1]의 보고[2]와 관련하여, 각하께 정중히 보고를 올리게 되어 영광입니다. 1월 4일 조선 외아문에서 열린 외아문 독판[3]과 외국 대표자들의 회의에서 미국 변리공사[4]는 참석자들의 주의를 집중시키며, 위안스카이 대신 서울 주재 청국 상무관 비서관이자 영사 대리인 탕샤오이가 회의에 참석했다고 지적했습니다.

딘스모어는 외교단 회의에는 원칙적으로 외국 대표단의 대표들만이 참석해야 한다고 언급했습니다. 물론 그는 상황에 따라, 가령 위안스카이[5]가 병환시 탕샤오이가 대신 회의에 참석하는 것은 문제가 없지만, 이것은 오직 협상의 진행 내용을 놓치지 않고, 상급자(위안스카이)에게 보고하기 위해서만 허용된다는 것입니다. 위안스카이가 그동안 여러 번 사과하며 자신의 비서관을 대신 보냈는데, 딘스모어는 이에 대해 항의할 수밖에 없다는 입장입니다. 딘스모어는 이러한 행위는 허용될 수 없다고 판단하고 있습니다. 왜냐하면, 위안스카이가 다른 외국 대표자들보다 자신이 직급과 지위에서 우월한 위치에 있는

1 [감교 주석] 브란트(M. Brandt)
2 [원문 주석] A. 12460/89 i. a. 정중히 첨부함.
3 [감교 주석] 민종묵(閔種默)
4 [감교 주석] 딘스모어(H. A. Dinsmore)
5 [감교 주석] 위안스카이(袁世凱)

것처럼 착각하고, 조선 정부가 이를 그대로 받아들일 수 있기 때문입니다. 그는 위안스카이가 의도적으로 불참하는 것을 외교단에 대한 무시로 간주하며, 그의 비서관이 외교단 회의에 대리 참석하는 것에 대해 거부하도록 본국 정부의 지시를 받았습니다. 딘스모어가 조선에 체류했던 지난 3년간 위안스카이는 겨우 한 차례나 외교단 회의에 참석했고, 거의 대부분 자신의 하급자를 대리인으로 보냈다고 말했습니다. 딘스모어는 이러한 행위를 막기 위해 계속 항의할 것이라고 재차 언급하며, 다른 외교대표자들이 현 사안에 대해 의견을 표명해 주길 요청했습니다.

베베르[6]는 외교적 관습을 고려해 볼 때, 이러한 사안들에 대해 어떠한 의심의 여지도 없다고 답했습니다. 오직 외교대표들만이 외교단 회의에 참석할 권한이 있다는 것입니다. 물론 어떤 대표자가 때에 따라, 가령 건강상의 이유로 불참하여 오직 보고 목적으로 비서관을 보내는 경우는 이해할 수 있다는 것입니다.

다른 대표자들은 각자의 의견 표명을 자제했습니다.[7]

독판의 설명에 의하면, 위안스카이는 자신이 건강상의 이유로 참석하지 못하고, 비서관인 탕샤오이가 대리인으로 참석할 것이라고 서면으로 통보했다고 합니다.

이에 대해 딘스모어는 탕샤오이가 외교단 회의에서 그의 상관을 절대로 대리할 수 없다는 입장이지만, 그가 회의에 계속 남아 있어도 이의를 제기하지 않겠다고 답했습니다.

그러나 탕샤오이는 자신이 위안스카이를 대신하여 외국대표자 회의에 참석할 권한이 있다고 언급했습니다. 그 이유는 북양대신 리훙장이 자신을 위안스카이의 "보좌관"으로 임명하여, 공사관 비서관 이상의 권한을 갖고 있기 때문이라고 설명했습니다. 발언 후 그는 회의에 계속 머물렀습니다.

1월 10일, 미국 공사관에서 제물포의 일반적인 외국인 체류 사안에 대해 외국대표자 회의가 개최되었고, 딘스모어는 탕샤오이를 통해 위안스카이를 이 회의에 초대했습니다. 그러나 회의 시작 직전, 모든 대표자들이 사본으로 동봉된 서한을 받았는데, 이 서한에서 위안스카이는 이 회의가 조선 외아문 밖에서 열리기 때문에 회의 참석을 거부한다고 밝혔습니다. 그러나 위안스카이는 공동 서한에 이미 함께 서명한 상태였으며, 이 서한은 당시 회의 결과로서 외국대표자들이 조선 외아문 독판에게 보내려 한 것이었습니다.

이달 8일과 10일, 재차 외교단의 최고참인 딘스모어의 주재 아래 청국 대표를 제외한 외국대표자 회의가 열렸으며, 그 이유는 제물포의 조선 관리들이 얼마 전부터 그곳의

---

6 [감교 주석] 베베르(K. I. Weber)

7 [원문 주석] 메모: 매우 적절한 사항! 이 내용은 통신원에게도 전달되어야 함.

수출품들에 대해 조약에 위반되는 세금을 부과하고 있었기 때문입니다. 미국 변리공사는 어제 회의에서 위안스카이가 1월 10일에 회의 참석을 불명확하게 거부했으므로, 지난 두 차례 회의에 그를 초대하지 않았다고 밝혔습니다. 회의가 반드시 조선 외아문에서 열려야 하는지, 이에 대한 논의는 회의 안건에서 제외되었습니다.

본인이 삼가 살펴본 바로는, 청국 대표가 지난 3년간 겨우 한 차례 외교단 회의에 참석했다는 딘스모어의 주장은 과장된 것이었습니다. 위안스카이는 본인이 조선에서 근무하고 있는 기간에도 최소 다섯 차례 외국대표자 회의에 참석한 적이 있습니다.

이 충성어린 보고의 사본을 베이징 주재 독일 황제 공사관에 송부해 드립니다.

크리엔

내용: 청국 대표가 외국대표자 회의 참석을 거부함, 첨부문서 1

No. 26의 첨부문서

사본

H. I. C. K.[8] 공관 서울, 조선, 1890년 1월 10일

친애하는 크리엔[9]에게,

본인[10]은 수석 비서관이자 영사인 탕샤오이[11]로부터 다음의 보고를 받았습니다. 딘스모어가 제물포항에서의 일반 외교문제에 관한 사안들을 논의하기 위해 다른 (…) 회의를 소집했고, 이 회의가 오늘 오후 미국 공사관에서 열린다는 것입니다.

유감스럽게도 본인은 조선 외아문 밖에서 개최되는 이러한 회의들에 참석할 수 없음을 통보해 드립니다.

귀하의 노고에 진심으로 감사드리는 바입니다.

위안스카이

8 [감교 주석] 청국 상무관
9 [감교 주석] 크리엔(F. Krien)
10 [감교 주석] 위안스카이(袁世凱)
11 [감교 주석] 탕샤오이(唐紹儀)

18

원문 p.565

[르젠드르의 내아문 협판 임명]

발신(생산)일	1890. 3. 23	수신(접수)일	1890. 5. 5
발신(생산)자	홀레벤	수신(접수)자	비스마르크
발신지 정보	도쿄 주재 독일 공사관	수신지 정보	베를린 정부
	No. 30		A. 5824

사본

A. 5824 1890년 5월 5일 오후 수신

도쿄, 1890년 3월 23일

No. 30

비스마르크 각하 귀하

현 조선 공사의 출국을 그 당시 보고드린 바 있는데, 이 일은 다른 사건과 연이어 발생한 것으로 나타났습니다. 이에 대해 각하께서는 이미 다른 소식통을 통해 보고 받으셨겠지만, 이 다른 사건이란 바로 르젠드르[1] 장군의 조선 파견입니다. 그의 파견이 조선의 통상담당관이 서울로 귀환한 후 곧바로 이루어져서, 이 두 사건의 내부적 상관관계가 거의 의심스러워 보이지는 않습니다. 일본 정부 측은 공식적으로 부인하면서, 자신들이 이 모든 상황과 아무런 관련이 없다고 합니다. 하지만 이를 반박하는 여러 근거들이 있는데, 그것은 바로 르젠드르의 파견이 매우 비밀리에 이루어졌다는 것입니다. 이 때문에 서울 주재 독일 황제 영사에게 그가 곧 도착한다는 정보를 겨우 어렵사리 보고할 수가 있었습니다.

본인이 이미 몇 년 전 다른 사안을 통해 삼가 보고드린 바와 같이, 르젠드르는 지난 20년가량 오쿠마[2]의 심복이었습니다. 그리고 오쿠마뿐만 아니라 일본 정부가 다양한 일에, 특히 외교적 임무를 위해 기용한 인물이었습니다. 아울러 아오키[3]가 시인한 바와 같이, 오쿠마는 르젠드르를 일본의 밀사로 조선으로 보내, 데니의 후임자가 되도록 계획

---

1 [감교 주석] 르젠드르(C. W. Legendre)

2 [감교 주석] 오쿠마 시게노부(大隈重信)

3 [감교 주석] 아오키 슈조(青木周藏)

했고, 서울에서 바로 이 계획을 제안했다고 합니다. 르젠드르는 그동안 조선 내무부의 협판으로 임명되었고, 데니[4]의 계약이 곧 만료되면 그의 자리를 차지할 것이라는 소문이 있습니다. 하지만 청국이 이에 대해 이의를 제기했다는 사실이 공공연하게 알려져 있습니다.

이 보고의 사본을 베이징 주재 독일 황제 공사관[5]과 서울 주재 영사관[6]에 송부해 드렸습니다.

홀레벤

4 [감교 주석] 데니(O. N. Denny)

5 [감교 주석] 브란트(M. Brandt)

6 [감교 주석] 크리엔(F. Krien)

베를린, 1890년 5월 6일 A. 5684

주재 외교관 귀중
크리엔
서울 A. No. 2

국무부 차관에게
제출

청국 대표[7]의 외교단 회의 참석 거부에 관한 3월 11일 자 보고를 기반으로, 본인이 개인적으로 느낀 인상에 대해 말씀드립니다. 우선 딘스모어[8]가 자신의 지나친 자존심에 상처를 입었고, 이로 인해 위안스카이와의 논쟁이 발생했습니다. 이것은 본인이 어떠한 정치적 의미도 부여할 수 없는 사안이라고 생각합니다. 각하께서 이와 같은 사안에서 늘 살펴보고자 하시는 바는, 독일은 청국과의 우호 관계에 큰 가치를 두어야 한다는 것입니다. 그리고 특별히 중요하지도 않는 외교상의 예의 문제로 격한 토론을 벌여, 청국과의 우호 관계를 위험하게 훼손시킬 필요가 없다는 것입니다. 따라서 각하께서는 딘스모어와 베베르[9]가 촉발시킨 위안스카이와의 다툼을 이들이 직접 해결하도록 내버려 두고, 이를 단지 무관심하게 관망할 것입니다.
각하의 정보로서 베이징 주재 독일 황제 공사[10]에게 이 훈령의 사본을 송부해 드렸습니다.

3월 11일 자 서울 주재 독일 황제 영사[11]의 보고는 외교단에 대한 청국 상무관[12]의 태도를 다룬 바 있으며, 이 보고는 서울에서 브란트[13]에게 직접 송부되었습니다. 본인은 이 보고에 따른 훈령의 사본을 적절히 참고하시도록 귀하께 정중히 보내 드립니다.

---

7 [감교 주석] 위안스카이(袁世凱)
8 [감교 주석] 딘스모어(H. A. Dinsmore)
9 [감교 주석] 베베르(K. I. Weber)
10 [감교 주석] 브란트(M. Brandt)
11 [감교 주석] 크리엔(F. Krien)
12 [감교 주석] 위안스카이(袁世凱)
13 [감교 주석] 브란트(M. Brandt)

19

원문 p.568

르젠드르의 내아문 협판 임명에 관한 건

발신(생산)일	1890. 4. 22	수신(접수)일	1890. 5. 28
발신(생산)자	홀레벤	수신(접수)자	카프리비
발신지 정보	도쿄 주재 독일 공사관	수신지 정보	베를린 정부
	No. 32A		A. 6631

사본

A. 6631 1890년 5월 28일 오전 수신

도쿄, 1890년 4월 22일

No. 32A

카프리비 보병장군, 독일제국 수상 각하께

각하께 삼가 보고드리게 되어 영광입니다. 조선 사안과 관련한 보고에서 최근 언급된 바 있는 르젠드르[1] 미국 장군이 서울에서 잠시 머문 뒤 이곳(도쿄)으로 돌아왔습니다. 르젠드르 장군이 조선 정부의 고문으로 임명된 것에 대해 청국이 반대하고 있는데, 도쿄의 일부 사람들은 청국의 이러한 항의가 어떤 효과가 있을지 궁금해 합니다. 그러나 아오키[2] 자작이 본인에게 말하기를, 조선의 차관에 대한 협상이 현재 중요한 사안이라고 합니다. 그가 생각하기에 대략 25만 달러의 작은 액수는 큰 어려움 없이 일본에서 확보할 수 있지만, 그가 들은 바대로 액수가 2백만 달러라면, 아마도 르젠드르가 미국을 방문해야 할 것이라고 합니다. 물론 이러한 차관 협상이 타결되기 위해서는 조선이 담보로써 제공할 수 있는 금액이 가장 중요합니다. 이전에 여러 번 언급된 바 있는 조선의 광산은 생산성이 없는 것으로 밝혀졌습니다. 그러나 최근 미국 기술자들이 상업성이 나은 광산들을 발견했다는 소문이 있긴 합니다. 분명한 점은 일본 정부가 그들이 의도한 대로 조선의 세관을 손에 넣을 수만 있다면, 이미 오랫동안 계획되었던 차관 협상은 일본에서 별 어려움 없이 진행될 것이며, 심지어는 일본 정부 측에서 이를 적극 추진할 것이라고

1 [감교 주석] 르젠드르(C. W. Legendre)

2 [감교 주석] 아오키 슈조(青木周藏)

합니다.

시기가 조금 더 빠를 수도 늦을 수도 있지만, 르젠드르가 서울로 돌아가는 것은 현재로서 의심할 여지가 없습니다.

홀레벤

20

원문 p.569

미국인 데니와 르젠드르 장군 관련

발신(생산)일	1890. 4. 20	수신(접수)일	1890. 6. 9
발신(생산)자	크리엔	수신(접수)자	비스마르크
발신지 정보	서울 주재 독일 총영사관	수신지 정보	베를린 정부
	No. 36		A. 7087
메모	A. 9746 참조 연도번호 No. 220		

A. 7087 1890년 6월 9일 오전 수신

서울, 1890년 4월 20일

No. 36

비스마르크 각하 귀하

지난달 13일 자 본인의 충성어린 No. 27[1]과 관련하여 각하께 다음과 같이 보고드리게 되어 영광입니다. 이달 15일 자 관보의 고시에 따르면, 데니는 임기가 만료된 후 조선 내무부 협판직에서 해임되었다고 합니다. 데니의 급료는 얼마 전 조선 왕의 명령으로 전 통상담당관[2]인 김가진[3]을 통해 지급되었습니다. 이 돈은 일본 제일은행 제물포 지점이 조선 정부에 융자한 것입니다.

데니는 조선 내무부의 주요 직책 외에 외아문 국장의 직위도 갖고 있지만, 아마도 이 계약도 갱신되지 않을 것이며, 조선 정부는 최근 그의 관저를 비우도록 요청했습니다.

전해들은 바로는, 데니가 조선 정부에 12,000달러 정도를 추가로 요구했다고 합니다. 1888년 5월 14일 자 계약에서 그의 월 급여가 1,000달러로 명확히 정해져 있지만, 현재 그는 월급여보다 25%가량 더 많은 금액인 1,000Taels을 요구하고 있습니다. 그 이유는 이 급료가 4년 전 (직례[4]; 감교자)총독 리홍장[5]이 확약한 사항이고, 아울러 여기에 연체

1 [원문 주석] 정중히 첨부함.

2 [감교 주석] 일본 주재 판사대신(辦事大臣)을 역임한 사실을 두고 통상담당관으로 서술한 것으로 보임.

3 [감교 주석] 김가진(金嘉鎭)

4 [감교 주석] 직례(直隸)

5 [감교 주석] 리홍장(李鴻章)

이자가 붙기 때문이라는 합니다. 그러나 조선 정부는 이러한 추가 요구를 받아들이지 않고 있습니다.

지난달 13일 르젠드르[6] 장군에 대해 각하께 삼가 보고드린 바 있습니다. 그는 지난달 30일에 다시 조선을 떠났습니다. 본인이 다양한 소식통을 통해 들은 바로는, 그가 조선 정부로부터 일본에서 15만 달러의 차관을 체결하라는 임무를 맡았다고 합니다. 해관 수입과 평양 근처의 석탄 광산이 담보로 제공되었다고 합니다. 영사관 언어학자인 손[7]과 (서울 주재; 감교자) 일본 공사관의 하야시[8] 교제관시보의 보고에 따르면, 르젠드르 장군은 현재까지 조선 정부와 어떠한 계약에도 확실하게 서명하지 않은 상태입니다. 오히려 그는 조선 왕이 임용에 관한 계약 기간과 급여 수준을 그가 수행한 업무와 업적에 따라 추후에 결정해 주기를 요청했습니다.

근래 하야시가 자신의 지난 임무에 대해 이야기하면서, 르젠드르 장군이 가장 최근까지 일본 농림부에서 일을 했다고 언급했습니다.

이 충성어린 보고의 사본을 베이징[9] 및 도쿄 주재 독일 황제 공사관[10]에 송부해 드립니다.

크리엔

내용: 미국인 데니와 르젠드르 장군 관련

6 [감교 주석] 르젠드르(C. W. Legendre)

7 [감교 주석] 서울 주재 독일 영사관에 근무한 조선인 통역관으로 추정됨.

8 [감교 주석] 하야시 부이치(林武一)

9 [감교 주석] 브란트(M. Brandt)

10 [감교 주석] 홀레벤(T. Holleben)

21

원문 p.571

허드 신임 미국 변리공사 관련

발신(생산)일	1890. 5. 28	수신(접수)일	1890. 7. 12
발신(생산)자	크리엔	수신(접수)자	카프리비
발신지 정보	서울 주재 독일 총영사관	수신지 정보	베를린 정부
	No. 43		A. 8314
메모	연도번호 No. 285 조선 1, 워싱턴 7		

A. 8314 1890년 7월 12일 오전 수신

서울, 1890년 5월 28일

No. 43

카프리비 보병장군, 독일제국 수상 각하께

이번 달 7일 자 본인의 충성어린 No. 40[1]과 관련하여 각하께 보고를 올리게 되어 영광입니다. 신임 미국 변리공사인 허드[2]가 이달 8일에 서울에 도착했으며, 어제 딘스모어[3]와 조선 왕을 알현하면서 영접을 받았습니다. 허드는 이날 오후 조선 주재 미국 대표의 직무를 인계받았습니다.

이 알현은 전에 오랫동안 연기된 바 있는데, 그 이유는 조선 왕의 모친[4]께서 건강이 위독하셨기 때문입니다. 왕의 모친께서는 8일 전부터 다시 건강을 회복하셨습니다.

위안스카이[5]가 본인에게 전한 바로는, 딘스모어가 조선 측으로부터 워싱턴 주재 조선 공사관의 비서관 직책을 제의받았다고 합니다. 이 직책은 지난해 가을까지 의료 선교사인 알렌[6] 박사가 맡은 적이 있습니다. 그러나 딘스모어는 이 제안을 거절했다고 합니다. 그는 다음 달 5일에 조선을 떠나려고 합니다.

---

1 [원문 주석] A. 7551 i. a. 정중히 첨부함.
2 [감교 주석] 허드(A. Heard)
3 [감교 주석] 딘스모어(H. A. Dinsmore)
4 [감교 주석] 여흥부대부인(驪興府大夫人)
5 [감교 주석] 위안스카이(袁世凱)
6 [감교 주석] 알렌(H. N. Allen)

이 정중한 보고의 사본을 베이징[7] 및 도쿄[8] 주재 독일 황제 공사관에 송부해 드립니다.

크리엔

내용: 허드 신임 미국 변리공사 관련

7 [감교 주석] 브란트(M. Brandt)

8 [감교 주석] 홀레벤(T. Holleben)

22

원문 p.572

르젠드르 장군의 조선 파견

발신(생산)일	1890. 6. 18	수신(접수)일	1890. 7. 25
발신(생산)자	홀레벤	수신(접수)자	카프리비
발신지 정보	도쿄 주재 독일 공사관	수신지 정보	베를린 정부
	No. 55A		A. 8788
메모	10644 참조 연도번호 No. 149		

A. 8788 1890년 7월 25일 오후 수신

도쿄, 1890년 6월 18일

No. 55A

카프리비 보병장군, 독일제국 수상 각하께

르젠드르[1] 장군이 조선으로 출국하기 직전, 본인이 그와 가졌던 회담에 대해 각하께 다음과 같이 정중히 보고를 올립니다. 르젠드르는 매우 조용하게 살아왔기 때문에, 일반적으로 조선의 대표자들에게 잘 알려진 인물은 아닙니다. 본인은 르젠드르를 1873년부터 베이징에서 알고 지내고 있으며, 그는 출국 전 본인에게만 연락을 했습니다. 그는 심지어 (도쿄 주재; 감교자) 미국 공사 스위프트[2]를 포함해 최근 그에 대한 모든 연락을 피했으며, 그 이유는 스위프트가 르젠드르의 전임자인 데니[3]와 가까운 친구 사이이기 때문이라고 합니다. 이것은 스위프트가 본인에게 직접 확인해 준 사실입니다.

그러나 르젠드르가 발언한 내용들을 조심스럽게 받아들일 필요가 있습니다. 그가 어떠한 원하는 바도 표명하지 않았기 때문에, 오히려 이것이 그를 특별히 신뢰할 수 없는 이유입니다.

르젠드르는 자신의 임명에 일본 정부가 아무런 관련이 없다고 말했습니다. 그가 예전에 조선에서 체류한 적이 있는데, 이때부터 조선의 왕과 측근들이 그에게 호의를 보여,

1 [감교 주석] 르젠드르(C. W. Legendre)

2 [감교 주석] 스위프트(J. F. Swift)

3 [감교 주석] 데니(O. N. Denny)

정기적으로 서로 연락을 취했다고 합니다. 특히 서울 주재 미국 대표들을 통해 이러한 연락이 이루어졌고, 다만 (서울 주재; 감교자) 미국 공사인 딘스모어[4]를 통해서는 연락이 없었다고 합니다. 이런 식으로 도쿄 주재 조선 통상담당관[5]이 데니의 후임자로 그를 자연스럽게 추천했고, 이후 이 제안이 성사되었다고 합니다. 현재 그의 유일한 목적은 조선의 경제를 발전시키고, 행정체계를 개선하는 것이라고 합니다. 그리고 조선의 독립이 침해되지 않는 한, 조선의 외교정책은 그가 담당할 분야가 아니지만, 조선의 자주 독립은 어떤 상황에서든 추구해야 할 사항이라고 말합니다. 그는 차관 계획에 대한 언급은 피했지만, 차관이 아직 체결되지 않았다는 사실만은 분명히 말해 주었습니다.

르젠드르는 신문을 통해 최근 이곳에서 퍼진 소문들이 전혀 사실이 아니라고 설명했습니다. 가령, 조선이 북쪽의 한 거점기지를 러시아에 양도하려고 하자, 요코하마 항구에 있는 많은 영국 군함들이 분명한 항의 표시로 며칠간 출항할 태세를 갖추었고, 영국 군함이 남쪽 지역의 거점을 점령하려고 했다는 소문입니다. 또한, 서울에서 혁명이 발생할지 모른다는 불안한 상황들과 이로 인해 미군이 서울에 파견되었다는 등의 소문은 전혀 근거가 없다고 말했습니다. 분명 르젠드르는 모든 상황을 낙관적이고 평화롭게 보이려는 의도가 있었습니다.

이 충성어린 보고의 사본을 베이징 주재 독일 황제 공사관[6]과 서울 주재 영사관[7]에 전달해 드립니다.

홀레벤

내용: 르젠드르 장군의 조선 파견

4 [감교 주석] 딘스모어(H. A. Dinsmore)

5 [감교 주석] 일본 주재 판사대신(辦事大臣) 김가진(金嘉鎭)

6 [감교 주석] 브란트(M. Brandt)

7 [감교 주석] 크리엔(F. Krien)

23

원문 p.574

조선의 대왕대비 서거와 조선 국왕 보호 임무를 띤 미 해군 수병들의 상륙

발신(생산)일	1890. 6. 10	수신(접수)일	1890. 7. 30
발신(생산)자	브란트	수신(접수)자	카프리비
발신지 정보	베이징 주재 독일 공사관	수신지 정보	베를린 정부
	No. 164		A. 8950

A. 8950 1890년 7월 30일 오전 수신, 첨부문서 1부

베이징, 1890년 6월 10일

No. 164

카프리비 보병장군, 독일제국 수상 각하께

톈진에 있는 조선 주진대원[1]이 이 번역 문서에 정중히 첨부된 서한을 통해 톈진주재 독일 황제 영사인 젝켄도르프[2] 남작에게 다음과 같은 사실을 통보했습니다. 서울에서 6월 4일 조선의 대왕대비[3]께서 서거하셨습니다.

제물포 선착장에 있는 미국 군함에서 6월 5일 50명의 무장 해군들이 상륙한 후 서울로 이동했습니다. 그곳의 영국 총영사[4]가 본인의 영국인 동료에게 전신으로 보고한 바와 같이, 군대 파견은 조선 왕의 명확한 요청으로 이루어졌으며, 아마도 조선 왕이 폭동 발생을 두려워했던 것으로 보입니다. 최근의 소식들에 의하면, 서울은 매우 평온했다고 합니다.

브란트

내용: 조선의 대왕대비 서거와 조선 국왕 보호 임무를 띤 미 해군 수병들의 상륙

---

1 [감교 주석] 천진주재대원(天津駐在大員). 주진대원(駐津大員)으로 부름. 실제 주진대원이 톈진에 주재하는 경우는 드물었음. 종사관이 서리를 맡는 경우가 대부분이었음.

2 [감교 주석] 젝켄도르프(Seckendorff)

3 [감교 주석] 신정왕후(神貞王后) 조 씨, 대왕대비 조 씨

4 [감교 주석] 힐리어(W. C. Hillier)

1890년 6월 10일 자 No. 164의 첨부문서
서한 번역 사본

텐진, 1890년 6월 5일
(4월 18일)

수신
독일 황제 영사
젝켄도르프 남작

조선 외아문의 급보를 통해 본인은 다음과 같은 슬픈 소식을 전해 받았습니다. 존엄하신 대왕대비께서 어제 오후 2시 영면하셨습니다. 너무나도 가슴 아픈 소식입니다.

본인이 일 년간의 국상 기간 중 노란색 명함을 사용하게 됨을 남작께 정중히 알려드립니다.

간절히 바라며
조선 대표의 명함
Chui-shong-lé[5]

5 [감교 주석] 김상덕(金商悳). 당시 텐진에 주진대원이 주재하지 않은 상황에서 그 역할을 대신한 인물은 종사관 김상덕이었음.

24

원문 p.576

조선의 대왕대비 서거와 미 해병대의 서울 도착

발신(생산)일	1890. 6. 7	수신(접수)일	1890. 8. 15
발신(생산)자	크리엔	수신(접수)자	카프리비
발신지 정보	서울 주재 독일 총영사관	수신지 정보	베를린 정부
	No. 46		A. 9427
메모	9474, 13360 참조 // 연도번호 No. 303		

A. 9427 1890년 8월 15일 오전 수신

서울, 1890년 6월 7일

No. 46

카프리비 보병장군, 독일제국 수상 각하께

각하께 정중히 보고를 올리게 되어 영광입니다. 이달 4일 조선 왕의 양모[1]께서 향년 82세로 서거하셨습니다. 이번 달 9일부터 국상이 시작되며, 이 국상은 조선 관습에 따라 사망 후 일 년간은 엄숙한 방식으로, 다음 해 일 년간은 다소 간소한 방식으로 치러집니다. 이 부고를 베이징에 알리면서, 곧 그곳으로 떠나게 될 사절단 명단이 오늘 정해졌습니다.

본인은 대왕대비의 부고에 대해 조선 외아문 독판에게 즉각 서면으로 애도를 전하고, 그제 오후 독일 황제 공사관의 관리들과 조선 외아문을 방문하여 독판에게 구두로서 본인의 참석을 알렸습니다.

오늘 청국 대표를 제외한 모든 외국 대표자들이 외아문을 방문하였고, (서울 주재 미국 공사; 감교자) 허드[2]가 외교단의 최고참으로서 조의를 표했습니다. 위안스카이[3]가 미국 변리공사에게 말한 바에 따르면, 자신은 이미 청국에서 일반화된 방식으로 조선 정부에 유감을 전달했기 때문에, 외국 대표자들의 공동 행동에 함께하지 않으며, 허드가 제안한 회의에도 참석할 수 없다고 합니다.

그제 오후 이곳에서 미국의 순양함 "Swatara"호의 사령관과 50명의 장교들이 해병대

1 [감교 주석] 신정왕후(神貞王后) 조 씨, 대왕대비 조 씨

2 [감교 주석] 허드(A. Heard)

3 [감교 주석] 위안스카이(袁世凱)

50명, 해군 26명, 그리고 의무병들과 함께 제물포에서 도착했습니다. 전쟁 태세를 갖추며 1인당 60개의 탄창으로 무장한 군부대가 출현하여 사람들이 크게 당황을 했는데, 그 이유는 보통 이곳 수도에 있는 사람들이 매우 평온한 상태이기 때문입니다. 미국 변리공사는 이달 5일에 그의 관저에서 모인 외국 대표자들에게 다음과 같이 말했습니다. 순양함 수비대의 세 번째 그룹을 구성하는 이 부대는 조선 측에서 암묵적으로 파견을 요청했으며, 조선 정부는 오래전부터 폭동이 발생하는 것에 대해 두려워하고 있다는 것입니다. 이 미국 군인들은 비상시에 방위의 주요 수단이 될 것입니다.

미국의 군사교관인 닌스테드[4]로부터 들은 바로는, 조선 왕이 허드에게 군사 지원을 명확히 요청했다고 합니다.

서울에 거의 5천 명가량의 군부대가 있고, 이들 대부분이 레밍턴 총으로 무장을 한 조선 군대라는 것을 고려해 볼 때, 조선 왕과 그의 관료들의 이 같은 대응 방식은 더욱 이해하기 어려워 보입니다.

올해 2월 3일 정중히 보고드린 바와 같이, 조선 왕가에서 누군가가 사망하면, 이곳 현지 상인들은 엄청난 비용의 장례식을 치르기 위해 많은 기부금을 내야 하고, 아울러 서울의 피륙상인들은 수많은 궁 나인들을 위해 이들의 상복을 무료로 제공해 줄 것을 요청받습니다. 조선의 관료들은 사람들을 착취하며 이러한 기회들을 자신의 이익을 위해 마음대로 이용해 왔는데, 아마도 지금은 이로 인한 항의와 폭동을 두려워하고 있는 것 같습니다. 이 때문에 조선 관료들이 부추겨 조선 왕이 미국 대표에게 군대 파견을 요청했으며, 상인들은 미국 군인들의 주둔으로 겁에 질려 조선 관료들의 요구를 순순히 따르게 되었습니다.

본인이 판단하기에, 허드는 조선 상황에 무지한 채, 이렇듯 조선의 무리한 요구를 들어준 것으로 보입니다. 장례식이 올해 11월이 되어야 거행되기 때문에, 허드 변리공사는 정확히 이번 달까지 이곳에 머물 것입니다. 이곳 사람들이 현재 원하는 바는, 허드가 자신을 실수를 인지하고 미 해군을 빠른 시일 내에 제물포로 복귀시키는 것입니다.

제물포 선착장에는 현재 미국 순양함 "Swatara" 외에 일본과 청국의 포함들이 정박하고 있습니다.

이 충성어린 보고의 사본을 베이징 및 도쿄 주재 독일 황제 공사관에 송부해 드립니다.

크리엔

내용: 조선의 대왕대비 서거와 미 해병대의 서울 도착

---

4 [감교 주석] 닌스테드(F. J. H. Nienstead)

25

원문 p.578

미 해군 부대, 제물포로 귀환

발신(생산)일	1890. 6. 17	수신(접수)일	1890. 8. 16
발신(생산)자	크리엔	수신(접수)자	카프리비
발신지 정보	서울 주재 독일 총영사관	수신지 정보	베를린 정부
	No. 48		A. 9474

A. 9474 1890년 8월 16일 오후 수신

서울, 1890년 6월 17일

No. 48

카프리비 보병장군, 독일제국 수상 각하께

이달 7일 자 본인의 충성어린 No. 45[1]와 관련하여, 다음의 보고를 올리게 되어 영광입니다. 미 해군 부대가 이달 14일에 제물포로 다시 돌아갔습니다.

이 보고의 사본을 베이징[2] 및 도쿄 주재 독일 황제 공사관[3]에 송부해 드립니다.

크리엔

내용: 미 해군 부대, 제물포로 귀환

1 [원문 주석] A. 9427 정중히 첨부함.
2 [감교 주석] 브란트(M. Brandt)
3 [감교 주석] 홀레벤(T. Holleben)

26

원문 p.579

조선에 관한 신문 보도 관련

발신(생산)일	1890. 7. 27	수신(접수)일	1890. 8. 19
발신(생산)자	루드비히	수신(접수)자	카프리비
발신지 정보	워싱턴 주재 독일 공사관	수신지 정보	베를린 정부
	No. 340		A. 9545

A. 9545 1890년 8월 19일 오후 수신, 첨부문서 1부

워싱턴, 1890년 7월 27일

No. 340

카프리비 보병장군, 독일제국 수상 각하께

뉴욕의 대중 선정지인 World는 지난 몇 주간 조선에서 별로 신빙성이 없는 뉴스를 가져가 보도했는데, 이에 따르면 미 해군의 한 부대가 서울의 조선 왕궁을 점령하고 조선에 대한 일종의 보호령을 선포했다는 것입니다.

오늘 자 New York Herald는 이 "월드"지의 보도에 대해 정정 기사를 냈고, 다만 미국 해군 병사들이 소위 예정된 폭동에 대비하기 위해 공사관 건물을 점거해 주둔하고 있음을 보도했습니다.

또한 "헤럴드"는 러시아와 미국이 조선에서 모든 사안에 대해 공동으로 대처하고 있다는 것을 확인했습니다. 끝으로 이 신문은 독일 정부가 대만의 석탄 광산을 차지하기 위해 애쓰고 있으며, 그곳 총독이 독일 국적의 부틀러[1]에게 장뇌 채굴에 대한 독점권을 주었다고 주장했습니다.

신문에서 보도된 사건들로 인해 조선 정부와 미 국무부 간에 실제로 협상이 있었는지 대해서는 아직 확인하지 못했습니다. 그러나 눈에 띄는 사실은 이러한 민감한 시기에 조선 공사관의 관리들이 평소와는 다르게 멀리 떨어진 시골에서 머물다가 여러 번 워싱턴에 찾아왔다는 것입니다.

아르코

---

1 [감교 주석] 부틀러(Buttler)

내용: 조선에 관한 신문 보도 관련, 첨부문서 1 동봉

1890년 7월 27일 No. 340의 첨부문서

첨부문서의 내용(원문)은 독일어본 580~581쪽에 수록.

27

원문 p.582

[러시아의 조선 남하설에 대한 러시아 정부의 부인]

발신(생산)일	1890. 8. 3	수신(접수)일	1890. 9. 6
발신(생산)자	홀레벤	수신(접수)자	카프리비
발신지 정보	도쿄 주재 독일 공사관	수신지 정보	베를린 정부
	No. 73A		A. 10021
메모	9월 6일 런던 635, 페테르부르크 311, 워싱턴 A. 32 전달		

사본

A. 10021 1890년 9월 6일 오전 수신

도쿄, 1890년 8월 3일

No. 73A

카프리비 보병장군, 독일제국 수상 각하께

조선 내의 폭동, 그리고 소위 조선에 대한 러시아, 영국과 미국의 야욕을 둘러싼 소문들이 현재는 이곳 도쿄에서 상당히 잠잠해졌습니다. 무엇보다 이곳에서 가장 일반적인 관심을 끈 소문은 러시아가 조선 북부 해안가의 섬이나 러시아와 조선 국경을 흐르는 강의 삼각주 지역을 차지하려 한다는 계획이었습니다. 이 계획은 아마도 일본 언론이 어떤 지시를 받고 상세히 보도한 것으로 보입니다. 관련 보도에 따라 일본 정부는 군함 한 척을 파견해 사실 확인을 했습니다. 하지만 대략 예상했던 것처럼 그들은 아무것도 찾아내지 못했습니다. 일본 정부의 이러한 행동으로 인해 상트페테르부르크에서 상당히 불쾌한 기류가 조성되었고, 도쿄 주재 러시아 공사는 최근 기르스[1]로부터 한 통의 전보를 받았습니다. 이에 따르면 러시아는 조선 땅의 단 일부분도 차지하려는 의도가 없었고, 앞으로도 그러하다는 점, 또한 이와 같은 소문들이 모두 정확하게 정정되어야 한다는 점이 언급되었습니다. 아오키[2]는 별다른 언급 없이 러시아 공사의 이러한 의견 표명을 받아들였다고 합니다. 본인은 이 보고의 사본을 베이징 주재 독일 황제 공사관[3]과 서울

---

1 [감교 주석] 기르스(N. Giers)

2 [감교 주석] 아오키 슈조(青木周藏)

3 [감교 주석] 브란트(M. Brandt)

주재 영사관[4]에 송부해 드렸습니다.

홀레벤

4 [감교 주석] 크리엔(F. Krien)

28
원문 p.583

르젠드르 장군이 그의 조선에서의 지위에 관해 의견을 표명함

발신(생산)일	1890. 7. 30	수신(접수)일	1890. 9. 29
발신(생산)자	크리엔	수신(접수)자	카프리비
발신지 정보	서울 주재 독일 총영사관	수신지 정보	베를린 정부
	No. 58		A. 10644
메모	A. 12156 참조 연도번호 No. 407		

A. 10644 1890년 9월 29일 오전 수신

서울, 1890년 7월 30일

No. 58

카프리비 보병장군, 독일제국 수상 각하께

지난달 18일 자 도쿄 주재 독일 황제 공사[1]의 보고와 관련하여, 각하께 삼가 보고를 올리게 되어 영광입니다. 르젠드르[2] 장군이 지난달 20일 본인을 방문하여 다음과 같이 믿을만한 정보를 주었습니다.

르젠드르는 오직 (조선의) 국내 사안만을 담당하기 위해 임명되었다고 합니다. 그는 자신의 임용에 관한 협상에서 외아문 고문 직책을 제안받았지만 이를 단호하게 거절했다고 합니다. 그가 이 직책을 받아들일 경우, 자신의 지위가 불안정할 것이라는 이유였습니다. 왜냐하면, 그가 일본의 대만 파견단에 관여했고, 일본 외무경 소에시마[3]와 오쿠보[4]와 함께 베이징 임무를 수행했기 때문에, 청국인들이 자신을 적대적으로 여기고 있다는 것입니다. 그는 7월 3일 위안스카이[5]와 그의 비서관인 탕샤오이[6]에게 명함을 건네주었지만, 자신의 방문 제안에 대해 이 두 사람으로부터 지금까지 아무런 응답도 받지 못했다고

1 [감교 주석] 홀레벤(T. Holleben)
2 [감교 주석] 르젠드르(C. W. Legendre)
3 [감교 주석] 소에지마 다네오미(副島種臣)
4 [감교 주석] 오쿠보 도시미치(大久保利通)
5 [감교 주석] 위안스카이(袁世凱)
6 [감교 주석] 탕샤오이(唐紹儀)

합니다. 하지만, 위안스카이가 같은 달 7월 4일 미국 공사관에서 그를 만났을 때, 위안스카이가 자신을 매우 공손하게 대했다고 합니다.

르젠드르는 요코하마 주재 미국 총영사인 그레이트하우스[7]를 조선 정부에 외아문 고문으로 추천하며, 모든 면을 고려해 볼 때 그레이트하우스가 이 직책에 가장 적합한 인물이라고 평가했습니다. 조선 정부가 이 제안을 받아들였고, 그레이트하우스는 워싱턴에서 자신이 더 이상 미국 공무를 수행하지 않겠다는 입장을 전하고, 이에 대한 국무장관의 결정을 자신에게 전신으로 전달해 주도록 워싱턴에 있는 친구들에게 부탁했습니다. 그 이후로 르젠드르는 그레이트하우스로부터 아무런 소식을 듣지 못했다고 합니다. 데니[8]가 아직 서울에 체류하고 있는 상황이어서, 이때 서울에 오는 것이 아마 그레이트하우스에게는 매우 곤란했을 것입니다. 르젠드르는 데니의 이야기를 들은 이후 서울에서 더 이상 그를 만나지 않기로 결정했습니다. 르젠드르는 일본 정부에 어떤 것도 빚진 것도 없으며, 늘 개인적인 이익은 뒤로하고 일본 정부를 위해 일했다고 합니다. 그는 (일본 정부가) 천만 달러의 비용을 지출한 대만 파견 때에 큰 재산을 모을 수 있었지만, 단 5센트도 벌지 않았다고 합니다.

르젠드르는 자신의 임명에 일본 정부가 개입하지 않았다고 말합니다. 그는 일본뿐만 아니라 청국과 다른 나라들을 위해 호의적으로 일한 준비가 돼 있고, 아직 조선 정부와 어떤 계약도 체결하지 않아 매우 자유로운 상태라는 말합니다. 그는 조선의 발전을 돕고, 이 나라의 행정체계를 개선하겠다는 계획이 있다고 합니다. 만약 자신의 계획이 극복하기 힘든 어려움에 부딪치게 된다면, 조선에 더 이상 관여하지 않겠다는 입장입니다. 그는 매우 천천히 그리고 조심스럽게 대처해 나갈 것입니다. 조선 왕과 직접 연락을 취하는 것은 그가 원하는 바가 아니며, 그 이유는 이로 인해 조선의 현지 관리들로부터 질투와 항의만을 받게 될 것이기 때문입니다. 오히려 그는 자신의 개혁안에 대해 일반 대중과 조선의 권위 있는 고관들의 지지를 얻기 위해 힘쓸 것이라고 말합니다. 그는 조선에서 몇몇 유익한 일들을 실행할 수 있길 기대하고 있습니다.

그는 조선의 차관에 대해서 다음과 같이 언급했습니다. 조선의 차관이 미국이 아니어도 영국, 독일 또는 프랑스에서 성사될 것이며, 이는 해관 수입에 대한 담보 설정 없이도 가능할 것이라고 확신합니다. 그런데 조선 정부 측에서 차관에 대한 상업적인 또는 경제적인 이익을 보장해야 할 것입니다. 하지만, 이러한 이익이 구체적으로 무엇인지는 본인

7 [감교 주석] 그레이트하우스(C. R. Greathouse)

8 [감교 주석] 데니(O. N. Denny)

에게 즉각 알려주지 않았습니다.

이 정중한 보고의 사본을 베이징[9] 및 도쿄 주재 독일 황제 공사관[10]에 송부해 드립니다.

크리엔

내용: 르젠드르 장군이 그의 조선에서의 지위에 관해 의견을 표명함

---

9 [감교 주석] 브란트(M. Brandt)

10 [감교 주석] 홀레벤(T. Holleben)

29

원문 p.585

미국인 르젠드르와 그레이트하우스 관련

발신(생산)일	1890. 9. 30	수신(접수)일	1890. 11. 17
발신(생산)자	크리엔	수신(접수)자	카프리비
발신지 정보	서울 주재 독일 총영사관	수신지 정보	베를린 정부
	No. 72		A. 12156
메모	A. 12925 참조 연도번호 No. 567		

A. 12156 1890년 11월 17일 오후 수신

서울, 1890년 9월 30일

No. 72

카프리비 보병장군, 독일제국 수상 각하께

본인의 올해 7월 30일 자 No. 58[1]과 관련하여, 각하께 보고를 올리게 되어 영광입니다. 미국 총영사 그레이크하우스[2]가 지난달 초에 즈푸[3]를 경유하여 요코하마로 돌아갔습니다.

그레이트하우스가 본인에게 신뢰 있게 말한 바에 따르면, 그는 새로 임명된 후임자에게 자신의 영사관 업무를 인계한 후, 다시 서울로 돌아와 조선 정부의 직무를 시작할 예정이라고 합니다.

그레이트하우스가 서울에 잠시 체류했을 때, 르젠드르[4] 장군이 그 기회를 이용하여 그와 함께 서울 주재 청국 대표[5]를 방문하고자 했습니다. 르젠드르는 과거에 실수한 적이 있다고 본인에게 말한 적이 있는데, 그 실수란 위안스카이에게 자기 자신을 직접 소개하지 않고, 단지 그에게 명함만 건네주었다는 것입니다. 청국 대표는 이 두 사람의 방문에 대해 다음 날 즉시 개인적으로 답하였습니다.

---

1 [원문 주석] A. 10644 정중히 첨부함.

2 [감교 주석] 그레이트하우스(C. R. Greathouse)

3 [감교 주석] 즈푸(芝罘)

4 [감교 주석] 르젠드르(C. W. Legendre)

5 [감교 주석] 위안스카이(袁世凱)

최근 위안스카이는 르젠드르에 대해 항의할 것이 전혀 없다고 재차 말했습니다. 아마도 르젠드르가 걱정하는 바는, 만약 청국 정부가 자신의 임명에 반대해 항의할 경우, 조선 왕이 아직 서울에 체류하고 있는 데니[6]를 다시 임명할지 모른다는 것입니다.

이 정중히 올리는 보고의 사본을 베이징[7] 및 도쿄 주재 독일 황제 공사관[8]에 송부해 드립니다.

크리엔

내용: 미국인 르젠드르와 그레이트하우스 관련

---

6 [감교 주석] 데니(O. N. Denny)

7 [감교 주석] 브란트(M. Brandt)

8 [감교 주석] 홀레벤(T. Holleben)

30

원문 p.586

조선 관련 사안

발신(생산)일	1890. 11. 9	수신(접수)일	1890. 12. 13
발신(생산)자	홀레벤	수신(접수)자	비스마르크
발신지 정보	도쿄 주재 독일 공사관	수신지 정보	베를린 정부
	No. 96A		A. 12925
메모	A. 2052/91 참조 // 연도번호 No. 261A		

A. 12925 1890년 12월 13일 오전 수신

도쿄, 1890년 11월 9일

No. 96

카프리비 보병장군, 독일제국 수상 각하께

서울 주재 독일 황제 영사의 보고[1]를 통해 각하께서 인지하신 바와 같이, 요코하마 주재 미 총영사인 그레이트하우스[2]가 분명히 조선 정부와 계약을 체결하기 위해 서울에 왔습니다. 최근 본인의 미국인 동료가 이에 대해 언급한 적이 있는데, 그레이트하우스는 오래전부터 채용 제안을 받았으며, 이러한 요청을 수락할지는 전적으로 그레이트하우스에게 달려있다고 합니다. (도쿄 주재 미국 공사; 감교자) 스위프트[3]가 이에 덧붙여 말하기를, 자신이 알기로는 그레이트하우스가 서울로 오는 것은 확정적이지만, 그가 어떤 직책을 구체적으로 맡고, 르젠드르[4]와의 관계가 어떻게 될지는 확실히 정해지지 않았다고 합니다. 이 때문에 그레이트하우스가 지금까지 서울행을 주저하고 있을 거라고 합니다. 그는 요코하마에서 자신의 후임자가 오기를 기다릴 필요가 없으며, 그 이유는 부총영사가 총영사의 업무를 매우 수월하게 수행할 수 있고, 실제로 업무 수행에 아무런 문제가 없기 때문입니다. 일부 사람들은 조선 정부가 오직 차관을 성사시키기 위해서 그를 채용했다고 생각합니다. 왜냐하면, 그레이트하우스가 미국의 재정부 관계자들과 매우 인맥이

1 [원문 주석] A. 12156 정중히 첨부함.
2 [감교 주석] 그레이트하우스(C. R. Greathouse)
3 [감교 주석] 스위프트(J. F. Swift)
4 [감교 주석] 르젠드르(C. W. Legendre)

좋기 때문입니다.

어쨌든 미국이 조선의 사안에 대해 최근 주의를 기울이고 있다는 것은 어느 정도 주목할 만한 사항입니다: 우선, (서울 주재 미국공가; 감교자) 허드[5]가 매우 공격적으로 의견 표명을 하고 있다는 점, 그리고 데니가 자신의 자리를 쉽게 포기하지 않는 상황에서 르젠드르와 그레이트하우스, 이 뛰어난 능력을 갖춘 두 인물을 조선에 파견한 점이 그러합니다.

이 보고의 사본을 베이징 주재 독일 황제 공사관[6]과 서울 주재 영사관[7]에 송부해 드립니다.

홀레벤

내용: 조선 관련 사안

5 [감교 주석] 허드(A. Heard)
6 [감교 주석] 브란트(M. Brandt)
7 [감교 주석] 크리엔(F. Krien)

외무부
A편

외무부 정치 문서고
조선 관계 문서

1890년 12월 14일부터
1893년 1월 11일까지

제12권
참조: 제13권

조선 No. 1

목차 1890년 12월	A.
11월 12일 자 베이징발(發) 보고서 A. No. 286A 조선 왕의 모친 사망을 계기로 조선에 청국 사절단 파견(전함 이용), 아마도 청국의 종주권 인정을 강요하려는 목적인 듯	13261 1890년 12월 23일 수신
10월 19일 자 서울발 보고서 C. No. 78A 대비의 장례식, 대비의 장례식을 기회로 미국 해군 서울 주둔, 미군의 서울 주둔에 대한 청국과 일본의 반감	13360 1890년 12월 27일 수신
12월 14일 자 베이징발 보고서 A. No. 326A 서울에서 귀환한 청국 사절단, 서울 주재 외교사절단에 대한 청국 사절단의 태도	863 2월 2일 수신
11월 24일 자 서울발 보고서 No. 83A (조선 왕의 모친 사망을 계기로) 조선에 파견된 청국 사절단, 조선 왕이 치른 굴욕적 의식들, 서울의 청국 특사들과 외교사절들	901 2월 3일 수신
12월 20일 자 도쿄발 보고서 C. No. 120A 전임 도쿄 주재 미국 총영사 그레이트하우스의 서울 부임	787 1월 31일 수신
12월 5일 자 베이징발 보고서 A. No. 312A 청국 특별사절단의 서울 체류 중 벌어진 사건들에 대한 서울 주재 외교관들의 보고서 종합, 청국에 대한 조선 왕의 굴욕 (원본은 2월 16일 시종무관부 및 의전국에 전달, 1420과 함께 반환)	462 1월 18일 수신
12월 5일 자 베이징발 보고서 A. No. 313A 앞 보고서의 프랑스 원문	464 1월 18일 수신
1월 15일 자 서울발 보고서 No. 8A 조선에 파견된 청국 사절단 및 청에 대한 조선의 종속관계에 관한 "Hongkong Telegraph" 지에 게재된 미 육군소령 리의 기사	1878 3월 3일 수신
1월 9일 자 서울발 보고서 No. 7A 그레이트하우스의 조선 내무부 부내무대신 임명, 조선을 떠난 데니	2052 3월 9일 수신
1월 25일 자 서울발 보고서 No. 11A 데니의 조선 출국, 데니의 이의제기	2295 3월 16일 수신
2월 13일 자 서울발 보고서 No. 14A 일본 대리공사 곤도의 이임, 후임자 가와키타의 부임	3066 4월 8일 수신
3월 12일 자 서울발 보고서 No. 19A 미국 군사교관 커민스와 리의 해임	3991 5월 6일 수신

5월 30일 자 런던발 보고서 북부 조선 여행(1889년 가을)에 관한 캠벨의 보고서가 포함된 영국 의회 보고서 (페테르부르크와 베이징에 각각 1부씩 발송)	4828 6월 1일 수신
5월 4일 자 서울발 보고서 No. 27A 조선 주재 일본 대표 가와키타의 사망, 후임으로 변리공사 가지야마의 부임	5689 6월 26일 수신
6월 17일 자 베이징발 보고서 No. 120A 조선의 정세, 청국에 대한 조선의 정치적 지위, 그리고 이 문제에 관한 열강들의 입장 등에 대한 조선 주재 미국 공사 허드의 의견	6872 8월 4일
9월 12일 자 페테르부르크발 보고서 No. 301A 러시아와 조선이 조약을 체결했다는 "Wiener Politische Correspondenz" 지의 허위보도	8237 9월 16일
7월 30일 자 베이징발 보고서 No. 164A 조선의 민영익 공이 러시아의 보호 통치를 요청하려 애쓰고 있다는 소문들	8169 9월 14일
10월 14일 자 도쿄발 보고서 C. No. 74A 조선 영토 퀠파트에서 벌어진 일본인과 조선인 간의 유혈 충돌사건	10219 11월 21일
10월 26일 자 도쿄발 보고서 C. No. 79A 조선 정부가 르젠드르 장군을 도쿄로 파견, 파견 동기 : 퀠파트 사건	10411 11월 26일
91년 11월 5일 자 서울발 보고서 No. 58 퀠파트 섬에서 발생한 일본인 어부와 조선인 어부 간 충돌에 관한 조사, 1889년 11월 12일 체결된 조일어업협정 및 1883년 제정된 무역규정을 수정하기 위한 르젠드르 장군의 도쿄 파견	319 1월 11일 수신
92년 1월 31일 자 런던발 보고서 No. 55 조선 왕이 아들을 위해 조만간 퇴위할 거라는 소문 및 그곳에 있는 외국인들의 음모에 관한 1월 31일 자 "Observer" 지의 기사 : 조선의 민씨 가문과 김씨 가문	1002 2월 2일 수신
91년 12월 5일 자 베이징발 보고서 A. No. 293 동부 몽골에서 조선까지 소요사태가 파급될 가능성 : 서울 주재 독일제국 영사관에서 만약의 사태에 대비해 포함을 요청함.	556 1월 18일 수신
92년 1월 4일 자 베이징발 보고서 A. No. 1 서울에서 온 어느 개인 서신에서 발췌한, 조선의 국내 정세 및 일본이 조선에서 거둔 성과에 관한 내용	2073 3월 7일 수신

7월 6일 자 도쿄발 보고서 No. 50A 오스트리아-조선 무역조약과 관련한 조선의 권리 주장에 관하여	7117 8월 18일 수신
7월 11일 자 도쿄발 보고서 No. 52A 켈파트에서 발생한 조선과 일본의 새로운 분쟁 및 르젠드르 장군의 협상	7119 8월 18일 수신
6월 30일 자 서울발 보고서 No. 36A 조선 왕의 부친에 대한 암살계획 소문	7124 8월 18일 수신
7월 29일 자 서울발 보고서 No. 39A 위와 동일한 내용	8196 9월 29일 수신
9월 1일 자 즈푸발 보고서 (브란트 공사) 조선 내부 상황에 관한 조선 외아문 독판 조의 보고서	8629 10월 17일 수신
9월 12일 자 서울발 보고서 No. 43A 독일제국 군함 "알렉산드리네"호의 제물포 입항, 함장의 조선 왕 알현	9205 11월 5일 수신
11월 1일 자 베이징발 보고서 A. No. 242 이른바 러시아의 조선 철도 계획	10419 12월 15일 수신

01

원문 p.594

청국 사절단의 조선 파견 및 그와 관련된 우려들

발신(생산)일	1890. 11. 12	수신(접수)일	1890. 12. 23
발신(생산)자	브란트	수신(접수)자	카프리비
발신지 정보	베이징 주재 독일 공사관	수신지 정보	베를린 정부
	No. 286		A. 13261
메모	런던 838, 페테르부르크 397, 워싱턴 35 전달		

A. 13261 1890년 12월 23일 오전 수신, 첨부문서 2부

베이징, 1890년 11월 12일

No. 286

독일제국 수상 카프리비 보병장군 각하 귀하

청국 정부가 조선 왕의 모친[1]이 사망하자 조선 왕에게 황제의 조의를 전하고 관례에 따라 영전에 제물을 바치기 위해 며칠 전 두 명의 고위 관리 충리[2]와 쉬창[3]을 세 척의 전함을 딸려 조선으로 파견하였습니다.

12월 26일 자 Tientsin Shinpao지의 사설에 의하면, 청국 관리들은 조문과 함께 조선 왕에게 지금까지 발표되지 않았던 청국의 승인을 전달하는 임무도 부여받았다고 합니다. 아무래도 1867년 비슷한 청국 사절단에게 행한 이후로 거행되지 않았던 의식을 조선 왕으로 하여금 치르도록 하려는 목적인 것 같습니다. 이 의식은 조선 왕 자신은 물론이고 조선의 백성들 및 조약체결국들의 눈앞에서 조선 왕이 청국에 대해 종속적인 지위에 있음을 명백해 깨닫게 만들 것입니다.

공공분야의 영향을 받는 청국의 다른 분야에서도 이러한 견해가 넓게 퍼져 있다는 사실은 톈진의 Chinese Times의 사설에서도 드러납니다.

며칠 전 본인을 방문한 일본 동료는 청국 정부의 이런 행위에 대해 우려를 표했습니

1 [감교 주석] 신정왕후(神貞王后) 조 씨, 대왕대비 조 씨. 고종이 왕위를 계승하는 과정에서 신정왕후 조 씨의 남편인 익종의 양자로 입적됨. 이에 근거해서 보고서에서는 조선 왕의 모친으로 기술함.

2 [감교 주석] 충리(崇禮)

3 [감교 주석] 쉬창(續昌)

다. 그는 만약 청국의 요구가 통상적 수준을 넘어선다면 조선 왕이 결코 청국인의 요구에 굴복하지 않을 거라고 본다면서 그럴 경우 보다 심각한 갈등이 발생할 수도 있다고 말했습니다.

그러나 본인은, 지금까지 입증된 조선 왕의 유약하고 우유부단한 성품을 고려할 때 일본 동료의 견해가 들어맞을 가능성은 거의 없을 것이라고 생각합니다.

본인은 도쿄 주재 독일제국 공사관[4]과 서울 주재 독일제국 영사관[5]에 이러한 사실을 알렸습니다.

브란트

내용: 청국 사절단의 조선 파견 및 그와 관련된 우려들, 첨부문서 2부

1890년 11월 12일 자 A. No. 286의 첨부문서 1
번역
사본

1890년 11월 3일 자 Shinpao에서 발췌

조선 왕의 모친이 서거하였다, 그에 따라 이미 이전에 보도한 것처럼 총리아문의 지시로 2명의 호부시랑[6] 쉬창과 충리가 황제의 지시를 받들어 봉납의식을 거행하기 위해 조선으로 파견되었다. 이름이 이희라고도 하고 이희환이라고도 하는 조선 왕은 대원군의 아들로서 선대왕[7]의 양자가 되어 후계자가 되었는데, 아직도 (청 황제의) 승인을 받지 못했다. 이제 봉납 문제와 승인 문제가 동시에 처리되는 것이다.

황제가 임명한 두 명의 특사가 어제(11월 2일) 톈진에 도착하였다. 지방관청은 황제의 특사에 걸맞은 접견실과 임시체류에 필요한 숙소를 마련하였다.

---

4 [감교 주석] 홀레벤(T. Holleben)
5 [감교 주석] 크리엔(F. Krien)
6 [감교 주석] 호부시랑(戶部侍郎)
7 [감교 주석] 익종(翼宗)

황제가 임명한 특사단의 도착이 임박하자 북양대신 리훙장[8]은 모든 부대의 장교들에게 영접태세를 갖추라는 명령을 하달했다. 도착 당일 왕자의 사부이자 대비서관 리훙장은 부하들과 함께 (황제의 특사들을) Wu-ch'u 조합의 클럽하우스에서 영접한 뒤 그곳에서 숙박하게 하였다. (톈진의) 고위관리들은 관복을 갖추어 입고 대오를 갖추어 영접에 참석하였다.

리훙장이 황제의 안부를 묻고 특사들과 예를 갖추어 인사를 나눈 다음 특사들은 준비된 방으로 안내되었고 리훙장은 아문으로 돌아갔다. 소문에 의하면 전함 "Chi-Yüan"호[9]는 (특사단이 도착했다는 보고가 들어오자) 미리 조선을 향해 출항하였고, 부칙[10] 충리[11]는 전함 "Ching-yüan"호[12]로, 상칙[13] 쉬창[14]은 전함 "Lai-yüan"호[15]로 내일 떠날 예정이다.

지금까지 조선 왕에 대한 황제의 승인서를 지참한 특사단은 Liav-shen(목단)[16]과 압록강(조선과 만주의 국경을 이루는 강)을 경유한 육로를 이용하였다. 그러나 시대가 바뀌면 풍습도 달라지는 법. 이번에 우리는 바다를 거쳐서 간다, 그편이 더 용이하고 더 빠르다, 그래서 우리가 이 기사를 쓰는 것이다.

번역
랑에

1890년 11월 12일 자 A. No. 286의 첨부문서 2
첨부문서의 내용(원문)은 독일어본 596~599쪽에 수록.

---

8 [감교 주석] 리훙장(李鴻章)
9 [감교 주석] 지위안(濟遠)호
10 [감교 주석] 부칙(副勅)
11 [감교 주석] 충리(崇禮)
12 [감교 주석] 징위안(經遠)호
13 [감교 주석] 상칙(上勅)
14 [감교 주석] 쉬창(續昌)
15 [감교 주석] 라이위안(來遠)호
16 [감교 주석] 선양(瀋陽) 또는 성경(盛京) 봉천부(奉天府)

베를린, 1890년 12월 16일

A. 13261

주재 외교관 귀중

1. 런던 No. 838
2. 상트페테르부르크 No. 397
3. 워싱턴 A. No. 35

귀하께 청국 사절단의 조선 파견에 관해 알려 드리기 위해 지난달 12일 자 베이징 주재 독일 제국 공사의 보고서 사본을 삼가 동봉하여 전달합니다.

02

원문 p.601

대비의 장례식과 서울에 온 미국 수병

발신(생산)일	1890. 10. 19	수신(접수)일	1890. 12. 27
발신(생산)자	크리엔	수신(접수)자	카프리비
발신지 정보	서울 주재 독일 총영사관	수신지 정보	베를린 정부
	No. 78		A. 13360
메모	연도번호 No. 597		

A. 13360 1890년 12월 27일 오후 수신

서울, 1890년 10월 19일

검열 No. 78

독일제국 수상 카프리비 보병장군 각하 귀하

금년 6월 7일과 17일 자 본인의 보고 No. 46[1] 및 No. 48[2]과 관련해 대비[3]의 장례식이 이달 12일에 상당히 호화롭게 거행되었음을 각하께 삼가 보고드리게 되어 영광입니다.

장례식 전날 저녁에는 제물포에 정박 중인 (미국; 감교자) 전함 "Monocracy"호와 "Palos"호 승무원인 수병 50명이 "Monocracy"호 함장과 장교 5명, 의사 1명과 함께 서울에 도착하였습니다. 그 부대는 전투를 치를 수 있는 무장을 갖춘 상태였습니다.

30명의 승무원과 장교들은 10월 12일 새벽 –미국 변리공사[4]를 비롯해 조약체결국 대표들의 관람석으로 지정된– 서울 동대문으로 향했으며, 나머지 부대원은 미국 공사관에 머물렀습니다. 동대문 앞에 도열한 군인들은 시신을 운구하는 동안 받들어총을 하였습니다.

왕은 직접 운구행렬에 모습을 드러내지 않았습니다.

대비의 묘지는 서울에서 약 20km 떨어진 곳에 있습니다.

부대원들은 이달 14일에 다시 제물포로 돌아갔습니다.

---

1 [원문 주석] A. 9427에 삼가 첨부

2 [원문 주석] A. 9474에 삼가 첨부

3 [감교 주석] 신정왕후(神貞王后) 조 씨, 대왕대비 조 씨

4 [감교 주석] 허드(A. Heard)

청국[5]과 일본 대표[6]는 미국 병사들이 서울에 다시 출현한 것에 몹시 화가 나서 조선 외아문 독판과 허드한테 어찌된 영문인지 문의하였습니다. 허드는 미국 수병들이 장례식에 참석한 것은 고인과 왕에게 예우를 갖추려는 의도였다고 답변하였습니다. 혹시 수병들이 조선 정부의 요청에 따라 수도에 들어온 것이었느냐는 위안스카이의 질의에 조선 외아문 독판은 그들이 서울에 들어온 목적을 정확히 모르겠으나 단지 예의를 표하기 위해 왔을 것으로 추정한다고 답변하였습니다. 그리고 어쨌거나 그들은 초청받은 것은 아니었다고 대답하였습니다.

그러나 조선 왕과 미국 변리공사가 장례식으로 인해 소요사태가 발생할지도 모른다는 우려 때문에 미국 수병의 서울 체류를 바람직한 것으로 간주했던 것은 확실해 보입니다.

이미 작년에 서울을 비롯해 국내에서 반정부 음모가 발각된 이후 얼마 전에도 상당수의 조선인들이 대비 장례식 때 폭동을 계획했다는 죄목으로 체포되었습니다. 조선 측에서 입수한 본인의 정보에 의하면, 두 사건의 모반자들은 대부분 강신술사, 점쟁이, 종교적 광신도들입니다. 그들은 1392년 정권을 잡은 현재의 "이("Li" "Ni" 혹은 "Yi"라고 부른다)"씨 왕조가 500년을 넘기지 못하고 500년이 지나기 직전 붕괴되어 새로운 왕조로 교체될 것이라는 오래전 예언을 신봉하고 있습니다. 조선 왕은 미신을 잘 믿는 인물로서, 혹시 그 예언이 들어맞을까봐 우려하고 있다고 합니다.

미국 코르벳함 "Omaha"호가 10월 12일 제물포에 입항하였으나 14일에 이미 그곳을 떠났습니다. 제물포항에 정박 중인 다른 열강의 전함들 가운데 중국 포함 1척과 일본 포함 1척이 있습니다.

르젠드르[7] 장군의 말에 따르면 허드가 이달 9일이나 10일쯤 만약 조선 왕이 받아준다면 조선 왕국에 미국의 애도의 뜻을 표하기 위해 미국 전함의 수병 약간 명을 장례식 참석을 위해 서울로 데려올 생각이라고 말했다고 합니다. 르젠드르 장군을 통해 즉시 허드의 뜻을 전해들은 조선 왕은 제안을 감사히 수용하였습니다. 다만 수병의 숫자가 너무 많지 않기를 바란다고 덧붙였다고 합니다. – 이 미국 부대가 운구행렬 선두에서 행군하였다고 합니다. (그런데 이 주장은 정확하지 않습니다. 왜냐하면 본인이 정각 4시 30분에 이미 동대문 밖에서 수병들을 목격하였는데 운구행렬 선두는 대략 6시쯤 그곳을 통과하였기 때문입니다.) 애도의 표현이라는 원래 목적과 함께 갑작스러운 소요사태가

5 [감교 주석] 위안스카이(袁世凱)

6 [감교 주석] 곤도 마스키(近藤眞鋤)

7 [감교 주석] 르젠드르(C. W. Legendre)

발생할 시 외국인 보호를 고려하였다고 합니다. -

장례식이 진행되는 도중에는 물론이고 장례식 전후에도 마지막 행렬연습 때의 유혈 싸움을 제외하고 이곳은 완벽한 평온을 유지하였습니다.

본인은 이 보고서의 사본을 베이징[8]과 도쿄 주재 독일제국 공사[9]에게 보낼 것입니다.

크리엔

내용: 대비의 장례식과 서울에 온 미국 수병

8 [감교 주석] 브란트(M. Brandt)

9 [감교 주석] 홀레벤(T. Holleben)

03

원문 p.604

청국 특사들이 서울에 체류하는 동안 벌어진 사건들에 관해

발신(생산)일	1890. 12. 5	수신(접수)일	1891. 1. 18
발신(생산)자	브란트	수신(접수)자	카프리비
발신지 정보	베이징 주재 독일 공사관	수신지 정보	베를린 정부
	No. 312		A. 462
메모	원본 2월 16일 시종무관부 및 의전국에 전달		

A. 462 1891년 1월 18일 오후 수신, 첨부문서 1부

베이징, 1890년 12월 5일

A. No. 312

독일제국 수상 카프리비 보병장군 각하 귀하

대비 장례식에 파견된 청국 특사들이 11월 8일부터 11일까지 서울에 체류하는 동안 벌어진 사건들에 대한 서울 주재 외교관들의 보고서에서 발췌한 내용을 종합하여 각하께 삼가 첨부문서로 동봉하여 보내게 되어 영광입니다.

청국 특사들은 비록 조선 왕이 내심으로는 몹시 반감을 갖고 있을지라도 청의 요구에 따라 예로부터 전해져 온 의식을 거행할 것이라는 점을 추호도 의심하지 않았습니다. 그것은 당연한 일이었습니다. 왜냐하면 수완껏 정치를 하고 있는 서울 주재 외교관들과 모험가들은 조선 왕에게 달콤한 아부의 말 이외에는 아무런 실질적 도움도 줄 수 없었기 때문입니다. 특사를 접견하기 전 주저와 망설임의 시간 동안 조선 왕이 보여준 모습은 비록 이 나라 내부와 관리들 가운데 반청세력이 있다 해도 그들은 유약하고 겁 많은 군주로 하여금 자신의 뜻과 소망에 완전히 부합하는 결단을 내리게 만들 정도로 영향력이 크지 못하다는 사실을 입증해 주었습니다.

앞에서 언급한 외교관들의 보고서는 본인에게 은밀히 전달된 자료들입니다. 따라서 본 첨부문서를 공개하지 말아 주실 것을 삼가 요청 드립니다.

브란트

내용: 청국 특사들이 서울에 체류하는 동안 벌어진 사건들에 관해

1890년 12월 5일 자 A. No. 312의 첨부문서

고인이 된 대비의 장례식을 위해 서울로 파견된 청국 특사들의 서울 체류 중 발생한 사건들에 대한 보고서

청국 특사들은 북양함대의 선박 두 척을 이용해 11월 6일 제물포에 도착하였습니다. 그들은 제물포에서 청국의 무역감독관 및 그들을 맞이하러 나온 조선 관리들의 영접을 받고 무역감독관 사택에 여장을 풀었습니다.

조선 왕은 청국 특사에게 어떤 태도를 취해야 할지 오랫동안 망설였던 것으로 보입니다. 만약 과거의 의식을 준수한다면 그가 조약체결 국가들에게 요구했던 조선의 자주성이 훼손될 우려가 있는 반면, 그 의식을 거부할 경우 강력한 이웃나라이자 종주국인 청의 분노를 살 수도 있기 때문입니다. - 그럼에도 불구하고 특사들의 영접장소로 결정된 건물에서는 열심히 준비 작업이 진행되었습니다. 특사들이 궁정으로 들어갈 때 이용할 거리도 깨끗이 청소하였습니다. 그들의 눈살을 찌푸리게 만들 가능성이 있는 가옥들과 상점들도 깨끗하게 단장하였습니다. 비록 병조판서[1]가 청국 사절단을 어느 길로 맞으러 나갈 것인지 질의하자 조선 왕이 6일 자 관보를 통해 "올 때 갈 때 모두 서대문을 통해서"라고 답변하였음에도 불구하고 조선 왕은 마지막 순간까지 결정을 망설였던 것으로 보입니다. 그런데 마침내 신하들이 외국 열강들에게 체면이 손상될지 모른다는 왕의 우려를 덜어줄 수 있는 방법을 찾아내 왕에게 보고하였습니다. 즉 거리의 모든 통행을 금지하고 주민들에게 창문과 대문을 닫으라는 지시를 내리고 왕과 사절단이 이용할 도로로 통하는 길을 전부 장막으로 차단하고 그 도로나 궁성 내부를 조망할 수 있는 모든 지점에 군인들로 보초를 세우는 방법입니다. 그럼에도 불구하고 왕이 최종적으로 어떤 결정을 내릴지 알 수 없었으나 호위병의 나팔소리로 왕이 사절단을 영접하기 위해 움직였다는 사실이 알려졌을 때 비로소 사람들의 의구심이 해소되었습니다. 사절단이 제물포에 도착하자 영접 나온 조선 관리들은 특사들에게 왕과 세자의 명함을 건네주고는 황제의 서한 앞에 머리를 조아리고 향을 피웠습니다. 7일 새벽 4시 제물포를 떠난 특사들은 서울의 성문에서 4킬로미터 떨어진 지점 마포에 도착해 거기서 하룻밤을 묵었습니다. 특사들이 지나가는 길에는 간간이 휴식을 취할 수 있도록 여러 곳에 정자가 세워졌습니다. 도강은 특별히 장식한 소형 선박을 이용하였으며, 조선음악이 울리는 가운데 진행되

1 [감교 주석] 민영환(閔泳煥)

었습니다. 사절단이 마포에 도착한 이후부터는 짧은 간격으로 계속 파발꾼들이 그들이 지나가는 지점과 서울 사이를 오가며 왕에게 특사들의 일거수일투족을 상세히 보고하였습니다. 그리고 서울 입성 시점과 관련해 특사들의 뜻을 청취하여 왕에게 전달하였고, 마침내 도착시점이 11월 8일 오전 10시로 확정되었습니다. 8일 아침 비로소 관보에 왕이 사절단을 영접하기 위해 정각 8시에 궁을 떠날 것이라는 칙령이 발표되었습니다. 그럼에도 불구하고 궁정 소식에 정통한 관리들은 왕이 궁을 떠나지 않을 것이라고 호언장담하였습니다.

왕은 위에서 언급된 관보의 첫 번째 공고문대로 서대문 앞까지 나갔습니다. 서대문에는 커다란 흰색(흰색은 상복 색깔입니다) 천이 드리워져 있었습니다. 조선 왕은 흰색 궁정복을 입고 말 두 필이 이끌고 양쪽에서 하인들이 받쳐 들고 가는 가마를 타고 있었습니다. 군대, 깃발, 악대, 관리 등으로 구성된 수행행렬은 예를 들어 사찰 방문 같은 왕의 일상적인 외출 때의 수행행렬과 똑같았습니다. 사전 계획에 따라 모든 것은 차단되었습니다.

세 발의 예포와 몇 발의 총성이 청국 사절단의 도착을 알렸고, 그들은 정각 10시 15분에 가까이 다가왔습니다. 복장은 여행복 차림이었으나 단추와 깃이 달린 관모를 쓰고 여덟 명의 가마꾼이 나르는 조선 가마를 타고 있었습니다. 가마의 좌석에는 표범 가죽이 깔려 있었습니다. 가마 앞쪽에서 궁중관리들이 특사들의 관직과 지위, 맡은 임무가 표시된 붉은 표지판을 들고 걸어갔고 깃발과 군대, 탑 모양의 나무상자 세 개가 그 뒤를 따랐습니다. 첫 두 상자에는 황제의 조의를 담은 공물[작은 향목과 비단필목, (죽은 자에게 제물로 바칠 음식과 헌주에 사용할 그릇을 구매하기 위한) 은화 200테일즈]이 들어 있었고 세 번째 상자에는 사망한 대비에게 사후 명예칭호를 내린다는 황제의 칙령과 추도사, 그리고 그와 관련된 황제의 칙령이 들어 있었습니다. 마지막 상자가 왕의 천막 앞에 도달한 순간 상자를 덮고 있던 노란색 휘장이 순식간에 옆으로 걷히고 잠시 그대로 멈춰 있었습니다. 그 사이 검정색 상복으로 갈아입은 왕이 커다란 장막으로 입구를 가린 천막 안에서 땅바닥에 엎드렸습니다.

특사들은 왕을 보지 못한 채 그들을 위해 마련된 천막 안에서 잠시 가마에서 내렸다가 주 통로인 남대문을 통해 시내로 들어갔고 왕은 서대문을 통해 궁으로 되돌아갔습니다. 사절단이 남대문을 통해 궁정에 이르는 모든 길에는 붉은 모래가 뿌려져 있었고, 그들의 행렬을 볼 수 있는 지점들은 전부 신중하게 시야가 차단되었습니다. 심지어 다른 때 같았으면 일반적으로 그런 규정이 적용되지 않던 외국인들까지도 성벽으로 가는 것이 금지되었습니다. 조선 측 설명에 따르면 이러한 봉쇄조치는 과거 황제 사절단이 본국에 보고하는 것을 막기 위해 이 나라의 어떤 것도 보지 못하도록 했던 조치와 연관이 있다고 합니다. 또한 원래 특사는 서울에 체류하는 동안 숙소로 지정된 거처를 떠나는 것이 금지되어 있는데, 이 규정 역시 이번에도 엄격하게 지켜졌습니다. 사실 베이징에 있는 외국인들, 즉 네덜란드, 영국, 포르투갈, 그리고 러시아 특사들도 조약 체결 전까지는 똑같이 다루어졌습니다. – 특사들은 곧장 궁으로 직행하였으며, 궁에 들어갈 때 입구가 셋인 문을 통해서 들어갔습니다. 첫 번째 특사는 동문으로(동쪽은 명예를 상징합니다.), 두 번째 특사는 서문으로, 그리고 세 개의 나무상자는 가마에 실린 채 중간 문으로 통과하여 알현실 뜰로 들어갔습니다. 그곳에서 조선 왕이 표백하지 않은 삼베로 지은 상복에 같은 천으로 만든 굴건을 쓰고 머리에 새끼줄을 동여맨 차림으로 그들을 기다리고 있었습니다.

각자의 관직과 지위에 따라 자리를 정렬한 –특별한 말뚝으로 각자의 자리를 표시해 놓았습니다.– 관리들로 가득 차 있는 알현실 뜰에는 천막이 하나 설치되어 있었습니다. 천막 안에는 세 개의 상이 놓여 있었는데, 오른쪽과 왼쪽 상에는 제사 공물이 놓여 있고 가운데 상에는 두 명의 환관이 특사의 수행원 두 명한테서 받아든 상자에서 꺼낸 황제의 칙령이 놓여 있었습니다. 특사들은 상 동쪽에서 얼굴을 서쪽으로 향한 채 서 있고, 왕은 두 번 무릎을 꿇고 여덟 번 머리를 바닥에 대는 의식을 통해 황제의 서찰에 경배를 올린 다음 여전히 무릎을 꿇은 자세로 첫 번째 특사의 손에서 황제의 조의문을 건네받았습니다. 큰 소리로 낭독된 조의문은 즉시 알현실로 옮겨졌습니다. 그 이후 전체 행렬이 위패(대비의 이름을 적은 나무패)와 대비에게 사후 명예칭호를 수여한다는 황제의 칙령이 놓여 있는 정자 안으로 들어갔습니다.

이번에는 1878년에 치른 의식[2]과 다른 점이 하나 있었습니다. 이번에는 왕과 특사들이 가마에 타지 않고 도보로 걸어갔다는 점입니다. 지난번에는 첫 번째 특사가 중앙에, 왕이 특사 왼쪽에(우리나라에서는 오른쪽이 명예로운 자리이지만 이곳에서는 왼쪽이 그렇습니다.), 두 번째 특사가 첫 번째 특사 오른편에 섰으며, 모두가 주 대문 양쪽에 있는 옆문을 통해 안으로 들어갔고 황제의 칙령만 가운데 문을 통해 안으로 들어갔습니다.

그런데 이번에는 왕이 지름길을 이용해 걸어서 정자에 들어갔고, 특사들 역시 칙령이 들어 있는 상자 뒤편에서 도보로 공식적인 길을 따라 가운데 문을 통과해 안으로 들어갔습니다. 정자 안에서 칙령을 상 위에 내려놓자 왕은 다시 앞에서 언급된 방식으로 칙령에 경배를 올렸습니다. 이어서 환관이 칙령을 낭독하였고, 왕은 무릎을 꿇은 채 그 내용을

2 [감교 주석] 철종 비인 철인왕후 김 씨 장례식

경청하였습니다. 낭독이 끝난 뒤 왕은 몸을 일으켜 두 특사에게 몸을 깊숙이 굽혀 인사를 하였으며 특사들은 머리를 숙여 답례하였습니다. 의식이 끝난 뒤 왕과 특사들은 알현실로 들어가 그곳에 자리를 잡고 앉았습니다. 특사들은 동쪽에, 왕은 서쪽에 앉았으며 옥좌는 그냥 비워두었습니다. 차와 몇 가지 음식이 들어왔고 의례적인 말이 몇 마디 오갔습니다. 이어서 특사들은 뜰 밖까지 나온 왕의 배웅을 받은 뒤 지정된 숙소로 돌아갔습니다. 그런 다음 왕은 위패를 모신 정자로 되돌아가 향을 피우고 헌주를 올렸으며 조의문을 읽은 다음 불에 태웠습니다.

주목할 만한 사실은 청국 특사들이 이 모든 의식이 거행되는 동안 궁정복을 입지 않고 계속 여행복 차림이었다는 사실입니다.

정해진 의식이 끝나면 원래 조선 왕은 특사가 서울에 체류하는 동안 매일같이 그들을 만나러 가는 것이 의무입니다. 그러나 사절단이 도착한 날 계속해서 특별전령을 보내 그들의 안부를 확인하고, 수차에 걸쳐 왕실 부엌에서 만든 음식을 은접시에 담아 보낸 왕에게 도착 다음날은 방문을 면제해 주는 것이 관례입니다. 이때 음식을 담아 보낸 은접시는 특사들의 소유가 됩니다,

11월 10일 하루 전 날짜로 작성된 왕의 칙령이 공표되었습니다. 다음 날, 즉 11일에 왕이 특사들을 방문할 예정이며, 그것은 원래 9일과 10일에 행했어야 할 방문을 대체하는 행사라는 내용이었습니다.

이날 왕은 다시 흰색 궁정복을 입었고, 앞에서 묘사한 바 있는 말이 이끄는 가마를 이용하였습니다. 왕은 특사들이 머물고 있는 거처 바깥대문 앞에서 가마에서 내린 다음 명함을 통해 도착을 알렸습니다. 명함에는 이희이라는 이름이 흰색 종이 하단에 아주 작은 글씨로 적혀 있었습니다. 명함이 추밀고문관을 통해 특사들에게 전달되자 그들은 왕에게 안으로 들어올 것을 요청하였습니다. 왕은 특사들의 거처 앞에 있는 제일 안쪽 뜰(응접실은 항상 마지막 뜰 안쪽에 있습니다.)까지 덮개 없는 가마를 타고 들어간 뒤 거기서 가마에서 내려 도보로 뜰에 세워진 천막 안으로 들어갔습니다. 그리고는 거기서 입고 있던 상복을 검정색 상복으로 갈아입은 다음 응접실로 통하는 계단 위에서 기다리고 있던 특사들에게 다가갔습니다. 그곳에서 그들은 이마까지 양손을 들어 올려 서로 인사를 나누었습니다. 왕은 서쪽에, 특사들은 동쪽에 자리를 잡고 앉자 술이 들어왔습니다. 술은 먼저 특사들에게, 그 다음에 왕에게 건네졌습니다.

이어서 그들은 통역사를 통해 짧은 대화를 주고받았습니다. 각기 두 명의 통역사가 왕과 특사들 뒤쪽에 서서 7, 8미터 정도 떨어져 앉은 주인공들이 한 사람씩 차례로 건네는 모든 발언을 속삭이는 목소리로 통역하였습니다.

특사들을 만나는 동안 왕은 전례에 따라 그들의 노고를 치하하고 방문기한을 연장해 줄 것을 거듭 요청하였습니다. 특사들은 유감스럽게도 출발일이 11일로 정해져 있다면서 왕의 요청을 사양하였습니다. 또한 그들은 작별인사차 다시 방문하겠다는 왕의 제안도 사양하였습니다.

이런 식의 대화가 약 한 시간 정도 진행된 후 왕은 작별을 고하고 올 때와 같은 방식으로 돌아갔습니다. 다만 이번에는 특사들이 응접실 계단 아래까지 내려와 왕을 배웅하였습니다.

특사들이 서울에 체류하는 동안 그들이 머무는 거처의 대문에는 현수막이 걸려 있었습니다. 현수막에는 신분이나 지위고하를 막론하고 황제의 특사에 대한 존경의 표시로 이 집 앞에서는 가마나 말에서 내리라는 명령이 적혀 있었습니다.

그리고 매일 밤 모든 성문 열쇠를 궁이 아니라 특사들에게 가져다주었다가 아침이면 다시 찾아갔습니다. 더 나아가 특사들은 소송사건의 판결을 내리고 판결을 집행할 권리를 갖고 있습니다. 왜냐하면 그들이 체류하는 동안 군주의 사법권이 중지되기 때문입니다.

11일 자 관보에 왕이 특사들을 배웅하기 위해 시내 앞까지 나갈 것이라는 내용이 게재되었습니다. 사절단이 도착할 때와 똑같은 봉쇄조치가 이루어졌는데, 올 때보다 더 엄격하게 시행되었습니다.

정오 무렵 평소에는 성문이 열리고 닫히는 시점에만 울리던 서울의 큰 종이 울리기 시작했습니다. 왕은 특사들을 맞이하러 갈 때와 똑같은 행렬을 이끌고 지방의 관아로 가서 특사들을 기다렸습니다. 15분 후 특사들이 가마를 탄 채 왕이 기다리고 있는 응접실 계단 앞까지 왔습니다. 세 사람 모두 중앙 문을 통해 응접실로 들어갔으며, 그곳에서 선 채로 몇 차례 의례적인 말들이 오간 다음 특사들이 작별을 고하고 가마에 올라탔습니다. 왕은 배웅을 하기 위해 계단 밑까지 내려왔으며 특사들이 가마에 오를 때 다시 한번 양손을 들어 인사했습니다.

사절단 행렬은 황제의 칙령이 들어 있던 나무상자 세 개가 빠졌을 뿐, 도착할 때와 똑같았습니다.

사절단이 출발한 뒤 왕은 곧바로 궁으로 되돌아갔습니다.

그런데 날씨가 나빠 사절단은 11월 13일에야 제물포에 도착하였으며, 거기서 곧바로 배에 올랐습니다. 제물포에 내려가 특사들을 마중한 뒤 마포까지 동행했던 중국 변리공사 위안스카이는 특사들이 체류하고 있는 동안에는 자신의 신분이 낮아 의식에 참여하는 것이 허용되지 않는다는 이유를 내세워 서울에 올라오지 않았습니다.

청국 변리공사가 특사들의 체류를 계기로 조약체결국의 외교사절 및 영사들에게 보낸 회람을 공개하고자 합니다. 이는 11월 8일부터 11일까지 서울에서 벌어진, 수세기에 걸친 선례에 따라 거행된 의식에서조차 새 시대의 요구들이 함께 반영되어 있다는 진기한 사실에 대한 증거가 될 수 있기 때문입니다.

"청 황제 폐하의 외교사절 쉬[3]와 충[4] 각하께서 수도에 단기간 체류하는 동안 일정이 너무 바빠 그 어떤 방문객도 받을 수 없음을 유감으로 생각한다고 외국 대표들과 변리공사들께 전해달라고 요청하셨습니다."

위안스카이
탕샤오이[5] (청국 총영사)

존경하는
허드 (미국 변리공사)[6]
베베르 (러시아 변리공사)[7]
힐리어 (영국 총영사대리)[8]
곤도 (일본 대리공사)[9]
플랑시 (프랑스 특사)[10]
크리엔[11]
귀하

3 [감교 주석] 쉬창(續昌)
4 [감교 주석] 충리(崇禮)
5 [감교 주석] 탕샤오이(唐紹儀)
6 [감교 주석] 허드(A. Heard)
7 [감교 주석] 베베르(K. I. Weber)
8 [감교 주석] 힐리어(W. C. Hillier)
9 [감교 주석] 곤도 마스키(近藤眞鋤)
10 [감교 주석] 플랑시(V. C. Plancy)
11 [감교 주석] 크리엔(F. Krien)

04

원문 p.612

프랑스 공사로부터 전해들은 조선 관련 내용 전달

발신(생산)일	1890. 12. 5	수신(접수)일	1891. 1. 18
발신(생산)자	브란트	수신(접수)자	카프리비
발신지 정보	베이징 주재 독일 공사관	수신지 정보	베를린 정부
	No. 313		A. 464
메모	시종무관부 및 의전국에 보낸 2월 16일 자 보고서 참조 보고서 No. 312 부탁. 문서 A. 462 문서 A. 1420와 함께 삼가 동봉함		

A. 464 1891년 1월 18일 오후 수신

베이징, 1890년 12월 5일

A. No. 313

독일제국 수상 카프리비 보병장군 각하 귀하

암호해독

보고서 No. 312[1]에 대해.

첨부문서의 내용은 주로 본인의 프랑스 동료가 전해준 것으로, 서울 주재 공화국 특별위원이 파리로 보낸 보고서에서 인용한 것입니다.

브란트

1 [원문 주석] 오늘 날짜 우편물과 함께 A. 462를 1월 20일 S. M.에게 발송

05

원문 p.613

청국 특사들의 서울 체류와 관련된 조선의 사정

발신(생산)일	1890. 12. 8	수신(접수)일	1891. 1. 19
발신(생산)자	브란트	수신(접수)자	카프리비
발신지 정보	베이징 주재 독일 공사관	수신지 정보	베를린 정부
	No. 320		A. 482
메모	A. 863 참조		

A. 482 1891년 1월 19일 오전 수신, 첨부문서 1부

베이징, 1890년 12월 8일

No. 320

독일제국 수상 카프리비 보병장군 각하 귀하

청국 특사들의 서울 체류에 관한 금년 12월 5일 자 본인의 보고서 A. No. 312[1]에 이어 동일한 사항에 대해 청국 측 소식통으로부터 받은 내용을 기반으로 한 톈진의 Chinese Times 기사를 첨부문서로 동봉하여 각하께 삼가 보내게 되어 영광입니다. 이 기사를 보면 상기 본인의 보고서에 동봉한 첨부문서 내용이 완벽한 사실임을 확인할 수 있습니다. 다만 이것은 청국에 우호적인 입장에서 작성된 기사라 청국 사절단의 성공을 더욱 강조하고 있습니다.

브란트

내용: 청국 특사들의 서울 체류와 관련된 조선의 사정

1890년 12월 8일 자 No. 320의 첨부문서

첨부문서의 내용(원문)은 독일어본 614~616쪽에 수록.

---

1 [원문 주석] 1월 19일 자 우편물 A. 462

06

원문 p.617

미국 총영사 그레이트하우스의 조선 부임

발신(생산)일	1890. 12. 20	수신(접수)일	1891. 1. 31
발신(생산)자	홀레벤	수신(접수)자	비스마르크
발신지 정보	도쿄 주재 독일 공사관	수신지 정보	베를린 정부
	No. 120A		A. 787
메모	연도번호 No. 323A		

A. 787 1891년 1월 31일 오전 수신

도쿄, 1890년 12월 20일

No. 120A

독일제국 수상 카프리비 보병장군 각하 귀하

요코하마 주재 미국 총영사로 재직하던 그레이트하우스[1]가 조선 정부의 초빙에 응해 고문으로(이곳에서 말하기로는 내무부의 부내무대신 격)[2] 부임하기 위해 이달 19일 서울로 떠났다는 소식을 전하게 되어 영광입니다. 그레이트하우스는 후임자 파견이 지연되자 전보로 미국 총영사직 사직서를 제출하여 허가 받았습니다. 그가 어떤 계획과 소망을 품고 있는지 이곳에서는 확인하기 어렵습니다. 그는 (도쿄 주재; 감교자) 미국 공사[3]를 비롯해 공화당 정부 전체와 매우 긴장된 관계에 있기 때문입니다. 어쨌든 조선에서의 그의 활동은 결코 공화당 정부에 도움이 되지는 않을 것입니다. 그를 몹시 존경하는 요코하마 상인들은 혹시 워싱턴의 정권이 바뀌면 그가 도쿄 주재 공사로 부임해주기를 희망하고 있습니다.

본인은 이 보고서의 사본을 베이징 주재 독일제국 공사관[4]과 서울 주재 독일제국 영사관[5]에 보냈습니다.

홀레벤

내용: 미국 총영사 그레이트하우스의 조선 부임

1 [감교 주석] 그레이트하우스(C. R. Greathouse)

2 [감교 주석] 내무부 협판

3 [감교 주석] 스위프트(J. F. Swift)

4 [감교 주석] 브란트(M. Brandt)

5 [감교 주석] 크리엔(F. Krien)

07

원문 p.618

조선에서 귀환한 황제의 특사들과 그들의 지위에 관하여

<table>
<tr><td>발신(생산)일</td><td>1890. 12. 14</td><td>수신(접수)일</td><td>1891. 2. 2</td></tr>
<tr><td>발신(생산)자</td><td>브란트</td><td>수신(접수)자</td><td>카프리비</td></tr>
<tr><td rowspan="2">발신지 정보</td><td>베이징 주재 독일 공사관</td><td rowspan="2">수신지 정보</td><td>베를린 정부</td></tr>
<tr><td>No. 326</td><td>A. 863</td></tr>
</table>

A. 863 1891년 2월 2일 오전 수신

베이징, 1890년 12월 14일

A. No. 326

독일제국 수상 카프리비 보병장군 각하 귀하

조선에 파견되었다 임무를 마치고 귀환한 청국 특사 쉬창[1]과 충리[2]가 11월 27일 이곳에서 황제의 영접을 받았습니다. 그 이후로 베이징신문[3]은 조선의 일에 더 이상 아무런 언급도 하지 않고 있습니다.

청국 측에서는 실제로 달성한 결과에 만족하였고 더 이상 그 결과를 공개적으로 다룰 의사가 없는 것으로 보입니다.

황제 특사의 지위에 관해 서울 주재 외국대표들 간에 이견이 대두되었기 때문에 그 문제에 대한 본인의 의견을 삼가 다음과 같이 밝힙니다. 특사들 개개인에게는 최고 관청에서 항상 황제한테 올리는 것과 똑같은 예우가 행해지는데, 이것은 그들이 황제를 대신하는 인물이라서가 아니라 황제의 칙령을 운반하는 사람들이기 때문입니다. 황제의 칙령에는 황제에게 하는 것과 똑같은 예우를 바쳐야 합니다. 예를 들어 모든 관리는 황제의 칙서를 수령하기 전에 먼저 제단에 그것을 올려놓고 향을 피운 다음 그 앞에 경배를 드려야 합니다. 그런 다음에야 비로소 칙령을 받아 개봉할 수 있습니다.

따라서 특사는 군주를 대신하는 외교사절로 간주되어서는 안 됩니다.

브란트

내용: 조선에서 귀환한 황제의 특사들과 그들의 지위에 관하여

---

1 [감교 주석] 쉬창(續昌)

2 [감교 주석] 충리(崇禮)

3 [감교 주석] 징바오(京報). 베이징에서 발행되는 관보를 가리킴.

08

원문 p.619

대비 영전에 제물을 바치기 위해 조선에 파견된 청국 관리들에 관하여

발신(생산)일	1890. 11. 24	수신(접수)일	1891. 2. 3
발신(생산)자	크리엔	수신(접수)자	카프리비
발신지 정보	서울 주재 독일 총영사관	수신지 정보	베를린 정부
	No. 83		A. 901
메모	A. 1878, A1104/93 참조 // 연도번호 No. 654		

A. 901 1891년 2월 3일 오후 수신, 첨부문서 1부

서울, 1890년 11월 24일

검열 No. 83

독일제국 수상 카프리비 보병장군 각하 귀하

각하께 삼가 아래와 같은 보고를 드리게 되어 영광입니다.[1] 조선 왕 모친[2]이 서거하자 청국 황제가 고인의 영전에 제물을 바치는 임무를 수행하도록 파견한 두 명의 고위관리가 두 척의 청국 철갑선을 타고 1890년 11월 6일 제물포에 도착하였습니다. 한 사람은 호부시랑[3]이자 총리아문 관리인 쉬창[4]이고 또 한 사람은 의전국 부대신인 몽골인 충리[5]입니다.

제물포에 도착한 사신들은 청국 대표, 청국 공사관 직원들, 서울 및 제물포 주재 영사관 직원들, 조선 내무부 독판을 비롯한 수많은 조선 관리들의 영접을 받았습니다.

그리고 이튿날 그들은 다수의 조선인 수행원과 약 30명의 청국 수행원을 거느리고 한강까지 올라왔으며, 한강변 마포 근처에서 하룻밤을 묵고 8일 오전 서울에 입성하였습니다.

1 [감교 주석] 원문에는 '각하께 ~ 영광입니다.'에 취소선이 표기됨.

2 [감교 주석] 신정왕후(神貞王后) 조 씨, 대왕대비 조 씨. 고종이 왕위를 계승하는 과정에서 신정왕후 조 씨의 남편인 익종의 양자로 입적됨. 이에 근거해서 보고서에서는 조선 왕의 모친으로 기술함.

3 [감교 주석] 호부시랑(戶部侍郎)

4 [감교 주석] 쉬창(續昌)

5 [감교 주석] 충리(崇禮)

왕은 서대문 밖에 설치된 천막에서 그들을 기다리고 있다가 황제의 서한 및 대비에게 새로 수여된 명예칭호를 담은 상자들이 그곳을 통과할 때 세 번 절하였습니다. 그곳에서는 더 이상 다른 의식은 거행되지 않았습니다. 사신들은 정지하지 않고 왕의 천막을 그냥 지나쳤습니다. 그런 다음 왕은 서대문을 거쳐 궁으로 돌아갔고, 청국 사신들은 남대문을 통해 성 안으로 들어왔습니다. 그리고 즉시 소수의 수행원만 대동하고 궁으로 갔습니다. 위안스카이를 비롯한 서울 주재 청국 관리들은 아무도 수행하지 않았습니다.

궁으로 가는 길에 그들은 왕이 궁 밖으로 행차했을 때 받는 것과 똑같은 예우를 받았습니다. 도로변 노점들은 이미 철거하였고 도로 자체도 깨끗하게 청소한 뒤 모래를 깔아 놓았습니다. 군대가 도로 양편에 울타리를 치듯 도열하였고 선봉기마대, 환관, 악대, 무관과 문관으로 구성된 수많은 조선 수행원들이 사신들을 호위하였습니다. 왕의 행차 시 관례적으로 이루어지던 채비와 다른 점은 옆길로 통하는 도로의 입구들을 전부 천으로 된 장막으로 차단하였다는 점입니다.

영전에 제물을 바치는 의식은 궁 안에서 거행되었습니다. 이때 왕은 그에게 굴욕을 안겨줄 통상적인 의식을 거행하였습니다. 즉 황제의 서찰과 특사들을 향해 무릎을 꿇고 바닥에 이마를 세 번 조아리는 굴욕적인 의식을 치른 것입니다. (조선과 청국의 관계에 대한 1886년 2월 부들러 부영사의 논문 참조)[6]

이튿날 왕은 청국 공사의 옛 숙소에 거처를 정한 쉬창과 충리를 방문하였습니다. 이때에도 앞에서 말한 의식, 즉 왕이 청 황제의 신하임을 인정하는 의식이 목격되었다고 합니다.[7]

사신들은 이달 12일 서울을 떠났는데, 이때도 도착할 때와 마찬가지로 왕이 서대문 앞으로 나갔습니다. 13일 사신들은 대규모 수행원을 거느리고 마포로 가서 하룻밤 묵은 다음 그 이튿날 제물포로 갔으며, 14일 제물포에서 전함을 타고 청국으로 되돌아갔습니다. −]

이달 9일 위안스카이[8]가 외국대표들에게 보낸 회람의 사본을 보고서에 첨부하였습니다. 청 황제의 "외교사절들"은 서울에 체류하는 기간이 짧기 때문에 방문객을 맞을 수 없을 거라고 통보하는 내용입니다. 그러자 미국 변리공사[9]가 조약체결국 대표들을 집으로 초대해 위안스카이에게 보낼 답변서의 내용을 상의하였습니다. 그 모임에서 허드가

---

6 [감교 주석] 원문에는 '이때 왕은 ~ 논문 참조'에 취소선이 표기됨.

7 [감교 주석] 원문에는 '이때에도 ~ 합니다.'에 취소선이 표기됨.

8 [감교 주석] 위안스카이(袁世凱)

9 [감교 주석] 허드(A. Heard)

위안스카이에게 외국대표들은 사신들을 먼저 방문할 의사가 전혀 없다는 답장을 보내자고 제안하였습니다. 이에 영국 총영사가 답변서 초안을 제안하였는데, 두 사절의 칭호를 생략한 채 이곳 대표들은 여러 나라 외교사절의 교류에 통용되는 관습에서 벗어날 생각이 없다고 답변하자는 내용이었습니다.

계속된 논의에서 특히 러시아 대리공사와 프랑스 특별위원은 청국 정부로부터 그에 해당하는 공식 발표가 없었기 때문에 쉬창과 충리는 대사의 지위와 특전을 요구할 수 없다고 지적하였습니다. 힐리어[10]가 작성한 초안에 베베르[11]가 제안한 몇 가지 사소한 수정을 거쳐 답변서가 완성되었고 미국 변리공사와 러시아 대리공사, 프랑스 특별위원이 서명하였습니다. 곤도[12]는 사전에 몸이 아파 회의에 불참하게 되어 죄송하다는 사과의 말과 함께 허드한테 쉬창과 예전부터 아는 사이라 이미 쉬창과 충리에게 그의 명함을 보냈다는 소식을 전해왔습니다. 본인은 그 모임에서 사신들의 직위와 칭호에 대해 거론할 필요가 없다는 견해를 피력하였습니다. 왜냐하면 그들은 이미 모든 방문을 거부했기 때문에 그 문제는 이미 처리된 거나 마찬가지라고 생각했기 때문입니다. 따라서 본인은 답변서에 서명할 수 없다고 말했습니다. 본인의 설명에 공감한 힐리어 역시 서명하지 않았습니다.

조문사절을 파견한 청국 정부의 의도는 일차적으로 조선이 청에 종속되어 있다는 사실을 명확히 과시하려는 것이 분명합니다. 왕은 이러한 청의 의도를 충분히 인식하고 있었기 때문에 톈진에서는 비밀리에, 그리고 베이징에서는 황제에게 청원을 넣어 사절단 파견을 막으려고 했던 것입니다.

관련 청원서는 9월 초 대비의 사망 소식을 전하기 위해 조선 왕이 파견한 관리들을 통해 청 황제에게 제출되었습니다. 청원서에서는 조선의 가난한 형편으로 인해 청국 사신들을 그들의 높은 직위에 걸맞게 대접할 수 없다는 점을 강조하였습니다. 그러나 청국 측은 결국 사절단을 파견하기로 결정하였습니다. 단 조선의 가난한 형편을 고려하여 이번에는 예외적으로 육로 대신 바닷길을 이용할 것이며 더 나아가 사절단에게 바치는 관례적인 선물도 받지 않겠다고 하였습니다.

규정에 따르면 청국 사절단 및 수행원의 여행경비는 조선 국경선을 넘는 순간부터 모두 조선 왕이 부담해야 합니다. 게다가 왕은 사절단에게 12,000중국 온스의 은(약 60,000마르크)에 값하는 금전을 선물해야 합니다. 또한 사신들이 조선에 체류하는 동안

10 [감교 주석] 힐리어(W. C. Hillier)

11 [감교 주석] 베베르(K. I. Weber)

12 [감교 주석] 곤도 마스키(近藤眞鋤)

조선 측에서 그들에게 제공한 식기 및 그들이 사용한 가구 등도 청국으로 가져갈 수 있습니다.

그런데 이번 경우에는 청국 정부가 황제 사절단의 모든 여행경비를 도맡았고, 이곳 중국 대표들에게 전보로 사신들이 그 어떤 선물도 받지 않도록 유의하라는 지시를 내렸습니다. 그 때문에 사절들은 그들에게 제공된 은그릇 및 통상적인 금전선물도 거절하였습니다. 그러나 곤도가 본인에게 전해준 바에 의하면, 그들은 상당량의 인삼을 은밀히 조선에서 밀반출하였다고 합니다.

오늘 본인을 방문한 일본 대리공사는 청국 사절단의 의미에 대해 다음과 같은 견해를 피력하였습니다. 그는 이 사절단이 개인적인 성격을 띠고 있으며, 두 나라의 국법에 따른 관계에 근거한 것이 아니라 단지 청 황제와 조선 왕 사이의 사적인 관계를 보여준 것에 불과하다고 보고 있습니다. 비록 조선 왕이 종속적인 지위임을 인정하고 있지만 조선은 독립국가라는 것입니다. 곤도는 이것이 그의 개인적인 견해라고 덧붙이면서 일본 정부도 이러한 견해를 갖고 있는지는 알지 못한다고 했습니다.

일본 정부는 공식적인 서류에서도 조선 왕에게 "폐하(heika)"라는 칭호를 붙이지 않고 "전하" 또는 "군왕 전하"(denka)라는 칭호를 붙이고 있습니다.

또한 곤도가 본인에게 전한 바에 의하면 왕비의 조카 민영환 장군[13]을 비롯한 조선의 일부 고위관리들은 과거 사례들을 거론하며 왕에게 의식을 거행할 때 대리인을 세울 것을 권유하였습니다. 그러나 청에 우호적인 훨씬 더 많은 고관들이 왕에게 옛 의식을 아주 세심한 부분까지 잘 준수하도록 조언하였다고 합니다.

만주인에게 정복[14]당한 이후 조선의 군주에게는 매우 굴욕적인 의식을 치러야 하는 의무가 부과되었습니다. 이런 점에서 조선 왕은 류큐[15] 열도의 제후와 같은 처지에 놓여 있다고 말할 수 있습니다.

본인은 이 보고서의 사본을 베이징[16]과 도쿄 주재 독일제국 공사[17]에게 보낼 것입니다.

크리엔

13 [감교 주석] 병조판서
14 [감교 주석] 병자호란
15 [감교 주석] 류큐(琉球)
16 [감교 주석] 브란트(M. Brandt)
17 [감교 주석] 홀레벤(T. Holleben)

내용: 대비 영전에 제물을 바치기 위해 조선에 파견된 청국 관리들에 관하여

No. 83의 첨부문서

첨부문서의 내용(원문)은 독일어본 623쪽에 수록.

[첨부문서]의 내용(원문)은 독일어본 624쪽에 수록.

베를린, 1891년 2월 16일 A. 462 / 464

시종무관부 및
의전국 귀중

A. 1420 참조

외무성은 조선의 대비[18] 장례식(A. 1420과 비교)에 관한 첨부문서와 함께 작년 12월 5일 자 베이징 주재 독일제국 공사[19]의 보고서를 귀하에게 기밀 정보로 제공하게 되어 영광입니다. (활용 여부는 귀하의 처분에 맡깁니다.)

황제 폐하께는 이미 관련된 보고서가 올라갔습니다.[20]

1. 왕실 의전국과[21]
2. 왕실 시종무관부에도 보고서가 전달되었습니다.[22]

---

18 [감교 주석] 신정왕후(神貞王后) 조 씨, 대왕대비 조 씨
19 [감교 주석] 브란트(M. Brandt)
20 [감교 주석] 원문에는 취소선이 표기됨.
21 [감교 주석] 원문에는 취소선이 표기됨.
22 [감교 주석] 원문에는 취소선이 표기됨.

09

원문 p.626

대비 영전에 제물을 바치기 위해 조선에 파견된 청국 관리들에 관하여

발신(생산)일		수신(접수)일	1891. 2. 18
발신(생산)자		수신(접수)자	
발신지 정보		수신지 정보	베를린 외무부
			A. 1420

A. 1420 1891년 2월 18일 오후 수신, 첨부문서 2부[1]

베를린, 1891년 2월

외무부 귀중

이달 16일 자 서한 A. 462/연도번호 No. 988을 통해 본인에게 전달된, 조선의 대비[2] 장례식에 관한 작년 12월 5일 자 베이징 주재 독일제국 공사[3]의 보고서를 접수하여 정보 인지 후 외무부에 반환하게 되어 영광입니다.

내용: 대비 영전에 제물을 바치기 위해 조선에 파견된 청국 관리들에 관하여.
첨부문서 1부

1 [감교 주석] 본문에 첨부문서 2부, 첨부문서 1부로 표기되어 있으나, 독일외교문서에는 첨부문서가 수록되어 있지 않음.

2 [감교 주석] 신정왕후(神貞王后) 조 씨, 대왕대비 조 씨

3 [감교 주석] 브란트(M. Brandt)

10

원문 p.627

대비 서거를 계기로 조선에 파견된 청국 사절단

발신(생산)일	1891. 1. 15	수신(접수)일	1891. 3. 3
발신(생산)자	크리엔	수신(접수)자	카프리비
발신지 정보	서울 주재 독일 총영사관	수신지 정보	베를린 정부
	No. 8		A. 1878
메모	A. 1104/93 참조 // 연도번호 No. 37		

A. 1878 1891년 3월 3일 오후 수신, 첨부문서 1부

서울, 1891년 1월 15일

검열 No. 8

독일제국 수상 카프리비 보병장군 각하 귀하

작년 11월 24일 자 본인의 보고서 No. 83[1]에 이어 각하께 삼가 홍콩에서 발간되는 The Hongkong Telegraph지의 이달 5일 자 기사를 첨부하여 보내드리게 되어 영광입니다. 조선 왕의 양모[2] 서거를 계기로 조선에 파견된 청국 관리들에 관한 기사입니다.

기사는 해임된 미국 군사교관 리[3] 소령이 이곳 청국 공사관서기관 겸 영사인 탕샤오이[4]의 도움을 받아 작성하였습니다. 기사에 인용된 공문서들은 청국 대표 위안스카이[5] 측에서 리 소령에게 사용을 허락한 문서들입니다.

문제의 기사가 청에 대한 조선의 종속관계, 청국 사신들 앞에서 조선 왕이 치러야 했던 굴욕적 의식에 관해 상세하게 서술하고 있는 것으로 미루어 청이 조선에 사신들을 파견한 주목적은 조선이 청에 예속되어 있음을 확인하는 것일 거라는 추정은 사실인 듯합니다.

리 소령은 같은 내용의 기사를 필라델피아에서 발간되는 Evening Telegraph지에도

---

1 [원문 주석] A. 901에 삼가 첨부

2 [감교 주석] 신정왕후(神貞王后) 조 씨, 대왕대비 조 씨. 고종이 왕위를 계승하는 과정에서 신정왕후 조 씨의 남편인 익종의 양자로 입적됨. 이에 근거해서 보고서에서는 조선 왕의 모친으로 기술함.

3 [감교 주석] 리(Lee)

4 [감교 주석] 탕샤오이(唐紹儀)

5 [감교 주석] 위안스카이(袁世凱)

보냈습니다.

지난 6개월 동안 서울 주재 청국 대표부 측에서는 조선에 대한 청의 종주권을 유난히 강조하였습니다.

본인은 이 보고서의 사본을 베이징 주재 독일제국 공사에게 보낼 것입니다.

크리엔

내용: 대비 서거를 계기로 조선에 파견된 청국 사절단, 첨부문서 1부

No. 8의 첨부문서

첨부문서의 내용(원문)은 독일어본 628~634쪽에 수록.

11

원문 p.635

미국인 그레이트하우스의 조선 내무부 협판 임명

발신(생산)일	1891. 1. 9	수신(접수)일	1891. 3. 9
발신(생산)자	크리엔	수신(접수)자	카프리비
발신지 정보	서울 주재 독일 총영사관	수신지 정보	베를린 정부
	No. 7		A. 2052
메모	A. 2295 참조 // 연도번호 No. 25		

A. 2052 1891년 3월 9일 오전 수신

서울, 1891년 1월 9일

검열 No. 7

독일제국 수상 카프리비 보병장군 각하 귀하

조선의 사건들에 관한 작년 11월 9일 자 도쿄 주재 독일제국 공사의 보고서[1]와 관련해 요코하마 주재 미국 총영사로 재직하던 그레이트하우스[2]가 이달 2일 서울에 부임하였다는 소식을 전하게 되어 영광입니다. 이달 4일 자 관보에 실린 공고문에 의하면 그레이트하우스는 조선 내무부 협판으로 임명되었으며, 정부가 의뢰하는 문제에 대한 법률적 해석을 담당하게 될 것이라고 합니다.

따라서 그는 우선적으로 독일인 메르텐스[3]의 고소 건[4], 상하이에 있는 영국회사 자딘 매티슨 상회[5]의 고소 건, 데니[6]와 해고된 미국 군사교관 커민스[7]와 리[8] 고소 건, 기타 조선 정부에 제기된 수많은 고소들에 대해 법률적인 검토를 하게 될 것입니다.

본인의 소식통에 따르면 데니는 가까운 시일 내에 조선을 완전히 떠날 것이라고 합

1 [원문 주석] A. 12925/90에 삼가 첨부
2 [감교 주석] 그레이트하우스(C. R. Greathouse)
3 [감교 주석] 메르텐스(A. Maertens)
4 [감교 주석] 메르텐스는 조선 정부에 부당해고 및 밀린 채불 임금 지불 건으로 소송을 제기하였음.
5 [감교 주석] 이화양행(怡和洋行; Jardine, Matheson & Co)
6 [감교 주석] 데니(O. N. Denny)
7 [감교 주석] 커민스(E. H. Cummins)
8 [감교 주석] 리(Lee)

니다.

본인은 이 보고서의 사본을 베이징[9]과 도쿄 주재 독일제국 공사[10]에게 보낼 것입니다.

크리엔

내용: 미국인 그레이트하우스의 조선 내무부 협판 임명

9 [감교 주석] 브란트(M. Brandt)

10 [감교 주석] 홀레벤(T. Holleben)

12

원문 p.636

데니의 출국

발신(생산)일	1891. 1. 25	수신(접수)일	1891. 3. 16
발신(생산)자	크리엔	수신(접수)자	카프리비
발신지 정보	서울 주재 독일 총영사관	수신지 정보	베를린 정부
	No. 11		A. 2295
메모	연도번호 No. 58		

A. 2295 1891년 3월 16일 오후 수신

서울, 1891년 1월 25일

검열 No. 11

독일제국 수상 카프리비 보병장군 각하 귀하

이달 9일 자 보고서 No. 7[1]에 이어 각하께 데니가 며칠 전 조선을 완전히 떠났다는 소식을 전하게 되어 영광입니다.

그레이트하우스가 본인에게 은밀하게 알려준 바에 의하면, 데니는 조선 측에서 미국 변리공사[2]를 통해 강제로 퇴거시키겠다고 위협하자 그제야 비로소 조선 정부가 그에게 마련해주었던 거처를 비워주었습니다. 그는 이의를 제기하며 요구한 보상액의 약 1/4 정도를 받았다고 합니다.

다른 소식통으로부터 들은 바에 의하면 데니가 받은 보상금 액수는 약 7,000달러라고 합니다.

본인은 이 보고서의 사본을 베이징[3]과 도쿄 주재 독일제국 공사[4]에게 보낼 것입니다.

크리엔

내용: 데니의 출국

---

1 [원문 주석] A. 2052에 삼가 첨부

2 [감교 주석] 허드(A. Heard)

3 [감교 주석] 브란트(M. Brandt)

4 [감교 주석] 홀레벤(T. Holleben)

13

원문 p.637

일본 대리공사의 교체

발신(생산)일	1891. 2. 13	수신(접수)일	1891. 4. 8
발신(생산)자	크리엔	수신(접수)자	카프리비
발신지 정보	서울 주재 독일 총영사관	수신지 정보	베를린 정부
	No. 14		A. 3066
메모	A. 5689 참조 // 연도번호 No. 80		

A. 3066 1891년 4월 8일 오전 수신

서울, 1891년 2월 13일

검열 No. 14

독일제국 수상 카프리비 보병장군 각하 귀하

각하께 일본 대리공사로 재직 중이던 곤도[1]로부터 이달 8일 자로 서울의 일본 공사관 업무를 후임인 가와키타[2]한테 넘겨주었다는 소식을 전해 들었다는 보고를 드리게 되어 영광입니다.

신임 일본 대리공사는 부임 전 샌프란시스코 영사를 역임하였습니다.

곤도와 가와키타는 이달 9일 조선 왕을 특별 알현하였습니다.

곤도는 오늘 조선을 떠났습니다.

본인은 이 보고서의 사본을 도쿄와 베이징 주재 독일제국 공사에게 보낼 것입니다.

크리엔

내용: 일본 대리공사의 교체

1 [감교 주석] 곤도 마스키(近藤眞鋤)

2 [감교 주석] 가와키타 도시스케(河北俊弼)

14

원문 p.638

미국 군사교관 커민스와 리에 관하여

발신(생산)일	1891. 3. 12	수신(접수)일	1891. 5. 6
발신(생산)자	크리엔	수신(접수)자	카프리비
발신지 정보	서울 주재 독일 총영사관	수신지 정보	베를린 정부
	No. 19		A. 3991
메모	연도번호 No. 133		

A. 3991 1891년 5월 6일 오후 수신

서울, 1891년 3월 12일

검열 No. 19

독일제국 수상 카프리비 보병장군 각하 귀하

작년 3월 14일 자 본인의 보고서 No. 28[1]에 이어 각하께 삼가 다음과 같은 보고를 드리게 되어 영광입니다. 해임된 미국 군사교관 커민스[2]와 리[3]가 이달 초 조선 정부로부터 계약기한 만료일인 1890년 5월 9일까지의 급여 전액과 계약상 약정되어 있던 귀국경비를 지급받았으며 며칠 내로 조선을 떠날 것이라는 소식입니다.

본인은 이 보고서의 사본을 도쿄 주재 독일제국 공사에게 보낼 것입니다.

크리엔

내용: 미국 군사교관 커민스와 리에 관하여

---

1 [원문 주석] A. 5676/90에 삼가 첨부

2 [감교 주석] 커민스(E. H. Cummins)

3 [감교 주석] 리(Lee)

15

원문 p.639

조선 북부지방 여행보고서

발신(생산)일	1891. 5. 30	수신(접수)일	1891. 6. 1
발신(생산)자	마츠펠트	수신(접수)자	카프리비
발신지 정보	런던 주재 독일 대사관	수신지 정보	베를린 정부
			A. 4828
메모	6월 8일 페테르부르트 200, 베이징 A. 14에 각 1통씩 전달		

A. 4828 1891년 6월 1일 오전 수신, 첨부문서 3부

런던, 1891년 5월 30일

독일제국 수상 카프리비 보병장군 각하 귀하

서울(조선) 주재 영국 총영사관에 근무하는 부영사 캠벨이[1] 1889년 9월과 10월에 걸쳐 조선 북부지방을 여행한 뒤 3부로 작성해 제출한 의회보고서[2]를 첨부하여 각하께 삼가 보고드리게 되어 영광입니다.

마츠펠트

내용: 조선 북부지방 여행보고서

1891년 5월 30일 런던발 보고서 첨부문서
첨부문서의 내용(원문)은 독일어본 640~706쪽에 수록.

1 [감교 주석] 캠벨(C. W. Campbell)

2 [감교 주석] *China. No. 2 (1891). Report by C. W. Campbell of a journey in North Corea in September and October 1889*, HARRISON AND SONS, May 1891.

베를린, 1891년 6월 8일 A. 4828

수신 :

1. 슈바이니츠 귀하
   상트페테르부르크 No. 200
2. 브란트 귀하
   베이징 No. A. 14

귀하에게 조선 북부지방 여행보고서를 포함한 영국의 의회보고서(청서, Bluebook) "China No. 2(1891)" 1부를 그곳 문서보관실 용으로 보내게 되어 영광입니다.

16

원문 p.708

일본 공사의 교체

발신(생산)일	1891. 5. 4	수신(접수)일	1891. 6. 26
발신(생산)자	크리엔	수신(접수)자	카프리비
발신지 정보	서울 주재 독일 총영사관	수신지 정보	베를린 정부
	No. 27		A. 5689
메모	연도번호 No. 221		

A. 5689 1891년 6월 26일 오후 수신

서울, 1891년 5월 4일

검열 No. 27

독일제국 수상 카프리비 보병장군 각하 귀하

금년 2월 13일 자 본인의 보고서 No. 14[1]에 이어 각하께 삼가 (서울 주재; 감교자) 일본 공사 가와키타[2]가 3월 8일 사망하였다는 보고를 드리게 되어 영광입니다. 그는 사망 직전 변리공사로 승진하였습니다.

그의 후임은 가지야마[3] 육군중령입니다. 이곳에 부임 전 그는 베이징 주재 일본 공사관에서 처음에는 공사관무관으로, 그 이후에는 공사관서기관으로 도합 5년을 근무하였습니다. 가지야마는 지난달 17일 이곳에 도착하였으며 그저께 조선 왕에게 신임장을 제출하였습니다. 취임 접견이 끝난 뒤 그는 이달 2일 서한을 통해 서울 주재 외국대표들에게 자신이 변리공사로 일본 공사관 업무를 인계받았다고 통지하였습니다.

본인은 이 보고서의 사본을 베이징[4]과 도쿄 주재 독일제국 공사[5]에게 보낼 것입니다.

크리엔

내용: 일본 공사의 교체

1 [원문 주석] A. 3066에 삼가 첨부
2 [감교 주석] 가와키타 도시스케(河北俊弼)
3 [감교 주석] 가지야마 데이스케(梶山鼎介)
4 [감교 주석] 브란트(M. Brandt)
5 [감교 주석] 홀레벤(T. Holleben)

17

원문 p.709

조선에 새로 부임한 미국 변리공사에게 들은 소식을 기반으로 한 조선의 정세

발신(생산)일	1891. 6. 17	수신(접수)일	1891. 8. 4
발신(생산)자	브란트	수신(접수)자	카프리비
발신지 정보	베이징 주재 독일 공사관	수신지 정보	베를린 정부
	No. 120		A. 6872
메모	8월 7일 런던 598, 페테르부르크 269, 워싱턴 A1 전달		

A. 6872 1891년 8월 4일 오전 수신

베이징, 1891년 6월 17일

A. No. 120

독일제국 수상 카프리비 보병장군 각하 귀하

본인의 오랜 친구인 조선 주재 미국 공사 허드[1]가 얼마 전 가족과 함께 몇 주 동안 본인의 집에 머물렀습니다. 그 기회에 본인은 그와 조선의 정세에 관해 자세하게 이야기를 나눌 기회를 가졌습니다.

허드는 조선인들이 관리든 일반 백성이든 대체로 외국인에게 매우 우호적이라고 말했습니다. 그러나 그는 한편으로는 속국에 대한 청국 정부의 태도가, 다른 한편으로는 청국 외교사절의 존재가 장차 조선에 근심거리가 될 것으로 예상하고 있습니다.

조선인들은 청국에 대체로 호감을 갖고 있으나 최근 청국 변리공사 위안스카이[2]의 거친 행동이 대다수 조선인들의 청에 대한 호감도를 떨어뜨렸습니다. 그러나 당장 이런 분위기가 노골적으로 드러나지는 않을 것입니다. 오래전부터 전해져 온 예언에 따라 올해 조선 왕조가 붕괴할 것이라는 소문이 돌고 있습니다. 이 소문이 원래부터 매우 유약한 데다가 독립심도 없는 왕뿐만 아니라 과거 매우 열정적이었던 왕비한테서도 모든 결단력과 의지력을 앗아갔다고 합니다. 대비[3] 장례식 때 왕이 미국 해군의 보호를 절박하게

1 [감교 주석] 허드(A. Heard)

2 [감교 주석] 위안스카이(袁世凱)

3 [감교 주석] 신정왕후(神貞王后) 조 씨, 대왕대비 조 씨

요청한 것도 그런 연유라고 합니다. 허드는 제물포 항에 정박 중인 미국 전함의 수병 50 명을 공사관 보호라는 명목으로 서울로 불러올리는 정도로만 왕의 소망을 충족시켜 주었습니다. 그런데 왕은 3번이나 미국 공사관에 사람을 보내 수비를 궁으로 옮겨줄 것을 요청한 뒤에야 비로소 만족하였다고 합니다.

허드는 동포인 르젠드르 장군과 일본 주재 미국총영사를 역임하고 현재 조선에서 고문으로 일하는 그레이트하우스의 최종 계획들에 대해서는 아는 바 없다고 주장하였습니다. 본인은 그게 불가능한 일은 아니라고 생각합니다. 왜냐하면 한편으로 르젠드르[4]는 폐쇄적인 사람으로 알려졌고, 다른 한편으로 두 고문은 아직 자신들이 무엇을 하고 싶은지 명확하게 깨닫지 못했을 것으로 추정하기 때문입니다. – 어쨌든 기본적으로는 조선의 자주성을 확립하고 조선의 재정상황 개선에 주안점을 두는 것이 당장의 목표가 되어야 할 것입니다.

허드는 늘 러시아 동료와 최상의 관계를 유지해 왔습니다. 본국 정부에 의해 활동에 제약을 받고 있는 베베르로서는 미국 동료가 조선 정부로 하여금 청국에 맞서도록 유도하는 일을 떠맡은 것을 싫어할 까닭이 없을 것으로 추정됩니다.

조선에서의 일본인들의 태도와 관련해 허드는 일본인들이 별로 호감을 사지 못한다는 점을 지적했습니다. 일본인들은 대체로 조용한 태도를 취하고 있으나 그들이 러시아와 청의 정책을 의심과 시기의 눈으로 감시하고 있을 뿐만 아니라 만약 조선을 두고 두 나라 사이에 분쟁이 발생하면 적극적으로 개입할 결심을 하고 있다는 것은 의심의 여지가 없습니다.

허드는 이곳 주재 영국 공사 월샴[5]과 몇 차례 대화를 나눴다고 합니다. 그런데 월샴은 단호하게 조선이 청에 계속 종속관계를 유지할 필요가 있다는 입장에 서 있다고 합니다.

본인에게 허드가 톈진에서 6월 13일 (직례[6]; 감교자)총독 리훙장[7]과 가진 회담에 대해 써 보낸 글에 의하면, 리훙장은 그를 매우 친절하게 맞이하였으나 긴 토론 중에 발언은 항상 청은 결코 조선의 독립을 용인할 수 없다는 말로 귀결되었다고 합니다. 그런 다음 리훙장은 허드에게 서울에 있는 왕과 외아문 독판이 조선 독립에 대한 생각을 단념하고 순순히 청에 예속될 수 있도록 영향력을 행사해줄 것을 요청했다고 합니다. 이에 대해 허드는 자신은 조선 왕에게 신임장을 제출한 입장이라 그런 요청을 받아들일 수 없다는

---

4 [감교 주석] 르젠드르(C. W. Legendre)

5 [감교 주석] 월샴(J. Walsham)

6 [감교 주석] 직례(直隸)

7 [감교 주석] 리훙장(李鴻章)

말로 리홍장의 청을 거절했다고 합니다.

허드의 발언으로 미루어 미국 측에서는 청과 조선의 관계를 판단함에 있어 조약들 내지 조약 체결 시 조선 측에서 설명하고 청국 측에서 승인한 설명을 지지하는 것으로 보입니다. 즉 조선은 행정적, 정치적으로 독립된 나라라는 주장 말입니다. 본인이 추정하기에 현재 워싱턴 사람들은 더 이상의 정치적 야심을 품고 있는 것 같지는 않습니다. 그러나 그곳 사람들은 청국 및 일본과 조약을 체결할 때 그랬던 것처럼 보호자와 중재자의 역할을 수행하는 것을 좋아합니다. 물론 그렇기는 하지만 미국의 해군 전투력이 더 강해지면 그 힘을 이용해 가장 가까운 서방국가의 운명에 단호하게 개입하고 싶은 욕구가 생길 가능성을 완전히 배제할 수는 없습니다. 예상컨대 그렇게 될 경우 분명히 미국은 현재 우호적인 관계를 맺고 있는 러시아와 알력을 빚게 될 것입니다. 그러나 정치적으로 이런 상황까지 고려하는 것은 아직은 시기상조입니다.

본인은 이 보고서 사본을 도쿄 주재 독일제국 공사에게 보낼 것입니다.[8]

브란트

내용: 조선에 새로 부임한 미국 변리공사에게 들은 소식을 기반으로 한 조선의 정세

---

8 [감교 주석] 원문에는 '본인은 ~ 것입니다.'에 취소선이 표기됨.

베를린, 1891년 8월 7일

A. 6872

주재 외교관 귀중

1. 런던 No. 598
2. 상트페테르부르크 No. 269
3. 워싱턴 A. No. 17

본인은 조선의 형세와 관련해 금년 6월 17일자 베이징 주재 독일제국 공사의 보고서 사본을 삼가 귀하께 보내 드립니다. 이 보고서는 조선 주재 신임 미국 변리공사에게 들은 소식을 기반으로 하고 있습니다.

18

원문 p.713

러시아의 보호 통치를 유도하기 위한 이른바 조선에서의 음모에 관하여

발신(생산)일	1891. 7. 30	수신(접수)일	1891. 9. 14
발신(생산)자	브란트	수신(접수)자	카프리비
발신지 정보	베이징 주재 독일 공사관	수신지 정보	베를린 정부
	No. 164		A. 8169

A. 8169 1891년 9월 14일 오전 수신

베이징, 1891년 7월 30일

A. No. 164

기밀

독일제국 수상 카프리비 보병장군 각하 귀하

본인은 조선의 민영익[1]이 또 다시 러시아의 보호 통치를 요청하는 조선의 청원서를 준비하려고 시도했다는 소식을 삼가 각하께 보고드리게 되어 영광입니다. 본인은 이 소식을 이곳 베이징 주재 일본 공사 오토리에게 들었습니다. 오토리[2]는 이 소식을 서울로부터 개인적으로 입수했을 뿐만 아니라 일본 신문기사들에서도 읽었다고 말합니다. 본인은 1887년 8월 18일과 25일 및 9월 9일의 보고서 A. 230,[3] A. 238[4], A. 248[5]에서 민영익의 조선 탈출에 대해 보고드렸습니다. 그 후로 민영익은 경제적으로 다소 곤궁한 상황에서 홍콩에 체류했습니다.

오토리의 말에 의하면, 민영익은 조선이 마침내 의지할 곳을 찾아야 한다는 내용의 전보를 서울에 보냈다고 합니다. 그 전보에서 민영익은 중국은 너무 거만하고 일본은 너무 음흉하며 믿을 곳은 오로지 러시아밖에 없다고 말했다는 것입니다. 그 전보는 6월

1 [감교 주석] 민영익(閔泳翊)

2 [감교 주석] 오토리 게이스케(大鳥圭介)

3 [원문 주석] A. 11847/87

4 [원문 주석] AA. 12510/87

5 [원문 주석] AA. 13185/87

29일 서울에서 열린 고위 관료 회의에서 격렬한 논쟁을 야기했다고 합니다. 그 회의에서 다수의 조선 고위관리들이 러시아에게 보호를 요청하는 제안에 찬성을 표명했다고 합니다. 그러나 그 생각은 청국의 강력한 결정을 두려워한 왕비의 반대로 인해 결국 무산되었다는 것입니다.

본인뿐만 아니라 본인의 다른 동료들도 이 소식이 사실인지 서울에서 확인하지 못했습니다. 그러니 본인으로서는 이 소식의 진위여부를 미해결로 남겨둘 수밖에 없습니다. 서울 주재 러시아 대리공사 베베르[6]가 상트페테르부르크에서 휴가를 보내기 위해 곧 귀국할 예정입니다. 그런데 오래전부터 민영익은 러시아 주재 공사로 파견되고 싶은 소망을 품어왔습니다. 그가 이 기회를 이용해 그 소망을 실행에 옮길 가능성이 있습니다. 혹은 베베르가 자신의 유능함을 입증할 요량으로, 러시아의 보호를 요청하는 조선의 청원서를 지니고 조선 사절을 대동해 상트페테르부르크에 나타나고 싶은 유혹을 이기지 못할 수도 있습니다.

그 밖에 본인은 상하이에서 발행되는 영국 신문들 중 하나에 Bin("민"의 일본식 발음) 씨가 러시아의 조선 보호 통치를 요청하기 위해 상트페테르부르크로 떠날 것이라는 내용의 기사가 이미 약 1주일 전쯤 보도되었음을 덧붙입니다.

본인은 도쿄 주재 독일제국 공사관과 서울 주재 독일제국 영사관에 이 보고서의 사본을 전달했습니다.

브란트

내용: 러시아의 보호 통치를 유도하기 위한 이른바 조선에서의 음모에 관하여

---

6 [감교 주석] 베베르(K. I. Weber)

19

원문 p.715

러시아와 청국의 관계

발신(생산)일	1891. 9. 12	수신(접수)일	1891. 9. 16
발신(생산)자	뷜로	수신(접수)자	카프리비
발신지 정보	페테르부르크 주재 독일 대사관	수신지 정보	베를린 정부
	No. 301		A. 8237
메모	9월 17일 London 718, Peking A. 29 전달		

A. 8237 1891년 9월 16일 오전 수신

상트페테르부르크, 1891년 9월 12일

No. 301

독일제국 수상 카프리비 보병장군 각하 귀하

지난달 29일 Wiener Politische Correspondenz는 러시아 정부가 조선과 비밀조약을 체결했다는 기사를 보도했습니다. 그 조약에 따르면, 조선에서 전쟁이 발발하는 경우에 러시아가 조선을 지원하는 의무를 진다고 합니다. 그에 대한 대가로 러시아는 조선의 지정된 섬에 러시아 해군기지의 설치를 허가받을 것이라고 합니다.

본인이 비밀리에 입수한 정보에 의하면, 중국 공사 쑤[1]는 이 소식을 듣고 심히 동요했습니다. 그는 러시아와 조선 사이에서 실제로 그런 협정이 체결되었는지 외무장관 대행에게 문의했습니다. 시시킨[2]은 위에서 언급한 Wiener Politsche Correspondenz의 보도 내용이 사실무근이라고 확언했습니다.

본인이 탐문한 바에 의하면, 청러무역협정 갱신을 위한 협상은 러시아 공사가 베이징에 도착한 후에야 비로소 시작될 것입니다.

뷜로

내용: 러시아와 청국의 관계

1 [감교 주석] 쉬징청(許景澄)

2 [감교 주석] 시시킨(Nikolay Shishkin)

베를린, 1891년 9월 17일 A. 8237에 첨부

주재 외교관 귀중

1. 런던 No. 718(보안!)

2. 베이징 A. 29

본인은 상트페테르부르크 주재 독일제국 대리공사의 이달 12일 자 러시아와 청국의 관계에 대한 보고서 사본을 참조하도록 삼가 귀하께 전달합니다.

20
원문 p.717

제주도에서 일본인과 조선인의 분쟁

발신(생산)일	1891. 10. 14	수신(접수)일	1891. 11. 21
발신(생산)자	홀레벤	수신(접수)자	비스마르크
발신지 정보	도쿄 주재 독일 공사관	수신지 정보	베를린 정부
	No. 74A		A. 10219
메모	A. 10441, A. 319/92 참조 연도번호 No. 171A		

A. 10219 1891년 11월 21일 오전 수신, 첨부문서 1부

도쿄, 1891년 10월 14일

No. 74A

독일제국 수상 카프리비 보병장군 각하 귀하

최근 조선 영토 퀠파트[1]에서 일본인들과 조선인들 사이에 유혈 충돌사건이 발생했습니다. 이 사태는 심각한 결과를 초래할 가능성이 있습니다. 이곳에서 신빙성 있는 소식을 입수하기는 당분간 불가능합니다. 그런데다 서울에서 공적인 소식도 아직 도착하지 않았습니다. 그러므로 현재로서는 통역 실습생 틸[2]이 그 사건과 관련해 이곳 신문들에 보도된 기사들을 종합한 내용을 각하께 삼가 전달하는 것으로 만족할 수밖에 없습니다.

이 보고서 및 첨부문서의 사본을 베이징 주재 독일제국 공사관[3]과 서울 주재 독일제국 영사관[4]에도 전달했습니다.

홀레벤

내용: 제주도에서 일본인과 조선인의 분쟁, 첨부문서 1부

1 [감교 주석] 퀠파트(Quelpart), 오늘날 제주도
2 [감교 주석] 틸(Thiel)
3 [감교 주석] 브란트(M. Brandt)
4 [감교 주석] 크리엔(F. Krien)

1891년 10월 14일 자 C. No. 74A의 첨부문서

제주도 돌발 사태에 대한 기록

일본 어부들과 조선 어부들 사이에서 유혈 충돌사태가 발생했다는 충격적인 소식은 9월 12일 "Choya Shimbun"[5]에 처음 보도되었다. 그 기사에 따르면, 퀠파트[6]의 — 조선어로는 제주도, 일본어로는 Seishuto라고 불린다 — 주민들이 섬에 상륙하는 일본 어부들을 습격해서 40명 이상을 살해하고 상당수 일본 어부들에게 부상을 입혔다고 한다. 이 기사에 이어 9월 14일 자 "Nichi Nichi Shimbun"[7]은 다음과 같이 전혀 다른 내용을 보도했다. 조선 정부가 서울 주재 일본 대표에게 보낸 서한에 의하면, 일본 어부들이 제주에 상륙해서 조선인 한 명을 살해했으며 조선인들 가옥에 침입해 많은 것을 파괴하고 약탈했다는 것이다. 그 서한에서는 일본인들이 살해된 이야기는 전혀 언급되지 않았다고 한다. 이제 조선 정부는 그에 대한 배상을 요구하고 있으며, 서울 주재 일본 공사[8]는 이 사실을 금년 8월 27일 도쿄 외무성에 전보로 알렸다고 한다. 그에 이어 조선 관리와 일본 관리를 태운 군함 "Chokai"호가 진상을 규명하기 위해 현장에 파견되었다는 것이다. 일본 정부가 조선에게 약조한 사항을 어기고, 쓰시마의 일본 어부들이 이미 11월 1일 전에 제주 인근 해역에서 고기잡이를 시작한 것이 분쟁의 발단이었다고 한다. 일본 신문들은 그 사태에 대해 제각기 다르게 보도했다. 일본 신문들은 근본적으로 조선인들을 공격자로 몰아세우려 했으며, 그와 관련해 다소 명백한 동기들을 제시했다. 제주의 조선인들이 쉽게 흥분하는 반야만적이고 폭력적인 성향의 사람들이라는 것이다. — 특히 남자들과 마찬가지로 어업에 종사하는 조선 아낙네들이 일본인을 증오한다는 것이다. 조선인들은 일본인들이 자신들보다 더 좋은 어업도구와 더 숙련된 어업기술을 보유하고 있는 것을 시샘한다고 한다. 또한 조선인들은 조일 무역조약으로 인해 일본인들에게 이득을 빼앗겼다고 생각한다는 것이다. 그 조약에 의거해 일본인들에게 어업이 허용된 조선 해역이 조선인들에게 허용된 일본 해역보다 훨씬 더 어족이 풍부하기 때문이라는 것이다. 양측의 사망자와 부상자에 대한 진술은 현저하게 엇갈리고 있다. 충돌사태가 발생한 날짜는 8월 22일로 제시되었다. 마침내 10월 7일 "Chokai"호가 나가사키에 귀환

---

5 [감교 주석] 초야신문(朝野新聞)

6 [감교 주석] 퀠파트(Quelpart), 오늘날 제주도

7 [감교 주석] 도쿄니치니치신문(東京日日新聞)

8 [감교 주석] 가지야마 데이스케(梶山鼎介)

했다고 보고되었다. “Chokai”호는 그 사건을 조사하는 임무를 맡았던 인천 주재 일본 영사의 보고서를 가져왔다. 그 보고서에 의하면, 작년 7월 초부터 일본인과 조선인 사이에 여러 차례 마찰과 유혈충돌이 있었다고 한다. 7월 7일에 다수의 일본 어선들이 심한 강풍으로 인해 제주에 상륙할 수밖에 없었다고 한다. 제주 토착민들은 즉시 창검으로 그들을 공격했고, 일본인들은 칼과 총포로 사력을 다해 방어했다는 것이다. 일본인 두 명과 조선인 일곱 명이 목숨을 잃고 여러 명이 부상을 입었다고 한다. 일본 영사관의 보고서 역시 불화의 원인을 조선 어부들의 시샘에서 찾고 있다. 아직까지 제주 주민들만 심문받았으며 관련된 일본 어부들은 신분조차 확인되지 않았기 때문에 조사가 완결되었다고 볼 수 없다. 나가사키 지사뿐만 아니라 인천 주재 영사도 계속 자료를 수집하라는 지시를 받았다.

21

원문 p.720

르젠드르 장군의 일본 파견

발신(생산)일	1891. 10. 26	수신(접수)일	1891. 11. 26
발신(생산)자	홀레벤	수신(접수)자	비스마르크
발신지 정보	도쿄 주재 독일 공사관	수신지 정보	베를린 정부
	No. 79A		A. 10411
메모	연도번호 No. 187		

A. 10411 1891년 11월 26일 오후 수신

도쿄, 1891년 10월 26일

C. No. 79A

독일제국 수상 카프리비 보병장군 각하 귀하

본인은 미국의 유명한 르젠드르[1] 장군이 조선 정부에 의해 도쿄에 파견되었다는 소식을 삼가 각하께 보고드리게 되어 영광입니다. 현재 르젠드르 장군은 조선 정부의 고문으로 활동하고 있는데, 본인이 얼마 전 보고드렸던 퀠파트[2] 문제를 해결하기 위해[3] 일본으로 파견된 것이 분명합니다. 르젠드르 장군 본인의 말에 의하면, 그의 주요 임무는 조일 조약의 여러 항목들을 수정하기 위해 일본 정부와 교섭하는 것입니다. 그러나 에노모토[4]는 지금으로서는 그런 일에 신경 쓸 겨를이 없다고 말했습니다. 러시아 측의 보도에 의하면, 서울에서 르젠드르의 위치는 상당히 흔들리고 있습니다. 그 주요 원인은 그가 조선 정부에서 원하는 차관을 끌어오는 데 성공하지 못했기 때문입니다. 이런 이유에서 르젠드르는 가능한 한 광범위한 계획을 세우고 일본 파견 임무를 서둘렀습니다.

퀠파트 문제와 관련해, 에노모토는 서울 주재 일본 공사[5]로부터 그 사건에 대한 신빙성 있는 설명을 들었다고 본인에게 말했습니다. 그 설명에 따르면, 일본인들의 책임은

1 [감교 주석] 르젠드르(C. W. Legendre)
2 [감교 주석] 퀠파트(Quelpart), 오늘날 제주도
3 [원문 주석] A. 10219 삼가 동봉
4 [감교 주석] 에노모토 다케아키(榎本武揚)
5 [감교 주석] 가지야마 데이스케(梶山鼎介)

최소한도로 축소되고 사망자는 한 사람도 없었다는 것입니다.

이 보고서의 사본을 베이징 주재 독일제국 공사관[6]과 서울 주재 독일제국 영사관[7]에 보내도록 하겠습니다.

홀레벤

내용: 르젠드르 장군의 일본 파견

---

6 [감교 주석] 브란트(M. Brandt)

7 [감교 주석] 크리엔(F. Krien)

22

원문 p.721

제주도에서 일본 어부들과 조선 어부들의 충돌

발신(생산)일	1891. 11. 5	수신(접수)일	1892. 1. 11
발신(생산)자	라인스도르프	수신(접수)자	비스마르크
발신지 정보	도쿄 주재 독일 공사관	수신지 정보	베를린 정부
	No. 58		A. 319
메모	연도번호 No. 471		

A. 319　1892년 1월 11일 오전 수신

서울, 1891년 11월 5일

검열 No. 58

독일제국 수상 카프리비 보병장군 각하 귀하

금년 10월 14일 자 보고서[1]에서 도쿄 주재 독일제국 공사는 금년 6월과 7월 퀠파트[2]에서 조선 어부들과 일본 어부들 사이에 벌어진 충돌사건에 대해 삼가 각하께 보고드린 바 있습니다. 본인은 전라도 관찰사가 6월에 그 사건들에 대해 전보로 서울에 보고했다는 소식을 삼가 덧붙이게 되어 영광입니다. 그 후 조선 정부는 그 사건을 조사하기 위해 내무부 서기관을 퀠파트에 파견했습니다. 그러나 그 관리는 일본인들과 평화를 유지하라고 경고했다가 섬 주민들에게 몰매를 맞고 섬에서 쫓겨났습니다. 조선 정부는 퀠파트의 질서와 안정을 회복할 때까지 그곳에서의 어업행위를 일본 어부들에게 금지시켜줄 것을 이곳 일본 대표에게 요청했습니다. 일본인들은 어업권 행사를 6개월 포기했습니다. 그리고 가지야마의 권유를 좇아, 제물포의 일본 영사 하야시[3]는 조선 파견관 외아문 참의 박용원[4]와 함께 그 분쟁을 조사하기 위해 일본 포함을 타고 퀠파트로 향했습니다. 그 관리들은 5주 동안 자리를 비운 후 지난달 16일 이곳으로 돌아왔습니다. 그들은 각기 조선 외무부 및 일본 변리공사에게 보고서를 제출했습니다.

1 [원문 주석] A. 10219 삼가 동봉

2 [감교 주석] 퀠파트(Quelpart), 오늘날 제주도

3 [감교 주석] 하야시 부이치(林武一)

4 [감교 주석] 박용원(朴用元)

조선 측의 진술에 의하면, 충돌 사태는 6월 8일과 20일 그리고 7월 12일과 18일, 21일에 각기 다른 7개 해안가에서 일어났습니다. 조선 측에서는 신원이 밝혀진 네 명이 목숨을 잃었고 스물세 명이 다소간 중상을 입었습니다. 일본인들은 규정된 허가증 없이 고기를 잡았을 뿐만 아니라 조선 어부들이 쳐놓은 그물 속의 내용물을 약탈하고 그물을 파괴했다고 합니다. 조선인들이 급히 배를 타고 그곳으로 달려갔지만, 일본인들은 그들에게 총격을 가했다는 것입니다. 그리고 일본인들은 섬에 상륙하여 쌀과 의복, 가축들을 훔치고 부녀자들과 아이들에게 가혹행위를 했다고 합니다. 하야시는 그런 일들이 주먹다짐에 그친다고 말합니다. 그리고 일본 어부들과 조선 어부들이 서로 시샘하는 탓에 그런 일들이 켈파트에서 이미 수차례 반복되었다고 합니다. 일본인들이 사람을 죽이는 일은 전혀 없었고, 심한 부상을 입힌 경우가 두 번 있었다는 것입니다.

켈파트의 주민 대부분이 어업으로 생계를 유지하고 있습니다. 그리고 켈파트의 진주조개층에 전복이 매우 풍부하기 때문에 일본인들도 그곳에서 즐겨 고기잡이를 합니다. 그래서 양국의 어부들은 켈파트에서 끊임없이 마찰을 빚어 왔습니다. 그로 인해 전라도 관찰사와 켈파트 부사는 이미 수차례 서울에 고충을 호소했으며, 최근의 사건들이 벌어진 후로는 일본인들이 켈파트 인근에서 고기잡이할 수 있는 권리를 완전히 박탈해줄 것을 절실히 요구했습니다. 조선 정부는 켈파트 주민들을 통제하기 어렵다고 주장합니다. 그리고 조선 정부가 그 섬에서 강력한 권위를 발휘하지 못한다는 것은 이미 알려진 사실입니다. 1889년 11월 12일의 조일어업협정 12조항은 조선에서 일본인의 어업권 행사를 제한할 수 있는 가능성을 조선 정부에게 제공합니다. 위의 조항에 따르면, 경험상 바람직해 보이는 경우에는 양국의 합의하에 협정을 보완하거나 변경할 수 있습니다. 또한 협정에 조인하고 2년이 경과한 후에는 어업 허가에 대한 수수료도 서로 의논하여 변경할 수 있습니다. 이제 조선은 일본인들에 대한 수수료를 현저하게 올리려 하고 있습니다. 그리고 다른 한편으로는 일본인들이 켈파트 해안에서 어업할 수 있는 권리를 일본 정부로 하여금 완전히 포기하게 하려고 합니다. 두 번째 요구와 관련해, 조선은 전직 요코하마 주재 미국 총영사 그레이트하우스[5]가 제출한 감정서를 근거로 삼고 있습니다. 그레이트하우스는 현재 조선 왕의 법률고문으로서 이곳 서울에 살고 있습니다. 그는 1883년의 조일무역협정 제41조에 따르면 조선에서 일본인들의 어업권은 단지 전라도 지방의 육지 해안에만 해당된다고 판단합니다. 켈파트가 행정적으로는 전라도 지방에 속하지만 일본인들의 어업권이 켈파트의 해안에는 해당되지 않는다는 것입니다.

5 [감교 주석] 그레이트하우스(C. R. Greathouse)

조선 왕은 외아문 독판[6]의 권유를 좇아서, 현재 조선 왕의 정치 고문인 미국인 르젠드르[7] 장군을 10월 12일 일본에 파견했습니다. 르젠드르 장군은 예전에 수년간 일본에서 활동했으며, 지금도 도쿄의 주요 인물들에게 상당한 영향력을 행사하고 있다고 전해집니다. 르젠드르 장군의 임무는 어업협정 내지는 무역규정을 앞서 언급한 방향으로 개정할 수 있도록 일본 정부를 설득하는 것입니다.

본인은 이 보고서의 사본을 베이징[8]과 도쿄 주재 독일제국 공사[9]에게 보낼 것입니다.

라인스도르프

내용: 제주도에서 일본 어부들과 조선 어부들의 충돌

6 [감교 주석] 민종묵(閔種默)
7 [감교 주석] 르젠드르(C. W. Legendre)
8 [감교 주석] 브란트(M. Brandt)
9 [감교 주석] 홀레벤(T. Holleben)

23

원문 p.724

[독일 함대의 제물포 파견 건]

발신(생산)일	1891. 12. 5	수신(접수)일	1892. 1. 18
발신(생산)자	브란트	수신(접수)자	카프리비
발신지 정보	베이징 주재 독일 공사관	수신지 정보	베를린 정부
	No. 293		A. 556

사본

A. 556 1892년 1월 18일 오전 수신

A. No. 293

베이징, 1891년 12월 5일

독일제국 수상 카프리비 보병장군 각하 귀하

본인이 각하께 이미 삼가 보고드린 바와 같이, 몇 주일 전 몽고 동부에서 발생한 소요사태는 이곳에서 전혀 불안을 야기하지 않고 있습니다. 그런데 특히 기독교인 동족들에 대한 폭력행위에 가담한 도당들 중 몇 명이 만주를 향해 가는 중이라고 합니다. 어쨌든 그로 인해 야기된 혼란이 조선까지 파급될 가능성이 없지는 않습니다.

이런 상황에서 서울 주재 독일제국 영사관은 독일제국 포함 한 척을 제물포에 주둔시켜줄 것을 요청했습니다. 지금까지 청국의 정세로 보아서, 본인은 이 요청에 반대할 의사가 없음을 서울 주재 독일제국 영사관 및 동아시아 기지의 최고참 장교이자 코르벳함 함장인 헬호프에게 알렸습니다. 헬호프는 현재 독일제국 해군 포함 "볼프(Wolf)"호의 함장직을 맡고 있습니다.

브란트

원본 청국 1

24

원문 p.725

조선

발신(생산)일	1892. 1. 31	수신(접수)일	1892. 2. 2
발신(생산)자	메테링	수신(접수)자	카프리비
발신지 정보	런던 주재 독일 대사관	수신지 정보	베를린 정부
	No. 55		A. 1002

A. 1002 1892년 2월 2일 오전 수신, 첨부문서 1부

런던, 1892년 1월 31일

No. 55

독일제국 수상 카프리비 보병장군 각하 귀하

오늘자 Observer에 의하면, 조선 왕이 아직 어린 나이의 아들을 위해서 곧 퇴위할 것이라는 소문이 있다고 합니다. Observer는 이 소문을 정치적인 영향력이 큰 사건으로 다루고 있습니다. 이 작은 나라는 십년 전에야 비로소 외국무역의 문호를 개방했으며, 그 후로 줄곧 위험한 음모의 무대였다고 합니다. 한편으로는 청국이 조선에 대한 종주권을 주장하고, 다른 한편으로는 조선이 독립국가로서 일본 및 유럽 열강과 관계를 맺었다고 합니다. 일본이 청국의 종주권 요구에 격렬하게 반대한다고 전해집니다. 그런데도 동아시아의 이 두 나라는 조선을 유럽 열강의 영향권에 두지 않으려는 공동의 관심사를 가지고 있습니다. 그런데다 조선 국내에서는 두 세도가, 즉 민씨 가문[1]과 김씨 가문[2]이 서로 정권을 차지하려고 싸우고 있다고 합니다. 그러니 아직 어린 왕이 즉위하는 경우에 과연 조선의 평화가 보장될 수 있을 것인지 예측 불가하다는 것입니다.

본인은 해당 신문기사를 삼가 각하께 동봉하게 되어 영광입니다.

독일제국 대사를 대신하여

메테링

1 [감교 주석] 여흥(驪興) 민씨

2 [감교 주석] 장동(壯洞) 김씨

내용: 조선

No. 55의 첨부문서

첨부문서의 내용(원문)은 독일어본 726쪽에 수록.

25

원문 p.727

조선 국내 정세 및 일본이 조선에서 거둔 성과에 관하여

발신(생산)일	1892. 1. 4	수신(접수)일	1892. 3. 7
발신(생산)자	브란트	수신(접수)자	카프리비
발신지 정보	베이징 주재 독일 공사관	수신지 정보	베를린 정부
	No. 1		A. 2073

A. 2073 1892년 3월 7일 오전 수신, 첨부문서 1부

베이징, 1892년 1월 4일

A. No. 1

독일제국 수상 카프리비 보병장군 각하 귀하

본인은 서울의 매우 믿을 만한 소식통으로부터 개인적인 서신 한 통을 입수했습니다. 그 서신의 발췌문을 각하께 삼가 첨부문서로 동봉하게 되어 영광입니다. 그 서신은 조선 국내의 정세 및 최근 일본인들이 조선에서 거둔 성과와 관련해 흥미로운 내용들을 담고 있습니다.

조선 국내의 안정을 심각하게 위협하는 많은 요인들이 존재한다는 점에는 의심의 여지가 없습니다. 또한 일본인들의 성과가 지속적으로 청국인들의 시기심을 자극하고 그로 인해 청국인들이 조선을 더욱 압박할 것도 확실합니다.

그러므로 본인이 입수한 소식들을 본인 혼자만 알고 있어서는 안 된다고 믿습니다. 본인은 부디 이 소식들을 극비 사항으로 다루어주실 것을 삼가 각하께 부탁드리는 바입니다.

브란트

내용: 조선 국내 정세 및 일본이 조선에서 거둔 성과에 관하여

1892년 1월 4일 자 A. No. 1의 첨부문서

첨부문서의 내용(원문)은 독일어본 728~729쪽에 수록.

26

원문 p.730

오스트리아-조선 무역조약과 관련한 조선의 권리 주장

발신(생산)일	1892. 7. 6	수신(접수)일	1892. 8. 18
발신(생산)자	발트하우젠	수신(접수)자	비스마르크
발신지 정보	도쿄 주재 독일 공사관	수신지 정보	베를린 정부
	No. 50A		A. 7117
메모	연도번호 No. 122A		

A. 7117 1892년 8월 18일 오전 수신

도쿄, 1892년 7월 6일

C. No. 50A

독일제국 수상 카프리비 보병장군 각하 귀하

이곳 도쿄 주재 오스트리아-헝가리제국 공사 비겔벤[1]의 주도하에 최근 오스트리아-조선 수호통상조약이 체결[2]되었습니다. 이와 관련해 비겔벤은 조선 측에서 조선의 독립에 대한 권리주장[3]을 그 조약에 첨가하려 시도했다고 본인에게 추가로 알려주었습니다. 조선 측은 이전에 다른 조약들을 체결할 때도 상대방 대표에게 이런 종류의 권리 주장을 떠넘겼다고 합니다. 그 문제의 권리 주장은 조선 왕 폐하께서 오스트리아 황제 폐하께 보내는 서한이라고 합니다. 그러나 그 서한은 한 나라의 군주에게 보내는데 필요한 형식을 완벽하게 갖추지 않았다는 것입니다. 그 서한은 "오스트리아 황제께"라는 말로 시작된다고 합니다. 그러고는 아무런 격식도 없이, 순전히 논리적으로 작성된 권리보장 텍스트가 이어지고, 그 아래에는 끝맺는 형식도 없이 조선 왕의 서명만 있다고 합니다.

비겔벤은 그런 식의 격식에 맞지 않는 서한을 수령해서 자신의 군주에게 전달하는 것을 거절했다고 본인에게 말했습니다. 그러자 이곳 주재 조선 대리공사 권재형[4]는 매우

---

1 [감교 주석] 비겔벤(Biegelben)

2 [감교 주석] 조선-오스트리아 수호통상조약은 1892년 6월 23일(음력 5월 29일) 체결되었음.

3 [감교 주석] 권재형은 조약 협상 종료 후 속방조회문(屬邦照會文)을 오스트리아 측에 제출함. 본문에는 조선 독립에 대한 권리 주장으로 되어 있지만, 실제로는 조선은 청국의 속방이며, 내치와 외교는 독립적으로 행사한다는 내용을 담고 있음. 이는 1882년 조미수호통상조약 체결 이래로 계속해서 고종이 조약 체결국의 최고통치권자에게 보낸 내용이었음.

당황했다고 합니다. 권재형은 비겔벤이 그 문서를 수령하도록 온갖 노력을 기울였습니다. 그런데도 모든 노력이 허사로 돌아가자, 마침내 그 문서를 조선으로 돌려보냈습니다. 반송 임무를 맡은 관리는 도중에 익사했지만, 문서 자체는 무사히 서울에 도착했습니다. 그러자 조선 정부는 오스트리아 공사에게 건네주려고 새로이 시도해 보라는 명령과 함께 곧바로 문서를 대리공사에게 돌려보냈습니다. 그러나 오스트리아 공사는 권재형의 간절한 부탁에도 불구하고 생각을 굽히지 않았습니다. 결국 그는 조선의 대리공사가 그 문서를 오스트리아 공사관에 보내는 것까지는 동의할 용의가 있다고 마지못해 승낙했습니다. 그러나 오스트리아 공사는 그 문서를 수신인에게 송부하지도 않을 것이며, 문서를 수령했다는 증서도 써주지 않을 것이라고 말했습니다. 또한 비겔벤은 이런 식으로 수령증 없이 전달되고 수신인에게 송부되지 않는 권리 주장은 아무런 법적 효력이 없다는 것을 조선 대리공사에게 명백히 주지시켰습니다. 본인이 오스트리아 공사에게 들은 바에 따르면, 권재형은 곧바로 그 문서를 근사한 상자에 담아 오스트리아 공사관에 보냈습니다. 그러나 권재형은 그에 대한 수령증은 받지 못했습니다. 이제 그 문서는 오스트리아 공사관에 계속 놓여 있을 것입니다.

본인은 이 보고서의 사본을 베이징 주재 독일제국 공사관 및 서울 주재 독일제국 영사관에 보냈습니다.

발트하우젠

내용: 오스트리아-조선 무역조약과 관련한 조선의 권리 주장

4 [감교 주석] 권재형(權在衡). 1903년에 권중현(權重顯)으로 개명

27

원문 p.732

제주도에서 조선과 일본의 새로운 분쟁 및 르젠드르 장군의 협상

발신(생산)일	1892. 7. 11	수신(접수)일	1892. 8. 18
발신(생산)자	발트하우젠	수신(접수)자	비스마르크
발신지 정보	도쿄 주재 독일 공사관	수신지 정보	베를린 정부
	No. 52A		A. 7119

A. 7119 1892년 8월 18일 오전 수신

도쿄, 1892년 7월 11일

C. No. 52A

독일제국 수상 카프리비 보병장군 각하 귀하

이곳에 도착한 소식에 의하면, 금년 5월 말 조선의 켈파트[1]에서 그곳의 조선 주민들과 일본 어부들 사이에 다시 싸움이 벌어졌습니다. 본인은 이 소식을 삼가 각하께 전하게 되어 영광입니다.[2] 그 싸움으로 인해 조선인 한 명이 목숨을 잃고 여러 명이 부상을 입었습니다. 일본인 어부들은 섬에서 추방되었으며, 그들이 섬에 지은 창고들은 파괴되었습니다. 일본 정부는 그 사건에 대한 소식을 듣자마자, 일본의 이익을 보호하기 위해 군함 한 척을 켈파트에 파견했습니다.

1883년 7월 25일의 조일통상장정 제 41조에 의하면, 일본인들은 조선의 특정 영해에서 고기잡이할 권리가 있습니다. 현재 이곳 도쿄에서는 르젠드르[3] 장군과 일본 정부 사이에서 조일 무역규정의 개정과 관련한 협상이 진행되고 있습니다. 이 협상에서 조선 측은 켈파트 해역이 그 특정 영해에 속하는가 하는 문제에 대해 부정적인 입장을 표명했다고 알려졌습니다. 그러나 설령 조선 측에서 이 문제에 대해 긍정적이라 할지라도, 일본인들이 켈파트 및 다른 해당 해안 지역에 정주하거나 건축물을 세우는 것은 허가되지 않습니다. 그러므로 위에서 언급한 싸움에서는 일본인들이 창고를 짓고 이용할 권한이 없었다는 점에서 어쨌든 잘못한 것입니다. 일본인들은 그 창고들을 때로는 주거용으로 때로는

1 [감교 주석] 켈파트(Quelpart), 오늘날 제주도

2 [감교 주석] 원문에는 '본인은 ~ 영광입니다.'에 취소선이 표기됨.

3 [감교 주석] 르젠드르(C. W. Legendre)

생선을 보관하고 건조하는 목적으로 이용한 듯 보입니다. 그 창고들은 조선인들에 의해 파괴되었습니다.

르젠드르 장군과 일본 정부 사이에서 진행되는 협상에 관해 말씀드리면, 일본 정부는 켈파트에 대한 정보를 제공할 목적으로 부산 소재 일본 어업회사 사장을 도쿄로 소환했습니다. 금년 4월 그 사장이 도쿄에 도착한 후에 협상이 다시 재개되었습니다. [그리고 협상이 결국은 만족스럽게 타결될 가능성이 있습니다.] 「르젠드르 장군은 일본 정부가 그 사이 무역규정을 개정하기 위한 모종의 제안을 했다고 본인에게 비밀리에 알려주었습니다. 그래서 르젠드르 장군은 서울에 문의한 후 그 제안에 답변했다고 합니다. 현재 협상에서 문제되는 주요 현안은 다음과 같은 것이라고 합니다. 일본인들에게는 조선 영해에서 고기잡이를 하는 것뿐만 아니라 조선의 해당 해안지역에서 생선을 건조시킬 수 있는 권리를 취득하는 것도 매우 중요하다고 합니다. 그래서 르젠드르 장군은 조선 측 요구에 유리한 방향으로 일본 정부의 분위기를 유도하기 위해서, 조선은 적절한 특정 지역에서 생선을 건조할 수 있는 권리를 일본에 승인할 용의가 있다고 일본 정부에 선언했다는 것입니다. 그러자 그 즉시 일본 측에서는 각기 다른 장소 일곱 곳에서 생선을 건조할 수 있는 권리를 요구했다고 합니다.

르젠드르 장군은 일본 정부와의 길고 까다로운 회담에서 특히 초반에 커다란 난관에 부딪쳤습니다. 그러나 이제 그는 목표에 성큼 다가섰다고 믿고 있습니다. 그리고 생선을 건조할 수 있는 권리를 승인하는 문제를 제기함으로써, 드디어 만족스럽게 협상을 타결할 수 있을 것이라고 기대하고 있습니다.」[4]

본인은 이 보고서의 사본을 베이징 주재 독일제국 공사관[5]과 서울 주재 독일제국 영사관[6]에 보냈습니다.

발트하우젠

내용: 제주도에서 조선과 일본의 새로운 분쟁 및 르젠드르 장군의 협상

4 [감교 주석] 원문에는 '「르젠드르 장군은 ~ 있습니다.」'에 취소선이 표기됨.

5 [감교 주석] 브란트(M. Brandt)

6 [감교 주석] 크리엔(F. Krien)

28

원문 p.734

조선 국왕의 부친에 대한 암살 소문

발신(생산)일	1892. 6. 30	수신(접수)일	1892. 8. 18
발신(생산)자	크리엔	수신(접수)자	카프리비
발신지 정보	서울 주재 독일 총영사관	수신지 정보	베를린 정부
	No. 36		A. 7124
메모	연도번호 No. 123A		

A. 7124 1892년 8월 18일 오후 수신

서울, 1892년 6월 30일

검열 No. 36

독일제국 수상 카프리비 보병장군 각하 귀하

최근 이곳에서는 이달 18일과 19일 사이 밤에 조선 왕의 부친, 즉 예전의 섭정(대원군)[1]에 대한 암살 시도가 있었다는 소문이 돌고 있습니다. 본인은 이 소식을 삼가 각하께 보고드리게 되어 영광입니다.

대원군의 침실에서 화약이 폭발했고 그로 인해 방바닥이 갈라졌다고 합니다. 그러나 우연히도 대원군은 다른 방에서 취침했다고 합니다. 방바닥 아래에서 화약 세 상자가 발견되었는데, 그중 상자 하나의 내용물만이 폭발했다는 것입니다. 백성들 사이에서는 조선 왕비[2]가 암살 계획의 배후자로 지목되고 있습니다. 왕비가 왕의 부친을 증오한다는 사실은 이곳에 널리 알려져 있기 때문입니다.

그러나 오늘 조선의 외아문 독판[3]은 그런 소문이 전혀 근거 없는 것이라고 본인에게 설명했습니다.

본인은 이 보고서의 사본을 베이징 주재 독일제국 공사관[4]에 보낼 것입니다.

크리엔

내용: 조선 국왕의 부친에 대한 암살 소문

1 [감교 주석] 흥선대원군(興宣大院君)
2 [감교 주석] 명성황후(明成皇后)
3 [감교 주석] 민종묵(閔種默)
4 [감교 주석] 브란트(M. Brandt)

29

원문 p.735

조선 국왕의 부친에 대한 암살 소문

발신(생산)일	1892. 7. 29	수신(접수)일	1892. 9. 29
발신(생산)자	크리엔	수신(접수)자	카프리비
발신지 정보	서울 주재 독일 총영사관	수신지 정보	베를린 정부
	No. 39		A. 8196
메모	연도번호 No. 280		

A. 8196 1892년 9월 29일 오전 수신

서울, 1892년 7월 29일

검열 No. 39

독일제국 수상 카프리비 보병장군 각하 귀하

이곳의 믿을 만한 소식통에 의하면, 대원군[1]의 암살시도 소문에 즈음하여 일본 천황은 조선 왕에게, 일본 외무대신은 조선 왕의 부친에게 지난달 말 축전을 보냈다고 합니다. 그 축전들은 이곳 조선의 궁중에서 몹시 곤혹스러운 반응을 불러일으켰다고 합니다. 지난달 30일의 보고서 No. 36[2]에 이어 본인은 이 소식을 삼가 각하께 보고드리게 되어 영광입니다.

조선의 외아문 독판[3]은 그 소문이 사실무근이라는 간접 증거를 러시아 대리공사에게 제시했습니다. 즉, 민종묵은 만약 암살이 실제로 시도되었다면 대원군은 자신의 적들(조선 왕비[4]와 왕비의 추종자들, 특히 민씨 척족)을 폭로하기 위해 모든 고위관리들을 자신의 집으로 불렀을 것이라고 드미트리프스키[5]에게 설명했다는 것입니다. 그리고 고위관리들에게 갈라진 방바닥을 보여 주며 그의 적들의 습격에 대해 노골적으로 불만을 털어놓았을 것이라고 합니다. 대원군의 성격으로 보아서, 실패로 끝난 암살 계획을 가능한

1 [감교 주석] 흥선대원군(興宣大院君)
2 [원문 주석] A. 7124 삼가 동봉
3 [감교 주석] 민종묵(閔種默)
4 [감교 주석] 명성황후(明成皇后)
5 [감교 주석] 드미트리프스키(P. A. Dmitrevsky)

한 민중들에게 널리 알리기 위해 전력을 다했을 것이라고 합니다. — 그런데 대원군은 실제로 완전히 조용히 있었다는 것입니다. —

이곳의 청국 대표 위안스카이[6]도 그 소문을 전혀 근거 없는 것으로 여기고 있습니다.

본인은 이 보고서의 사본을 베이징[7] 및 도쿄 주재 독일제국 공사관[8]에 보낼 것입니다.

크리엔

내용: 조선 국왕의 부친에 대한 암살 소문

6 [감교 주석] 위안스카이(袁世凱)

7 [감교 주석] 브란트(M. Brandt)

8 [감교 주석] 발트하우젠(Waldthausen)

30

원문 p.736

조선 우의정의 청원서와 관련한 조선 국내 상황

발신(생산)일	1892. 9. 1	수신(접수)일	1892. 10. 17
발신(생산)자	브란트	수신(접수)자	카프리비
발신지 정보	즈푸 주재 독일 영사관	수신지 정보	베를린 정부
	No. 195		A. 8629
메모	10월 19일 London 73, 페테르부르크 369, 워싱턴 A. 48, 도쿄 A. 5 전달		

A. 8629 1892년 10월 17일 오전 수신, 첨부문서 1부

즈푸[1], 1892년 9월 1일

No. A. 195

독일제국 수상 카프리비 보병장군 각하 귀하

본인은 조선의 상황과 관련해 문서 한 부를 입수했습니다. 그 문서의 발췌 번역문을 삼가 각하께 전달하게 되어 영광입니다.

그 문서는 세 명의 의정부 대신 가운데 세 번째 의정부 대신[2]인 조병세[3]가 조선 왕에게 올린 진정서입니다. 진정서는 조선 조정이 어지럽고 그로 인해 나라 안이 어지러운 상황을 날카롭게 표현하고 있습니다. 진정서 작성자는 개인적으로 방탕한 풍류가로서 그다지 좋은 명성을 누리고 있지 않다고 합니다. 그런 사람이 무슨 의도로 그 글을 작성했는지는 분명치 않습니다. 그렇지 않아도 관직에서 물러날 수밖에 없게 된 상황을 다만 애국적인 분노로 포장하려는 의도였을 수도 있습니다. 또는 정치적인 변혁이 발생하는 경우에 주도자로서의 역할을 확보하려는 속셈일 수도 있습니다. 그러나 그 글이 우선적으로 조선 왕비[4]의 과도한 영향력을 겨냥하고 있다고 가정한다면 크게 틀리지 않을 것입니다. 현재 조선 왕비는 조선 정부의 통수권을 거머쥐고 있는 듯 보입니다.

그 글의 상세한 내용은 알려지지 않았습니다. 그 글의 사본이 여러 개 떠돌아다니

1 [감교 주석] 즈푸(芝罘)
2 [감교 주석] 우의정
3 [감교 주석] 조병세(趙秉世)
4 [감교 주석] 명성황후(明成皇后)

고 있는데 내용이 서로 정확하게 일치하지 않습니다. 그중에는 부패하다고 일컬어지는 매관매직에 관한 항목을 포함하는 사본도 있고, 또 최근 불교 사원에서 자주 거행되는 커다란 봉헌 행사에 반대하는 항목을 포함하는 사본도 있다고 합니다. 후자의 경우는 불교 예식을 좋아한다고 알려진 조선 왕비에 대한 직접적인 공격으로 간주되고 있습니다.

조병세는 이미 여러 차례 관직에서 물러나고 싶다는 뜻을 밝혔는데, 이 진정서로 인해 그 뜻이 받아들여졌습니다. 또한 고령의 수석 국무대신[5] 심순택[6]도 관직에서 물러났습니다. 두 사람의 후임자는 8월 중순까지도 임명되지 않았습니다. 궁중에서 전권을 휘두르는 왕비 밑에서는 그 누구도 정부의 대외적인 책임을 떠맡으려는 의사가 없는 듯 보입니다.

본인은 그 진정서에 큰 의미를 부여하고 싶지 않습니다. 그러나 여하튼 그 글은 조선의 아주 많은 것들이 부패해 있다는 또 하나의 징후입니다. 또한 그것은 불만스러운 상태로부터 외적인 분규가 발생하는 것을 볼 각오를 해야 한다는 징후이기도 합니다.

브란트

내용: 조선 우의정의 청원서와 관련한 조선 국내 상황

1892년 9월 1일 보고서의 첨부문서

서울, 1892년 7월 28일

우의정(즉, 세 번째로 높은 대신, 영의정이 제일 높고 얼마 전부터 공석인 좌의정이 두 번째로 높습니다) 조병세는 조선 왕에게 다음과 같이 말씀드렸습니다.

모든 나랏일이 너무 비참한 상태에 있어서 우리나라는 국가라고 불리기도 어려울 지경입니다.

---

5 [감교 주석] 영의정

6 [감교 주석] 심순택(沈舜澤)

전하를 좌우에서 보필하는 고문들과 신하들은 오로지 순종만 할뿐 아무런 충언도 올리지 않고 있습니다. 조정의 모두가 침묵을 지키고 있습니다. 그 누구도 감히 진실을 말할 용기를 내지 않고 있습니다. 전하께서는 실제로 상황이 어떠하고 무슨 일이 일어나는지 듣고자 하셔도 진실을 아실 수가 없습니다.

죄에 대한 처벌은 왕의 결정에 달려 있으며, 처벌은 죄에 상응해야 합니다. 처벌의 경중이 총애의 정도에 따라 좌우되어서는 안 됩니다. 그런데도 저희는 죽을죄를 진 죄인들이 자유롭게 돌아다니는 것을 봅니다. 어떻게 법이 그렇듯 조롱거리가 될 수 있단 말입니까!

현재 관리들은 공갈협박으로 살아가고 있습니다. 그것은 시정되어야 마땅합니다. 조선 팔도의 국민들은 편안히 살지 못합니다. 관리들이 의무를 다하지 않고 감찰관들이 맡은 바 감찰의 임무를 이행하지 않기 때문입니다. 최근 감찰관이 보고한 바에 따르면, 남쪽 삼도의 관리들은 현재 의무를 다하고 있습니다. 그러나 그곳에서 해고되는 관리들은 모두 가난한 지역의 관리들이며, 공적인 일을 판단하는 과정에서 국민의 소리가 경청되지 않는다는 사실에 주목해야 합니다. 저희는 마땅히 해고되어야 할 관리들이 해고되지 않는다는 것을 알고 있습니다. 왜 이 나라가 그런 벌을 받아야 합니까?

정부가 있는 곳에서는, 관리들의 신분에 상응하는 급료 체계 역시 존재해야 합니다. 관리들은 직무에 대한 충분한 대가를 받아야 마땅합니다. 그런데 왜 최근에 관리들이 다달이 받는 급료가 중단되었습니까? 그 임무를 맡은 관리는 임무를 수행하려는 시도조차 하지 않고 있습니다. 그것은 급료에 의지해 살아가는 사람들에게 부당할 뿐만 아니라 나라의 명성도 해치고 있습니다. 만일 주인이 하인들에게 일을 독려해놓고 마땅히 지불해야 할 것을 거절한다면 사람들이 무엇이라고 말하겠습니까? 하인들은 당연히 불만을 표출하지 않겠습니까?

온갖 불행 중에서 가장 큰 불행이고 국민들을 가장 많이 괴롭히는 것은 돈입니다. 엽전 한 닢이 다섯 닢으로, 다섯 닢이 한 닢으로 계산되고 있습니다. (다시 말해 전반적으로 혼란이 휩쓸고 있습니다). 물가가 매일 요동을 치고 모든 가격이 오르고 있습니다. 서울과 지방의 국민들은 근심에 가득 차 있으며 흥분을 억누르지 못하고 있습니다.

그런 정부는 이웃국가들의 눈에 수치스럽게 보일 것입니다. 국왕이 마음을 완전히 고쳐먹고 현존하는 악습을 시정하는 것에서 해결책을 찾을 수 있습니다. 잠시도 지체할 수 없습니다. 그렇지 않으면 곧 시기를 놓칠 것입니다. 전하께서 이런 상황을 부디 깊이 헤아려주시길 간청 드립니다.

정부에 대해 말씀드리자면, 과거에는 작은 일들은 해당 관청에서 해결하는 것이 관례였습니다. 그런데 지금은 모든 것들을 직접 전하께 보내야 합니다. 이것은 특히 행정관청 내부에서 커다란 혼란을 야기하고 있습니다.

전하께서는 지고의 덕망을 지니고 계십니다. 저희는 전하 같은 분을 다시 만나볼 수 없을 것입니다. 그런데 어쩌다 이 나라와 국민이 이렇듯 몰락했습니까? 어디에서도 도움을 받지 못하는 전하의 사정은 과거 그 어느 때보다도 나쁩니다. 사태가 지금까지처럼 계속된다면 이 나라는 장차 어찌 될 것입니까!

베를린, 1892년 10월 19일

A. 8629에 첨부

주재 외교관 귀중
1. 런던 No. 135
2. 상트페테르부르크 No. 369
3. 워싱턴 A. 43
4. 도쿄 A. 5

본인은 귀하께 조선의 국내 상황을 알려 드리기 위해 지난달 1일 자 즈푸 주재 독일제국 공사[7]의 보고서 사본을 삼가 동봉합니다.

7 [감교 주석] 브란트(M. Brandt)

원문 p.740

31
독일제국 군함 "알렉산드리네"호의 제물포 입항과 함장의 조선 왕 알현

발신(생산)일	1892. 9. 12	수신(접수)일	1892. 11. 5
발신(생산)자	크리엔	수신(접수)자	카프리비
발신지 정보	서울 주재 독일 총영사관	수신지 정보	베를린 정부
	No. 43		A. 9205
메모	11월 8일 독일제국 해군부 전달 연도번호 No. 344		

A. 9205 1892년 11월 5일 오전 수신

서울, 1892년 9월 12일

검열 No. 43

독일제국 수상 카프리비 보병장군 각하 귀하

본인은 프란치우스[1] 해군 함장 휘하의 독일제국 군함 "알렉산드리네(Alexandrine)"호가 이달 2일 즈푸[2]를 출발해 제물포에 도착했음을 삼가 각하께 보고드리게 되어 영광입니다.

본인은 프란치우스 함장을 공식적으로 찾아뵙기 위해 바로 그날 제물포로 떠났습니다. 그리고 함장 및 그의 부관인 해군소위 포자도프스키 베너[3], 부재정관 게른스키[4]와 함께 서울로 돌아왔습니다. 그들은 본인의 손님으로서 며칠 서울에 머물렀습니다.

이달 8일 본인은 프란치우스 함장과 그의 수행원 두 명을 조선 왕에게 소개하는 영광을 누렸습니다. 조선 왕은 그들을 매우 친절하게 맞아주었습니다. 왕은 독일제국 해군의 명성에 대해 많이 들었으며, 그런 독일제국 해군장교들을 직접 만나보게 되어 기쁘다고 거듭 말했습니다. 그리고 함대장 파벨츠[5] 제독을 곧 조선의 수도에서 맞이할 수 있기를

---

1 [감교 주석] 프란치우스(Frantzius)
2 [감교 주석] 즈푸(芝罘)
3 [감교 주석] 베너(Posadowsky-Wehner)
4 [감교 주석] 게른스키(Gernsky)
5 [감교 주석] 파벨츠(Pawelsz)

바란다고 말했습니다.

이튿날 프란치우스 함장은 수행원들을 데리고 제물포로 돌아갔습니다. 그리고 어제 독일제국 군함 "알렉산드리네"호를 타고 제물포 항을 떠났습니다. 프란치우스 함장은 먼저 조선 해역에서 사격훈련을 실시한 뒤를 이어 즈푸로 귀환할 예정입니다.

본인이 조금도 과장하지 않고 각하께 단언할 수 있는 바와 같이, 프란치우스 함장의 서울 체류는 조선인들에게 독일제국의 명성을 드높이고 조선 정부에서 본인의 위치를 굳건히 하는 데 많은 기여를 했습니다.

본인은 이 보고서의 사본을 베이징 주재 독일제국 공사관에 보낼 것입니다.

크리엔

내용: 독일제국 군함 "알렉산드리네"호의 제물포 입항.
함장의 조선 왕 알현.

베를린, 1892년 11월 8일 A. 9205에 첨부

제국 해군성 차관
홀만 해군 중장께

독일제국 군함 "알렉산드리네"호의 제물포 입항 및 함장의 조선 왕 알현과 관련해, 본인은 금년 9월 12일 자 서울(조선) 주재 독일제국 영사[6]의 보고서를 참조하시도록 독일제국 해군성 서기관 홀만[7] 해군중장께 삼가 동봉하는 바입니다. 부디 보고서를 살펴보시고 반송해 주시길 부탁드립니다.

6 [감교 주석] 크리엔(F. Krien)
7 [감교 주석] 홀만(Hollmann)

32

원문 p.743

[독일제국 군함 "알렉산드리네"호의 제물포 입항과 함장의 조선 왕 알현 관련 보고서 회송]

발신(생산)일	1892. 11. 23	수신(접수)일	1892. 11. 24
발신(생산)자	뷕셀	수신(접수)자	마르샬
발신지 정보		수신지 정보	베를린 외무부
			A. 9773

A. 9773 1892년 11월 24일 오후 수신, 첨부문서 1부

베를린, 1892년 11월 23일

A. 9205

독일제국 외무부 서기관
마르샬 시종장 남작 귀하

서기관께서는 이달 8일 자 서한 — A. 9205/5874[1] — 과 함께, 독일제국 군함 "알렉산드리네"호 함장의 조선 왕 알현과 관련한 서울 주재 독일제국 영사[2]의 금년 9월 12일 자 보고서를 본인에게 보내주셨습니다. 본인은 이 보고서를 살펴본 후 이제 깊이 감사하는 마음으로 삼가 돌려드리게 되어 영광입니다.

대행
뷕셀

1 [원문 주석] 삼가 동봉

2 [감교 주석] 크리엔(F. Krien)

33

원문 p.744

이른바 러시아의 조선 철도 계획

발신(생산)일	1892. 11. 1	수신(접수)일	1892. 12. 15
발신(생산)자	브란트	수신(접수)자	카프리비
발신지 정보	베이징 주재 독일 공사관	수신지 정보	베를린 정부
	No. 242		A. 10419
메모	A. 667/93 참조		

A. 10419 1892년 12월 15일 오전 수신

베이징, 1892년 11월 1일

No. 242

독일제국 수상 카프리비 보병장군 각하 귀하

본인은 (베이징 주재; 감교자) 영국 대리공사 보클락[1]으로부터 서울 주재 영국 총영사 힐리어[2]의 보고서 내용에 대해 들었습니다. 그 보고서에 의하면 러시아 측은 블라디보스토크에서 부산에 이르는 철도, 즉 북에서부터 조선을 가로질러 남까지 이르는 철도 건설 계획을 열정적으로 추진하고 있습니다. 톈진에 살고 있으며 매우 부유하고 유명한 러시아 상인, 스타츠제프[3]라는 이름의 상인이 그 철도의 건설 허가를 따내기 위해 노력하고 있다고 합니다.

본인은 독일제국 영사 크리엔[4]이나 그 밖의 다른 소식통을 통해서도 그 계획에 대한 소식을 전혀 입수하지 못했습니다. 본인은 크리엔에게 그 소문에 대해 자세히 알아보라고 주의를 환기시켰습니다. 그러나 러시아의 이런 계획이 청국과 일본 측의 강력한 반발에 부딪칠 것은 의심의 여지가 없습니다. 그러므로 본인은 러시아가 아무리 진지하게 노력한다 할지라도 그 계획이 성공할 것이라고 믿지 않습니다.

브란트

내용: 이른바 러시아의 조선 철도 계획

---

1 [감교 주석] 보클락(W. N. Beauclerk)

2 [감교 주석] 힐리어(W. C. Hillier)

3 [감교 주석] 스타츠제프(Startzeff)

4 [감교 주석] 크리엔(F. Krien)

Auswärtiges Amt

Abth. A.

Politisches Archiv d. Auswärt. Amts

Acta

betreffend:

Allgemeine Angelegenheiten von Korea

vom 15. November 1887

bis 3. Oktober 1888

Bd.: 9.

f. Bd.: 10.

Korea № 1.

Inhaltverzeichnis	
Ber. aus Söul No. 74 v. 24. 9. 87, Enthebung des Präsidenten des Auswärtigen Amts So-Sang-U auf seinen Antrag von diesem Posten u. Ernennung des bisher. Vizepräs. im Minist. des Inn. Tcho-Piung-Lik zu seinem Nachfolger.	14126 pr. 19. 11. 87
Ber. aus Peking No. 304 v. 30. 10., Ernennung des Obersten Charles Chaille Long zum Leg.-Sekr. u. Gen. Konsul bei der amerik. Min. -Residentur i. Korea. (nicht zum Ges., wie in Ber. 287 gemeldet)	15642 pr. 19. 12. 87
Ber. aus Tokio No. 128 v. 11. 11., Reserve der japan. Reg. in der Frage der angebl. bevorstehenden Bedrohung der Unabhängigkeit Koreas durch China; friedliche Ansichten der Grafen Ito u. Kuroda; trotzdem Wachen der japan. Reg. über die japan. Interessen auf Korea; Instruktion des japan. Gesandt. in Peking Shioda; Inspektion der japan. Küstenverteidigung durch Gf. Ito; nebst "Japan Daily Mail" v. 10. 11. - Cop. mtg. 26. 11. Petersburg 914, London 1066.	15931 pr. 25. 12. 87
Ber. aus Peking No. 309 v. 4. 11., mit "Tientsin Chinese Times". Eingabe eines korean. Zensors an den König v. Korea gegen den Einfluß der Fremden; "Shanghai North-China Daily News" v. 28. 10. zu Gunsten der Unabhängigkeit Koreas.	15976 pr. 26. 12. 87
desgl. No. 352 v. 7. 12., Ber. des chines. Zeremonien-Amts betr. Bitte des korean. Gesandten um 300 Exempl. des chines. Kalenders.	968 pr. 24. 1. 88
Bericht aus Peking v. 16. 11. No. 84, Abreise der drei für die koreanische Regierung, angeblich der aktiven Armee der Ver. Staaten angehörigen, militärischen Instrukteure, Nye, Cummins, Lee von Nagasaki nach Senshuan.	6745 pr. 7. 6. 88
Erlaß nach Washington v. 7. 6. No. 39; Ersuchen über die Personalien der drei genannten Instrukteure zu berichten.	ad. A. 6745
Ber. aus Söul v. 18. 4. No. 22; Eintreffen von 3 amerikanischen Offizieren als Militär-Instrukteure für die koreanischen Truppen. (cop. mtg. 16. 6. n. London und Washington)	7266 pr. 16. 6.
Münchener Allgemeine Zeitung v. 18. 7.; betr. die Rückkehr des Herrn von Möllendorff nach Korea, seine Verdienste und die Fortschritte der Zivilisation.	8757 pr. 18. 7.
Ber. aus Söul v. 30. 5. No. 29; betr. die Anstellung des Hl. Denny in koreanischen Diensten auf weitere 2 Jahre und das Eintreffen des Hl. P. H. von Möllendorff in Söul. (mitg. 21. 7. nach London 610, Petersburg 320, Hamburg No. 152)	8887 pr. 21. 7.

Post v. 28. 7.; betr. die angebl. Rückkehr des Hl. P. G. von Möllendorff nach Korea unbegründet.	9236 pr. 28. 7.
Ber. aus Söul v. 11. 6. No. 34; Wechsel in der Person des britischen Generalkonsulatsverwesers. Weigerung des Königs den abgehenden Hl. Walkers zu empfangen. (mitg. 1. 8. n. London Nr. 637)	9383 pr. 1. 8.
Ber. aus Peking v. 19. 6. No. 154; Zustände in Korea, Haltung der russischen Regierung.	9583 pr. 5. 8.
Ber. aus Söul v. 22. 6. No. 37; Aufregung und Erbitterung der koreanischen Bevölkerung gegen die Ausländer. (Orig. bei Abt. I b)	9909 pr. 13. 8.
Hamburgischer Korrespondent v. 14. 8.; Ausbruch von Unruhen in Söul; Gereiztheit gegen die fremden Missionare	9965 pr. 14. 8.
Ber. aus Peking v. 26. 6. No A. 163: Unruhen in Korea, Hl. v. Möllendorff	10065 pr. 17. 8.
Ber. aus Söul v. 23. 6. No. 38: Unruhen in Söul; Aufregung gegen die Fremden	10117 pr. 18. 8.
Ber. aus Peking v. 4. 7. No. A. 172: Verschiedene Mitteilungen über die gegenwärtigen Zustände in Korea.	10272 pr. 22. 8.
desgl. v. 24. 8.; Die letzten Unruhen in Korea.	10392 pr. 24. 8.
Ber. aus Hamburg v. 24. 8. No. 122: Remission v. A. 10117	10443
Kölnische Zeitung v. 4. 9. Rückkehr des H. von Möllendorff nach Tientsin	10935
Hamburgischer Korrespondent v. 4. 9. desgl.	10941
Bericht aus Söul v. 12. 7.: Rückkehr des Hr. von Möllendorff nach China.	10806
Nordd. Allgemeine Ztg. v. 5. 9. betr. die vom Hamburger Korrespondenten gebrachte Nachricht betr. Hr. von Möllendorff	10984
Hamburgischer Korrespondent v. 11. 9.: Japanische Expedition von 6 Kriegsschiffen nach Korea.	11284 pr. 11. 9.
Ber. aus Peking v. 31. 7. No. 205: betr. die jüngsten Unruhen in Korea; Haltung des dortigen chinesischen Residenten Yuen.	11398 pr. 14. 9.
Bericht von Peking v. 15. 8. No. 228: Pamphlet des amerikanischen Ratgebers des Königs von Korea über die chinesisch-koreanischen Beziehungen	12411 pr. 3. 10.
Ber. desgl. v. 9. 8. No. 220: betr. die russisch-chinesischen Beziehungen zu Korea.	12161 pr. 28. 9.

Wechsel in der Person des Präsidenten des Auswärtigen Amtes.

PAAA_RZ201-018909_006 ff.			
Empfänger	Bismarck	Absender	Krien
A. 14126 pr. 19. November 1887. a. m.		Söul, den 24. September 1887.	
Memo	cfr. A. 14916 / № 88. // J. № 413.		

A. 14126 pr. 19. November 1887. a. m.

Söul, den 24. September 1887.

Kontrolle № 74.

Seiner Durchlaucht
dem Fürsten von Bismarck.

Euerer Durchlaucht habe ich die Ehre mit Bezugnahme auf den ganz gehorsamsten Bericht № 60 vom 26. Juli d. J.[1] ebenmäßig zu melden, daß der bisherige Präsident des Auswärtigen Amtes So-Sang-U am 22. d. Mts. auf seinen Antrag von diesem Posten enthoben und der bisherige Vize-Präsident im Ministerium des Innern Tscho-Piung-Sik zu seinem Nachfolger ernannt worden ist.

Eine Abschrift dieses Berichtes sende ich an die Kaiserliche Gesandtschaft zu Peking.

Krien.

Inhalt: Wechsel in der Person des Präsidenten des Auswärtigen Amtes.

1 A. 11362 i. a. ehrerbietigst beigefügt

[ ]

PAAA_RZ201-018909_009			
Empfänger	Bismarck	Absender	Schuißmann
A. 15302 pr. 13. Dezember 1887. a. m.		Hamburg, den 12. Dezember 1887.	
Memo	A. 14884 i. a. Korea 8		

A. 15302 pr. 13. Dezember 1887. a. m. 1 Anl.

Hamburg, den 12. Dezember 1887.

№ 127.

Seiner Durchlaucht
dem Fürsten von Bismarck.

Euerer Durchlaucht beehre ich mich unter Bezugnahme auf den hohen Erlaß vom 6. d. Mts., № 242[2], den zur Information mitgeteilten Bericht des Kaiserlichen Gesandten in Peking vom 15. Oktober d. J., betreffend die Zustände in Korea, hierneben ganz gehorsamst zurückzureichen.

Schuißmann.

2 A. 14884 ehrerbietigst beigefügt.

Rückreichung eines zur Information übersandten Berichts.

PAAA_RZ201-018909_010			
Empfänger	Bismarck	Absender	Brandt
A. 15642 pr. 19. Dezember 1887. p. m.		Peking, den 30. Okt. 1887.	
Memo	A. 16084 orig. mtg. n. Hamburg 259 v. 23. 12.		

A. 15642 pr. 19. Dezember 1887. p. m.

Peking, den 30. Okt. 1887.

№ 204.

Seiner Durchlaucht
dem Fürsten von Bismarck.

In meinem ganz gehorsamsten Bericht A. № 287[3] vom 15. Oktober, betreffend koreanische Verhältnisse, hatte ich der Ernennung eines neuen amerikanischen Minister-Residenten Erwähnung gethan. Diese Nachricht beruhte auf, wie ich nun habe feststellen können, falschen Zeitungsangaben; der von mir genannte Herr Long (Oberst Charles Chaille Long) ist zum Legations-Sekretär und General-Konsul bei der amerikanischen Minister-Residentur in Korea ernannt worden.

Brandt.

Inhalt: Rückreichung eines zur Information übersandten Berichts. 1 Anlage.

3 A. 14884 ehrerbietigst beigefügt.

Berlin, den 23. Dez. 1887. A. 15642

An
den Königlichen Gesandten
Herrn von Kusserow
Hochwohlgeboren
R. D. S.
Hamburg № 259

In Verfolg meines Erlasses vom 23. Januar 1870 (№ 3.) beehre ich mich Euer Hochwohlgeboren beifolgenden Bericht des K. Gesandten in Peking vom 30. Okt., die Ernennung eines amerikanischen General-Konsuls für Korea betreffend, ergebenst zu übersenden.

N. d. H. St. S.
i. m.

Die Koreanische Frage.

PAAA_RZ201-018909_013 ff.			
Empfänger	Bismarck	Absender	Holleben
A. 15931 pr. 25. Dezember 1887. p. m.		Tokio, den 11. November 1887.	
Memo	cop. mtg. 26. 12. Petersburg 914, London 1066 J. № 355 A.		

A. 15931 pr. 25. Dezember 1887. p. m. 1 Anl.

Tokio, den 11. November 1887.

C. № 128 A.

Seiner Durchlaucht
dem Fürsten von Bismarck.

In der koreanischen Frage, welche neuerdings durch die beabsichtigte und zum Teil ausgeführte Entsendung koreanischer diplomatischer Vertreter in das Ausland wieder etwas in den Vordergrund des Interesses getreten ist, sind seitens der japanischen Regierung bisher direkte Schritte nicht geschehen. Obwohl seitens des russischen und wahrscheinlich auch seitens des amerikanischen Gesandten nichts versäumt worden ist, um Japan auf eine bevorstehende Bedrohung der Unabhängigkeit Koreas durch China hinzuweisen, so hat sich die hiesige Regierung doch aus ihrer sehr zweckmäßigen Reserve nicht herausbringen lassen. Graf Ito sagte mir, daß er selbst jedem rein akademischen Gespräch über diese Frage sich entzogen und jede Erklärung darüber abgelehnt habe, wie Japan sich verhalten würde, wenn für die chinesischen Annexionsgelüste thatsächliche Anhaltspunkte vorlägen. Letzteres ist bis jetzt in keiner Weise der Fall, wenn man nicht etwa dahin eine etwas unüberlegte Äußerung des hiesigen chinesischen Gesandten rechnen will, daß China Korea annektieren werde, sobald Rußland in einen europäischen Konflikt verwickelt sein werde.

Auch Graf Kuroda, der früher als ein Führer der Kriegspartei galt, und dem man jetzt bekanntlich starke russische Sympathien zuschreibt, äußerte sich mir gegenüber sehr friedlich und betonte ausdrücklich, daß Japan sich hüten werde, in Korea für Rußland die Kastanien aus dem Feuer zu holen.

In der That würde eine, auch nur diplomatische, Aktion Japans auf Grund des Tientsiner Vertrages erst dann eintreten können, wenn China Truppen nach Korea entsenden sollte, ohne Japan davon zu benachrichtigen. Eine solche Information würde aber China betreffenden Falles sicher nicht unterlassen. Ein Konflikt könnte erst entstehen, wenn China Miene machen sollte, sich in Korea wirklich festzusetzen, freilich würde es dann für ein wirkliches Vorgehen Japans zu spät und letzteres genötigt sein, sich den Tatsachen anzubequemen. Doch dürfte gerade dieses Resultat der derzeitigen japanischen Staatsleitung nicht unerwünscht sein, da dieselbe Weise genug ist, in die militärische Leistungsfähigkeit Japans starken Zweifel zu setzen.

Neben diesen friedlichen Tendenzen hat man aber noch ein wachsames Auge auf die japanischen Interessen in Korea. In der That ist Japan ja das vielleicht am stärksten in Korea interessierte Land, insofern mehrere tausend Japaner sich dort niedergelassen haben und Millionen japanischen Kapitals dort engagiert sind. Sollte es wirklich einmal zu einer Vereinigung Koreas mit China kommen, so wird Japan berechtigt sein, für diese seine Interessen Garantien zu verlangen, dieselben aber wahrscheinlich auch erhalten, wenn es im Übrigen weise verfährt, während gerade ein unüberlegtes Vorgehen die in Korea radierten japanischen Interessen in erster Linie gefährden würden. Auf dieser Basis bewegen sich dann auch, wie ich Grund habe anzunehmen, die Instruktionen, welche der japanische Gesandte in Peking, Shioda, bei seiner kürzlich erfolgten Rückkehr auf seinen Posten hier dieselben nicht enthalten. Letzteres hindert freilich nicht, daß augenblicklich Graf Ito, wie im vorigen Jahr, die rudimentären Ansätze der japanischen Küstenverteidigung, welche sich in Jahresfrist nicht sehr verändert haben dürften, mit einigen Kriegsschiffen inspiziert, bei welcher Gelegenheit er auch den Linkin-Inseln einen Besuch abstatten wird. Letzteres, um der Welt und namentlich China zu zeigen, daß es eine Linkin-Frage in den Augen Japans nicht mehr gibt.

Graf Ito will sich durch diese sehr unschuldige kleine Flottendemonstration wohl der öffentlichen Meinung Japans, welche in allen Korea und Japan betreffenden Fragen ja ziemlich leicht reizbar ist, gefällig zeigen. Daß die öffentliche Meinung, wenigstens soweit sie durch die Oppositionsblätter vertreten wird, eine Politik der Abstinenz nicht billigen würde, geht aus dem in Zeitungsaufschnitt ganz gehorsamst beigefügten Artikel der „Japan Mail" vom 10. dl Mts.[4] hervor. Mit diesem Teil der öffentlichen Meinung hat aber die Regierung bedauerlicherweise zur Zeit mehr zu rechnen als früher.

Abschrift dieses gehorsamsten Berichtes habe ich Kaiserlichen Gesandtschaft in Peking zugehen lassen.[5]

Holleben.

Inhalt: Die Koreanische Frage. 1 Anlage

---

4 ['aus dem ··· Mts.": Durchgestrichen von Dritten und darüber 'aus dem Ton, den ein Teil der Presse bei Besprechung jener Frage anschlägt," geschrieben.]

5 [„Abschrift ··· lassen.": Durchgestrichen von Dritten.]

Anlage zu Bericht C. № 128 A.

The Japan Daily Mail.

YOKOHAMA, THURSDAY, NOVEMBER 10, 1887

It may well be supposed that the events now transpiring in Korea have not passed unnoticed by the Japanese press. Foremost among the journals commenting on them is the *Mainichi Shimbun*. That paper devotes more than one article to the discussion of the subject. The gist of the first of the series is that China's conduct towards the peninsular Kingdom is not less arrogant than incomprehensible. It is now too late, the *Mainichi* thinks, for China to make Korea the object of her caprice. The Government at Söul might have supposed, a few years ago, that no country in the world could compare with the Middle Kingdom, and that abject submission to the behests of the Peking Cabinet was inevitable. But recent experience has demonstrated the fallacy of this belief. The Korea of to-day is competent to estimate China at her true value, and to form a fair conception of the might of Western Powers. China, too, has played the game of fast and loose until the validity of her claims to suzerainty is fatally impaired. When people see her attempting arbitrarily to reduce Korea to the status of a dependency, they recall the numerous occasions on which she did not venture to oppose the little Kingdom's assertion of independence. Such occasions were the conclusion of treaties between Korea and foreign Powers; the despatch of a Korean Representative to the Japanese Court; the treaty stipulation that foreign States might station Ministers in the Korean capital; the payment of an indemnity and the direct conduct of negotiations with Japan after the *émeute* of 1884, and so forth. China cannot draw her pen through these records, and commence a fresh page in her relations with Korea, as she seems bent upon doing when she forcibly opposes the despatch of Korean Representatives to foreign countries. She cannot compel the recall of the Korean Minister in Tôkyô; she cannot oblige the Court at Söul to hand their passports to the various foreign Representatives; she cannot order that the commerce at Pusan and Chemulpho shall be conducted under the same auspices as the commerce at Tientsin and Shanghai. In point of fact, the despatch of a Korean Minister to Washington would make no appreciable change in the situation. Neither can the consummation of such a measure establish, nor will its defeat invalidate, Korea's claims to independence. At the same time, from the Korean point of view, the step seems ill-judged and unnecessary. Legations are established in the capitals of countries with which one has commercial relations sufficiently important to warrant such an outlay. Are the relations between Korea and the United States of that nature? And does Korea's financial condition justify her in incurring needless outlay? If she sets so much store by the stationing of a Representative at the Court of an independent Power, she should remember that her object has already been accomplished, since she has a Minister in Tôkyô. Whether she has or has not a Representative at Washington cannot alter the fact that she is represented at the Court of the Emperor of Japan.

* * *

The *Mainichi Shimbun* then passes on to a question which it naturally considers of paramount importance, namely, what policy Japan should pursue towards Korea. Considered from a political point of view, Korea, it says, is to China, Japan, and Russia what Belgium and Switzerland are to Germany and France. It may well be supposed, therefore, that the attention of the Russian Representative in Söul is earnestly fixed upon the circumstances now agitating the little Kingdom. For some time past. Great Britain and China have plainly been coming closer and closer together, whereas, on the other hand, the divergence of English and Russian interests in Afghanistan and Manchuria is growing more marked. The relations between China and Russia may be placed in the same category as the relations between the latter Power and Great Britain. Russia, then, can entertain no hope of entering into an alliance with China. It is to Japan that she doubtless looks. Whether or no the Russian Minister in Tôkyô has addressed any official enquires to the Japanese Foreign Office with respect to this Empire's attitude towards Korea, the *Mainichi Shimbun* does not profess to know. But it expresses the emphatic opinion that Japan has now to consider seriously whether she will side with Russia to oppose Chinese interference in Korea, or whether she will construe the Tientsin Convention as signifying that either of the High Contracting Parties may at any time despatch troops to Korea, and that the Japanese Government should give itself no concern about China's proceedings even though the latter were to send—as rumour falsely asserts that she is now doing—thousands of braves to the peninsula in the disguise of merchants. It goes without saying that the *Mainichi Shimbun* does not read the Tientsin convention in this sense. That document, it thinks, reserves to the signatories an important discretion: each Power is entitled not only to receive previous intimation of the other's desire to send troops, but also to deliberate on the propriety of the object they are intended to accomplish, and if necessary to withhold approval. To suppose that the Convention contemplates nothing more than a formal announcement of the intention to send troops, is declared by the *Mainichi* to be manifestly absurd. Having brought its readers to this point, the *Mainichi* abruptly breaks off and commences the publication of another series of articles on a totally different topic. Possibly it shrinks from giving expression to the conclusions obviously suggested by its premises.

* * *

The *Jiji Shimpo* discusses the same topic, but in less ambiguous terms. It holds that Korea is virtually independent, since she has entered into treaty relations with foreign Powers, but that owing to historical considerations and the preponderating magnitude of her neighbour, China, she is subjected to constant interference. Meanwhile, Great Britain and Russia are in the position of rivals in the East, the former playing the role of opposition to the latter's southward aggression. Moreover, understanding that an alliance with China would greatly strengthen the barrier to Russia's advance, England is said to have concluded such an alliance, and to be willing, as one consequence of the union, that China should take complete possession of Korea and guard its frontier against the great Northern Power. Naturally Russia is labouring in the opposite direction. All this, of course, is mere rumour, but the *Jiji Shimpo* finds the situation so important that even rumours must not be briefly dismissed. Insignificant and impecunious, Korea offers no inducement to Japanese aggression, and it might be supposed that provided the prosperity and progress of the little Kingdom are assured, its international status should have no concern for this empire. But if Korea be converted into a Chinese province with the connivance of England, Russia will never, the *Jiji* thinks, stand tamely by, and there is no predicting what tremendous complications might ensue. Japan might then be compelled to throw in her lot actively with either side to her no small cost and suffering. The *Jiji Shimpo* therefore concludes that Japan's true policy should be directed m the future, as it has been in the past, to the maintenance of Korea's independence. There is no sentiment at all about the matter, says our contemporary. It is a question of Japan's interests pure and simple.

* * *

"Whether there be any truth in the rumours discussed by the *Jiji Shimpo*, or whether its analysis of the facts of the situation be correct or incorrect, the one-eyed nature of its argument is really curious. It represents Great Britain and China as bent upon including Korea in the latter's dominions, with the object of strengthening the barriers against Russia's supposed desire of aggression. Such being the case, it counsels Japan to assist in maintaining Korea's independence in direct opposition to Great Britain and China. Why? Because, should the Anglo-Chinese design of absorbing Korea into the Middle Kingdom be consummated, Russia might be too angry to sit quiet. 'We. are simply summarizing the *Jiji Shimpo*'s contention, without endorsing or contradicting any of its facts. What our contemporary recommends is that Japan should immediately range herself against China and Great Britain, lest in a possible struggle between those two Powers and Russia she should have to throw in her lot with one of the combatants. In other words, she is to lose no time in making enemies of England and China, lest the alternative of making an enemy of Russia hereafter should be presented for her acceptance. The *Jiji Shimpo* is to be congratulated on its accurate indication of the direction in which Japan's interests lie.

Berlin, den 26. Dez. 1887.

A. 15931.

An
die Botschaften in
1. St. Petersburg № 914
5. London № 1066

Euerer p. übersende ich anbei ergebenst Abschrift eines Berichts des K. Gesandten in Tokio vom 11. d. Mts., betreffend die koreanische Frage, zu Ihrer vertr. Information.

N. d. H. U. St. S.
i. m.

Betreffend die Zustände in Korea und die Ansichten der englischen Presse in China über dieselben.

PAAA_RZ201-018909_024 ff.			
Empfänger	Bismarck	Absender	Brandt
A. 15976 pr. 26. Dezember 1887. a. m.		Peking, den 4. November 1887.	
Memo	cfr. II 25976/87		

A. 15976 pr. 26. Dezember 1887. a. m. 2 Anl.

Peking, den 4. November 1887.

A. № 309.

Seiner Durchlaucht
dem Fürsten von Bismarck.

Die *Tientsin Chinese Times* veröffentlicht in ihrer Nummer vom 29. Oktober die Eingabe eines koreanischen Zensors an den König von Korea, von welcher Euerer Durchlaucht ich in der Anlage eine nach dem nur teilweise zugänglich gewesenen chinesischen Original verbesserte Übersetzung in der Anlage ganz gehorsamst zu überreichen die Ehre habe.

Die Tendenz des übrigens schon etwas älteren Schriftstücks läßt sich als eine durchaus konservative und daher unbedingt fremdenfeindliche charakterisieren, sie stimmt im Allgemeinen mit den Ratschlägen überein, welche der chinesische Resident Yuen vor einem Jahr an den König von Korea gerichtet hatte und von denen Euerer Durchlaucht durch das Kaiserliche Konsulat zu Söul Übersetzung unterbreitet worden war. Beide Schriftstücke lassen daher ersehen, daß eine Ausdehnung des chinesischen Einflusses, respektive des Einflusses der chinesischen Partei in Korea der Ausdehnung der fremden industriellen und kommerziellen Beziehungen entgegenwirken würden.

Die hauptsächlichsten Punkte der in elf Paragraphen geteilten Eingabe lassen sich wie folgt kurz charakterisieren:

1. Sparsamkeit; die Ausgaben für die den fremden Gesandten gegebenen Feste, für den Ankauf und den Transport von Dampfbarkassen auf die bei der Hauptstadt gelegenen Seen und für die Einführung des elektrischen Lichts für den Palast sind überflüssig, worin der Verfasser allerdings nicht ganz unrecht haben dürfte.

2. Münzfrage; Der Versuch, neue Münzen einzuführen ist gänzlich mißglückt, da das

Volk nichts davon wissen will.

3. Unordnungen im Palast; Alles, was in demselben vorgeht, wird sofort bekannt; wohl auch eine Anspielung auf die Beziehungen zwischen den fremden Vertretungen und dem Palast.

4. Die hauptstädtische Akademie; die Gebäude derselben fallen in Trümmer und die Literaten darben, während für englische Schulen große Gebäude errichtet und den Lehrern an denselben hohe Gehälter gezahlt werden.

5. Die Organisation der Verwaltung. Dieselbe liegt ganz im Argen, besonders, weil die alten Vorschriften nicht befolgt werden.

6. Die Armee. Unordnung, Ungehorsam und Liederlichkeit herrschen überall.

7. Die Beamten. Dieselben sind ganz unzuverlässig und bestechlich.

8. Die Kaufleute. Die Anmaßung derselben nimmt immer zu und entspricht durchaus nicht der niedrigen Stellung, die sie nach der Rangordnung der vier Klassen, Gelehrte, Landbebauer, Arbeiter und Kaufleute, einnehmen sollten. Namentlich ist nicht zu dulden, daß Kaufleute sich zu geheimen Verbindungen zusammentun, was selbst Mitgliedern des Gelehrtenstandes untersagt ist.

9. Verkehrsmittel. Die fremden Schiffe kosten viel mehr als die einheimischen, außerdem sollten die ersteren, wenn sie überhaupt Verwendung finden, ganz unter koreanischer Leitung stehen.

10. Öffentliche Sicherheit. Räubereien sind jetzt viel häufiger als früher, was dem schlechten Einfluß der Beamten zuzuschreiben ist.

11. Handelshäfen. Wenn auch Häfen für den Verkehr mit den Fremden geöffnet werden sollten, so muß doch die Hauptstadt ihnen verschlossen bleiben; jetzt kommen die Fremden dorthin und bemächtigen sich des ganzen Handels, leben in unseren Häusern und mischen sich in unsere Angelegenheiten.

Trotz der, wie gesagt, durchaus fremdenfeindlichen Tendenz des Schriftstücks nimmt doch die *Chinese Times* von demselben Anlaß, auf die Notwendigkeit einer energischeren Betonung der chinesischen Oberhoheit in Korea zu drängen, wie denn überhaupt die englische Presse in China, besonders die *Tientsin Chinese Times* und der *Schanghai Courier*, einen vollständigen Feldzug in diesem Sinne eröffnet hat. Die Furcht vor Rußland und der Aerger über den amerikanischen Einfluß in Korea mögen dies erklären, aber ich glaube nicht zu irren, wenn ich annehme, daß der Anstoß zu der in der jüngsten Zeit bemerkbaren größeren Rührigkeit der englischen Blätter in dieser Frage von der hiesigen englischen Gesandtschaft ausgegangen ist.[6]

---

6 [Randbemerkung] Dieselbe mehrt damit sicher die Interessen des englischen Handels.

Dagegen brachte die *Schanghai North China Daily News* vom 28. Oktober, freilich nicht als Leitartikel, einen der Selbstständigkeit Koreas günstigen Artikel, von dem mir, wie den anderen fremden Vertretern, von unbekannter Hand in besonderen Abdrucken einige, bedeutend vermehrte Exemplare zugegangen sind.

Der Verfasser dieses „Briefs" über die Unabhängigkeit „Coreas", von dem ich mich ein Exemplar ganz gehorsamst beizufügen beehre, vertritt das Prinzip der Unabhängigkeit des Landes der, wie er sich ausdrückt, zum mindesten zweideutigen Haltung der englischen Presse in China und Japan gegenüber und sieht die Lösung der Frage in der Annahme des Christentums seitens der Koreaner, welches dieselben in den Stand setzen würde, ihre Unabhängigkeit auch Rußland gegenüber zu verteidigen und damit China jeden Vorwand zu einem Einschreiten zu nehmen.

Der Verfasser ist der bereits früher erwähnte russische (zugleich auch belgische, französische und spanische) Konsul Fergusson in Chefoo.

Brandt.

Inhalt: betreffend die Zustände in Korea und die Ansichten der englischen Presse in China über dieselben.

Anlage zum Bericht A. № 309 vom 4. November 1887.

Aus
der „Chinese Times"
vom 29. Oktober 1887,
nach dem chinesischen Original verbessert.

Memorial des Zensors Hsi-Yung-Chih an den koreanischen König.

Demütig bitte ich Euerer Majestät Aufmerksamkeit darauf lenken zu dürfen, daß in Zeiten des Friedens die Worte der Minister leichter sind als Federn, aber daß in Zeiten der Not die Worte eines gewöhnlichen Mannes so schwer wiegen wie der Tai-Shan (der heilige Berg in Shantung). Ich gehörte ursprünglich zu der Klasse des gewöhnlichen Volkes; jetzt bin ich zum Range eines Zensors aufgestiegen, und wenn ich schweige zu Dingen, welche besprochen werden müssen, so lasse ich mir einen Fehler zuschulden kommen. O, wie glorreich ist Eure Majestät, die Ihren königlichen Vorfahren nachgefolgt ist und die Macht des königlichen Hauses, welches Euere Majestät zum Erben des Thrones angenommen, so gewaltig erweitert hat. Als Sohn des Prinzen Min soll Ew. Majestät auch als der lenkende Geist dieser prinzlichen Familie gelten und in loyaler Weise von allen Ministern des Königreichs unterstützt werden. Die Zeiten jetzt erheischen die gemeinsame Tätigkeit beider, des Adels und der Männer aus dem Volk. Ich, der ich nur so klein bin wie ein Insekt und so dumm wie ein Hund oder ein Esel, wage dennoch diese Worte vor Ew. Majestät zu reden, indem ich nichts weiter hoffe, als daß Ew. Majestät den folgenden Darlegungen ihre Erwägung zuteil werden lassen möge.

1. Sparsamkeit. Daß Einkommen und Ausgaben einander decken ist das Erste und Wichtigste für alle Finanzen; daß die oberen Klassen zum Besten der unteren besteuert werden, ist die Hoffnung der Masse der Untertanen. In früheren Zeiten wurden alle Steuern und Gefälle nach festen Regeln erhoben und verwendet; aber alle Zölle sind in Abnahme geraten und die Steuern, für deren Erhebung feste Sätze bestehen, sind seit langem unbezahlt geblieben. Hat diese Armut ihren Ursprung davon, daß die Ausgaben zu stark vermehrt worden sind, oder ist die regelmäßige Quelle des Einkommens nach und nach unergiebiger geworden? Die Ursache von allem ist die Verschwendung. Zum Beispiel sah ich, wie bei dem Empfang eines europäischen Gesandten große Vorbereitungen gemacht wurden. Eine Festmahlzeit kostete über 1000 Taels; und als ob es damit noch nicht genug wäre, wurden Vieh und Gemüse noch mehr als man brauchte gekauft. Eine derartige Regalirung eines großen Herrn kostet mehr als der Wert eines prächtigen Pferdes und mehr als eine 5 Morgen große Anpflanzung von Maulbeerbäumen. Als die Dampfer nach den Seen der Hauptstadt gebracht wurden, war die Mühe, sie zu Lande und zu Wasser vorwärts zu bringen, fast nicht zu bewältigen; und als das elektrische Licht im Palast eingerichtet wurde, betrugen die Kosten, während das prächtige Licht nur eine kurze Zeitlang hergestellt werden konnte, eine enorme Summe. Han-wen, der sparsame Kaiser der Han-Dynastie verbot, um auch nur 100 Taels zu sparen, den Bau einer Terasse in seinem Palast; und Wei-wu, ein anderer sparsamer Kaiser der Wei-Dynastie, kleidete sich in Baumwolle und gewann so die Mittel, seine Truppen beisammen zu halten. Man hat immer geglaubt, daß in einem reichen Staate keine armen Untertanen sein können, und ebenso, daß arme Bürger keinen Staat reich machen können. Ich hoffe daher, daß Ew. Majestät diesem Punkt Ihre Beachtung widmen werden.

2. Die Münze. Als die gewöhnlichen Cash in Umlauf waren, kannte jeder ihren Wert, selbst unerfahrene Frauen und kleine Knaben; aber als die „1 für 100“ und „1 für 5“ Cash erfunden wurden, wollten die verschiedenen Provinzen dieselben nicht annehmen, denn bei Einziehung der Steuern durch die verschlagenen Einnehmer wurden alle die „1 für 100“ und „1 für 5“ Cash zurückgewiesen oder nur mit Abzug angenommen, während die

habgierigen Beamten bei der Ablieferung an die Staatskasse in der Hauptstadt diese Münzen zum vollen Wert verrechneten. Dies zeigt klar, daß die Schuld für die Zurückweisung solcher Cash im öffentlichen Verkehr nicht dem Volk zur Last gelegt werden kann. Ich bitte daher, diese Sache Ew. Majestät zur Erwägung vorlegen zu dürfen.

3. Unregelmäßigkeiten im Palast. Im Palast sollte alles geregelt sein und in Ordnung gehalten werden; aber jetzt stehen die Tore Tag und Nacht offen, und alles, was im Palast vorgeht, kann vom Volk beobachtet werden. Feste und Vergnügungen finden Tag und Nacht ohne Scheu statt. Dergleichen ist verderblich für Gesundheit und die Klarheit des Geistes, und solche Mißwirtschaft muß das Land ruiniren; denn wenn Befehle von den „Innern Gemächern des Palastes“ ausgehen, wird die Regierung korrumpiert; sie kann nur dann besser werden und segensreich wirken, wenn sie von den Hallen ausgeht, die für die Sitzungen und Beratungen bestimmt sind. Ich lege diese Sache Ew. Majestät zur Erwägung vor.

4. Die Akademie in der Hauptstadt. Auf die Akademie ist die Regierung gegründet und von der Regierung hängen die Literaten ab, welche das Volk leiten. Dieses System hat seit 500 Jahren bestanden; jetzt aber sind die östlichen und die westlichen Flügel des Gebäudes eingestürzt, und der Unterhalt für die Mitglieder der Akademie ist ungenügend, sodaß sie alle Hunger leiden. Die Opfer-Zeremonien zur Frühlings- und Herbstzeit werden nicht mehr gefeiert, die Hallen und Säle liegen in Trümmern und die Mitglieder der Akademie kommen vor Hunger um. Die Schule für die englische Sprache hingegen besteht aus großartigen Gebäuden, die Lehrer werden reichlich bezahlt, und für die Bedürfnisse der Schüler wird gut gesorgt. Der Unterschied zwischen beiden Instituten ist craß. Die Sprache und die Wissenschaften des Westens nehmen einen wichtigen Platz in unseren Angelegenheiten ein, aber für die Literaten sollte, im Interesse einer friedvollen Regierung des Landes, eine ebenso große Sorgfalt getragen werden. Ich lege die Sache Ew. Majestät zur Erwägung vor.

5. Die Organisation der Regierung. Wenn die Regierung auf richtiger Grundlage beruht, so handeln auch alle Beamten gerecht und ordentlich. Aber trotz aller Umwälzungen sind die Mißbräuche der Beamten dieselben geblieben wie zuvor; gewohnheitsmäßige Betrügereien bestehen fort; unrechtmäßiger Weise ernannte Beamte und Eunuchen haben oft Stellungen erhalten, ohne daß das Volk wußte, welche Gründe für solche außergewöhnlichen Ernennungen vorlagen. Ist das ein richtiges Prinzip, die Regierung einzurichten? Offizielle Dokumente mit gefälschten Namen und Titeln und nachgemachten Siegeln werden ausgefertigt, um das unschuldige Volk zu betrügen, welches oft durch eine unbedeutende Unaufmerksamkeit sein ganzes Eigentum verliert. Personen, welche solche Verbrechen begehen, bleiben häufig genug ungestraft oder

kommen ohne schwere Ahndung davon. Die Gesetze scheinen ganz wertlos geworden zu sein. Selbst diejenigen, welche kleinen Vergehen verüben, können nicht zur Verantwortung gezogen werden, denn sie stehen unter dem Schutz irgendeiner mächtigen Familie. Wenn jetzt ein Vater zu einem höheren Posten ernannt wird, so sind ihre Unterbeamten ihre Söhne und Verwandten, während bessere Beamte Hunger leiden müssen und ihre Diener und Unterbeamte an allem Not leiden. Um Ersparungen zu machen, werden wohl ein paar kleine Beamten entlassen, aber es ist auffallend, wie viele hohe Beamten im Rat sitzen. Ich möchte empfehlen, daß nur diejenigen im Dienst behalten werden, welche brauchbar sind. Dies unterbreite ich Ew. Majestät zur Erwägung.

6. Der Militärdienst. Fünf Lager sind zu einer gemeinsamen Streitmacht zusammengezogen worden. Man sollte glauben, daß die Soldaten gute Waffen führten und die geeignete militärische Ausbildung besäßen; solche Leute haben seit 500 Jahren das Königsreich verteidigt; aber man muß jetzt sehen, daß, während unsere alten Krieger tapfer waren in den Schlachten, die heutigen nur persönliche Zänkereien auskämpfen. Sie besuchen Bordelle gegen alle Vorschriften und Gesetze und machen solche Häuser zu ihren Heimstätten. Sie fechten ihre Privatstreitigkeiten untereinander aus und ruhen nicht eher, als bis mehrere schwer verwundet worden sind. Obwohl die richtigen Grundsätze für die Leitung und Einrichtung der Armee wohl vorhanden sind, lassen sich dennoch weder Offiziere noch Soldaten dazu bringen, sich nach denselben zu richten. Meiner Ansicht nach besteht der beste Plan, diese Soldaten zu regieren, darin, sie mehr zu bestrafen und weniger zu belohnen und ihnen mehr Arbeit zu geben und weniger Ruhe. Das Kleiden in seidene Gewänder nährt ihre Begierde nach Üppigkeit, und die ihnen verliehenen Titel vermehren ihren Hochmut. Die Kommandanten wohnen oft weit von ihrem Posten entfernt und lassen die Soldaten faulenzen. Waffen sind dazu da, um für den Kampf zu dienen, nicht aber ein Spielzeug. Was für Exercitien jetzt betrieben werden, ist mir unbekannt; Heere werden für die Zeiten der Kriegsnot gebildet und sollen nicht willkürlich zusammengezogen werden. Es ist mir unverständlich, in welcher Weise jetzt das Kommando über die Soldaten geführt wird. Dies ist eine weitere Sache, welche ich der Erwägung Ew. Majestät unterbreite.

7. Die Beamten. Der Hof soll in erster Linie die Beamten auswählen, welche mit der Regierung des Volkes betraut werden können. Belohnungen und Bestrafungen sind durch das Gesetz bestimmt; jetzt aber werden Bestechungen aller Art ganz öffentlich angenommen und Beförderungen so schnell und ungerecht erteilt, daß selbst das Volk die Zahl der hohen Beamten nicht kennt, welches im Laufe eines Jahres ernannt werden. Die eigentliche Gewalt ist ganz in die Hand der untergeordneten Beamten geraten, welche prassen und erpressen, ohne irgendwie zu verbergen, was sie tun und kein Mitgefühl für

das leidende Volk kennen. Die höheren Beamten kümmern sich um nichts und wollen nur ihr Gehalt für nichts in die Tasche stecken.

8. Die Kaufleute. Das Volk ist von alters in folgende vier Klassen eingeteilt: die Litteraten, die Ackerbauer, die Handwerker und die Kaufleute, alle aber sind der Regierung untertan. In den alten Zeiten gingen die Kaufleute nur ihren Handelsgeschäften nach, aber jetzt tun sie sich häufig zu ungesetzlichen Vereinigungen zusammen. Ohne ihre Streitfälle einem Magistrat vorzulegen, entscheiden sie dieselben nach ihrem eigenen Gutdünken; ohne sich um die Regierung zu kümmern, erwählen sie sich selbst Präsidenten; Leute von gutem Herzen und schwacher Willenskraft lassen sich häufig von ihnen einschüchtern, weil sie diejenigen, welche nicht zu ihnen gehören, auf alle mögliche Weise bedrängen, um sie dazu zu zwingen, sich ihnen zu fügen und ihnen anzuschließen. Litteraten, welche sich auf geheime Verbindungen einlassen, sind schon straffällig. Wie könnte also Kaufleuten, einer niedrigen Klasse, erlaubt werden, sich zusammen zu tun, Vereinigungen zu bilden und sich der Kontrolle der Regierung zu entziehen! Dies ist ein weiterer Fall, der, wie ich hoffe, von Euerer Majestät in Erwägung gezogen werden wird.

9. Beförderungsmittel. Als die einheimischen Transportmittel benutzt wurden, brauchte man sie zur Beförderung des Tributreis; aber Schiffbruch und Verluste wurden häufig in betrügerischer Weise vorgeschützt. Dieser Mißbrauch hat seit mehreren hundert Jahren bestanden. Zum Schutz dagegen werden jetzt ausländische Dampfschiffe benutzt, welche 10.000 Pikul in einer Fahrt befördern können. Der Vortheil ist in der That groß, aber die Ausgaben für einen einzigen Tag betragen an 800 Taels. Um wieviel höher belaufen sich demnach die Kosten für eine Hin- und Rückfahrt! Ich glaubte, daß sie ausländischen Dampfer nicht schiffbrüchig würden und keine Ladung verlören, aber das Gegenteil ist der Fall. Die Fracht für eine einzige Dampferladung Reis beträgt mehr als die Kosten für den Bau eines einheimischen Transportbootes. Der Vortheil eines Dampfers besteht darin, daß er mehr laden und schneller fahren kann. Aber wieviel Zeit vergeht, erstens, nicht oft damit, bis ein Dampfer gefunden ist. Alles Nötige ist von Fremden zu liefern, und aller Vortheil gelangt in die Hände eines fremden Volkes, und uns bleibt nur die Bezahlung der Ausgaben. Auf diese Weise entsteht anstelle eines Vortheils nur großer Schaden. Wenn Dampfer zur Verwendung kommen, so sollten sie einzig und allein unseren Anordnungen unterliegen, aber es dürfte nicht so zugehen, wie dies jetzt der Fall ist. Dies ist ein anderer Punkt, den ich wünsche von Euerer Majestät erwogen zu sehen.

10. Räubereien. In alten Zeiten wurden Leute Räuber aus Armut, heute aber sind die Räuber alle reiche Leute. In alten Zeiten fürchteten die Räuber entdeckt zu werden, heute aber wünschen die Räuber allgemein bekannt zu werden. Bei Nacht bricht eine Bande in ein Haus ein, um zu rauben, und am hellen Tage gehen die Räuber mit Schwertern und

Waffen auf offener Straße. Sie brechen die Gräber auf und schleppen die Toten fort, um ein Lösegeld zu erpressen – alles Mögliche wird verübt, und die Beamten sind zu feige, um irgend etwas gegen sie zu tun. Die Hauptschuld aber, glaube ich, fällt auf die Beamten; sie sollten das Volk nicht bestehlen und Unordnungen begünstigen, dann würde das Volk auch sein schlechtes Treiben aufgeben und zu ehrbaren Untertanen werden. Dies ist eine weitere Sache, welche ich wünsche von Ew. Majestät erwogen zu sehen.

11. Die Handelshäfen. Es ist eine allgemeine Regel bei allen Nationen, den Fremden Handelshäfen zu eröffnen, aber sie eröffnen ihnen nicht ihre Hauptstadt, um sie dort Handel treiben zu lassen. Aus der Eröffnung Söul's für den fremden Handel kann man zur Genüge unsere Schwäche erkennen. Die Fremden kommen hierher und monopolisieren unseren Handel, leben in unseren Häusern und mischen sich in unsere Angelegenheiten. Wenn das Volk sich auf dem Markt sich über irgendeine Unbill beschwert, so kann selbst der Hof nichts tun, um ihm Abhilfe zu verschaffen. Einige schlagen vor, den Markt nach Yangsu zu verlegen – aber das käme auf eines und dasselbe heraus. Jedenfalls ist es gefährlich, die Hauptstadt dem Handel zu öffnen, und steht dies auch im Widerspruch mit dem Völkerrecht; - ein Hafen, in Yenchuan, ist durchaus genügend. Ich hoffe, Ew. Majestät werden auch das in Erwägung ziehen.

Alles, was ich in den oben aufgezählten 11 Punkten gesagt habe, ist der Ausdruck meiner beschränkten Ansichten, denen Ew. Majestät unvoreingenommene Beachtung widmen wollen. Ist Euerer Majestät Königreich weniger wert als andere? Oder ist die Weisheit Ew. Majestät geringer als diejenige der früheren Dynastien? Ich glaube, wenn man nur den Willen hat, das Königreich ebenso friedlich zu regieren wie Yao und Shun, zwei berühmte chinesische Kaiser, so kann dies auch ausgeführt werden; und wenn man nur den Willen hat, die Verwaltung so gut einzurichten wie die der Han und Tang Dynastien, so kann auch dies ausgeführt werden. Das Einzige, was uns Noth thut, ist, unsere Aufmerksamkeit auf die Verbesserung unserer inländischen Zustände zu richten, und wir werden ein mächtiges Königreich werden, in den besten diplomatischen Beziehungen mit den Europäern auf der einen Seite und auf der anderen in guter Nachbarschaft mit China leben; wir werden keine Zerwürfnisse mehr mit China haben, sondern so verträglich mit einander sein wie Zunge und Zähne. Die beiden kleinen Reiche Lu und Ch'i aus der Zeit der Chou-Dynastie konnten sich zur Macht emporschwingen, während die beiden großen Reiche Ch'in und Ch'u ihre Macht verloren. Es ist kein Grund vorhanden, zu glauben, daß eine harte Zeit uns bevorstehe, oder daß die gegenwärtige in solchem Grade schlecht sei, daß kein Hilfsmittel zur Besserung gefunden werden könne. Ich hoffe, daß Ew. Majestät einen baldigen und weisen Entscheid geben möge zu dem, was ich vorgetragen habe, so daß meine Worte nicht als vergebens gesprochen gelten werden.

Anlage 2 zum Bericht A. № 309 vom 4. November 1887.

A LETTER ON THE INDEPENDENCE OF COREA

MY DEAR FRIEND, — You ask me to give you my impressions about the Corean question. It is indeed a question of very great importance, and one which would require more information than I possess, to do justice to; but I cannot decline to do my best in to order meet your request, for you know I take the greatest interest in the welfare of this little kingdom, and that I have used every effort to inform myself about it.

You have no doubt read the interesting article in the *North-China Daily News* of 1st October on Corea, and as it contains as a promise of giving further consideration to; the state of affairs now said to be ruling or imminent in Corea, I shall endeavour in the meanwhile to tell you what I can say concerning them so as to help you in forming a right appreciation of what is passing here, though I confess it is nearly as obscure as the now defunct Schleswig Holstein question of which the late Lord Palmerston is reported to have said when asked to explain it, that there were only two persons who had ever understood it -, one of whom was himself, and he had forgotten all about it, and the other, whose name he did not care to mention, had died in a lunatic asylum from an overstrain of his mind in trying to find out the truth about it. I avow that there are many difficulties, though not quite so bad as those of the Schleswig Holstein question, in the way of getting at the truth concerning Corea. First of all the isolation of that country and there being no public press in Corea to record what goes on there. Then the contradictory and one sided misrepresentations of Corean affairs that are constantly foisted on the public according to the prejudiced sources whence they come, and these sadly perplex the enquirer. The chief obstacle however to the truth being known, is the line taken up by certain foreign newspapers in China and Japan, which maintain for their own selfish political purposes, and not for the good of Corea, that China has a real recognized suzerainty over Corea which gives it a right to be considered the final authority on all opinions regarding that Kingdom and its policy; to the exclusion of Corea being listened to or being permitted to assert its own position: and consequently the Chinese version of affairs is accepted as authentic - although it is most deceptive. Thus the contemporary history of Corea is all one sided and in - complete, and what is true or otherwise is concealed from the public. Add to this, the foreign press is frequently, both implicitly and overtly, urging the Chinese Government to constantly interfere in Corean affairs, as though China were exercising an unquestioned right of supervision there; and it even goes so far as to recommend China to absorb or militarily occupy all Corean territory. As a specimen and evidence of this practice of the British Press in China the columns of the *Chinese Times* published at Tientsin afford the following: - "The interest of China in Corea is vital to her, and even no desire to conciliate neighbours can stand in the way of the paramount necessity for *China to be mistress of Corea.* Therefore the Corean question, which is whether the Kingdom shall be independent or not, is a question of life or death to China." (The editor does not condescend to think whether it is a question of life or death to Corea) "and at all hazards China must in the long run maintain herself in military occupation of the peninsula." Here then is a distinct instigation presented to China for invading and absorbing Corea, and even a justification for such a violation of Corea's rights (without any provocation on the part of Corea,) presented by a leading organ of the British press in China to the attention of the Viceroy Li Hung-chang, while Great Britain is at peace with Corea and has a treaty of amity with her. This is equivalent to rashly recommending unjust bloodshed and war on a peaceful nation. *O tempora! o mores!* The same journal quite recently declares that "Corea's missions to the west is an assertion of independence which is incompatible with the essential interests of China and that it is a blow to the prestige of China." In acting thus the foreign press gives an undue prominence to China as far the supposed greater or even the sole factor in the Corean question, so that Corea gets but little consideration except as a field for speculation regarding China's political action there, and very seldom or ever is Corea considered as she should be, viz: as a nation numbering twelve millions of inhabitants, all concerned actively in their own liberties and prosperity, governed by an ancient monarchial dynasty which has made treaties of friendship and commerce with the great powers of the western world, and which according to the testimony of Mr. Carles, of Her Majesty's Consular Service, who was some time in Corea, "has been practically independent since the middle of the Seventeenth Century," or for the last two hundred years!

All sympathy with Corea as an independent nation that under considerate treatment might develop into a friendly ally and prove a valuable market for the world's commerce, is withheld by nearly all those Christian civilized powers who have by solemn treaties covenanted to show perpetual amity to the Sovereign of Corea and his people; and who have broken their faith with her and deserted her and given her over to her implacable enemy China.

The fittest description of the conduct of those powers that suggest itself is that after bringing Corea into national existence by making treaties with it as its political parents, they are now ashamed of their own parentage and of their own progeny, and, are sorry for bringing it forth; and they would how even help to drown or strangle the new born member of the world's family, by allowing China to destroy its national life, just as the cruel parents of an illegitimate child permit and consent to the mid wife stifling the existence of the evidence of their sin and their shame that has just seen the light. As it is under cover of night and silence, or out of sight and hearing, that such wicked misdeeds are perpetrated, so every one concerned in the extinction of Corea's national life tries to keep in obscurity and silence all that is doing in Corea, while the political smothering of the nation is being accomplished. No cries of the victim are to be allowed to reach the public ear lest someone should come to the rescue: of the slaughtered, and it would almost look like a conspiracy of the powers "in amity" with Corea to evince their friendship with that country by their indifference to its being crushed out of national existence by China, and by forming an impenetrable rampart round the tragedy so as to prevent the destruction of their treaty friend being interrupted. Hence the silence environing Corea and the difficulty of obtaining reliable information about her; but it seems in vain to try and choke her aspirations for liberty and sympathy, and the outer world will soon hear evidence of the defeated murder through the Minister Plenipotentiary whom the Corean King intends sending to the great powers in order to show them that his nation has neither been done to death nor has it any intention of appearing in the world as the shadow of the vassal of any foreign sovereignty. No wonder then at the indignation of the chief conspirator in this piece of "political assassination" so similar to that described in the Edinburgh Review of last July. The turbulent Chinese Resident at Seoul must have accurately felt the danger of the King escaping from his clutches, and he thus sought to deprive of its importance the royal resolve of sending Ministers abroad that had been declared in the Corean official Gazette, by insolently trying to revive the worn out dogma of Corea being a vassal of China, and on this false *petitio principii* fabricating a statement or proposal, (which has found its way into Chinese papers) that Corea in sending Embassies abroad shall be governed by and be in conformity with the laws of Western nations with reference to vassal states on those matters, and that in accordance with this law the Corean Ministers should be introduced and their credentials presented by the Envoys of their suzerain power the Chinese Government." Where Mr. Yuen discovered this law as above described is unknown to me, for the best writers of international law that I have read do not recognize any such law. It is generally admitted that semi-sovereign states have neither the active nor passive right of embassy and are always represented abroad by their sovereign's envoy; but that even such powers should be obliged to have their envoys (if they choose to send them to other powers) introduced and their credentials presented by their suzerain's envoy, is unheard of in international law, and is mere invention of the Chinese resident at Seoul for the purpose of deception. To place Corea in the category of semi-sovereign states is plainly begging the whole question, for Corea has treaties with the great powers implicitly recognizing her active right of embassy as an independent nation. Whether the Tsung-li yamên telegraphed to the Corean Court to act in accordance with Yuen's proposal is irrelevant to the question, as is also the gratuitous assertion of Yuen that the Corean King instead of asserting his independence by his contemplated act "betraying his purblind ignorance and folly," but it is incredible that this ignorant and arrogant Chinese resident should presume to assert that "the various foreign Ministers at Seoul have made known their opinion that in order to ensure their reception in foreign Courts the Corean Envoys should conform" to the law fabricated by Mr. Yuen, and this in the face of the provisos of their own treaties that they, will receive Corean Envoys on the same terms as their own envoys are received by the King of Corea, and that they shall freely enjoy the same facilities for communicating personally (and not through any other envoy) with the authorities of those powers, that are enjoyed by diplomatic functionaries in other countries. This was indeed *un peu trap fort*, and the foreign Ministers at Seoul must have laughed in their sleeves at Yuen's presumption in imputing to them such absurd opinions.

Of a similar nature is the hazardous statement in the Chinese press, apparently inspired by Yuen, "that as a sequence to all this the different ministers elect had all resigned and that every present indication points to the total collapse of the undertaking, that instructions from the Chinese Government had decided the King to abandon the project altogether and that probably the last of it has been heard or the present." Evidently the wish is father to the thought in all this, and the qualification for the present may be made as a loophole to escape through if the statement be questioned. Meanwhile the Japan Mail of 24th September announces that one of the envoys — the one sent to Japan — was received in audience by the Emperor on the 20th September without any introduction by the Chinese Minister at Tokio, and that the Corean envoy presented his credentials himself, and not as Yuen insisted in his fictitious system of international law. Information just received from Seoul states that Yuen has temporarily succeeded in frightening the Corean envoy to the United States from proceeding there by making him believe that he could not go without the authority of the Emperor of China, and it is also known that the King was greatly offended at this blustering conduct of Yuen, which makes it pretty clear that his Majesty has not abandoned his decision. No doubt the "American physician" who has the credit through the Chinese press of "instigating the proposed movement of sending embassies by Corea to thus declare her independence before the world," will soon show the King the falsehood of Yuen's bold statement and the Minister to America will proceed on his errand without further interruption. The United States Government cannot legally tolerate such an encroachment on its treaty with Corea as that now threatened by

China — for Article II of the treaty of 1882 provides that Corea may appoint a diplomatic representative to reside at Washington, who is to receive there "all the privileges rights and immunities without discrimination which are accorded to the same classes of representatives from the most favoured nation." There is no word in that treaty of authority being required from the Chinese Emperor for such envoy to be sent to America — and it is an insult offered to the United States' Government to try and restrict by such pretensions the treaty rights it has secured to Corea. The present action of China in this instance is an attempt to crush out the liberty of Corea, and comes within the scope of Article I of the U.S. Treaty, which provides that if other Powers (including of course China) deal unjustly or oppressively with Corea, America will use its good offices in her behalf. What Great Britain would do in the similar case of an Envoy being appointed by the King of Corea to the Court of St. James being stopped by China from going there, may be safely inferred by its treaty stipulations with Corea, which in Article II provide that Corea as a high contracting party (no mention being made of the high suzerainty of China or of Corea being a vassal state) may appoint a diplomatic representative to reside permanently in England with all the privileges and immunities that are enjoyed by diplomatic functionaries in other countries. Great Britain could not legally refuse to receive an envoy from Corea under her treaty. France, Germany, Italy and Russia have no doubt similar clauses in their treaties with Corea, and, it remains to be seen how they will suffer and resent such preposterous interference on the part of China with Corea's right of embassy after those powers have recognized it, should China presume to claim any pretext for limiting such right when Corean envoys are appointed to them.

To all lovers of liberty and of principles in consonance with this grand mainspring of national life, it is surprising how this question of Corean liberty is treated by the British press in China and Japan. Compare it with the excitement and declamations over the liberties of Bulgaria with its two millions of inhabitants and Roumelia with hardly one million of inhabitants, both composed of a motley mixture of semisavage peoples. And yet Corea has twelve millions of people, all of the same race and civilized at least to an equal level with China, and, forsooth, Corea is to be swallowed up by China, and to be allowed to disappear from amongst the Eastern nations, amidst the criminal silence and indifference of the humanitarian powers who are grief stricken at even the possibility of the same happening in the corner of Eastern Europe. Does the effort of Corea to assert her liberty find favour with the British press in China? Is there one clear outspoken word to show; that the public organs in the East are on the side of Corea in her struggle with China? If the press admits that "we do not know that anything has occurred this year of greater gravity than the intention, of the King of Corea to send envoys of his own to foreign Courts," it at the same time throws a doubt on the power of the King to act thus by adding, "This *apparently*, has been sanctioned at Peking on condition of certain formalities being observed by them," thereby tacitly admitting that China has a right to limit the power of the King of Corea although just before it has, "China had allowed her suzerainty to fall into desuetude." There is a misgiving and an inconsistency in such a statement, for it further states "How could Peking act otherwise seeing that there are treaties in existence between foreign powers and Corea in which the suzerainty is not so much as hinted at." The same paper expresses its regret that Sir John Walsham, our Minister at Peking, did not present himself at Seoul to which Court he is accredited, as he might have persuaded the King to abandon his *foolish and probably mischievous* despatch of envoy's abroad. Why call the exercise of the King of Corea's undoubted right of embassy foolish and *mischievous*? The only way in which this could be mischievous would be that owing to China's attempt to tyrannize over Corea, a war might be precipitated between the two countries, and render possible the intervention of other powers in the strife to protect Corea from China's oppression, and thus lead to all sorts of complications in the extreme East which must be viewed with alarm by all who are concerned for the safety of British interests here. But whose fault would that be? Surely the King of Corea would not be the mischief maker, but the Chinese resident Yuen, through his overbearing conduct at the Court of Seoul. It would have been much more to the point had the conduct of Yuen been termed foolish and mischievous instead of that of the King. The Japan press though astutely approving Japan's covetousness for a slice of Corea deals with the question of Corea's right of embassy with a certain impartiality. In the Mail of 24th September, it is stated "Just now we read that Corea has taken an unexpected step — not unexpected in the sense that it indicates her desire to assume the status of an independent nation — we are already accustomed to fitful evidences of such a wish, but unexpected in regard to the fact that it must have been taken with the knowledge and probably *against the will of China*. If the King of Corea has power to invest his subjects with the character of plenipotentiaries to represent it abroad, and if European States are prepared to recognize credentials bearing his signature there is no room for further disputes about the independence of the little Kingdom. With the presence of Corean plenipotentiaries at foreign courts Corea's relations with foreign States must cease to be directed from Tientsin. Such an act on the part of the Corean Government looks very much like taking the bit into its own teeth. It will compel China either to lay firmer hands on the reins or prepare for dismounting, neither of which contingencies can be regarded without uneasiness." Here is then a *quasi* recognition of Corea's independence of China but always qualified with the same doubts as to which of the two powers is right, as evinced by the British press in China.

The conduct of Japan and of the British press in Japan regarding Corea has of late been most ambiguous. The treaty made by Count Ito with Li Hung-chang relative to a mutual military occupation of Corea, whenever it seemed fit for China and Japan to invade Corean territory, placed Japan in the position of an accomplice in a projected act of robbery of Corean territory, and perhaps the *uneasiness* of which the *Japan Mail* writes may be a misgiving of being obliged to share in China's "laying firmer hands on the reins" under penalty of breaking her treaty promise. That Ito-Li treaty shows that Japan is as little to be trusted as China is, as they are both prospective allies in the destruction of Corea if they can only cajole other powers to wink at their intrigues and plans. Possibly Corea will nevertheless escape from their clutches through their mutual jealousy. Just imagine Germany and Sweden making a treaty that neither of them would invade Denmark's territory without their mutual permission, and then having the effrontery to publish such an agreement to commit wrong as a defiance to Denmark and its treaty friends and neighbours. What would Denmark think of such an action on the part of Germany and Sweden, and what would Great Britain and Russia think of it? Would it not appear to be a plan of the two powers who signed such a treaty to both invade Denmark eventually, and even to partition it between them! This would be a parallel case to the Ito-Li treaty between China and Japan agreeing to invade Corea on a given contingency, and yet not a word of remonstrance has been heard condemning the treacherous and culpable conduct of China and Japan in this case. The only way out of the present difficulty would be for the treaty powers to clearly and formally declare Corea to be independent of China, as they have already admitted it by their treaties, and to insist on the Chinese resident at Seoul discontinuing to claim superiority over their representatives there, which he is doing to their advantage and loss of consideration. The public, especially the British commercial public, has a strong claim to have this question settled, and political seasons also demand its solution. "The pivot of the future history of "Eastern Asia is Corea" is the remark in 'Mr. Griffis' work on Corea page 441, and: every event that is now happening there bears out this assertion. It is not however the interior policy of Corea that will make all this stir. It is the jealousy of other nations who fear that Corea should fall into the hand of either of them, that will make it the pivot of Eastern Asian politics, and the uncertainty of the public's convictions as to its real independence is also one of the causes of the dangerous contingency threatening the peace of the extreme east. It would be too long to offer here a thorough description of the reasons why Corea has a right to be considered independent. Other writers have worked out the problem and it will only be necessary to repeat their conclusions. Mr. Carles has given his testimony that "Corea has been practically independent since the middle of the seventeenth century." Another distinguished member of Her Majesty's Consular Service, Mr. George, Jamieson whom Sir Henry S. Maine in his dissertations on early law and custom describes as "One of a group of earnest enquirers who are investigating Chinese social phenomena on the spot," wrote an article on ''the tributary nations of China" in vol. XII № 2 of the *China Review* for September and October, 1883, page 94-109 and begins for his authority the official publication of the Chinese Government, called the "Ta Tsing Hwei Tien," or the laws of the present dynasty, the substance of several chapters of which he has translated into English. The conclusion he arrives at from his investigations regarding these nations is — "in no case does the relationship between them and China appear to have arisen from an act of conquest or even from an international compact or convention. Nor was any compulsion used in keeping as tributaries those that had been once recognized even in the case of Corea and Liuchiu, whose relations with China were far more intimate than those of any other of those states, the kings do not appear to have invariably sought investiture. This neglect on their part does not appear to have called forth any remonstrance from China, which simply left them alone when they did not wish to come."

"The inference is that the relationship of suzerain and vassal was, as far as legal phraseology may be applicable to such a state of affairs, *a relationship at will merely*. It was begun at will, continued at will, and therefore it would follow terminable at will. Neither side had pledged itself to do anything in regard to the other, and consequently could not be regarded as guilty of any breach of contract to conform any longer to the traditional usage."

"The attitude taken up by the Chinese Government some years ago in regard to Corea when replying to the United States Minister that that country was free to act as she chose both internally and externally, and that Chinese Ministers had not been wont to interfere, was in truth the traditional position of China *vis â vis* of all her tributaries."

"With us suzerainty seems necessarily to imply some sort of control over foreign relations. In China, till recently there were no foreign relations to speak of, so the question of the control of tributaries in their dealings with foreign powers never came to an issue. Hence the unprepared and dubious state of mind in which China finds herself, both in regard to Annam and Liuchiu (and he might have added Corea). Neither on the side of the suzerain or vassal is there any clear 'perception of what the rights and responsibilities of the situation amount to.'"

This is quite sufficient evidence for the historical part of the question, and it is easy to show that the recognized principles of international law on state rights are in accordance with the sovereign independence of Corea and its right to independently conclude treaties with other nations as well as its right of embassy. The principles of Grotius and Vattel on this subject are well known, and fully bear out the political sovereign independence of Corea though tributary to China. It is to more recent authors however whose testimony is within the spirit of modern international legislation that reference is here made. John Austin, in his "lecture on jurisprudence, or the philosophy of positive law," London, 1873, Lecture VI, page 226, writes thus in elucidation of the subject: - "The notions of sovereignty and independent political society may be expressed concisely thus: — "If a determinate human superior *not in the habit* of obedience. to a like superior, receives *habitual* obedience from the *bulk* of a given society, that determinate superior is sovereign in that society, and the society (including the superior) is a society political and independent."

"The generality of the given society must be in the habit of obedience to a determinate and common superior while that determinate person, or determinate body of persons, must *not be habitually* obedient to a determinate person or body. It is the union of that positive with this negative mark which renders that certain superior sovereign or supreme, and which renders that society (including that certain superior) a society political and independent."

Austin illustrates this at page 228 by the following passage: — "A feeble state holds its independence precariously, or at the will of the powerful states to whose aggressions it is obnoxious, and since it is obnoxious to their aggressions, it and the bulk of its subjects render obedience to commands which they *occasionally express or intimate. But since the commands and the obedience are comparatively few and rare*, they are not sufficient to constitute the relation of sovereignty and subjection between the powerful states and the feeble state with its subjects. In spite of those commands, and in spite of that obedience, *the feeble state is sovereign and independent*, or in spite of those commands and in spite of that obedience, the feeble state and its subject are an independent political society, whereof the *powerful states are not the sovereign portion.* Although the powerful states are permanently *superior*, and although the feeble state is permanently *inferior*, there is neither the habit of command nor a *habit* of obedience on the part of the latter. Although the latter is unable to defend and maintain its independence, *the latter is independent* of the former in fact or practice."

If the above principles about sovereignty are applied to solve the question whether China legally possesses a substantial sovereignty over Corea such as she claims as a bar to its independence on which the right of making treaties, and the right of embassy is based, it will be evident that the Chinese claim cannot stand such a test, and must therefore be disallowed. Sir Robert Phillimore in his commentaries on International Law Vol. I Chapter "Different kinds of States" entirely agrees with Austin in this point.

China may out of ostentation call her envoy to Corea a Resident in childish imitation of the British Residents at the capital of the native states in India, but there is no similarity between the relations of China and Corea and those of the Great Britain and the native states of India, to warrant any precedent for China's irregular conferring that title of Resident on Yuan. It is all bombast, and even ridiculous, thus treating a power like Corea which is in direct treaty relations with the great powers of the world on terms of equality. The native states of India have neither the right of making treaties with other powers, nor the right of embassy and moreover they have never tried to exercise such powers.

I know that it is contested by some that Corea could never exist as an independent state, and that the best thing for the interest all concerned would be for China to absorb that Kingdom and make it an additional province of the Empire. A recent writer in the *Contemporary Review* under the signature a "Resident of Peking" has a very pertinent remark on this point.

"Geographically, Corea ought to belong to China, *if China were able to keep it.* But China has enough to do in taking care of her own coast line. It may be questioned if she would be acting wisely in assuming a new responsibility, involving a long additional coast-line, with some six harbours to protect."

This would resolve the whole affair into a question of political expediency, which at any time is of very doubtful rectitude, and which certainly could not be resolved without the consent of the Corean nation. No one can approve on principle, (and principles are at least as good as expedients), that it would be neither right nor just to hand over a nation of twelve millions of people to the dominion of China or to any other power, merely because China fears Corea falling into the hands of Russia or Japan. Russia and Japan if this rule be admitted might also have the same right to absorb or annex Corea in order to prevent it falling into the hands of China. Both Russia and Japan as neighbours would have a great deal to say before they would allow China to come so close to their shores and frontiers, or to permit unprovoked violence and war to break out close to them, which would certainly be the case should China try and take Corea against the wishes of the Coreans. Russia and Japan might with much plausibility follow Chinas example and claim a share in the spoils of conquest by dividing the country between them, and thus what a conflagration in the eastern world, and possibly wars and quarrels between the three invaders of Corea! Who would dare to approve of such a solution of the Corean question? Surely not Great Britain, with her vast commercial interests in China and Japan.

Would China even dare to seize Corea without the consent of Great Britain, and is there the remotest chance of Great Britain associating herself even passively in such a filibustering adventure? Besides this, would it be to Great Britain's interest to see China in possession of Corea with its long coast line and ports threatening the safety and convenience of her fleets in those waters in case of a not impossible war with China? China is already a dangerous power. Why should she be allowed to increase her power of offence? China is even now sufficiently showing her aggressiveness by threatening Corea; and with such a precedent as its unjustly absorbing that country being approved of by Great Britain, what danger would there not be of China's coveting to annex other tributary states on the borders of the Indian Empire? The proposed solution of the Corean question cannot therefore for the above reasons be in the direction of China's annexing Corea.

The plea also of Corea not being able to maintain its independence has no reasonable foundation. How has it practically upheld its independence for the last two hundred years as Mr. Consul Carles states? Why cannot twelve millions of people he trusted to take care of themselves? It is said that new dangers now environ Corea which it could not withstand; that Russia threatens to conquer it; and that Japan does the same; and that these powers (as well as China) are too strong for Corea to resist them successfully. It is certainly a dismal prospect to entertain, but one might ask is it true. Is this assumed weakness of Corea such as could not be transformed into strength. All this feebleness is not inherent in the Corean character. It is the result of the "levelling deluge of Confucianism that has swept the land. The Coreans took the Chinese system. They adopted it wholesale and then tried to live up to it. The result is that they have from circumstances acquired a life and strength not properly their own. They are the crude ways of thought of boyhood perpetuated into middle age. The race has the semblance of being grown up while it has kept the mind of its childhood, and thus it is a living anachronism." See Mr. Percival Lowell's recent book on Corea — "Chosön, the land of the morning calm." The Chinese Confucianism etiquette has had according to the same author, a most marked effect in retarding the increase of the population. The population in Corea for many decades, not to say centuries has hardly held its own. In a remarkable chapter entitled "The want of a Religion," Mr. Lowell explaining and summing up the effects of "a strange social cataclysm which at once and completely overthrew an existing faith from the effects of which the land has never recovered," and which he thus epitomizes, "So religion in Corea died" he concludes. "Here then we have a community without a religion — a community in which the morality of Confucius for the upper classes and the remains of old superstitions for the lower took its place." Such is the deplorable state of Corea which fully accounts for its *present* weakness. Still this wretchedness is capable of being remedied. It has been caused almost entirely by the baneful Chinese influence with its Confucianism. As the Coreans emancipated themselves from Buddhism which they banished, so it is to be hoped they will escape from "the levelling deluge of Confucianism." It is not however possible; with the pernicious ascendancy of China endeavouring to keep all modern and progressive ideas out of Corea. China dreads those, and she prefers the stagnant and mind destroying infidelity and indifference of Confucianism and its pitiful consequence on the expansion of the population and the development of the Corean minds to any improvement of the country and the numerical increase of its people. The first step to restore Corea to its strength bodily and mental, is the discouragement of China's baneful influence there. There is a natural yearning in Corea after truth. China is trying to stifle this yearning by shutting out the light of truth. If left to its own aspirations Corea would soon arrive at this source of vivifying power. Christian missionaries are there slowly converting the Coreans to the true faith, and if real liberty of embracing it were felt to exist, the Christian faith would soon make itself felt with its reinvigorating influence-and make the feebleness disappear which is now pleaded as a bar to the Coreans being trusted with an independence from China's tyranny. Even material enlightenment, if permitted by China, would help to strengthen Corea. A recent writer in the *Japan Mail* reviewing Mr. Carles' lecture on Corea, after taking a pessimist view of the Corean character, thus hopefully expresses himself of its future "Yet the peninsula ought to be capable of better things. With an area as large as England, Wales and Scotland together its population is only one-third of that of Great Britain. Given security of life and property, the effective desire of wealth would soon be educated and the productive capabilities of the country developed." The material resources of Corea are undoubtedly great, and will play their part in its regeneration, if not thwarted in their expansion by China. The extent of the precious metals there, as evident from the Customs statistics of exports of gold thence, is alone proof of Corea's mineral wealth, and while writing on this point it is not to be forgotten what Mr. Griffi's mentions at page 427 of his "Hermit Nation," that Dr. Frank Cowan an American, records in a letter to the State Department at Washington, this prophecy; next to the countries on the golden rim of the Pacific the country to disturb the monetary equilibrium of the world will be Corea. " The above cited writer in the *Contemporary Review* observes on this subject. "But her hope ought to be directed to Western civilization. It is not China that can do Corea much good. Facilities ought to be afforded to Europeans to work her coal, copper, and iron deposits, which are very abundant, with Western Capital and appliances. Corea could then be brought into a flourishing condition. The great coal deposits of North

China are continued under the Peking plain through Corea into Japan, and this fact ensures Corea's future prosperity."

"A new policy needs to be inaugurated in Corea which would allow mines to be worked. It will then become possible for her now hidden beneath her soil, the source of riches in the future."

Is then a nation with such material prospects, with such a population as large as one-third of the people of Great Britain, and with a territory equal to that of Great Britain in which her population can expand to at least 30 millions, to be condemned to national death out of a futile fear that it is not safe for China and Japan to allow it to be independent lest it should be seized by Russia!? Corea is therefore to be made the victim of this imaginary contingency, and to be allowed to be swallowed up by China with the certainty of there being a war in the east between those three powers, arising out of such an unjustifiable violation of Corea's rights, and one might also say the rights of Russia and Japan. Can it be supposed for one instant that Russia or Japan will ever consent with a good will to China's ascendancy in these regions that would make her a formidable and dangerous neighbour? Could any one blame either Russia or Japan for resisting by arms such pretensions in the part of China? If, as a portion of the press has stated, "the possession of Corea is of vital interest to China" it is of equally vital interest to Russia and Japan to keep China from taking Corea. Time will show the correctness of this statement — other powers too have an indirect though not the less real interest in not allowing China to get possession of the Hermit Kingdom. A war between China and Great Britain may be a long way off, but to judge from China's present aggressiveness on other people's territory is it not probable that she may (unless checked and kept back) try in a moment of rash confidence in her increasing armaments to commit similar wrongs that will terminate in war? Should China ever go to war with Great Britain she will be fighting the best friend she has in this world, and when the political cards are shuffled for the next game in the East it is more probable that an alliance between Great Britain and Russia takes place than between Great Britain and China — China is the present disturbing factor in the East. She may make peaceful professions, but as long as she maintains Yuen at the Court of Seoul to browbeat the Corean King and his people there is no security that peace will be long preserved. There is nothing essentially opposed to Corea being free and it is this truism that has induced me to make this plea for its independence.

* * * * *

Seoul, 14th October, 1887.

Rücksendung eines Gesandtschaftsberichts aus Peking, betreffend Korea.

PAAA_RZ201-018909_053 f.			
Empfänger	Bismarck	Absender	Kusserow
A. 16084 pr. 29. Dezember 1887. a. m.		Hamburg, den 28. Dezember 1887.	

A. 16084 pr. 29. Dezember 1887. a. m.

Hamburg, den 28. Dezember 1887.

№ 139.

Seiner Durchlaucht
dem Fürsten von Bismarck.

Euerer Durchlaucht beehre ich mich unter Bezugnahme auf den hohen Erlaß vom 23. d. M. № 259 den Bericht des Kaiserlichen Gesandten in Peking vom 30. Oktober, die Ernennung eines amerikanischen General-Konsuls für Korea betreffend, hierneben gehorsamst zurückzureichen

Kusserow.

Inhalt: Rücksendung eines Gesandtschaftsberichts aus Peking, betreffend Korea.
1 Anlage

[ ]

PAAA_RZ201-018909_055			
Empfänger	Bismarck	Absender	Brandt
A. 968 pr. 24. Januar 1888. p. m.		Peking, den 7. Dezember 1887.	

Auszug.

A. 968 pr. 24. Januar 1888. p. m.

Peking, den 7. Dezember 1887.

A. № 352.

Seiner Durchlaucht
dem Fürsten von Bismarck.

Der Kalender für das nächste Jahr ist dem Thron am 14. November von dem Zeremonien-Amt überreicht worden, welches bei der Gelegenheit zugleich berichtet hat, daß der mit Glückwünschen zum Geburtstag der Kaiserin-Regentin eingetroffene koreanische Gesandte um 300 Exemplare des Kalenders für sein „kleines tributpflichtiges Land" nachsuche, welche Bitte ihm auch gewährt worden ist.

Die Übersendung und Annahme des Kalenders entsprechen nach chinesischen Begriffen einer ausdrücklichen Anerkennung der Oberhoheit des Landes, dessen Kalender angenommen wird.

(gez.) Brandt.

Original i. a. China 1

Betreffend das Eintreffen amerikanischer militärischer Instrukteure für Korea.

PAAA_RZ201-018909_056			
Empfänger	Bismarck	Absender	Brandt
A. 6745 pr. 7. Januar 1888. a. m.		Peking, den 16. April 1888.	
Memo	G. Washington z. Bericht über Personal s. Ang. v. 7. 6. nach Washington A. 39		

A. 6745 pr. 7. Januar 1888. a. m.

Peking, den 16. April 1888.

A. № 84.

Seiner Durchlaucht
dem Fürsten von Bismarck.

Euerer Durchlaucht habe ich die Ehre ganz gehorsamst zu berichten, daß die drei für die koreanische Regierung engagierten, angeblich der aktiven Armee der Vereinigten Staaten angehörigen, militärischen Instrukteure:

General W. M. E. Nye
Oberst E. H. Cummins
Major John H. Lee

am 1. April in Nagasaki eingetroffen sind und am 3. d. M. ihre Reise nach Senchuan fortgesetzt haben.

Brandt.

Inhalt: Betreffend das Eintreffen amerikanischer militärischer Instrukteure für Korea.

Berlin, den 7. Juni 1888 A. 6745.

An
tit. Graf Arw.
Washington A. 39

cf. 8587

Nach einem Bericht des K. Gesandten in Peking vom 16. April hat die koreanische Regierung drei, angeblich der Armee der Vereinigten Staaten angehörige, militärische Instrukteure engagiert, dieselben, namentlich General W. M. E. Nye, Oberst E. H. Cummins und Major John. H. Lee, sind am 1. April in Nagasaki eingetroffen und sollten am 3. ejurd. ihre Reise nach Senchuan fortsetzen.

Ich bitte Ew. tit. die Personalien der genannten festzustellen und darüber zu berichten.

N. S. Z.

Eintreffen dreier Amerikanischer Militär-Instrukteure.

PAAA_RZ201-018909_059 ff.			
Empfänger	Bismarck	Absender	Krien
A. 7266 pr. 16. Juni 1888. a. m.		Söul, den 18. April 1888.	
Memo	cfr. A. 3469 Cop. mtg. 16. 6. London 536, Washington 41 J. № 184.		

A. 7266 pr. 16. Juni 1888. a. m.

Söul, den 18. April 1888.

Kontrolle № 22.

Seiner Durchlaucht
dem Fürsten von Bismarck.

Euerer Durchlaucht habe ich die Ehre ganz gehorsamst zu berichten, daß vor einigen Tagen hierselbst drei amerikanische Offiziere eingetroffen sind, welchen die Ausbildung der koreanischen Truppen übertragen werden soll. Es sind dies General William Mc E. Dye, Colonel E. H. Cummins und Major John G. Lee.

Die beiden erstgenannten haben dem Vernehmen nach den Sezessions-Krieg als Offiziere mitgemacht, und zwar General Dye auf nordstaatlicher und Colonel Cummins auf südstaatlicher Seite. Ersterer ist außerdem etwa sechs Jahre lang in Diensten des Khedivs Ismael als Militär-Instrukteur in Ägypten tätig gewesen. Major Lee gehört der amerikanischen Miliz, und zwar der National Guard of Penna, an. Er hat drei Jahre auf dem Polytechnikum in Darmstadt studiert und spricht geläufig Deutsch.

Wie mir der Präsident des Auswärtigen Amts heute gesprächsweise mitteilte, sind die Kontrakte zwischen der koreanischen Regierung und den Offizieren noch nicht unterzeichnet worden. Jedoch hat die Regierung denselben ein dreijähriges Engagement mit einem jährlichen Gehalt von 5000.-$ für den General und je 3000.-$ für den Colonel und den Major neben freier Wohnung zugesichert.

Eine Abschrift dieses Berichts sende ich an die kaiserliche Gesandtschaft zu Peking.

Krien.

Inhalt: Eintreffen dreier Amerikanischer Militär-Instrukteure.

Berlin, den 16. Juni 1888.

A. 7266.

An
die Botschaften in
1. London № 536
2. Gesandtschaft
Washington № A. 41
ad. 2: vertraulich

Euerer p. übersende ich anbei ergebenst Abschrift eines Berichts des Verwesers des K. Konsulats in Söul vom 18. April d. J., betreffend Eintreffen amerikanischer Militär-Instrukteure in Korea,

ad. 1: zu Ihrer Information und mit der Ermächtigung, den Inhalt nach Ihrem Ermessen zu verwerten.

ad. 2: zu Ihrer vertraulichen Information.

N. d. S. E.
i. m.

[ ]

PAAA_RZ201-018909_064			
Empfänger	Auswärtiges Amt in Berlin	Absender	[o. A.]
A. 8757. pr. 18. Juli 1888. p. m.		[o. A.]	

A. 8757. pr. 18. Juli 1888. p. m.

"Münchener Allgemeine Zeitung"
vom 18. Juli 1888.

* Shanghai, 25. Juni. Der „Ostasiatische Lloyd" schreibt: „Es wird allen unseren Landsleuten im Osten sowohl als in der Heimat zur großen Genugtuung gereichen, zu erfahren, daß einer Nachricht zufolge, die, obgleich sie uns erst gerüchtweise von zwei verschiedenen Quellen zugeht, doch sich wohl in kurzem bestätigen wird, Hr. P. G. v. Möllendorff in nächster Zeit in seine frühere Stellung als Rathgeber des Königs von Korea zurückkehren wird. Wie allgemein bekannt, bekleidete Hr. v. Möllendorff den Posten als Vizepräsident am königlichen koreanischen Hofe, seitdem das Land dem fremden Handel eröffnet wurde (im Frühjahr 1882). Er verblieb in dieser Stellung bis zum Sommer 1885, wo Hr. O. N. Denny, ehemaliger Generalkonsul für die Vereinigten Staaten von Amerika in Shanghai, sein Nachfolger wurde. Hr. Denny hatte ein Engagement mit der koreanischen Regierung auf fünf Jahre gemacht, mit einem monatlichen Gehalt von 1000 Dollars. Er ist also nicht volle drei Jahre in seiner Stellung verblieben, und es kann ebengenanntem Herrn nicht gerade nachgesagt werden, daß Korea große Fortschritte unter seinem Régime als Rathgeber des Königs gemacht hat. Seine Leistungen dürfen sich auf die Einführung einer erheblichen Anzahl von amerikanischen Missionären und einigen amerikanischen Armee-Reorganisatoren beschränken. All die gewichtigen Schritte, welche Korea gethan, um Handel und Gewerbe zu fördern und sich der Zivilisation des Westens anzuschließen, sind das einzige Verdienst des Hrn. v. Möllendorff, wie z. B. die Einrichtung der Seezölle, Beförderung des Seidenbaus, Münze, Schulen etc. etc. Es wäre hier wohl nicht an der Stelle, auf das Thema zurückzukommen, welche Gründe Hrn. v. Möllendorff seinerzeit veranlaßten, die Stellung als Rathgeber des koreanischen Königs aufzugeben und wiederum die eines Privatsekretärs Sr. Excellenz des Vizekönigs von Chili, Li-Hung-Tschang, anzunehmen. Jedenfalls muß es, wie bereits erwähnt, allen Deutschen zur Genugtuung gereichen, zu erfahren, daß Hr. v. Möllendorff nach dem Felde

seiner früheren Thätigkeit zurückkehrt, und es unterliegt keinem Zweifel, daß sein zukünftiges Wirken nur von Vorteil für das leider noch immer in feindliche Parteien geteilte Land sein wird. Hr. v. Möllendorff weilt augenblicklich, wie wir erfahren, in Korea."

Anstellung des Herrn Denny auf weitere zwei Jahre. Eintreffen des Herrn P. G. von Möllendorff in Söul.

Anstellung des Herrn Denny auf weitere zwei Jahre.

PAAA_RZ201-018909_065 ff.			
Empfänger		Absender	Krien
A. 8887 pr. 21. Juli 1888. a. m.		Söul, den 30. Mai 1888.	
Memo	cfr. A. 10806 cfr. A. 10065 mitgeth. 21. 7. n. London 610, Petersburg 320, Hamburg 152. J. № 244.		

A. 8887 pr. 21. Juli 1888. a. m.

Söul, den 30. Mai 1888.

Kontrolle № 29.
Vertraulich

Seiner Durchlaucht
dem Fürsten von Bismarck.

Euerer Durchlaucht habe ich die Ehre ganz gehorsamst zu berichten, daß der Rathgeber des Königs, Denny, von der koreanischen Regierung auf weitere zwei Jahre zu einem Monatsgehalt von tausend Dollars engagiert worden ist. Der bezügliche Kontrakt wurde am 14. d. Mts. von dem Präsidenten des Staatsrats und des Auswärtigen Amts einerseits und Herrn Denny andererseits unterzeichnet. Der Präsident des Auswärtigen Amts, der sich vordem einige Tage lang krank gemeldet hatte, hat schließlich nur auf den gemessenen Befehl des Königs den Vertrag unterschrieben. Wie mir Herr Cho neulich gelegentlich eines Besuches im Konsulat unaufgefordert und rückhaltlos mittheilte, ist er durchaus gegen die fernere Anstellung Denny's gewesen, den er mit der Mehrzahl der koreanischen Beamten für unfähig und unnötig hält. Er äußerte sich dabei unter anderem, daß der General-Direktor der Seezölle, Merill, hundertmal mehr wert wäre als Denny. Ersterer arbeitete wenigstens, während der letztere nichts täte. Der Präsident hat mir dabei zu verstehen gegeben, daß der König Herrn Denny behalten habe, um sich dem russischen Vertreter, Herrn Waeber, der ein intimer Freund desselben sei, gefällig zu erweisen.

Die Finanzlage des Landes ist eine traurige. Seit zehn Monaten haben die Beamten von der dritten Rangklasse abwärts für sich und ihre Dienerschaft weder Reis noch Hülsenfrüchte erhalten. Dabei bilden die Naturallieferungen den Hauptbestandteil der Bezüge der Beamten, während ihr Gehalt in Geld kaum nennenswert ist. Beispielweise empfängt der Präsident des Auswärtigen Amts monatlich 10.000 Cash oder ungefähr acht Dollar.

Unter diesen Umständen erscheint die Anstellung des Herrn Denny, welcher bis dahin keinen festen Kontrakt hatte, mit einem so außerordentlich hohen Gehalt unerklärlich, und man sucht vergebens nach Gründen für diese Entschließung des Königs. Es geht hier wieder die Rede von einem geheimen russisch-koreanischen Defensiv-Vertrag, welcher durch Dennys Vermittlung im Juni v. J. unterzeichnet sein soll. Infolgedessen sei der König in die Notwendigkeit versetzt, seinen bisherigen Rathgeber auch ferner beizubehalten, und dergleichen mehr.

An dem selben Nachmittag, an welchem der Vertrag des Herrn Denny unterzeichnet wurde, traf Herr P. G. Möllendorff aus Tientsin hier ein. Derselbe hielt sich zunächst eine Woche lang völlig zurückgezogen, weil er in der Zwischenzeit auf eine Audienz beim König hoffte und vor Stattfinden derselben keine Besuche abstatten wollte. Obwohl ihm diese Hoffnung fehlschlug, besuchte er mich dennoch vor acht Tagen und theilte mir dabei sofort mit, daß er von dem General-Gouverneur Li-hung-chang nach Söul gesandt worden sei, damit ihn der König wieder in seine Dienste nähme. Herr Yuan habe zwar verbreitet, daß er nicht im Auftrag des Vize-Königs käme. Er werde denselben indes überall dementieren, da es zwecklos sei, die Wahrheit zu verhehlen. Wenn der König ihn wider Erwarten nicht engagiere, so werde er bei der chinesischen Gesandtschaft verbleiben. - Es sei ihm gelungen, dem General-Gouverneur die Grundlosigkeit der seiner Zeit Englischerseits über ihn ausgesprengten Gerüchte, daß er Korea habe unter russisches Protektorat stellen wollen, nachzuweisen, und er genieße jetzt wieder das volle Vertrauen desselben.

Dagegen hat mir der Sekretär des hiesigen chinesischen Vertreters, Herr Tong, wiederholt und in der bestimmtesten Weise erklärt, daß Herr von Möllendorff nicht von Li-hung-chang abgesandt worden sei. Er habe vielmehr nur einen zweimonatigen Urlaub erhalten und werde aller Wahrscheinlichkeit nach bald wieder nach Tientsin zurückkehren.

Bis jetzt ist Herr Möllendorff von dem König nicht empfangen worden.

Eine Abschrift dieses Berichtes sende ich an die Kaiserliche Gesandtschaft zu Peking.

Krien.

Inhalt: Anstellung des Herrn Denny auf weitere zwei Jahre.

Berlin, den 21. Juli 1888.

A. 8887.

An
die Missionen in
2. London № 610
4. St. Petersburg № 320
7. Hamburg № 152

Vertraulich!

Euerer p. übersende ich anbei ergebenst Abschrift eines Berichts des Kaiserl. Konsulats-Verwesers in Söul vom 30. Mai d. J., betreffend die Anstellung des Herrn Denny in koreanischen Diensten auf weitere 2 Jahre, und das Eintreffen des Herrn P. G. von Möllendorff in Söul, zu Ihrer vertraulichen Information.

N. d. H. U. St. S.
i. m.

[ ]

PAAA_RZ201-018909_073			
Empfänger	Auswärtiges Amt in Berlin	Absender	[o. A.]
A. 9236. pr. 28. Juli 1888. p. m.		[o. A.]	

A. 9236. pr. 28. Juli 1888. p. m.

Die Post.
28. 7. 1888.

Der Hamburgische Korrespondent vom 26. Juli schreibt über Herrn von Möllendorff in Korea: „Der Ostasiatische Lloyd brachte in seiner Nummer vom 24. Mai d. J. einen „Herrn P. G. von Möllendorff" überschriebenen Artikel, in welchem gesagt war, es würde allen Deutschen zur Genugtuung gereichen, zu erfahren, daß einer dem Blatte zunächst zwar nur gerüchtweise, jedoch von glaubwürdiger Seite zugehenden Nachricht zufolge Herr P. G. von Möllendorff in nächster Zeit in seine frühere Stellung als Rathgeber des Königs von Korea zurückkehren werde. Es schloß sich hieran eine kurze Notiz über die frühere Thätigkeit von Möllendorffs am koreanischen Hofe, sowie eine absprechende Kritik der Erfolge seines Amtsnachfolgers, des früheren amerikanischen Generalkonsuls O. M. Denny. - Nachdem diese mittheilungen inzwischen auch in deutschen Blättern Aufnahme gefunden haben, erfahren wir von gutunterrichteter Seite, daß die Nachricht von dem bevorstehenden Wiedereintritt v. Möllendorffs in den koreanischen Dienst der thatsächlichen Begründung entbehrt. Der Genannte verweilt augenblicklich zwar in Korea, die Veranlassung zu seiner Reise dorthin war aber völlig privater Natur und stand insbesondere in keinerlei Zusammenhang mit einem Auftrag der chinesischen oder deutschen Regierung."

Wechsel in der Person des britischen General-Konsulats-Verwesers. Weigerung des Königs, Herrn Watters zu empfangen.

PAAA_RZ201-018909_074 ff.			
Empfänger	Bismarck	Absender	Krien
A. 9383. pr. 1. August 1888. a. m.		Söul, den 11. Juni 1888.	
Memo	cfr. A. 13825 mitg. 1. 8. London 637 J. № 275.		

A. 9383. pr. 1. August 1888. a. m.

Söul, den 11. Juni 1888.

Kontrolle № 34.

Seiner Durchlaucht
dem Fürsten von Bismarck.

Euerer Durchlaucht verfehle ich nicht ehrerbietigst zu melden, daß nach einer mir heute seitens des stellvertretenden britischen General-Konsuls Watters zugegangenen Benachrichtigung derselbe einen längeren Urlaub erhalten und die Geschäfte des General-Konsulats an Herrn Ford übergeben hat.

Herr Ford war bisher britischer Vize-Konsul in Foochon.

Wie mir Herr Watters am 8. d. Mts. mündlich mittheilte, war er am 6. d. Mts. auf den folgenden Nachmittag mit Herrn Ford zur Audienz bei dem König geladen worden. Er hätte den Präsidenten des Auswärtigen Amts gelegentlich seines Abschiedsbesuches gefragt, ob noch „irgend Etwas stattfinden würde", und als dieser ihm verneinend geantwortet, angenommen, daß der König ihn nicht mehr empfangen würde. Infolgedessen hätte er seine Uniform eingepackt und nach Chemulpo gesandt. Sobald er die Einladung zu der Audienz erhalten, hätte er seinem koreanischen Dolmetscher, einem Sekretär im Staatsrat, erklärt, daß er seine Uniform bereits abgeschickt hätte, und ihn gefragt, ob der König ihn empfangen würde, wenn er im Gesellschaftsanzug käme. Der Dolmetscher hätte ihm darauf erwidert, daß dies außer Zweifel wäre. Er hätte denselben am Vormittag des Audienztages angewiesen, die Hofbeamten davon in Kenntnis zu setzen, daß er aus dem angeführten Grund nicht in Uniform erscheinen könnte, und hätte sich nachmittags im Gesellschaftsanzug in den Palast begeben, während Herr Ford Uniform angelegt hätte. Den ihn erwartenden Hofbeamten hätte er den Sachverhalt gleich bei seiner Ankunft daselbst auseinandergesetzt.

Nachdem er dann länger als eine Stunde gewartet, hätte er nach dem Grund der Verzögerung gefragt und zur Antwort erhalten, daß der König ihn wahrscheinlich nicht empfangen würde, weil er im „gewöhnlichen Anzuge" erschienen wäre. Als er dann nochmals betont hätte, daß er Gesellschafts-Toilette angelegt hätte, und ihm darauf der Bescheid erteilt worden wäre, daß der König ihn nicht empfangen könnte, wäre er mit Herrn Ford nach Hause zurückgekehrt und hätte seinem vorgesetzten Gesandten in Peking über die Angelegenheit schriftlichen Bericht erstattet.

Herr Watters äußerte mir gegenüber der Vermuthung, daß der König Herrn Denny um seine Ansicht hätte befragen lassen, und daß der letztere geraten hätte, ihn aus dem angegebenen Grund nicht zu empfangen. Von zuverlässiger Seite ist mir die Richtigkeit dieser Vermuthung inzwischen bestätigt worden. Es wird indes zur Entschuldigung des Herrn Denny angeführt, daß die Koreaner demselben mitgetheilt hätten, Herr Watters wäre im gewöhnlichen Anzug erschienen.

Da der Vorfall hier beträchtliches Aufsehen erregt hat, so habe ich geglaubt, Euerer Durchlaucht darüber ehrerbietigst berichten zu sollen. Wie ich höre, hat der chinesische Vertreter über die Angelegenheit ausführlich nach Tientsin telegraphiert.

Ich gestatten mir noch, ganz gehorsamst hinzuzufügen, daß den von hier fortgehenden diplomatischen wie konsularischen Vertretern von dem König stets Abschieds-Audienzen gewährt werden, und daß ein Hofzeremoniell für den Empfang von Ausländern bisher nicht festgesetzt worden ist.

Herr Watters ist gestern von Söul abgereist, um mit dem übermorgen früh von Chemulpo abgehenden japanischen Postdampfer Korea zu verlassen.

Eine Abschrift dieses Berichts sende ich an den kaiserlichen Gesandten zu Peking.

Krien.

Inhalt: Wechsel in der Person des britischen General-Konsulats-Verwesers. Weigerung des Königs, Herrn Watters zu empfangen.

Berlin, den 1. August 1888.

A. 9383.

An
die Botschaften in
2. London № 637
Vertraulich!

Euerer p. übersende ich anbei ergebenst Abschrift eines Berichts des Konsulatsverwesers in Söul vom 11. Juni d. J., betreffend den Wechsel in der Person des großbritannischen General-Konsulats-Verweser in Söul und die Weigerung des Königs von Korea den abgehenden Herrn Watters zu empfangen, zu Ihrer vertraulichen Information.

N. d. H. U. St. S.
i. m.
[Unterschrift]

Betreffend die Zustände in Korea; Haltung der russischen Regierung.

PAAA_RZ201-018909_083 ff.			
Empfänger	Bismarck	Absender	Brandt
A. 9583. pr. 5. August 1888. p. m.		Peking, den 19. Juni 1888.	
Memo	mitgeth. 7. 8. n. London 647, Petersburg 333		

A. 9583. pr. 5. August 1888. p. m.

Peking, den 19. Juni 1888.

A. № 154.
Vertraulich

Seiner Durchlaucht
dem Fürsten von Bismarck.

In meinem ganz gehorsamsten Bericht A. № 134[7] vom 2. Juni d. J., betreffend die Zustände in Korea, hatte ich der Beschwerde Erwähnung gethan, welche der General-Gouverneur Li-hung-chang bei meinem russischen Kollegen über den russischen Geschäftsträger in Söul, Herrn Weber, geführt hatte. Nach einer vertraulichen Mittheilung Herrn Coumany's will derselbe am 17. dieses Monats aus Petersburg telegraphische Weisungen des Inhalts erhalten haben, daß man dort die Beschwerden Li-hung-changs den übertriebenen, wenn nicht unwahren Berichten, des chinesischen Minister-Residenten Yuan in Söul zuschreibe, daß man aber, obgleich man dies eigentlich für überflüssig halte, die bereits früher Herrn Weber erteilten Weisungen noch einmal dahin wiederholen wolle, daß die russische Regierung, indem sie an dem in Tientsin in 1886 Vereinbarten (d. h. gegenseitige Enthaltung der Einmischung) festhalte, jeder Ermutigung der Unabhängigkeitsgelüste des Königs von Korea fernstehe.

Auch in den hiesigen Regierungskreisen hat man sich in der letzten Zeit, wohl hauptsächlich auf Anregung des Marquis Tsêng lebhafter mit der koreanischen Frage beschäftigt; die Idee desselben, die Neutralität Koreas durch die Vertragsmächte garantiert zu sehen, hat indessen nicht den Beifall der anderen Mitglieder des Tsungli-yamên gefunden. Die chinesische Regierung wird sich, soweit sich dies bis jetzt beurteilen läßt, voraussichtlich jeder Kundgebung in Betreff Koreas enthalten, bis sie durch äußere

7 II 15403/5 ehrerbietigst beigefügt 5. 8. 88

Ereignisse dazu gezwungen werden wird.

Die Anwesenheit des p. von Möllendorff in Söul und die angebliche Abreise des Majors a. D. Pauli nach dort, welche letztere Nachricht sich indessen nicht zu bestätigen scheint[8], gibt hier noch immer zu allerhand Vermuthungen Veranlassung; unsere in der koreanischen Frage so korrekte Haltung schützt uns aber vor dem Argwohn, als wenn wir diese Persönlichkeiten für unsere Zwecke zu benutzen suchen könnten.

Brandt.

Inhalt: Betreffend die Zustände in Korea; Haltung der russischen Regierung.

---

8 [Randbemerkung] nein - S. schon in Berlin. Tsp.

Berlin, den 7. August 1888 A. 9583.

An
die Botschaften in
2. London № 647
4. St. Petersburg № 333
Vertraulich!

Euerer p. übersende ich anbei ergebenst Abschrift eines Berichts des kaiserl. Gesandten in Peking vom 19. Juni d. J., betreffend die Zustände in Korea und die Haltung der russischen Regierung gegenüber diesem Lande, zu Ihrer vertraulichen Information.

N. d. H. U. St. S.
i. m.
[Unterschrift]

[ ]

PAAA_RZ201-018909_087			
Empfänger	Bismarck	Absender	Krien
A. 9909 pr. 13. August 1888. a. m.		Söul, den 22. Juni 1888.	

Abschrift

A. 9909 pr. 13. August 1888. a. m.

Söul, den 22. Juni 1888.

K. № 37.

Seiner Durchlaucht
dem Fürsten von Bismarck.

Der chinesische Vertreter und der russische Geschäftsträger sind bisher nicht persönlich hierhergekommen. Der erstere ist erkrankt und der letztere hat aus Furcht vor der koreanischen Bevölkerung, in welcher sich gegenwärtig eine große Aufregung und Erbitterung gegen die Ausländer kundgibt, den Stadtteil Chongdong, in welchem die Mehrzahl der fremden Gesandtschafts- und Konsulatsgebäude liegt, seit einer Woche nicht verlassen. Beide Herren haben ihr Ausbleiben entschuldigt und mir ihre Anteilnahme schriftlich bezeugt.

(gez.) Krien.

Original bei Abt. I B.

[ ]

PAAA_RZ201-018909_088			
Empfänger	Auswärtiges Amt in Berlin	Absender	[o. A.]
A. 9965 pr. August 1888. p. m.		[o. A.]	

A. 9965 pr. August 1888. p. m.

Hamburgischer Korrespondent
vom 14. 8. 88.

Korea.

* Die letzte aus dem Orient eingetroffene Post bringt englischen Blättern Nachrichten über die ernsten Unruhen, welche in Sëul, der Hauptstadt Korea's, ausgebrochen sind. In den letzten Jahren sind diese Unruhen stetig periodisch wiedergekehrt, im vorliegenden Falle aber war die Ursache eine eigenthümliche. Einige Chinesen verbreiteten das Märchen, die amerikanischen Missionare tödteten die Kinder und kochten sie darauf, um Medikamente aus den Leichnamen zu bereiten. Nach einer anderen Version sollten die Missionare aus den Leichen Chemikalien zu photographischen Zwecken bereiten. Solche Dinge werden in China allgemein geglaubt, und das im Jahre 1870 in Tientsin vorgekommene Gemetzel soll auch auf derartige Gerüche zurückzuführen sein. Ehe die Unruhen in Söul ausbrachen, hatten die Behörden zum Glück Maßregeln zum Schutz und zur Sicherheit der Missionare getroffen. Neun koreanische Beamte, welche Kinder verkauft haben sollten, wurden von der Volksmenge auf offener Straße geköpft. Die auswärtigen Gesandtschaften ließen telegraphisch von dem 40 englische Meilen entfernten Hafen Chemulpo Kriegsschiffe kommen. Um 10 Uhr abends langten russische, amerikanische und französische Seeleute von den Kanonenbooten in Söul an. Am nächsten Morgen traf auch eine Abteilung japanischer Marinesoldaten ein. Mittlerweile hatten die koreanischen Behörden Truppen zum Schutz der ausländischen Gesandtschaften und Consulate aufgeboten. Zugleich kam auch Herr von Möllendorff in Chemulpo von Tientsin an. Es hieß, daß er sich auf Veranlassung Li-hung-changs nach Söul begeben habe. Bei Abgang der Post dauerten die Unruhen noch fort.

Betreffend die Zustände in Corea.

PAAA_RZ201-018909_089 ff.			
Empfänger	Bismarck	Absender	Brandt
A. 10065. pr. 17. August 1888.		Peking, den 26. Juni 1888.	
Memo	mitget. 17. 8. London 665, Peking 350		

A. 10065. pr. 17. August 1888.

Peking, den 26. Juni 1888.

A. № 163.

Seiner Durchlaucht
dem Fürsten von Bismarck.

Nach einigen hier aus Söul eingegangenen telegraphischen mittheilungen scheinen dort mit einem nicht unerheblichen Verlust von Menschenleben verbundene Unruhen stattgefunden zu haben. Der koreanische Konsul in Tientsin hat am 21. Juni ein Telegramm des Inhalts erhalten, daß in Söul eine große, scheinbar gegen die Fremden gerichtete Aufregung unter den Eingeborenen herrsche, und meinem japanischen Kollegen ist am 22. über Tokio ein Telegramm des japanischen Geschäftsträgers in Söul zugegangen, nach welchem dort Unruhen, welche zahlreiche Menschenopfer gekostet, stattgefunden hätten, die Ruhe aber bereits wiederhergestellt sei. Mannschaften eines bei Chemulpo liegenden japanischen Kriegsschiffes seien zum Schutz der Gesandtschaft gelandet worden.

Die Tatsachen, daß keine der hiesigen fremden Gesandtschaften eine direkte Nachricht aus Söul erhalten, sowie, daß die Minister des yamên gestern ersichtlich nichts von der Sache wußten, lassen hoffen, daß die Unruhen nur von geringer Bedeutung gewesen und die Verluste an Menschenleben sich auf die Eingeborenen beschränkt haben, aber das häufige Vorkommen solcher Ruhestörungen in dem von Parteien und Intrigen zerrissenen kleinen Staat ist ein bedenkliches Symptom, das die fortschreitende Auflösung charakterisiert und damit weitere, auch internationale Verwicklungen in Aussicht stellt.

Die Existenz des in dem Bericht des kaiserlichen Konsulats zu Söul № 29[9] vom 30. Mai d. J. erwähnten angeblichen russisch-koreanischen Defensiv-Vertrages wird von dem hiesigen russischen Gesandten, Herrn Coumany, entschieden in Abrede gestellt und als ein

9 A. 8887 i. a. Korea 1. ehrerbietigst beigefügt.

Manöver des chinesischen Residenten Yuen und des p. von Möllendorff bezeichnet, welcher letztere übrigens, vielleicht infolge der ihm am 16. Juni durch den König von Korea gewährten ersten Audienz, am 22. seine Familie aus Tientsin hat nachkommen lassen. Ich glaube, daß keine Veranlassung vorliegt, an den mittheilungen des Herrn Coumany zu zweifeln; einerseits könnte ein solcher Vertrag Rußland keine Vorteile gewähren, würde aber China erlauben, von den Tientsiner Vereinbarungen von 1886 zurückzutreten, welche Rußland eine viel bessere Handhabe für seine Politik des Abwartens in Korea geben als ein Defensiv-Vertrag mit dem Ländchen dies könnte; andererseits würde, wenn die Beziehungen zwischen Rußland und Korea wirklich so vertraute wären, daß sie den Abschluß eines solchen Vertrages ermöglicht hätten, doch auch der Grenzhandelsvertrag zwischen den beiden Mächten, über den seit Jahren verhandelt wird, zum Abschluß gekommen sein.

Ich möchte daher ebenfalls das Gerücht, welches in der That hauptsächlich von dem p. Möllendorff verbreitet wird, als gegen die russische und amerikanische Vertretung gerichtet betrachten, welche gemeinsam als die Vorkämpfer der koreanischen Unabhängigkeit gegenüber den chinesischen Ansprüchen angesehen werden, obgleich sich dies wohl auch mehr auf die individuelle Auffassung der in Frage kommenden Persönlichkeiten als auf die Tendenzen der von ihnen vertretenen Regierungen beziehen dürfte.

Brandt.

Inhalt: Betreffend die Zustände in Corea.

Berlin, den 17. August 1888 A. 10065.

An
die Botschaften in
1. London № 665
2. St. Petersburg № 350

Euerer p. übersende ich anbei ergebenst Abschrift eines Berichts des kaiserl. Gesandten in Peking vom 26. Juni d. J., betreffend die Zustände in Korea, (zu Ihrer vertraulichen Information.)

ad. 1: zu Ihrer Information und mit der Ermächtigung, den Inhalt nach Ihrem Ermessen vertraulich zu verwerten.

ad. 2: zu Ihrer vertraulichen Information.

N. d. H. U. St. S.
i. m.
[Unterschrift]

Unruhen in Söul.

PAAA_RZ201-018909_096 ff.			
Empfänger	Bismarck	Absender	Krien
A. 10117. pr. 18. August 1888. a. m. 5 Anl.		Söul, den 23. Juni 1888.	
Memo	I. mitg. 18. 8. London 669, Petersburg 351, Washington A58, Dresden 567, München 562, Stuttgart 548, Karlsruhe 103, R. A. d. Innern, Handels-Min., Staats-Ministerium. Original 18. 8. Hamburg 180. II. mitg. 19. 9. Weimar 455 J. № 311.		

A. 10117. pr. 18. August 1888. a. m. 5 Anl.

Söul, den 23. Juni 1888.

Kontrolle № 38.

Seiner Durchlaucht
dem Fürsten von Bismarck.

Euerer Durchlaucht habe ich die Ehre, ganz gehorsamst zu berichten, daß sich seit dem 16. d. Mts. unter der Bevölkerung von Söul eine bedeutende Erregung bemerkbar gemacht hat. Allenthalben in der Stadt waren Gerüchte verbreitet, nach welchen eine Anzahl koreanischer Kinder im Auftrage der Fremden, insbesondere der Japaner, Amerikaner und Franzosen, gestohlen und von diesen verzehrt worden wäre. In der Zeit vom 16. bis zum 19. d. Mts. wurden verschiedene angebliche Kindesräuber - man spricht von drei bis sieben - von dem erbitterten Volk in den Straßen der Hauptstadt erschlagen.

Am 17. wurde von dem Justizministerium an den Thoren der Stadt die in Übersetzung unter № 1 anliegende Proklamation angeschlagen, welche geeignet war, den unsinnigen Verdacht der Bevölkerung noch zu verstärken.

Unter den Ausländern zeigte sich infolgedessen eine große Besorgnis. Man befürchtete Angriffe auf den Stadtteil Chongdong, in welchem die amerikanischen Missionare und überhaupt die meisten Fremden leben, und auf die japanische Ansiedlung. Der französische Kommissar verbot den katholischen Missionaren, sich auf den Straßen zu zeigen.

Die Vertreter der Vereinigten Staaten, Rußlands und Frankreichs beorderten am 17. und 18. zum Schutz ihrer Landsleute telegraphisch von ihren in Chemulpo ankernden

Kriegsschiffen eine Anzahl Marine-Truppen - im Ganzen gegen 70 Mann -, die an den folgenden Tagen hier eintrafen.

Am 18. Oktober erhielt der Minister-Resident der Vereinigten Staaten als Doyen der hiesigen Vertreter die als Anlage 2 in Übersetzung ganz gehorsamst angeschlossene Note des Präsidenten des Auswärtigen Amts, durch welche letzterer ihm mittheilte, daß er die seinem Schreiben beigefügte Proklamation an den Thoren und an den Straßenecken anschlagen lassen wollte. Da auch diese äußerst ungeschickt redigierte Bekanntmachung, welche die Fremden ebenfalls verdächtigte, ihren Zweck, das Volk zu beruhigen, sicherlich verfehlt haben würde, so richtete Herr Dinsmore an den Präsidenten Cho das dringende Ersuchen, dieselbe bis auf weiteres nicht zu veröffentlichen, und berief auf den nächsten Tag die Vertreter Rußlands, Japans, Frankreichs und Englands zu einer Zusammenkunft.

Der chinesische Vertreter war von dem amerikanischen Minister-Residenten zu dieser Versammlung nicht zugezogen worden. Wie Herr Dinsmore dem britischen General-Konsul gegenüber geäußert hat, hätte er denselben einfach vergessen.

Ich darf hierbei indes ein Gerücht erwähnen, welches mir der französische Bischof, Monseigneur Blanc, gesprächsweise mitgetheilt hat. Danach soll von der chinesischen Gesandtschaft im Verein mit dem Tai-won-kun sowohl im Inland wie in der Hauptstadt eine Broschüre über den Christen-Mord zu Tientsin im Jahre 1870 verbreitet worden sein, um die koreanische Bevölkerung gegen die Fremden aufzureizen. Den von dieser Hetzschrift erwarteten Aufruhr des Volkes hätten die Chinesen und ihre koreanischen Parteigenossen benutzen wollen, um sich des Königs zu bemächtigen und ihn abzusetzen. Der König habe in den Tagen vom 17. bis 19. d. Mts. in großer Angst geschwebt, da einem Angriff auf Chongdong voraussichtlich ein solcher auf das königliche Palais gefolgt sein würde. Es ist mir bisher nicht gelungen festzustellen, was an diesem Gerücht Wahres ist.

Auffallend ist es jedenfalls, daß allein gegen die Chinesen nicht die leiseste Verdächtigung laut geworden ist, obwohl sie erweislich die Einzigen sind, welche koreanische Kinder gekauft haben, um sie in China weiterzuverkaufen.

In dieser Versammlung bekundete namentlich der russische Geschäftsträger eine außerordentliche Erregtheit und Besorgnis, die umso weniger begreiflich schien, als zum Schutze seiner Gesandtschaft bereits ein russischer Offizier mit 6 Matrosen und einem Nordenfeldt-Geschütz in Söul eingetroffen war.

Die obengenannten Vertreter beschlossen, an Herrn Cho die unter № 3 anliegende Kollektivnote zu richten, mittels derer sie denselben ersuchten, die der Note in chinesischer Übersetzung beigefügte Proklamation, welche die umlaufenden widersinnigen

Gerüchte zurückweist, verkünden zu lassen, und etwaigen Exzessen gegen die Ausländer durch Entsendung von Patrouillen vorzubeugen. Da diese Bekanntmachung auch mir zweckdienlich erschien, so glaubte ich, mich dem gemeinsamen Vorgehen der Vertreter anschließen zu sollen.

Die Proklamation ist am 20. d. Mts. in geeigneter Weise bekannt gemacht, und daß dies geschehen, von dem Präsidenten mittels Schreibens vom 21. d. Mts. (Anlage 5) den fremden Vertretern angezeigt worden.

Bevor die vorerwähnte Note indes Herrn Cho zugegangen war, sandte dieser an Herrn Dinsmore das in Anlage 4 ehrerbietigst beigeschlossene Schreiben, durch welches er die Vertreter benachrichtigte, daß er seine frühere Proklamation zurückgezogen und an deren Stelle den seinem letzten Schreiben beigefügten, etwas glücklicher abgefaßten Anschlag veröffentlicht hätte. Ich habe mich darauf beschränkt, den Empfang dieser Depesche zu bestätigen.

Wie ich von verschiedenen Seiten höre, sind die Koreaner erstaunt gewesen, daß sich, im Gegensatz zu den anderen Ausländern, weder auf dem kaiserlichen Konsulat noch unter den hiesigen Deutschen irgendwelche Unruhe oder Beängstigung gezeigt hat, obwohl das Konsulats-Grundstück in der Mitte der Stadt und von den Wohnungen der anderen Fremden weit entfernt liegt. Die Bevölkerung habe daher angenommen, daß wir uns des den Fremden zur Last gelegten Verbrechens nicht schuldig gemacht hätten.

In Wirklichkeit habe ich in der Gegend, in welcher sich das kaiserliche Konsulat befindet, keine erhebliche Aufregung bemerkt, auch Feindseligkeiten gegen die Deutschen nie befürchtet. Die Wut des Pöbels würde sich unzweifelhaft in erster Linie gegen die den Koreanern verhaßten Japaner und deren Ansiedlung, sodann gegen die amerikanischen und französischen Missionare gerichtet haben, zumal da die beiden letzteren koreanischen Kinderschulen halten.

Seit den letzten drei Tagen hat die Aufregung der Bevölkerung ganz erheblich abgenommen. Die französischen Marine-Soldaten haben daher heute Morgen Söul wieder verlassen, und die amerikanischen und russischen Vertreter beabsichtigen dem Vernehmen nach, ihre Matrosen in der nächsten Woche nach Chemulpo zurückzusenden.

Der japanische Geschäftsträger hat die am 19. d. Mts. hier angekommen japanischen Mannschaften bereits an demselben Abend nach dort zurückkehren lassen; wie auf der chinesischen Gesandtschaft behauptet wird, weil er versäumt hatte, dem hiesigen chinesischen Vertreter seine Absicht, Truppen zu landen, in Gemäßheit des chinesisch-japanischen Abkommens vom 18. April 1885, anzuzeigen.

Wie mir der koreanische Dolmetscher mittheilt, hat Herr Kondo Gelegenheit genommen, dem Präsidenten des Auswärtigen Amts zu erklären, daß die japanischen

Truppen ohne seine Aufforderung von dem Kommandanten des japanischen Kriegsschiffs von Chemulpo nach Söul geschickt worden seien. Er habe dieselben jedoch sogleich wieder zurückgesandt, weil er zu der koreanischen Regierung das feste Zutrauen hege, daß sie im Notfalle seine Landsleute durch koreanische Soldaten vor Ausschreitungen der Bevölkerung schützen werde.

Mir teilte Herr Kondo anläßlich eines Besuches mit, daß am 19. d. Mts. dreizehn japanische Seeoffiziere mit sieben bis acht Burschen nach Söul gekommen wären, um ihm ihre Abschiedsbesuche abzustatten. Er hätte jedoch den größten Teil derselben bestimmt, schon an demselben Abend nach Chemulpo zurückzukehren, um die Aufregung der Koreaner gegen seine Landsleute nicht noch zu steigern.

Obwohl die Hauptstadt gegenwärtig wieder ein vollständig ruhiges Aussehen hat, so ist doch, besonders unter den mittleren und niederen Beamten, eine tiefe Unzufriedenheit und Erbitterung gegen die Fremden nicht zu verkennen. Diese Beamten haben seit einem Jahr keine Natural-Lieferungen mehr erhalten, während auf der anderen Seite die von der Regierung angestellten Amerikaner ein Gesamteinkommen von etwa 4000 Dollar pro Monat beziehen, eine für Korea immerhin beträchtliche Geldsumme.

Große Verstimmung herrscht ferner unter den höheren Offizieren darüber, daß von den drei Generalen, welche bisher die drei Abteilungen der ungefähr 6000 Mann zählenden, regulären Truppen kommandierten, zwei vor kurzem entlassen worden sind. Die Armee steht jetzt unter dem Oberbefehl des Generals Han-Kiu-sol, der gleichzeitig Chef des Justizministeriums und Polizei-Präsident von Söul ist. General Han erscheint täglich im Palast und übt seit einiger Zeit auf den König den bedeutendsten Einfluß aus. Dabei ist er den Herren Waeber und Denny durchaus ergeben.

Euerer Durchlaucht habe ich schließlich die Ehre, ganz gehorsamst zu berichten, daß die koreanischen Adligen öfters gestohlene Kinder kaufen, um sie später als Dienstboten zu verwenden, weil sie annehmen, daß Leute, welche in ihren Häusern erzogen werden und die ihre eigenen Familien-Angehörigen nicht kennen, ihnen ergebener und treuer sein werden als gewöhnliche Diener.

Ferner herrscht unter vielen Koreanern die Ansicht, daß durch den Genuß des Fleisches von jungen Kindern einige, sonst unheilbare, Krankheiten, wie der Aussatz, kuriert werden.

Abschriften dieses Berichts sende ich an die kaiserlichen Botschaften zu Peking und Tokio.

Krien.

Inhalt: Unruhen in Söul. 5 Anlagen.

Anlage 1 zum Bericht № 38.
Abschrift

Proklamation.
(Angeschlagen am 17. Juni 1888)

Es ist uns bekannt geworden, daß schlechtes Gesindel, welche sein verbrecherisches Treiben im Dunkeln betreibt, sich allenthalben in der Stadt und den zugehörigen Bezirken herumtreibt und kleine Kinder an sich lockt und stiehlt. Es muß da jedenfalls jemand dahinterstecken, der sie dazu anhält; deshalb ist überall eifrig nach den Verbrechern gefahndet worden, um über dieselben dem Gesetz freien Lauf zu lassen; es ist jedoch im höchsten Grade bedauerlich, daß [von der Bevölkerung] selbst Justiz geübt und [einige der Übeltäter] getötet worden sind, sodaß sie nicht inquiriert werden konnten und es unmöglich ist, herauszufinden, was hinter der Sache steckt. Es wird hierdurch bekannt gemacht, wenn künftighin derartiges verbrecherisches Gesindel sich zeigt, ist es alsbald zu binden und festzuhalten und dem unterzeichneten Ministerium Anzeige zu erstatten, damit die Anstifter herausgefunden werden können, und nicht durch Ausübung der Selbstjustiz und Tödtung [der Übeltäter] die Möglichkeit benommen wird, von denselben etwas zu erfahren.

Das Justizministerium.
Für die Uebersetzung:
(gez.) Reinsdorf

Anlage 2 zum Bericht № 38.
Abschrift

Brief vom Präsidenten des Auswärtigen
Amtes d. d. 18. Juni 1888

Die mir jetzt zu Ohren gekommene Geschichte von den Kindern, die in den Straßen abhanden gekommen sein sollen, ist ein von den unwissenden Massen in Umlauf gesetztes Gerücht auf die Fremden hindeutend, aufsprudelnd wie eine Quelle, auflodernd wie ein Feuer; alle teilen den Verdacht, Keiner weist ihn zurück.

Das Auswärtiges Amt hat eine Proklamation erlassen, in der besonderen Absicht, die Gemüther zu beruhigen, nicht um die Fremden zu verdächtigen; und beehre ich mich Ew. pp. eine Abschrift dieser Proklamation zugehen zu lassen, mit der Bitte, davon Kenntnis zu nehmen und zu entschuldigen.

(gez.) Cho.

Proklamation vom Auswärtigen Amt.

Es ist uns zu Ohren gekommen, daß in den Straßen und Gassen vielfach Kinder abhanden gekommen und an die Fremden verkauft worden sein sollen, welche die Fremden gekocht und gegessen hätten, und daß auf den Straßen allerhand Kinderräuber aufgegriffen worden wären und Geständnisse gemacht hätten.

Wenn es sich wirklich verhielte, wie das Gerücht behauptet, dann wären die Fremden Menschenfresser und man könnte ein Gefühl der Erbitterung nicht unterdrücken.

Das Auswärtige Amt ist die Stelle für die Beziehungen nach außen, und es müßten sicherlich Erklärungen erfolgen, die unverzügliche Bestrafung der Schuldigen herbeizuführen; aber wir haben noch keine klaren und sicheren Spuren, durch welche wir die Motive der Verbrecher aufdecken könnten, aber wir haben Mitgefühl für unser ganzes Volk, alt und jung, und um jeden von ihnen wird gesorgt; und wenn in Zukunft verbrecherisches Gesindel (Kinder) anlockt und verkauft oder [welche] kauft und ißt, so sind die Betreffenden, sobald sie betroffen werden, zu greifen und auf das Genaueste zu vernehmen; darauf ist alsbald hierselbst Anzeige zu erstatten, dann wird das Auswärtige Amt sich mit den Vertretern der fremden Mächte in Verbindung setzen, und jeder der aufgegriffen wird, weil er sich des Menschenhandels schuldig gemacht hat oder das Verbrechen begangen hat, Menschen zu essen, wird ohne Rücksicht auf die Nationalität sofort durch in-Stücke-zerhauen hingerichtet werden, um die allgemeine Erbitterung zu besänftigen.

Wir hoffen, daß niemand Gerüchte in Umlauf setzen wird; man muß die Schlupfwinkel nachweisen [wo die Kinder versteckt gehalten werden].

Für die Übersetzung:
(gez.) Reinsdorf

Anlage 3 zum Bericht № 38.
Abschrift.

Söul, 19th June 1888.

His Excellency
Cho Pyeng-sik
President of His Corean
Majesty's Foreign Office
etc. etc. etc.

Your Excellency,

We beg to acknowledge the receipt of the note your Excellency addressed to each of us yesterday, enclosing for our consideration the draft of a proclamation which your Excellency proposed issuing for the purpose of allaying the excitement at present existing among the people of Söul.

We have perused the draft and cannot approve of it as it seems to us to fail in removing unjust suspicions from men's minds. We have therefore consulted together and prepared the draft proclamation which we now enclose for your Excellency's perusal, in the hope that you will substitute it for that submitted to us, and cause it to be issued without delay and extensively posted.

We have also to request that your Excellency will cause proper precautions to be taken by patrolling the streets to prevent a recurrence of the attacks that have recently been made on people in the streets, and to guard against the outbreak of any disturbance directed against the safety of foreigners here.

We avail ourselves of this opportunity to express to your Excellency the assurance of our highest consideration.

(Sd=.) H. A. Dinsmore etc. etc. etc.
(Sd=.) C. Waeber etc. etc. etc.
(Sd=.) Kondo (signed in Japanese)
(Sd=.) V. Collin de Plancy etc. etc. etc.
(Sd=.) F. Krien etc. etc. etc.
(Sd=.) C. M. Ford etc. etc. etc.

Draft of Proclamation submitted by the Foreign Representatives at Söul to the President of the Corean Foreign Office.

Of late certain evil disposed persons have, to serve their own purposes, been circulating rumours to the effect that Corean children are being stolen and sold to foreigner to be eaten by them. These rumours are false and absurd in the extreme. Foreigners have now been living in our midst for five years and have always been on friendly terms with our people. How is it that now we first hear them charged with wicked practices?

In consequence of these rumours being believed by ignorant people several persons have been killed on the street on suspicion of being kidnapped. This plan of taking upon yourselves to attack people in the streets is foolish and wicked. It endangers the lives of the innocent. If children are stolen the Government will punish the kidnappers who should be brought before this office for examination.

Now this proclamation is issued to warn the people against believing or repeating these false reports and also to let them know that should there be any further cases of attacking persons on the street on these baseless suspicions, those implicated in such attacks will be immediately seized and severely dealt with in a summary manner, as also will any person hereafter found spreading such false and baseless rumours.

Anlage 4 zum Bericht № 38.
Abschrift.

Brief vom Präsidenten des Auswärtigen Amtes d. d. 19. Juni 1888.

Um den im Volke zirkulierenden Gerüchten ein Ende zu machen, wird die Proklamation des Auswärtigen Amtes, die ich gestern Ew. pp. in Abschrift übersandt, heute in veränderter Gestalt angeschlagen werden; es läßt sich nicht anders machen, als die falschen Gerüchte aufzunehmen (in der Proklamation zu wiederholen) und die Sache darzulegen; es heißt das aber nicht, daß solche Geschichten von den Fremden wirklich vorgekommen seien; und werden Ew. pp., wenn Sie davon Kenntnis nehmen, sich eines Lächelns nicht enthalten können.

Gruß

(gez.) Cho

Präsident des Auswärtigen Amtes.

Proklamation vom Auswärtigen Amt (20. Juni 1888)

Es ist uns das Gerücht zu Ohren gekommen, daß Fremde koreanische Kinder gekauft und gekocht und gegessen hätten, und wären allenthalben Leute auf der That ertappt worden, welche Kinder stehlen. O, wie werden in einer Welt der Reinheit und des Friedens, bei der Aufklärung der Menschheit, Menschen Menschen fressen! In den Gassen wird's erzählt, auf den Straßen wird's besprochen, bis es geht wie in der Geschichte von dem Tiger auf dem Markt und die Massen es glauben und keiner sie davon abbringt. Wie können die falschen Gerüchte im Volke eine solche Höhe erreichen? Wenn Kinder abhanden kommen, was schon vielfach vorgekommen ist, muß man die gründlichsten Nachforschungen anstellen und genau erklären von einem Manne, welcher Nationalität und an welchem Orte ein Handel mit Menschenfleisch betrieben wird, ehe man sagen darf, es ist wahr. Wird er ergriffen und eingeliefert und Anzeige gemacht beim Justizministerium, so wird dasselbe dem Gesetz freien Lauf und strenge Bestrafung eintreten lassen. Das Auswärtige Amt ist der Ort, vor den alles gehört, was die Fremden betrifft, und muß dasselbe mit den fremden Vertretern in Verbindung treten, den Fall zu untersuchen, die allgemeine Aufregung zu besänftigen. Es liegen noch keine klaren und sicheren Beweise vor. Jetzt ergeht diese spezielle Proklamation. Unser Volk muß ergründen, wer die Räuber sind, sodaß sie überführt werden können; es muß auf das Genaueste Nachforschungen anstellen, und bei den „Dienern des Gesetzes“ [Justizministerium] Anzeige erstatten, welche sich an das Auswärtige Amt wenden werden, damit sich dasselbe mit den fremden Vertretern alsbald in Verbindung setzt, und wenn jemand aufgegriffen wird, der sich des Menschenhandels schuldig gemacht hat oder das Verbrechen begangen hat, Menschen zu essen, so wird das bekannt gemacht, und der Betreffende wird sofort durch In-Stücke-zerhauen hingerichtet werden. Niemand darf Gerüchte in Umlauf setzen; man muß die wirklichen Verbrecher nachweisen, die die Kinder gestohlen haben.

Für die Uebersetzung:

(gez.) Reinsdorf

Anlage 5 zum Bericht № 38.
Abschrift.

Depesche vom Präsidenten des Auswärtigen Amtes d. d. 21. Juni 1888.

An die Vertreter von den Vereinigten Staaten, Rußland, Japan, Frankreich,

Deutschland, England.

Auf die Kollektivnote vom 19. d. Mts. beehre ich mich ganz ergebenst zu erwidern, daß ich am 20. d. Mts. die Proklamation in der von Ihnen vorgeschlagenen Form habe unter amtlichem Siegel publizieren lassen, und bin ich wirklich tief beschämt und Ihnen sehr zu Dank verbunden, daß Sie sich durch die beunruhigenden Gerüchte, welche einige Tage bei unserem thörichten Pöbel zirkulierten, haben bewegen lassen, mir die Proklamation zuzusenden.

Die Militärpatrouillen zur Tages- und Nachtzeit hatte das Justizministerium, an welche ich mich vor Empfang Ihrer Note gewendet hatte, bereits eingerichtet. Die Gerüchte im Volk legen sich allmählich und selbstverständlich dürfen Insulte gegen Fremde nicht vorkommen.

Für die Uebersetzung:
(gez.) Reinsdorf

Berlin, den 18. August 1888

A. 10117.

An
die Missionen in
1. London № 669
2. St. Petersburg № 351
3. Washington № 58
4. Dresden № 567
5. München № 562
6. Stuttgart № 548
7. Karlsruhe № 103
8. den (tit.) von Böttiver (Excellenz)
9. den Ksl. Staatsminister und Minister für Handel und Gewerbe, Fürsten von Bismarck (Durchlaucht)
10. den (tit.) von Kusserow, R. d. S., Hamburg № 180
11. das Ksl. Preuß. Staatsministerium

Ew. p. übersende ich anbei ergebenst Abschrift eines Berichts des (Kaiserl. Konsulats-Verwesers in Söul vom 23. Juni d. J., betreffend die Unruhen in Söul,)

ad. 2 - 3: zu Ihrer vertraulichen Information
ad. 1: zu Ihrer Information und mit der Ermächtigung, den Inhalt nach Ihrem Ermessen vertraulich zu verwerten
ad. 4 - 7: unter Bezugnahme auf den Erlaß vom 4. März 1885 mit der Ermächtigung zur mittheilung

----

Ew. p. beehre ich mich anbei Abschrift eines Berichts des (ins. aus 1 - 7) zur gef. Kenntnisnahme zu übersenden.

10. In Verfolg meines Erlasses vom 23. Januar 1870 № 39 übersende Ew. p erg. unter Rückerbittung den beifolgenden Bericht des (ins. aus 1 - 7) zur gef. weiteren Veranlassung.

11. Dem p. p. beehre ich mich anbei Abschrift eines Berichts des (ins. aus 1 - 7) zur gef. Kenntnisnahme zu übersenden.

N. d. H. U. St. S.
i. m.

Betreffend die Zustände in Korea.

PAAA_RZ201-018909_136 ff.			
Empfänger	Bismarck	Absender	Brandt
A. 10272. pr. 22. August 1888. a. m.		Peking, den 4. Juli 1888.	

A. 10272. pr. 22. August 1888. a. m. 4 Anl.

Peking, den 4. Juli 1888.

A. № 172.
Vertraulich

Seiner Durchlaucht
dem Fürsten von Bismarck.

Euerer Durchlaucht habe ich die Ehre in den Anlagen ganz gehorsamst einige Angaben über die jüngsten in Söul stattgefundenen Unruhen zu überreichen, die, wenn sie auch sehr unvollständig sind, doch zur Kenntnis der dortigen Vorgänge und Zustände beitragen dürften. № I und II stammen aus chinesischen Quellen, № III von der französischen, № IV von der englischen Gesandtschaft; alle sind darüber einig, daß Gerüchte von Kinderraub, angeblich begangen im Auftrage von oder für die Fremden, die Veranlassung zu den Ausschreitungen gegen die dieses Verbrechens angeschuldigten Eingeborenen gewesen sind; und daß alle Fremden durch die große, unter dem Volke herrschende Aufregung bedroht schienen. Charakteristisch ist, daß, während die aus chinesischen Quellen stammenden Nachrichten das Verhalten der französischen Missionare als die Veranlassung zu den Unruhen angeben, was teilweise durch den Bericht des englischen General-Konsulats bestätigt wird, der französische Commissare in Abrede stellt, daß sich unter den Getödteten eingeborene Christen befunden hätten. Ganz besonders interessant ist aber die aus der englischen Quelle stammende Nachricht, daß die Erbitterung des Volkes in erster Linie gegen die Japaner gerichtet gewesen wäre, was auch durch den ebenfalls ganz gehorsamst beigefügten Artikel der „Tientsin Chinese Times" vom 30. Juni eine Art von Bestätigung zu finden scheint.

In Wirklichkeit dürften Eifersüchteleien und Intrigen zwischen dem Hof und dem Tai-in-kun, der chinesischen Gesandtschaft und dem Hof, der pro- und antichinesischen Partei unter den Beamten, den verschiedenen fremden Vertretungen und den Herrn Denny und Möllendorff, die Schuld an den unbefriedigenden Verhältnissen tragen, die leicht ernstere Verwicklungen nach sich ziehen können, namentlich, wenn man sich von chinesischer Seite zu Schritten gegen den König und die Königin verleiten lassen sollte, welche von der nationalen, antichinesischen Partei als ein Angriff gegen die Selbstständigkeit Koreas, von Seiten Rußlands und Japan als eine Verletzung der von China eingegangen Verpflichtungen angesehen würden.

Wie man im Allgemeinen hier über die Zustände in Korea denkt, wollen Euere Durchlaucht hochgeneigtest aus dem beigefügten Auszuge eines Privatschreibens von Sir John Walsham an mich ersehen.

Brandt.

Inhalt: betreffend die Zustände in Korea. 4 Anlagen

Anlage 1 zum Bericht A. № 172 vom 4. Juli 1888.
Abschrift.

I. Von dem Provinzial-Richter für Chihli an den kaiserlichen Vize-Konsul Feindel, mitgetheilt am 27. Juni 1888.

Ich höre, daß in Söul zu Anfang des 5. Monats (v. 9.- 19. Juni) das falsche Gerücht ausgesprengt wurde, die Missionare (näml., die katholischen) kochten kleine Knaben und äßen dieselben auf, sodaß das Volk in den Zustand der größten Aufregung geriet. Das Auswärtige Amt erließ darauf eine Proklamation, um die Gemüter zu beruhigen. Die fremden Kriegsschiffe haben je 10 - 20 Mann nach Söul geschickt, um die Gesandtschaften (bzw. Konsulate) zu beschützen, und zwar soll dies geschehen sein, weil, wie ich höre, das Auswärtige Amt die fremden Gesandten und Vertreter bedeutet hat, selbst für ihren Schutz zu sorgen. Die Mannschaften sind jetzt bereits wieder nach Chemulpo zurückgekehrt. Gestern eingetroffenen Nachrichten zufolge ist Söul wieder ruhig. Einige eilige Worte.

Für richtige Übersetzung
(gez.) Dr. Lenz.

II. Auszug aus einem Privatbrief des Vize-Konsuls Feindel vom 28. Juni 1888.

Im Anschluß an meine gestrigen Zeilen möchte ich mit Bezug auf Korea noch melden, daß Herr Wolter aus Söul hier eingetroffen. Derselbe war allerdings bereits abgereist als die Unruhen ausbrachen, hat aber Gelegenheit gehabt, beim Tartai zu Tschifu ein Telegramm zu sehen, in welchem Details über die Vorgänge in der koreanischen Hauptstadt enthalten. Veranlassung zu den Unruhen ist der Erwerb durch die katholische Mission gewesen, welcher, auf dem Hügel liegend, die Möglichkeit gewähren soll, in den königlichen Palast hineinzusehen. Da das Grundstück aber hiervon ziemlich fern abliegt, so ist dies nur der ostensible Grund; in Wahrheit sind einige vornehme Koreaner, hauptsächlich hohe Beamte, damit unzufrieden gewesen, daß sich die katholische Mission in der Nachbarschaft niedergelassen und ein Findelhaus daselbst eröffnet hat. Derartige Versorgungsanstalten sollen in Korea ebenso wie in China nur auf spezielle Konzession der Regierung auf von der Regierung genehmigten Grundstücken eröffnet werden dürfen. Mit der Mission hatten schon vor einiger Zeit Verhandlungen wegen Enteignung stattgefunden, ohne zum gewünschten Resultat zu führen. Die Folge davon war, daß jene hohen Beamten das Volk aufgestachelt haben sollen, gegen die Missionare und die Christen mit Gewalt vorzugehen. Die Personen, welche ums Leben gekommen sind, sind einheimische Christen; die Europäer scheinen alle heil davongekommen zu sein. Es soll ferner Tatsache sein, daß der König von den beabsichtigten Exzessen im Voraus wußte, und dieselben nicht verboten oder verhindert, weil man ihm die Überzeugung beigebracht, daß durch den Erwerb des bez. Grundstücks seine königliche Würde verletzt sei.

III. Auszug aus einem Privatbrief des französischen Herrn Gesandten Lemaire vom 30. Juni 1888.

Mon cher Collègue.

„Des Coréens considérés comme complices des Etrangers qu'on accuse de voler les enfants pour les manger ont été massacrés dans les rues de Séoul - Il s'en est, suivi une vive inquictude. Le Ministre d'Amérique, Le chargé d'affaires Russe et le Consul de France ont fait venir à Séoul les Compagnies de débarquement de leurs navires de guerre - Les craintes sont aujourd'hui calmées - aucun chrétien n'a été massacré."

Tel est le télégramme que je reçus à l'instant de M. Collin de Plancy et que je m'empresse de vous communiquer en vous remerciant des renseignements que vous m'avez données.

Anlage 2 zum Bericht A. № 172 vom 4. Juli 1888.

IV.

Übersetzung eines Auszugs aus einem Bericht des englischen General-Konsulats in Söul an Sir John Walsham in Peking vom 18. Juni 1888.

Ich habe die Ehre zu berichten, daß ernsthafte Unruhen, welche möglichenfalls das Leben der fremden Bewohner von Söul bedrohen können, sich in der Stadt vorzubereiten scheinen. Seit kurzer Zeit sind Gerüchte im Umlauf gewesen, daß Gesindel sich herumtriebe, welches Kinder raubte, um dieselben an die Fremden zu verkaufen. Ähnliche Geschichten wie die, welche in 1870 die Veranlassung zu den Unruhen in Tientsin waren, nämlich, daß Fremde so gekaufte Kinder kochten und äßen und Herz und Augen zur Anfertigung von Medikamenten benutzten, haben die Bevölkerung sehr aufgeregt, und seit dem 11. d. M. sollen eine Anzahl von Koreanern, nach einigen Angaben sieben, auf welche sich der Verdacht lenkte, daß sie Kinderräuber seien, in den Straßen der Stadt zu Tode geprügelt worden sein. Es herrscht ein starkes Gefühl der Erbitterung gegen alle Fremden, besonders aber gegen die Japaner, die das Gerücht zuerst bezichtigte, solche Kinder zu kaufen, dann gegen alle Missionare, namentlich, wie ich höre, gegen die französischen Priester. Der König und die Regierung beginnen unruhig und besorgt zu werden und gestern wurde die anliegende Bekanntmachung des Justiz-Ministeriums an den Thoren angeschlagen, welche, obwohl unzweifelhaft gut gemeint, einen Satz enthält, der wenig geeignet ist, die Aufregung zu beschwichtigen. Es ist der, welcher zugibt, daß die Kinderräuber einen Zweck haben, der sie zur Verübung des Verbrechens veranlasst, ohne zugleich klar auszudrücken, daß die Geschichten über ihre Zwecke, welche sich unter dem gewöhnlichen Volk im Umlauf befinden, bösartig und falsch seien.

(gez.) Colin M. Ford
Stellvertretender General-Konsul.

Proklamation.

Allen kund und zu wissen und zur Nachachtung.

Es ist uns zu Ohren gekommen, daß im Geheimen und Dunkeln ruchlose Gesellen an den Thüren der Häuser und in den Gassen herumschleichend kleine Knaben an sich locken und stehlen. Es muß solchen Handlungen irgend ein Zweck zu Grunde liegen. Derartigen Bösewichtern allüberall nachzuspüren und sie ausfindig zu machen, sind den Orts-Behörden die schleunigsten Befehle zugegangen; und daß (das Volk) eigenmächtig (die Verbrecher) todtschlägt, so daß sie keinen Mund mehr haben (d. h. keine Aussagen machen können) und es darum nicht möglich ist, der Sache auf den Grund zu kommen, dieses ist sehr bedauerlich, wie mit Worten nicht auszudrücken. Wenn nun wieder solche Gesellen (entdeckt werden), so sollen sie gebunden in dem betreffenden Bezirk (s-Ortsgefängnis) festgehalten und Meldung an dieses Ministerium gesendet werden, damit die Beweggründe oder der Grund der Sache klar erforscht werden mögen und auf daß (das Volk) sie nicht eigenmächtig todtschlage und ihnen der Mund nicht „ausgelöscht" werde.

Das Straf-Ministerium

Für richtige Übersetzung.

(gez.) Dr. Lenz

Anlage 3 zum Bericht A. № 172 vom 4. Juli 1888.

The Chinese Times.

Vol. II. № 87. Tientsin, Saturday 30th June, 1888.

Corea.

THIS unhappy kingdom, which seems likely to be a bone of contention between the three Empires concerned, is again in trouble. Various alarming messages were received some days ago, some actually stating that a rising had commenced and that blood had been shed. Happily, so far, the report has not been justified by fact, although the situation is serious and alarming. The populace were greatly excited against foreigners and threatened to kill them, but by the latest account the people are more pacified, and the ebullition seemed to be subsiding.

There are at least four political parties in the kingdom conspiring for power. There is the King's party, which is in possession, and in this respect, though honeycombed with disaffected officials, has a distinct advantage. On the whole this party aims at independence, while it trusts ultimately to foreign help to effect a complete and final rupture of all ties to China. This faction is really led by the Queen, a bold and clever woman, whose mind is swayed by two powerful impulses-the impulses of a strong individuality-personal ambition, and patriotism. It is possible she may represent correctly the vague but actual desire of the people, and we should judge by some papers that have appeared in our columns that there is in Corea a distinct national feeling, and that the people recall traditions of their past history when Corea struggled not ingloriously against both China and Japan.

The sentiment of nationality has deep roots, and if the Queen is, as some assume, the leader of the popular spirit, it will be necessary for China to deal with the fact and to shape a new and reversed policy accordingly, so as to bind Corea to the Empire by enduring bonds of amity and common interest, a policy quite practicable if the statesmen of the Empire can rise to the occasion.

The second party is scarcely less powerful than the first, in fact, if serous conclusions were tried might prove to superior, if only on account of better leadership. This party is that of the Dai-in-kun, and includes the more powerful of the nobles, many ex-officials who are still influential, and a following-no doubt considerable thought it cannot yet be defined-amongst officials and even high Ministers. This group, while it has national aspirations, declares that, for the present at least, it desires rather to put the kingdom into more distinct contact with China than to part from her, and indeed wishes to become assimilated to China in many ways, such as with the army and navy, customs, foreign relations, etc. Naturally Yuen, the Chinese Resident, has close relations with this faction, and it is said, though the statement seems to be anomalous, that his chief ally, the Corean Prime Minister, is a partisan of the Dai-in-kun. If this is really the fact, the conclusion we draw is that the second party, which means to dethrone the King and to set up instead a child under a Regency, is so strong that the Queen, bold woman as she is, hesitates to bring matters to an issue. For the rest the Dai-in-kun is a stern man, not burdened with scruples, who will not shrink from decisive action when the times are ripe for it.

There is a pro-Russian faction, not numerically strong, and, fourthly, there is a pro-Japanese faction of more considerable dimensions. But as regards this last it should be said the Japanese Resident has strict orders from his Government to stand aloof from all political intrigues, and that he obeys his orders loyally. Any influence he may have, if used at all, is on the side of China.

The disturbing elements of the present situation have been growing steadily for several months. The position of the Government has become almost intolerable. The finances of the kingdom are in a bad way. There are old burdens dating from the time of Mr. von Möllendorff's office, for which, however, he may be partly blameless. The social affairs of the country are, seemingly, in the first processes of transition, as no doubt the hereditary privileges of the nobles and official classes will soon have to be abolished. It is quite possible the increasing popular feeling against the abuse of power and immunity may be the real cause of the present commotion. The situation, already troubled, is complicated by the excessive friction with China, or, perhaps, to speak more accurately, with the Chinese Resident, as it cannot be ascertained clearly whether in his unfortunate relation with the King and Court he is following his own scheme of policy, or action more or less in accordance with definite official instructions.

A very serious additional element of disturbance was the re-appearance a month since of Mr. von Möllendorff upon the scene of his former and well remembered and erratic achievements. It was believed that he went from this place to Seoul with specific ends in view, amongst which were, it was said, an intention to aid Yuen in his struggle with the King, or to bring the King to the side of Yuen; also to seize charge again of the Customs, whose control is now vested in the Inspectorate-General at Peking. These imputed aims are apparently antagonistic, so that we do not give full credence to the current rumours, as if, for instance, Mr. von Möllendorff really has any designs on the Customs he could hardly hope for the support or countenance of the Chinese Resident.

Mr. von Möllendorff's advent, misunderstood as its real objective is at present, had the unfortunate result of at once making Japan restive and suspicious, as Mr. von Möllendorff's former policy, which made straight for St. Petersburg rather than towards Peking, was not recalled with complacency at Tokio; and, as is natural in Eastern countries the Japanese Government, which contrary to many national traditions has for three or more years acted toward China with excessive amiability and forbearance, began to regard his return to Seoul as a signal of bad faith on the part of Peking; and such being the case, especially as Kuroda who was a party to the Japanese treaty with Corea in 1875 is now in power in Tokio, a few accidental or unfortunate circumstances might quickly raise excitement in Japan, and re-inflame old jealousies, supposed to be laid at rest, in such a way as to make continuance of alliance and peace with China uncertain. China should, therefore, now consider the details of Yuen's proceedings, as there are serious reasons for doubting whether they are fully comprehended here. And the more so because China is legally compromised by the acts good or bad, authorized or unauthorized, done by her representative.

In some ways, however, the situation has improved, or rather recent occurrences might by right management be turned by China to good account. Great humiliation has lately been brought upon the King and his Government, which both now feel acutely in a painful awakening. The Corean envoys to foreign courts have been snubbed; their endeavours to raise loans have been foiled, and not even have they anywhere been able to evoke sympathy. The King is thus thrown back upon China, or, as an alternative-if China does not reverse her present policy and methods of action in Seoul-to his vain quest for independence. At any rate the King is now in many respects free from illusions, and while he is smarting from the consciousness of failure the time is opportune to bring him by gentle means again into harmony with China. The Court of Peking certainly has benevolent intentions towards its vassal, and if good conduct in the future was assured the credit of China might be used to raise the impoverished kingdom out of its difficulties. A little show of amity, a few proffers of help, some assurances that all past doubtful behaviour is condoned, and Corea may again come of her own will into the Chinese fold.

Peking now sees the situation has become full of danger not to Corea only but to the Chinese Empire, and may yet we trust change the present dangerous procedure, while it is possible to do so. If the imperious needs of the preservation of the Empire should force the statesmen of Peking to take armed action, they will be justified when called upon to answer for their conduct. But if China is compelled to absorb Corea, the other nations concerned will require good and sufficient reasons from her to justify her course. For armed intervention and occupation China must have clean hands to show, and will have to produce an adequate pretext. If it should be necessary to depose the King-and Yuen is in alliance with the Dai-in-kun's party which aims at this step-the course must have weighty justifications. It is not a slight matter, and unless he can prove urgency or necessity Yuen will find his course is dangerous to himself. The responsibilities of the situation any way lie upon China.

As the unhappy King knows that Yuen is planning his deposition, how can good feeling exist between the two governments? Besides the King complains, how truly we know not, that he is subjected to constant contradiction, obstruction, and affront, and that he does not receive from the Chinese Resident the conventional respect that is due to a monarch. The King's position indeed has become pitiable. Now the policy of China in a country upon whose future status much of the fortunes of *[Satzende!]*

[Satzanfang!] this Empire depend, should be to foster amicable relations, to give friendly and loyal assistance when needed, to abstain from party intrigues, to uphold the

Throne, to avoid needless meddling, to provide a sympathetic Resident, and in all ways to promote the peace, comfort, and prosperity of her now suffering tributary.

The situation requires very great caution in dealing with it, as quite apart from the interests of the little kingdom, China has grave reasons for rather averting than precipitating a crisis in Söul; but until sincere and amicable relations are established with the King, his government cannot devote themselves to the reforms he is anxious to make so as to improve the welfare of his people. Yuen, whose conservative ideas are those of a Chinese official who has had no contact with the West, regards change from a too purely Chinese point of view, and, so far, has effectually obstructed all attempts to begin the necessary modifications. This is to be regretted, as in many ways the conditions of Corea are not those of a Chinese province, and the policy of Liu-ming-chuan in Formosa should be held out to him as the right model for imitation. It would be far better to give the King a free hand and to place confidence in his loyalty, and it might be possible for him, if he had to deal with friends rather than with hostile censors, that he might raise the fortunes of his kingdom, and at the same time form a strong outwork for protecting China on what is now her most insecure frontier.

The methods in vogue for the last few years between China the suzerain and Corea the tributary, have proved detrimental, and, according to appearances, China may at any moment find herself immersed in difficulties equal in magnitude to those of Annam-Tongking, but with weaker moral bases, and with greater potential difficulties that may develop prematurely. These old methods having ignominiously failed, and as in consequence dangers are arising to involve both Empire and Kingdom, the Viceroy Li will now do well to try a change of front. He might gain-as a result-a loyal, devoted, and firm adherent in the King, who is now deeply alienated from the Empire.

Anlage 4 zum Bericht A. № 172 vom 4. Juli 1888.

Auszug aus einem Privatschreiben des englischen Gesandten Sir John Walsham vom 2. Juli 1888.

I have heard for a long time past that the missionaries, and especially the French and Americans, had not been acting very prudently; but if other Agencies connected with more mundane questions had not been busying themselves de omnibus rebus et quibus dam aliis, I daresay we should have heard very little about the missionaries and their pretensions or about kidnapping of children.

It is impossible to say what actually did occur at Söul. It seems probable that some natives were killed, doubtless christian converts and it may be that detachments from the war vessels at Chemulpo were sent up to the capital. This report had also reached me, and if any foreign armed force was employed at all, I shall be glad to learn that it was not restricted to Japan alone, as the Viceroy Li would then have less excuse for making himself troublesome and asking awkward questions.

Denny appears to have arrived at Chefoo on the 9th of June, so I imagine he has come to consult with Li. Something urgent must have compelled him to quit his post at a moment when his opponent von Moellendorff was on the spot and doubtless intriguing against him with his enemy Yuan. Li's mismanagement of Corean affairs is deplorable. Whether von Moellendorff and Yuan have in hand the perpetration of some new piece of folly initiated by the Viceroy, such as the deposition of the King remains to be seen.

It is much to be regretted that when all the Great Powers are favourable to the maintenance of the status quo in Corea, irresponsible agents for their own interests, and responsible agents (Chinese) acting under instructions should be doing their utmost to render Government in Corea impossible.

[ ]

PAAA_RZ201-018909_155			
Empfänger	Auswärtiges Amt in Berlin	Absender	[o. A.]
A. 10392. pr. 24. August 1888. p. m.		[o. A.]	

A. 10392. pr. 24. August 1888. p. m.

Hamburgischer Korrespondent vom 24. 8. 88

Die letzten Unruhen in Korea.

Aus Sëoul, den 23. Juni, wird uns gemeldet:

"Die letzten 8 Tage sind für uns hier recht unruhig verlaufen. Unter den Eingeborenen hatte sich das Gerücht verbreitet, daß eine Anzahl koreanischer Kinder im Auftrage von Fremden, insbesondere der Japaner, Amerikaner und Franzosen, gestohlen und von diesen verzehrt worden wäre. In der Zeit vom 16. bis zum 19. d. M. wurden verschiedene angebliche Kindesräuber - man spricht von 3 bis 7 - von dem erbitterten Volke in den Straßen der Hauptstadt erschlagen. Unter den Ausländern zeigte sich infolgedessen eine große Besorgniß, zumal eine am 17. d. M. an den Thoren der Stadt angeschlagene Proklamation des Justizministeriums geeignet war, den unsinnigen Verdacht der Bevölkerung noch zu bestärken. Man befürchtete Angriffe auf den Stadtteil Chongdong, in welchem die amerikanischen Missionare und überhaupt die meisten Fremden leben, und auf die japanische Ansiedlung. Der französische Kommissar verbot den katholischen Missionaren, sich auf den Straßen zu zeigen, und die Vertreter der Vereinigten Staaten, Rußlands und Frankreichs beorderten am 17. und 18. zum Schutz ihrer Landsleute telegraphisch von ihren in Chemulpo ankernden Kriegsschiffen eine Anzahl von Marinetruppen - im Ganzen gegen 70 Mann - die zur großen Beruhigung der Bedrohten denn auch an den folgenden Tagen hier eintrafen. Über die Entstehung jenes unsinnigen Gerüchts erzählt man sich, daß im Inlande wie in der Hauptstadt eine Broschüre über den Christenmord zu Tientsin im Jahre 1870 verbreitet worden sei; den von dieser Hetzschrift erwarteten Aufruhr hätte man benutzen wollen, um sich des Königs zu bemächtigen und ihn abzusetzen. Ob hieran etwas Wahres ist, steht noch dahin.

Uebrigens kaufen die koreanischen Adligen selbst öfters gestohlenen Kinder, um sie später als Dienstboten zu verwenden, weil sie annehmen, daß Leute welche in ihren

Häusern erzogen werden und die ihre eigenen Familienangehörigen nicht kennen, ihnen ergebener und treuer sein werden als gewöhnliche Diener.

Wie ich von verschiedenen Seiten höre, sind die Koreaner erstaunt gewesen, daß sich im Gegensatz zu den anderen Ausländern, unter den hiesigen Deutschen keinerlei Unruhe oder Beängstigung gezeigt hat, obwohl die meisten in der Mitte der Stadt und von den anderen Fremden weit entfernt wohnen. Die Bevölkerung habe daher angenommen, daß wir uns des den Fremden zur Last gelegten Verbrechens nicht schuldig gemacht hätten.

In Wirklichkeit hatten wir Deutsche deshalb keinen besonderen Grund zu Befürchtungen, weil die Wut des Pöbels sich unzweifelhaft in erster Linie gegen die den Koreanern verhaßten Japaner und deren Ansiedlung, sodann gegen die amerikanischen und französischen Missionare, welche koreanische Kinderschulen halten, gerichtet haben würde.

Nachdem inzwischen eine sachgemäße, von den hiesigen fremden Vertretern und von der koreanischen Regierung akzeptierte Proclamation zur Aufklärung und Beruhigung der Bevölkerung veröffentlicht worden ist, hat in den letzten drei Tagen die Aufregung der Bevölkerung ganz erheblich abgenommen, und die Hauptstadt hat gegenwärtig wieder ein völlig ruhiges Ansehen. Die französischen Marinesoldaten haben daher heute morgen Söoul wieder verlassen, und auch amerikanischen und russischen Matrosen werden in nächster Zeit nach Chemulpo zurückkehren.

Eine tiefe Unzufriedenheit und Erbitterung gegen die Fremden ist gleichwohl geblieben, besonders auf Seiten der mittleren und niederen Beamten. Diese haben seit einem Jahr keine Naturallieferungen mehr erhalten, während andererseits die von der Regierung angestellten Amerikaner ein Gesamteinkommen von etwa 4000 Dollars, eine für Korea immerhin beträchtliche Geldsumme, beziehen.

Große Verstimmung herrscht ferner unter den höheren Offizieren darüber, daß von den drei Generälen, welche bisher die drei Abteilungen der ungefähr 6000 Mann zählenden regulären Truppen kommandierten, zwei vor kurzem entlassen worden sind, so daß die Armee jetzt unter dem Oberbefehl des Generals Han-Kiu-Sol, des gleichzeitigen Chefs des Justizministerium und Polizeipräsidenten von Söoul, steht, welcher dem russischen Vertreter und dem derzeitigen Rathgeber des Königs, dem Amerikaner Denny, völlig ergeben sein soll.“

Rückreichung eines Berichts des kaiserlichen Konsulatsverwesers in Söul vom 22. Juni d. Js., betreffend die Unruhen in Söul.

PAAA_RZ201-018909_156 f.			
Empfänger	Bismarck	Absender	Kusserow
A. 10443. pr. 25. August 1888.		Hamburg, den 24. August 1888.	

A. 10443. pr. 25. August 1888. p. m. 6 Anl.

Hamburg, den 24. August 1888.

№ 122.

Seiner Durchlaucht
dem Fürsten von Bismarck.

Euerer Durchlaucht beehre ich mich mit Bezug auf den hohen Erlaß vom 18. d. Mts. (№ 180)[10], den nebst Anlagen beigefügten Bericht des kaiserlichen Konsulatsverwesers in Söul vom 23. Juni d. Js., betreffend die Unruhen in Söul, gehorsamst zurückzureichen, nachdem ich behufs gelegentlicher Verwertung des Inhalts Abschrift, bzw. Auszug zurückbehalten habe.

v. Kusserow.

Inhalt: Rückreichung eines Berichts des kaiserlichen Konsulatsverwesers in Söul vom 22. Juni d. Js., betreffend die Unruhen in Söul. 6 Anlagen.

---

10 ehrerbietigst beigefügt

Rückkehr des Herrn von Möllendorff nach China.

PAAA_RZ201-018909_158 ff.			
Empfänger	Bismarck	Absender	Krien
A. 10806. pr. 2. September 1888.		Söul, den 12. Juli 1888.	
Memo	mitg. 3. 9. n. Hamburg № 195 J. № 376		

A. 10806. pr. 2. September 1888. a. m.

Söul, den 12. Juli 1888.

Kontrolle № 46

Seiner Durchlaucht
dem Fürsten von Bismarck.

Euerer Durchlaucht habe ich die Ehre im Anschluß an meinen ganz gehorsamsten Bericht № 29[11] vom 30. Mai d. J. ebenmäßig zu melden, daß Herr P. G. von Möllendorff am 8. d. Mts. von Chemulpo abgereist ist, um sich nach Tientsin zurückzubegeben.

Ich habe nicht verfehlt, Seine Excellenz den Herrn Gesandten in Peking von der Rückreise des Herrn von Möllendorff in Kenntniß zu setzen.

Krien.

Inhalt: Rückkehr des Herrn von Möllendorff nach China.

11 A. 8887 i, a. ehrerbietigst beigefügt.

Berlin, den 3. September 1888.

A. 10806

An
die königliche Mission in
Hamburg № 195

Im Anschluß an meinen Erlaß vom 21. Juli d. J. (№ 152) übersende ich Ew. pp. anbei ergebenst Abschrift eines Berichts des kaiserl. Konsuls in Söul vom 12. Juli d. J., betreffend die Rückkehr des Herrn von Möllendorff nach China, zur gef. Information.

N. d. H. U. St. S.
i. m.
[Unterschrift]

[ ]

PAAA_RZ201-018909_162			
Empfänger	Auswärtiges Amt in Berlin	Absender	[o. A.]
A. 10935. pr. 4 September 1888.		[o. A.]	

A. 10935. pr. 4 September 1888. p. m.

Kölnische Zeitung von 4. 9. 88.

Berlin, 3. 9.

Nach vorliegenden Nachrichten ist Herr. P. G. v. Möllendorff bereits am 8. Juli d. J. von Chemulpo in Korea abgereist, um sich nach Tientsin auf seinen Posten im chinesischen Dienste zurückzubegeben. Dem schon vor einiger Zeit widersprochenen Gerüchte, daß Herr v. Möllendorff in seine frühere Stellung als Rathgeber des Königs von Korea zurückkehren werde, ist damit der letzte Boden entzogen.

[ ]

PAAA_RZ201-018909_163			
Empfänger	Auswärtiges Amt in Berlin	Absender	[o. A.]
A. 10941. pr. 4 September 1888.		[o. A.]	

A. 10941. pr. 4 September 1888. p. m.

Hamburgischer Korrespondent vom 4. 9. 88.

Herr von Möllendorff.

Nachdem wir bereits in unserer Nummer vom 26. Juli d. J. das Gerücht dementiren konnten, daß Herr P. G. v. Möllendorff seine frühere Thätigkeit als Rathgeber des Königs von Korea wieder aufnehmen werde, erfahren wir nunmehr, daß den neuesten aus Ostasien eingetroffenen Nachrichten zufolge Herr von Möllendorff schon am 8. Juli d. J. Korea wieder verlassen hat und nach Tientsin zurückgekehrt ist, wo er bekanntlich in Diensten des General-Gouverneurs, Li-Hung-Tschang, angestellt ist.

[ ]

PAAA_RZ201-018909_164			
Empfänger	Auswärtiges Amt in Berlin	Absender	[o. A.]
A. 10984. pr. 5. September 1888.		[o. A.]	

A. 10984. pr. 5. September 1888. p. m.

Norddeutsche Allgemeine Zeitung 5. 9. 1888. Abends.

Der „Hamburgische Korrespondent“ vom 4. September bringt nachstehende Notiz über Herrn P. G. v. Möllendorff:

„Nachdem wir bereits in unserer Nummer vom 26. Juli d. J. das Gerücht dementiren konnten, daß Herr P. G. v. Möllendorff seine frühere Thätigkeit als Rathgeber des Königs von Korea wieder aufnehmen werde, erfahren wir nunmehr, daß den neuesten aus Ostasien eingetroffenen Nachrichten zufolge Herr v. Möllendorff schon am 8. Juli d. J. Korea wieder verlassen hat und nach Tientsin zurückgekehrt ist, wo er bekanntlich in Diensten des Generalgouverneurs, Li-Hung-Tschang, angestellt ist.“

[ ]

PAAA_RZ201-018909_165			
Empfänger	Auswärtiges Amt in Berlin	Absender	[o. A.]
A. 11284. pr. 11. September 1888.		[o. A.]	

A. 11284. pr. 11. September 1888. p. m.

Hamburgischer Korrespondent 11. 9. 88.

China.

* Shanghai, den 6, September. Es werden hier viele Vermuthungen geäußert über den Zweck der aus 6 Kriegsschiffen bestehenden japanischen Expedition nach Korea. Japan giebt vor, daß die Forts besichtigt werden sollen. Doch scheinen dem Unternehmen politische Gründe zu Grunde zu liegen, da die Zustände auf Korea unruhig sind.

Betreffend die Zustände in Corea.

PAAA_RZ201-018909_166 ff.			
Empfänger	Bismarck	Absender	Brandt
A. 11398. pr. 14. September 1888.		Peking, den 31. Juli 1888.	
Memo	mitgeth. 14. 9. n. Petersburg 363, London 710, Dresden 622, München 619, Stuttgart 604, Hamburg 207.		

A. 11398. pr. 14. September 1888. p. m.

Peking, den 31. Juli 1888.

A. № 205.

Seiner Durchlaucht
dem Fürsten von Bismarck.

Euerer Durchlaucht beehre ich mich ganz gehorsamst zu berichten, daß mein französischer Kollege sich mir gegenüber dahin geäußert hat, daß die ihm zugegangenen Nachrichten kaum einen Zweifel darüber ließen, daß die jüngsten Unruhen in Corea durch den chinesischen Residenten Yuan angestiftet worden seien, der einen Ausbruch der Bevölkerung gegen die Fremden hervorzurufen gesucht habe, um denselben als Vorwand zu einem Handstreich gegen den König benutzen zu können. Er habe in diesem Sinne nach Paris berichtet, und wenn die von Söul dorthin gelangten Mittheilungen mit den von ihm gemachten übereinstimmten, so zweifle er nicht, daß er beauftragt werden werde, hier sehr ernste Vorstellungen gegen die weitere Verwendung Yuans in Korea zu machen.

Herrn Lemaire's Anschauungen scheinen mir wesentlich durch die katholischen Missionare beeinflußt zu sein, deren unvorsichtigem Verhalten wohl ein Teil der Schuld an den Vorgängen in Söul zugeschrieben werden dürfte und die jetzt die Gelegenheit benutzen wollen, um eine Anerkennung ihrer Existenz als Missionare in Korea durchzusetzen. Wie ich über Yuans Thätigkeit in Söul denke, ist Euerer Durchlaucht aus meinen ganz gehorsamsten früheren Berichten hinreichend bekannt[12], aber ich glaube, daß man sein Verfahren dort als höchst unpolitisch und gefährlich betrachten kann, ohne in ihm zugleich den Urheber von Plänen gegen die Sicherheit der Fremden zu sehen. Übrigens scheint sich auch in chinesischen Kreisen die Unzufriedenheit gegen Yuan zu

12 Vorgänge i. a. Korea 1 vol. 7 u. 8 ehrerbietigst beigefügt.

steigern, wenigstens wird viel von seiner Abberufung gesprochen, für den Augenblick aber wird er noch durch Li-hung-chang gehalten, der durch Indiskretionen seinerseits rangremittirt zu werden befürchten dürfte, denn es kann wohl keinem Zweifel unterliegen, daß auch seine Politik in Söul eine nicht ganz ehrliche gewesen ist, deren Aufdeckung dem chinesischen Prestige in Korea kaum besonders förderlich sein würde.

Brandt.

Inhalt: Betreffend die Zustände in Corea.

Berlin, den 14. September 1888. A. 11398.

An die Missionen in

1. Petersburg № 363
2. London № 710
3. Dresden № 622
4. München № 619
5. Stuttgart № 604
6. Hamburg № 207

Vertraulich

Ew. pp. beehre ich mich anbei Abschrift eines Berichts des kaiserl. Gesandten in Peking vom 31. Juli d. J., die Zustände in Korea betreffend,

ad. 1: zu Ihrer vertraulichen Information zu übersenden.

ad. 2: zu Ihrer Information zu übersenden.

ad. 3-6: unter Bezugnahme auf den Erlaß vom 4. März 1885 vertraulich mitzuteilen.

N. D. H. U.

i. m.

[Unterschrift]

Berlin, den 19. September 1888.

A. 10117.

An
den Königl. Gesandten
Herrn von Derenthall
Hochwohlgeb.

Weimar № 455.

Ew. pp. übersende ich anbei ergebenst Abschrift eines Berichts des kaiserl. Konsulats-Verwesers in Söul vom 23. Juni d. J., betreffend die Unruhen in Söul, unter Bezugnahme auf den Erlaß vom 4. März 1885 mit der Ermächtigung zur mittheilung.

N. d. H. U. St.
I. A.
[Unterschrift]

Betreffend die russisch-chinesischen Beziehungen zu Corea.

PAAA_RZ201-018909_172 ff.			
Empfänger	Bismarck	Absender	Brandt
A. 12161. pr. 28. September 1888.		Peking, den 9. August 1888.	
Memo	cf. 15155 B. Petersburg vertr., B. London vertr., Ges. Hamburg vertr. mitg. 28. 9. London 743, Petersburg 370, Hamburg 221		

A. 12161. pr. 28. September 1888. a. m.

Peking, den 9. August 1888.

A. № 220.
Vertraulich

Seiner Durchlaucht
dem Fürsten von Bismarck.

Die Shanghai North China Daily News vom 2. August enthält in einem „Peking, from our own Correspondent" überschriebenen Artikel u. a. die nachstehende, auf koreanische Verhältnisse bezügliche mittheilung:

„The Tientsin Chinese Times in its issue of the 7. July gives its readers a fairly readable and correct leader on Tibet and Corea. We think however the writer has fallen into an error when he refers „to the curious unwritten pact between the Viceroy Li and Monsieur Ladygensky, a pact that the Russian Government, at least, has scrupulously respected so far and which by all processes of reasoning gives the Russian Government the right to be consulted in affairs that may arise. "I believe this pact is unknown to the Chinese Government and consequently has never been recognized by it."[13]

Die Verabredungen zwischen dem General-Gouverneur Li-hung-chang und dem russischen Geschäftsträger Herrn Ladygensky sind die im Jahr 1886 getroffenen, welche sich auf eine gegenseitige Enthaltung der Einmischung in die koreanischen Angelegenheiten bezogen und in der That seit dieser Zeit, wie ich wiederholt zu berichten die Ehre gehabt, die Grundlage der russischen Politik in der koreanischen Frage gebildet haben.

13 [„I believe … by it.": Durchgestrichen von Dritten.]

Der Verfasser des vorangeführten Artikels ist ein Dr. Dudzeon, Hausarzt und, wenn auch wohl nicht „en titre“, so doch thatsächlich Privatsekretär des Marquis Tsêng, und diese Tatsche gibt der Erklärung, daß die in Tientsin mündlich getroffenen Vereinbarungen der chinesischen Regierung unbekannt und daher niemals von derselben anerkannt seien, eine gewisse Bedeutung. Nicht, als wenn ich den Artikel in der „Shanghai Daily News“ als inspiriert ansehen möchte, sondern der Verfasser hat eben nur wiedergegeben, was er voraussichtlich vom Marquis Tsêng gehört hat.

Der Versuch das Li - Ladyzenskry'sche Abkommen vorkommendenfalls als ein der Zentralregierung nicht bekanntes und daher auch von derselben nicht genehmigtes, d. h. dieselbe nicht bindendes, darzustellen, würde durchaus den Traditionen der chinesischen Politik entsprechen; ähnliches ist mir selbst gegenüber mit Bezug auf Teile des zwischen Li-hung-chang und Ito in 1885 abgeschlossenen, die Beziehungen Chinas und Japans zu Korea betreffenden Vertrags auf dem Tsungli-yamên gesagt worden. Eine thatsächliche Begründung für die angebliche Unbekanntschaft der chinesischen Regierung mit dem Abkommen besteht nicht, die Regierung hat vielmehr ausdrücklich die schriftliche Formulierung desselben, zu welcher sich Li bereit erklärt hatte, untersagt.

Brandt.

Inhalt: Betreffend die russisch-chinesischen Beziehungen zu Corea.

Berlin, den 28. September 1888.

A. 12161.

An
die Botschaften in
1. London № 743
2. St. Petersburg № 370
3. Gesandtschaft Hamburg
№ 221
Vertraulich!

Euerer p. übersende ich anbei ergebenst Abschrift eines Berichts des K. Gesandten in Peking vom 9. v. Mts., betreffend die russisch-chinesischen Beziehungen zu Corea, zu Ihrer vertraulichen Information.

N. d. H. U. St. S.
[Unterschrift]

Betr. ein Pamphlet des amerikanischen Rathgebers des Königs von Korea über die chinesisch-koreanischen Beziehungen.

PAAA_RZ201-018909_176 ff.			
Empfänger	Bismarck	Absender	Brandt
A. 12411. pr. 3. Oktober 1888.		Peking, den 15. August 1888.	
Memo	cf. 15155		

A. 12411. pr. 3. Oktober 1888. a. m. 1 Anl.

Peking, den 15. August 1888.

A. № 228.
Vertraulich.

Seiner Durchlaucht
dem Fürsten von Bismarck.

Von bekannter Seite ist mir zur vertraulichen Kenntnißnahme ein von dem amerikanischen Rathgeber des Königs von Corea verfaßtes, als Manuskript gedrucktes, vom 3. Februar 1888 in Söul datirtes Pamphlet mitgetheilt worden, welches den Titel trägt: "China and Corea, by O. N. Denny, Adviser to the King and Director of foreign Affairs." Dasselbe war ursprünglich unzweifelhaft zur weiteren Verbreitung bestimmt, scheint aber später von dem Verfasser zurückgehalten worden zu sein.

Herr Denny beginnt damit zu erklären, daß er im Juli 1885 von Li hung chang aufgefordert worden sei, die Stellung als Berater bei dem König von Korea anzunehmen und daß ihm Li bei dieser Gelegenheit seine tatkräftige Unterstützung bei allen Bemühungen, Ruhe und Ordnung zu erhalten, und für die gedeihliche Entwicklung Koreas zugesagt, das Versprechen aber leider hinterher nicht gehalten habe. Die Aufgabe, die er, Denny, sich in dem vorliegenden Aufsatz gestellt habe, sei folgende Fragen zu behandeln: 1.) Die völker- und staatsrechtlichen Beziehungen zwischen Corea und China, 2.) Die Behandlung, welche China habe Corea zu Theil werden lassen, 3.) Die gegen den König gerichtete Anschuldigung, schwach und unfähig zur Regierung zu sein. Zu Punkt eins bringt Herr Denny wenig neues vor, die Beschuldigung in Punkt drei bestreitet er, ohne irgendwelche Beweise anzuführen; interessanter ist, was er über Punkt zwei sagt.

Die Weigerung Li hung changs, zu der Eröffnung von Ping An seine Zustimmung zu geben, weil durch dieselbe die chinesischen Handelsinteressen in Newchwang geschädigt werden würden, die Forderung Li's, daß Korea zum Abschluß von Anleihen seine Zustimmung einhole, der von den Befehlshabern der chinesischen Kriegsschiffe betriebene Schmuggelhandel, der weder durch die Zollbehörden, noch durch die koreanische Regierung unterdrückt werden könne, da die Schuldigen Schutz bei dem chinesischen Residenten Yuan fänden, der sich selbst an den Geschäften betheilige, das Verfahren Yuans, der für „petty schemes, criminality, injustice" und „brutality" selten, wenn jemals in der Geschichte des völkerrechtlichen Verkehrs sein Gegenstück fände, werden in mehr oder weniger erregter Weise als Anklagen gegen die chinesische Regierung vorgebracht; von Interesse ist indessen besonders die Schilderung der im Juli 1887 geplanten Verschwörung, dessen Zweck es gewesen sein soll, sich der Person des Königs zu bemächtigen und den Neffen desselben unter der Regentschaft des Tai in kun auf den Thron zu bringen. Dieselbe soll mißlungen sein, weil der Prinz Min you ik, welcher sich mit Vorwissen des Königs an derselben beteiligt hatte, die Pläne der Verschwörer aufdeckte. Dies würde auch die plötzliche Flucht des Prinzen aus Korea erklären.

Abschrift der betreffenden Stelle des Pamphlets habe ich die Ehre in der Anlage ganz gehorsamst beizufügen, mit der Bitte um ganz vertrauliche Behandlung derselben wie des übrigen Inhalts dieses Berichts.

Brandt.

Inhalt: Betr. ein Pamphlet des amerikanischen Rathgebers des Königs von Korea über die chinesisch-koreanischen Beziehungen. 1 Anlage.

Anlage zum Bericht A. № 228 vom 15. August 1888.

Abschrift.

But the culminating act of China's representative for coldblooded villainy lays in his plot, exposed in July last, to dethrone and carry off the king to make temporary room for a pliant tool. The execution of this diabolical business involved riots, arson, bloodshed and probable assassinations, besides imperilling the lives of all foreigners in Seoul as well as those of many native People. Every detail of this wicked conspiracy is in the possession of the King, and which would no doubt have been carried out but for the integrity and loyalty of Prince Min-Yong-Ik, one of the ablest and truest of Korean subjects, who, with the knowledge of the King had been let into the plot and who faithfully reported its different phases from time to time to his Majesty, as well as to myself, who were enabled thereby to control and defeat it. Perhaps the most extraordinary part of this infamous business is the draft of it, which was to have been and doubtless was submitted to the Viceroy for his approval or rejection. The principal features of this draft were to be drilled at Kang Wha under the pretext of garrisoning the point against the „outside barbarian. "These Soldiers were to be reviewed by the Chinese Representative in order that they might readily recognize their commander at the critical moment. They were to be placed conveniently near the palace. Then the Tai wan Kiun (Tai in kun) or exregent's palace or house was to be fired and the work of the incendiary laid at the door of the King, which was to be the signal for an up-rising of the exregent's following who hate the Queen and her party with intense bitterness. The rioters were to attack the palace, when Commissioner Yuan was to have appeared on the ground as he did in 1884, and in command of the troops already referred to, under the presence of quelling the rioters, was to take possession of the person of the King and carry him out of the palace; then declare the son of the King's elder brother Heir apparent, and the exregent, regent, until the Heir agreed upon attained his majority, thereby enabling the Chinese, under the direction of the regent, to thoroughly invest the government and country. Neither did China's representative neglect the financial part of the scheme, for he placed in the hands of a certain general three thousand taels (about $ 4,500) out of which the expenses of drilling and moving the troops were to be paid. This sum was however returned to the Chinese Legation after the departure of Min Young Ik, and the collapse of the conspiracy. The Chinese Government cannot plead ignorance of the conduct of their officials in Corea, for they have been fully advised from time to time through different channels.

Twice I visited Tien Tsin under authority from the King, when the fullest discussions were had with the Viceroy with respect to Yuan's extraordinary conduct, and the policy of the Peking Government towards Korea. In my first interview in September 1886 I urged an amicable understanding between China and Russia as well as Japan in regard to the political affairs of the peninsula, as the surest means of preventing irritation and disorder; and before my return the Viceroy assured me that such an understanding would not only be reached but that China would change her representative, as Yuan was too young, not only in years but also in experience for such a post. In fact, said the Viceroy, the position had already been tendered to the present Taotai of Tien-tsin, also to the Taotai who had just been appointed at Chefoo, but both had declined. On the occasion of my second visit in October 1887, to discuss Korea's right to send public ministers abroad and to open ports in the interests of trade, as well as to expose Yuan's latest villainy, if it became necessary, at one interview, as finding that the Viceroy turned a deaf ear to everything reflecting in any way upon Yuan, I was about to dispose of him once for all, as I supposed, by presenting the indisputable evidences of his recent conspiracy, when, to my amazement, the Viceroy coolly informed me that he knew all about the dethronement scheme. That while Yuan was in it, yet it was all the fault of Min Young Ik who laid the plot and induced Yuan to go into it, and that for his stupidity in letting himself be drawn into such a thing he had been severely reprimanded. "

Auswärtiges Amt

Abth. A.

Politisches Archiv d. Auswärt. Amts

Acta

betreffend:

Allgemeine Angelegenheiten von Korea

vom 4. Oktober 1888

bis 28. Februar 1889

Bd.: 10.

f. Bd.: 11.

Politisches Archiv des Auswärtigen Amts

R 18910

Korea № 1.

Inhaltsverzeichnis	
Münchener Allgem. Ztg. v. 21. 10: Korrespondenz aus Tokio v. 7. 9.: betr. Korea, das Bulgarien Ostasiens.	13502 21. 10
Ber. aus Söul v. 28. 8 № 59: Die Weigerung des Königs von Korea, den britischen General-Konsul Watters zu empfangen.	13825 27. 10
Ber. aus Peking v. 14. 9. № 246: betr. Notizen aus einem chinesischen historischen Werk über die Oberhoheit Chinas über Korea.	13942 29. 10
Ber. aus Söul v. 24. 8. № 58: Broschüre des Hl. O. N. Denny (Advisor to the king and director of foreign affairs) über "China und and Korea"	13808 27. 10
Kölnische Zeitg. v. 31. 10.: Rußland u. China in Korea	14123 31. 10
Ber. aus Peking v. 27. 9. № 271: betr. das Pamphlet des amerikanischen Ratgebers des Königs v. Korea, Mr. Denny, über die Beziehungen zwischen China und Korea	15155 18. 11
Ber. aus Söul v. 26. 9. № 66: Erledigung der Audienzfrage Watters.	15486 24. 11
Ber. aus Washington v. 12. 11. № 398: Nachrichten des "New York Herald" über angebl. von der chinesischen Regierung gewünschte Entfernung des Hl. Denny aus Korea.	15560 25. 11
Ber. aus Söul v. 12. 9. № 61: Rücktritt des Präsidenten des Aus. Amtes Tcho-piung-sik.	14916 14. 11
Ber. aus Peking v. 30. 9. № 272: Amerikanische Beziehungen zu Korea; Empfange des korean. Gesandten Pak-chung-yang durch den Präsidenten Cleveland.	15156 18. 11
Hessische Zeitg. v. 9. 12.: Die Tätigkeit des Hl. Denny im Interesse Rußlands.	16403 9. 12
Ber. aus Peking v. 7. 11 № 321: betr. die seitens des Königs v. Korea verlangte Abberufung des chinesischen Residenten in Söul.	17275 24. 12.
desgl. v. 29. 10. № 308: Zustände in Korea, Beziehungen desselben zu China, koreanische Gesandtschaft. cop. n. London, Petersbg., Washington; orig. n. Hamburg, zurück mit A. 6427.	16764 15. 12
desgl. v. 16. 11. № 340: Berichtung der im vorstehenden Bericht gemachten Angaben über die Koreanische Gesandtschaft. mitgeth. n. London.	17596 31. 12

desgl. v. 24. 11. № 347: betr. die Verhandlungen zwischen China u. Korea über Abberufung des chinesischen Residenten Yuan von Söul; evtl. Nachfolger Yuans.	601 12. 1. 89
Ber. v. Peking v. 21. 11. № 344: Artikel der "Chinese Times" v. 17. 11. betr. die Zustände in Korea; das Blatt (Organ Li-hung-changs) fordert die Abberufung des chinesischen Residenten Yuan.	325 7. 1.
Ber. v. Washington v. 8. 1. № 12: Beziehungen Amerikas zu Korea; unrichtige Äußerungen des Leiters der koreanischen Gesandtschaft, Dr. Allen, zu einem "Herald"-Reporter. Auszug mitgeth. 24. 1. London 78, Petersbg. 43.	1042 20. 1.
Ber. v. Peking v. 6. 12. № 364: Artikel des "Shanghai Courier" über angeblich von China an Korea gestellte Forderungen Mitgeth. 24. 1. n. London 74, Petersburg 42.	1052 20. 1.
Ber. v. Peking v. 9. 12. № 368: Abreise einer koreanischen außerordentlichen Mission, welche die Abberufung des chinesischen Residenten Yuan verlangte, von Peking; Verhandlungen zwischen Denny und Makie-chung in Shanghai.	1827 4. 2.
Ber. v. Peking v. 25. 12. № 382: Ergebnis der zwischen Denny und Makie-chung geführten Verhandlungen; evtl. Abberufung Yuans.	2558 18. 2.
Ber. a. Peking v. 27. 12. № 329: betr. die angebliche Äußerung des Grafen Okuma, daß Korea ein japanisches Protektorat nachgesucht habe. (Orig. i. a. Korea 3)	2564 18. 2.

[ ]

PAAA_RZ201-018910_6			
Empfänger	Auswärtiges Amt in Berlin	Absender	[o. A.]
A. 13502 pr. 21. Oktober 1988.		[o. A.]	

A. 13502 pr. 21. Oktober 1988.

Münchener Allgemeiner Zeitung von 21. 10. 88.

Japan.

Tokyo 7. Sept. Man hat sich schon längst daran gewöhnt, Korea als Bulgarien Ostasiens zu bezeichnen. Auch hier gährt es fortwährend; auch hier machen die inneren Zustände den Eindruck vollständiger Zerfahrenheit und Unsicherheit, auch hier collidiren die Interessen der benachbarten eifersüchtigen Staaten derart, daß es jeden Augenblick zu internationalen Verwicklungen kommen kann. China betrachtet von jeher Korea als einen Vasallenstaat und glaubt daher die größten Ansprüche zu haben. Rußland, der nördliche Nachbar, wartet schon längst auf eine günstige Gelegenheit, nach Süden hin einen Vorstoß zu machen, um einige das ganze Jahr hindurch eisfreie Häfen im Stille Ocean zu bekommen; denn Wladiwostok ist mehrere Monate im Jahr durch Eis abgeschlossen. Rußland hat sogar bereits directe Versuche hiezu gemacht. Erst neuerdings brachten japanische Zeitungen die Nachricht, daß es bereits einen Vertrag mit der koreanischen Regierung abgeschlossen habe, betreffend die Erlaubniß, die große transasiatische Eisenbahn nach irgendeinem Theile des nordöstlichen Korea fortzusetzen, von wo die endliche Weiterführung der Bahn bis nach Port Lazarew, einem guten, etwa in der Mitte der koreanischen Ostküste gelegenen Hafen, auf den Rußland längst Absichten hat, und der ja auch bereits einen russischen Namen trägt, nur eine Frage der Zeit sei. Man braucht sich nicht zu wundern, wenn man in Japan diese Zustände und Ereignisse mit Besorgniß und Argwohn beobachtet. Denn auch Japan ist in Korea stark interessiert und es ist gar nicht gleichgültig für dasselbe, wer sich in seiner nächsten Nachbarschaft festsetzt. An thatsächlichen Anlässen zu Conflicten hat es für Japan nicht gefehlt. Erst vor vier Jahren, im Jahren 1884, lag bei Gelegenheit des Aufstandes in der koreanischen Hauptstadt Seul die Möglichkeit eines Krieges zwischen Japan und China sehr nahe. Man wird sich erinnern, daß damals bereits ein heftiger Kampf zwischen japanischen und chinesischen Truppen stattfand. Der König hat den japanischen Gesandten, ihn durch die beiden dort anwesenden japanischen Compagnien Infanterie in seinem Palaste schützen zu lassen. Die Japaner besetzten den Palast, alsbald kamen aber die Chinesen, um dasselbe zu thun. Es kam sofort zum Kampfe. Trotzdem daß die Chinesen in der Uebermacht waren, gelang es doch den Japanern, in zwölfstündigem Kampfe den Palast zu halten, bis der König sich und seine Familie in Sicherheit gebracht hatte, worauf sie einen geordneten Rückzug antraten. Damals war die Stimmung in Peking gegen Japan eine äußerst feindliche. Man vermuthete, daß dasselbe ebenso wie Rußland die Ansicht habe, koreanisches Gebiet zu besetzen. Nur der geschickten Diplomatie Grafen Ito, der damals nach Peking und Tien-Tjin gesandt wurde, gelang es, China von der friedlichen, rechtlichen Gesinnung Japans zu überzeugen. Es kam zum Abschlusse des Vertrages Li-Ito, der unter anderem bestimmte, das keiner der beiden Staaten ohne Erlaubniß Truppen nach Korea senden dürfe. Seit dieser Zeit hat es an Eifersüchteleien, Unruhen und Intriguen der verschiedenen Mächte nicht gefehlt. Ganz neuerdings kam es wieder zu bedenkliche Aeußerungen koreanischer Erbitterung gegen christliche Koreaner und Ausländer, besonders gegen Japaner. Verschiedener Personen wurde ermordet, weil sie beschuldigt worden waren, koreanische Kinder geschlachtet oder den Ausländer zu demselben Zwecke ausgeliefert zu haben. Und, durch die Nachricht, daß unser Landsmann Hr. v. Möllendorff plötzlich wieder in Korea erschienen sei und seine frühere Stellung als Rathgeber des Königs bald wieder einnehmen werde, wurde die öffentliche Meinung in Japan sehr beunruhigt. Man beschuldigt ihn hier, seinen Einfluß auf den König dazu angewendet zu haben, Korea an China anzuliefern. Trotzdem machte es in den letzten Jahren den Einbruch, als ob Japan officiell den koreanischen Angelegenheiten gleichgültiger gegenüberstände, und das Ministerium Ito hat sich deßhalb oft Tadel und unzufriedene Aeußerungen seitens des Volkes, welches eine energischere Politik wünschte, zugezogen. Neuerdings erfolgten aber seitens der japanischen Regierung zwei Maßnahmen, welche zeigen, daß man in Tokio den sich ent- oder vielmehr verwickelnden, für ganz Ostasien folgenschweren Verhältnissen durchaus nicht gleichgültig zusieht. Die eine ist sie Absendung eines großen Geschwaders auf eine Rundreise nach China, Korea und Sibirien, die andere die eben jetzt erfolgte Absendung des Grafen Ito, des früheren Premierministers und jetzigen Präsidenten des Geheimraths, und des Grafen Saigo, des Marineministers, nach Korea und nach Sibirien. Die beiden Staatsmänner werden in Nagasaki von einem von der Rundreise herübergekommenen Kriegsschiff aufgenommen werden, dann zum Geschwader stoßen und mit diesem zusammen nach Korea und Wladiwostok gehen. Machte schon damals die Absendung eines so starken, aus den besten modernen japanischen Kriegsschiffen bestehenden Geschwaders den Eindruck einer Demonstration, so gewinnt diese Maßnahme noch an Bedeutung dadurch, daß zwei der bedeutendsten und angesehensten Staatsmänner die genannten Länder in der Begleitung dieses Geschwaders besuchen. Hier herrschen die verschiedensten Ansichten über den natürlich geheim gehaltenen Zweck dieser Reise. So viel steht fest, daß man irregehen würde, wenn man annehmen wollte, daß Japan eine Provocation beabsichtigte. Gerade die Absendung des Grafen Ito, der von den Geschäften des Geheimraths voll in Anspruch genommen wird und außerdem in der letzten Zeit an einem heftigen Fieber litt, zeigt, daß Japan seine friedliche, besonnene Politik fortsetzen wird und dem gerade dadurch Ausdruck geben will, daß es den durch seine Mission nach China dort und anderwärts wohlbekannten Urheber und Vertreter dieser Politik sendet. Auf der anderen Seite will es aber zeigen, daß es, fern von aller Gleichgültigkeit, das lebhafteste Interesse an den Zuständen in seiner Nachbarschaft nimmt, indem es zwei bedeutende Staatsmänner aussendet, sich an Ort und Stelle genau zu orientieren um nicht in Gefahr zu kommen, durch einen bei der Habsucht Rußlands und der unberechenbaren Laune China's nur zu nahe liegenden Uebergriff überrascht zu werden und die berechtigten Interessen des Landes verletzen zu lassen.

Die von Herrn Denny verfaßte Broschüre ‚China and Korea' betreffend.

PAAA_RZ201-018910_7 ff.			
Empfänger	Bismarck	Absender	Krien
A. 13808 pr. 27. Oktober 1888.		Söul, den 24. August 1888.	
Memo	cfr. A. 13808 I mitg. 2. 11 London 851, Petersburg 405 II do. 2. 11. London 852, Petersburg 406, Söul A. № 1 III Chiffre a. 3. 11 n. Peking A. 29, do. Söul A. 2 J. № 439.		

A. 13808 pr. 27. Oktober 1888. a. m., 1 Anl.

Söul, den 24. August 1888.

№ 58.

Seiner Durchlaucht
dem Fürsten von Bismarck.

Eurer Durchlaucht habe ich die Ehre, in der Anlage eine von Herrn Denny als "Ratgeber des Königs und Direktor der Auswärtigen Angelegenheiten" verfaßte Broschüre "China und Korea", welche derselbe vor einigen Tagen an die fremden Vertreter und seine amerikanischen Freunde hierselbst verteilt hat, ganz gehorsamst zu überreichen.

Herr Denny beleuchtet in dem ersten Teil des Werkes das staatsrechtliche Verhältnis der beiden Länder vom koreanischen Standpunkt aus und gelangt zu dem Schluß, daß Korea zwar China tributpflichtig ist, im übrigen aber ein durchaus unabhängiger Staat sie. In dem zweiten Teil greift der Verfasser die seit einigen Jahren von der chinesischen Regierung Korea gegenüber befolgte Politik als widerrechtlich und für beide Länder schädlich an und ergeht sich in heftigen Schmähungen gegen den hiesigen chinesischen Vertreter, den er unter anderem beschuldigt, im Sommer 1886 die gewaltsame Thronentsetzung des Königs geplant zu haben. - (Über die damaligen Ereignisse hat Herr Generalkonsul Kempermann unter dem 24. August 1886 - № 52[14] - ausführlich berichtet.)

(Zum Schluß verteidigt Herr Denny den König gegen den Vorwurf der Schwäche und des Wankelmuts.)[15]

---

14 A. 12532/ al 86 i. a. ehrerbietigst beigefügt

Herr Denny hat verschiedenen seiner Bekannten gegenüber erklärt, daß er in der Broschüre so starke Ausdrücke gebraucht habe, um die chinesische Regierung zu zwingen, gegen ihn vorzugehen. Er besitzt für alle seine Behauptungen urkundlich Beweise, welche er veröffentlichen werde, falls Herr Yuan nicht abberufen würde. Dem General-Gouverneur Li-hung-chang habe er die Broschüre bereits vor 2 Monaten zugestellt.

Was die in dem Werk erwähnte koreanische Gesandtschaft nach Europa betrifft, so verfehle ich nicht, Eurer Durchlaucht ehrerbietigst zu melden, daß dieselbe den letzten Nachrichten zufolge noch immer in Hongkong weilt.

(Eurer Durchlaucht gestatte ich mir bei dieser Gelegenheit die ganz gehorsamste Bitte zu unterbreiten, wenn tunlich, hochgeneigtest veranlassen zu wollen, daß dem Kaiserlichen Konsulat eine Abschrift der von Herrn Vize-Konsul Budler im Jahre 1886 von Swatau aus gelieferten Arbeit x betreffend das staatsrechtliche Verhältnis Koreas zu China zugesandt werde.

Eine Abschrift dieses Berichtes sende ich an die kaiserliche Gesandtschaft zu Peking.)[16]

Krien.

Inhalt: Die von Herrn Denny verfaßte Broschüre ‚China and Korea' betreffend.
1 Anlage

15 [„(Über ⋯ Wankelmuts.)": Durchgestrichen von Dritten.]

16 [„(Eurer ⋯ Peking.)": Durchgestrichen von Dritten.]

[Anlage zum Bericht № 58.] cfr. 13808.

<table>
<tr>
<td>CHINA AND KOREA

BY
O. N. DENYY
Advisor to the King, and Director of Foreign Affairs.</td>
<td>KELLY & WALSH. LIMITED.
PRINTERS. SHANGHAI.</td>
</tr>
</table>

CHINA AND KOREA.

A vacancy having occurred in the position of Foreign Advisor to the King of Korea, and Inspector of Customs, and His Majesty having requested His Excellency Li Chung Tang, Viceroy of Chihli, to procure the services of another, I was in July 1885 invited to the post. I entered upon the duties of Advisor—the Customs' branch of the position having been placed under the Customs of China before my arrival in the East—with the assurance that in my efforts to preserve peace and good order, and in all that pertained to the prosperity of Korea, I should have the cordial support of the Viceroy, —an assurance which, I regret to say, has not been verified. On the contrary, from the very first, I have met with almost every conceivable kind of opposition from Chinese sources. The failure of the Viceroy to keep his promise in this regard, I am at a loss to understand, unless it is due to the Peking Government's disapproval of his Korean policy. In view of this and the fact that China's course seems so unwarrantable and unjust, as well as against the best interest of Korea and China, I determined to avail myself of the present occasion to publicly point out-all efforts of a private character having failed—the dangerous ground China is trying to occupy, and to present Korea's side of the controversy, with a view to correcting, if possible, some of the accepted fallacies on the situation in the peninsular Kingdom and its relations with the Celestial Empire, which have been so often misrepresented in the native, and some of the foreign, newspapers in China for the past two or three years, through design or under a misapprehension of the law as well as the facts. In doing this, the harsher the criticisms may appear, the more it is to be regretted that they are merited. First. —I shall notice China's claim to vassal or dependent relations with Korea. Second. — The former's treatment of her so-called vassal. Third. — The charge that the King is weak and unfit to govern the country. And before I have finished, I shall endeavor to show that the former is about as fictitious as the latter is without foundation. As Korea, in the exercise of a right which none but sovereign and independent states possess, concluded a treaty of friendship, navigation, and commerce with Japan, independently of China, and later on with Western countries in accordance with international usage, the rights acquired and the obligations assumed must be determined by the laws which have always governed the enforcement of such compacts. In the light of these defined and well-settled rules, it will be in order to enquire into some of the rights, powers, and responsibilities of a sovereign state, and how vassal relations are established, as well as into the duties and obligations a dependent state owes to its suzerain, in order to more clearly determine the political status of Korea. In general terms, a sovereign or independent state is defined by almost all authors on international jurisprudence to be, any nation or people, whatever the character or form of its constitution may be, which governs itself independently of other nations; while Wheaton, who ought to be the best authority in this case, as China has adopted him as her standard author, says:—"sovereignty is the supreme power by which any state is governed: this supreme power may be exercised either internally or externally. Internal sovereignty is that which is inherent in the people of any state or is vested in its ruler by its municipal constitution or fundamental laws. External sovereignty consists in the independence of one political society in respect to all other political societies; and it is by the exercise of this branch of sovereignty that the international relations of one political society are maintained in peace and in war with all other political societies." A nation which has always managed its internal as well as external concerns in its own way, free from the interference or dictation of any foreign power, is juridically independent, and must be ranked in the category of sovereign states. The unerring test, however, of a sovereign and independent state, is its right to negotiate, to conclude treaties of friendship, navigation and commerce, to exchange public ministers, and to declare war and peace with other sovereign and independent powers. These are rights and conditions compatible and consistent with sovereignty which, when possessed by a state, place it in the great family of independent nations; while states which do not possess such powers, must be ranked as semi-independent or dependent according to the expressed terms of the agreement. An advocate of vassalage, in the *North- China Daily News*, some months ago, in support of his position, used substantially the following language: — "At the end of the 17th and beginning of the 18th centuries the sanction of the Chinese Emperor had to be obtained before the successor chosen by the King of Korea could receive the title of heir-apparent, and then could not assume the title of king until it was conferred on him by Pekin." The correspondent states the case much stronger than the facts warrant. If he had put it in the form of a request, a graceful act by a tributary state, rather than on the basis of an imperative obligation to the Pekin Government, he would have been more in accord with the facts; but whether he over or under stated them makes no material difference, as relations of vassalage were never established by the commands of a superior in exceptional cases or through the deferential acts of an inferior. Liu Kiu, Annam and Burmah, in the history of China's precarious claims to suzerainty over those states, did the same thing, and today the first-named forms a part of the sovereignty of the Empire of Japan, the second belongs to the Republic of France, while the third recently passed to the sovereign control of Great Britain, Wheaton on the law of nations states the case infinitely stronger against the correspondent than the latter does in favor of China's contention, when he says, "The sovereignty of a particular state is not impaired by its occasional obedience to the commands of other states or *even the habitual influence exercised by them over its councils*. It is only when this obedience or this influence *assumes the form of express compact* that the sovereignty of the state inferior in power is legally affected by its connection with the other." John Austin, a modern writer of considerable celebrity on international law, in one of his able lectures, delivered in London in 1873, states the case with equal clearness when he says, " A feeble state holds its independence precariously or at the will of the powerful states to whose aggressions it is obnoxious, and since it is obnoxious to its aggressions, it and the bulk of its subjects render obedience to commands which they occasionally express or intimate; but since the obedience and commands are comparatively few and rare, they are not sufficient to constitute the relation of sovereignty and subjection between the powerful states and the feeble state with its subjects. In spite of those commands and in spite of that obedience the feeble state and its subjects are an independent political society whereof the powerful states are not the sovereign portion, although the powerful states are permanently superior, and although the feeble state is permanently inferior there is neither the habit of command nor a habit of obedience on the part of the latter, and although the latter is unable to defend and maintain its independence, *the latter is independent of the former in fact or practice*." The only vassal or dependent relations recognised by the law of nations are those resulting from conquest, international agreement or convention of some kind, and as such relations do not exist between the two countries by virtue of either of these requirements, and in all reasonable probability will never be established by agreement or convention, it remains to be seen whether they will exist in future by conquest. Korea, however, is a tributary state of China: relations which have been sustained in the past with the utmost good faith, and which Korea desires in all sincerity to continue so long as China's treatment is generous, friendly and just. But the tributary relations one state may hold to another do not and cannot in any degree affect its sovereign and independent rights. For this reason, the tribute annually paid by Korea to China does not impair her sovereignty or independence any more than the tribute now paid by the British Government to China on account of Burmah impairs the sovereign and independent rights of the British Empire, or the tribute formerly paid by the principal maritime powers of Europe to the Barbary states affected the sovereign rights and independence of those European powers. Wheaton says, concerning the Barbary States, that while they are anomalous in character, yet their occasional obedience to the commands of the Sultan, accompanied with irregular payments of tribute, does not prevent them from being considered by the Christian powers of Europe and America as independent states with whom the international relations of war and peace are maintained on the same footing with other Mohammedan sovereignties." There are good and valid reasons why Korea desires to preserve the traditional relations of close friendship which have so happily existed between the two countries so long. Their geographical positions, under friendly intercourse, make them a source of strength to each other, while the fact that Korea has drawn largely upon China's population, language, religion, laws, education, arts, manners and customs, which have contributed so much to the sum total of Korean civilization, all combine to strengthen the chain of attachment, and cause her to look to China, as in the past, for friendly advice rather than in any other direction , and in my judgment nothing will interrupt this friendship but a continuation of the illegal and high-handed treatment Korea is now receiving at the hands of the Chinese, and their studied and persistent attempts to destroy Korean sovereignty by absorbing the country. It was due to the faith which the King had in China's professions of friendship for Korea that induced His Majesty, when the advisability of making treaties with Western countries was pressed upon him, to take counsel of the distinguished Viceroy at Tientsin; and I know of my own knowledge that it was due to a similar faith in the King that induced the Chung Tang to advise the establishment of such relations as the surest means of improving the condition of the country and people, as well as preserving the sovereign rights of his kingdom ; and later on, when the first of the Western treaties came to be negotiated, which was with America, the Viceroy was invited as the friend of the King, having the broadest experience in such important matters, to assist in the negotiations. Two drafts were submitted to that Convention for consideration, one by the Viceroy and the other by the special envoy who conducted the negotiations for the United States. The very first clause in the Viceroy's draft was a demand for the recognition of vassal or dependent relations between China and Korea, which the agent of the U.S. Government declined to consider or even discuss further than to say that, as his mission was to make a treaty of commerce and friendship with an independent state, such a treaty he would make or none at all. Notwithstanding this, the Viceroy urged the approval of this dependent clause to a point beyond which he could not go without breaking off negotiations, when he yielded, and the treaty was then concluded upon the same basis with those of other independent states, and was signed at Chemulpo, May 22nd, 1882. Even if vassalage had been acknowledged in the American treaty by the negotiators, it would not have received the approval either of the U.S. Government or the King of Korea. The next treaty that Korea made was in October following with China, and at the latter's request; and while this treaty has been denominated rules for the land and water commerce between the trading populations of China and Korea," and while there is the usual mystification and vagueness pervading it that characterizes all of China's intercourse with the peninsular Kingdom, yet it comes nearer being a treaty of friendship, navigation, and commerce than anything else, as I shall endeavor to point out further on. Treaties with other countries followed in quick succession in the general tenor of the American one, which were however discussed and concluded, not at Tientsin but in Seoul, without reference to the Viceroy or the Chinese Government. Had the relation of suzerain and vassal existed between the two countries, in accord with international jurisprudence, at the time the American treaty was made, does anyone at all versed in public affairs suppose that the Viceroy would have tried so hard to procure its acknowledgment by a friendly power in a public treaty? No, the attempt was based solely on the utter weakness of the contention, which no one appreciated more fully than the Viceroy himself. After the ratification of the American treaty, the question of the dependency of Korea, for the moment at least, seems to have been abandoned; at all events, arrangements were at once made for the enforcement of the stipulations of the treaty: ports were opened, a Customs' service established by the King, with inspector, commissioners and a full staff of subordinate officers for the work. Diplomatic representatives were appointed as treaties were ratified, who from time to time presented their credentials and took their respective places at His Majesty's Court in Seoul; and among them was the representative of China, with the title of "His Imperial Majesty's Commissioner" printed on his card, and who was appointed in pursuance of the treaty already referred to. This official continued, in an unassuming way, to represent his Government, upon terms of equality with his colleagues, for more than two years, when he was succeeded by the present Commissioner Yuan, for supposed meritorious services rendered his Government in the Korean disturbance of 1884, and who, for a short time, followed in the footsteps of his predecessor; but the honor so suddenly thrust upon him seems to have inflated him to such an extent that serious consequences might have resulted to him had not his indiscreet enthusiasm found vent in the resurrection of the dependency scheme, which, for the credit of his Government, ought never again to have come to the surface; for, if the conclusion of the Japanese and American treaties upon the basis of Korean independence—every article of the latter having been approved by the Viceroy, followed by similar treaties with the leading powers of Europe, and China having shared in their practical operations for two and a-half years —did not honorably settle it, the question ought finally to have disappeared when the Li-Ito Convention adjourned, by the terms of which China disposed of whatever right she had left—without the consent of Japan—to send troops to Korea, the only means, as a last resort, every independent nation possesses of enforcing its sovereign rights when they are assailed or called in question. Some time in 1885, after I had been invited to Korea but before mv arrival, a policy of absorption, gradual or otherwise, seems to have been decided upon by the Pekin Government. The position of Advisor to the King and Inspector of Customs was segregated, and the Customs' service passed to the control and direction of the Chinese service, under the plausible assurance that it would be better and more economically administered, and that there was no political significance to be attached to the change; and, while the service has been honestly and well administered under the change, yet no one act, since the conclusion of the treaties, has contributed so much to mislead the public mind in regard to the true relations existing between China and Korea politically, as this ill-advised one on the part of the Korean Government. Neither in the meanwhile was Commissioner Yuan idle, for it was about this time that he adopted as a title for his Legation that miserable misnomer and subterfuge "Residency," and in the most insolent way claimed to advise and even direct the King in long but empty memorials, and, upon public and official occasions, to assume the role of host instead of guest, on the flimsy pretext that he is "at home" in Korea. But it is asserted that vassalage is distinctly acknowledged by Korea in the treaty sometimes called "the overland trade regulations," above alluded to. Now I assert with much confidence that, if that convention establishes anything so far as this question is concerned, it is exactly the contrary to this. While there are only eight rather lengthy articles in that treaty, yet, as already observed, they cover about all that is necessary in an ordinary treaty of friendship, commerce and navigation. Under the first article China has dispatched her Commissioner with diplomatic powers to Seoul, and consuls to all the open ports to guard the interests of Chinese merchants. The second article yields to China ex-territorial privileges for her subjects, similar to those enjoyed by the citizens and subjects of the most favored nations. Article third permits the merchant-ships of both countries to visit the open ports of the other, fixes the duties to be paid, provides for relief in case of shipwrecks, regulates the conduct of fishing-vessels, etc. Article fourth permits merchants of either country to visit the open ports of the other, for the purposes of trade, where they may purchase lands and houses, provides tonnage-dues as well as re-export tariff, inhibits trade at the capital of both countries, compels merchants wishing to purchase native produce in the interior to first obtain permits of their consuls, while persons desiring to travel in either country for pleasure, must be provided with passports. Article seventh provides for the dispatch once a month to Korea of a vessel belonging to the China Merchants Company, and permits Chinese men-of-war to repair to the open ports of Korea for the purpose of protecting Chinese consuls and other residents. In the text of this treaty there is not only no reference to vassalage or dependency, but the demands and concessions made exclude the existence of such relations at the time it was concluded. If China believed in the validity of vassal relations, can it be supposed that provisions would have been made for ex-territorial privileges and passports for Chinese subjects in Korea? Certainly not, for to have done so would have presented the spectacle of a sovereign state demanding ex-territorial rights and privileges for her own subjects within her own sovereignty, which is the very acme of absurdity. The only reference to vassalage, as interpreted even by the Chinese, is in a preamble, published at the head of this treaty, which may or may not have been in its present form at the time the treaty was signed. This extraordinary preamble rendered as follows; — "Korea has long been one of *our* vassal states, and in all that concerns rights and observances there are already fixed prescriptions which require no change." Can this be the language of a high joint convention created, not to sign away the sovereign rights of a nation, but to protect them in its intercourse with a neighboring state? It seems rather the *ex-parte* assertion of a fallacy than any proof of the existence of a fact. But the closing paragraph of this preamble, if anything, is still more remarkable. It reads: "It is understood that the present rules ... are to be viewed in the light of a favor granted by China to a dependent state, and are not in the category of favored nation treatment applied to other states." Is it a favor to Korea for that state to grant ex-territorial privileges to the subjects of China while the latter lays claim to suzerainty over the former? Is it a favor to Korea to permit Chinese men-of-war to repair to her open ports to protect Chinese consuls and other residents? And, finally, is it a favor to overrun the Korean capital with Chinese merchants while there is not a Korean merchant in all China? There is an additional reason why this preamble must be erroneous, and that is this: As the Viceroy was one of the plenipotentiaries who concluded the treaty, it is quite out of the range of reason to believe that that distinguished official could have been a party to the assertion that the rules alluded to in the preamble "are not in the category of favored nation treatment applied to other states," for, hardly five months before this, he discussed and sanctioned, as the professed friend of Korea, the 14th Article of the American treaty, which provides that:— "The high contracting powers hereby agree that should at any time the King of Chosen grant to any nation or to the merchants or citizens of any nation any right, privilege or favor connected either with navigation, commerce, political or other intercourse which is not conferred by this treaty, such right, privilege or favor shall freely inure to the benefit of the United States, its public officers, merchants and citizens." Not only does the approval of this favored nation clause by the Viceroy destroy the integrity of this part of the preamble alluded to, but what becomes of China's claim to suzerainty over Korea when it is enforced by the treaty powers. Would it not irresistibly follow that the latter would have as many suzerains as she has treaties, every one of whose accredited Ministers abroad would have the same right to advise, direct and control the Korean Ministers accredited to other courts in pursuance of those treaties as the Chinese Ministers abroad have?

Nor is this all. For under its enforcement whatever may have been stipulated or may be stipulated between China and Korea—not in the line of favored nation treatment—which is opposed to the spirit or the expressed provisions of the general treaties, or which in any way contravenes the rights, immunities and privileges already vested by such agreements in other powers, either for themselves or for their citizens or subjects, is void and of no effect. But, said the most eminent statesman of the Celestial Empire recently, "Korea is a vassal of China's because upon the conclusion of treaties with Western countries the King gave to the plenipotentiaries who conducted the negotiations autograph letters to be conveyed to the heads of their respective Governments, in which such relations were admitted." Here again I must take issue with the assertion, even though it is made by so eminent a personage as Li Chung Tang. It is true that, just prior to signing the American treaty, an autograph letter was handed down by the King to be delivered with the treaty to the President of the U.S., but that letter admitted nothing more than the now asserts, namely, that Korea is a tributary state of China, but which, as I have endeavored to point out, does not affect, much less destroys, the sovereign rights of a state, while it asserts in language that cannot be misunderstood the sovereign and independent character which the Korean Government has always maintained, and upon the conditions of which rest all the treaties concluded with Western powers. Subsequent autograph letters given by His Majesty were in effect the same as the first one, so far at least as the relations of Korea to China are concerned. The following is a correct translation of the letter of the King to the President of the U.S.: —

"His Majesty, the King of Chosen, herewith makes a communication. Chosen has been, from ancient times, a state tributary to China; *yet hitherto full sovereignty has been exercised by the Kings of Chosen in all matters of internal administration and foreign relations.* Chosen and the United States, in establishing now by mutual consent a treaty, are dealing with each other upon a basis of equality. The King of Chosen distinctly pledges his own sovereign powers for the complete enforcement in good faith of all the stipulations of the treaty *in accordance with international law*. As regards the various duties which devolve upon Chosen as a *tributary* state to China, with these the U.S has no concern whatever. Having appointed envoys to negotiate a treaty, it appears to be my duty, in addition thereto, to make this preliminary declaration.

"To the President of the United States.

"May 15th, 1882."

Whatever interpretation the advocates of the vassalage of Korea may choose to put upon the plain, candid and unmistakeable language contained in the above letter, or however much they may attempt to twist or pervert its meaning, it is perfectly clear that the American Government has given it a construction strictly in accord with its phraseology as well as spirit, for they now hold that, under the treaty of friendship and commerce which accompanied it, the question of Korea's vassalage to China has been definitely settled, so far at least as that Government is concerned. In paragraph 64, Vol. I of Wharton's *Digest of International Law of the U.S.* the following language is used by the Government: — "The existence of international relations between the two countries (the U.S. and Korea) as equal contracting parties, is to be viewed simply as an accepted fact," and "the independence of Korea of China is to be regarded by the U.S. as now established." Neither does the American Government stand alone in this regard, for at least two other great powers claiming relations with Korea, equal in importance politically as well as commercially to those claimed by China, insist on maintaining the same sovereignty for Korea that the United States does, while the solemn joint declaration of Japan and Korea, as expressed in the first article of their treaty concluded February 1876, declares that, " Chosen being an independent state, enjoys the same sovereign rights as does Japan, and that their intercourse shall thenceforward be carried on in terms of equality and courtesy." Independently of the treaties which have been made with Korea, the historical relations of that country with China do not admit the existence of any such conditions toward each other as suzerain and vassal. Tributary treaties Korea has signed, but none of vassalage. It has been suggested that Korea signed a treaty in 1636 wherein vassalage was acknowledged. This however is a mistake, as that treaty was also a tributary one, and even then it was in no sense a treaty with China. It was a treaty of capitulation made with a Chinese subject, a Manchu Prince, who was in open rebellion against the Chinese Government and against whom Korea fought on the side of the last Chinese Emperor of the Ming Dynasty, as in 1636 the Mings were still Emperors of China, and no treaty of vassalage was ever signed with them. It was not until 1644, eight years later, that the Manchus ascended the throne at Peking, since which time no vassalage treaty has been signed or agreed to by Korea.

When such relations are held by states in the legal international acceptation of the term, that which disturbs the heart of the sovereign affects the pulse of the vassal, and yet so far as is known neither the wars which have been waged against China by foreign states, nor her rebellions, nor internal dissensions have apparently disturbed or concerned Korea any more than if one nation had been located near the North Pole and the other in the tropics. And yet it was the duty of Korea as a vassal of China to have furnished an army from her hundreds of thousands of soldiers which she has had or could have raised at any stage of her civilization, as well as munitions of war, to aid China in the hour of her greatest need; but not a soldier, gun, or dollar seems to have crossed over from Korea to China for that purpose. In addition to this important fact, if such relations ever existed they ought certainly to have left their imprint on the civilization of Korea, either upon the national emblems, coins, laws, or in some other way, as public notice to other nations of China's responsibility when grievances were to be redressed or wrongs atoned, as well as an acknowledgment on Korea's part of the acceptance of such relations. To those who are versed in international affairs Korea cannot be considered a dependent state, for the reason that the law and the facts have placed her in the column of sovereign and independent states, where she will remain, unless, through the force of superior numbers, she is taken out of it. Korea has the right of negotiation, —a vassal state has not; Korea has concluded treaties of friendship, commerce and navigation with other sovereign and independent states, without reference to China, which a vassal cannot do; and in virtue of those treaties has dispatched public Ministers to the courts of her respective treaty powers, while vassal states cannot even appoint Consuls-General but only Consuls and commercial agents. Korea has the right to declare war or peace, which a vassal cannot do except through its suzerain. China under her treaty is represented at the Korean Court by a diplomatic officer, and by consuls at all the open ports, and when the interests of the Korean Government demand it, they will be similarly represented in China, or friendly intercourse will surely cease to exist between the two Governments. The following language of Bluntschli, a modern international jurist of great clearness, is forcibly applied here. He says: — "Inasmuch as sovereignty tends to unity, such distinctions between vassal sovereignty and sovereign sovereignty cannot subsist long. History shows us the truth of this principle. During the middle ages a number of vassal states existed both in Europe and Asia. To-day they have nearly all disappeared because they have been transformed into sovereign states or have been absorbed by more powerful states. International law ought to keep an account of their development. It ought to respect it. It ought not to contribute to retard it by seeking to perpetuate the unsustainable formalities of an antiquated jurity." International law will keep an account of their development too, and in its vigilance for the rights of the weak, will keep an account of Korea also in her struggle for the maintenance of independent statehood. After having been by the great nations of the international world literally dragged from that seclusion which had for so many centuries enveloped the little kingdom in mystery, to join the family of civilized nations, under the expressed guarantee of assistance in the event of oppression or unjust treatment, those powers will surely not permit the stultification of this assurance by allowing their younger member to be strangled at the very threshold of its international life.

China's friend and ally Korea desires to be, but her voluntary slave she never will consent to become. The Austro-Hungarian Minister of State, M. Kalnoky, lately said: — "A vassal state in the nineteenth century is an anachronism." However this may be, the time will indeed be sadly out of joint when China succeeds by her peculiar methods in establishing vassalage with Korea; not only so, but when she does a new chapter will have to be added to international jurisprudence, the principles of which such well-known expounders as Grotius, Vattell and Wheaton never comprehended. Even at this late date, after China and Korea having joined the family of nations as sovereign and independent states, and after the former having yielded sovereign control over Korea in the conclusion of treaties, and until recently having acquiesced in the execution of all of the provisions of those treaties, declining responsibility for Korea's conduct at times when responsibility stood for something, and having concluded a treaty with Korea herself, now to claim the existence of dependent relations is not only to abuse language and offend intelligence but it is also an attempt to defy international precedents. Nor is this all, for China's contention becomes even grotesque in character when it is claimed for her that in the discussion and final adjustment of the issue she is above and beyond the range of human reason and long experience, as evinced in the formulation and adoption by the civilised nations of the West of that code of international jurisprudence which has guided those nations so well in the past in their intercourse with each other and by which China, of her own volition, through the conclusion of her treaties consented to be governed and controlled in all of her intercourse with other treaty powers.

But perhaps one of the most careless and inexcusable assertions in relation to this question is the one that the Korean Government admit vassalage without any qualifications whatever, for nothing is further from the truth; and when the King under well-considered advice appointed a Minister to Japan, and afterwards the plenipotentiaries to Europe and America, in order, if possible, to break up the pernicious meddlesomeness of the Chinese with Korean affairs, and which met with such stubborn opposition from the Pekin Government as well as adverse criticism in certain public journals in the East, His Majesty emphasized by that public act his denial of this fallacious statement Apparently there is no limit to the devices resorted to by the advocates of vassalage. A correspondent of the *Mainichi Shimbun* (Japanese journal) writing to that paper on the 17th of November last, seems to have fallen a victim to one of these, for he says. "It appears that a convention on the appointment by Korea of Ministers to foreign countries has been concluded between her and China and that it consists of the following three articles, 1st. — The Korean Minister of State shall, before sending a Minister abroad, ask advice of the Chinese Minister in Korea. 2nd. — Should the Korean Minister abroad have occasion to communicate with the representative of any other foreign power in the same country on a matter of business, he shall consult with the Chinese Minister in that country. 3rd.—The Korean Minister of State shall, no matter what the official rank of a Minister appointed by them to a foreign country may be, not allow him to take precedence over the Chinese representative in the same country." The only document which could be tortured into anything like the above articles, is the following telegraphic instructions from the Viceroy to Commissioner Yuan, about the 5th of November last. 1st.— "After arriving at his post the Korean representative has to call at the Chinese Legation to ask the assistance of the Minister and to go with the Korean representative to the Foreign Office to introduce him, after which he may call where he likes. 2nd. — If there happen to be festivities at the court, or an official gathering, or any dinner, or the health of someone is drunk, or in meeting together, the Korean representative has always to take a lower place than the Chinese representative. 3rd.— If there happen to be any important or serious question to discuss, the Korean representative has first to consult secretly with the Chinese Minister, and both have to talk over the matter and think together; this rule is compulsory, arising from the dependent relations, but as this does not concern other governments they will not be able to enquire into the matter. At present the question (sending Ministers) has not been decided by Imperial decree. They (the Koreans) have to be advised in a friendly spirit. China and Korea have to cherish for each other feelings of relationship. Ministers are selected from among the Mandarins of reputation, therefore confidence and respect has to be shown them, and this is the way Korean representatives should treat the representatives of China. This has to be communicated to the Korean Foreign Office, then to be handed over to the King, who must order his representatives to act accordingly. But notwithstanding the above command the King did not order his representatives to act accordingly." His Majesty replied substantially that, while his Ministers would be instructed to show due respect and deference to the Ministers of China, yet as he had appointed in pursuance of all treaties with Korea full Ministers, he could not now change their titles without giving cause for unfavorable comment as well as unjust suspicions. Having therefore appointed full Ministers they should, in their presentation at court, be governed by the rules of etiquette which govern the presentation of the Ministers from other countries; accordingly the original instructions to the Ministers, which do not contain any of the above conditions, were permitted to stand.

In this connection I take the liberty of quoting the following from an able letter written by a fearless and impartial correspondent on the independence of Korea some months ago. "The present action of China in this instance is an attempt to crush out the liberty of Korea, and comes within the scope of Art. 1st of the United States Treaty, which provides that if other powers (including of course China) deal unjustly or oppressively with Korea, America will use its good offices in her behalf. What Great Britain would do in the similar case of an envoy being appointed by the King of Korea to the Court of St. James being stopped by China from going there, may be safely inferred by its treaty stipulations with Korea, which in Art. 2nd provide that Korea as a high contracting party (no mention being made of the high suzerainty of China or of Korea being a vassal state) may appoint *a diplomatic representative to reside permanently in England with all the privileges and immunities that are enjoyed by the diplomatic functionaries in other countries.*

Great Britain could not legally refuse to receive an envoy from Korea under her treaty. France, Germany, Italy and Russia have no doubt similar clauses in their treaties with Korea, and it remains to be seen how they will suffer and resent such preposterous interference on the part of China with Korea's right of Embassy after those powers have recognised it, should China presume to claim any pretext for limiting such right when Korean envoys are appointed to them.

"To all lovers of liberty and of principles in consonance with this grand mainspring of national life, it is surprising how this question of Korean liberty is treated by the British Press in China and Japan. Compare it with the excitement and declamations over the liberties of Bulgaria with its two millions of inhabitants and Roumelia with hardly one million of inhabitants, both composed of a motley mixture of semi-savage peoples. And yet Korea has twelve millions of people, all of the same race and civilized at least to an equal level with China and, forsooth, Korea is to be swallowed up by China and to be allowed to disappear from among the Eastern nations amidst the criminal silence and indifference of the humanitarian powers who are grief-stricken at even the possibility of the same happening m the corner of Eastern Europe. Does the effort of Korea to assert her liberty find favor with the British Press in China? Is there one clear, outspoken word to show that the public organs in the East are on the side of Korea in her struggle with China."

As a matter of fact the Korean Minister to Washington was promptly and without any question presented to the President by the Honorable Secretary of State, and to the Secretary of State independently of the Chinese Minister, notwithstanding the many careless and untruthful assertions to the contrary, and just as the Minister to the European courts will be presented upon his arrival. If the Chinese Ministers in Europe were to attempt the anomalous proceeding of presenting the Korean Minister to those Courts it would not be carried out, for there is no country of respectability, jealous of its national honor, that will care to attempt to set the absurd and unprecedented example of receiving a plenipotentiary, envoy or minister of any sort from a vassal state. Even the so-called memorial (letter) which the King addressed to the Emperor of China, in answer to questions from Peking, explaining his reasons for as well as his right to send Ministers to Europe and America, is regarded by China and by vassalage advocates as another link in the chain by which they hope to bind Korea irretrievably to the Celestial Empire. The trouble seems to arise from this: the language used by the King to express his *tributary* relations, is persistently and erroneously interpreted to mean *vassal* relations by China and her supporters. When the King refers, in the so-called memorial to the Emperor, to tributary envoys and plenipotentiaries, he is entirely consistent with international jurisprudence as interpreted and followed by other nations in their intercourse with each other, while China's appellation of vassal envoys and plenipotentiaries is a misnomer because entirely inconsistent with the laws of civilised nations. Such laws do not recognise vassal envoys, plenipotentiaries or ministers of any kind, for the reason that vassal states have the power to create only consuls and commercial agents. In this connection there is another device which deserves attention, and that is this: letters or documents, written or translated to suit the occasion, are frequently published by the press in China, purporting to be from the King of Korea, inferentially if not positively admitting Korea's vassalage. In answer to such statements I am informed upon the very best authority that the King has never admitted in documents or otherwise the existence of such relations, and further, *if anything has been admitted by any official of the Government at any time which even implies vassalage, it is without authority and void.* The King knows only too well the object of the insidious conduct of China towards his country; aside from this, he cannot be induced or intimidated into admitting a national fallacy. Even if dependent relations could be created by admissions, and the King, under the threatening, violent and criminal treatment of China for two and a-half years past, were to admit vassalage in the most abject way, it should not be binding upon his Government, for admissions under duress are not only no evidence of a fact but they are no admissions. Other independent states, with but few commercial interests to protect and no questions of sovereignty to settle, dispatch to foreign countries public ministers and nothing is said against it, but when the King of Korea, in accordance with the expressed stipulations in all the treaties with other independent powers, does the same thing, a perfect shower of invective greets the public ear from some quarters while from others, more mild, the act is characterised as mischievous and ill-advised; that it was forcing to the front a question which ought to have been kept in the background while the King and his advisors turned their attention to the development of the resources of the country. It is quite true that the question was forced to the front, not by the King and his advisors but by the tyranny and oppression of China, largely through the conduct of Commissioner Yuan, which, for petty schemes, criminality, injustice and brutality has seldom, if ever, been equalled in the annals of international intercourse. With a view to placing the heel of China on the neck of Korea, he has not only opposed almost every effort which has been made in the direction of internal development but he has, through the mercenary brigade which he always keeps about him, attempted to bring failure and ridicule upon almost every effort the better class of Koreans have made to transact business for the government or themselves, in order to make it appear that the Koreans are but a nation of helpless children who can never learn business and who, for that reason, need a Chinese guardian over them. He has threatened the King repeatedly through certain Korean officials with the Chinese army and navy and with the vengeance of the Viceroy, in order to compel compliance with his wishes and demands, while to weaken the royal authority in the eyes of officials and subjects alike he has abused and trampled upon the long-established and sacred customs of the court by riding in his chair into the Palace almost up to the very entrance leading to the presence of the King, accompanied by his coolies, servants and horsemen, who at time have conducted themselves in a disorderly manner; while in the excitement of July and August of 1886, which he was the principal cause of, arising out of his attempt to force the government to admit that the King was the author of a letter his Majesty never wrote, and which was said to contain a request for the protection of a friendly power against the aggressions of China, the language and conduct of China's representative would have done credit to the chief of braggadocios. In some of his conduct he has been more or less applauded and encouraged by one or two foreign officials, while in all of his disreputable work he has been much assisted by a few petty Chinese officials as well as by certain of China's gun-boats sent to the open ports in Korea for the purpose of " protecting Chinese consuls and merchants" as stipulated in their treaty, and as alleged and published in the preamble to such treaty "*as a favor granted by China to a dependent state*," which have detected in some of their attempts to smuggle red ginseng out of the country. These gun-boats also on their arrival from China are in the habit of bringing more or less cargo which their officers demand shall be landed without examination, while the Customs' authorities urge the right of inspection as in ordinary cases to see whether or not it contains dutiable goods. Invariably when disputes of this character arise the Chinese Consul takes up the side of the gun-boat people and in their behalf appeals to Commissioner Yuan in Seoul, who in turn threatens the President of the Foreign Office until the order is given to pass the goods without examination. The last case of smuggling ginseng by one of these gun-boats, so far as is known, occurred in October, when several thousand dollars worth of the drug were seized, the largest chest of which, *was covered by the seal and signature of Commissioner Yuan*. The Chief Commissioner of Customs has done all in his power to break up these lawless and fraudulent practices. He has appealed to the President of the Foreign Office, to the Viceroy at Tientsin and to the Inspector General of Customs in China to aid him in enforcing the laws and regulations of the Korean Customs service, but thus far without avail. The President of the Foreign Office frankly says he is powerless as against the Chinese in these matters. Even with the fraudulent treatment it has received, the Customs revenues for the year just closed amounted to the sum of $250,000.00, a sum which, under legitimate and fair treatment, would have been considerably increased. But the culminating act of China's representative, for cold-blooded wickedness, lays in his plot, exposed in July last, to dethrone and carry off the King to make temporary room for a pliant tool. The execution of this diabolical business involved riot, arson, bloodshed and probable assassinations, besides imperiling the lives of all the foreigners in Seoul as well as those of many native people. Every detail of this conspiracy is in possession of the King, and which would no doubt have been carried out but for the integrity and loyalty of Prince Min Yong Ik, one of the ablest and truest of Korean subjects, who, with the knowledge of the King, had been let into the plot, and who faithfully reported its different phases from time to time to His Majesty as well as myself, enabling us thereby to control and defeat it. Perhaps the most extraordinary part of this infamous business is the draft of it, which was to have been submitted to the Viceroy for his approval or rejection.

The principal features of this draft were as follows: — Native soldiers were to be drilled at Kang Wha under the pretext of garrisoning the point against the "outside barbarians." These soldiers were to be reviewed by the Chinese representative in order that they might readily recognise their commander at the critical moment. They were to be placed conveniently near to the palace. Then the Tai Wan Kiun or ex-regent's palace or house was to be fired and the work of the incendiary laid at the door of the King, which was to be the signal for an uprising of the ex-regent's following, who hate the queen and her party with intense bitterness. The rioters were to attack the palace, when Commissioner Yuan was to appear on the ground, as he did in 1884, and in command of the troops already referred to, under the pretence of quelling the rioters, was to take possession of the person of the King and carry him out of the palace, and then declare the son of the King's elder brother heir-apparent and the ex-regent regent, until the heir agreed upon attained his majority, thereby enabling the Chinese, under the direction of the regent, to thoroughly invest the government and country. Neither did China's representative neglect the financial part of the scheme, for he placed in the hands of a certain General 3,000 Taels (about $4,500.00) out of which the expenses of drilling and moving the troops were to be paid. This sum was however returned to the Chinese Legation after the departure of Min Yong Ik and the collapse of the conspiracy.

The Chinese Government cannot plead ignorance of the conduct of their officials in Korea, for they have been fully advised from time to time through different channels. Twice I visited Tientsin under authority from the King, when the fullest discussions were had with the Viceroy with respect to the extraordinary conduct of the Chinese representative and the policy of the Pekin Government towards Korea. In my first interview, in September 1886, I urged an amicable understanding between China and Russia as well as Japan, in regard to the political affairs of the peninsula, as the surest means of preventing irritation and disorder, and before my return the Viceroy assured me that such an understanding would not only be reached but that China would change her representative, as Yuan was too young not only in years but also in experience for such a post; in fact, said the Viceroy, the position has already been tendered to the present Taotai of Tientsin and the Taotai who has just been appointed at Chefoo, but that both had declined. On the occasion of my second visit, in October of last year, to discuss Korea's right to send public ministers abroad and to open ports in the interest of trade, as well as to protest against Yuan's latest conspiracy against the King, if it became necessary, in one interview, finding that the Viceroy turned a deaf ear to everything reflecting in any way upon that official, I was about to dispose of him once for all, as I supposed, by presenting the indisputable evidences of his recent treasonable conduct, when, to my amazement, the Viceroy coolly informed me that he knew all about the dethronement scheme; that while Yuan was in it, yet it was all the fault of Min Yong

Ik, who laid the plot and induced Yuan to go into it, and that for his stupidity in letting himself be drawn into such a thing he had been severely reprimanded. And still, in the face of this criminal record. Yuan continues the representative of China to Korea, in violation of the closing paragraph of the first article of the treaty between the two countries, which says: — "Should any such officer disclose waywardness, masterfulness or improper conduct of public business, the Superintendent of Trade for the Northern Port and the King of Korea respectively will notify each other of the fact *and at once recall him*. In view of all this the inquiry naturally suggests itself, why is the Commissioner kept in Seoul? Is it because China, desiring to take possession of Korea and having no excuse in the eyes of civilized nations for doing so, expects him, through his violent conduct, to furnish one? It is to be hoped not. Nor is this all; what must be the moral status of a government which insists on being represented at the court of a neighboring state by a smuggler, conspirator and diplomatic outlaw? I submit the language is not too strong, in view of the facts and the following historical record applicable to them, copied from a well-known author on international law; — "Several instances are to be found in history of Ambassadors being seized and sent out of the country. The Bishop of Ross, Ambassador of Mary Queen of Scots, was imprisoned and then banished from England for conspiring against the Sovereign, while the Duke of Norfolk and other conspirators were *tried and executed*. In 1584 De Mendoza, the Spanish Ambassador in England, was ordered to quit the realm for conspiring to introduce troops to dethrone Queen Elizabeth. In 1684 De Bass, the French Minister, was ordered to depart the country in 24 hours, on a charge of conspiring against the life of Cromwell. In 1717 Gyllenborg, the Swedish Ambassador, contrived a plot to dethrone George I. He was arrested, his cabinet broken open and searched and his papers seized. Sweden arrested the British Minister at Stockholm by way of reprisal. The arrest of Gyllenborg was necessary as a measure of self-defence, but on no principle of international law can the arrest of the British Minister by Sweden be made justifiable. For similar reasons, Callamare, Spanish Ambassador in France, was in 1718 arrested, his papers seized and himself conducted to the frontier by military escort. So recently as 1848 Sir H. Bulwer, the British Ambassador in Spain, had his passports returned, and was requested to leave Spanish territory by the government. Certain disturbances had taken place in certain parts of Spain, and the Government persuaded themselves that Sir H. Bulwer had lent his assistance to the disaffection. And had the Korean Government possessed the national strength to enforce their rights, another case of far more recent date would have been added to the above list in the person of Commissioner Yuan. The Chinese authorities seemed to be considerably exercised over the surrender of Kim Ok Kiun by the Japanese Government, in order that he might be justly punished for his conspiracy, and who would doubtless have been willingly given up by that government were not international precedents against the surrender of political offenders; and yet the conspiracies of the Chinese representative are of a far graver character than those of Kim Ok Kiun, for the former's were directed against the King, the head and front of all government in the kingdom, while the latter's were directed more against certain high officials than otherwise.

If the Chinese authorities were sincere in their efforts to have Kim Ok Kiun properly punished for his crimes, then they surely will not condone the greater offence of their own representative against the King now. The oppressive conduct of China is not confined alone to her small officials in Korea, nor to those who periodically visit the country in gun-boats, for it extends to Tientsin and Pekin.

After my return from the northern part of Korea, where I went to inspect the natural resources of the country, I recommended among other things that as Ping Yang is the centre of a large section of country, rich in agricultural and mineral wealth, legitimate trade would be encouraged and increased, the Customs' revenues largely augmented, the smuggling carried on in and out of the Tatong river checked, while the preliminary work of opening the valuable coal and other mines located near there—already determined upon by the government—would be facilitated by establishing an open port at or near that city. The proposition was also warmly supported by the Chief Commissioner of Customs, and subsequently that efficient officer was instructed by the King to take the preliminary steps. A steamer was dispatched with a Customs' officer on board to survey the river and to locate the port at the nearest practical point to Ping Yang. While this work was going on the Chief Commissioner was informed by China's representative that the Viceroy Li would not permit a port to be opened at that place. The Chief Commissioner, humiliated by this unjust and unwarrantable interference, was compelled to direct the vessel with the Customs' officer to return. At first the King declined to believe that such an order could emanate from the Viceroy, but direct communication with the Chung Tang through myself confirmed the statement of China's representative. In the discussion of this subject the Viceroy based his objection upon the erroneous and illogical grounds that, as Ping Yang is near the port of Newchwang in China, an open port there would seriously interfere with Chinese trade. In the first place, Newchwang is several hundred miles from Ping Yang, and secondly, there is not annually a thousand dollars worth of trade carried on between the two points. But if there were even one million dollars worth or ten for that matter, are the revenues of the Korean Government entitled to no consideration by China? Or was it the object of the Pekin Government in getting control of the Customs service of Korea to so direct and manipulate it as to make the natural resources and wealth of the country subserve the interests of China instead of Korea? The right of every state to increase its wealth, population and power by opening ports for the stimulation and encouragement of trade, the extension of its navigation, the improvement of its revenues, arts, agriculture and commerce, is incontrovertible and is recognized by every civilized nation under the sun, and the sooner China is compelled to recognize the fact also, the better it will be for the family of nations whose comity and friendship she essays to share, as well as for her own interests. Neither do the commands of the Viceroy stop at opening ports, for His Excellency asserts that Korea cannot negotiate loans with which to aid in the development of the natural resources of the country, or transact in her own way, as she has for centuries past, the business of the government, without first asking and obtaining the consent of China. In view of such a long train of cruel, unjust and tyrannical conduct as is here presented, China's professions of friendship for Korea, under the claim of suzerainty, become simply monstrous in their sincerity. Nor do the mischievous consequences of such meddlesomeness stop here; for if the Viceroy in his commands to the Korean Government can practically defeat the commercial part of the treaties made with other countries. His Excellency can, by similar commands, nullify every stipulation of those agreements, whether they apply to the appointment of public ministers, opening ports for the convenience of trade, the collection of duties, or to the rights of citizens and subjects of the treaty powers, whether of person or property. How long the treaty rights of other countries and the lives of their nationals are to be jeopardized and trifled with, or how far China will be permitted to go in the direction she now seems to be heading before a halt is called, depends entirely upon the faith and value other powers besides the United States attach to their stipulations with Korea. I say other powers besides the United States because that government, with no political interests in the peninsula to protect has, through their distinguished Secretary of State, having in mind the faith pledged in the first article of the American treaty, informed China that, as the former has concluded a treaty of friendship and commerce with Korea on the basis of a sovereign and independent state, they expect the rights and privileges so acquired to be respected. Were the national autonomy of China endangered or the rights and immunities of her subjects threatened with destruction by the continued independence of Korea, and China were for that reason to proceed openly to annex the country instead of assuming relations with it which do not exist and endeavoring by false pretences to sustain the assumption, the case would be different. For the right of self-preservation is just as inherent in a nation as it is in individuals, while the most solemn and responsible obligation it owes to its people is the guarantee of all their rights under a stable and well-administered government.

The King having appointed and dispatched public ministers to all countries in treaty relations with Korea, —a course so fatal to the claim of vassalage, —the time has surely come for China to quit masquerading with the Korean question and frankly announce in unmistakeable terms her policy toward the peninsula; for until the question is settled one way or the other, it will not only continue as now to be a very serious and disturbing element in the politics of the East but it will delay, if not prevent, internal development and the reformation of long-established abuses in Korea. But with the question settled in favor of the continued independence of the country, and entire responsibility for the duties and obligations already assumed through the government's international agreements, and with labor made honorable by royal decree and idleness condemned as it is in Western countries, where the fact is recognised that the only key to real greatness, permanent prosperity and national strength, lies in the recognition of the truth that, to engage in all branches of labor and business enterprises is not only respectable but it is more, it is laudable and worthy of the highest commendation and encouragement. Then with the idle Yang Ban class (so-called gentlemen), which are now feeding upon and exhausting the labor of the country because it is considered dishonorable for them to do any work, compelled to earn the bread they eat, and the agricultural classes stimulated and encouraged by the protection of their surplus products from the squeezing and other illegal exactions now made upon it—sure to follow sooner or later under settled political conditions—Korea would then enter upon that era of prosperity which the natural wealth of the country so justly merits.

A few words now in reply to the stale charge that the King is weak and vacillating in character and I leave the subject of Korea's sovereignty and grievances to those who are better able to protect and right them. And upon this point, two years' experience as His Majesty's Foreign Advisor and and Vice-President of the Home Office (Privy Council) should enable me to speak advisedly; for during that time some of the most trying phases of the Korean problem have presented themselves for solution, and through them all the King has shown a firmness, cheerfulness and patience worthy of a ruler of a great nation. Often his language and bearing have indicated great anxiety but never weakness or anger. It is true that, since Korea's contact with Western people, dazzled by the glitter and novelty of the change and encouraged by the smooth words of some adventurers and some unscrupulous persons, the government have been led into undertaking impracticable ventures whose failures have created a reputation for extravagance and fickleness which will perhaps take years of prudence and economy to remove ; but every Asiatic nation has had to pass through such an experience and Korea must have hers also. After dispatching the ministers to Europe and America against the

Imperial protests of China, the King ought not to be longer accused of either fear or a want of firmness of character. His Majesty received the protest with that quiet dignity which had characterised his bearing in other important matters and after hearing and carefully weighing China's objections-relying on his right as expressed in and guaranteed by the treaties, as well as by the law of nations—the ministers were ordered to leave for their respective posts, against the ultimatum of the Pekin Government and the positive conditions prescribed by the Viceroy, as well as in the face of the blustering conduct and diplomatic antics of Commissioner Yuan, supplemented by the persistent efforts of a few cowardly Korean officials, whose well-beaten track between the palace and the Chinese Legation indicates the character of their patriotism as well as their devotion to their King. No, from my own knowledge I should rather say that His Majesty is far too strong in character to suit those whose purposes it serves not to have it so. It must be borne in mind also that His Majesty has no kingdom to gain through an arrogant exhibition of *strength*, but he has one to lose through an exhibition of weakness or fear. The King's character for universal kindness may have been mistaken for weakness. Even some of his subjects say His Majesty is too kind for the good of the public service. His habits are those of perfect sobriety and industry, and being progressive in his nature, he is constantly seeking information which will aid him in directing his subjests into those paths that lead to the higher plains of civilization which have done so much to humanize and Christianize the Western World. Unfortunately in this great work the King, with a few exceptions, stands alone. Those who are in sympathy with Western progress are, as a rule, without influence or following, while those who possess both adhere to the traditions of the past with a loyalty worthy of better things. Under these circumstances the King of Korea surely deserves the sympathy and support of all good people.

O. N. DENNY.

Seoul, Korea,
February 3rd, 1888.

Die Weigerung des Königs von Korea, den britischen General-Konsul Watters zu empfangen.

PAAA_RZ201-018910_61 ff.			
Empfänger	Bismarck	Absender	Krien
A. 13825 pr. 27. Oktober 1888. a. m.		Söul, den 28. August 1888.	
Memo	cf. 15486 mitg. 31. 10. n. London 836 J. № 445.		

A. 13825 pr. 27. Oktober 1888. a. m., 3 Anl.

Söul, den 28. August 1888.

Kontrolle № 59.

Seiner Durchlaucht
dem Fürsten von Bismarck.

Eurer Durchlaucht habe ich die Ehre im Verfolg meines ganz gehorsamsten Berichts № 34 vom 11. Juni d. J.[17] betreffend die Weigerung des Königs, den britischen General-Konsul Watters zu empfangen, nunmehr in der Anlage abschriftliche Übersetzung des chinesischen Textes der englischen Gesandten in Peking und dem Präsidenten des Auswärtigen Amtes in dieser Angelegenheit gewechselten Noten ebenmäßig zu überreichen.

Nach einer Mitteilung des stellvertretenden General-Konsuls Ford ist ihm das Schreiben des Präsidenten vom 24. d. Mts. zur Beförderung an seinen Gesandten verschlossenen zugegangen. Erst einige Tage nach Abgang desselben habe er auf sein Gesuch eine Abschrift davon erhalten. Er habe sich darauf sofort zu Herrn Cho begeben und ihm erklärt, daß die Note als befriedigend nicht angesehen werden könnte. Da der Präsident darüber sehr bestürzt und bereit gewesen sie, die Note zurückzuziehen und dafür eine andere, zufriedenstellende Antwort an Sir John Walsham zu richten, so habe er in diesem Sinne an seinen Gesandten telegrafiert, nachdem er von dem Entwurf der Note vom 3. d. Mts. Kenntnis genommen hätte.

Herr Ford glaubt, daß der Zwischenfall damit seine Erledigung gefunden haben werde.

17 A. 9383 i. a. ehrerbietigst beigefügt

Eine Abschrift dieses Berichts sende ich an die kaiserliche Gesandtschaft zu Peking.

Krien

Inhalt: Die Weigerung des Königs von Korea, den britischen General-Konsul Watters zu empfangen. (3 Anlagen)

Anlage 1 zum Bericht № 59
Abschrift.

Depesche d. d. 10. Juli 1888.

Der englische Gesandte in Peking, Sir John Walsham, schreibt an den Präsidenten des koreanischen Auswärtigen Amtes: Über die Abreise des Herrn Watters, welcher krankheitshalber Urlaub erhalten, und über die Vertretung desselben durch Herrn Ford wäre sicherlich in der gewohnten Weise durch Vermittlung des Präsidenten des Auswärtigen Amtes der koreanischen Regierung förmliche Anzeige gemacht worden; die Herren Watters und Ford wären aber, wie dieselben an Sir John berichtet hätten, am 7. Juni, wo sie von Seiner Majestät zur Audienz waren, dieselbe nicht erteilt worden; es hätten ihnen vielmehr Hofbeamte, nachdem sie lange Zeit gewartet hatten, gesagt, Seine Majestät könne sie nicht empfangen, ohne jedoch die Gründe für eine so schwere Verletzung der Etikette anzugeben, und es wäre ihnen nichts übriggeblieben, als dem Palast zu verlassen. Eine Erklärung aber für die zuteil gewordene Behandlung hätten sie bis zur Abreise des Herrn Watters vergeblich erwartet, und auch Herrn Ford, dem Herr Watters die Weiterverfolgung der Angelegenheit übergeben, sie seitens des Präsidenten bis zum 17. Juni eine solche nicht zugegangen.

Wenn Sir John nun auch den Glauben hege, daß dem König die Absicht, die zwei Beamten der englischen Regierung vor dem Kopf zu stoßen, vollständig fern gelegen habe, so müßten doch Zweifel daran aufsteigen, wenn man nach der Behandlung, welche am 7. Juni die beiden Herren erfahren, eine Aufklärung noch nicht gegeben und eine Entschuldigung noch nicht gemacht sie.

Sir John erwartet daher bestimmt, daß der Präsident ihm schleunigst eine Antwort zugehen lassen werde, welche ihn in den Stand setzt, an seine Regierung zu berichten, daß die koreanische Regierung Herrn Ford eine befriedigende Erklärung darüber gegeben habe, weshalb der König sich seinerzeit geweigert habe, die Herren Watters und Ford zu empfangen, und Sir John würde sehr bedauern, wenn dieselbe anders ausfallen würde.

Für die Übersetzung:
(gez.) Reinsdorf.

Anlage 2 zum Bericht № 59
Abschrift.

Depesche d. d. 24. Juli 1888.

Auf Ew. pp. am 9. Tg. 6. Mt. dieses Jahres koreanische Zeitrechnung (17. Juli 1888) hier eingegangene Depesche vom 10. Juli 1888 (cit. in extenso) beehre ich mich ganz ergebenst zu erwidern:

Als Herr General-Konsul Watters dem stellvertretenden General-Konsul Ford die Vertretung übergab, lud Seine Majestät, welcher davon Kenntnis erhalten, eingedenk der außerordentlichen Tüchtigkeit, welche Herr Watters während seiner langen Amtsführung bewiesen, und in der Überzeugung, daß Herr Ford, als derjenige, auf welchen die Wahl Ihrer Regierung gefallen war, jedenfalls ein im Dienste ausgezeichnet bewährter Beamter sein müßte, und von dem Wunsche beseelt, die zwischen den beiden Staaten existierenden freundschaftlichen Beziehungen noch inniger zu gestalten, am 7. Juni[18] die beiden Herren zu einer Audienz ein. Seine Majestät wollte sowohl bei Gelegenheit der Rückkehr des Herrn Watters nach England der Herrscherin Ihres Landes seinen Gruß entbieten als auch seine Anerkennung und seine Sympathien dem scheidenden Herrn und seinem Nachfolger noch besonders zum Ausdruck bringen.

Daß Seine Majestät unsere freundschaftlichen Beziehungen so eng wie möglich zu gestalten den Wunsch hegt, war wohl anzunehmen, würden die beiden Herren überzeugt sein.[19] Als sie aber nach dem Palast gekommen waren und eben eine wichtige koreanische Staatsangelegenheit vorgelegen hatte und sie nicht sofort empfangen waren, sondern zusammen mit anderen zur Audienz befohlenen Beamten im Vorzimmer sitzen und eine halbe Stunde hatten warten müssen, waren sie, als Seine Majestät fertig war und sie

---

18 [„welche ··· Juni.“: Durchgestrichen von Dritten.]

19 [„Daß ··· sein.“: Durchgestrichen von Dritten.]

empfangen wollte, beide, sich beleidigt fühlend, eben weggegangen, und von den anderen zur Audienz erschienenen Beamten wußte niemand weshalb; (dieselben hatten wiederholt versucht, die beiden Herren zurückzuhalten, sie hatten sich jedoch nicht dazu bewegen lassen, gerade, als ob sie den Wunsch seiner Majestät zur Stärkung der freundschaftlichen Beziehungen nicht kannten).

Seine Majestät wartete in der Audienzhalle lange Zeit und war sehr erstaunt zu hören, die beiden Herren seien bereits aus dem Palast weggegangen und konnte sich den Grund dafür gar nicht erklären. (Vielleicht hatte man sich nicht verständlich machen können oder sie hatten sich mit den zur Audienz miterschienenen Beamten nicht verstanden, jedenfalls hat eine Absicht Seiner Majestät nicht vorgelegen).[20]

Seine Majestät beauftragte mich abzuwarten, ob die beiden Herren eine Aufklärung geben würden und dann [die Sache] auseinanderzusetzen. Ich habe nun mehr als einen Monat gewartet, (Herr General-Konsul Watters ist ohne Abschied weggegangen, der stellvertretende Generalkonsul Herr Ford hat schon lange seinen Posten angetreten, aber er ist noch nicht einmal nach dem Auswärtigen Amt gekommen, die Sache zu besprechen und zu erklären; ich)[21] war darob sehr verwundert und konnte gar keine Erklärung finden, bis jetzt Eurer pp. Depesche kommt und die Gründe darlegt, weshalb die beiden Herren sich beleidigt gefühlt hatten und weggegangen waren. Ich kann nur sagen, daß seiner Majestät es seinerzeit vollständig fern gelegen hat, die beiden Herren beleidigen zu wollen; Seine Majestät hat auch nicht den Befehl gegeben, dieselben nicht vorzulasse, und wird ohne eine Verständigung mit den zur Audienz miterschienenen Beamten nicht möglich gewesen sein.

Daß dadurch, daß seine Majestät Geschäfte halber den Empfang eine kurze Zeit hinausschob, Mißverständnisse veranlaßt werden würden, hat Seine Majestät und die Regierung gewiß nicht gewußt. Daß ich unbekannt mit den Gründen, weshalb die beiden Herren sich beleidigt gefühlt hatten und weggegangen waren, nur gewartet habe, ob dieselben eine Aufklärung geben würden und den Zusammenhang noch nicht auseinandergesetzt habe, liegt daran, daß ich auch nicht wußte, welche Erklärung ich zur Entschuldigung machen sollte.[22]

Zwischen Gast und Wirt ist die gegenseitige Höflichkeit von höchstem Wert. Als seinerzeit die beiden Herren zur Audienz gebeten wurden, sind sie aufgrund eines unvorhergesehenen Mißverständnisses alsbald beleidigt hinweggegangen und haben sich

---

20 [„(Vielleicht … vorgelegen“: Durchgestrichen von Dritten.]

21 [„(Herr … ich)“: Durchgestrichen von Dritten.]

22 [„Daß … sollte.“: Durchgestrichen von Dritten.]

nicht zurückhalten lassen, danach haben sie nicht einmal dem Auswärtigen Amt eine Erklärung zugehen lassen, fast als erkannten sie die Absicht Seiner Majestät auf innige Gestaltung der freundschaftlichen Beziehungen nicht an; ich hätte das wirklich nicht erwartet. Und ferner, wenn ja aus Mißverständnis eine Verletzung vorgekommen wäre, was hätte dann die beiden Herren gehindert, einmal nach dem Auswärtigen Amt zu kommen, die Sache zu besprechen und mir Gelegenheit zu einer Aufklärung zu geben. Aber Seine Majestät und die Regierung haben überhaupt gar nicht die Absicht gehabt zu beleidigen.

(Da ich nun die Depesche Ew. pp. erhalten habe, habe ich mich entschlossen, da ich viel Gewicht auf die guten Beziehungen unserer Reiche lege, obiges an den stellvertretenden General-Konsul Herrn Ford zu schreiben).[23]

Für die Übersetzung:
(gez.) Reinsdorf

Anlage 3 zum Bericht № 59
Abschrift.

Depesche vom Präsidenten des Auswärtigen Amts d. d. 24. Juli 1888.

Auf die Depesche Ew. pp. vom 10. Juli d. J. beehre ich mich ganz ergebenst folgendes zu erwidern:

Als der stellvertretende General-Konsul Herr Watters dem neuen stellvertretenden General-Konsul, Herrn Ford, die Geschäfte übergab, lud Seine Majestät, (welche davon Kenntnis erhalten, eingedenk der außerordentlichen Tüchtigkeit, welche Herr Watters während seiner langen Amtsführung bewiesen, und in der Überzeugung, daß Herr Ford, als derjenige, den Ew. pp. auf den Posten gesandt hatten, jedenfalls ein im Dienst ausgezeichnet bewährter Beamter sein müßte, und von dem Wunsch beseelt, die zwischen den beiden Staaten existierenden Beziehungen noch inniger zu gestalten),[24] am 7. Juni die beiden Herren zu einer Audienz ein. Seine Majestät wollte sowohl bei Gelegenheit der Herrscherin Ihres Landes seinen Gruß entbieten als auch und seine Sympathien dem scheidenden Herrn und seinem Nachfolger noch besonders zum Ausdruck bringen.

---

23 [„(Da … schreiben).“: Durchgestrichen von Dritten.]

24 [„(welche … gestalten)“: Durchgestrichen von Dritten.]

Die beiden Herren konnten wohl annehmen, (daß seine Majestät diese Wünsche hegte); sie kamen nach dem Palast und warteten mit den zur Audienz mitbefohlenen Beamten in einer Nebenhalle; da, als Seine Majestät sie hereinzukommen bitten ließ, richteten es die mitbefohlenen Beamten aus Unkenntnis der Sprache falsch aus und mißverstanden sie, sodaß sich beide Herren entfernten, aber die Absicht Seiner Majestät war das nicht gewesen.

Seine Majestät hat seinerzeit nicht den Befehl gegeben, die beiden Herren nicht vorzulassen und hat sie durchaus nicht beleidigt; es lag ausschließlich ein Versehen seitens der mit zur Audienz befohlenen Beamten vor.

Es tut mir leid, daß die beiden Herren in der Angelegenheit an Ew. pp. berichtet haben, ich konnte aber keine Aufklärung geben und keine Entschuldigung machen, da ich (erst) die Gründe nicht kannte, aus denen die beiden Herren sich entfernt hatten, (also auch nicht wußte, welche Erklärung ich zur Entschuldigung hatte machen sollen).

(Im Besitze Ihres Schreibens habe ich mich, da ich viel Gewicht auf die guten Beziehungen unserer Reich lege, entschlossen, obiges dem stellvertretenden General-Konsul Herrn Ford zu erklären.)[25]

Für die Übersetzung:
(gez.) Reinsdorf.

25 [„(also … erklären.)“: Durchgestrichen von Dritten.]

Betreffend Notizen aus einem chinesischen historischen Werk über die Oberhoheit Chinas über Corea.

PAAA_RZ201-018910_81 ff.			
Empfänger	Bismarck	Absender	Brandt
A. 13942 pr. 29. Oktober 1888.		Peking, den 14. September 1888.	
Memo	Auszug mitg. 1. 11. London 842, Petersburg 399		

A. 13942 pr. 29. Oktober 1888. a. m.

Peking, den 14. September 1888.

A. № 246.

Seiner Durchlaucht
dem Fürsten von Bismarck.

Die "Tientsin Chinese Times" vom 8. September veröffentlicht eine "Chinese Suzerainty over Corea" betitelte Übersetzung aus einem chinesischen Werk "Sheng-wu-che", welches einen gewissen Wie-yuen zum Verfasser hat, zuerst im Jahre 1842 und seitdem in mehreren neuen Auflagen in 45 Bänden erschienen ist und eine Beschreibung der verschiedenen militärischen Operationen der gegenwärtigen Dynastie enthält.

Da die Aufnahme des Artikels in die "Chinese Times" wohl jedenfalls von chinesischer amtlicher Seite veranlaßt worden ist, dürfte ein kurzer Auszug aus demselben nicht ohne Interesse sein.

"Zur Zeit des Kaisers Yü des Großen, 2205 - 2198 vor Chr., war Korea ein Teil der chinesischen Provinz Ching-Chou; unter dem Kaiser Sung (steht wohl für den ersten Kaiser der Tang-Dynastie 1766 v. Chr.) wurde es eine eigene Provinz des chinesischen Reichs; der Gründer der Chou-Dynastie, Wu-wang 1122-1110 v. Chr., erhob es zu einem Königreich, dessen Regierung er in die Hände Chi-tzü's legte.

So ist Corea immer ein Teil des chinesischen Reiches gewesen.

Während der Kämpfe zwischen dem, in dem Werk als ersten Kaiser der jetzigen Dynastie bezeichneten Tai-tsu und dem Kaiser Wau-li der Ming-Dynastie in 1619 stellte Corea dem letzteren Hülfstruppen; Die Ming-Armee wurde besiegt und die koreanischen Hilfstruppen zum größten Teil gefangen genommen. Tai-tsu schickte aber eine Anzahl der gefangenen koreanischen Generäle in ihre Heimat zurück, mit dem Auftrag, dem König Li-hui zu erklären, daß, wie die Ming-Kaiser Corea früher gegen Japan zu Hilfe gekommen seien, Corea nun auch die Ming-Dynastie gegen ihn, Tai-tsu unterstützt habe. Damit habe es die Pflicht der Dankbarkeit erfüllt, und der Kaiser wolle das Vergangene nicht übel deuten; der König von Corea möge sich aber nun darüber schlüssig werden, ob er ihn oder den Ming-Kaiser als seinen Herrn anerkennen werden.

Diese Eröffnungen blieben ohne Antwort, und Corea fuhr fort, die Rache der Mings zu unterstützen, bis der Nachfolger Tai-tchu´s, Tai-tsung, in 1627 eine Armee gegen Corea sandte, welche nach einer Reihe siegreicher Gefechte den König Li-Tsung zum Frieden und zur Unterwerfung zwang. (Es ist das, nach dem chinesischen Historiographen das erste Mal, daß Corea sich ergab und in Vertragsbeziehungen eintrat. Eine in Corea zurückgelassene mandschurische Okkupationsarmee wurde auf die Bitte des Königs und die von demselben übernommene Verpflichtung, an die Mandschus im Frühling und Herbst jedes Jahres Tribut zu zahlen sowie Chung-chiang dem Handel zu eröffnen, noch in demselben Jahre zurückgezogen).[26]

Trotz dieses Friedenschlusses blieben die Beziehungen zwischen den Mandschus und Corea gespannt; wiederholte Klagen Tai-tsung‘s über mandschurischen Deserteuren erteilten Schutz, die Nichtleistung der verlangten Lieferungen und Hilfe, die unhöfliche Behandlung seiner Abgesandten blieben ohne Erfolg, sodaß in 1636 ein neuer Kriegszug gegen Corea unternommen wurde, der mit dessen schneller und vollständiger Besiegung endete.

(Der König Li-tsung unterwarf sich seit dieser Zeit den Sklaven des mandschurischen Kaisers). Der neue Vertrag enthielt die folgenden Bestimmungen: (Uebergabe seitens Li-tsungs des Siegels und der Insignien, welche ihm durch die Herrscher der Ming-Dynastie verliehen worden waren. Stellung von zwei Söhnen des Königs als Geißeln). Annahme (für ewige Zeiten) des Kalenders der Mandschu Dynastie als Zeichen der Anerkennung der Oberhoheit derselben; Zahlung von Tribut (und Sendung von Beglückwünschungs-Gesandtschaften an dieselben wie unter der Ming-Dynastie.)

Hülfeleistung im Kriege und Zahlung von Beiträgen zur Belohnung der Generäle und Soldaten; Verbot der Anlage von Befestigungen ohne Erlaubniß zu errichten und keinen Deserteuren (soll vielleicht politischen Flüchtlingen heißen) aus dem Gebiet Tai-tsung's Schutz zu gewähren. Im Falle treuer Beobachtung dieser Bedingungen garantierte der Kaiser der koreanischen Dynastie die Fortdauer ihrer bereits dreihundertjährigen Herrschaft und die Integrität des Landes.

Nachdem der Vertrag von beiden Fürsten feierlich beschworen worden war, bestieg Tai-tsun seinen Thron, der König von Corea kniete mit allen seinen Begleitern vor

---

26 [„(Es ··· zurückgezogen).“: Durchgestrichen von Dritten.]

demselben nieder und bat um Bestrafung seiner früheren Vergehen; der Kaiser verzieh ihm und Li-tsung mit seinem Gefolge verrichtete darauf neunmal das Kotow. Bei dem darauffolgenden Banket erhielt der König von Corea seinen Platz bei den mandschurischen Prinzen angewiesen.

Noch während des Rückmarsches erließ Tai-tsung ein Edikt, durch welches der Tribut für die nächsten zwei Jahre erlassen und für den Fall von Notstand weitere Nachsicht zugesagt wurde.

Trotz dieser scheinbar vollständigen Unterwerfung des Königs gab seine Haltung während der nächsten Jahre noch zu vielfachen Klagen Tai-tsung's Veranlassung, die unter anderem in 1642 in der Bestrafung koreanischer Beamter, deren heimliches Einverständnis mit den Ming entdeckt worden war, ihren Ausdruck fand.[27]

In 1643 erließ der neue Mandschu-Kaiser Shun-chih ein Drittel des koreanischen Tributs, und in dem darauffolgenden Jahr wurden zur Feier der Einnahme von Peking und der Unterwerfung des ganzen Landes (!?) (die Geißeln und Gefangenen freigegeben und) der Tribut auf die Hälfte herabgesetzt; die späteren denselben noch weiter, sodaß derselbe heute nur ein Zehntel des früheren beträgt.

(Unter der Regierung des Kaisers Kang-hsi und später, wenn Hungersnöte im Lande der koreanischen Regierung Verlegenheiten bereiteten, schickte China Reis zur Aushilfe; wenn Räuberbanden und Vagabunden das Land unsicher machten, versteilte China Geld unter das Volk. Als die Geschichte der Ming-Dynastie geschrieben worden war, fand sich, daß in derselben ungünstige Urteile über die Handlungen und Beweggründe des König Li-tsung enthalten waren, dieselben wurden sofort aus dem Werk entfernt. Ähnliche Gunst ist nie einem anderen Staat erwiesen worden.

Wenn die chinesischen Abgesandten nach Corea kamen, wurden ihnen zu Ehren Feste gegeben und Begrüßungs-Oden verfaßt; ebenso wenn die koreanischen Abgesandten nach China kamen erwies ihnen der Kaiser Gastfreundschaft und Oden wurden auch auf sie geschrieben).[28]

Im Jahre 1706 erließ der Kaiser Kang-hsi ein Edikt, in welchem es hieß, daß Corea mehr als alle anderen Länder China ähnlich sei, was die Form, seine Zivilisation, seine Literatur und seine natürlichen Produkte angehe. Als der große Ahn Tai-tsung in Corea eingedrungen, hätten König und Volk zuerst zu widerstehen gesucht, sich dann aber unterworfen und einen Denkstein errichtet, auf dem die Taten und Tugenden des Kaisers verzeichnet worden seien.

---

27 [„zu errichten … fand.“: Durchgestrichen von Dritten.]

28 [„(Unter … geschrieben).“: Durchgestrichen von Dritten.]

Der Denkstein bestände heute noch, und es sie eine Ursache großer Befriedigung, daß trotz des Sturzes der Ming-Dynastie Corea an China festgehalten und niemand im Lande weder höher noch geringer von der Treue abgewichen sie.“

Brandt.

Inhalt: Betreffend Notizen aus einem chinesischen historischen Werk über die Oberhoheit Chinas über Corea.

Berlin, den 31. Oktober 1888. A. 13825.

An
die Botschaften in
2. London № 836

Eurer p. übersende ich im Anschluß an den Erlaß vom 1. August d. J. anbei ergebenst Abschrift eines Berichts des kaiserl. Konsuls in Söul vom 28. August d. J., betreffend die Weigerung des Königs von Korea, den englischen General-Konsul Watters zu empfangen, nebst Anlagen zu Ihrer Information.

N. S. E
i. m.
L. 31/10

[ ]

PAAA_RZ201-018910_94			
Empfänger	Auswartiges Amt in Berlin	Absender	[o. A.]
A. 14123, pr. 31. Oktober 1888. p. m.		[o. A.]	

A. 14123, pr. 31. Oktober 1888. p. m.

Kölnische Zeitung № 303. v. 31. Oktober 1888.

Asien.

Die aus Schanghai anlegenden Gerüchte, daß sich die Unabhängigkeitserklärung Koreas vorbereite, daß die russischen und americanischen Vertreter den König in diesem Plane bestärken und daß deren Kriegsschiffe durch ihr Verhalten die Wahrscheinlichkeit des Gerüchtes unterstützen, bestätigt die schlimmen Befürchtungen, die Ihnen von hier aus wiederholt mitgeteilt wurden. China ist nach dem Ausschwunge, den es nach dem Kriege mit Korea genommen, wieder eingeschlafen, und der schöne Aufsatz des Marquis Tseng von Chinas Erwachen ist längst gegenstandslos geworden. Der Tsung-li-Yamen träumt mit offenen Augen und sieht nicht, oder will nicht sehen, wie das jugendlich erstarkende Russland seinen Arm nach Korea ausstreckt und von dort aus Chinas Plankenstellung nach dem Stillen Ocean zu bedroht. Irland, im Besitze einer feindlichen Macht, kann für England nicht gefährlicher sein als Korea für China, wenn jenes russischen Einflüssen gehorcht. Mit unbegreiflicher Kurzsichtigkeit hat China alle Trumpfkarten sich nach und nach entreißen lassen. Als es zur Zeit den Vorgänger des jetzigen Königs aus Korea entführte und in einer chinesischen Provinz internirte, war seine Oberhoheit unanfechtbar geworden und niemand wagte damals, sie überhaupt zu bestreiten. Der erste Schachzug von russischer Seite erfolgte erst, als die Engländer sich in Port Hamilton festsetzten. Die Russen drohten damals mit der Besetzung von Port Lazarew in Broughton Bai und thatsächlich ließen die Engländer auf Chinas Drängen diesen fetten Bitten.

[29]der einem gegen Rußland gerichteten Gibraltar im Stillen Ocean vergleichbar war, wieder fahren, weil China schon nicht mehr den Mut besaß, Rußlands Ansprüche einfach zurückzuweisen. Mittelbar war damit des letztern Interesse an Korea zugestanden. Es

29 [*Satzanfang*]

heißt, daß die Russen damals als Entgelt sich jeder Einmischung in Korea zu enthalten versprachen; sie Schlugen daher den auf dem Balkan befolgten Weg ein, indem sie für die Selbständigkeit Koreas eintraten. Der erste Schritt dazu ward mit der Absendung von koreanischen Gesandten nach Washington und Europa gethan. Der Tsung-li-Yamen gab dazu in seiner Verblendung seine Zustimmung, bis er glücklicherweise in der elften Stunde stutzig ward und wenigstens den für Petersburg bestimmten Gesandten zurückbehielt. Damit scheiterte vorläufig jener Plan, welcher Korea zu China in die Stellung von Bulgarien zur Türkei bringen sollte; aber dafür trat an dessen Stelle die höhere Idee der vollständigen Selbständigkeit der Halbinsel von China. Die Annahme, daß einer der russischen Großfürsten, welcher vor einiger Zeit Korea besuchte, mit dem König einen geheimen Vertrag verabredet habe, ist vielleicht nicht unrichtig. Eigentümlich bleibt daß der Marquis Tseng seine in Europa gesammelten Erfahrung nicht besser zu verwerten weiß, aber wie es scheint, hat er in Einerlei des chinesischen Beamtenlebens sogar die Lust, seinen Einfluß geltend zu machen, verloren.

Berlin, den 1. November 1888.

A. 13942.

An die Botschaften in
1. London № 843
2. St. Petersburg № 399

Abschrift der Vorlage unter Berücksichtigung der Änderungen und Streichungen

Eurer p. übersende ich anbei auszugsweise Abschrift eines Berichts des kaiserl. Gesandten in Peking vom 14. September d. J., betreffend Notizen aus einem chinesischen Geschichtswerk über die Oberhoheit Chinas über Korea zu Ihrer Information.

N. S. E.
i. m
L. 1. 11.

Berlin, den 2. November 1888.

A. 13808. (Ang. 1)

An
die Botschaften in
2. London № 851
4. St. Petersburg № 405

Abschrift der Vorlage unter Fortlassung des Eingeklammerten und ohne die Anlagen.

Eurer p. übersende ich anbei ergebenst Abschrift eines Berichts des kaiserl. Konsuls in Söul vom 24. August d. J., betreffend eine von Herrn Denny verfaßte Broschüre "China und Korea" zu Ihrer Information.

N. S. E.
i. m.
L. 1. 11.

Berlin, den 2. November 1888.

A. 13808, 14123 (Ang. 2)

An
die Botschaften in
1. London № 852
2. St. Petersburg № 406
3. Söul A. 1

Im Anschluß an den heutigen Erlaß betreffend den Bericht des kaiserl. Konsuls in Söul vom 24. August d. J. über eine von Herrn Denny verfaßte Broschüre übersende ich Ew. p. beifolgend zur gef. Kenntnisnahme einen Artikel der "Kölnischen Zeitung" vom 31. v. M., nach welchem in Shanghai das Gerücht verbreitet ist, daß die Unabhängigkeitserklärung Koreas in Vorbereitung begriffen ist.

Unter Bezugnahme auf den gef. Bericht vom 24. August d. J. - № 58 - betreffend die Dennysche Schrift "China und Korea" lasse ich Ew. pp. anbei Abschrift der Probe-Arbeit des Vize. Konsuls Butler aus Söul vom Februar 1886 über das staatsrechtliche Verhältnis Koreas zu China für das Archiv des kaiserl. Konsulats ergebenst zugehen.

N. S. E.
i. m.

Berlin, den 3. November 1888.

A., 13808 III, 14123 II

An.

1. tit. Herrn von Brandt Peking № A. 29
2. tit. Herrn Krien Söul № A. 2

cfr. A. 5494

Nach einem Bericht der "Kölnischen Zeitung" vom 31. v. M. wäre in Shanghai das Gerücht verbreitet, die koreanische Regierung bereite sich darauf vor, sich von China unabhängig zu erklären und werde dabei von Rußland und Amerika unterstützt.

ad. 2 Die von Ew. tit. mittels Berichtes vom 24. August eingereichte Broschüre des Herrn Denny würde, falls die Mitteilungen der "Köln. Ztg." zutreffen, eine größere Tragweite haben, als Sie derselben beimessen.

ad. 1 u. 2 ich ersuche Ew. tit. erg. die Frage im Auge zu behalten und darüber zu berichten.

N. S. E

Rücktritt des Präsidenten des Auswärtigen Amtes.

PAAA_RZ201-018910_104 ff.			
Empfänger	Bismarck	Absender	Krien
A. 14916 pr. 14. November 1888.		Söul, den 12. September 1885.	
Memo	cfr. A. 12699 de 89, orig. mitg. 15. 11. Hamburg 263, J. № 467		

A. 14916 pr. 14. November 1888. a. m.

Söul, den 12. September 1885.

Kontrolle № 61.

Seiner Durchlaucht
dem Fürsten von Bismarck.

Eurer Durchlaucht habe ich die Ehre unter Bezugnahme auf den Bericht № 74 vom September v. J. ganz gehorsamst zu melden, daß der bisherige Präsident des Auswärtigen Amtes, Tcho-piung-sik, von diesem Posten entbunden und zum Gouverneur der nordöstlichen Provinz Ham-Gyong-Do ernannt worden ist. Ein definitiver Nachfolger desselben ist bisher nicht bestellt worden. Als stellvertretender Präsident fungiert vorläufig ein früherer Vize-Präsident im Ministerium der öffentlichen Arbeiten namens I-tchung-tchil.

Im deutschen Interesse ist der Rücktritt des Herrn Tcho entschieden zu bedauern. Derselbe hat während seiner Amtsführung stets das größte Entgegenkommen bewiesen. Insbesondere war er eifrig bemüht, die berechtigten Wünsche der Firma E. Meyer u. Co. zu erfüllen und, soweit er es vermochte, deren Forderungen an die koreanische Regierung zu befriedigen.

Die Versetzung ist auf seinen Wunsch erfolgt.

Wie Eurer Durchlaucht bekannt sein dürfte, sind die Bezüge der koreanischen Beamten durchaus unzulänglich. Diese sind deshalb auf allerhand Nebeneinnahmen angewiesen, welche für die Beamten des Auswärtigen Amtes nur in sehr geringem Maße vorhanden sind, während die Posten der Provinzial-Gouverneure als die einträglichsten gelten.

Herr Tcho war bei seinem Amtsantritt ein erklärter Gegner der Chinesen und namentlich des hiesigen chinesischen Vertreters. Später fand jedoch zwischen ihm und Herrn Yuan eine Annäherung statt und in der letzten Zeit stand der Präsident Herrn Denny und der Antichinesen-Partei feindlich gegenüber.

Eine Abschrift dieses Berichts sende ich an die kaiserliche Gesandtschaft zu Peking.

Krien

Inhalt: Rücktritt des Präsidenten des Auswärtigen Amtes.

Berlin, den 15. November 1888.

A. 14916.

An

die königliche Mission in

1. Hamburg № 263

cf. A. 16498

Ew. p. übersende ich anbei ergebenst unter Rückerbittung einen Bericht des Verwesers des K. Konsulates in Söul vom 12. September d. J., betreffend den Rücktritt des Präsidenten des koreanischen Auswärtigen Amtes unter Bezugnahme auf den Erlaß vom 4. März 1885 mit der Ermächtigung zur Mitteilung.

N. S. E.

i. m.

L. 15/11

Betreffend das Pamphlet des amerikanischen Ratgebers des Königs von Korea über die Beziehungen zwischen China und Korea.

PAAA_RZ201-018910_109 ff.			
Empfänger	Bismarck	Absender	Brandt
A. 15155 pr. 18. November 1888.		Peking, den 27. September 1888.	

A. 15155 pr. 18. November 1888. a. m. 1 Anl.

Peking, den 27. September 1888.

A. № 271.

Seiner Durchlaucht
dem Fürsten von Bismarck.

Die "Tientsin Chinese Times" veröffentlichte in ihrer Nummer vom 22. September einen längeren Artikel über das von dem amerikanischen Ratgeber des Königs von Korea veröffentlichte Pamphlet über die Beziehungen zwischen China und Korea, welches den Gegenstand meiner ganz gehorsamsten Berichte A. № 220 und A. № 229[30] vom 9. respektive 15. August gebildet hatte.

Abdruck des unzweifelhaft inspirierten Artikels füge ich in der Anlage ebenmäßig bei.

Derselbe verdient hauptsächlich deswegen Beachtung, weil er einerseits die früher von verschiedenen Seiten bestrittene Behauptung bestätigt, daß Herr Denny ursprünglich durch Li-hung-chang nach Korea geschickt worden sei, um dort im chinesischen Interesse zu wirken, und andererseits zugibt, daß ein großer Teil der Streitigkeiten und Intrigen, unter denen Korea selbst wie die Beziehungen zu China in der letzten Zeit zu leiden gehabt haben, auf die persönlichen Zerwürfnisse zwischen Herrn Denny und dem chinesischen Residenten Yuan zurückzuführen seien.

Brandt.

Inhalt: Betreffend das Pamphlet des amerikanischen Ratgebers des Königs von Korea über die Beziehungen zwischen China und Korea. 1 Anlage.

---

30 A. 12161 und 12411 i. a. ehrerbietigst beigefügt.

Anlage zum Bericht A. № 271 von 27. September 1888.

The Chinese Times.

VOL. 11. № 99. Tientsin, Saturday, 22nd September, 1888.

Mr. Denny's Pamphlet.

WE do not intend, at present at least, to enter into any minute discussion upon the various issues-some much envenomed-raised in the pamphlet written by Mr. O. N. Denny, copies of which have been sparingly circulated, so that the *brochure* cannot yet be considered as a document before the public for consideration and debate. We have, however, seen a copy, and regret that Mr. Denny, impelled by anger, and reckless of consequences to the ruler he desires to serve, has committed the grave error of issuing such an inflammatory document.

In 1885 Mr. Denny, whose honourable career her and in Shanghai as Consular representative of the United States brought him into close contact with the Viceroy Li, for whom indeed he very frequently expressed not only high admiration but strong personal attachment, was invited to become advisor to the King and Government of Corea, and in July 1885 accepted the post. The choice appeared to be fortunate in all its circumstances, Yuen warmly approved, so that no fear of jealousy on the part of the Chinese Envoy existed. Mr. Denny was trusted by the Chinese Government, and had the support and amity of the Viceroy, and all foreign residents, including the representatives of Russia and Japan, welcomed it. Everything promised well.

Before Mr. Denny left Tientsin to take up his post in Seoul, he received short and plain instructions for his guidance from the Viceroy Li. Mr. Denny was the nominee of China to serve the Corean King and Government. He was to uphold the *status que* of Corea *vis-a-vis* to China; he was to advise the Corean Government and the Chinese Resident upon all matters that required reference to a Western counsellor; he was to promote sound progress, provided Corea could bear the charges and was ripe for the innovation, but was to avoid aught that would embarrass the feeble finances; he was to report to the Viceroy when necessary, and was to count on the help of China, which earnestly desired the welfare of her tributary.

Mr. Denny was received at Seoul by both the Court and Yuen with open arms, but ere long differences of opinion arose which ended in a bitter quarrel between him and the Chinese Envoy, a quarrel never since healed. From that time of the quarrel Mr. Denny, not finding the support he expected, has become estranged from Chinese interests, has renounced his former friendship for the Viceroy, has done all he could to induce Corea to break away from allegiance to China; finally, after many stormy incidents, and much pressure on the Viceroy, the dispute has become intensified, and Mr. Denny, to justify his courses, has issued the pamphlet to which we refer.

The *brochure*, which contains 30 pages, narrates briefly the circumstances of his appointment, complains of constant opposition from Chinese officials, accuses the Viceroy of failing to keep promises, and then in about 15 pages discusses and opposes the Chinese claim of suzerainty over Corea. We do not deem Mr. Denny's contention to be worthy of his legal reputation, as his arguments are in most cases not apposite to the question at issue, which has a firm historical basis. In our paper of the 8th inst. we reprinted a translation of the Manchu records, dealing with the story of the substitution of the Manchu suzerainty for that of the Mings, which existed previously, and in our paper of the 15th inst. we presented to our readers the impartial testimony of the Abbè Dallet, drawn from Corean archives, and which, as we have since found, are confirmed by Mr. Griffis, the latest historian of Corea. We also adduced the frank declarations of Corean officials to Mr. Oppert. These proofs of suzerainty, existing from ancient times till now unbroken, authoritatively confute Mr. Denny's references to Wheaton and others, and citations from Western international law, which do not apply to Chinese and Corean affairs even theoretically.

On page 16 Mr. Denny deals with the motives for sending Corean envoys to foreign States, and the injustice of the limitations made by the Peking Government. It is, however, now plain, even to the Corean Government, the missions were foolish in origin, and it is well that they proved abortive. Foreign nations, with but one serious exception, rather desire the *status quo* between China and Corea should endure than otherwise, while Corea has no foreign interests, even of a trivial kind, and the charges of the missions were a serious burden upon a bankrupt treasury. The missions were the result of unworthy intrigues, and it is well their failure has been ignominious.

In page 19 Mr. Denny begins to formulate a series of charges against Yuen, the Chinese Resident, all grave, and culmination in a passionate accusation of a complicated crime, involving treason, arson, and murder. We discuss the charges in their order.

As regards the seeming arrogance and oppressiveness of Yuen in his bearing towards the Corean King and Court, Mr. Denny may have much reason for his charges, and yet Yuen may have valid justifications. Yuen is a young man of much ability; hardy, fearless, ready to assume responsibility for his acts, and, what is rare among Chinese officials, willing, when occasion demands, to take the initiative. He had strong claims on the King. When, in the last bloody revolt, the King's Ministers were cut down, the King a prisoner and in fear of his life, and the Queen in hiding, with murderers searching for her and intending to kill her, Yuen summoned the Chinese troops, took prompt and skillful military action, saved both King and Queen, quelled the revolt, and averted anarchy. He counted, perhaps, on some grateful remembrance of his services, and for a time was highly favoured. All things went well between King, Government, and Resident till Mr. Denny appeared. Yuen then felt he was in disfavour, and for more than two years has bad to bear incessant opposition, studied affront, the hostile intrigues of the foreign adventurers who have wrought so much mischief in the feeble Court, and all signs of enmity of which malignant foes are capable. Small room for wonder that Yuen, a man of hot and fierce temper, has gradually become exasperated, and that for a long time there has been no semblance of goodwill and but little outward courtesy between Court and Resident.

In page 20 a charge of smuggling is stated, which may be true, as Chinese, whether in merchant vessels or warships, are prone to it. It is very common offence in China. The use of Yuen's seal, on the occasion referred to, might have occurred without his knowledge, and we can, knowing how fraudulent papers have been stamped here with genuine official seals, believe the fact and yet exculpate Yuen.

In page 21 and 22 Mr. Denny announces a grave charge of criminal and even murderous conspiracy of which Yuen is said to have been guilty, and with the complicity of the Viceroy Li. The nature of the charge is that a plot was formed to depose the King, and to confine or exile him, to declare as heir-apparent his nephew, and to carry on a long Regency under the Dai-in-Kun, who is father of the King. The plot narrated involved very serious crimes and, probably, much bloodshed.

We entirely disbelieve the story. When we first learnt the nature of Mr. Denny's specific charge we were disposed to consider there must have been some basis for it as concerned Yuen, and no doubt there were plots and counter plots, but subsequent inquiries, involving matters not et ripe for publication, as regards Yuen and the Viceroy, is unfounded. That either should have acted, as stated, is rather impossible than improbable. We dismiss the charge against Yuen, and, consequently, the Viceroy Li, as wholly unworthy of credence, even if only for one reason, which is all powerful with Chinese officials. The King of Corea is tributary and vassal, receives investiture from the Chinese Emperor-his suzerain-so that no Chinese official would for moment dare to give passive sanction much less active aid to any plot that would involve change or modification of the succession to the Corean Kingdom, as such a proceeding implies treason against the Dragon Throne. It will be recollected that in the Taiping and Nienfei rebellions scarcely an official, and not one man of rank, ever joined the revolters, an apposite fact deserving recall when debating Mr. Denny's statements. But in any case, if Yuen had allied himself to conspirators against the King, even without actual complicity in the definite crimes charged, and the Viceroy Li was suspected of siding with Yuen in a disloyal course, the King had ready to his hands a short, simple, and effective means of obtaining reparation for himself and the punishment of Yuen. That this means was not used, and that the charge was confided to Mr. Denny's care is, to us, ample proof of the baselessness of the accusation. The King by right, by historical prescription, could in the circumstances narrated by Mr. Denny, have memorialized the Emperor in the firm assurance that the charge would have been investigated, that justice would have been rendered promptly, and that the Court of Peking had, as always has been the case, the most benevolent regard for its vassal.

On page 25 Mr. Denny tells the failure of the Corean Government to obtain the Viceroy Li's sanction-a proof of the existence of suzerainty-to open Ping-an. Three ports are now open to trade, and for the closure of Ping-an, which is near the frontier, there are, we understand, political and strategic reasons affecting China as well as Corea, not necessary to discuss not. Mr. Denny shows by his protests that he is imperfectly acquainted with the subject. The rest of the book contains references to the general misconduct of Yuen, and vindicates the King from imputations of weakness and incapacity.

If the pamphlet was designed to promote the welfare of Corea it has signally failed. The publication, showing as it does unreasonable and violent animus, will be like the opening of Pandora's box. It will, we fear, precipitate the advent of questions, not yet ripe for settlement, questions whose solution, in the interests of humanity, had best be relegated to calmer times, because so full of explosive elements.

[ ]

PAAA_RZ201-018910_117 ff.			
Empfänger	Bismarck	Absender	Brandt
A. 15156 pr. 18. November 1888.		Peking, den 30. September 1888.	
Memo	mtg. 21. 11. London 899, Petersburg 426, Washington A. 95		

A. 15156 pr. 18. November 1888. a. m.

Peking, den 30. September 1888.

A. № 272.

Seiner Durchlaucht
dem Fürsten von Bismarck.

Der "London & China Express" vom 17. August enthält ein von dem koreanischen General-Konsul in New York, Herrn Everett Frazer, an dieses Blatt gerichtetes Schreiben über den Empfang des koreanischen Gesandten durch den Präsidenten Cleveland. Nach dieser Mitteilung ist der koreanische Gesandte Pak-chung-yang am 20. Dezember 1887 von dem Präsidenten im Beisein des Staats-Sekretärs Bayard und, auf koreanischer Seite, des Legations-Sekretär Dr. H. N. Allen und des Schreibers des Briefes empfangen worden, nachdem der Staats-Sekretair den Gesandten vorher am 17. Dezember gesehen hatte.

Bei der Audienz nahm der Präsident Cleveland aus den Händen des Gesandten das Beglaubigungsschreiben entgegen und übergab demselben dann seine Antwort, nachdem er dieselbe verlesen hatte. In diesem Schriftstück gab der Präsident den Gefühlen wärmster Achtung Ausdruck und beglückwünschte den Gesandten über seine Ankunft in Washington.

Herr Everett Frazer hat das diese Einzelheiten enthaltende schreiben an den Herausgeber des "London & China Express" gerichtet, um, wie er sagt, die irrtümlich, namentlich in England verbreitete Meinung richtigzustellen, daß die koreanische Gesandtschaft, welche sich nunmehr dauernd in Washington niedergelassen habe, nicht offiziell von dem Präsidenten empfangen worden sie.

Dieselbe Nummer des "London & China Express" veröffentlicht eine von dem Sekretär der koreanischen Gesandtschaft, wie man wohl hinzufügen darf, dem hauptsächlichsten Urheber der Entsendung koreanischer Gesandtschaften ins Ausland, Dr. Allen, einem Reporter des "New York Herald" gegenüber gemachte Mitteilung. Nach derselben will

Herr Allen sich mit verschiedenen New-Yorker Handelshäusern in Verbindung gesetzt haben, welche am dem Handel mit Korea stark beteiligt seien und glaubt, daß das Ergebnis seiner Bemühungen und der Besprechungen mit denselben für Korea von der größten Wichtigkeit sein, sowie dem Handel desselben mit den Vereinigten Staaten bedeutenden Aufschwung geben werde.

Kalifornische Kapitalisten würden, ebenfalls nach Herrn Allen, bereit sein, ihr Geld in den koreanischen Goldminen anzulegen; dieselben seien bereits bei der koreanischen Regierung um Konzessionen eingekommen und da ihre Vorschläge vorteilhaft und der Billigkeit entsprechend wären, sei alle Aussicht vorhanden, daß die Regierung denselben zustimmen werde und die Arbeiten bald beginnen dürften.

In politischer Beziehung äußert sich Herr Allen dahin, daß Rußland nicht umhin könne, die Unabhängigkeit Koreas zu schützen, da, falls China in Korea maßgebend werden sollte, dies der Unterwerfung des Landes unter englischen Einfluß gleichkommen würde, was den russischen Interessen nicht entsprechen könnte.

Das Pamphlet des amerikanischen Ratgebers des Königs von Korea, Denny, über welches ich wiederholt zu berichten die Ehre gehabt habe[31], ist, wie sich aus den hier eingetroffenen amerikanischen und englischen Zeitungen ergibt, gleichzeitig mit diesen Kundgebungen der Herren Everett Frazer und Allen in Amerika veröffentlicht worden. Es scheint sich also um eine förmliche Preßkampagne in Koreanischen Angelegenheiten zu handeln, die von Leuten ins Werk gesetzt worden ist und voraussichtlich fortgeführt werden dürfte, welche ein persönliches Interesse daran haben, für sich selbst und das Land, welchem sie ihre augenblickliche Stellung verdanken, Propaganda zu machen. Die Sache würde an und für sich wenig Bedeutung haben und voraussichtlich mit einem finanziellen Fiasko der koreanischen Regierung, herbeigeführt durch gewissenlose amerikanische Abenteurer und Spekulanten, endigen, wenn nicht einerseits an maßgebender Stelle in Washington die Bemühungen der Herren Denny, Allen und Konsorten Beachtung und Unterstützung fänden, und auf der anderen Seite zu befürchten stände, daß die chinesische Regierung sich diesem Gebahren gegenüber zu Unvorsichtigkeiten hinreißen lassen könnte, welche ernste politische Verwicklungen zur Folge haben dürften.

Zu welchen Entschlüssen die chinesische Regierung unter diesen Umständen greifen wird, läßt sich vor der Hand nicht bestimmen, für den Augenblick ist sie noch nicht über das Stadium einer gewissen Verblüffung über das amerikanische Vorgehen hinausgekommen.

Brandt.

---

31 Vorgänge bei A. 15155 mit heutiger Post.

Berlin, den 21. November 1888.

A. 15156.

An
die Botschaften in
1. London № 899
2. St. Petersburg № 426

Abschrift der Vorlage

cfr. 1042/89

Eurer p. übersende ich anbei ergebenst Abschrift eines Berichts des kaiserl. Gesandten in Peking vom 30. September d. J., betreffend amerikanische Beziehungen zu Korea,

ad. 2): zu Ihrer Information

ad. 1): zu Ihrer Information und mit der Ermächtigung, den Inhalt nach Ihrem Ermessen zu verwerten.

3) An Gesandten in Washington № A. 95

Ew. pp. übersende ich anbei Abschrift eines Berichts des kaiserl. Gesandten in Peking vom 30. September d. J., amerikanische Beziehungen zu Korea betreffend, mit dem Ersuchen, gef. berichten zu wollen, ob nach Ihren Ermittlungen die von dem "London & China Express" gebracht Mitteilungen de m Tatbestand entsprechen.

N. S. E.
i. m.

Erledigung der Audienzfrage Watters.

PAAA_RZ201-018910_125 ff.			
Empfänger	Bismarck	Absender	Krien
A. 15486 pr. 24. November 1888.		Söul, den 26. September 1888.	
Memo	J. № 485		

A. 15486 pr. 24. November 1888. a. m.

Söul, den 26. September 1888.

Kontrolle № 66

Seiner Durchlaucht
dem Fürsten von Bismarck.

Eurer Durchlaucht habe ich die Ehre im Anschluß an den ganz gehorsamsten Bericht № 59[32] vom 28. v. Mts., betreffend die Herrn Watters nicht erteilte Abschieds-Audienz, ebenmäßig zu melden, daß nach einer Mitteilung des hiesigen britischen Generalkonsulats-Verwesers derselbe vorgestern von Sir John Walsham ein Telegramm des Inhalts erhalten hat, daß seine Regierung die in der Note des Präsidenten Cho vom 3. v. Mts. gegebenen Erklärungen als befriedigend und den Vorfall als erledigt ansieht.

Eine Abschrift dieses Berichts sende ich an die Kaiserliche Gesandtschaft zu Peking.

Krien.

Inhalt: Erledigung der Audienzfrage Watters

32 A. 13825 i. a. ehrerbietigst beigefügt.

Nachrichten des "New York Herald" aus Korea betreffend.

PAAA_RZ201-018910_128 ff.			
Empfänger	Bismarck	Absender	Arco
A. 15560 pr. 25. November 1888.		Washington, den 12. November 1888.	
Memo	mitg. 26. 11. London 915, Peking A. 34		

A. 15560 pr. 25. November 1888. a. m.

Washington, den 12. November 1888.

№ 398.

Seiner Durchlaucht
dem Fürsten von Bismarck.

Der "New York Herald" bringt heute die Nachricht, daß der Judge Denny, welcher seit 1885 als eine Art Minister für die auswärtigen Angelegenheiten in Korea angestellt war, auf Andrängen der chinesischen Regierung entlassen werden soll, weil er in einem Briefe an den Senator Mitchel von Oregon dem chinesischen Vize-König Li-hung-chang die Absicht, den König von Korea zu ermorden, zugeschrieben habe.

Der "Herald" will auch in diplomatischen Kreisen erfahren haben, daß Denny den russischen Einfluß zum Schaden Chinas in Korea begünstigt habe. Auf dem State-Department hat man die Bestätigung der Entlassung Dennys noch nicht erhalten. Hiesige Blätter behaupten außerdem, daß China darauf bestehe, daß Korea die in Washington beglaubigte Mission zurückrufe.

Diese unbegründete Notiz scheint dem Wunsche nach Urlaub des hier schwer erkrankten Gesandten ihre Entstehung zu verdanken.

Daß China übrigens mit der Errichtung einer koreanischen Gesandtschaft in Washington keineswegs einverstanden war, habe ich die Ehre gehabt, Eurer Durchlaucht seinerzeit zu melden.

Graf Arco.

Inhalt: Nachrichten des "New York Herald" aus Korea betreffend.

Berlin, den 26. November 1888.

A. 15560.

An
die Botschaften in
1. London № 915
2. An Gesandten in Peking
A. 34

Abschrift der Vorlage.

Eurer p. übersende ich anbei ergebenst Abschrift eines Berichts des kaiserl. Gesandten in Washington vom 12. d. Mts., Nachrichten des "New York Herald" über koreanische Verhältnisse betreffend, zu Ihrer Information und mit der Ermächtigung, den Inhalt nach Ihrem Ermessen zu verwerten.

N. S. E.
i. m.
L 26. 11.

[ ]

PAAA_RZ201-018910_134			
Empfänger	Auswärtiges Amt in Berlin	Absender	[o. A.]
A. 16403, pr. 9. Dezember 1888. p. m.		[o. A.]	

A. 16403, pr. 9. Dezember 1888. p. m.

Hessische Zeitung vom 9. 12. 88.

Söul (Korea), 1. November. (Eigenbericht der "Voss. Ztg.") Herr Denny, der amerikanische Rathgeber des Königs, hat mit einem Briefe, der die Erklärung der Unabhängigkeit des Inselkönigreichs von China verlang und die chinesische Regierung heftig angreift, hier sehr viel Staub aufgewirbelt, ohne jedoch seine Absichten zu fördern. Vizekönig Li Hung Tschang hat bereits Denny's Entlassung vom Könige von Korea verlangt, und es ist nicht abzusehen, wie derselbe diesem Verlangen zu entsprechen sich weigern kann, da China dasselbe mit den Waffen zu unterstützen nicht zögern dürfte. Es besteht kein Zweifeln daran, daß Denny für die Losreißung Koreas von China im Interesse Rußlands agitirt, da Russland sowohl wie Japan die Oberheit Chinas über Korea nie anerkannt haben. Dieselbe besteht jedoch thatsächlich und ist von Korea wiederholt zugestanden worden. Als der amerikanische Marinebefehlshaber Schufeldt vor zwei Jahren zwischen den Vereinigten Staaten und Korea einen Vertrag abschloß, that er dies auf ausdrücklichen Wunsch des Vizekönigs Li, der selbst der Verfasser dieses Vertrags war, und dem gerade daran lag Korea behufs Entwicklung seiner Hilfsquellen dem Verkehr mit den Völkerschaften des Westens zu erschließen. In diesem Vertage ist die Oberhoheit Chinas über Korea besonders hervorgehoben worden und Korea hat in Wirklichkeit nie seine Unabhängigkeit vom chinesischen Reiche durchzuführen gewagt. Denny stand früher im Dienste Vizekönigs Li's, nachdem er von dem amerikanischen Generalkonsulat in Schanghai, das dem ehrgeizigen Politiker 1881 vom Präsidenten der Union verliehen, zurückgetreten war. Er wurde gerade im Interesse China's von Li dem Könige von Korea als Rathgeber bestellt, nachdem Herr von Möllendorff abberufen worden war, und galt zuerst als pflichttreuer Diener der chinesischen Regierung. In Söul scheint er jedoch bald russischen Einflüsterungen Gehör geschenkt und gegen China seinen Einfluß geltend gemacht zu haben. Ich kenne Denny, der jetzt im 56. Lebensjahre steht, schon seit zehn Jahren. Präsident Grant schickte ihn i. z. als Konsul nach Tientsin, so daß er schon lange in Ostasien thätig und mit allen Verhältnissen gut vertraut ist. Ein geborener Politiker leistete er der republikanischen Partei in Amerika im Staate Oregon gute Dienste, wurde dafür mit einer fetten Steureinnehmerstelle belohnt, und war später auch Richter im selben Staate. Er ist ein unruhiger Geist, intrigant, strebsüchtig und hat stets nur sein eigenstes Interesse im Auge. Allerdings giebt er hier jetzt vor, er sei zu der Ueberzeugung gelangt, daß eine freundschaftliche Anlehnung an Rußland (das schon lange ein lüsternes Auge auf Korea geworfen hat) die beste Politik für Korea sei, und es im Interesse der Entwicklung des Staates läge, sich der chinesischen Unterthänigkeit zu entziehen. Allein darüber herrscht bloß eine Stimme, das Herr Denny aus freien Stücken nicht diese Ansicht gewonnen, sondern heimlich in russische Dienste getreten sei, seinen Einfluß über den schwachen König zu Gunsten Rußlands, dem er an der nördlichen Grenze Koreas wichtige Handelsvorteile verschafft hat, geltend zu machen. Dennoch war diese offene Befeindung Chinas seitens Denny's ein großer Fehler, denn Korea ist augenblicklich nicht in der Lage, einen Krieg mit China wagen zu dürfen, und obwohl die Beziehungen Rußlands und Chinas gespannt sind, würde Rußland sich wohl hüten, dem König von Korea bei Ausbruch eines Streites mit China jetzt beizustehen. Zudem ist die koreanische Armee schlecht geschult, und soll erst jetzt durch so eben angelangte amerikanische Offiziere für die Kriegführung der Neuzeit ausgebildet werden. Wie die Dinge jetzt liegen, wird wahrscheinlich Denny dem Wunsche Vizekönig Li's willfahren und selbst das Feld räumen müssen. Es verlautet, daß Li auch die koreanische Gesandtschaft von Washington abberufen will. Als Denny's Nachfolger wird der hiesige amerikanische Gesandte Dinsmore genannt.

Konsulatsbericht betreffend das Auswärtige Amt in Korea.

PAAA_RZ201-018910_136 f.			
Empfänger	Bismarck	Absender	Kusserow
A. 16498 pr. 11. Dezember 1888. a. m.		Hamburg, den 8. Dezember 1888.	

A. 16498 pr. 11. Dezember 1888. a. m. 1 Anl.

Hamburg, den 8. Dezember 1888.

№ 182.

Seiner Durchlaucht
dem Fürsten von Bismarck.

Eurer Durchlaucht beehre ich mich mit Bezug auf den hohen Erlaß № 263[33] vom 15. v. M. den Bericht des Verwesers des kaiserlichen Konsulats in Söul vom 12. September d. J., betreffend den Rücktritt des Präsidenten des koreanischen Auswärtigen Amtes nach Kenntnisnahme und vertraulicher Verwertung hierneben gehorsamst zurückzureichen.

Kusserow.

Inhalt: Konsulatsbericht betreffend das Auswärtige Amt in Korea. 1 Anlage.

33 i. a. gehors. beigefügt.

Betreffend Zustände in Korea, Rechtfertigungsschreiben Mr. Dennys.

PAAA_RZ201-018910_140 ff.			
Empfänger	Bismarck	Absender	Brandt
A. 16764 pr. 15. Dezember 1888.		Peking, den 29. Oktober 1888.	
Memo	mitg. 15. 12. London 980, Petersburg 459, Washington A. № 104, orig. Hamburg 294		

A. 16764 pr. 15. Dezember 1888. a. m. 1 Anl.

Peking, den 29. Oktober 1888.

A. № 308.

Seiner Durchlaucht
dem Fürsten von Bismarck.

Eurer Durchlaucht habe ich die Ehre in der Anlage ganz gehorsamst einen in de "Tientsin China Times" vom 27. Oktober veröffentlichten Brief Mr. Dennys, des Ratgebers des Königs von Korea, zu überreichen, welchen derselbe an den Herausgeber dieser Zeitung als Antwort auf eine nicht gerade wohlwollende Kritik seines Hochdenselben bekannten Pamphlets „China und Corea" gerichtet hat.

Herr Denny wiederholt in diesem Schreiben seine in der erwähnten Schrift aufgestellte Behauptung, daß er nur durch das Verhalten des chinesischen Residenten in Söul und die demselben zuteil gewordene Unterstützung Li-hung-changs in einen scheinbaren Widerspruch zu China gedrängt worden sie, in welchem auch er noch immer die beste Stütze Koreas sehe.

Der schlechte Eindruck, welchen das vorerwähnte Pamphlet in allen Kreisen in Peking hervorgebracht hat, wird durch dieses neueste Opus des Herrn Denny kaum abgeschwächt werden.

Inzwischen ist in Korea insofern eine Veränderung eingetreten, als die nach Europa entsandte Gesandtschaft, welche bekanntlich nur bis nach Hongkong gekommen war, von dort am 15. Oktober auf dem chinesischen Kauffahrtei-Dampfer Kang-chi nach Chemulpo zurückgekehrt ist, sämtliche Mitglieder derselben, mit Ausnahme des Gesandten selbst, als Zwischendecks-Passagiere.

Nach einem bis jetzt unverbürgten Gerücht würde auch die koreanische Gesandtschaft in Washington abberufen worden sein, und die Rückkehr des Prinzen Min-yong-ik, welcher sich ebenfalls seit längerer Zeit in Hongkong aufgehalten hat, nach Söul bevorstehen.

Jedenfalls hat der General-Gouverneur Li-hung-chang vor wenigen Tagen dem Legations-Sekretär Freiherrn von Ketteler erklärt, daß keine Besorgnisse für Ruhestörungen in Korea vorhanden sein.

Brandt.

Inhalt: Betreffend Zustände in Korea, Rechtfertigungsschreiben Mr. Dennys.

Anlage zum Bericht A. Nr. 308 vom 29. Oktober 1888.

China and Corea

We print below a letter from Mr. O. N. Denny, Adviser to the Corean King, dated Seoul, 12th instant. The letter, which is written in a candid spirit, throws much light on a long series of complications and political and personal intrigues carried on between the various parties contending for ascendancy, and by the help of Mr. Denny's elucidations, we now have a much more complete understanding of matters than before. But, with all respect to Mr. Denny, whose perfect integrity throughout we have always recognized, it seems plain to us that Yuen, whether right or wrong, has much to say also, and no doubt his despatches to the Viceroy Li explain many occurrences that appear base or treacherous to Mr. Denny:

SIR, - Permit me to call your attention to a few of the errors and misleading statements made with reference to myself in *The Chinese Times*' reader of September 22nd, In the first place, however warmly, as you say, Yuen may have approved of my selection when the subject was first broached, certain it is that, at the time of my arrival in Seoul, and for some time prior there - so I was informed by nearly every foreign representative here - he openly resented my coming, as he claimed to be King's Adviser himself, and that my services were not needed, Upon one occasion, when he was harping upon the subject in the presence of one of the foreign representatives, he was reminded in a kind but candid way that I came to advise the King and Government on matters which he is ignorant of, when the astute Yuen replied that he could take advice of him (the representative), then warm it over, and give it to His Majesty. About the only offer of assistance or co-operation on the part of Yuen that I now remember to have ever received from him, came soon after reaching Seoul, which was to *intercede* with the King to have my official status fixed as Legal Advisor to the Foreign Office. But, as I had already learned that the President of that department was the abject slave of Yuen, either through fear or hope of reward, I declined the honour, great as it was, of becoming virtually the Advisor to the Chinese Legation. From that time on, his opposition, vilification, and slander, has been on the increase. Notwithstanding this, I continued to hold friendly intercourse with him until I discovered his murderous plot to dethrone and *destroy* the King, when I broke off all communication with him, as every one who loves peace and loathes crime ought to do. Then it was that he reported that the reason I did not like him was because he prevented me from becoming King or Prime Minister, I do not now quite remember which. You are, therefore, in error when you say there was no jealousy on Yuen's part, or that he received me with "open arms." The character of the people be thus receives, I am sure you would not associate with. You are also in error when you say that "long differences of opinion arose which ended in a bitter quarrel." It was only *one* deadly plot of his that caused the breach, viz., the destruction of the King and his government. Neither is it true that I was "the nominee of China" to serve the Corean King. The Viceroy informed me, upon my arrival in Tientsin, that the King have requested *him* to procure the services of a competent person to enter His Majesty's service as Advisor, he had, on account of his long friendship and his confidence in my knowledge of public affairs, invited me to the port; and before leaving to take up the line of my duties I had, as I supposed, a clear understanding, not "instruction for my guidance," as to the policy to be pursued. I was "to uphold the *status quo* of Corea *vis-a-vis* to China," if you please. I was "to advise the Corean Government upon all matters that required reference to a Western Councellor," and to consult with the Chinese Resident the same as with the Japanese, American, Russian and British Residents. I was "to promote sound progress and avoid aught that would embarrass the feeble finances" of the state. And I was to maintain and defend as best I could the sovereign rights of the Corean King and Government, and *especially* was I enjoined by the Viceroy that, as China was responsible for peace and good order in Corea, to be vigilant on the suppression of intrigues, conspiracies, and lawlessness of every character, and in all things when "necessary" I was to report to the Viceroy, and *I have kept the faith pledged*. But in doing so I regret that I have been compelled to hold up to the public gaze a lawless character, whose ruling passion is murderous plots, smuggling, etc. The Viceroy no doubt sees and recognizes the picture. It is true that in all of my efforts in the matters enumerated I was to count on the Viceroy's help, who earnestly, as I supposed, desired the welfare of China's tributary. But I counted on a broken reed, for so far as receiving any assistance or encouragement from the Chung Tang as far as he was concerned, I might just as well have appealed to the moon. But notwithstanding the Viceroy's utter callousness concerning his promises to me, it is not true that I have "renounced my former friendship for him;" neither is it true that I have "become estranged from Chinese interests." Only loyalty to the King, whose paid servant I am, has made it necessary for me to oppose their blind folly, as shown in their treatment of Corea; nor is it true that I have "done all I could to induce Corea to break away from allegiance to China." On the contrary, since I came here I have advised, and still advise Corea to look to China as in the past for friendly advice and assistance, which you must know if you have read the pamphlet under criticism, for at page 5 my convictions are clearly fore-shadowed. I do see, however claim any especial merit for this course, as it appeared to be my plain duty in trying to serve the best interests of this government. But, notwithstanding my advice to Corea to stand by her ancient moorings, yet through the criminal and brutal conduct of China's representative more or less distrust as to China's friendship and good intentions toward the King and his country has crept into and now disturbs the mind of His Majesty. It was to prevent the breach from becoming irreparable between the two governments, as well as to warn innocent people whose lives and property were being jeopardised, and trifled with, after exhausting every effort of a private character, *as you have ample reason to believe*, that I issued the pamphlet, and if one account of this fact I am to be accused of estrangement from Chinese interests, and of a renunciation of my former friendship for the Viceroy, then I much prefer to stand in the shoes of the accused rather than in those of the accuser. Perhaps the estrangement and renunciation referred to is assumed for me on account of something the Viceroy [*sic.*] done since I sent him the pamphlet [*sic.*] Editor, I bear no ill-will against the Viceroy or his government. As neither are responsible for China's ridiculous attitude towards this unfortunate little country, when the final "round up" takes place on the "Corean question, even you will have no cause to cast aspersions on my motives or conduct, for you shall then see that I am a better friend to both China and the Viceroy than some of those who flit around the Vice-regal candle ever ready to tickle His Excellency in the line of his desires, in order to invite a smile instead of telling him disagreeable truths at the risk of a frown accompanied perhaps with something more disagreeable. In the history of our friendly intercourse, the Viceroy, I believe, has never accused me of a want of candour, for no matter how unpalatable the truth has been I have always frankly told it to him, and the Corean business is no exception to the rule. In the past, in addition to the many legal and public questions the Viceroy has consulted me upon, I have rendered some important services, which he has acknowledged in a most cordial way, one of which, at least, I was about the only one in a position to render, and which freed him from annoying assaults of enemies in his own camp, so far at least as the particular thing in question was concerned. Those services were given the Viceroy as free as the wind, for I was always glad of an opportunity to assist him in any way I could, not because of his profound friendship for any foreigner, as in my opinion that has never existed, but because I believed him to be and still believe him to be a patriotic statesman, always on the alert to serve his country to the best advantage, and for that reason the official above all others to whom foreigners have to look for the introduction into China of those reforms and appliances which have contributed so much to the advancement of Western civilization. Perhaps, under these circumstances, it is hardly in place for me to refer to them, or to ask what the Viceroy has ever done in return for the kindness rendered him. If so, please set it down on the weak side of human nature, and let me tell you that about the only thing was to invite me to Corea, where my throat has been in jeopardy more than once perhaps, through the perfidious conduct of his *protege*, - an invitation I have never regretted having accepted but once, and that is from the time I turned my lace towards the East to accept it until the present moment. I have understood the Viceroy is angry with me on account of my public criticism of his own course as well as Yuen's villainous conduct in Corea. If this should prove to be so, it will only confirm the opinion expressed above, and will show the Viceroy's friendships to be only ropes of sand, to go to pieces whenever selfish and ignoble schemes come against them. Now, Mr. Editor, I have written you thus at length in order to correct some of the many misstatements already alluded to, and to leave your mind in an easier frame than it seems to be at present. In conclusion I beg also to remind you that, as a "*very* cautious journalist," you are too far from Corea to speak as positively as you do on matters concerning which you are entirely in the dark.

Sincerely yours,
O. N. DENNY.

Seoul, Corea, 12th October, 1888.

Berlin, den 15. Dezember 1888.

A. 16764.

An
die Botschaften in
1. London № 780
2. St. Petersburg № 459
3. Gesandtschaft Washington № A. 104
4. An Gesandtschaft
N. d. S. Hamburg: № 294.

Vertraulich!

cfr. A. 6427

bzf. Vorlage nebst Anlage (orig.) nach Entfernung der Bleistiftänderungen.

Eurer p. übersende ich anbei ergebenst Abschrift eines Berichts des kaiserl. Gesandten in Peking vom 29. Oktober d. J., betreffend die Zustände in Korea,
ad. 1 zu Ihrer Information
ad. 2 zu Ihrer vertraulichen Information

Ew. pp. übersende ich….
Abschrift der Vorlage ohne Anlage unter Berücksichtigung der Änderungen.
ich anbei erg. unter Rückerbittung einen Bericht des kaiserl. Gesandten in Peking vom 29. Oktober d. J., betreffend die Zustände in Korea, nebst Anlage zu Ihrer Information und weiterer Veranlassung nach Maßgabe des Erlasses vom 4. März 1885.

N. d. H. U. St. S.
i. m.
L. 15. 12.

Betreffend die Forderung des Königs von Korea auf Abberufung des chinesischen Residenten Yuan.

PAAA_RZ201-018910_147 ff.			
Empfänger	Bismarck	Absender	Brandt
A. 17275 pr. 24. Dezember 1888.		Peking, den 7. November 1888.	
Memo	mitg. 24. 12. London 1009, Petersburg 469		

A. 17275 pr. 24. Dezember 1888. a. m.

Peking, den 7. November 1888.

A. № 321.
vertraulich

Seiner Durchlaucht
dem Fürsten von Bismarck.

Nach mir aus Tientsin zugehender, aus zuverlässiger Quelle stammenden Nachrichten hat der König von Korea an den mit der Leitung der koreanischen Angelegenheiten von chinesischer Seite beauftragten General-Gouverneur Li-hung-chang ein Schreiben gerichtet, in welchem er kategorisch die Abberufung des chinesischen Residenten Yuan verlangt und, falls seinem Ersuchen nicht sofort Folge gegeben werde, die Wiederholung seines Verlangens direkt bei dem Kaiser in Aussicht stellt. Das Schreiben des Königs wiederholt alle Anschuldigungen und Beweise gegen Yuan, welche in dem Eurer Durchlaucht bekannten Pamphlet von Denny[34] gegen denselben vorgebracht worden waren, und begründet das Verlangen der Abberufung desselben auf die Bestimmungen des Vertrages mit China von 1882, nach welchem beiden Ländern das Recht zustehe, wegen der Abberufung von Beamten vorstellig zu werden, deren Verhalten zu berechtigten Ausstellungen Veranlassung gebe.

Diese letztere Bestimmung ist in Artikel 1 des chinesisch-koreanischen Vertrages von 1882 enthalten (*cfr. Bericht A. № 78*[35] vom 3. Dezember 1882, Anl. 1)

Man erwartet in Tientsin erregte Diskussionen und vielleicht auch Unruhen in Söul. Der früher durch Li-hung-chang in Korea verwendete P. G. von Möllendorff soll bei den

---

34 Anl. zu A. 13808 i. a. ehrerbietigst beigefügt.

35 II 2531 de 82 i. a. ehrerbietigst beigefügt.

Aufdeckungen über Yuans Verhalten ebenfalls stark kompromittiert sein, doch fehlen mir darüber alle Einzelheiten.

Brandt

Inhalt: Betreffend die Forderung des Königs von Korea auf Abberufung des chinesischen Residenten Yuan.

Berlin, den 24. Dezember 1888.

A. 17275.

An
die Botschaften in
1. London № 1009
2. St. Petersburg № 469

Vertraulich!

Abschrift der Vorlage
unter Berücksichtigung der
Änderungen.

Eurer p. übersende ich anbei ergebenst Abschrift eines Berichts der kaiserl. Gesandten in Peking, vom 7 v. Mts. betreffend die seitens des Königs von Korea verlangte Abberufung des chinesischen Residenten in Söul,
ad 2) zu Ihrer vertraulichen Information.

---

ad 1) zu Ihrer Information und mit der Ermächtigung, den Inhalt nach Ihrem Ermessen vertraulich zu verwerten.

N. d. H. U. St. S.
i. m.
L. 24. 12.

[ ]

PAAA_RZ201-018910_152 f.			
Empfänger	Bismarck	Absender	Brandt
A. 17596 pr. 31. Dezember 1888.		Peking, den 16. November 1888.	
Memo	Mitg. 31. 12. London 1040		

A. 17596 pr. 31. Dezember 1888. a. m.

Peking, den 16. November 1888.

A. № 340.

Seiner Durchlaucht
dem Fürsten von Bismarck

Eurer Durchlaucht beehre ich mich ganz gehorsamst zu melden, daß die in meinem Bericht A. № 308[36] vom 29. Oktober d. j. erwähnte Nachricht, daß die für Europa entsandte koreanische Gesandtschaft von Hongkong nach Söul zurückgekehrt sei, sich nur so weit bestätigt hat, daß ein Teil des Personals die Rückkehr angetreten hat, der Gesandte selbst aber in Hongkong zurückgeblieben sein soll. Die von mir gegebene Nachricht war mir aus Korea direkt zugegangen und hatte auch in der "China Times" Aufnahme gefunden. Wenn, wie es jetzt heißt, ein Teil des Personals nach Korea zurückgekehrt wäre, um Gelder für die Reise der Gesandtschaft nach Europa flüssig zu machen, so dürfte dies ein voraussichtlich vergeblicher Versuch sein, denn selbst die fremden Angestellten in Korea sollen seit mehreren Monaten kein Gehalt erhalten haben.

Brandt.

36 A. 16764 orig. 15. 12 nach Hamburg gesandt, cop. ehrerbietigst beigefügt.

Berlin, den 31. Dezember 1888.

A. 17596.

An die Botschaft in
1. London № 1040

Abschrift der Vorlage.

Eurer p übersende ich im Anschluß an den Erlaß vom 15. d. M. - № 980 - anbei ergebenst Abschrift eines Berichts des kaiserl. Gesandten in Peking vom 16. v. M., betreffend die Zustände in Korea, zu Ihrer Information.

N. S. E
i. m.

Betreffend die Zustände in Korea.

PAAA_RZ201-018910_156 f.			
Empfänger	Bismarck	Absender	Brandt
A. 325 pr. 7. Januar 1889. a. m.		Peking den 21. November 1888.	
Memo	mitg. 15. 1. nach London 45, Petersburg 35, Hamburg 13		

A. 325 pr. 7. Januar 1889. a. m. 1 Anl.

Peking den 21. November 1888.

A. № 344.

Seiner Durchlaucht
dem Fürsten von Bismarck.

Eurer Durchlaucht habe die die Ehre in der Anlage einen der "Tientsin Chinese Times" vom 17. November entnommenen Artikel, betreffend die Zustände in Korea, ganz gehorsamst zu überreichen. Es ist bezeichnend, daß dieses Blatt, welches stets die chinesischen Ansprüche auf die Oberhoheit über Korea auf das schärfste vertreten hat und im allgemeinen als die Ansichten aus der Umgebung das General-Gouverneurs Li-hung-chang wiedergebend angesehen wurde, jetzt selbst die Abberufung des chinesischen Residenten Yuan als zur Erhaltung der Ruhe in Korea durchaus notwendig fordert.

Brandt.

Inhalt: Betreffend die Zustände in Korea.

Anlage zum Bericht A. № 344 vom 21. November 1888.

The Chinese Times.

VOL. 11. № 107] Tientsin, Saturday, 17th November, 1888.

Corean Affairs.

THE accounts received during the past week from Seoul apparently indicate that, although the Corean King and Government still move in the course whose ultimate result will be disruption of the time-worn bonds of Chinese suzerainty, yet the progress is slow if steady. At the moment the chief question in debate is the position of Yuen, the Chinese Resident. Nearly a month ago the Corean King, acting upon sound advice, and according to the usages common to all countries that have diplomatic intercourse with other nations, also in accordance, if the matter is viewed in other lights, with the privileges of both the independent and mediatised states of India, demanded the recall of Yuen. The despatch was addressed to H. E. the Viceroy Li, but it is reported that the request was accompanied by a clear intimation that if the Viceroy did not grant the desires of the King, a petition would be sent, as a second step, to the Emperor, and that in any case the Corean Government would distinctly refuse to continue diplomatic intercourse with the obnoxious Envoy.

It is said that, in reply, an intimation was given to the Corean Court that Yuen would be withdrawn when Mr. O. N. Denny ceased to hold office in Seoul, and departed from the country. This reply, if our information is correct, fails to meet the case, as we shall now proceed to show.

Though we do not altogether agree with Mr. Denny in his fierce accusations, we admit that to Western eyes the behaviour of Yuen has often appeared intolerable. Yet it is said, on testimony which cannot be entirely put aside that he has been as much sinned against as sinning. At any rate his superiors, here and in Peking, after requiring the fullest explanations from him, profess to be satisfied, and at the end of his term of office, when he might have been recalled without discredit to himself, or reproach of weakness to the Chinese Government, he was confirmed in his old post by the Viceroy with the approval of the Yamên; and that, too, in the face of the fact that there is an influential party in Peking holding opinions about Corea antagonistic to those of the Viceroy. It is plain, therefore, that Yuen, when called upon to account for his actions, satisfied his judges, some of whom had a strong bias against both him and his patron, the Viceroy.

Taking the very definite charges of Mr. Denny against Yuen, and believing thoroughly that Mr. Denny, according to his lights, has made them with ardent good faith, we are forced to two conclusions when we regard the official judgements of Tientsin and Peking. It is admitted that Yuen was engaged in both plots and counter-plots, that he had eager partisans and relentless enemies. Also, that owing to the incertitude of Chinese foreign policy, which since the close of the recent war has been more opportunist than ever before, he had to trust to himself and act on his own responsibility, and that, considering the burden of cares upon him, his dangers, his liabilities, and his inability to comprehend the forces that make for unrest, change, and the separation of Corea form China, he endeavoured to cope with the dangerous and ever greatening complications by traditional Oriental methods. And it must be said, too, that the Viceroy Li and the members of the Peking Yamên judge Yuen, an Oriental, by their native and not by Western standards.

Conceding that (provided better proof is given of Yuen's grave misdoings than has yet been rendered) it will not be possible to deny that he has become a very unfit representative of Imperial China, while urging, as we do at the same time, that his position has been surrounded from the outset of his career in Seoul with difficulty, and that he was forced to maintain himself by the means open to him, often of a very questionable character, it is plain that, as long as China insists upon retaining Yuen as her Envoy at Seoul, the breach between him and the King and Government being hopelessly irreparable, the interests of China, vast as they are and vital to the Empire, will go on from bad to worse. In effect, China has had no representation on Corea for at least a year past, and in the meantime political ferments have been going on at a great rate.

We may leave out for the present any discussion of the primary facts of the case, as to whether, all things being considered, China is essentially in the right or in the wrong in her attitude towards Corea since the first foreign treaty was arranged by Commodore Shufeldt. But, as the subordination of Corea is essential to China, and, on the other hand, Corea, if unable to stand alone, as probably is the case, can be sure of making terms with Russia or Japan, it is to be regretted that Yuen, whether he has partial or entire justification for his acts, was not replaced by some other Chinese representative when recall could have been made without loss of dignity to the Imperial Government, which now resents the demand of the Corean King as a visible sign of pressure. After what has occurred, it now is vain to expect that Yuen can ever again have good relations with the Corean Court, unless indeed the King should be deposed and replaced by his sworn enemy, the Dai-in-kun.

As far as can be ascertained-and with the imperfect information we have it is necessary to speak with all reserves-the present unfortunate and dangerous relations between Corea and China, her suzerain, have been but slightly influenced by foreign intrigue. There have been some unscrupulous foreign mercenaries who had, unfortunately, access for a while to the Corean Court, but these people, whose ends were jobbing contracts and commissions, are now in discredit, so much so that their powers for mischief have been nullified. With these persons Mr. Denny has had no part, and cannot be held responsible for their vulgar and offensive imprudences. The real forces at work for disruption are the external influences that have begun to act upon the little Kingdom, which influences would, in any case, unless sagaciously directed by suitable policy, lead toward divergence from China. There is a party, led by the King, which seeks for emancipation from Chinese domination, for independence, and approximation to the West. Another party, also desiring change, requires alliance with Russia. A third wishes to lean upon Japan, while the sincerity of the fourth, the ultra-conservatives, who ostensibly hold on to China under the leadership of the Dai-in-kun, is now held to be doubtful. The small infusion of the modern spirit from Japan is in fermentation, and this fact, assisted as it is by the ethnic aspirations of an ancient and tenacious people, has not been and perhaps cannot well be comprehended by the Imperial Government; and Yuen, unfortunately for himself and his employers, has never ascertained the truth about his environments.

We hope that as great issues are involved, the Imperial Government will frankly accept the real position, recall Yuen before the threatened explosion takes place, and substitute for him a new and acceptable envoy. If the Imperial Government, which is the best judge of its servants' acts, absolves Yuen from the grave and persistent accusations publicly made against him, other and more suitable employment for a man who probably has done his best to maintain the legal right of the Empire over an insubordinate tributary nation could easily be found, so that, provided he really has the confidence of his superiors, no real injury would be done to him. By reason of the shifty and ambiguous conduct of the Chinese Government, and the inability or reluctance to adopt a clearly defined policy, the task of China when the time comes for her to choose whether she will resist or acquiesce in the evident course of affairs, tending as they are to disruption, will be very hard. It is absolutely necessary that the Empire should for overpowering strategic and political reasons retain a firm hold over Corea, not only for the safety of Manchuria but for the sake of Northern China. Yet the persistent action of Yuen, approved by the Imperial Government, has dangerously weakened the liens between the two nations, and if he is still retained in Seoul, in spite of the repeated protests of the King, who nearly a year ago pleaded that Yuen should be withdrawn, it is certain that before long the movement for separation from China and Chinese influences will be so strong as to force the King to take definite action.

We have not concurred in the acts of Mr. Denny, and believe that if he had not at the outset of his Corean career made amicable relations with Yuen impossible, but had been more of a calm adviser than zealous partisan influenced by feelings of enmity towards a man, faulty no doubt, but still with valid reasons for conduct that commended themselves to his masters, that affairs would not have come to their present dismal pass, boding all manner of evil to Corea, and causing the most painful and well founded anxiety to the states men of China. But the evil has been done, and the Imperial Rulers and their servant Yuen have to bear the principal responsibility for the turn events are now taking. If a crisis arrives, and China should arouse herself to act-and inaction, considering visible consequences, will be treason to the Empire-there is Russia to deal with at the North, and the eager and anxious Empire of Japan, whose interests in Corea and its external relations are ancient and real, must also be considered. At one time solutions for all the difficult questions were provided, but the fatal opportunism of the men of the Empire refused to take the action pressed on them by unanswerable arguments.

A reversal of policy will now be forced upon China, and, unpleasant as is the rebuff, it cannot be evaded. If China desires to have an actual representation at Seoul she must quickly replace Yuen by a man of higher rank, more experience of external affairs and their subtle influences, more enlightened and less truculent methods of diplomatic action and personal conduct, and must radically change her policy towards her tributary. The Corean Court, after its few years of not always edifying experiences of the different foreign Ministers and Residents at Seoul, now fairly knows what is due to it.

And the sooner the danger is faced the better for all the many interests concerned, as the foreign complications now intermingled in the imbroglio are increasing, and may easily become critical. An amicable solution, that might be permanent and satisfactory, may still be possible, but the time of grace that will permit it must be short, and any ill-advised and precipitate action, such as now seems likely to occur, as the Imperial Government is apparently disposed to continue its old and unfortunate course, will inflame the dangerous elements.

Russia is not acting in Corea against China, but especially since Mr. Ladigensky made his understanding with the Viceroy, is regarding the evolutionary processes passively. Russia certainly has great concerns in the Corean future, if only on account of the long stretch of Pacific shore, open waters and fine harbours, but whatever may be in the minds of the Muscovite statesmen as regards the ultimate objective when times are ripe, the more pressing questions of Europe, Turkey, Persia, and Afghanistan take precedence, and absorb the entire attention of the Czar's Government. Russia has her hands full, and it is not likely will do anything for a long while to disturb the traditional relations between

Corea and China; but, on the other hand, has no reasons for endeavouring to retard the plain course events are taking. If in case of further logical and not improbable developments, China, for instance, should send an armed force to occupy Seoul, it is possible Russia may, even unwillingly, take some corresponding action; and in such case Japan, whose interests are almost as urgent as those of China, will not remain passive. The possibilities that might arise from overt action on the part of China should, therefore, be weighed carefully and provided for.

We trust, however, that the Imperial Government, which may yet have opportunity for mastering the situation, will take calm and amicable action, so that by a radical change of policy, and intelligent and not unsympathetic recognition of the evolutionary forces that are at work, the reasonable aspirations of a King of ancient dynasty and a people with a not inglorious history, and-above all-the enormous and vital Imperial interests at stake, the dissensions and divergences of the past few years will be obliterated, so that Corea once more and for good shall become the contented and faithful tributary and bulwark of the Chinese Empire.

Auszug aus "The Chinese Times" vom 17. 11. 88.

Die brennende Frage in Korea ist die Abberufung des chinesischen Residenten Yuen. Herr Denny, der Leiter des koreanischen "Foreign Office" hat dieselbe ausdrücklich bei dem General-Gouverneur und Vize-König Li-hung-chang beantragt, mit der Drohung, sich nötigenfalls an den Kaiser zu wenden. Wenn auch die von Denny gegen den chinesischen Vertreter erhobenen Vorwürfe nicht alle zutreffend sind, so muß man im Interesse des chinesischen Einflusses in Korea doch der Abberufung Yuens zustimmen. Korea ist nicht selbstständig und bedarf der Anlehnung; auch sind im Lande selbst Strömungen für einen engeren Anschluß an andere größere Mächte vorhanden. Der Verdacht, daß eine der beiden zunächst interessierten Nationen - Rußland und Japan - ihren Einfluß gegen China geltend gemacht hätte, liegt nahe; derselbe ist indessen nur in unbedeutendem Maße gerechtfertigt. Rußland sieht der Entwicklung der Dinge in Korea ruhig zu; um selbst tätig vorzugehen, ist es mit der türkischen, persischen und afghanischen Frage zu sehr beschäftigt. Jedenfalls aber würde es. falls China beispielsweise Truppen zur Besetzung von Söul entsenden wollte, nicht stillschweigen, und ebensowenig würde Japan passiv bleiben. Die chinesische Regierung muß daher unter allen Umständen friedlich ihren Einfluß in Korea wiederherstellen, und das Mittel dazu ist der Abberufung Yuens vorhanden.

Betreffend die Verhandlungen über die Abberufung des chinesischen Residenten Yuan von Söul.

PAAA_RZ201-018910_166 ff.			
Empfänger	Bismarck	Absender	Brandt
A. 601 pr. 12. Januar 1889.		Peking, den 24. November 1888.	
Memo	B. London vertr. mitt., B. Petersburg vertr., Ges. Hamburg vertr. mitt. mitg. 12. 1. n. London 34, Petersburg 28, Hamburg 11		

A. 601 pr. 12. Januar 1889. a. m.

Peking, den 24. November 1888.

A. № 347.

Seiner Durchlaucht
dem Fürsten von Bismarck.

Li-hung-chang und auch das Tsungli-Yamen haben auf das Verlangen des Königs von Korea nach der Abberufung des chinesischen Minister-Residenten Yuan mit der Forderung geantwortet, daß der amerikanische Ratgeber des Königs, Denny, zu gleicher Zeit entlassen werden solle. Die Lösung der Frage ist dadurch wieder wesentlich erschwert worden, aber ich glaube trotzdem annehmen zu dürfen, daß in der nächsten Zeit eine Veränderung in der Person des chinesischen Residenten in Söul eintreten wird. Die bis jetzt als seine eventuellen Nachfolger bezeichneten Persönlichkeiten, ein Taotai in Tientsin und ein früherer Sekretär der chinesischen Gesandtschaft in Tokyo, dürften allerdings ebenfalls kaum die notwendige Autorität besitzen, um den schlechten Eindruck zu verwischen, den Yuans Auftreten gemacht hat, und die alten Beziehungen zwischen Korea und China wiederherzustellen, aber jeder Wechsel in der Person des chinesischen Residenten muß für den Augenblick als ein Gewinn betrachten werden, der die Gefahr des Ausbruchs von Unruhen in Korea und dadurch weiterer politischer Komplikationen vermindert.

Brandt.

Inhalt: betreffend die Verhandlungen über die Abberufung des chinesischen Residenten Yuan von Söul.

Berlin, den 13. Januar 1989.

A. 601.

An
die Botschaften in
1. London № 34
2. St. Petersburg № 28
3. die Gesandtschaft in
Hamburg № 11

Vertraulich!

Eurer p. übersende ich anliegend ergebenst Abschrift eines Berichts des K. Gesandten in Peking vom 24. Nov. v. J., betreffend die Verhandlungen über die Abberufung des chinesischen Residenten Yuan von Söul,
ad. 2: zu Ihrer vertraulichen Information
ad. 1 u. 3: zu Ihrer Information und mit der Ermächtigung den Inhalt nach Ihrem Ermessen vertraulich zu verwerten.

N. d. H. U.
L. 12. 1.

Berlin, den 15. Januar 1889. A. 325.

An die Botschaften in

2. London № 45

4. St. Petersburg № 35

3. Hamburg № 13

Sicher!

Eurer p übersende ich in Anschluß an Erlaß vom 12. d. M. anbei ergebenst Abschrift eines Berichts des K. Gesandten in Peking vom 21. Nov. v. J., betreffend die Zustände in Korea, nebst einem Auszug aus der Anlage zu Ihrer Information.

N. S. E.

i. m.

L. 15. 1.

Korea betreffend.

PAAA_RZ201-018910_172 ff.			
Empfänger	Bismarck	Absender	Arco
A. 1042 pr. 20. Januar 1889.		Washington, den 8. Januar 1889.	
Memo	mitg. 24. 1. n. London 78, Petersburg 43		

A. 1042 pr. 20. Januar 1889. a. m.

Washington, den 8. Januar 1889.

№ 12.

Seiner Durchlaucht
dem Fürsten von Bismarck.

Eurer Durchlaucht hoher Erlaß Nr. A. 95[37] vom 21. November, betreffend die amerikanischen Beziehungen zu Korea, habe ich zu erhalten die Ehre gehabt und Ermittlungen darüber angestellt, ob die dem Bericht des kaiserlichen Gesandten in Peking zufolge von dem "London & China Express" gebrachten Meldungen auf Wahrheit beruhen.

Daß die koreanische Gesandtschaft in Washington in derselben Weise empfangen worden ist wie andere fremde Vertretungen ist seitens meines Amtsvorgängers zur Kenntnis Eurer Durchlaucht gebracht worden.

Was die von dem "London und China Express" gebrachte Nachricht betrifft, daß Dr. Allen, der seit der angeblich krankheitshalber erfolgten Abreise des bisherigen Gesandten bei der hiesigen koreanischen Gesandtschaft die leitende Rolle spielt, einem "Herald" Reporter erzählt hat, daß New Yorker Handlungshäuser und kalifornische Kapitalisten sich an dem Handel mit Korea stark beteiligen sollen, so hat derselbe sich allerdings wiederholt in diesem Sinne geäußert. Gleichzeitig hat aber der frühere Gesandte der Vereinigten Staaten in Siam, General Halderman, der wiederholt Korea bereist hat und für einen der gründlichsten Kenner der dortigen Verhältnisse gilt, sich dahin ausgesprochen, daß Dr. Allen derartige Gerüchte nur aus politischen Gründen in die Öffentlichkeit gelangen lasse, den Glauben an eine politische und wirtschaftliche Annäherung an die Vereinigten Staaten deshalb aufrecht zu erhalten, weil die Häfen Koreas, welche im

37 A. 15156 i. a. ehrerbietigst beigefügt.

Winter für die Schifffahrt offen bleiben, für Rußland eine große Anziehungskraft zu haben scheinen. Es sei aus diesem Grunde von großem Nutzen die russischen Gelüste durch den Glauben an die Freundschaft der Vereinigten Staaten im Zaume zu halten. Im übrigen müsse Dr. Allen ebenso gut wie alle, die in Korea gewesen seien, daß von einem wirtschaftlichen Aufschwung des Landes nicht gesprochen werden könne, sodaß amerikanische Kapitalisten dort nur ihr Geld verlieren könnten. Auch Herr Bayard, der sich noch vor einigen Monaten in so sanguinischer Weise über die politische und wirtschaftliche Zukunft Koreas ausgesprochen hatte, ist durch General Halderman's geheimen Bericht in Korea in diesem Sinne aufgeklärt worden. Nachrichten aus New-York und San-Francisko bestätigen, daß die von Dr. Allen über die Beteiligung des amerikanischen Kapitals am koreanischen Handel und Bergbau gebrachten Notizen auf Erfindung beruhen. Dazu kommt noch, daß die früher sehr zahlreiche hiesige Gesandtschaft infolge von Mangel an Existenzmitteln nur mehr mit Dr. Allen aus zwei Personen besteht, wovon die eine, obwohl sie der dienenden Klasse angehört, doch bei den offiziellen Empfängen als Mitglied der Gesandtschaft erscheint. Gestern soll übrigens einer der früheren Sekretäre als Kurier aus Korea in San-Francisco eingetroffen sein, und Dr. Allen scheint nicht ohne Sorge über den Inhalt der Depeschen zu sein. Der heutige "Herald" bringt eine neu, hierdurch veranlaßte Unterredung eines seiner Reporter mit Dr. Allen, in welcher letzterer sich über das angeblich von China an Korea ergangen Ultimatum bezüglich einer Erklärung der Unabhängigkeit Koreas von China ausspricht und die Ansicht äußert, daß trotz aller chinesischen Drohungen, den König abzusetzen, keine erheblichen Veränderungen dort zu erwarten seien. Auch der amerikanische Ratgeber des Königs, Denny, sei ein sehr energischer Mann und nicht geneigt, sich durch die Intrigen Li-hung-changs beseitigen zu lassen.

In den hiesigen offiziellen Kreisen hat sich infolge der wenig vertrauenerweckenden Rolle, die Dr. Allen spielt, das bisherige Interesse an Korea sehr vermindert. Wenn aber, was nicht ausgeschlossen erscheint, Herr Blaine zum Nachfolger Bayards ernannt wird, mag es wohl sein, daß auch in dieser Beziehung eine energische Politik zur Geltung gelangt.

Arco.

Inhalt: Korea betreffend

Betreffend koreanische Zustände

PAAA_RZ201-018910_180 ff.			
Empfänger	Bismarck	Absender	Brandt
A. 1052 pr. 20. Januar 1889. a. m. 1 Anl.		Peking, den 6. Dezember 1888.	
Memo	mitg. 24. 1. n. London 74, Petersburg 42		

A. 1052 pr. 20. Januar 1889. a. m. 1 Anl.

Peking, den 6. Dezember 1888.

A. № 364.

Seiner Durchlaucht
dem Fürsten von Bismarck.

Eurer Durchlaucht habe ich die Ehre in der Anlage ganz gehorsamst einen dem "Shanghai Courier" vom 27. November entnommenen Artikel, betreffend die Beziehungen Chinas zu Korea, zu überreichen. In diesem, auf dem "Mainichi Shimbum" in Tokyo entnommenen Mitteilungen begründeten Aufsatz, wird gesagt, daß China von Korea die Abdankung des Königs zu Gunst seines Sohnes unter der Regentschaft seines Vaters verlangt habe, (soll wohl Großvaters, das heißt der Tai in kun heißen) ferner die von der koreanischen Regierung an alle Vertragsmächte zu richtende Erklärung, daß Korea ein Vasallenstaat Chinas sei, und die Einsetzung chinesischer Beamten in allen geöffneten koreanischen Häfen.

Daß namentlich der chinesische Resident Yuan seit langem auf die Abdankung des Königs und die Regentschaft des mit Recht oder Unrecht für chinesenfreundlich gehaltenen Tai-in-kun's hingearbeitet hat, kann keinem Zweifel unterliegen; ich glaube aber den Angaben des "Mainichi Shimbun" wenigstens insofern in ganz bestimmter Weise widersprechen zu können, daß es sich bei denselben nicht um von seiten der chinesischen Regierung in Korea gerichtete Forderungen gehandelt hat.

Ebenso beruht die in demselben Artikel gebrachte Nachricht, daß der Kommandant eines englischen Kriegsschiffes vor kurzem wieder die Überlassung Port Hamiltons gefordert habe, das England mit oder ohne Erlaubnis der koreanischen Regierung zu besetzen beabsichtige, auf Erfindung.

Brandt.

Inhalt: betreffend koreanische Zustände. 1 Anlage.

Anlage zum Bericht A. Nr. 364 von 10. December 1888.

Aus dem
Shanghai Courier vom 27. November 1888.

C O R E A.

The *Mainichi Shimbun*, a vernacular paper published in Tokio, which generally is well informed upon matters concerning Corea, publishes starting news with regard to recent affairs in Corea. The advises, which are dated Seoul, 6h inst., report that the Chinese Government, had submitted three demands to the Corean Government, and threatened that if the latter showed any disposition to object to them, measure would be taken to force them to acquiesce. The demands were, first, that the King be deposed, and the Crown Prince be elected instead, with his father as regent; secondly, that Corea shall declare herself to all treaty powers to be a dependency of China, and thirdly, that Chinese officials shall be placed at Fusan, Yunsan and Chemulpo. to exercise functions connected with diplomacy. The Premier memorialized the King remonstrating against such a course, at the same time sending in his resignation. Judge Denny has also written out a document connected with the matter, and presented it to the King for his private perusal. In it there are several clauses calling attention to the fact that this outrage(!) on the part of China should be brought before the world, and also that on the day when China attains her object as regards Corea, both will have been brought under the rule of other powers. Denny had heard of the matter in question about three weeks previously, but had deferred moving in the matter until he was certain of the facts. Judge Denny is in constant receipt of threatening letters, and has several times met with persons who had designs upon his life, in consequence of which the King has applied to the Japanese Legation for some police to act as his bodyguard. The Japanese Minister refused to comply with this request, fearing that it might involve him in some serious difficulties as experienced some years ago. At the end of last month a British man-of-war (*Alacrity*) arrived at Chemulpo, the Commander proceeding at once to Seoul to apply for the loan of Port Hamilton through the British Minister. After waiting for two or three day for a reply he left the port, leaving word that the place would be occupied according to instructions received from home whether the Coreans would agree to the occupation or not.

Berlin, den 24. Januar 1889.

A. 1042.

An
die Botschaften in
2. London № 78
4. St. Petersburg № 43

im Anschluß an meinen Erlaß
vom 21. November v. J.
zu 2: № 899
zu 4: № 426

Eurer p. übersende ich anbei ergebenst Abschrift eines Berichts des kaiserlichen Gesandten in Washington vom 8. d. Mts., betreffend die Beziehungen zwischen Korea und den Vereinigten Staaten von Amerika zu Ihrer Information

N. S. E.
i. m.
L. 24. 1.

Korea betreffend

PAAA_RZ201-018910_186 ff.			
Empfänger	Bismarck	Absender	Arco
A. 1042 pr. 20. Januar 1889. a. m.		Washington, den 8. Januar 1889.	
Memo	mitg. 24. 1. n. London 78, Petersburg 43		

Abschrift

A. 1042 pr. 20. Januar 1889. a. m.

Washington, den 8. Januar 1889.

№ 12.

In Gemäßheit Euerer Durchlaucht hohen Erlasses № A. 95 vom 21. November, betreffend die amerikanischen Beziehungen zu Korea, habe ich zu erhalten die Ehre gehabt und Ermittlungen darüber angestellt, ob die dem Bericht des kaiserlichen Gesandten in Peking zufolge von dem "London & China Express" gebrachten Meldungen auf Wahrheit beruhen.

Daß die koreanische Gesandtschaft in Washington in derselben Weise empfangen worden ist wie andere fremde Vertretungen ist seitens meines Amtsvorgängers zur Kenntnis Eurer Durchlaucht gebracht worden.

Was die von dem London und China Express gebrachte Nachricht betrifft, daß Dr. Allen, der seit der angeblich krankheitshalber erfolgten Abreise des bisherigen Gesandten bei der hiesigen koreanischen Gesandtschaft die leitende Rolle spielt, einem "Herald" Reporter erzählt habe, daß New Yorker Handlungshäuser und kalifornische Kapitalisten sich an dem Handel mit Korea stark beteiligt, so hat derselbe sich allerdings wiederholt in diesem Sinne geäußert. Gleichzeitig hat aber der frühere Gesandte der Vereinigten Staaten in Siam, General Halderman, der wiederholt Korea bereist hat und für einen der gründlichsten Kenner der dortigen Verhältnisse gilt, sich dahin ausgesprochen, daß Dr. Allen derartige Gerüchte nur aus politischen Gründen in die Öffentlichkeit gelangen lasse, den Glauben an eine politische und wirtschaftliche Annäherung an die Vereinigten Staaten deshalb aufrecht zu erhalten, weil die Häfen Koreas, welche im Winter für die Schifffahrt offen bleiben, für Rußland eine große Anziehungskraft zu haben scheinen. Es sei aus diesem Grunde von großem Nutzen die russischen Gelüste durch den Glauben an die Freundschaft der Vereinigten Staaten im Zaume zu halten. Im übrigen müsse Dr. Allen ebenso gut wie alle, die in Korea gewesen seien, daß von einem wirtschaftlichen

Aufschwung des Landes nicht gesprochen werden könne, so daß amerikanische Kapitalisten dort nur ihr Geld verlieren könnten. Auch Herr Bayard, der sich noch vor einigen Monaten in so sanguinischer Weise über die politische und wirtschaftliche Zukunft Koreas ausgesprochen hatte, ist durch General Halderman's geheimen Bericht in Korea in diesem Sinne aufgeklärt worden. Nachrichten aus New-York und San-Francisko bestätigen, daß die von Dr. Allen über die Beteiligung des amerikanischen Kapitals am koreanischen Handel und Bergbau gebrachten Notizen auf Erfindung beruhen. Gestern soll einer der früheren Sekretäre der hiesigen Koreanischen-Gesandtschaft als Kurier aus Korea in San-Francisco eingetroffen sein, und Dr. Allen scheint nicht ohne Sorge über den Inhalt der Depeschen zu sein. Der heutige "Herald" bringt eine neu, hierdurch veranlaßte Unterredung eines seiner Reporter mit Dr. Allen, in welcher letzterer sich über das angeblich von China an Korea ergangen Ultimatum bezüglich einer Erklärung der Unabhängigkeit Koreas von China ausspricht und die Ansicht äußert, daß trotz aller chinesischen Drohungen, den König abzusetzen, keine erheblichen Veränderungen dort zu erwarten seien.

In den hiesigen offiziellen Kreisen hat sich infolge der wenig vertrauenerweckenden Rolle, die Dr. Allen spielt, das bisherige Interesse an Korea sehr vermindert. Wenn aber, was nicht ausgeschlossen erscheint, Herr Blaine zum Nachfolger Bayards ernannt wird, mag es wohl sein, daß auch in dieser Beziehung eine energische Politik zur Geltung gelangt.

(Gez.) Arco.

Inhalt: Korea betreffend

Berlin, den 24. Januar 1889.

A. 1052.

An die Botschaften in
2. London № 74
4. St. Petersburg № 42

Abschrift der Vorlage
ohne Anlage unter
Berücksichtigung der Änderungen.

Euerer p. übersende ich anbei ergebenst Abschrift eines Berichts des kaiserlichen Gesandten in Peking vom 6. v. Mts., betreffend die Beziehungen zwischen China und Korea, zu Ihrer Information.

N. S. E.
i. m.
L. 29. 1.

Betreffend koreanisch-chinesische Beziehungen.

PAAA_RZ201-018910_192 ff.			
Empfänger	Bismarck	Absender	Brandt
A. 1827 pr. 4. Februar 1889.		Peking, den 9. Dezember 1888.	
Memo	cfr. A. 2558 mitg. 4. 2. n. London 107, Petersburg 50, Washington 22		

A. 1827 pr. 4. Februar 1889. a. m.

Peking, den 9. Dezember 1888.

A. № 368.
Vertraulich.

Seiner Durchlaucht
dem Fürsten von Bismarck.

Nach mir aus zuverlässiger Quelle zugehenden Mitteilungen hat eine koreanische außerordentliche Mission gestern Peking verlassen. Dieselbe war unter anderem beauftragt gewesen, die Abberufung des chinesischen Residenten Yuan zu verlangen. Die chinesische Regierung soll darauf geantwortet haben, daß der König von Korea zu einer solchen Forderung ich berechtigt sei; er sie China gegenüber kein souveräner Fürst, der die Abberufung eines bei ihm beglaubigten Gesandten verlangen könne, sondern befinde sich mehr in der Stellung eines General-Gouverneurs, der die Beamten anzunehmen und zu behalten habe, welche ihm der Kaiser schicke. Wenn er, der König, übrigens in seinem eigenen Namen die von seinem Ratgeber Denny gegen Yuan angebrachten Beschwerden wiederholen und begründen wolle, so sie die chinesische Regierung nicht abneigt, dieselben nochmals in Erwägung zu ziehen, obgleich eine frühere Untersuchung nichts ergeben habe, was Yuan zur Last gelegt werden könne.

Nach einer anderen Mitteilungen hätten Auseinandersetzungen, welche in Shanghai persönlich zwischen p. Denny und dem aus den früheren Verhandlungen mit Korea bekannten Direktor der "China Merchants Co.", Ma-kie-chung, stattgefunden, zu dem Ergebnis geführt, daß der p. Denny sich verpflichtet habe, seine Stellung in Korea aufzugeben und das Land zu verlassen; während von chinesischer Seite übernommen worden sei, ihm die von der koreanischen Regierung geschuldeten Summen auszuzahlen, sowie er nach Amerika zurück gekehrt sie.

Die Richtigkeit dieser letzten Mitteilung muß ich, obgleich sie bei den ungeordneten finanziellen Verhältnissen des p. Denny nicht unwahrscheinlich erscheint, dahin gestellt lassen, sie würde aber der Art und Weise, wie von chinesischer Seite solche Fragen aufgefaßt und behandelt werden, vollständig entsprechen.

Den kaiserlichen Vertretungen in Tokyo und Söul habe ich Abschrift dieses ganz gehorsamsten Berichts zugehen lassen.

Brandt.

Inhalt: Betreffend koreanisch-chinesische Beziehungen.

Berlin, den 4. Februar 1889.

A. 1827.

An
die Missionen in
1. London № 107
2. St. Petersburg № 50
3. Washington A. 22

Vertraulich!

Eurer p. übersende ich anbei ergebenst Abschrift eine Bericht des kaiserl. Gesandten in Peking vom 9. Dezember v. J., betreffend koreanisch-chinesische Beziehungen,

zu 2) u. 3): zu Ihrer vertraulichen Information.

zu 1:) zu Ihrer Information und mit der Ermächtigung, den Inhalt nach Ihrem Ermessen zu verwerten.

N. S. E.
i. m.
L. 4. 2.

Betreffend koreanische Angelegenheiten; Rücktritt des amerikanischen Ratgebers des Königs.

PAAA_RZ201-018910_197 ff.			
Empfänger	Bismarck	Absender	Brandt
A. 2558 pr. 18. Februar 1889.		Peking, den 25. December 1888.	
Memo	cfr. A. 5491 mitg. 18. 2. London № 155, Washington 26		

A. 2558 pr. 18. Februar 1889. a. m.

Peking, den 25. December 1888.

A. № 382.

Seiner Durchlaucht
dem Fürsten von Bismarck.

Im Anschluß an meinen ganz gehorsamsten Bericht A. № 368[38] vom 9. Dezember beehre Eurer Durchlaucht ich mich, ebenmäßig zu melden, daß die in demselben erwähnten Verhandlungen in Shanghai zwischen dem Ratgeber des Königs von Korea, Denny, und dem Bevollmächtigten Li-hung-changs, Taotai Ma-kie-chung, zu dem Ergebnis geführt haben, daß Herr Denny sich gegen Zahlung seitens der Chinesen der ihm durch die koreanische Regierung geschuldeten Beträge, ungefähr 30000 Dollars, worin allerdings wohl die ihm durch seinen vor kurzem abgeschlossenen Kontrakt für die Dauer von zwei Jahren zugesicherten Gehaltsbezüge mit einbegriffen sein dürften, bereit erklärt hat, seine Stellung aufzugeben und nach Amerika zurückzukehren. Seitens der Chinesen soll zugleich die Abberufung Yuans in nicht zu langer Zeit in Aussicht gestellt worden sein.

Das bedeutende, von Li-hung-chang gebrachte Geldopfer zeigt, welchen Wert derselbe darauf legt, Herrn Denny aus Korea zu entfernen. Bei dem guten Geschäft, welches der letztere auf diese Weise macht, wird es ihm aber wohl nicht an Nachahmern fehlen.

Brandt.

Inhalt: betreffend koreanische Angelegenheiten; Rücktritt des amerikanischen Ratgebers des Königs.

---

38 A. 1827 ehrerbietigst beigefügt.

Berlin, den 18. Februar 1889.

A. 2558.

An
die Missionen in
1. London № 155
2. Washington A. 26

Ew. p. übersende ich im Anschluß an meinen Erlaß vom 4. d. M. (zu 1: № 107, zu 2: № A. 26) anbei ergebenst Abschrift eines Berichts des kaiserl. Gesandten in Peking vom 25. Dezember v. J., betreffend koreanisch-chinesische Beziehungen,
zu 2): zu Ihrer vertraulichen Information
ad 1: zu Ihrer Information und mit der Ermächtigung, den Inhalt nach Ihrem Ermessen zu verwerten.

N. S. E.
i. m.
L 16. 2.

[ ]

PAAA_RZ201-018910_202 f.			
Empfänger	Bismarck	Absender	Brandt
A. 2564 pr. 18. Februar 1889. a. m.		Peking, den 27. Dezember 1888.	

Abschrift

A. 2564 pr. 18. Februar 1889. a. m.

Peking, den 27. Dezember 1888.

A. № 392.

Seiner Durchlaucht
dem Fürsten von Bismarck.

In dem mir durch den kaiserlichen Geschäftsträger in Tokyo mitgeteilten Bericht an Eure Durchlaucht vom 26. November d. J., betreffend die Nachricht von dem angeblichen russischen Protektorat über Korea, ist einer Äußerung des Grafen Okuma Erwähnung getan, nach welcher Korea wiederholt und bis in die neueste Zeit hinein ein japanisches Protektorat nachgesucht habe. Ich möchte annehmen, daß Graf Okuma gelegentlichen Äußerungen einzelner unverantwortlicher Persönlichkeiten der japanischen Vertretung in Söul gegenüber eine Bedeutung beigelegt hat, welche dieselben in der Tat nicht besitzen; es ist in Söul viel geredet worden, aber man dürfte sich dort in maßgebenden koreanischen Kreisen weder über die Bedeutung und Tragweite eines fremden Protektorats klar geworden, noch jemals ernsthaft an die Nachsuchung eines solchen gedacht haben.

Trotz der von Graf Okuma proklamieren Politik der Nichteinmischung in die koreanischen Angelegenheiten verfolgen namentlich die in Korea befindlichen Japaner die Entwicklung der dortigen Verhältnisse mit wahrhaft fieberhaftem Interesse und die meisten sensationellen Nachrichten über den wachsenden Einfluß der Russen und die angeblichen Pläne un Intrigen derselben stammen aus japanischen Kreisen und dürften daher mit ganz besonderer Vorsicht aufzunehmen sein.

(gez.) Brandt.
orig. i. a. Korea 3.

Auswärtiges Amt

Abth. A.

Politisches Archiv d. Auswärt. Amts

Acta

betreffend:

Allgemeine Angelegenheiten von Korea

vom 1. März 1889.

bis 31. Dezember 1890.

Bd. 11.

f. Bd. 12.

Politisches Archiv des Auswärtigen Amts

R 18911

Korea № 1.

Inhaltsverzeichnis	
Bericht v. Peking v. 5. 1. № 17: Grundlosigkeit der Gerüchte betr. Bestrebungen Rußlands nach einem Protektorat über Korea, resp. Absicht Koreas, seine Unabhängigkeit zu erklären. Mitg. 7. 3. London 221, Petersburg 89.	3294 pr. 3. 3.
desgl. v. 7. 2. № 77: Bereitwilligkeit des Königs von Korea, seinen Rathgeber Denny zu entlassen; evtl. Nachfolger Fred Grant, der Sohn des verstorbenen amerikanischen Präsidenten; Verbleiben des chinesischen Residenten Yuan in Söul; bevorstehende Reise des englischen Gesandten in Peking, Sir John Walsham nach Söul und evtl. Ernennung des ersten Dolmetschers der englischen Gesandtschaft, Walter Hillier, zum General-Konsul für Korea. Mitg. 10. 4. n. London 351, Petersburg 131.	4817 pr. 1. 4.
Bericht v. Söul v. 16. 2. № 18: Abreise Dennys nach Shanghai, evtl. Rückkehr nach Korea.	5491 pr. 14. 4.
desgl. v. 6. 2. № 15: betr. die Gerüchte über Unabhängigkeitsbestrebungen Koreas und die Politik des russischen und amerikanischen Vertreters.	5494 pr. 14. 4.
2.	
Bericht v. Söul v. 2. 3. № 21: Hungersnot in den südlichen Provinzen Koreas infolge einer Mißernte; Note des chinesischen Vertreters an den chinesischen Ministerresidenten betr. Unterstützungen der Notleidenden durch China. Mitg. 28. 4. n. London 432.	6049 pr. 26. 4.
desgl. v. 7. 3. № 23: eventl. Rücktritt des chinesischen Vertreters Yuan, Äußerungen desselben über den voraussichtlichen Nachfolger Dennys, den amerikanischen Minister-Residenten Dinsmore. mitg. 29. 4. n. London 436, Petersburg 151, Washington 61.	6050 pr. 26. 4.
"Berliner Tageblatt" v. 6. 7: Neue Unruhen in Korea; Stationierung englischer, russischer und chinesischer Kriegsschiffe.	9525
Ber. aus Söul v. 18. 7. № 50: Rückkehr des Rathgebers des Königs Hl. Denny nach Korea Mitg. 16. 4. n. London 388, Petersbg. 135	12698 pr. 17. 9.

3.	
Ber. aus Söul v. 1. 8. № 53: Ernennung Min-Chong-muk‘s zum Chef des koreanischen Auswärtigen Amtes; der frühere Tscho-Piong-Chik zum Vize-Präsidenten des Staatsrats ernannt. Mitg. 18. 9. Hamburg 165	12699 pr. 17. 9.
Ber. aus Peking v. 19. 7. № 232: Amerikanische Schritte zur Herbeiführung einer Definierung der Stellung des Vertreters China‘s in Korea, Taotai Yuan, seitens des Tsungli-yamên. Eigenmächtige Entscheidung des Zoll-Taotai von Tientsin über Besteuerung deutscher Waren. Ausz. mitg. 13. 9. London 796, Petersbg. 303	12460 pr. 12. 9.
Ber. v. Söul v. 14. 1. № 7: Entlassung von 2 amerikanischen Militär-Instrukteuren; Zeitungsgerücht betr. Einführung des russischen Exerzier-Reglements in die koreanische Armee.	3469 pr. 12. 3. 90
4.	
Ber. a. Söul v. 13. 3. № 27: Ernennung des amerikanischen Generals Le Gendre zum Vize-Präsidenten im koreanischen Ministerium des Innern.	5671 2. 5.
desgl. v. 14. 3. № 28: die dem amerikanischen Minister-Residenten von Herrn Blaine erteilte Instruktion für die Behandlung der Angelegenheit der Entlassung der amerikanischen Militär-Instrukteure Cummins und Lee aus dem koreanischen Dienst; Fortbleiben des amerikanischen Vertreters von Audienzen beim König.	5676 2. 5.
desgl. v. 11. 3. № 36: Protest des amerikanischen Minister-Residenten wegen Fortbleibens des chinesischen Vertreters Yuan von den Sitzungen des diplomatischen Korps und wegen der Vertretung desselben durch den Sekretär Tong.	5684 2. 5.
Erlaß v. 6. 5. n. Söul № 2: Der kaiserliche Vertreter soll sich jeder Meinungsäußerung in dem Etikettenstreit wegen des Fortbleibens des chinesischen Vertreters von den Sitzungen des diplomatischen Korps enthalten.	zu 5684
Ber. a. Peking v. 20. 3. № 89: Ankunft des Generals Le Gendre in Söul; er soll versuchen, die Leitung der Seezoll-Ämter in seine Hand zu bekommen. (orig. i. a. Japan 1)	5672 2. 5.

5.	
Ber. a. Tokyo v. 23. 3. № 30: Zweck der Anwesenheit des Generals Le Gendre in Korea; er soll versuchen, Nachfolger Dennys zu werden und ist bereits zum Vize-Präsidenten im Ministerium des Innern ernannt worden. (orig. i. a. Japan 1)	5824 5. 5.
desgl. v. 22. 4. № 32: Rückkehr des Generals Le Gendre von Söul nach Tokyo zum Zwecke der Negociirung einer koreanischen Anleihe. (orig. i. a. Japan 1)	6631 28. 5.
Ber. a. Söul. v. 20. 4. № 36: Entlassung Herrn Dennys aus dem Ministerium; Rückkehr des Generals Le Gendre von Söul nach Tokyo zwecks Negociirung einer koreanischen Anleihe.	7087 9. 6.
desgl. v. 7. 5. N. 40: Abschiedsadresse an den abberufenen Minister-Residenten der Ver. Staaten, Herrn Dinsmore; Eintreffen des Nachfolgers Augustine Heard.	7551 20. 6.
6.	
Ber. a. Söul v. 28. 5. № 43: Antrittsaudienz des neuen Minister-Residenten der Ver. Staaten Hon. A. Heard; Abreise seines Vorgängers Dinsmore.	8314 12. 7.
Ber. a. Peking v. 10. 6. № 164 Tod der Königin-Mutter von Korea; Landung amerikanischer Matrosen, angeblich zum Schutz des Königs.	8950 30. 7.
Ber. a. Tokyo v. 8. 6. № 55: Äußerungen des Generals Le Gendre vor seiner Abreise nach Korea über die politische Lage der Halbinsel; Gerüchte über Abtretung koreanisches Landes an Rußland und England.	8788 25. 7.
Ber. Aus Söul v. 7. 6. K. № 46: Tod der Mutter des Königs von Korea, Ankunft amerikanischer Marine-Soldaten in Söul.	9427 15. 8.
desgl. v. 17. 6. K. № 48: Rückkehr der amerikanischen Marine-Soldaten nach Chemulpo.	9474 16. 8.
Ber. aus Washington v. 27. 7. № 340: Tendenziöse Nachrichten der "New York World" über die amerikanisch-koreanischen Beziehungen, Richtigstellung derselben durch den "New York Herald."	9545 19. 8.

7.	
Ber. aus Tokio v. 3. 8. № 73 A.: Japanisches Mißtrauen gegen Rußland wegen angeblicher russischer Absichten auf einen Teil des Deltas des russisch-koreanischen Grenzflusses. (orig. i. a. Korea 1)	10021 6. 9.
Ber. aus Söul v. 30. 7. № 58: Äußerungen des Generals Le Gendre über sein Verhältnis zur koreanischen Regierung.	10644 29. 9.
Desgl. v. 30. 9. № 72; Anwesenheit des amerikanischen General-Konsuls Greathouse in Söul; Besuch desselben mit dem General Le Gendre beim chinesischen Residenten Yuan. - Denny.	12156 17. 11.
Ber. aus Tokyo v. 9. 11. № 96 A.: desgl.; Übertritt des Mr. Greathouse in koreanische Dienste.	12925 13. 12.

Betreffend koreanische Zustände.

PAAA_RZ201-018911_010 ff.			
Empfänger	Bismarck	Absender	Brandt
A. 3294 pr. 3. März 1889.		Peking, den 5. Januar 1889.	
Memo	mitg. 7. 3. n. London 221, Petersburg 89.		

A. 3294 pr. 3. März 1889. a. m.

Peking, den 5. Januar 1889.

A. № 17.
Vertraulich.

Seiner Durchlaucht
dem Fürsten von Bismarck.

Seit einiger Zeit bringen japanische sowie in China und Europa erscheinende Zeitungen wiederholt Nachrichten über angebliche Unabhängigkeitsgelüste des Königs von Korea, die bald in der Form eines nachgesuchten und erhaltenen russischen Protektorats, bald in der einer Loslösung von der chinesischen Oberhoheit auftreten.

Beide Versionen müssen als jeder thatsächlichen Begründung entbehrend bezeichnet werden.

Die russische Regierung hat alles Interesse daran, zu verhindern, daß die koreanische Frage bereits jetzt eine brennende werde. Abgesehen von der Lage der europäischen Verhältnisse würde sie in diesem Augenblick nicht im Stande sein, einem offensiven Vorgehen gegen China - und ein solches würde die Annahme eines Protektorats einschließen - den Nachdruck zu geben, welchen dasselbe erfordern würde, um zu einem befriedigenden Ergebnis zu führen.

Weder ihre Seestreikkräfte im Stillen Ozean, noch die in den an Korea und die Mandschurei grenzenden Provinzen befindlichen Truppen würden nach Zahl wie auch nach Organisation und Bewaffnung den Ansprüchen entsprechen, welche ein Krieg gegen China an der stärksten Grenze desselben, wie in der Nähe der Reichshauptstadt und der Truppen Li-hung-changs, der bewaffneten und organisierten Chinas, an sie stellen würde. Mit der auch nur teilweisen Vollendung der sibirischen Eisenbahn wird die Lage wesentlich zu Gunsten Rußlands verändert werden, und zwar umso mehr, als nicht zu erwarten ist, daß China in den nächsten Jahren etwas Ernstliches tun werde, um seinem gefährlichen Nachbarn ebenbürtig zu werden.

Rußland wird also für die nächste Zeit in seinem eigenen Interesse einen Konflikt in oder wegen Koreas vermeiden, es sie denn, daß es durch ein aktives Vorgehen Chinas in Korea dazu gezwungen würde.

Der Schlüssel zu der Politik Rußlands, Korea und den chinesischen Ansprüchen auf dasselbe gegenüber, liegt in den in Tientsin in 1886 getroffenen mündlichen Vereinbarungen, bei welchen Rußland erklärt hat, daß es sich jeder Einmischung in Korea enthalten werde, solange China dies auch tue. Auch in Söul dürfte die Idee sich von China loszusagen kaum jemals ernstlich ins Auge gefaßt worden sein. Es wird dort viel Abenteuer- und Frauenzimmer-Politik getrieben; Mr. Denny, Mr. Foulke, Mr. Allen, die amerikanischen Instrukteure und eine ganze Menge amerikanischer Missionare haben mehr geredet und geschrieben, und reden und schreiben mehr, als sie verantworten können; und die Königin, Frau Denny, Frau Waeber (die Frau des russischen Geschäftsträgers) und einige Missionars-Frauen tragen das Ihrige dazu bei, den kleinen Fremden- und Beamtenkreis dort und namentlich die japanischen und in China erscheinenden fremden Zeitungen nicht zur Ruhe kommen zu lassen.

Es fehlt aber in Korea an allem, was etwaigen Unabhängigkeits-Gelüsten, selbst wenn sie in stärkerem Maße vorhanden sein sollten als ich dies annehmen möchte, Aussicht auf Erfolg geben könnte; es sind weder Soldaten, Schiffe noch Geld da, und außerdem würde die im Lande bestehende chinesische Partei, die mit der als "altkoreanische Partei" bezeichneten gleichbedeutend sein dürfte, sofort Stellung gegen die Regierung nehmen, falls dieselbe versuchen sollte, den für viele hochgestellte Beamte, durch die mit den Gesandtschaften nach Peking verbunden, gewinnbringenden kaufmännischen Geschäfte, auch persönlich sehr vorteilhaften Tribut-Beziehungen, ein Ende zu machen.

Seitens der Presse in China wird jede Gelegenheit wahrgenommen, Sensations-Nachrichten in die Welt zu schicken, die dann von der europäischen Presse wiederholt und womöglich vergrößert werden.

So hat die einfache Tatsache, daß der amerikanische Stations-Kommandant Admiral Chandler mit einigen Schiffen seines Geschwaders gegen Ende des vorigen Sommers Shanghai anlief, zu dem Gerücht Veranlassung gegeben, daß Korea seine Unabhängigkeit erklären wolle, daß es darin von der amerikanischen und russischen Regierung unterstützt werde und daß das amerikanische Geschwader bestimmt sei, bei dieser Gelegenheit gegen China in den koreanischen Gewässern zu demonstrieren; daß gerade zu der Zeit das bisher auf der Reede von Chemulpo stationiert gewesene Kriegsschiffe "Essex" zurückgezogen und durch kein anderes ersetzt wurde, ist natürlich seitens des Korrespondenten totgeschwiegen oder übersehen worden.

Die unruhige, soviel ich weiß, von seiner Regierung nicht immer gebilligte Thätigkeit des russischen Geschäftsträgers in Söul, Herr Waeber, die Polemik Herrn Dennys, der jetzt seine Korea beglückende Thätigkeit gegen eine von chinesischer Seite erfolge Barzahlung aufgegeben zu haben scheint, die in Amerika von interessierter Seite während einiger Zeit, namentlich von den Sykophanten der koreanischen Gesandtschaft in Washington geführte Press-Kampagne und schließlich die etwas unklare Haltung des Staatssekretärs Mr. Bayard, welche ja vielleicht den Zweck verfolgt haben mag, China in der Chinesenfrage gefügiger zu machen, die aber in der amerikanischen Presse selbst, namentlich im "New York Herald", eine recht bittere Kritik erfahren hat, werden alle dazu beigetragen haben, den, meiner Ansicht nach, meistens aus japanischer Quelle stammenden, Alarmnachrichten, aus denen auch die "Standard"-Korrespondenten vielfach ihre Telegramme zu schöpfen scheinen, einen gewissen Grad von Wahrscheinlichkeit zu geben; ich glaube aber mit Bestimmtheit versichern zu dürfen, und diese meine Ansicht wird auch von Sir John Walsham geteilt, der dieselbe mit großer Entschiedenheit seiner, wie es scheint durch die Nachrichten von dem russischen Protektorat über Korea etwas erregten Regierung gegenüber vertreten hat, daß weder Rußland an ein solches Protektorat, noch Korea an eine Unabhängigkeits-Erklärung denkt.

Trotzdem läßt sich nicht in Abrede stellen, daß eine gewisse Gefahr für Verwicklungen in oder durch Korea vorhanden ist. Dieselbe liegt darin, daß sich der König durch die fortdauernden Nörgeleien des chinesischen Residenten Yuan zu einem unvorsichtigen Schritt hinreißen lasse, der dann ein chinesisches Einschreiten und letzteres wieder ein russisches Eingreifen zur Folge haben würde. Diese Gefahr hätte sich durch ein ernstes, hier gesprochenes Wort der an der Erhaltung des Friedens in Korea interessierten Mächte sehr vermindern, wenn nicht ganz beseitigen lassen, und dies dürfte voraussichtlich noch der Fall sein.

Brandt.

Inhalt: Betreffend koreanische Zustände.

Berlin, den 1. März 1889.

A. 3294.

An
die Botschaften in
1. London № 221
2. St. Petersburg № 89

Euerer p übersende ich anbei ergebenst Abschrift eines Berichts des K. Gesandten in Peking vom 3ten Januar d. J., betreffend koreanische Zustände, zu Ihrer vertraulichen Information.

N. S. E
i. m.

Betreffend Zustände in Korea.

PAAA_RZ201-018911_023 ff.			
Empfänger	Bismarck	Absender	Brandt
A. 4817 pr. 1. April 1889.		Peking, den 7. Februar 1889.	
Memo	Mitg. 10. 4. London 351, Petersburg 131		

A. 4817 pr. 1. April 1889. a. m.

Peking, den 7. Februar 1889.

A. № 77.

Seiner Durchlaucht
dem Fürsten von Bismarck.

Nach aus chinesischen Quellen stammenden Nachrichten würde der König von Korea die von seinem bisherigen Rathgeber, dem amerikanischen Richter (judge) Denny, geforderte Entlassung zu bewilligen bereit sein unter der Bedingung, daß derselbe selbst seinen Nachfolger bezeichne. Der amerikanische Admiral Shufeldt, welcher den amerikanisch-koreanischen Vertrag abgeschlossen, hat sich für den Posten gemeldet, ist aber, wie ich glaube, endgültig abgewiesen worden. Dagegen scheint die Absicht vorzuliegen, dem Sohn des verstorbenen Präsidenten der Vereinigten Staaten, General Grand, Fred. Grant, denselben anzubieten.

Die Abberufung des chinesischen Residenten aus Söul scheint vertagt, wenn nicht ganz aufgegeben worden zu sein.

Von anderer Seite höre ich, daß mein englischer, auch in Korea beglaubigter Kollege beabsichtige, in diesem Frühjahr Söul zu besuchen und daß der bisherige erste Dolmetscher der hiesigen Gesandtschaft, Herr Walter Hillier, voraussichtlich zum General-Konsul für Korea ernannt werden werde. Wenn Sir John Walsham wirklich die ihm zugeschriebene Absicht ausführen sollte, so dürfte dies wohl in Ausführung bestimmter Weisungen von London und um dem amerikanischen und russischen Einfluß in Söul entgegenzutreten geschehen.

Den kaiserlichen Vertretungen in Tokyo und Söul habe ich Abschrift dieses ganz gehorsamsten Berichts zugehen lassen.

Brandt.

Inhalt: Betreffend Zustände in Korea.

Berlin, den 10. April 1889.

A. 4817.

An
die Botschaften in
1. London № 351
2. St. Petersburg № 131

Euerer p übersende ich anbei ergebenst Abschrift eines Berichts des K. Gesandten in Peking vom 7ten Febr. d. J., betreffend Zustände in Korea, zu Ihrer Information.

N. S. E
i. m.

Abreise des Herrn Denny.

PAAA_RZ201-018911_028 ff.			
Empfänger	Bismarck	Absender	Krien
A. 5491 pr. 14. April 1889.		Söul, den 16. Februar 1889.	
Memo	J. № 133.		

A. 5491 pr. 14. April 1889. a. m.

Söul, den 16. Februar 1889.

Kontrolle № 18.

Seiner Durchlaucht
dem Fürsten von Bismarck.

Euerer Durchlaucht habe ich die Ehre ganz gehorsamst zu berichten, daß der Rathgeber des Königs, Herr Denny, am 13. d. Mts. mit seiner Frau von Chemulpo abgereist ist. Er will sich zuvörderst nach Shanghai begeben, während seine Frau in Japan verbleiben soll, und behauptet, daß er in fünf bis sechs Wochen hier wieder eintreffen werde.

Am 9. d. Mts. hatte er eine Audienz bei dem König, während Mr. Denny von der Königin empfangen wurde. Aus diesem Grund und nach dem Bericht seiner Excellenz des Kaiserlichen Gesandten Herrn v. Brandt № A. 382*[39] vom 25. Dezember v. J. ist indessen wohl anzunehmen, daß Herr Denny nach Amerika zurückkehrt.

Eine Abschrift dieses Berichts sende ich an die kaiserliche Gesandtschaft zu Peking.

Krien.

Inhalt: Abreise des Herrn Denny.

---

39 A. 2558 ehrerbietigst beigefügt.

[ ]

PAAA_RZ201-018911_031 ff.			
Empfänger	Bismarck	Absender	Krien
A. 5494 pr. 14. April 1889.		Söul, den 6. Februar 1889.	
Memo	Ausz. mitg. 10. 4. n. London 388, Petersburg 135		

A. 5494 pr. 14. April 1889. p. m.

Söul, den 6. Februar 1889.

C. № 15.

Seiner Durchlaucht
dem Fürsten von Bismarck.

Entzifferung.

Auf den hohen Erlaß № 2[40] vom 3. November v. J. habe Euerer Durchlaucht ich die Ehre ganz gehorsamst zu berichten:

Das von der "Kölnischen Zeitung" aus Shanghai gebrachte Gerücht kursierte hier im Frühjahr und Sommer v. J. und läßt sich auf die Herren Denny und Waeber zurückführen.

Meines Erachtens erscheint es nicht ausgeschlossen, daß der russische Geschäftsträger dem König durch Herrn Denny die Unterstützung der russischen Regierung in unbestimmter Weise zugesagt hat. - Indessen ist eine Unabhängigkeits-Erklärung, welche dem König den Thron kosten könnte, von der koreanischen Regierung keinesfalls zu erwarten.

Der amerikanische Minister-Resident schließt sich der Politik des Herrn Waeber an, hauptsächlich, weil er durch dessen Einfluß Nachfolger Dennys zu werden hofft. Wie mir der amerikanische Legations-Sekretär Long vor kurzem unaufgefordert und vertraulich mittheilte, hat Herr Dinsmore im vorigen Frühjahr, als Denny bedenklich erkrankt war, seine Regierung telegraphisch gebeten, ihn von seinem Posten zu entheben und als Rathgeber des Königs zu empfehlen. Der Staats-Sekretär hätte jedoch diese Gesuche abschlägig beschieden.

Herr Long beklagte die persönliche Interessen-Politik, welche Herr Dinsmore hier verfolgte, und behauptete, daß die Regierung sich für Korea in keiner Weise engagieren würde.

Krien.

---

40 c. ad A. 13808 III, 14123 II i. a. ehrerbietigst beigefügt.

Berlin, den 16. April 1889.

A. 5494.

An
die Botschaften in
1. London № 388 (Sicher)
2. St. Petersburg № 135 (Sicher)

Vertraulich!

Die in der "Kölnischen Zeitung" vom 31. Oktober v. J. erschienene, Ew. pp. unter dem 2. November mitgeteilte Nachricht betreffend Unabhängigkeitsbestrebungen der koreanischen Regierung und deren angebliche Unterstützung durch Rußland und Amerika hat mir Veranlassung gegeben, das kaiserl. Konsulat in Söul zur Berichterstattung aufzufordern.

Ew. pp. übersende ich anbei Auszug aus dem hierauf eingegangenen Bericht des genannten kaiserl. Konsulats vom 6. Februar d. J. zu Ihrer vertraulichen Information.

N. S. E.
i. m.

Söul, den 6. Februar 1889.

[Memo] in vorstehender Fassung mitg. 16. 4. n. London 388, Petersburg 135.

Das Seitens der "Kölnischen Zeitung" aus Shanghai gemeldete Gerücht war hier im Frühling und Sommer v. Js. in Umlauf. Dasselbe läßt sich auf die Herren Denny und Waeber zurückleiten.

Es erscheint meines Dafürhaltens nicht unmöglich, daß der russische Geschäftsträger durch Denny dem König die Unterstützung Rußlands unbestimmt in Aussicht gestellt hat.

Von der koreanischen Regierung ist jedoch eine Unabhängigkeitserklärung, bei der der König des Thrones verlustig gehen könnte, nicht zu erwarten.

Der amerikanische Vertreter schließt sich der Politik Webers hauptsächlich aus dem Grunde an, weil er mit Hilfe des letzteren der Nachfolger Dennys zu werden gedenkt.

Nach einer mir von gutunterrichteter Seite vertraulich gemachten mittheilung hat Herr Dinsmore im vergangenen Frühjahr während einer Erkrankung Dennys telegraphisch um seine Entlassung gebeten und die Bitte daran geknüpft, ihn als Rathgeber des Königs zu empfehlen. Auf dieses Gesuch sei jedoch ein ablehnender Bescheid des Staats-Sekretärs eingetroffen.

Mein Gewährsmann bedauerte die von Herrn Dinsmore hier verfolgte Interessenpolitik und meinte, daß die amerikanische Regierung sich für Korea keinesfalls engagieren würde.

Krien.

Mißernte im Süden Koreas. Schreiben des chinesischen Vertreters an dem amerikanischen Minister-Residenten betreffs chinesischer Unterstützung der Notleidenden.

PAAA_RZ201-018911_042 ff.			
Empfänger	Bismarck	Absender	Krien
A. 6049 pr. 26. April 1889.		Söul, den 2. März 1889.	
Memo	cfr. A. 12460 mitg. 28. 4. n. London № 432. J. № 155.		

A. 6049 pr. 26. April 1889. p. m. 1 Anl.

Söul, den 2. März 1889.

Kontrolle № 21.

Seiner Durchlaucht
dem Fürsten von Bismarck.

Euerer Durchlaucht habe ich die Ehre ganz gehorsamst zu melden, daß nach Berichten amerikanische Missionare, welche den Süden von Korea kürzlich bereist haben, in den Provinzen Chulla-Do und Kiongsan-Do infolge der durch die anhaltende Trockenheit des vorigen Sommers verursachten Mißernte eine Hungersnot ausgebrochen ist.

Der Minister-Resident der Vereinigten Staaten richtete deshalb am 20. v. Mts. an die Vertreter der Vertragsmächte ein Zirkular-Schreiben, in welchem er dieselben einlud, über die Zweckmäßigkeit einer behufs Unterstützung der Notleidenden einzuberufenden Versammlung der hiesigen Ausländer ihre Ansicht zu äußern.

Der chinesische Vertreter hat darauf an Herrn Dinsmore die in Abschrift anliegende Note gesandt, welche insofern von Bedeutung sein dürfte, als aus derselben hervorgeht, daß Herr Yuan die Angelegenheit benutzt hat, um die Abhängigkeit Koreas von China zu betonen.

Herr Dinsmore hat die Note nicht beantwortet.

Euerer Durchlaucht verfehle ich nicht ehrerbietigst zu berichten, daß nach koreanischen Angaben in den letzten Notstandsjahren 1874 und 1886 weder der damalige Regent noch der König von Korea die Unterstützung der chinesischen Regierung nachgesucht oder erhalten hat.

Eine Abschrift dieses ganz gehorsamsten Berichts sende ich an die kaiserliche Gesandtschaft zu Peking.

Krien.

Inhalt: Mißernte im Süden Koreas. Schreiben des chinesischen Vertreters an den amerikanischen Minister-Residenten betreffs chinesischer Unterstützung der Notleidenden. 1 Anlage.

Anlage zum Bericht № 21.
Abschrift.

H. I. C. M.'s Residency.
Söul, 21. 2. 89.

Sir,

In reference to your circular of yesterday informing me that in view of the suffering and destitute condition of the people of the Southern provinces of this Kingdom that some humane measures should be adopted by all of the foreign representatives to relieve the sufferers.

In reply I beg to state that whenever famines prevail upon the people of this Kingdom, H. N. Th. King of Corea will memorialize the Emperor for such necessary aid, and when a receipt of such memorials, the necessary measures will be at once adopted by our Government at Peking.

I have already reported to our Government of the sufferings of this people of the southern provinces and any measures that you foreign powers can adopt in the meantime will be greatly appreciated by our Government and the people of this Kingdom.

I therefore, being under different circumstances from you representatives, will be prevented from joining the meeting which will be held at your Legation this afternoon.

I have the honor to be,
Sir,
your obedient servant
(signed) Yuan Sic Kwai

Mittheilungen des chinesischen Vertreters betreffend den voraussichtlichen Nachfolger Dennys pp.

PAAA_RZ201-018911_049 ff.			
Empfänger	Bismarck	Absender	Krien
A. 6050 pr. 26. April 1889.		Söul, den 7. März 1889.	
Memo	mitg. 29. 4. n. London 436, Petersburg 151, Washington A. 61. J. № 157		

A. 6050 pr. 26. April 1889. p. m.

Söul, den 7. März 1889.

Kontrolle № 23.
Vertraulich.

Seiner Durchlaucht
dem Fürsten von Bismarck.

Euerer Durchlaucht habe ich die Ehre ganz gehorsamst zu berichten, daß der chinesische Vertreter Herr Yuan mich gestern besuchte und mir die folgenden vertraulichen mittheilungen machte:

Herr Denny hätte Korea endgültig verlassen. - Da derselbe ursprünglich von dem General-Gouverneur Li-hung-chang veranlasst worden sei, in koreanische Dienste zu treten, so hätte sich die chinesische Regierung für verpflichtet erachtet, ihm den Betrag von $ 30000.-, welchen der König von Korea ihm schuldete, auszuzahlen. Nach den schlimmen Erfahrungen mit Denny überließe es die chinesische Regierung dem König jetzt vollständig, sich seinen Rathgeber selbst auszusuchen, übernähme dafür aber auch keine Verantwortung.

Wahrscheinlich würde der gegenwärtige amerikanische Minister-Resident, welcher von Herrn Waeber nach Kräften unterstützt würde, für den erledigten Posten engagiert werden. Der König stände seit einiger Zeit mit Herrn Dinsmore in Unterhandlung. Der letztere hätte indes die angebotene Stellung nicht angenommen, weil er das Herrn Denny zuletzt bewilligte Gehalt von monatlich tausend Dollar forderte, während die Koreaner ihm zwei bis dreihundert Dollar pro Monat weniger böten.

Herr Yuan bemerkte ferner, daß er selbst nunmehr gegründete Hoffnung hätte, seinem Wunsch gemäß endlich von seinem hiesigen Posten enthoben zu werden, und setzte hinzu, daß sein mutmaßlicher Nachfolger mit koreanischen Verhältnissen vollkommen vertraut wäre.

Im deutschen wirtschaftlichen Interesse würde meines ganz gehorsamsten Erachtens sowohl der Rücktritt des Herrn Yuan, welcher den hiesigen Vertreter der deutschen Handelsgesellschaft "E. Meyer & Co." den Amerikanern gegenüber stets unterstützt hat, als auch die Anstellung des Herrn Dinsmore als Rathgeber des Königs entschieden zu bedauern sein. Herr Dinsmore ist - im Gegensatz zu Denny - ein gebildeter, kluger und äußerst gewandter Mann, dabei durchaus Amerikaner. Er würde jedenfalls sein Möglichstes tun, um sämtliche Regierungs-Kontrakte und besonders die Ausbeutung der koreanischen Bergwerke seinen Landsleuten zuzuwenden.

Herr Yuan bezweifelt allerdings, daß es demselben gelingen würde, auf den König einen großen Einfluß auszuüben. Der König sei vor allem mißtrauisch, und selbst Herr von Möllendorff, der einen Einfluß besessen haben, wie ihn ein anderer Fremder nie wiedererlangen werde, habe doch verhältnismäßig recht wenig durchsetzen können.

Abschrift dieses ehrerbietigen Berichts sende ich an die kaiserlichen Gesandtschaften zu Peking und Tokyo.

Krien.

Inhalt: Mittheilungen des chinesischen Vertreters betreffend den voraussichtlichen Nachfolger Dennys pp.

Berlin, den 28. April 1889.

A. 6049.

An
die Botschaft in
1. London № 432

Vertraulich!

Euerer p übersende ich anbei ergebenst Abschrift eines Berichts des K. Konsulats in Söul vom 7ten v. Mts., betreffend Hungersnoth in Korea, zu Ihrer Information und mit der Ermächtigung den Inhalt nach Ihnen Ermessen vertraulich zu verwerthen.

N. S. E
i. m.
L 25. 4.

Berlin, den 29. April 1889.

A. 6050.

An
die Botschaft in
1. London № 436
2. St. Petersburg № 151
Sicher!
3. An die Gesandthschaft in
Washington A. № 61.

Euerer p übersende ich anbei ergebenst Abschrift eines Berichts des K. Konsulats in Söul vom 2ten v. Mts., betreffend mittheilungen des dortigen chinesischen Vertreters über den Nachfolger Denny´s, zu 2 u. 3: zu Ihrer Information zu 1: zu Ihrer Information und mit der Ermächtigung den Inhalt nach Ihrem Ermessen vertraulich zu verwerthen.

N. S. E
i. m.
L 29. 4.

Gesandtschaftsbericht von Peking, betreffend die Zustände in Korea.

PAAA_RZ201-018911_060 f.			
Empfänger	Bismarck	Absender	Kusserow
A. 6427 pr. 2. Mai 1889.		Hamburg, den 30. April 1889.	

A. 6427 pr. 2. Mai 1889. 2 Anl.

Hamburg, den 30. April 1889.

№ 41.

Seiner Durchlaucht
dem Fürsten von Bismarck.

Euerer Durchlaucht beehre ich mich mit Bezug auf den hohen Erlaß № 294 vom 15. Dezember v. Js.[41] den Bericht des kaiserlichen Gesandten in Peking vom 29. Oktober v. Js., betreffend die Zustände in Korea, nach auftragsgemäßer Verwertung hierneben gehorsamst zurückzureichen.

Kusserow.

Inhalt: Gesandtschaftsbericht von Peking, betreffend die Zustände in Korea. 2 Anlagen.

---

41 A. 16764 C i. a. gehorsamst beigefügt.

[ ]

PAAA_RZ201-018911_062			
Empfänger	Auswärtiges Amt in Berlin	Absender	[o. A.]
A. 9525 pr. 6 Juli 1889.		[o. A.]	

A. 9525 pr. 6 Juli 1889. p. m.

Berliner Tageblatt
6. 7. 89.

□ London, 6. Juli. (Privat-Telegramm des Berl. Tageblatts.)

Dem „Standard" wird aus Shangai gemeldet: In Hankow ist abermals ein gegen die Fremden gerichteter Aufstand ausgebrochen; das britische Kanonenboot „Merlin" ist zum Schutz der bedrängten Europäer dorthin abgegangen. Ein chinesisches Geschwader beobachtet die russischen Kriegsschiffe an der Ostküste Korea. Die Zustände in Seoul sind sehr beunruhigend, das Kanonenboot „Espoir" ist zum Schutz der britischen Interessen nach Chemulpo beordert.

Betreffend die Stellung des chinesischen Vertreters in Korea und das koreanische Schutzverhältnis.

PAAA_RZ201-018911_064 ff.			
Empfänger	Bismarck	Absender	Clemens von Ketteler
A. 12460 pr. 12. September 1889.		Peking, den 19. Juli 1889.	
Memo	cfr. A. 5684 mitg. 13. 9. London 796, Petersburg 303		

A. 12460 pr. 12. September 1889. a. m.

Peking, den 19. Juli 1889.

A. № 232.

Seiner Durchlaucht
dem Fürsten von Bismarck.

Euerer Durchlaucht habe ich die Ehre über einen von der Regierung der Vereinigten Staaten befohlenen, durch den hiesigen Gesandten ausgeführten Versuch, das Tsungli-yamên zu einer bestimmten Erklärung über den öffentlichen Charakter des chinesischen Vertreters in Korea und über die ihm von der chinesischen Regierung zuerkannte Stellung zu bewegen, sowie weiter über die in erneuter und verschiedenster Form hervortretende Betonung des koreanischen Schutzverhältnisses seitens der chinesischen Behörden, die nachstehenden Einzelheiten ganz gehorsamst zu unterbreiten.

Nach einer mittheilung des hiesigen amerikanischen Gesandten, Colonel Denby, hatte sich der amerikanische Minister-Resident in Söul, Herr Dinsmore, bei seiner Regierung über die Haltung des dortigen chinesischen Vertreters, Taotai Yuan, beschwert, welcher fast regelmäßig auf die verschiedenen von Herrn Dinsmore als Doyen des diplomatischen Korps in Korea an ihn gerichtete Aufforderungen zu gemeinsamen Besprechungen sein Nichterscheinen durch Unwohlsein entschuldige und seinen Sekretär entsende, um den Verhandlungen der diplomatischen und konsularischen Vertreter beizuwohnen.

Herr Dinsmore hat daher seine Regierung gebeten, die nötigen Schritte um Aufklärung der amtlichen Stellung Yuans bei dem Tsungli-yamên in Peking tun zu wollen. Der chinesische Vertreter lege sich den englischen Titel "Resident" bei und suche seine Nichtbeteiligung an gewissen gemeinsamen Schritten der fremden Vertreter in Korea durch seine exzeptionelle Stellung und das abhängige Verhältnisse, in welchem Korea zu seiner

Regierung stehe, zu rechtfertigen.

Den direkten Anlaß zu solchem Antrag des amerikanischen Gesandten auf Klärung des Verhältnisses des chinesischen Vertreters zu seinen Kollegen dürfte mithin wohl insbesondere das Schreiben geliefert haben, welches Herr Yuan im Februar d. J. an den Doyen gerichtet hatte, um die Gründe darzulegen, welche ihn verhinderten, einer gemeinsamen Beratung der fremden Vertreter behufs Unterstützung koreanischer Notleidender beizutreten, während in demselben gleichzeitig die Abhängigkeit des koreanischen Herrschers und Landes ausdrücklich betont wurde.

Der Text dieses Schreibens des Taotai Yuan sowie die mit der Weigerung desselben zusammenhängenden Umstände sind mittels des Berichtes des Kaiserlichen Konsuls in Söul vom 2. März d. J. № 21 [42] zu Euerer Durchlaucht hohen Kenntnis gebracht worden. Nachdem das Staats-Department zu Washington, dem Antrag des Minister-Residenten in Korea entsprechend, den hiesigen Gesandten Amerikas mit den erforderlichen Schritten bei der chinesischen Regierung beauftragt hatte, richtete Colonel Denby eine Note an das Tsungli-yamên in welcher er im Auftrag seiner Regierung um eine die amtliche Stellung und Eigenschaft des chinesischen Vertreters in Korea in unzweideutiger Weise kennzeichnende Erklärung bat.

Das Tsungli-yamên hat darauf vor wenigen Tagen mit einer Note geantwortet, in welcher der Prinz und die Minister ausführlichst auseinandersetzen, wie in Anbetracht der Tatsache, daß Korea ein Schutzstatt Chinas sei, von einem Vergleich der Stellung ihres dortigen Vertreters mit der der diplomatischen und konsularischen Agenten der Vertragsmächte wohl nicht die Rede sein könne und wie derselbe zu einer ganz abgesonderten Thätigkeit berufen sei.

Die Note des Tsungli-yamên soll es ängstlich vermeiden, dem chinesischen Vertreter eine andere Bezeichnung als die seines früheren Rang-titels "Taotai", d. h. ein im inneren Verwaltungsdienst beschäftigter chinesischer Beamter, beizulegen, obschon den Ministern die Äquivalente, die für die Rangstufen der diplomatischen und konsularischen Beamten genau den unsrigen entsprechend im chinesischen gewählt sind, nicht ungeläufig sein dürften.

Die einzige direkte Antwort, zu der die Minister des Tsungli-yamên sich der Anfrage der amerikanischen Regierung gegenüber herbeigelassen haben, liegt in der Erklärung, Yuan Taotai sei angewiesen "die Angelegenheiten Chinas in Korea zu verwalten", ein Ausdruck, den die Übersetzung des amerikanischen Gesandtschafts-Dolmetschers mit den Worten "to manage Chinese affairs in Corea" wiedergibt.

---

42 A. 6049 i. a. ehrerbietigst beigefügt.

Nachdem mir Colonel Denby mit diesen mittheilungen seinen Unmut über solch ausweichende Antwort des Tsungli-yamên zu erkennen gegeben, kritisierte er zugleich in schärfster Weise den ihm gewordenen Auftrag seiner Regierung, von dessen Fruchtlosigkeit er schon vor Ausführung desselben völlig überzeugt gewesen sei. Der naheliegende Gedanke, daß er diese Anfrage bis nach Eintreffen seiner diesbezüglichen Vorstellungen in Washington und somit bis zu einer eventuellen Rücknahme des Auftrages hätte verschieben können, indem er durch Übernahme solcher Verantwortung seine Regierung eventuell vor einem resultatlosen Schritt bewahrt hätte, schien dem Gesandten jedoch keineswegs in den Sinn gekommen zu sein, ebensowenig auch die Erwägung, daß er sich eine unbefriedigende Antwort des Tsungli-yamên, wenn schon unvermeidlich, so doch weniger unangenehm mündlich geholt haben würde.

Colonel Denby erachtet mit der Einholung dieser Antwort und deren Übermittlung nach Washington seine Aufgabe in dieser Richtung für gelöst.

Ebenso wie der Tsungli-yamên in dieser Angelegenheit gehandelt, lassen erfahrungsgemäß auch die chinesischen Beamten in den geöffneten Häfen keine Gelegenheit vorübergehen, um das Schutzverhältnis und die Abhängigkeit, in welcher Korea nach ihrer Auffassung steht, zu betonen.

So hat vor einigen Tagen und noch ehe die oben angeführte Anfrage der amerikanischen Regierung und deren Beantwortung zu meiner Kenntnis gelangt war, der Zoll-Taotai von Tientsin in diesem Sinne eine eigenmächtige Entscheidung getroffen, über deren weitere Behandlung ich mir einen besonderen ganz gehorsamsten Bericht, nachdem die Angelegenheit ein weiteres Stadium erreicht haben wird, ehrerbietigst vorbehalten darf.

Der Taotai Liu war nämlich plötzlich auf den Einfall gekommen, gewisse von Korea aufgrund des deutschen Handelsvertrages ausgeführte Waren, die im Verschiffungshafen nach dem unserem Vertrage beigefügten Zolltarif besteuert worden und für welche bei deren Einfuhr in Tientsin von dem deutschen Importeur der volle Einfuhrzoll nach dem chinesischen Zolltarif an das Zollamt entrichtet worden war, in dem Augenblick als einheimische Ware zu behandeln, in welchem dieselbe in das Innere des Landes transportiert werden sollte. Er verweigerte daher die von dem kaiserlichen Konsul beantragte Abstempelung der Inlandpässe unter dem Vorgeben, daß die Ware, koreanisches Papier, als Produkt eines Schutzstaates und mithin als einheimische Ware nicht die Vorrechte der fremden Waren auf vorherige Erlegung der Inlandsteuer für sich in Anspruch nehmen könne, sondern vielmehr zu der Bezahlung sämtlicher Likinabgaben auf dem Wege heranzuziehen sei.

Da der Taotai die Angelegenheit zur Entscheidung an den Tsungli-yamên referiert und hiervon den kaiserlichen Konsul in Tientsin benachrichtigt hatte, so habe ich mich für verpflichtet gehalten, dem yamên keine Zweifel über die diesseitige Auffassung der Angelegenheit zu lassen und demgemäß gelegentlich eines kürzlich den Ministern abgestatteten Besuches, die Angelegenheit in der freundschaftlichsten Weise erörtert.

Ich betonte dabei jedoch auf das Entschiedenste, daß die Frage des Ursprungs der Ware in dem vorliegenden Fall als durchaus irrelevant beiseite gelassen werden könne, ich jedoch darauf bestehen müsse, daß alle Waren, für welche von dem chinesischen Zollamt eigenhändig der volle Importzoll und nicht der Küstenzoll erhoben würde, die also von dem Zollamt selbst bei der ersten Behandlung als durchaus fremden Ursprungs anerkannt worden seien, auch weiterhin die Vorteile und Rechte genössen, welche ihnen nicht allein allgemein vertragsmäßig, sondern auch in diesem Fall durch das sie deckende Zertifikat der Erlegung der ganzen Importsteuer zuständen.

Den Ministern war die Angelegenheit bereits bekannt und schien die Erörterung derselben sie peinlich zu berühren. Sie versprachen den Streitfall mit möglichster Beschleunigung, und wie sie hofften, in einer für uns befriedigenden Weise in Tientsin zur Erledigung bringen zu wollen.

Ich glaubte jedoch die Gelegenheit nicht vorübergehen lassen zu dürfen, ohne die Minister darauf aufmerksam zu machen, wie unerwünscht es erscheine, wenn derartige Angelegenheiten durch einen willkürlichen Akt irgendeines der Provinzialbeamten notgedrungen zum Gegenstand der diesseitigen Erörterung mit dem Tsungli-yamên gemacht werden müßten.

Auf eine vage Entgegnung, welche die Schwierigkeiten andeuten sollte, die die chinesische Regierung in der Behandlung der koreanischen Frage finde und die eine nachsichtige und wohlwollende Stellungnahme der Vertragsmächte wohl verdiene, konnte ich nicht umhin, die Aufmerksamkeit der Minister auf die Tatsache zu lenken, daß die deutsche Vertretung in Korea sowie auch die hiesige Gesandtschaft sicherlich allen politischen Fragen betreffs der Stellung Koreas zu China und zu anderen Ländern bisher strengstens ferngeblieben sei und wir wohl zur Genüge dargethan hätten, daß Deutschland einzig und allein rein kommerzielle Interessen in Korea verfolge. Wir könnten jedoch auch um so mehr die freie, unbeschränkte Ausübung unseres Vertragsrechtes und die unbeschädigte Aufrechterhaltung aller Handelsbeziehungen verlangen, als wir eben durch jene Haltung in den verschiedenen, im Laufe der letzten Jahre Korea in Bewegung setzenden Fragen uns den Dank der koreanischen Regierung und, falls China ein Interesse an dem Wohl jenes Landes nehme, auch den der chinesischen Regierung gesichert haben sollten.

Die Minister gestanden die Richtigkeit meiner obigen Ausführungen in anerkennender Weise zu und versprachen nochmals die Tientsin-Waren-Angelegenheit ernstlich betreiben und mich von dem Resultat ihrer Bemühungen demnächst benachrichtigen zu wollen.

Euerer Durchlaucht werde ich sobald ein weiterer die Handlungsweise des Tsungli-yamên charakterisierender Schritt in dieser Sache gethan sein wird, über die Angelegenheit in ihrer Gesamtheit ganz gehorsamst Vortrag halten und darf ich schon jetzt der Hoffnung Raum geben, daß die von mir in dieser Frage bisher beobachtete Haltung Euerer Durchlaucht hohe Billigung finden möge.

Eine Abschrift dieses meines ganz gehorsamsten Berichts habe ich nicht verfehlt, sowohl dem kaiserlichen Gesandten in Tokyo wie auch dem kaiserlichen Konsul in Söul zugehen zu lassen.

Ketteler.

Inhalt: Betreffend die Stellung des chinesischen Vertreters in Korea und das koreanische Schutzverhältnis.

Berlin, den 13. September 1889. A. 12460.

An
die Botschaft in
1. London № 196.
2. St. Petersburg № 303.
Sicher!

Vertraulich!

Euerer p übersende ich anbei ergebenst Abschrift eines Berichts des K. Geschäftsträgers in Peking vom 19ten Juli d. J., betreffend eine chinesisch-amerikanische Differenz und die Stellung des chinesischen Vertreters in Korea,
ad 2 u. 3: zu Ihrer Information

ad 1: zu Ihrer Information und mit der Ermächtigung den Inhalt nach Ihrem Ermessen vertraulich zu verwerthen.

N. S. E
i. m.

[ ]

PAAA_RZ201-018911_085 ff.			
Empfänger	Bismarck	Absender	Ketteler
A. 12460 pr. 12. September 1889.		Peking, den 19. Juli 1889.	
Memo	In nächst. Fass. mitg. 13. 9. London 796, Petersburg 303		

Auszug

A. 12460 pr. 12. September 1889. a. m.

Peking, den 19. Juli 1889.

A. № 232.

Seiner Durchlaucht
dem Fürsten von Bismarck.

p. p Nach einer mittheilung des hiesigen amerikanischen Gesandten, Colonel Denby, hatte sich der amerikanische Minister-Resident in Söul, Herr Dinsmore, bei seiner Regierung über die Haltung des dortigen chinesischen Vertreters, Taotai Yuan, beschwert, welcher fast regelmäßig auf die verschiedenen von Herrn Dinsmore als Doyen des diplomatischen Korps in Korea an ihn gerichteten Aufforderungen zu gemeinsamen Besprechungen sein Nichterscheinen bei denselben durch Unwohlsein entschuldige und seinen Sekretär entsende, um den Verhandlungen der diplomatischen und konsularischen Vertreter beizuwohnen.

Herr Dinsmore hat daher seine Regierung gebeten, die nötigen Schritte um Aufklärung der amtlichen Stellung Yuans bei dem Tsungli-yamên in Peking tun zu wollen. Der chinesische Vertreter lege sich den englischen Titel "Resident" bei und suche seine Nichtbeteiligung an gewissen gemeinsamen Schritten der fremden Vertreter in Korea durch seine exzeptionelle Stellung und das abhängige Verhältnis, in welchem Korea zu seiner Regierung stehe, zu rechtfertigen.

Colonel Denby richtete infolgedessen eine Note an des Tsungli-yamên, in welcher er im Auftrag seiner Regierung um eine, die amtliche Stellung und Eigenschaft des chinesischen Vertreters in Korea in unzweideutiger Weise kennzeichnende Erklärung bat.

Das Tsungli-yamên hat darauf vor wenigen Tagen mit einer Note geantwortet, in welcher der Prinz und die Minister ausführlichst auseinandersetzen, wie in Anbetracht der Tatsache, daß Korea ein Schutzstaat Chinas sei, von einem Vergleich der Stellung ihres dortigen Vertreters mit der der diplomatischen und konsularischen Agenten der Vertragsmächte wohl nicht die Rede sein könne und wie derselbe zu einer ganz abgesonderten Thätigkeit berufen sei.

Die Note des Tsungli-yamên soll es ängstlich vermeiden, dem chinesischen Vertreter eine andere Bezeichnung als die seines früheren Rangtitels "Taotai", d. h. "ein im inneren Verwaltungsdienst beschäftigter chinesischer Beamter", beizulegen, obschon den Ministern die Äquivalente, die für die Rangstufe der diplomatischen und konsularischen Beamten den unsrigen entsprechend im Chinesischen gewählt sind, nicht ungeläufig sein dürften.

Die einzige direkte Antwort, zu der die Minister des Tsungli-yamên sich der Anfrage der amerikanischen Regierung gegenüber herbeigelassen haben, liegt in der Erklärung, Yuan Taotai sei angewiesen, "die Angelegenheiten Chinas in Korea zu verwalten", ein Ausdruck, den die Übersetzung des amerikanischen Gesandtschafts-Dolmetschers mit den Worten "to manage Chinese affairs in Corea" wiedergibt. pp.

Ketteler

Rückkehr des Herrn Denny.

PAAA_RZ201-018911_088 ff.			
Empfänger	Bismarck	Absender	Krien
A. 12698 pr. 17. September 1889.		Söul, den 18. Juli 1889.	
Memo	J. № 380.		

A. 12698 pr. 17. September 1889. a. m.

Söul, den 18. Juli 1889.

Kontrolle № 50.

Seiner Durchlaucht
dem Fürsten von Bismarck.

Im Anschluß an den Bericht № 18. vom 16. Februar d. J.[43] habe Euerer Durchlaucht ich die Ehre ganz gehorsamst zu melden, daß der Rathgeber des Königs, Herr Denny, am 2. d. Mts. wider Erwarten nach Söul zurückgekehrt ist. Derselbe hatte sich in der Zwischenzeit einige Monate in Shanghai und kurze Zeit in Hongkong und Nagasaki aufgehalten.

Eine Abschrift dieses Berichtes sende ich an die kaiserliche Gesandtschaft zu Peking.

Krien.

Inhalt: Rückkehr des Herrn Denny.

43 A. 5491 i. a. ehrerbietigst beigefügt.

Ernennung des Beamten Min-chong-muk zum Präsidenten des Auswärtigen Amts.

PAAA_RZ201-018911_091 ff.			
Empfänger	Bismarck	Absender	Krien
A. 12699 pr. 17. September 1889.		Söul, den 1. August 1889.	
Memo	cfr. A. 355 de 93 mtg. 18. 9. Hamburg 165 J. № 396.		

A. 12699 pr. 17. September 1889. a. m.

Söul, den 1. August 1889.

Kontrolle № 53.

Seiner Durchlaucht
dem Fürsten von Bismarck.

Euerer Durchlaucht habe ich im Anschluß an den ganz gehorsamsten Bericht № 61 vom 12, September v. J.[44] die Ehre zu melden, daß der Posten des Präsidenten des hiesigen Auswärtigen Amts am 29. v. Mts. wieder endgültig besetzt worden ist, nachdem derselbe lange Zeit hindurch, zuletzt durch den Vize-Präsidenten Tcho-piong-chik, kommissarisch verwaltet worden war.

Der neue Vorsteher des Auswärtigen Amts Min-chong-muk ist ein Beamter erster Klasse. Er war bisher Vize-Präsident im Staatsrat und ist einer der bestgekannten Würdenträger, weil er die diplomatischen und konsularischen Vertreter bei dem König einzuführen pflegte und bei den Audienzen derselben stets zugegen war. Mit der Königin ist er nicht verwandt.

Der letzte stellvertretende Präsident ist zum Vize-Präsident der Staatskasse ernannt worden. Diese Ernennung gilt entschieden als eine Beförderung und beweist, daß er sich durch seine neuliche Haltung dem französischen Kommissar gegenüber (Bericht № 42 vom 24. Juni d. J.) nicht die Ungnade des Königs zugezogen hat.

Behufs Aufbesserung seiner Finanzen ist ihm außerdem die einträgliche Stelle eines militärischen Gouverneurs von Songdo in der Provinz Kyongkuido, der früheren Hauptstadt

44 A. 14916 i. a. ehrerbietigst beigefügt

von Korea, verliehen worden. Die Stadt ist noch immer der größte und reichste Handelsplatz Koreas. Der Anbau des wertvollen roten Ginsengs ist allein in dem Bezirk von Songdo gestattet.

Eine Abschrift dieses ganz gehorsamsten Berichts sende ich an die kaiserliche Gesandtschaft zu Peking.

Krien.

Inhalt: Ernennung des Beamten Min-chong-muk zum Präsidenten des Auswärtigen Amts.

Berlin, den 18. September 1889.

A. 12699.

An
die königliche Gesandtschaft
in
Hamburg № 165.

Euerer p übersende ich anbei ergebenst Abschrift eines Berichts des K. Konsuls in Söul, vom 1ten v. M., betreffend Ernennung des neuen Präsidenten für die auswärtigen Angelegenheiten, im Anschluß an den Erlaß № 263, v. 15. Nov. v. Js. und unter Bezugnahme auf den Erlaß vom 4. März 1885 mit der Ermächtigung zur mittheilung.

N. S. E
i. m.

Die amerikanischen Militär-Instrukteure.

PAAA_RZ201-018911_096 ff.			
Empfänger	Bismarck	Absender	Krien
A. 3469 pr. 12. März 1890.		Söul, den 14. Januar 1890.	
Memo	cfr. A. 10645, cfr. A. 5676 J. № 37.		

A. 3469 pr. 12. März 1890. a. m. 1 Anl.

Söul, den 14. Januar 1890.

Kontrolle № 7.

Seiner Durchlaucht
dem Fürsten von Bismarck.

Euerer Durchlaucht habe ich die Ehre in der Anlage Abschrift einer Notiz der Zeitung "Ostasiatischer Lloyd" vom 29. November v. J. ganz gehorsamst zu überreichen. Danach sollen die amerikanischen Militär-Instrukteure entlassen worden sein und die koreanischen Truppen jetzt nach russischer Methode einexerziert werden.

Die Nachricht stammt aus dem "Hongkong Telegraph" vom 7. November v. Js. Sie rührt von dem Berichterstatter dieser Zeitung, einem in Chemulpo lebenden Engländer, namens Duncan, her, und ist auch in englische und amerikanische Zeitungen übergegangen. Dieselbe ist jedoch in dieser Form unrichtig.

Von den drei amerikanischen Militär-Instrukteuren, deren Eintreffen in Söul Euerer Durchlaucht ich unter dem 18. April 1888 (№ 22) zu melden die Ehre hatte, sind Mitte September v. J. Colonel Cummins und Major Lee entlassen worden, und zwar der erstere, ein bequemer, alter Herr von 63 Jahren, weil er sich weigerte den theoretischen Unterricht in den militärischen Hilfswissenschaften, Mathematik pp., zu erteilen und auch den praktischen Übungen der Soldaten sehr unregelmäßig beizuwohnen pflegte. Major Lee wird beschuldigt, als Berichterstatter des "Philadelphia Evening Telegraph" unwahre und ungünstige Berichte über koreanische Verhältnisse veröffentlicht zu haben und seinen Dienst nicht zu verstehen. Beide Offiziere, deren Verträge mit der koreanischen Regierung im Mai d. J. ablaufen, haben dem hiesigen Minister-Residenten der Vereinigten Staaten wegen der ihres Erachtens unrechtmäßigen Entlassung Beschwerden eingereicht und sind bisher in Söul verblieben.

General Dye, der Chef der Militär-Mission, hat für die koreanische Armee eine eigene Taktik geschrieben, welche zwar das amerikanische Exerzier-Reglement zur Grundlage hat, von demselben indessen in einigen Punkten abweicht. Da der genannte Offizier ein vertrauter Freund des russischen Geschäftsträgers Waeber ist, so hat der p. Duncan - welcher auch Anfangs v. Js. die Alarmnachricht von der Besetzung Deer-Islands durch die Russen nach Shanghai gemeldet hatte - wahrscheinlich wider besseres Wissen in den Zeitungen verbreitet, daß das russische Exerzier-Reglement in Korea eingeführt worden sei.

Außer General Dye bildet gegenwärtig ein von der koreanischen Regierung Ende 1887 engagierter früherer Amtsdiener bei dem amerikanischen Konsulat in Kobe, namens Nienstead, der sich den Titel eines "Captain" beigelegt hat, einen Teil der koreanischen Truppen sowie etwa 40 Kadetten aus.

Eine Abschrift dieses ganz gehorsamsten Berichtes sende ich an die kaiserliche Gesandtschaft zu Peking.

Krien.

Inhalt: Die amerikanischen Militär-Instrukteure. 1 Anlage.

Anlage zum Bericht № 7

Abschrift

einer Notiz der Zeitung "Ostasiatischer Lloyd" vom 29. November 1889.

Korea.

Wie verlautet, ist die amerikanische Exerziermethode, nach welcher die koreanischen Offiziere seit etwa Jahresfrist einexerziert wurden, abgeschafft worden und die russische Methode an ihre Stelle gesetzt worden. Die russische Gesandtschaft in Söul soll behufs dieses Zweckes ein russisches Exerzier-Reglement ins Koreanische übersetzt haben. Den amerikanischen Militär-Instrukteuren ist eröffnet worden, daß man ihrer Dienste nicht länger bedarf. Ihr Kontrakt mit der koreanischen Regierung läuft jedoch nicht vor Mai nächsten Jahres ab, und, wie verlautet, wird ihre Entlassung zu einem Prozess führen, da die Regierung sich weigert, das bis zu jener Zeit fällige Gehalt auszuzahlen. Einer dieser Instrukteure, Major Lee, ist ein naher Verwandter des verstorbenen Generals Lee, dessen Name in dem Krieg zwischen den Nord- und Südstaaten bekannt wurde.

Ernennung des Amerikaners General Le Gendre zum Vize-Präsidenten im Ministerium des Innern.

PAAA_RZ201-018911_104 ff.			
Empfänger	Bismarck	Absender	Krien
A. 5671 pr. 2. Mai 1890.		Söul, den 13. März 1890.	
Memo	cfr. 7087 J. № 160.		

A. 5671 pr. 2. Mai 1890. a. m.

Söul, den 13. März 1890.

Kontrolle № 27.

Seiner Durchlaucht
dem Fürsten von Bismarck.

Euerer Durchlaucht habe ich die Ehre ganz gehorsamst zu berichten, daß die hiesige amtliche Zeitung vom 9. d. Mts. die Ernennung des amerikanischen General Le Gendre zum Vize-Präsidenten im koreanischen Ministerium des Innern mit dem Rang eines Beamten zweiter Klasse enthält. Der Genannte traf hier vor drei Wochen von Tokyo ein und gilt allgemein als der seitens der japanischen Regierung empfohlene Nachfolger des Herrn Denny, dessen zweijähriger Vertrag Mitte Mai d. J. abläuft.

Wie mir der japanische Attaché Hayashi vor einigen Tagen mittheilte, ist General Le Gendre zuletzt im japanischen Finanzministerium beschäftigt gewesen.

Über das Herrn Le Gendre von der koreanischen Regierung zugesicherte Gehalt habe ich bisher nichts Zuverlässiges erfahren können. Hiesige amerikanische Missionare behaupten, daß ein Monatsgehalt von $500 vereinbart worden sei. Abschriften dieses ganz gehorsamsten Berichts sende ich an die kaiserlichen Gesandtschaften zu Peking und Tokyo.

Krien.

Inhalt: Ernennung des Amerikaners General Le Gendre zum Vize-Präsidenten im Ministerium des Innern.

[ ]

PAAA_RZ201-018911_108 ff.			
Empfänger	Bismarck	Absender	Brandt
A. 5672 pr. 2. Mai 1890.		Peking, den 20. März 1890.	

Abschrift

A. 5672 pr. 2. Mai 1890. a. m.

Peking, den 20. März 1890.

A. № 89.

Vertraulich.

Seiner Durchlaucht

dem Fürsten von Bismarck.

Eure Durchlaucht werden durch Berichterstattung von anderer Seite davon in Kenntnis gesetzt worden sein[45], daß der bekannte General Le Gendre, welcher längere Zeit in japanischen Diensten gestanden hat und seit einer Reihe von Jahren in nicht ganz klarer Stellung in Tokyo lebt, vor kurzem in Söul aufgetaucht ist. Sein Eintreffen in Korea ist mit der Rückkehr des koreanischen Geschäftsträgers in Japan nach seiner Heimat zusammengefallen.

Wie mir aus ganz zuverlässiger Quelle mitgetheilt wird, soll General Le Gendre in Söul den Versuch gemacht haben, die Leitung der Seezollämter in den geöffneten Häfen in seine Hand zu bekommen. Die chinesische Regierung, welche über diesen Versuch durch den Residenten Yuan unterrichtet worden ist, hat demselben die Weisung zugehen lassen, sich einem derartigen Versuch mit aller Entschiedenheit zu widersetzen, und auch Sir Robert Hart hat seine an der Spitze der koreanischen Seezölle stehenden Beamten angewiesen, in keinem Fall die Verwaltung derselben an den p. Le Gendre abzugeben.

Der hiesige japanische Gesandte, Herr Otori, behauptet, nichts von den Gründen, welche den General Le Gendre zum Besuch von Korea bewogen haben, zu wissen; Die mittheilungen des kaiserlichen Gesandten in Tokyo lassen die Mitwissenschaft der japanischen Regierung und des koreanischen Geschäftsträgers aber als zum mindesten nicht außerhalb des Bereichs der Möglichkeit stehend erscheinen.

45 A. 5671

Mein englischer Kollege Sir John Walsham sieht in der Anwesenheit des p. Le Gendre in Korea ein sehr bedenkliches Zeichen und hat sich mir gegenüber eingehend über die Gefahren ausgesprochen, welche sich daraus ergeben würden, wenn die Intrigen desselben und der anderen amerikanischen Abenteurer, die sich Korea zum Feld ihrer Thätigkeit erwählt haben, China zum Einschreiten veranlaßten und dadurch noch eine russische Einmischung hervorriefen.

Der nach den Zeitungsnachrichten für Korea neuernannte amerikanische Minister-Resident, Mr. Augustine Heard, ist ein früherer Kaufmann, dessen sehr bedeutendes Haus in China Mitte der siebziger Jahre seine Zahlungen einstellen mußte.

Herr Heard, der mir persönlich sehr wohl bekannt ist, war früher ein durchaus verständiger Mann, dessen Bildung und Umgangsformen weit über das gewöhnliche Maß der Kaufleute in fernen Osten hinausgingen; seine Ernennung scheint jedenfalls darauf hinzudeuten, daß man amerikanischerseits einen mit den Verhältnissen Ostasiens vertrauten Mann in Söul zu sehen wünscht.

gez. Brandt.

Orig. i. a. Japan 1

Die Entlassung der amerikanischen Militär-Instrukteure Cummins und Lee betreffend.

PAAA_RZ201-018911_111 ff.			
Empfänger	Bismarck	Absender	Krien
A. 5676 pr. 2. Mai 1890.		Söul, den 14. März 1890.	
Memo	cfr. A. 3991 J. № 161.		

A. 5676 pr. 2. Mai 1890. a. m.

Söul, den 14. März 1890.

Kontrolle № 28.

Seiner Durchlaucht
dem Fürsten von Bismarck.

Euerer Durchlaucht habe ich die Ehre unter Bezugnahme auf den Bericht des kaiserlichen Gesandten zu Peking vom 5. v. Mts. [46] und im Anschluß an meinen ganz gehorsamsten Bericht № 7 vom 14. Januar d. J.[47] zu melden, daß nach einer mittheilung des Majors Lee der hiesige Minister-Resident der Vereinigten Staaten von dem Staatssekretär Blaine die nachstehenden Weisungen erhalten hat:

Er solle sich bemühen, die Angelegenheit der beiden entlassenen Militärinstrukteure Colonel Cummins und Major Lee auf gütlichem Wege mit der koreanischen Regierung zum Austrag zu bringen. Falls sich die beiden Offiziere grobe Ungehörigkeiten oder Pflichtversäumnisse (malfeasance or dereliction of duty) hätten zuschulden kommen lassen, so solle er darauf bestehen, daß ihnen das vertragsmäßige Rückreisegeld von je $/500.- ausgezahlt würde. Wenn denselben indessen die gedachten Vergehen nicht nachgewiesen werden könnten, so solle er darauf dringen, daß ihnen ihr volles Gehalt bis zum Ablauf ihrer Kontrakte nebst den bedungenen Kosten der Rückreise nach Amerika seitens der koreanischen Regierung entrichtet werde.-

Herr Dinsmore teilte mir neulich gesprächsweise mit, daß er den Präsidenten des Auswärtigen Amts wiederholt schriftlich aufgefordert hätte, die seitens der koreanischen

46 II Akten 2 ehrerbietigst beigefügt.

47 A. 3469 ehrerbietigst beigefügt.

Regierung gegen die beiden Offiziere erhobene Anschuldigung zu begründen, daß er von demselben jedoch eine Antwort nicht erlangen könnte. Der General Han-Kiu-sol, welcher die Verträge mit den Militärinstrukteuren für die koreanische Regierung unterzeichnet hat, hätte ihm gegenüber vor einiger Zeit geäußert, daß die Unfähigkeit des Majors Lee selbst den koreanischen Soldaten aufgefallen sei, da derselbe einmal ein ganz falsches Kommando gegeben habe. Er (Herr Dinsmore) habe über eine derartige Behauptung sein Erstaunen ausgedrückt und dem General erklärt: "Die Offiziere seien auf jahrelanges unablässiges Bitten der koreanischen Regierung von der höchsten militärischen Kapazität der Vereinigten Staaten, dem inzwischen verstorbenen General Sheridan, ausgewählt worden. und es sei eine Anmaßung der Koreaner, ihr Urteil über dasjenige des genannten Generals zu stellen. Selbst wenn der Major Lee einmal ein fehlerhaftes Kommando gegeben hätte, so sei dies noch immer kein Grund zu seiner Entlassung. Die koreanische Regierung hätte die Freundlichkeit (kindness) der Vereinigten Staaten mit einer Beleidigung (insult) erwidert."

Herr Dinsmore hat ferner dem Präsidenten erklärt: Da er von ihm auf seine Schreiben keine Antworten erhielte und somit nicht mit der ihm gebührenden Rücksicht behandelt würde, so sei er außerstande, bis auf Weiteres den Einladungen des Königs zu Audienzen Folge zu leisten. In der That hat der amerikanische Minister-Resident den beiden letzten Audienzen des Königs nicht beigewohnt.

Dem Major Lee hat er auf dessen Anfrage über den Stand seiner Angelegenheit vor einigen Tagen erwidert, daß es ihm zu seinem Bedauern nicht gelungen wäre, die koreanische Regierung zu bewegen, die von ihr in der Streitfrage eingenommene Haltung aufzugeben. Über die von ihm ergriffenen Schritte hätte er nach Washington Bericht erstattet.

Eine Abschrift dieses ganz gehorsamsten Berichts sende ich an die kaiserliche Gesandtschaft zu Peking.

Krien.

Inhalt: Die Entlassung der amerikanischen Militär-Instrukteure Cummins und Lee betreffend.

Weigerung des chinesischen Vertreters an den Sitzungen der fremden Vertreter teilzunehmen.

PAAA_RZ201-018911_119 ff.			
Empfänger	Bismarck	Absender	Krien
A. 5684 pr. 2. Mai 1890.		Söul, den 11. März 1890.	
Memo	s. Ang. v. 6. 5. Söul A. 2, Peking A. 12 J. № 156.		

A. 5684 pr. 2. Mai 1890. p. m. 1 Anl.

Söul, den 11. März 1890.

Kontrolle № 26.

Seiner Durchlaucht
dem Fürsten von Bismarck.

Euerer Durchlaucht habe ich die Ehre in Bezugnahme auf den Bericht[48] der kaiserlichen Gesandtschaft zu Peking vom 19. Juli v. J. ganz gehorsamst zu melden, daß in einer am 4. Januar auf dem hiesigen Auswärtigen Amt abgehaltenen Sitzung des Präsidenten des Auswärtigen Amts und der fremden Vertreter der Minister-Resident der Vereinigten Staaten die Aufmerksamkeit der Anwesenden auf den Umstand lenkte, daß anstelle des Herrn Yuan der Sekretär der chinesischen Gesandtschaft und stellvertretende Konsul in Söul, Herr Tong, an der Versammlung teilnahm.

Herr Dinsmore führte aus, daß den Beratungen des diplomatischen Korps grundsätzlich nur die Vorsteher der fremden Vertretungen beiwohnen sollten. Selbstverständlich würde er nichts dagegen einzuwenden haben, wenn Herr Tong gelegentlich, beispielweise bei Erkrankung des Herrn Yuan, in den Sitzungen erschiene, lediglich um den Gang der Verhandlungen zu verfolgen und seinem Vorgesetzten zu berichten. Da der letztere sich indessen regelmäßig entschuldigen und durch seinen Sekretär vertreten ließe, so müßte er dagegen Einsprache erhaben. Eine solche Gepflogenheit wäre seines Erachtens unstatthaft, unter anderem deswegen, weil die koreanische Regierung den Eindruck erhalten könnte, als ob Herr Yuan berechtigt wäre. sich seinem Range und seiner Stellung nach als über den fremden Vertretern stehend zu betrachten. Er könnte nicht umhin, die geflissentliche

48 A. 12460/89 i. a. ehrerbietigst beigefügt.

Abwesenheit des Herrn Yuan als eine Geringschätzung (slight) des diplomatischen Korps anzusehen, und er wäre von seiner Regierung instruiert worden, über die Teilnahme eines Agenten des Herrn Yuan an den Beratungen der fremden Vertreter sein Mißbilligung zu bekunden. Während der drei Jahre, welche er (Herr Dinsmore) in Korea zugebracht, hätte Herr Yuan kaum mehr als einmal den Sitzungen des diplomatischen Korps beigewohnt. Bei allen anderen Gelegenheiten hätte derselbe sich durch einen ihm untergeordneten Beamten vertreten lassen. Herr Dinsmore wiederholte, daß er angewiesen sei, das Fortbestehen einer derartigen Praxis zu bekämpfen und ersuchte seine Kollegen, über die in Rede stehende Angelegenheit ihre Ansichten abzugeben.

Herr Waeber erwiderte darauf, daß seines Erachtens über den diplomatischen Gebrauch in solchen Fällen kein Zweifel obwalten könnte. Nur die Vertreter selbst wären berechtigt, an den Sitzungen des diplomatischen Korps teilzunehmen. Selbstverständlich wäre es unbedenklich, wenn einer oder der andere Vertreter gelegentlich, etwa krankheitshalber, und lediglich zu dem Zweck der Berichterstattung einen Sekretär entsendete.

[49]Die anderen Vertreter enthielten sich jeglicher Meinungsäußerung.

Der Präsident erklärte, Herr Yuan hätte ihn schriftlich benachrichtigt, daß er selbst krankheitshalber nicht erscheinen könnte und daß deshalb Herr Tong ihn vertreten würde.

Herr Dinsmore entgegnete darauf, daß Herr Tong seinen Vorgesetzen bei den Sitzungen des diplomatischen Korps überhaupt nicht vertreten könnte, daß er jedoch gegen das fernere Verweilen desselben nichts einzuwenden hätte.

Herr Tong hielt sich für ermächtigt, anstelle des Herrn Yuan bei den Zusammenkünften der fremden Vertreter zu erscheinen, weil er von dem General-Gouverneur Li-Hung-chang zum "Assistenten" des Herrn Yuan ernannt worden sei und seine Befugnisse über diejenigen eines Legations-Sekretärs hinausgingen, und verblieb in der Versammlung.

Am 10. Januar fand dann auf der amerikanischen Gesandtschaft in Sachen der allgemeinen Fremdenniederlassung von Chemulpo eine Sitzung der hiesigen Vertreter statt, zu welcher Herr Dinsmore auch Herrn Yuan mündlich durch Herrn Tong geladen hatte. Kurz vor Beginn der Versammlung erhielten sämtliche Vertreter einen, dem abschriftlich anliegenden gleichlautenden Brief, mittels dessen es Herren Yuan ablehnt, an den Sitzungen der Vertreter teilzunehmen, wenn diese Sitzungen außerhalb des Auswärtigen Amts abgehalten werden. Derselbe hat indessen das gemeinsame Schreiben der fremden Vertreter, welches infolge der derzeitigen Beratung an den Präsidenten des Auswärtigen Amts gerichtet worden ist, mitunterzeichnet.

Am 8. und 10. d. Mts. fanden wiederum bei dem Doyen des diplomatischen Korps,

---

49 [Randbemerkung] Sehr gut! Dies wird auch dem Berichterstatter auszusprechen sein.

Herrn Dinsmore, Beratungen der fremden Vertreter mit Ausnahme des chinesischen statt, weil die koreanischen Beamten in Chemulpo von den dort eingehenden Exportwaren seit einiger Zeit vertragswidrige Abgaben erheben. Der amerikanische Minister-Resident erklärte in der gestrigen Sitzung, daß er nach der unzweideutigen Absage des Herrn Yuan vom 10. Januar sich nicht für befugt gehalten habe, denselben zu den letzten beiden Sitzungen einzuladen. Bei dem Charakter der zu beratenden Angelegenheit wäre selbstverständlich die Abhaltung der Sitzungen im Auswärtigen Amt ausgeschlossen gewesen.

Ich bemerke schließlich ehrerbietigst, daß die Behauptung des Herrn Dinsmore, der chinesische Vertreter habe in den letzten drei Jahren kaum mehr als einmal den Beratungen des diplomatischen Korps beigewohnt, eine übertriebene ist. Herr Yuan hat zu meiner Zeit mindestens fünfmal an den Sitzungen der fremden Vertreter teilgenommen.

Eine Abschrift dieses ganz gehorsamsten Berichts sende ich an die kaiserliche Gesandtschaft zu Peking.

Krien.

Inhalt: Weigerung des chinesischen Vertreters an den Sitzungen der fremden Vertreter teilzunehmen. 1 Anlage

---

Anlage zum Bericht № 26.
Abschrift

H. I. C. K. Residency,

Söul, Corea, 10. Jan. 1890.

Dear Mr. Krien,

I am informed by Mr. Chief Secretary and Consul Tong that Mr. Dinsmore has called a meeting of the different ···. To discuss matters concerning the General Foreign Settlement at the port of Chemulpo and it is to be held at the U. S. Legation this afternoon.

I regret that I will have to bring to your notice that I shall not be able to attend meetings of such nature held outside of the Korean Foreign Office.

yours truly
(sign:) Yuan Sie Kwai
Per. S. K. Tsai.

[ ]

PAAA_RZ201-018911_131 f.			
Empfänger	Bismarck	Absender	Holleben
A. 5824 pr. 5. Mai 1890.		Tokyo, den 23. März 1890.	

Abschrift.

A. 5824 pr. 5. Mai 1890. p. m.

Tokyo, den 23. März 1890.

A. № 30 A.

Seiner Durchlaucht
dem Fürsten vom Bismarck.

Der Abreise des bisherigen koreanischen Geschäftsträgers, welche ich seinerzeit gemeldet habe, ist ein anderes Ereignis auf dem Fuß gefolgt, über welches Eure Durchlaucht bereits von anderer Seite unterrichtet sein werden, die Entsendung des Generals Le Gendre nach Korea. Dieselbe ist der Abreise des koreanischen Geschäftsträgers nach Söul so schnell gefolgt, daß ein innerer Zusammenhang beider Vorgänge kaum zweifelhaft erscheint. Offiziell wird dies allerdings geleugnet und seitens der japanischen Regierung überhaupt der Standpunkt eingenommen, als ob sie mit der ganzen Sache nichts zu tun habe. Dem widersprechen aber zahlreiche innere Gründe, auch wurde die Reise des Herrn Le Gendre mit auffallender Heimlichkeit betrieben, sodaß es mir nur mit Mühe gelang, den kaiserlichen Konsul in Söul von der wahrscheinlich bevorstehenden Ankunft des genannten Herrn zu unterrichten.

Herr Le Gendre ist, wie ich bereits vor Jahren bei anderen Gelegenheiten zu berichten die Ehre gehabt habe, seit etwa zwanzig Jahren der Vertraute des Grafen Okuma und sowohl von diesem als auch sonst von der japanischen Regierung zu Arbeiten mannigfältigster Art, insbesondere aber zu diplomatischen Sendungen, benutzt worden. Uns so ist es denn, wie überdies der Vicomte Aoki mir zugegeben hat, ein Projekt des Grafen Okuma gewesen, den Genannten als Agenten Japans nach Korea zu dirigieren, um dort der Nachfolger des Herrn Denny zu werden und hat dasselbe in Söul empfohlen. Herr Le Gendre ist einstweilen zum Vize-Präsidenten in Ministerium des Innern ernannt worden, soll aber die Stelle des Herrn Denny bei dem demnächst bevorstehenden Ablauf des Kontraktes desselben erhalten. Freilich hört man hier, daß China Widerspruch hiergegen erhoben habe.

Abschrift dieses Berichts ist der kaiserlichen Gesandtschaft in Peking und dem kaiserlichen Konsulat in Söul zugegangen.

gez. Holleben

orig. i. a. Japan 1

Berlin, den 6. Mai 1890 A. 5684.

An
tit. Herrn Krien.
Söul. A. № 2.

Dem Herrn
Unterstaatssekretär
vorzulegen.

Aus dem gef. Bericht vom 11. März über die Weigerung des chinesischen Vertreters, an den Sitzungen des dortigen diplomatischen Korps teilzunehmen, habe ich den Eindruck gewonnen, daß wohl in erster Linie verletzte Eitelkeit des Herrn Dinsmore Veranlassung zu den Auseinandersetzungen mit Herrn Yuan gegeben hat, denen ich eine politische Bedeutung nicht beizumessen vermag. Ew. tit. wollen bei diesen und ähnlichen Gelegenheiten stets im Auge behalten, daß wir zu großen Wert auf unsere freundschaftlichen Beziehungen zu China legen als daß wir uns der Gefahr aussetzen dürften, dieselben durch gereizte Diskussionen über Etikettenfragen zu trüben, auf die wir keinen besonderen Wert zu legen haben. Ew. tit. werden es deshalb Herrn Dinsmore und Herrn Waeber überlassen, den von ihnen angeregten Streit mit Herrn Yuan auszufechten und demselben gewissermaßen nur als uninteressierte Betrachter beiwohnen.

Zu Ew. tit. Information füge ich hinzu, daß ich dem kaiserlichen Gesandten in Peking Abschrift dieses Erlasses zugestellt habe.

N. S. E.

II. Herrn tit. v. Brandt.
Peking. A. № 2.

Unter Bezugnahme auf den Bericht des kaiserlichen Konsuls in Söul vom 11. März, die Haltung des chinesischen Gesandten in Söul gegenüber dem diplomatischen Korps betreffend, der Ew. tit. von Söul aus direkt zugegangen sein wird, beehre ich mich Ihnen anl. Abschrift des auf jenen Bericht erfolgten Erlasses zur gef. Kenntnisnahme zu übersenden.

N. S. E.

[ ]

PAAA_RZ201-018911_137 f.			
Empfänger	Caprivi	Absender	Holleben
A. 6631 pr. 28. Mai 1890.		Tokyo, den 22. April 1890.	

Abschrift

A. 6631 pr. 28. Mai 1890. a. m.

Tokyo, den 22. April 1890.

C. № 32 A.

Seiner Excellenz

dem Reichskanzler, General der Infanterie, Herrn von Caprivi.

Eurer Excellenz beehre ich mich gehorsamst zu melden, daß der in meiner, die koreanischen Angelegenheiten betreffenden Berichtserstattung kürzlich mehrfach erwähnte weiland amerikanische General Le Gendre nach kurzem Aufenthalt in Söul hierher zurückgekehrt ist. Manche wollen hierin die Wirkung eines Protestes der chinesischen Regierung gegen seine Ernennung zum Beirat der koreanischen Regierung sehen. Vicomte Aoki sagt mir jedoch, daß es sich um Negoziierung einer koreanischen Anleihe handle. Eine geringe Summe, etwa 1/4 Million Dollars, meint Vicomte Aoki, würde sich ohne große Schwierigkeiten in Japan finden lassen, sollte es sich indessen, wie er höre, um 2 Millionen handeln, so würde Herr Le Gendre sich wohl nach Amerika begeben müssen. Für die Chancen eines solchen Geschäfts werden naturgemäß die Werte entscheidend sein, welche Korea als Pfand anzubieten vermag. Die dortigen Bergwerke, von denen früher viel die Rede war, sollen sich als unergiebig erwiesen haben, wiewohl in neuester Zeit behauptet wird, amerikanische Ingenieure hätten kürzlich dort günstigere Entdeckungen gemacht. Es ist einleuchtend, daß, falls es der japanischen Regierung - wie sie beabsichtigt zu haben scheint gelungen sein sollte, die koreanische Zollverwaltung in die Hände zu spielen, die Unterbringung dieser, offenbar schon seit längerer Zeit geplanten Anleihe in Japan auf geringere Schwierigkeiten gestoßen und sogar seitens der Regierung gefördert sein würde.

An der früheren oder späteren Rückkehr des Herrn Le Gendre nach Söul wird hier einstweilen nicht gezweifelt.

gez: Holleben.

orig. i. a. Japan 1

Die Amerikaner Denny und General Le Gendre betreffend.

PAAA_RZ201-018911_139 ff.			
Empfänger	Bismarck	Absender	Krien
A. 7087 pr. 9. Juni 1890.		Söul, den 20. April 1890.	
Memo	cfr. A. 9746 J. № 220.		

A. 7087 pr. 9. Juni 1890. a. m.

Söul, den 20. April 1890.

Kontrolle № 36.

Seiner Durchlaucht
dem Fürsten von Bismarck.

Euerer Durchlaucht habe ich im Verfolg meines ganz gehorsamsten Berichtes № 27[50] vom 13. v. Mts. zu melden die Ehre, daß nach einer Bekanntmachung in der amtlichen Zeitung vom 15. d. Mts. Herrn Denny, nachdem seine Dienstzeit abgelaufen, der Charakter als Vize-Präsident im Ministerium des Innern entzogen worden ist. Sein Gehalt ist ihm vor einiger Zeit auf Befehl des Königs durch den früheren koreanischen Geschäftsträger Kim-ka-chin ausgezahlt worden. Das Geld war der koreanischen Regierung seitens der in Chemulpo errichteten Filiale der ersten japanischen Nationalbank vorgestreckt worden.

Obgleich Herr Denny neben seiner Hauptstellung in dem genannten Ministerium den Posten eines Direktors im Auswärtigen Amt bekleidetet, so ist doch wohl anzunehmen, daß sein Vertrag nicht erneuert werden wird, zumal er von der Regierung vor kurzem ersucht worden ist, seine Dienstwohnung zu räumen.

Herr Denny hat nun dem Vernehmen nach an die Regierung eine weitere Forderung von etwa 12000 Dollar gestellt. Obwohl in seinem Vertrag vom 14. Mai 1888 ausdrücklich 1000 Dollar als sein monatliches Gehalt festgesetzt worden sind, verlangt er jetzt ein Monatsgehalt von 1000 Taels, also ungefähr 25 Prozent mehr, weil ihm dieses Salair vor vier Jahren von dem General-Gouverneur Li-hung-chang zugesichert worden sei, und außerdem Verzugszinsen. Die koreanische Regierung erkennt jedoch diese

---

50 A. 5671 ehrerbietigst beigefügt

Mehransprüche nicht an.

General Le Gendre, über welchen Euerer Durchlaucht ich unter dem 13. v. Mts. zu berichten die Ehre hatte, hat am 30. v. Mts. Korea wieder verlassen. Wie ich von verschiedenen Seiten höre, ist er von der koreanischen Regierung beauftragt worden, in Japan eine Anleihe von $1.500.000 abzuschließen. Als Sicherheiten sollen die Seezoll-Einnahmen und das Kohlenlager in der Nähe von Pyöng-yang angeboten worden sein. Nach mittheilungen des Konsulats-Linguisten Son und des japanischen Gesandtschafts-Attachés Hayashi hat General Le Gendre bisher keinen festen Kontrakt mit der koreanischen Regierung unterzeichnet. Derselbe habe es vielmehr dem König von Korea überlassen, die Dauer seines Vertrages und die Höhe seines Gehaltes gemäß den von ihm geleisteten Diensten und erzielten Erfolgen später zu bestimmen.

Wie mir Herr Hayashi neulich, seine frühere Angabe berichtigend, erklärte, ist General Le Gendre zuletzt bei dem japanischen Ackerbau-Ministerium beschäftigt gewesen.

Abschriften dieses ehrerbietigen Berichtes sende ich an die kaiserlichen Gesandtschaften zu Peking und Tokyo.

Krien.

Inhalt: Die Amerikaner Denny und General Le Gendre betreffend.

Den neuernannten Minister-Residenten der Vereinigten Staaten, Herrn Heard betreffend.

PAAA_RZ201-018911_145 ff.			
Empfänger	Caprivi	Absender	Krien
A. 8314 pr 12. Juli 1890.		Söul, den 28. Mai 1890.	
Memo	J. № 285. // Korea 1, Washington 7.		

A. 8314 pr 12. Juli 1890. a. m.

Söul, den 28. Mai 1890.

Kontrolle № 43.

An Seine Excellenz,
den Reichskanzler, General der Infanterie, Herrn von Caprivi.

Euerer Excellenz habe ich im Anschluß an meinen ganz gehorsamsten Bericht № 40[51] vom 7. d. Mts. zu melden die Ehre, daß der neuernannte Minister-Resident der Vereinigten Staaten, Herr Augustine Heard, am 8. d. Mts. hier eingetroffen ist und vorgestern mit Herrn Dinsmore von dem König in Audienz empfangen worden ist. An letzterem Tage hat Herr Heard die Geschäfte der hiesigen amerikanischen Vertretung übernommen.

Die Audienz hatte sich so lange verzögert, weil die Mutter des Königs schwer erkrankt war. Seit acht Tagen gilt dieselbe als wiederhergestellt.

Wie mir Herr Yuan heute mittheilte, soll Herrn Dinsmore koreanischerseits der Sekretärs-Posten bei der koreanischen Gesandtschaft in Washington, welchen bis zum Herbst vorigen Jahres der Missionar-Arzt Dr. Allen innehatte, angeboten worden sein. Herr Dinsmore habe indes dieses Anerbieten zurückgewiesen. Er will am 5. des nächsten Monats Korea verlassen.

Abschriften dieses ehrerbietigen Berichts sende ich an die kaiserlichen Gesandtschaften zu Peking und Tokyo.

Krien.

Inhalt: Den neuernannten Minister-Residenten der Vereinigten Staaten, Herrn Heard, betreffend.

---

51 A. 7551 i. a. ehrerbietigst beigefügt.

Sendung des Generals Le Gendre nach Korea.

PAAA_RZ201-018911_149 ff.			
Empfänger	Caprivi	Absender	Holleben
A. 8788 pr. 25. Juli 1890.		Tokyo, den 18. Juni 1890.	
Memo	cfr. 10644 J. № 149 A.		

A. 8788 pr. 25. Juli 1890. p. m.

Tokyo, den 18. Juni 1890.

C. № 55 A.

Seiner Excellenz
dem Reichskanzler, General der Infanterie, Herrn von Caprivi.

Euerer Excellenz beehre ich mich im Nachstehenden über eine Unterredung gehorsamst Bericht zu erstatten, welche ich mit dem General Le Gendre kurz vor seiner Abreise nach Korea gehabt habe. Da Herr Le Gendre sehr zurückgezogen lebt, so ist er im Allgemeinen bei den hiesigen Vertretern unbekannt, und so bin ich, der ich ihn bereits seit dem Jahr 1873 von Peking her kenne, der Einzige gewesen, mit dem er vor seiner Abreise Berührung gesucht hat. Auch mit dem amerikanischen Gesandten, Mr. Shrift, den er sonst aufzusuchen pflegt, vermied er zuletzt jeden eingehenden Verkehr, weil derselbe, wie dieser mir bestätigt hat, persönlicher Freund des Vorgängers des Herrn Le Gendre, Mr. Denny sei.

Immerhin werden aber die Äußerungen, welche Herr Le Gendre mir gegenüber gethan hat, mit Vorsicht aufzunehmen sein. Da er keinerlei Wünsche äußerte, so konnte ein Grund zu einem besonderen Vertrauen kaum vorliegen.

Herr Le Gendre sagte mir, daß die japanische Regierung seiner Berufung vollkommen fernstehe. Von seinem früheren Aufenthalt in Korea her habe ihm der König und dessen Umgebung viel Wohlwollen bewahrt, auch habe später ein regelmäßiger Verkehr zwischen ihm und Korea stattgefunden, welcher insbesondere durch die amerikanischen Vertreter in Söul, mit Ausnahme des letzten, Mr. Dinsmore, gefördert worden wäre. So wäre der Vorschlag des bisherigen hiesigen koreanischen Geschäftsträgers, ihn zum Nachfolger des Mr. Denny zu machen, ganz natürlich erschienen und auf fruchtbaren Boden gefallen. Es sei nun sein einziges Ziel, die wirtschaftliche Entwicklung Koreas nach Kräften zu heben und die Verwaltung zu verbessern; eine auswärtige koreanische Politik gebe es seines Erachtens nicht, solange die Unabhängigkeit Koreas nicht angetastet werde. Diese letztere sei selbstverständlich unter allen Umständen zu erstreben. Hinsichtlich des Anleiheprojekts war er sehr zurückhaltend, erklärte mir aber bestimmt, daß eine Anleihe bisher nicht abgeschlossen sei.

Gewisse durch die Zeitungen hier kürzlich ausgesprengte Gerüchte, nach denen Korea unter werktätiger Mitwirkung Amerikas beabsichtige, einen im Norden belegenen Stützpunkt an Rußland abzutreten, - infolge wovon die z. Z. im Hafen von Yokohama ziemlich zahlreich liegenden englischen Kriegsschiffe in augenscheinlich demonstrativer Absicht, angeblich aber zu dem Zweck, um eventuell sofort einen südlichen Punkt zu besetzen, mehrere Tage unter Dampf gelegen hatten, - erklärte Herr Le Gendre für aus der Luft gegriffen, ebenso alle Befürchtungen vor revolutionären Bewegungen in Söul, welche dort zur Landung eines amerikanischen Truppendetachements geführt hatte, für vollkommen unbegründet. Augenscheinlich hatte Herr Le Gendre die Absicht, alles im rosigsten und friedlichsten Licht erscheinen zu lassen.

Abschriften dieses gehorsamsten Berichts sind der kaiserlichen Gesandtschaft in Peking und dem kaiserlichen Konsulat in Söul übermittelt worden.

Holleben.

Inhalt: Sendung des Generals Le Gendre nach Korea.

Betreffend den Tod der Königin-Mutter von Korea und die Landung amerikanischer Matrosen angeblich zum Schutze des Königs.

PAAA_RZ201-018911_153 ff.			
Empfänger	Caprivi	Absender	Brandt
A. 8950 pr. 30. Juli 1890.			

A. 8950 pr. 30. Juli 1890. a. m. 1 Anl.

Peking, den 10. Juni. 1890.

A. № 164.

Seiner Excellenz
dem Reichskanzler, General der Infanterie
Herrn von Caprivi, Berlin.

Der koreanische Konsul in Tientsin hat durch das in der Übersetzung ganz gehorsamst beigefügte Schreiben dem kaiserlichen Konsul a. i. Freiherrn von Seckendorff daselbst den am 4. Juni zu Söul erfolgten Tod der Königin Mutter mitgeteilt.

Von einem auf der Reede von Chemulpo liegenden amerikanischen Kriegsschiff waren am 5. Juni fünfzig bewaffnete Matrosen gelandet und nach Söul geschickt worden, wie der dortige englische Generalkonsul meinem englischen Kollegen telegraphisch gemeldet hat, auf den ausdrücklichen Wunsch des Königs, der den Ausbruch von Unruhen gefürchtet zu haben scheint. In Söul war nach den letzten Nachrichten alles ruhig.

Brandt.

Inhalt: Betreffend den Tod der Königin-Mutter von Korea und die Landung amerikanischer Matrosen angeblich zum Schutze des Königs.

Anlage zum Bericht A. № 164 von 10. Juni 1890.
Abschrift der Übersetzung. Brief.

Tientsin, den 5, Juni 1890.
(4. Monat 18. Tag)

An
den Kaiserlich Deutschen Konsul
Herrn Freiherrn von Seckendorff
Hochwohlgeboren.

Durch eine Depesche des Ministeriums der Auswärtigen Angelegenheiten meines Heimatstaates habe ich die traurige Nachricht erhalten, daß Ihre Majestät, die Königin-Mutter, gestern Nachmittag 2 Uhr entschlafen ist, eine Kunde, die meinen tiefsten Schmerz hervorgerufen hat.

Euerer Hochwohlgeboren beehre ich mich, dies mit dem ganz ergebenen Bemerken mitzuteilen, daß ich mich während der einjährigen Landestrauer gelber Visitenkarten bedienen werde.

Ich ergreife etc.
Karte des Koreanischen Vertreters
Chui-shang-lê

Tod der Königin-Mutter. Ankunft von amerikanischen Marine-Soldaten in Söul.

PAAA_RZ201-018911_157 ff.			
Empfänger	Caprivi	Absender	Krien
A. 9427 pr. 15. August 1890.		Söul, den 7. Juni 1890.	
Memo	cfr. 9474, 13360. // J. № 303.		

A. 9427 pr. 15. August 1890. a. m.

Söul, den 7. Juni 1890.

Kontrolle № 46.

An Seine Excellenz
den Reichskanzler, General der Infanterie, Herrn von Caprivi.

Euerer Excellenz habe ich Ehre ganz gehorsamst zu berichten, daß am 4. d. Mts. die Adoptiv-Mutter des Königs von Korea in ihrem zweiundachtzigsten Lebensjahr verschieden ist. Vom 9. d. Mts. ab tritt eine allgemeine Landestrauer ein, welche nach koreanischer Sitte während eines Jahres in strenger und während eines weiteren Jahres in milderer Form beobachtet wird. Die Mitglieder der Gesandtschaft, welche den Trauerfall in Peking anzeigen und zu diesem Behuf demnächst über Land dorthin reisen soll, sind heute ernannt worden.

Auf die Anzeige von dem Ableben der Königin-Mutter habe ich dem Präsidenten des Auswärtigen-Amtes sofort schriftlich mein Bedauern ausgedrückt und mich vorgestern Vormittag mit den Beamten des kaiserlichen Konsulats auf das gedachte Ministerium begeben, um dem Präsidenten auch mündlich meine Teilnahme zu bezeugen.

Heute erschienen die sämtlichen fremden Vertreter - mit Ausnahme des chinesischen - auf dem Auswärtigen Amt, wo Herr Heard als Doyen dem Präsidenten unser Beileid aussprach. Herr Yuan hatte dem amerikanischen Minister-Residenten erklärt, daß er sich dem gemeinsamen Schritt der fremden Vertreter nicht anschließen und auch der zu diesem Zweck von Herrn Heard vorgeschlagenen Beratung nicht beiwohnen könnte, weil er der koreanischen Regierung seine Sympathien in der in China üblichen Weise zu bezeugen hätte. -

Vorgestern Nachmittag trafen hier der Kommandant und fünfzig Offiziere der Vereinigten Staaten Korvette "Swatara" mit 25 Marinesoldaten und 26 Matrosen, Lazarettgehilfen und Krankenträgern des genannten Kriegsschiffes aus Chemulpo ein. Das Erscheinen dieser Truppe, welche kriegsmäßig ausgerüstet und mit 60 Patronen pro Mann versehen ist, hat hier berechtigtes Erstaunen erregt, da die Bevölkerung der Hauptstadt vollständig ruhig ist. Der amerikanische Minister-Resident teilte am 5. d. Mts. den bei ihm versammelten fremden Vertretern mit, daß er die Truppenabteilung – welche den dritten Teil der Besatzung der Korvette ausmacht – auf koreanischerseits ihm zugegangenen Andeutungen (intimations) hin hätte kommen lassen, da seit geraumer der Ausbruch von Unruhen befürchtet würde. Die amerikanischen Soldaten würden im Notfall einen Kern (Nucleus) der Verteidigung bilden können.

Von dem amerikanischen Militär-Instrukteur Nienstead höre ich, daß der König Herrn Heard ausdrücklich um militärische Hilfe gebeten habe.

Diese Handlungsweise des Königs, beziehungsweise seiner Beamten, erschient umso unbegreiflicher, wenn man bedenkt, daß in Söul ungefähr fünftausend, - größtenteils mit Remington-Gewehren bewaffnete koreanische - Truppen stehen.

Wie ich unter dem[52] 3. Februar d. J. – № 13 – zu berichten die Ehre hatte, werden bei Todesfällen in der königlichen Familie von den hiesigen einheimischen Kaufleuten nicht allein hohe Beiträge zu den überaus kostspieligen Begräbnisfeierlichkeiten eingefordert, sondern es haben auch die Zeugwaaren-Händler der Hauptstadt die Trauergewänder für das zahlreiche Hofpersonal unentgeltlich zu liefern. Die koreanischen Beamten, welche derartige Gelegenheiten zu benutzen pflegen, um unerlaubte Erpressungen auszuüben, befürchten wahrscheinlich in der Folge Widersetzlichkeiten und Unruhen der Bevölkerung und haben deshalb den König vermocht, an den amerikanischen Vertreter das gedachte Ansuchen zu stellen, damit die durch die Anwesenheit amerikanischer Soldaten eingeschüchterten Kaufleute sich ohne Widerstand ihren Anordnungen fügen.

Herr Heard ist meines ehrerbietigen Erachtens lediglich aus Unkenntnis der hiesigen Verhältnisse veranlaßt worden, dem koreanischen Ansinnen zu willfahren.

Da die Beisetzungsfeierlichkeiten erst im November d. Js. stattfinden werden, so müßte der amerikanische Minister-Resident folgerichtig bis zu diesem Monat hier belassen. Man hofft indessen hier allgemein, daß er, seinen Irrtum einsehend, die Matrosen binnen kurzem nach Chemulpo zurücksenden werde.

Auf der dortigen Reede liegen gegenwärtig die amerikanische Korvette "Swatara", sowie ein japanisches und ein chinesisches Kanonenboot.

Abschriften dieses ganz gehorsamsten Berichtes sende ich an die kaiserlichen Gesandtschaften zu Peking und Tokyo.

Krien.

Inhalt: Tod der Königin-Mutter. Ankunft von amerikanischen Marine-Soldaten in Söul.

---

52 II 6346 i. a. ehrerbietigst beigefügt

Rückkehr der Amerikanischen Marine-Truppen nach Chemulpo.

PAAA_RZ201-018911_165 ff.			
Empfänger	Caprivi	Absender	Krien
A. 9474 pr. 16. August 1890.		Söul, den 17. Juni 1890.	
Memo	cf. 13360 J. № 329.		

A. 9474 pr. 16. August 1890. p. m.

Söul, den 17. Juni 1890.

Kontrolle № 48.

An Seine Excellenz
den Reichskanzler, General der Infanterie
Herrn von Caprivi.

Euerer Excellenz habe ich die Ehre im Anschluß an meinen ganz gehorsamsten Bericht № 46 vom 7. d. Mts. [53] ebenmäßig zu melden, daß die amerikanischen Marine-Truppen am 14. d. Mts. wieder nach Chemulpo zurückgekehrt sind.

Abschriften dieses Berichts sende ich an die kaiserlichen Gesandtschaften zu Peking und Tokyo.

Krien.

Inhalt: Rückkehr der Amerikanischen Marine-Truppen nach Chemulpo.

53 A. 9427 ehrerbietigst beigefügt.

Zeitungsnachrichten über Korea betreffend.

PAAA_RZ201-018911_168 ff.			
Empfänger	Caprivi	Absender	Arco
A. 9545 pr. 19. August 1890.		Washington, den 27. Juli 1890.	

A. 9545 pr. 19. August 1890. p. m.

Washington, den 27. Juli 1890.

№ 340.

Seiner Excellenz
dem Reichskanzler, General der Infanterie,
Herrn von Caprivi.

Das New-Yorker Sensationsblatt "World" hat in den letzten Wochen wenig glaubwürdige Nachrichten aus Korea gebracht denen zufolge eine Abteilung amerikanischer Marinesoldaten den königlichen Palast in Söul besetzt und eine Art von amerikanischem Protektorat über Korea erklärt hätte.

Im heutigen "New-York Herald" werden die Übertreibungen der "World" auf das richtige Maß zurückgeführt und zugleich festgestellt, daß die Marinesoldaten der Vereinigten Staaten sich darauf beschränkt haben, das Gesandtschaftsgebäude zu besetzen, um es während eines angeblich geplanten Aufstandes zu schützen.

Außerdem konstatiert der "Herald", daß Rußland und die Vereinigten Staaten in Korea bei jedem Anlasse gemeinschaftlich vorzugehen pflegen. Schließlich behauptet das Blatt, daß die Kaiserliche Regierung eine Kohlenstation auf Formosa anstrebe und daß von dem dortigen Gouverneur einem deutschen Staatsangehörigen, dem Grafen Buttler, das Monopol der Ausbeutung des Kampfers erteilt worden sei.

Ob zwischen der koreanischen Regierung und dem State-Department Verhandlungen wegen der von den Zeitungen gemeldeten Vorgänge stattgefunden haben, habe ich noch nicht feststellen können, doch ist es aufgefallen, daß zu der kritischen Zeit die Mitglieder der koreanischen Gesandtschaft gegen ihre Gewohnheit wiederholt von ihrem ziemlich entfernten Landaufenthalt in die Stadt gekommen sind.

Arco.

Inhalt: Zeitungsnachrichten über Korea betreffend. Hierzu 1 Anlage.

Anl. p. Z. v. 27. 7. 90. № 340.

Ausschnitt
Aus dem New York Herald vom 27. Juli 1890.

COREA'S CURIOUS POLITICAL QUANDARY

The Dread that the Queen Dowager's Death
Would Lead to a Revolution Proves To Be Groundless.

NOTABLE GERMAN ENTERPREISES.

Count von Butler's Monopoly-Excitement in Japanese and British Naval Circles-Queer Rumors About Port Hamilton.

[SPECIAL CORRESPONDENCE TO THE HERALD]

SHANGHAI, June 29, 1890. -Corean affairs have during the past couple of weeks been attracting more attention than usual. The Dowager Queen, mother of the ex-regent, Tai Wun-Kun, died recently, and the King feared that the event might lead to a revolution. He consequently shut himself up in his palace and got the American and Japanese Ministers to telegraph to Chemulpo to the men-of-war there to send detachments of sailors and marines to be at hand in case of any *émeute*. This was a very extraordinary action, for in 1885 an agreement was signed between Count Ito and Li Hung-Chang guaranteeing that neither China nor Japan would land troops in the hermit kingdom without due notice. This was not done in the present instance, and the example of the captain of the United States sloop Swatara in dispatching fifty marines and sailors to Söul was quickly followed by the captain of the Japanese corvette Chokaikan, who landed about the same number of armed sailors and marched them to the capital. Both forces were quickly installed in and around the American and Japanese legations, to the amusement and surprise of the diplomatic representatives of the other Powers. But the anticipated disturbance did not take place, and, after remaining several days in the capital, the naval forces were marched back to their respective ships.

MANY DISTURBING RUMORS.

The capital is not quiet, though there was for some days a rumor that the Russians had crossed the border at Liatung. The rumor was untrue, but it reached Japan and created great commotion in British naval ranks there, and all the English war ships took in extra provisions and coal and kept steam up for several days, awaiting further orders. The story was in some degree strengthened by persistent reports that American officials had been negotiating with the Corean government for the lease of Port Hamilton as a naval station, and it was openly stated by the English papers here that the Americans were acting in concert with the Russians and intended to hand them over the station as soon as preliminaries were arranged.

As a matter of fact Corea has no power to grant such a lease, and China and great Britain have a standing agreement that no other foreign Power shall be allowed possession of the small group of islands in the midst of which Port Hamilton is situated. It is rumored in British naval circles that the ships of that Power will again reoccupy the place, and certainly the British fleet is rapidly mobilizing at Hong Kong, but whither it will go no one can tell.

A SUPPOSED RUSSO-AMERICAN ALLIANCE

It is a curious fact that in this part of the world the Russians and Americans are on all occasions believed to be acting in concert in Corean affairs. Why, Heaven only knows, except that the Russian Minister, M. Waeber, and the American representative, Mr. Dinsmore, are personal friends.

The new United States Minister, Mr. Augustine Heard, has arrived, and Mr. Dinsmore is about to take his departure. The other day he was presented with an address by M. Waeber, signed by six other diplomatic admirers in the Corean capital. General Le Gendre, the new adviser to the Foreign Office has not yet appeared, but when he arrives at Söul, he will, no doubt, be welcomed with open arms by the King, for it is reported on good authority that he has been successful in raising a loan of $1,500,000 in Japan for the "distressful country" of the Orient, mainly owing to the good offices of certain Americans in Dai Nippon. Judge Denny, the late adviser to the King, has been paid some $30,000 of arrears of salary, but is postponing his leave taking of his royal master till the latter "antes up" a trifling balance of $8,000 or $10,000 still due.

The world is likely to hear something of German enterprise and influence in Formosa before long. It is believed that the Germans are trying to get a naval station somewhere on the west coast of the "beautiful island." The other day a German count, one Von Butler, obtained a most valuable concession from the Governor, being no less than the monopoly of the whole camphor trade of the island, which is worth a dozen silver mines considering the great rise in the value of that aromatic gum owing to its use in the manufacture of smokeless powder. Von Butler pays the Governor $30,000 for the monopoly, and it is dirt cheap at that. Needless to say the other merchants are most jealous.

[ ]

PAAA_RZ201-018911_173 f.			
Empfänger	Caprivi	Absender	Holleben
A. 10021. pr. 6. September 1890.		Tokyo, den 3. August 1890.	
Memo	mitg. 6. 9. n. London 635, Petersbg. 311, Washington A. 32		

Abschrift

A. 10021. pr. 6. September 1890. a. m.

Tokyo, den 3. August 1890.

C. № 73 A.

Seiner Excellenz

dem Reichskanzler, General der Infanterie, Herrn von Caprivi.

Die Gerüchte über Unruhen in Korea und angeblich projektierte russische, englische und amerikanische Unternehmungen gegen diese Land sind jetzt hier so ziemlich zur Ruhe gekommen. Am meisten hatte darunter die angebliche Absicht Rußlands, sich einer Insel an der nordkoreanischen Küste, oder richtiger eines Teils des Deltas des russisch-koreanischen Grenzflusses zu bemächtigen, die allgemeine Aufmerksamkeit hier erregt. Dieses Projekt war, vielleicht auf Bestellung, in der japanischen Presse so lebhaft erörtert worden, daß die Regierung ein Kriegsschiff nach dem betreffenden Punkt abordnete, um den Tatbestand festzustellen. Wie ungefähr vorauszusehen war, hat man nichts gefunden. Dieser Schritt der japanischen Regierung hat aber in St. Petersburg einigermaßen verstimmt, sodaß der hiesige russische Gesandte dieser Tage von Herrn von Giers ein Telegramm des Inhalts erhalten hat, daß Rußland weder die Absicht gehegt habe noch hege, sich ein Stück koreanischen Gebietes anzueignen und daß ein jedes derartiges Gerücht auf das bestimmteste zu dementieren (hardiment deméntir) sei. Herr Vicomte Aoki hat die betreffende Eröffnung des russischen Gesandten ohne weitere Bemerkungen entgegengenommen. Abschriften dieses Berichtes habe ich der kaiserlichen Gesandtschaft in Peking und dem kaiserlichen Konsul in Söul zugehen lassen.

(gez.) Holleben.

Orig. i. a. Korea 3.

Äußerungen des Generals Le Gendre über seine hiesige Stellung.

PAAA_RZ201-018911_175 ff.			
Empfänger	Caprivi	Absender	Krien
A. 10644 pr. 29. September 1890.		Söul, den 30. Juli 1890.	
Memo	cfr. A. 12156 J. № 407.		

A. 10644 pr. 29. September 1890. a. m.

Söul, den 30. Juli 1890.

Kontrolle № 58.

An Seine Excellenz
den Reichskanzler, General der Infanterie, Herrn von Caprivi.

Eurer Excellenz habe ich die Ehre unter Bezugnahme auf den Bericht des kaiserlichen Herrn Gesandten zu Tokyo[54] vom 18. v. Mts. ganz gehorsamst zu melden, daß der General Le Gendre mir gelegentlich eines Besuches, welchen er mir am 20. d. Mts. abstattete, die nachstehenden vertraulichen mittheilungen machte.

Er sei lediglich für innere Angelegenheiten engagiert worden. Bei den Verhandlungen über seine Anstellung hätte er den ihm angebotenen Posten eines Rathgebers für auswärtige Angelegenheiten auf das Entschiedenste abgelehnt, weil mit der Annahme dieses Postens seine Stellung unhaltbar geworden wäre. Denn die Chinesen seien ihm wegen seiner Thätigkeit in der japanischen Expedition nach Formosa und wegen seiner beiden Missionen nach Peking mit den japanischen Ministern Soyeshima und Okubo feindlich gesinnt. Am 3. Juli hätte er Herrn Yuan und dessen Sekretär Tong seine Karten abgegeben, beide Herren hätten ihm jedoch seinen Besuch bis dahin nicht erwidert. Dagegen sei der chinesische Vertreter, mit welchem er am 4. desselben Monats in der amerikanischen Gesandtschaft zusammengetroffen wäre, zu ihm sehr höflich gewesen.

Als Rathgeber für auswärtige Angelegenheiten hätte er der koreanischen Regierung den amerikanischen General-Konsul zu Yokohama, Herrn Greathouse empfohlen, den er in jeder Hinsicht für sehr geeignet erachtete. Da die Koreaner auf diesen Vorschlag eingegangen, so hätte der letztere in Washington seine Entlassung aus dem Dienst der

54 A. 8788 ehrerbietigst beigefügt.

Vereinigten Staaten nachgesucht und seine dortigen Freunde gebeten, ihm die Entscheidung des Staatssekretärs telegraphisch zu übermitteln. Seitdem habe er nichts weiter von Herrn Greathouse gehört. Möglicherweise wäre es demselben peinlich nach Söul zu kommen, während Herr Denny noch hier weilte. Er selbst hätte nach den Erklärungen Dennys angenommen, daß er denselben hier nicht mehr vorfinden würde. Der japanischen Regierung schuldete er nichts. Er hätte dieselbe stets ohne Rücksicht auf sein Privatinteresse bedient. Bei der Formosa-Expedition, für welche 10 Millionen Dollars verausgabt worden wären, hätte er ein Vermögen erwerben können, er hätte jedoch nicht fünf Cents dabei verdient.

Seine Berufung sei ohne Zutun der japanischen Regierung erfolgt. Er sei ebenso bereit, sich den Japanern wie den Chinesen und den anderen Nationen gefällig zu erweisen. Einen Vertrag hätte er mit der koreanischen Regierung nicht abgeschlossen, um vollständig frei zu sein. Er hätte die Absicht, die Entwicklung des Landes zu fördern und dessen Verwaltung zu verbessern. Falls seine Pläne indes auf unüberwindliche Schwierigkeiten stoßen sollten, so würde er sich von Korea zurückziehen. Er gedächte, sehr langsam und vorsichtig vorzugehen. Mit dem König direkt zu verkehren, läge nicht in seiner Absicht, weil dadurch nur die Eifersucht und die Opposition der einheimischen Beamten erweckt werden würde. Vielmehr würde er versuchen, für seine Reformpläne die öffentliche Meinung und die maßgebenden koreanischen Würdenträger zu gewinnen. Er hoffte, hier manches Gute ausrichten zu können.

Über die koreanische Anleihe äußerte sich Herr Le Gendre, er sei überzeugt, daß dieselbe in Amerika, beziehungsweise in England, Deutschland oder Frankreich, zustande kommen würde, auch ohne daß die Seezoll-Einkünfte Koreas verpfändet zu werden brauchten. Allerdings würden seitens der koreanischen Regierung dafür gewisse kommerzielle oder wirtschaftliche Vorteile zu gewähren sein. Welcher Art dieselben sein müßten, könnte er mir augenblich noch nicht mittheilen.

Abschriften dieses ehrerbietigen Berichtes sende ich an die kaiserlichen Gesandtschaften zu Peking und Tokyo.

Krien.

Inhalt: Äußerungen des Generals Le Gendre über seine hiesige Stellung.

Die Amerikaner Le Gendre und Greathouse betreffend.

PAAA_RZ201-018911_183 ff.			
Empfänger	Caprivi	Absender	Krien
A. 12156 pr. 17. November 1890.		Söul, den 30. September 1890.	
Memo	cfr. A. 12925 // J. № 567.		

A. 12156 pr. 17. November 1890. p. m.

Söul, den 30. September 1890.

Kontrolle № 72.

An seine Excellenz
den Reichskanzler, General der Infanterie, Herrn von Caprivi.

Euerer Excellenz habe ich im Verfolg meines ganz gehorsamsten Berichts № 58[55] vom 30. Juli d. J. die Ehre zu melden, daß der amerikanische General-Konsul Greathouse anfangs d. Mts. über Chefoo nach Yokohama zurückkehrte.

Wie mir derselbe vertraulich mittheilte, wird er nach Übergabe der Konsulats- Geschäfte an seinen bereits ernannten Nachfolger wieder hierherkommen, um in koreanische Regierungsdienste zu treten.

Die Anwesenheit des Herrn Greathouse benutzte der General Le Gendre, um mit demselben den hiesigen chinesischen Vertreter zu besuchen. Er habe, so äußerte der General mir gegenüber, eingesehen, daß er einen Fehler begangen, indem er sich Herrn Yuan nicht persönlich vorgestellt, sondern bei ihm nur seine Karte abgeben hätte. Der chinesische Vertreter hat die Besuche der beiden Herren sofort am nächsten Tag in Person erwidert.

Herr Yuan erklärte mir neulich nochmals, daß er gegen Herrn Le Gendre nichts einzuwenden hätte. Wahrscheinlich befürchtet derselbe, daß der König von Korea Herrn Denny, welcher sich noch immer in Söul aufhält, wieder in seine Dienste nehmen könnte, falls die chinesische Regierung die Anstellung des General Le Gendre beanstandet.

Abschriften dieses ehrerbietigen Berichtes sende ich an die kaiserlichen Gesandtschaften zu Peking und Tokyo.

Krien.

Inhalt: Die Amerikaner Le Gendre und Greathouse betreffend.

---

55 A. 10644 ehrerbietigst beigefügt.

Koreanische Angelegenheiten betreffend.

PAAA_RZ201-018911_187 ff.			
Empfänger	Caprivi	Absender	Holleben
A. 12925 pr. 13. Dezember 1890.		Tokyo, den 9. November 1890.	
Memo	cfr. A. 2052/91 // J. № 261 A.		

A. 12925 pr. 13. Dezember 1890. a. m.

Tokyo, den 9. November 1890.

C. № 96 A.

Seiner Excellenz
dem Reichskanzler, General der Infanterie, Herrn von Caprivi.

Eure Excellenz sind durch die Berichterstattung[56] des kaiserlichen Konsuls in Söul davon in Kenntnis gesetzt, daß der amerikanische General-Konsul in Yokohama, Greathouse, sich nach Söul begeben hatte, augenscheinlich um in ein Kontraktsverhältniß zur koreanischen Regierung zu treten. Mein amerikanischer Kollege sagte mir mit Bezug hierauf kürzlich, daß Herr Greathouse ein Engagement dort seit längerer Zeit angeboten sei und daß es lediglich von ihm abhänge, ob er den ihm gemachten Anerbietungen entsprechen wolle oder nicht. Herrn Swift fügte hinzu, daß seines Wissens Herr Greathouse definitiv nach Söul übersiedeln werde, doch war weder festzustellen, welche Aufgabe, nach Ansicht des Herrn Swift, Herrn Greathouse im Einzelnen zufallen und wie sein Verhältnis zu Herrn Le Gendre des Näheren sich gestalten würde, noch weshalb die Übersiedlung bis jetzt sich verzögerte. Auf einen Nachfolger in Yokohama braucht Herr Greathouse nicht zu warten, da der Vize-Generalkonsul die Geschäfte des Generalkonsuls sehr gut wahrnehmen kann und thatsächlich wahrnimmt. Manche glauben, man habe bei dem Engagement des Herrn Greathouse lediglich das Anleihegeschäft im Auge gehabt, da derselbe über sehr gute Verbindungen in amerikanischen Finanzkreisen verfügt.

Immerhin ist die letzte Aufmerksamkeit, welche Amerika den koreanischen Angelegenheiten schenkt, etwas auffallend: erst die kriegerischen Demonstrationen des Mr. Heard, dann die Entsendung zweier Männer von nicht gewöhnlicher Begabung, Le Gendre und Greathouse, ohne daß Herr Denny geneigt scheint, das Feld zu räumen.

56 A. 12156 ehrerbietigst beigefügt.

Abschriften dieses Berichts sind der kaiserlichen Gesandtschaft in Peking und dem kaiserlichen Konsulat in Söul übermittelt worden.

Holleben.

Inhalt: Koreanische Angelegenheiten betreffend.

Auswärtiges Amt

Abth. A.

Politisches Archiv d. Auswärt. Amts

Acta

betreffend:

Allgemeine Angelegenheiten von Korea

vom 14. Dezember 1890.

bis 11. Januar 1893.

Bd. 12.

f. Bd. 13.

Politisches Archiv des Auswärtigen Amts

R 18912

Korea № 1.

Inhaltsverzeichnis Dezember 1890	A.:
Ber. aus Peking v. 12. 11. A. № 286: Chinesische Mission nach Korea (mit Kriegsschiffen) aus Anlaß des Ablebens der Mutter des Königs, wahrscheinlich um die Anerkennung der chinesischen Oberhoheit zu erzwingen.	13261 23. 12
Ber. aus Söul v. 19. 10. C. № 78: Begräbnis der Königin-Mutter, Anwesenheit amerikanischer Marine-Truppen in Söul aus diesem Anlaß; Verstimmung Chinas und Japans darüber.	13360 27. 12
Ber. aus Peking v. 8. 12. A. № 320: Artikel der "Tientsin Chinese Times" über die chinesische Mission nach Korea.	482 19. 1. 1891
desgl. v. 14. 12. A. № 326: Rückkehr der chinesischen Abgesandten aus Söul; Stellung derselben zum dortigen diplomatischen Korps.	863 2. 2
Inhalt:	A.:
Ber. aus Söul v. 24. 11. № 83: Die chinesische Mission nach Korea (aus Anlaß des Ablebens der Mutter des Königs); demütigende Zeremonien für den König von Korea; die chines. Kommissare u. d. diplomatische Korps in Söul.	901 3. 2.
Ber. aus Tokio v. 20. 12. C. № 120 A.: Abreise des früheren amerikanischen General-Konsuls Greathouse nach Korea.	787 31. 1.
Ber. aus Peking v. 5. 12. A. № 312: Zusammenstellung aus Berichten fremder Diplomaten in Söul über die dortigen Vorgänge während der Anwesenheit der chinesischen Spezial-Kommissare; Unterwürfigkeit des Königs v. Korea gegenüber China. Orig. 16. 2. Oberhof-Marschall = Amt; zurück m. 1420. Ober-Zeremonien	462 18. 1.
Ber. aus Peking v. 5. 12. A. № 313: Französische Quelle des vorstehenden Berichts.	464 18. 1.
Inhalt: 1891.	A.:
Ber. aus Söul v. 15. 1. № 8: Artikel (des amerikanischen Major Lee) in "Hongkong Telegraph" betr. die chinesische Mission nach Korea u. das Vasallenverhältnis Koreas zu China.	1878 3. 3.
Ber. aus Soul v. 9. 1. № 7: Ernennung des Mr. Greathouse zum Vize-Präs. im koreanischen Min. d. Innern; Denny verläßt Korea.	2052 9. 3.

Desgl. v. 25. 1. № 11: Abreise Dennys von Korea, Reklamations-Ansprüche desselben.	2295. 16. 3.
Desgl. v. 13. 2. № 14: Abreise des japanischen Geschäftsträgers Kondo; Nachfolger Kawagita Yoshisuki.	3066 8. 4.
Desgl. v. 12. 3. № 19: Abreise der amerikanischen Militär-Instrukteure Cummins und Lee.	3991 6. 5.
Inhaltsverzeichnis 1891	A. №
Ber. aus London v. 30. 5: Parlamentsvorlage enth. Bericht des Mr. C. W. Campbell über seine Reise in Nord-Korea (Herbst 1889). (1 Expl. N. Petersburg; 1 Expl. nach Peking.)	4828 1. 6.
Ber. a. Söul v. 4. 5. № 27: Tod des japanischen Vertreters für Korea Kawagita; Ankunft seines Nachfolgers, des Ministerresidenten Kajiyama.	5689 26. 6.
Ber. a. Peking v. 17. 6. № 120: Äußerungen des amerikanischen Gesandten in Korea, Mr. Heard, über die Lage auf Korea, die politische Stellung dieses Landes zu China und die Stellung der Mächte zu dieser Frage.	6872 4. 8.
Ber. a. Petersburg v. 12. 9. № 301: Unwahre Meldung der Wiener Polit. Correspondenz über ein Abkommen Rußlands mit Korea.	8237 16. 9
Inhaltsverzeichnis 1891	
Ber. aus Peking v. 30. 7. № 164: Gerüchte über Bemühungen des koreanischen Prinzen Min-yon-ik, ein russisches Protektorat über Korea herbeizuführen.	8169 14. 9.
Ber. aus Tokio v. 14. 10. C. № 74 A.: Blutiger Zusammenstoß zwischen Japanern und Koreanern auf der zu Korea gehörenden Insel Quelpart.	10219 21. 11.
desgl. v. 26. 10. C. № 79 A.: Sendung des General Le Gendre seitens der koreanischen Regierung nach Tokyo; Veranlassung hierfür; -die Quelpart-Angelegenheit.	10411 26. 11.
desgl. aus Söul v. 5. 11. 91. № 58: Untersuchung über den Zusammenstoß zwischen japanischen u. koreanischen Fischern auf der Insel Quelpart; Sendung des Generals Le Gendre nach Tokyo behufs Revision der japan.-korean. Fischereikonvention v. 12. 11. 1889 bezw. der Handelsbestimmungen von 1883.	319 pr. 11. 1. 92

Inhaltsverzeichnis 1891	A.:
Ber. aus London v. 31. 1. 92. № 55: Art. des ´´Observer´´ v. 31. 1. über die gerüchtweise bevorstehende Abdankung des Königs von Korea zu Gunsten seines Sohnes und die dortigen fremden Intrigen; die koreanischen Familien der Mins und Kims.	1002 pr. 2. 2. 92.
Ber. aus Peking v. 5. 12. 91 A. № 293: Möglichkeit der Fortpflanzung der Unruhen in der östlichen Mongolei bis nach Korea; event. Requisition eines Kanonenboots S. M. durch das kaiserliche Konsulat in Söul.	556 pr. 18. 1. 92.
desgl. v. 4. 1. 92 A. № 1: überr. Auszug aus einem Privatbrief ges. Söul, betr. die innere Lage Koreas und über die Fortschritte der Japaner daselbst.	2073 pr. 7. 3. 92
Ber. aus Tokio v. 6. 7. № 50 A.: betr. die auf den österreichisch-koreanischen Handelsvertrag bezügliche koreanische Rechtsverwahrung.	7117 pr. 18. 8.
Ber. aus Tokio v. 11. 7. № 52 A.: Die neuen koreanisch-japanischen Streitigkeiten auf Quelpart und die Verhandlungen des Generals Le Gendre.	7119 pr. 18. 8.
1892 Inhalts-Verzeichnis	A. №
Ber. aus Söul v. 30. 6. № 36 Gerücht über ein Attentat auf den Vater des Königs von Korea.	7124 pr. 18. 8.
Ber. aus Söul v. 29. 7. № 39: betr. desgl.	8196 pr. 29. 9.
Ber. aus Tschifu (Ges. v. Brandt) v. 1. 9.: betr. eine auf die inneren Zustände Koreas bezügliche Denkschrift des koreanischen Staatsministers Cho.	8629 pr. 17. 10.
Ber. aus Söul v. 12. 9. № 43: S. M. S. ´´Alexandrine´´ in Chemulpo. Audienz des Kommandanten bei dem König.	9205 pr. 5. 11.
Orig. s. p. r. 8. 11. R. Mar. Amt zrk. mit	9773 pr. 24. 11.
Ber. aus Peking v. 1. 11. A. № 242: angebliche russische Eisenbahnprojekte in Korea.	10419 pr. 15. 12.

Betreffend die Entsendung einer chinesischen Gesandtschaft nach Korea und die daran geknüpften Besorgnisse.

PAAA_RZ201-018912_009 ff.			
Empfänger	Caprivi	Absender	Brandt
A. 13261 pr. 23. 12. 1890.		Peking, den 12. November 1890.	
Memo	mitg. n. London 838, Petersbg. 397, Washington 35		

A. 13261 pr. 23. 12. 1890. a. m. 2 Anlagen

Peking, den 12. November 1890.

A. № 286.

Seiner Excellenz
dem Reichskanzler, General der Infanterie, Herrn von Caprivi.

Die chinesische Regierung hat vor einigen Tagen zwei höhere Beamte, Chang-li und Hsü-chang, in Begleitung von drei Kriegsschiffen nach Korea entsendet, um dem König aus Veranlassung des Ablebens seiner Mutter den Ausdruck des Beileids des Kaisers zu übermitteln und die gebräuchlichen Totenopfer darzubringen.

Nach einem Artikel am 26. 12. aus der ´´Tientsin Shihpao´´ würden die chinesischen Beamten zugleich beauftragt sein, dem König die bisher nicht ausgesprochene Anerkennung Chinas zu überbringen, d. h. nach meiner Ansicht, den König zur Ablegung von seit 1867, der letzten ähnlichen Gesandtschaft, nicht stattgefundenen Zeremonien zu veranlassen, welche über die Vasallenstellung des Königs China gegenüber in seinen eigenen Augen wie in denen seines Volkes und der Vertragsmächte keine Zweifel lassen würden.

Daß diese Auffassung in weiteren Kreisen geteilt wird, geht auch aus einem Artikel der ´´Tientsin Chinese Times´´ hervor, welche ihre Inspirationen häufig aus amtlichen chinesischen Kreisen erhält.

Mein japanischer Kollege, der mich vor einigen Tagen aufsuchte, um mir seine Besorgnisse über das Vorgehen der chinesischen Regierung auszusprechen, äußerte sich dahin, daß, wenn die chinesischen Forderungen über das gewöhnliche Maß hinausgingen, ernstere Konflikte zu befürchten seien, da er nicht glaube, daß der König sich derartigen Ansprüchen der Chinesen unterwerfen würde.

Die bisher bewiesene Schwäche und Unentschlossenheit des Königs läßt mir diese Auffassung meines japanischen Kollegen als kaum ganz zutreffend erscheinen.

Die Kaiserliche Gesandtschaft in Tokyo und das kaiserliche Konsulat in Söul habe ich von dem Vorstehenden in Kenntnis gesetzt.

Brandt.

Inhalt: Betreffend die Entsendung einer chinesischen Gesandtschaft nach Korea und die daran geknüpften Besorgnisse. 2 Anlagen.

Anlage 1 zum Bericht A. № 286 vom 12. November 1890.

Übersetzung

Abschrift

Aus der Shih pao vom 3. November 1890.

Die Mutter des Königs von Korea ist gestorben. Wie wir schon früher mitgeteilt, sollten auf Antrag des Tsungli-yamêns die beiden Vize-Präsidenten des Finanz-Ministeriums, die Herren Hsü und Ch´ang, mit kaiserlichem Auftrag nach Korea geschickt werden, um die Opfergebräuche zu verrichten. Der König von Korea, namens Li-hsi, mit anderem Namen Hsi-hsüan, Sohn des Tai-yin-kun, adoptierter Nachfolger des vorigen Königs, ist (vom chinesischen Kaiser) noch nicht anerkannt worden; jetzt sollen die Opfer- und Anerkennungs-Angelegenheit zu gleicher Zeit erledigt werden.

Die beiden kaiserlichen Kommissare sind gestern (2. November) in Tientsin angekommen. Die Lokalbehörden haben, wie es sich kaiserlichen Gesandten gegenüber gehört, eine Empfangshalle vorbereitet, außerdem Wohnungen zum zeitweiligen Aufenthalt.

Vor der kurz bevorstehenden Ankunft der kaiserlichen Kommissare hatte der General-Superintendent der nördlichen Häfen (Li-hung-chang) an alle Offiziere den Befehl ergehen lassen, ihre Truppen zum Empfang aufzustellen. Am Tag der Ankunft selbst hat der Prinzenerzieher und Großsekretär (Li-hung-chang) mit seinen Beamten (die kaiserlichen Kommissare) im Klubhaus der Wu-ch´u Gilden empfangen und dort bewirtet. Die höheren Beamten (von Tientsin) waren beim Empfang in großer Uniform, in einer Reihe aufgestellt, zugegen.

Nachdem Li-hung-chang sich nach dem Befinden des Kaisers erkundigt hatte und nach dem Austausch von Höflichkeiten mit den Kommissaren, trennten sie sich, letztere zogen sich in die vorbereiteten Wohnungen, ersterer in sein yamên, zurück. Wie verlautet ist das Kriegsschiff Chi-yüan (mit der Meldung der Ankunft der Kommissare) nach Korea vorangeschickt; der Vize-Präsident Ching-shas-chik (Chang-Li) wird auf dem Kriegsschiff Ching-yüan, der Vize-Präsident Hsü-yen-fu (Hsü-ch´ang) auf dem Kriegsschiff Lai-yüan morgen folgen.

Bisher sind die kaiserlichen Kommissare, die das Anerkennungsschreiben für den König von Korea überbracht haben, immer auf dem Landwege über Liau shên (Mukden) und über den Ya-lu Fluß (Grenzfluß zwischen Korea und Mandschurei) gereist. Andere Zeiten andere Sitten, jetzt fahren wir über See, das ist leichter und schneller, deswegen schreiben wir (die Zeitung) dies.

Für die Übersetzung
gez. G. Lange

Anlage 2 zum Bericht A. № 286 vom 12. November 1890.

The Chinese Times.

Vol. IV. № 210. Tientsin, Saturday, 8th November, 1890.

Suzerainty

It cannot be denied that when it suits the convenience of the Chinese Government to assert its supremacy, in other words, when it is absolutely assured of submission on the part of the vassal, is does the thing in a grand imperial style; while in the opposite case of a doubtful or recalcitrant tributary the traditional wisdom of the Chinese rulers is conspicuously displayed in a policy of imperturbable reserve. In extreme cases indeed China has resorted to force to recover her supremacy when openly attacked; but although her whole imperial prestige rests on a primary basis of military domination she is exceedingly averse from allowing the question of her suzerainty, once settled, to be reopened, and will acquiesce in the gradual fading of a fact into a tradition, and will see the grosser elements of tribute-bearing slowly melting into myth rather than rouse herself to put her strength to the proof. When she has a complacent power like England to deal with she is pleased with the opportunity of cheaply rehabilitating herself, while the brusque assaults of an adventurous power like France may compel her to take up arms in defence of her claims; but in ordinary cases the maxim on which she uniformly acts is *quieta non movere*. Hence the ostentation of the mission just despatched to Corea implies complete conviction of the subjection of the rulers of that country, a conviction which no doubt rests on perfectly solid grounds. The ceremonies imposed by the forms of etiquette established between the two countries have on the present occasion a significance which they never possessed so long as there were no third parties to watch and criticize, and it may be to interfere in the exchange of courtesies, for then the Corean court perceived nothing unnatural in the weak and beaten power owning allegiance to the stronger, whereas now the importation of a foreign element into the politics of the tributary kingdom has unsettled the mind of its rulers and caused them to wince under a yoke of which in their normal state they were hardly conscious. What the King of Corea owes to his various volunteer advisers then is merely discontent with his position, without the means of amending it. Instead of rendering willing homage, we know by the intrigues of the Court underlings and their efforts to engage foreigners in attempts to avert the imperial mission, that the King only submits to the reception of the Chinese envoys because he cannot help it. And the Chinese Government on its side probably takes the opportunity of replying to all the insidious attacks made on its status of paramount power by an object-lesson which none can mistake. The two Imperial Commissioners who carry the Edict of Condolence will have to be received at Söul with grand demonstrations of loyalty. The King will come outside the city to meet them at the place appointed and kept for the express purpose for over 200 years. There His Corean Majesty will perform the k'o-t'ou to the Imperial Edict. The precious writing in its yellow silk envelope will then be conveyed into the palace, not, as we understand the programme, through any gate or archway, but carried over the city wall on a bridge erected for the occasion and richly decorated with silk. Nothing in short will be left undone to make the reception of the Imperial envoys a function which will live in the memory of men and take an unambiguous place in history.

It would be easy to interpret this proceeding of China in such a way as to make it appear the expression of a remorseless tyranny; but we shall probably get nearer to the truth if we consider the pageant in its proper relation to the secular policy of the Empire, and more especially of the reigning dynasty. Much as we may disparage their lack of wisdom and seeming incompetence to grasp the true idea of foreign relations, it would be a mistake to forget that the only practical education Chinese statesmen have had in the conduct of foreign affairs has been in their dealings with frontier states which were all weaker than the Middle Kingdom. And if we exclude from view the cosmopolitan element which has in recent times been thrust into the political problem, candour compels us to own that the Emperors of China of the Manchu line have followed a policy that was deep, liberal, and utile. By a judicious mixture of severity and suavity they have contrived to preserve on their frontiers a contiguity of friendly subject states, of various degrees of importance and much diversity which impressed the imagination even of distant tribes, but consummate political address was required to throw over these semisavage peoples the spell of the magician, and rule them with a paper wand. To establish such relations with their outlying neighbours as that the latter should almost feel proud of owning an allegiance to the Great Emperor, which cost nothing, yet which on the one side secured the empire from attack and on the other supplied the stable force which kept chieftains in their seats and kings on their thrones, was not the work of children, but of statesmen of the first class. To make policy accomplish the purposes of marching armies is the triumph of mind over matter which is the crown of statecraft, and probably no government ever attained such perfect results in this directions as that of China has done - if we may except the Holy See. The etiquette which has been elaborated for the regulation of communications between China and her tributaries is not therefore in its origin and essence a mere phase of Oriental vanity, but is based on considerations of the strictest utility. Like all ceremonial, civil as well as religious, official etiquette in China has degenerated in the hands of its Ministers into frivolous uses, but that circumstance ought not to blind us to the practical needs in which the conventions of society as well as the ceremonial of courts had their origin. If China could buy the goodwill of her nearest neighbours by civil words and a nominal promise of protection, and could ratify and renew the contract by a periodical repetition of a ceremony which, by mere repetition, became a natural habit, she protected her own frontiers on the most economical terms; and it is but fair to remember this material view of the question when discussing her behavior to her nominal vassals.

But what was admirably adapted to the circumstances of the country, and of Asia in general, in former days is not so now, since the nations of the West have pushed themselves on to the scene; and the main difficulty in modern Chinese statesmanship is that of adapting the old machinery, the wisdom of forefathers, the principles of policy which have served so well in the past, to the new circumstances. It is on that rock that the Chinese Government is in great danger of splitting. It is somewhat in the position of the Astronomer. Royal who was presented by the late von Gumpach with his anti-Newtonian theory of the Heavens, when the veteran is said to have begged as a favour that he should be allowed to finish his career before these new discoveries were given to the world, as the labour of unlearning the knowledge of a life-time was too appalling. It is indeed nothing less than a new theory of heaven and earth which is presented to China in these days, but she cannot all at once realize the truth that she is not the centre of gravity after all, and she would rather hang the Galileos who tell her so than believe in them. It may be charitably hoped that she is in at least a transition stage, and that she may become receptive to the new light before it is too late; but in the meantime the expedition to Corea is entirely in the antique manner; it belongs to the old dispensation, and is an anachronism which is certain to produce a crop of pernicious fruit.

What for instance are those other Powers to think of it who have taken so much pains to cultivate relations with Corea? What are their representatives in Söul alongside of the Chinese Commissioners? And how can they submit to be placed on such an inferior platform? These are questions which will not cease to demand an answer until some revolution comes which will perhaps make little account of the pretensions of China. Instead therefore of courting the occasion to proclaim her supremacy with renewed emphasis it might have been wiser on China's part to have evaded it if possible, for, no matter who is to blame for the actual situation-and we think China is very largely to blame, and the Western Powers scarcely less so-the ostentatious exercise by China of suzerain rights over a country where the Western Powers keep accredited representatives is an anomaly which cannot indefinitely continue.

Berlin, den 16. December 1890.

A. 13261.

An
die Botschaften in
1. London № 838.
2. St. Petersburg № 397.
3. Washington A. № 35.

Euerer p übersende ich anbei ergebenst Abschrift eines Berichts des K. Gesandten in Peking vom 12. v. Mts., betreffend die Entsendung einer chinesischen Gesandtschaft nach Korea,

zu Ihrer Information.

N. d.
i. m.
M

Begräbnis der Königin-Mutter. Amerikanische Marine-Truppen in Söul.

PAAA_RZ201-018912_020 ff.			
Empfänger	Caprivi	Absender	Krien
A. 13360 pr. 27. Dezember 1890.		Söul, den 19. Oktober 1890.	
Memo	J. № 597.		

A. 13360 pr. 27. Dezember 1890. p. m.

Söul, den 19. Oktober 1890.

Contr. № 78.

An Seine Excellenz
den Reichskanzler, General der Infanterie, Herrn von Caprivi.

Eurer Excellenz habe ich die Ehre im Anschluß an meine ganz gehorsamsten Berichte № 46[57] und № 48[58] vom 7. und 17. Juni d. J. zu melden, daß das Begräbnis der Königin-Mutter am 12. d. Mts. mit erheblichem Gepränge stattgefunden hat.-

Am Abend vorher waren fünfzig Matrosen von den in Chemulpo ankernden Kriegsschiffen ″Monocacy″ und ″Palos″ nebst dem Kommandanten des ersteren Schiffes, fünf Offizieren und einem Arzt in Söul eingetroffen. Die Truppe war kriegsmäßig ausgerüstet.

Dreißig der Matrosen und Offiziere rückten am frühen Morgen des 12. Oktober vor das Ostthor der Hauptstadt - wo dem Minister-Residenten der Vereinigten Staaten und den anderen Vertretern der Vertragsmächte Zuschauplätze angewiesen worden waren - während der Rest der Truppe in der amerikanischen Gesandtschaft verblieb. Die vor dem Ostthor aufgestellten Mannschaften präsentierten die Gewehre, als die Leiche vorbeigetragen wurde.

Der König selbst erschien nicht in dem Zug.

Das Grab der Königin-Mutter ist etwa 20 km von Söul entfernt.

Die Matrosen kehrten am 14. d. Mts. wieder nach Chemulpo zurück.

Die chinesischen und japanischen Vertreter sind über die wiederholte Anwesenheit amerikanischer Soldaten in Söul sehr ungehalten und haben deshalb sowohl an den Präsidenten des koreanischen Auswärtigen Amts, als auch an Herrn Heard Anfragen

---

57 A. 9427 ehrerbietigst beigefügt.

58 A. 9474 ehrerbietigst beigefügt.

gerichtet. Der letztere hat ihnen darauf erwidert, daß mit der Teilnahme amerikanischer Mannschaften an dem Leichenbegängnis eine Ehrenbezeugung für die Verstorbene und den König beabsichtigt gewesen sei. Der Präsident, welchen Herr Yuan außerdem gefragt hatte, ob die Matrosen auf Ersuchen der koreanischen Regierung in die Hauptstadt eingerückt wären, hat ihnen geantwortet, er wüßte den Zweck des Hierherkommens der Leute nicht bestimmt, vermutete indessen, daß lediglich Rücksichten der Höflichkeit ihr Erscheinen veranlaßt hätten. Herbeigerufen worden seien sie jedenfalls nicht.

Es steht jedoch außer Zweifel, daß der König und der amerikanische Minister-Resident anläßlich der Beisetzungsfeierlichkeiten Unruhen befürchtet und deswegen die Anwesenheit von amerikanischen Marine-Truppen für wünschenswert erachtet haben.

Nachdem bereits im vorigen Jahr hier und im Inland Komplotte gegen die Regierung entdeckt worden waren, ist auch vor kurzem eine Anzahl Koreaner verhaftet worden, welche beschuldigt werden, einen Aufstand bei Gelegenheit der Beerdigung der Königin-Mutter geplant zu haben. Nach den mir koreanischerseits zugegangenen Angaben waren in beiden Fällen die Verschwörer zum größten Teil Geisterbanner, Wahrsager und religiöse Schwärmer, welche an die alte Prophezeiung glauben, daß die gegenwärtige, im Jahre 1392 zur Herrschaft gelangte Dynastie ''Li'' (auch ''Ni'' oder ''Yi'' genannt) fünfhundert Jahre nicht überdauern, sondern vielmehr kurz vor Ablauf dieser Frist gestürzt und durch eine neue Dynastie ersetzt werden wird. Der König soll sehr abergläubisch sein und das Eintreffen der Wahrsagung befürchten.

Im Laufe des 12. Oktober kam die amerikanische Korvette ''Omaha'' in Chemulpo ein, verließ jedoch schon am 14. dem dortigen Hafen. Von Kriegsschiffen anderer Mächte lagen daselbst ein chinesisches und ein japanisches Kanonenboot.

Nach der Darstellung des Generals Le Gendre hätte Herr Heard am 9. oder 10. d. Mts. ihm erklärt, daß er beabsichtige, um dem Königreich Korea die Sympathien der Vereinigten Staaten auszudrücken, einige amerikanische Kriegsschiff-Matrosen nach Söul kommen zu lassen, damit dieselben sich an den Beisetzungsfeierlichkeiten beteiligten, falls dem König dieses genehm wäre. Der König, welchem er das Anerbieten des Herrn Heard sofort hätte unterbreiten lassen, hätte dasselbe mit Dank angenommen und dabei nur den Wunsch geäußert, daß die Anzahl der Seeleute nicht groß sein sollte. -Die amerikanische Truppen-Abteilung wäre an der Spitze des Leichenzuges marschiert; (eine Behauptung, die unrichtig ist. Denn um 4 1/2 Uhr morgens fand ich die Matrosen bereits außerhalb des Ostthores vor, während die Spitze des Zuges etwa um 6 Uhr dort vorbeikam.) Neben der damit beabsichtigten Ehrenbezeugung wäre allerdings auch der Schutz der Fremden im Falle eines plötzlichen Aufruhrs der Bevölkerung ins Auge gefaßt worden.-

Sowohl während der Begräbnisfeier als auch vorher und nachher herrschte hier, abgesehen von einer blutigen Schlägerei bei der letzten Probe des Aufzuges, vollkommene Ruhe.

Abschriften dieses ganz gehorsamsten Berichtes sende ich an die kaiserlichen Gesandtschaften zu Peking und Tokyo.

Krien.

Inhalt: Begräbnis der Königin-Mutter. Amerikanische Marine-Truppen in Söul.

Betreffend die Vorgänge in Söul während der Anwesenheit der Außerordentlichen chinesischen Kommissare daselbst.

PAAA_RZ201-018912_027 ff.			
Empfänger	Caprivi	Absender	Brandt
A. 462 pr. 18. Januar 1891.		Peking, den 5. Dezember 1890.	
Memo	orig. pr. 16. 2 Oberhofmarschall- und Oberzeremonienamt. (zk. m. 1420)		

A. 462 pr. 18. Januar 1891. p. m. 1 Anl.

Peking, den 5. Dezember 1890.

A. № 312.

Seiner Excellenz,
dem Reichskanzler, General der Infanterie, Herrn von Caprivi.

Eurer Excellenz habe ich die Ehre, in der Anlage eine den Berichten fremder Diplomaten in Söul entnommene Zusammenstellung über die dortigen Vorgänge während der Anwesenheit der zu den Leichenfeierlichkeiten der Königin-Mutter entsandten chinesischen Kommissare vom 8. bis 11. November d. J. ganz gehorsamst zu überreichen.

Dieselben lassen keinen Zweifel darüber aufkommen, daß der König von Korea trotz aller Widerstands-Velleitäten sich vollständig den chinesischen Forderungen und dem althergebrachten Zeremoniell unterworfen hat, was auch das Verständigste war, da die auf eigene Hand Politik treibenden Diplomaten und Abenteurer in Söul ihm außer schönen Redensarten doch keine thatsächliche Unterstützung hätten zuteil werden lassen können. Die dem Empfang der Kommissare zuvorgegangene Periode des Zögerns und Zauderns beweist aber, daß, wenn auch vielleicht im Lande und in weiteren Beamtenkreisen eine chinesenfeindliche Partei bestehen mag, dieselbe in der Umgebung des Königs selbst nicht genug Einfluß besitzt, um den schwächlichen und furchtsamen Herrscher zu einem Entschluß zu bestimmen, der seinen Wünschen und Bestrebungen vollständig entsprechen würde.

Da die vorerwähnten Berichte fremder Diplomaten mir vertraulich mitgetheilt worden sind, darf Eure Excellenz ich wohl ganz gehorsamst bitten, eine Veröffentlichung der Anlage hochgeneigtest nicht gestatten zu wollen.

Brandt.

Inhalt: Betreffend die Vorgänge in Söul während der Anwesenheit der Außerordentlichen chinesischen Kommissare daselbst.

Anlage zum Bericht A. № 312 vom 5. Dezember 1890

Bericht
über die Vorgänge in Söul während der Anwesenheit der zu den Trauerfeierlichkeiten für die verstorbene Königin-Mutter nach dort abgesandten außerordentlichen chinesischen Kommissare.

Die chinesischen Kommissare sind auf zwei Schiffen der nördlichen Flotte am 6. November in Chemulpo angekommen, wo sie von dem Handels-Superintendenten und den ihnen entgegengesandten koreanischen Beamten empfangen worden sind und bei der ersteren Wohnung genommen haben.

Der König von Korea scheint lange zweifelhaft gewesen zu sein, welche Haltung er den chinesischen Kommissaren gegenüber einnehmen sollte; er fürchtete, wenn er das alte Zeremoniell beobachtete, seine Ansprüche auf Selbstständigkeit den Vertragsmächten gegenüber zu kompromittieren, während er auf der anderen Seite besorgt war, durch eine Weigerung den Zorn seines mächtigen Nachbarn und Souveräns auf sich zu ziehen. - Trotzdem die Arbeiten in dem zum Empfang der Kommissare bestimmten Gebäude eifrig betrieben und die Straßen, durch welche sich die Kommissare nach dem königlichen Palais zu begeben haben würden, gereinigt und von allen Hütten und Verkaufsbuden, welche sie sonst verunzieren, gesäubert worden waren, und obgleich der König in der amtlichen Zeitung am 6. auf eine Anfrage des Kriegsministers, auf welchem Wege er den chinesischen Kommissaren entgegengehen würde, geantwortet hatte: ′′Durch das Werther auf dem Hin- und Rückwege′′, schien es doch bis zum letzten Augenblich zweifelhaft, zu welchem Entschluß der König kommen würde. Endlich scheint man die Besorgnis des Königs, sich den fremden Mächten gegenüber zu kompromittieren, durch das Auskunftsmittel beschwichtigt zu haben, allen Verkehr auf den Straßen zu untersagen, den Bewohnern zu befehlen, Fenster und Türen zu schlissen, die Zugänge zu den Straßen, welche der König und die Kommissare passieren mußten, durch Vorhänge abzusperren und alle Punkte, von welchen aus man eine Aussicht auf diese Straßen oder das Innere des Palastes haben konnte, militärisch zu besetzen. Alle Zweifel über die von dem König getroffene Entschließung sind aber erst gehoben worden als die Trompeten seiner Eskorte anzeigten, daß er sich in Bewegung setzte, um den Kommissaren entgegenzugehen. Die letzteren waren am 7. um 4 Uhr morgens von Chemulpo aufgebrochen, wo ihnen bei ihrer Ankunft koreanische Beamte die Visitenkarte des Königs und des Kronprinzen überreicht und vor dem Schreiben des Kaisers den Kotau vollzogen und Weihrauch verbrannt hatten, und hatten die Nacht in Mapu, 4 km vor den Thoren von Söul, zugebracht. Längs des Weges waren an verschieden Stellen Pavillons errichtet worden, in denen sich die Kommissare von Zeit zu Zeit ausruhten. Das Übersetzen über den Fluß geschah in besonders geschmückten Booten und unter den Klängen der koreanischen Musik. Von der Ankunft der Kommissare in Mapu an gingen in kurzen Zwischenräumen Kuriere zwischen diesem Platz und Söul hin und her, um dem König Bericht über das Tun und Lassen der Kommissare abzustatten und die Wünsche der letzteren in Betreff des Zeitpunktes ihres Einzugs in Söul in Empfang zu nehmen. Letzterer wurde schließlich auf zehn Uhr vormittags am 8. November festgesetzt. Erst am Morgen dieses Tages veröffentlichte die amtliche Zeitung ein königliches Edikt des Inhalts, daß der König um 8 Uhr den Palast verlassen werde, um den Kommissaren entgegenzugehen; zu gleicher Zeit aber versicherten gewöhnlich gut unterrichtete Beamte bis zum letzten Augenblick, daß der König trotzdem nicht den Palast verlassen werde.

Der König hat sich, dem ersten, obenerwähnten Edikt entsprechend, vor das Westthor begeben, wo ein großes, weißes Zelt (weiß ist die Trauerfarbe) aufgeschlagen war; er trug das weiße Hofgewand und saß in einer von zwei Pferden gezogenen, auf beiden Seiten von einigen Dienern gezogenen, auf beiden Seiten von einigen Dienern gestützten Sänfte; seine Begleitung an Truppen, Fahnen, Musikkorps, Beamten etc. unterschied sich in nichts von der bei seinen gewöhnlichen Ausgängen, z. B. beim Besuch eines Tempels. Alles war programmäßig[59] abgesperrt.

Um dreiviertel vor elf Uhr nähern sich die chinesischen Kommissare, deren Ankunft durch eine Salve von drei Kanonenschüssen und einige einzelne Schüsse angezeigt wird. Sie tragen Reisekleider, aber den amtlichen Hut mit Knopf und Feder und sitzen in koreanischen Tragstühlen, die von acht Trägern getragen werden und deren Sitze mit Leopardenfellen bedeckt sind; vor Ihnen her gehen Palastbeamte mit roten Tafeln, auf denen die Ämter und Würden der Kommissare und der Befehl, ihnen auszuweichen, verzeichnet ist; dann folgen Fahnen und Truppen; darauf drei Holzkästen in der Form von Pagoden, welche, die beiden ersten, die Leichengaben des Kaisers enthalten (Weihrauchstückchen, Seidenrollen und 200 tls. in Silber (zum Ankauf der Speisen für das

59 [wörtlich]

Totenopfer und Gefäße für die Trankopfer)), der dritte das kaiserliche Dekret, welches der verstorbenen Königin-Mutter einen posthumen Ehrentitel verleiht, den Nekrolog derselben und das darauf bezügliche Dekret des Kaisers. In dem Augenblick, in welchem sich dieser letztere Kasten vor dem königlichen Zelt befindet, werden die gelben Vorhänge, welche den Kasten einhüllen, für einen Augenblick beiseite gezogen und ein kurzer Halt gemacht, während dessen der König, der inzwischen sein Trauergewand mit einem von dunkler Farbe vertauscht hat, im Innern des Zeltes, dessen Öffnung durch einen großen Vorhang geschlossen worden ist, sich auf die Erde wirft. –

Die Kommissare steigen, ohne den König gesehen zu haben, für einige Minuten in einem blauen, für sie errichteten Zelt ab und begeben sich dann durch das Haupt(Süd)-Thor in die Stadt, während der König durch das Westthor in den Palast zurückkehrt. Auf dem Ganzen von den Kommissaren durch das Südthor bis zum Palast zurückgelegten Weg ist der letztere mit rotem Sand bestreut und sind alle Stellen, von denen man den Zug sehen könnte, sorgfältig abgesperrt, sogar den Fremden, für die sonst im allgemeinen solche Vorschriften nicht gelten, ist der Zugang zur Stadtmauer untersagt. Nach koreanischer Angabe hängt diese Absperrung damit zusammen, daß den kaiserlichen Gesandten in früherer Zeit nicht erlaubt war, irgend etwas vom Lande zu sehen, damit sie nicht darüber Bericht abstatten konnten; auch durften sie das ihnen angewiesenen Haus während des Aufenthalts in der Hauptstadt nicht verlassen, welche letztere Vorschrift auch diesmal streng beobachtet worden ist. Übrigens wurden Fremde, d. h. holländische, englische, portugiesische und russische Gesandtschaften in Peking bis zum Abschluß der Verträge ebenso behandelt. –In das Palais, zu welchem die Kommissare sich direkt begeben, treten sie durch das drei Öffnungen habende Thor, der erste Kommissar durch die östliche (die Ostseite ist die Ehrenseite), der zweite durch die westliche und die drei Kästen durch die Mittelöffnung ein, in ihren Sänften, in denen sie bis zum Hofe des Thronsaales bleiben, wo der König sie erwartet, der die Kleidung für Totenopfer angelegt hat, aus ungebleichtem Hanf bestehend, mit einer Mütze aus demselben Stoff und einem um den Kopf gebundenen Strick.

In diesem Hofe, der fast ganz mit, nach ihren resp. Ämtern und Würden aufgestellten, Beamten angefüllt ist, -besondere Pfeiler dienen dazu, die einzelnen Plätze zu bezeichnen-, ist ein Zelt aufgeschlagen, in welchem drei Tische stehen, auf deren rechten und linken die Opfergaben Platz finden, während auf den in der Mitte von zwei Eunuchen, die sie aus den Händen von zwei Sekretären der Kommissare empfangen haben, die aus dem Kasten genommenen kaiserlichen Edikte gelegt werden. Östlich neben diesen Tisch stellen sich die Kommissare mit dem Gesicht nach Westen, währen der König vor den kaiserlichen Schriften den Kotau vollzieht, indem er zweimal niederkniet und achtmal mit dem Kopf den Boden berührt. Er empfängt dann noch kniend aus den Händen des ersten Kommissars das Kondolenzschreiben des Kaisers, welches laut verlesen und dann sofort in den Thronsaal gebracht wird. Der ganze Zug begibt sich daraufhin in den Pavillon, in dem das Tablet der Königin-Mutter aufgestellt ist (ein Holztäfelchen mit dem Namen derselben) und das den posthumen Namen verleihende kaiserliche Dekret niedergelegt wird.

Hier ist insofern eine Abweichung von dem in 1878 beobachteten Zeremoniell eingetreten, als der König und die Kommissare sich nicht in Sänften, sondern zu Fuß dorthin begeben haben. Bei der früheren Gelegenheit befand sich der erste Kommissar in der Mitte, der König zu seiner Linken (links ist die Ehrenseite wie bei uns rechts), der zweite zu seiner Rechten, und alle traten durch die Seitentüren des Hauptthores ein, dessen Mittelthor nur das kaiserliche Dekret passierte.

Diesmal hat sich der König zu Fuß auf einem kürzeren Wege nach dem Pavillon begeben, während die Kommissare ebenfalls zu Fuß hinter dem Kasten, welcher das Dekret enthielt, den weiteren offiziellen Weg machten und hinter dem Dekret durch die Mitteltür eintraten. Im Pavillon selbst ist das Dekret auf einen Tisch gelegt worden und hat der König wiederum vor demselben das Kotau in der vorgeschriebenen Art vollzogen, worauf ihm ein Eunuche den Inhalt des Dekrets vorgelesen, was er knieend mitangehört hat. Nach Beendigung der Verlesung hat sich der König erhoben und tief vor den beiden Kommissaren verneigt, die diesen Gruß mit einer Neigung des Kopfes erwidert haben. Nach Beendigung dieser Zeremonie begaben sich der König und die Kommissare in den Thronsaal, wo sie Platz nahmen, die Kommissare im Osten, der König im Westen, während der Thron unbenutzt blieb. Tee und einige Speisen werden gereicht und einige Höflichkeitsformeln gewechselt, worauf die Kommissare sich nach dem ihnen angewiesene Haus begeben, vom König bis außerhalb des Hofes begleitet. Der König kehrt dann in den Pavillon des Tablets zurück, wo er Weihrauch anzündet und Trankopfer darbringt und nach der Lektüre des Nekrologs denselben verbrennt.

Zu bemerken ist, daß die chinesischen Kommissare während aller dieser Zeremonien nicht die Hoftracht angelegt haben, sondern in ihren Reisekleidern geblieben sind.

Nach dem bestehenden Zeremoniell ist der König von Korea eigentlich verpflichtet, sich an jedem Tag während der Anwesenheit der Kommissare in der Hauptstadt zu denselben zu begeben, es ist aber Gebrauch, daß die Kommissare den König, der sich am Tage ihrer Ankunft jeden Augenblick durch besondere Boten nach ihrem Befinden erkundigen läßt und ihnen ebenso oft Speisen aus seiner Küche auf silbernen Schüsseln, welche Eigentum der Kommissare werden, sendet, für den Tag nach ihrer Ankunft von diesem Besuch entbindet.

Am 10. November wurde ein vom Tage vorher datiertes Königliches Edikt veröffentlicht, des Inhalts, daß er sich am nächsten Tag, d. h. dem 11., zum Besuch zu den Kommissaren begeben werde und daß dieser Besuch bestimmt sei, diejenigen zu ersetzen, welche er ihnen eigentlich am 9. und 10. hätte machen sollen.

An diesem Tage trug der König wieder das weiße Hofkleid und benutzte die früher beschriebene Pferdesänfte, die er am äußeren Thore des von den Kommissaren bewohnten Hauses verließ. Er hatte seine Ankunft durch seine Karte anmelden lassen, auf der sein Name Li-hi-in in ganz kleinen Zeichen auf dem unteren Teil des weißen Blattes geschrieben war. Diese Karte ist den Kommissaren durch einen Staatsrat überreicht worden, durch den die ersteren den König einzutreten ersucht haben. Der König hat sich darauf in einen offenen Tragstuhl gesetzt, mit dem er bis an den letzten Hof vor der Wohnung der Gesandten (die Empfangsräume liegen immer hinter dem letzten Hof) gegangen ist; hier ist er ausgestiegen und hat sich zu Fuß in ein in dem Hof aufgeschlagenes Zelt begeben, um sein Trauergewand gegen eins von dunkler Farbe zu vertauschen. Darauf hat er sich zu den Kommissaren begeben, die ihn oben auf den zum Empfangssaal führenden Stufen erwarteten, wo eine gegenseitige Begrüßung mit bis zur Stirn erhobenen Händen stattgefunden hat. Der König hat im Westen, die Kommissare im Osten Platz genommen, worauf Wein gereicht worden ist, zuerst den Kommissaren, dann dem König.

Das darauf folgende kurze Gespräch ist durch Dolmetscher vermittelt worden, von denen je zwei hinter dem König und den Kommissaren standen und jede Äußerung der sieben bis acht Meter von einander entfernt sitzenden Hauptpersonen von einer zur anderen überbrachten und in Flüstertönen übersetzten.

Während diese Besuches hat der König, dem es das Zeremoniell vorschreibt, den Kommissaren für die Mühe gedankt, die er ihnen gemacht, und sie wiederholt ersucht, ihren Besuch zu verlängern, was aber seitens der Kommissare mit dem Bedauern abgelehnt wurde, daß ihre Abreise bereits auf den 11. festgesetzt sei. Ebenso lehnten die letzteren einen wiederholt angebotenen Abschiedsbesuch des Königs ab.

Nachdem die in dieser Weise geführte Unterredung ungefähr eine Stunde gedauert hatte, verabschiedete sich der König und zog sich in derselben Weise zurück, wie er gekommen war, nur daß ihn die Kommissare diesmal die Stufen des Empfangssaales herab begleiteten.

Während der Dauer des Aufenthalts der Kommissare in Söul ist an dem Hauptthor der ihnen angewiesenen Wohnung ein Plakat angebracht, durch welches allen, den höchsten wie den niedrigsten Personen, befohlen wird, auf ihrem Tragstuhl oder von ihrem Pferd zu steigen, als Zeichen der Achtung vor den kaiserlichen Würdenträgern.

Die Schlüssel der Stadtthore werden jeden Abend statt in den Palast zu den

Kommissaren gebracht und des Morgens wieder abgeholt. Ferner haben die Kommissare das Recht, gerichtliche Urteile zu fällen und ausführen zu lassen, da während ihrer Anwesenheit die Jurisdiktionsberechtigung des Landesherrn suspendiert ist.

Am 11. zeigte die amtliche Zeitung an, daß der König sich zur Verabschiedung von den Kommissaren vor die Stadt begeben werde; die Absperrungsmaßregeln waren dieselben wie bei der Ankunft, nur daß sie mit noch größerer Strenge durchgeführt wurden.

Gegen Mittag begann die große Glocke von Söul zu läuten, die sonst nur den Zeitpunkt der Schließung und Öffnung der Thore anzeigt; der König begab sich in demselben Aufzug, in dem er den Kommissaren entgegengegangen war, in das Amtsgebäude eines Provinzial-Gouverneurs und erwartete dort die Kommissare, die nach einer Viertelstunde eintrafen und in ihren Sänften bis an die Stufen der Empfangshalle getragen wurden, auf denen der König sie erwartete. Stehend wurden in der Halle, in welche alle drei durch die Mitteltür eingetreten waren, einige Höflichkeitsphrasen gewechselt, worauf die Kommissare sich verabschiedeten und ihre Sänften bestiegen. Der König hatte sie die Stufen hinabbegleitet und beim Einsteigen in die Sänften nochmals mit erhobenen Händen begrüßt.

Der Zug der Kommissare war bei der Abreise derselbe wie bei der Ankunft, nur daß die drei Kästen mit den kaiserlichen Edikten usw. fehlten.

Bald nachdem die Kommissare ihren Weg fortgesetzt, kehrte der König in den Palast zurück.

Die Kommissare sind wegen schlechten Wetters erst am 13. November in Chemulpo eingetroffen, wo sie sich sofort eingeschifft haben. Der chinesische Ministerresident Yuan, welcher die Kommissare in Chemulpo empfangen und bis Mapu begleitet hatte, war während der ganzen Zeit des Aufenthaltes derselben nicht in Söul, angeblich weil sein verhältnismäßig niedriger Rang ihm nicht gestattete, an den Zeremonien teilzunehmen.

Als Kuriosum und als Beweis, wie selbst bei solchen auf jahrhundertealten Präzedenzfällen beruhenden Vorhängen wie die, welche sich in Söul in der Zeit vom 8. bis 11. November abgespielt haben, die Anforderungen der neuen Zeit mit hineingreifen, mag hier ein Zirkular Platz finden, welches der chinesische Ministerresident an die diplomatischen und konsularischen Vertreter der Vertragsmächte aus Veranlassung der Anwesenheit der chinesischen Kommissare gerichtet hat.

„His Imperial Chinese Majesty´s Ambassadors Their Excellencies Su and Chung request me to convey to the different Representatives and foreign Residents that their Excellencies is (sic!) too much engaged during their short stay at the Capital and regret that they will not be able to receive any visitors.“

gez. Yuan Li-kwai
by S. Y. Tang
(chinesischer General-Konsul)

To

Hon. A. Heard (Minister-Resident der Vereinigten Staaten)

Hon. C. Waeber (Russischer Ministerresident)

Hon. Hillier (Verweser des Großbritannischen General-Konsulats)

Hon. M. Kondo (Japanischer Geschäftsträger)

Hon. Collin de Plancy (Kommissar der Französischen Republik)

Hon. Krien

[ ]

PAAA_RZ201-018912_049			
Empfänger	Caprivi	Absender	Brandt
A. 464 pr. 18. Januar 1891. p. m.		Peking, den 5. Dezember 1890.	
Memo	s. Schreiben 16. 2. an Oberhofmarschall und Oberzeremonienmeister. Bitte um Abschrift des Berichts 312 A. 462 mit A. 1420 gehorsamst beigefügt.		

A. 464 pr. 18. Januar 1891. p. m.

Peking, den 5. Dezember 1890.

A. № 313.

Seiner Excellenz
dem Reichskanzler, General der Infanterie
Herrn von Caprivi.

Entzifferung

Zu Bericht № 312[60].

Die Angaben in der Anlage sind hauptsächlich den mir von meinen französischen Kollegen mitgeteilten Berichten des Kommissars der Republik in Söul nach Paris entnommen.

Brandt.

60 A. 462 mit heutiger Post. A. 462 an S. M. ges. 20. 1.

Koreanische Zustände: betreffend den Aufenthalt der chinesischen Kommissare in Söul.

PAAA_RZ201-018912_050 ff.			
Empfänger	Caprivi	Absender	Brandt
A. 482 pr. 19 Januar 1891. a. m.		Peking, den 8. Dezember 1890.	
Memo	cfr. A. 863		

A. 482 pr. 19 Januar 1891. a. m. 1 Anl.

Peking, den 8. Dezember 1890.

A. № 320.

Seiner Excellenz,
dem Reichskanzler, General der Infanterie, Herrn von Caprivi.

Eurer Excellenz habe ich die Ehre im Anschluß an meinen ganz gehorsamsten Bericht A. № 312[61] vom 5. Dezember d. J., betreffend den Aufenthalt der chinesischen Kommissare in Söul, in der Anlage einen unzweifelhaft auf chinesischen Quellen beruhenden Artikel über denselben Gegenstand aus der ''Tientsin Chinese Times'' vom 6. Dezember zu überreichen, welcher die in der Anlage zu meinem vorerwähnten Bericht enthaltenen Angaben vollständig bestätigt, nur daß er, als im prochinesischen Sinne geschrieben, den Erfolg der chinesischen Mission noch stärker betont.

Brandt.

Inhalt: Koreanische Zustände: betreffend den Aufenthalt der chinesischen Kommissare in Söul.

---

61 A. 462 heutiger Post n. S. E. 19. 1.

Anlage zum Bericht A. № 320 vom 8. Dezember 1890.

THE CHINESE TIMES.

Dec. 6th, 1890.

The Imperial Commissioners in Corea.

The show is over. They have come. They have gone. The object of their mission has been accomplished.

Landing from the Pei-yang Squadron at Chemulpo, on November 6th, their Excellencies the Imperial Envoys, Messrs. C'hung Li 崇禮 and Su C'hang 續昌, were there met by Sim Y-t'aik, 沈履澤 a President of the Home Office and Prefect of Seoul, the highest official in the Kingdom of Corea after the King. The Governor of the province of Kieng-hi accompanied him. A eunuch bore to them the card of His Majesty, another functionary that of the Crown Prince. Escorted up to Seoul by way of O-ri-kol, 梧里洞, they were met at Mapau on the 7th instant, by His Excellency Yuen Sie Kwai, Imperial Resident in Seoul, near the house of Se-sim-tcheng, 洗心亭, where they spent the night. The morning of the 8th they made their entry into Seoul with Imperial honours. Arriving with a train of some six hundred Corean mandarins, guards, and servants, they hailed for a few moments at blue tents erected near the Yamên of the Governor of the capital province outside the West Gate, called Kieng-ki-kam-yeung, 京畿監營, there His Majesty, who had come out from the city through the West Gate or Ton-i-moun, 敦義門, and was waiting in a large white tent, executed three obeisances to the three Imperial Shrines preceding the Envoys, the two first of which contained presents of slight value, such as shoes of sycee, rolls of silk, incense sticks and burners, the third, draped in yellow silk and borne by eight men clad in yellow containing the Imperial scroll of condolence and eulogy. After partaking of some slight refreshment in their tents, the Envoys again entered their Corean palanquins, and the *cortege* swept onward to the strains of the royal band, to enter the city through the Soung-ye-moun, 崇禮門 or Gate of Everlasting Courtesy.

Passing through the rigorously policed streets of the city, where all shops were closed and from which every booth which disfigured the main thoroughfares had been removed, and the cross streets masked with linen curtains, the Emperor's Deputies proceeded to the agglomeration of Corean and Russian buildings known as the Palace, whither the King had preceded them by a shorter route, and entering in their chairs and with their attendants through the Kowang-ha-moun, 光化門, that is, the shrines through the central portal, they through the Eastern one were met at the first interior gate, Ken-tcheng-moun, 勤政門 , by Li Hi, 李熙, the reigning monarch of Great Corea, who was stationed on the western side.

The King and his suzerain's officials went to the Great Audience Hall; the Imperial Letter of eulogy and condolence was placed upon a centre table ; the King kneeling performed four *k'o-t'os*. Then after burning an incense stick some eighteen inches long, His Majesty *k'o-t'oed* once more.

The Envoys then conveyed the Imperial Scroll to the hall where upon a stand stood the mortuary tablet of the deceased Queen. The King kneeling down respectfully read it, and wailed three times. "I go! I go! I go! Alas! Alas! Alas!" Knelt again three times, *k'o-t'oing* thrice each time, calling out in a loud voice: "Wan souei! Wan souei! Wan! Wan souei! Ten thousand years! Ten thousand years! Ten times ten thousand years!" All the civil and military officials present then knelt and repeated the same ceremonies and the same cries. The bugle flourished and the bands played.

The Manchu and Mongol officers, rising then made three obeisances before the tablet only, and wailed three times in the Manchu language: "Uhû! Uhû! Uhû!"

Prior to entering the Tablet Hall, both Envoys, retiring to yellow silk tents, changed their costumes for black robes, as did also His Majesty, who appeared in the unbleached hempen cloth, indicative of the deepest mourning.

Again changing their costumes the representatives of the Son of Heaven met the King in a chamber in rear of the Audience Hall; where, kneeling once, he performed three *k'ot'os* to each of them, compliment acknowledged. Wine and tea were served in porcelain and silver cups; *k'ot'os* made by the officials were taken no notice of.

Going back to the Audience Pavilion, the lesser Kingdom again recognized the suzerainty of the Greater Empire by its Sovereign kneeling and executing, four *k'ot'os* as the Emperor's Envoys took their leave, the disregarded presents of the Monarch to His Suzerain's officers being left upon the Eastern table of the Great Audience Hall, the incense burners occupying the Western table.

They then withdrew to their specially reserved residence formerly known as Li- pin-se, a hall for the receiving of honoured guests, now styled the Nam-pel-kang, 南別官 or Southern Palace, fitted up to receive them at the expense of the Corean King.

The 9th being the anniversary of the death of a member of the Imperial family no visits were interchangeable, and was spent by King and Ministers resting from the fatigues of the previous day.

In spite of Declarations of Independence,' tri-authors of ungrammatical pamphlets, to say nothing of treaties, the right of justice high and low, passed into the hands of the Imperial Envoys, as also the disposal of the keys of the capital, the signal for the opening and closing of which was—except on the ninth—daily given, morning and evening, by three guns fired consecutively from the Nam-pel-kang.

Large numbers of the highest Corean officials with troops camped in the spacious courtyards of the Southern Palace, in constant attendance upon the Chinese mandarins.

On the loth instant His Majesty, with his customary escort, horse, foot, and artillery, entered the Eastern Gate of the Nam-pel-kang, changed his garments for blue robes significant of half-mourning, in a small house in the second courtyard, sending in by his Supreme Councillor of State two very large white cards with his name inscribed thereon in microscopic characters at the bottom. As the Imperial Generals saw the cards, they said; "Ching!" "Please come!" The King, passing into the third enclosure, which had been carpeted with straw mats, took position in a tent in its west side, the Emperor's representatives facing him in two tents on the east side. The King bowed to the senior Envoy, who returned the salutation. An inclination to the second Minister was also recognized. Mutual inquiries concerning each other's health were made through the medium of interpreters, who grovelled on the ground between the tents. His master's deputies preceding him, the King followed them, they through the eastern portals. His Majesty through the western, to the grand pavilion. Upon already spread tables a repast was served, the food coming ready prepared from the Palace, but in this instance, as in all others, the envoys declined to accept the silver plate upon which their viands were daily served. Each sat at separate tables.

During the repast, according to the rites, the King asked the envoys thrice to remain few days longer, a request politely declined on the ground that they must promptly return and report to the Throne.

After the banquet, which lasted perhaps an hour and a half, the King emerged and was taken leave of in a manner similar to that in which he had been received, changed his clothes, and again returned to the Palace.

The 11th instant the ceremony of the departure of the Peking officials from the Governor's residence outside the West Gale was substantially the same excepting that the Great Curfew Bell, "In Kim," meaning "men prohibited," formerly rung only at nights to clear the streets of males, so women could walk abroad, was tolled as His Majesty left the Palace. Being the first to arrive at the yamên, he awaited in the central white draped pavilion the arrival of the Emperor's messengers, who arrived about a half an hour later, obtaining access to the royal presence after an interchange of compliments carried to and fro by aide-de-camps bearing arrows—indicative of speed. Then the procession moved riverwards to the western coast, so true is it that westward the course of Empire takes its way, being escorted by Y You-seung, 李裕承 an honourary guard of His Majesty, and their previous retinue.

Seoul, Corea, 19th November, 1890.

Abreise des amerikanischen General-Konsuls Greathouse nach Korea.

PAAA_RZ201-018912_057 ff.			
Empfänger	Caprivi	Absender	Holleben
A. 787 pr. 31. Januar 1891.		Tokyo, den 20. Dezember 1890.	
Memo	J. № 323 A.		

A. 787 pr. 31. Januar 1891. a. m.

Tokyo, den 20. Dezember 1890.

№ 120 A.

Seiner Excellenz
dem Reichskanzler, General der Infanterie, Herrn von Caprivi.

Eurer Excellenz beehre ich mich gehorsamst zu melden, daß der bisherige amerikanische General-Konsul in Yokohama, Greathouse, am 19. d. M. sich nach Söul begeben hat, um, einer Berufung seitens der koreanischen Regierung folgend, als Berater, oder wie es hier heißt, als Vize-Minister, in das Ministerium des Innern einzutreten. Herr Greathouse hat seine Entlassung als amerikanischer Generalkonsul telegraphisch nachgesucht und erhalten, da sich die Entsendung eines Nachfolgers verzögerte. Was für Pläne und Hoffnungen Herr Greathouse hegt, läßt sich hier schwer feststellen, da er mit dem amerikanischen Gesandten wie mit der ganzen republikanischen Regierung auf sehr gespanntem Fuß steht. So wird jedenfalls dieser Regierung seine Thätigkeit in Korea in keiner Weise zu Gute kommen. Die Yokohama-Kaufleute, bei denen er sehr beliebt ist, hoffen, ihn nach einem etwaigen Regierungswechsel in Washington als Gesandten in Tokyo zu sehen.

Abschrift dieses Berichts ist der kaiserlichen Gesandtschaft in Peking sowie dem kaiserlichen Konsulat in Söul übersendet worden.

Holleben.

Inhalt: Abreise des amerikanischen General-Konsuls Greathouse nach Korea.

Betreffend die Rückkehr der kaiserlichen Kommissare aus Korea und den Rang solcher Kommissare überhaupt.

PAAA_RZ201-018912_061 ff.			
Empfänger	Caprivi	Absender	Brandt
A. 863 pr. 2. Februar 1891.		Peking, den 14. Dezember 1890.	

A. 863 pr. 2. Februar 1891. a. m.

Peking, den 14. Dezember 1890.

A. № 326.

Seiner Excellenz
dem Reichskanzler, General der Infanterie, Herrn von Caprivi.

Die nach Korea entsandt gewesenen chinesischen Spezial-Kommissare Hsü-chang und Ch'ung-li sind hier vom Kaiser nach ihrer Beendigung ihrer Mission am 27. November empfangen worden, seit welcher Zeit die Pekingzeitung der koreanischen Angelegenheit keine Erwähnung mehr gethan hat.

Man scheint sich chinesischerseits also mit dem thatsächlich errungenen Erfolg begnügen und denselben nicht öffentlich weiterverwerten zu wollen.

Da die Stellung der chinesischen Kommissare zu Meinungsverschiedenheiten zwischen den fremden Vertretern in Söul Veranlassung gegeben hat, beehre ich mich zu der Frage ganz gehorsamst zu bemerken, daß solchen Spezialkommissaren seitens der höchsten Provinzial.-Behörden persönlich stets dieselben Ehren wie dem Kaiser selbst erwiesen werden, und zwar nicht, weil sie die Person des Kaisers repräsentieren, sondern weil sie Träger eines kaiserlichen Edikts sind, dem an und für sich schon dieselben Ehren bezeigt werden, wie z. B. kein Beamter ein solches empfängt, ohne es, bevor er es öffnet, auf einen Altar zu legen, Weihrauch zu verbrennen und vor demselben den Kotau zu machen.

Als Botschafter, d. h. die Person des Souveräns repräsentierend, dürften solche Kommissare also nicht anzusehen sein.

Brandt.

Inhalt: Betreffend die Rückkehr der kaiserlichen Kommissare aus Korea und den Rang solcher Kommissare überhaupt.

Die zur Abhaltung von Totenopfern für die Königin-Mutter nach Korea entsandten Chinesischen Beamten betreffend.

PAAA_RZ201-018912_065 ff.			
Empfänger	Caprivi	Absender	Krien
A. 901 pr. 3. Februar 1891.		Söul, den 24. November 1890.	
Memo	cf. A. 1878, cfr. A. 1104/93. // J. № 654.		

A. 901 pr. 3. Februar 1891. p. m. 1 Anl.

Söul, den 24. November 1890.

Kontrolle № 83.

An Seine Excellenz,
den Reichskanzler, General der Infanterie, Herrn von Caprivi.

Aus Anlaß des Ablebens der Mutter des Königs von Korea sind zwei von dem Kaiser von China behufs Verrichtung von Totenopfern für die Verstorbene entsendete höhere Beamte namens Hsü-ch'ang. Vize-Präsident im Finanz-Ministerium und Mitglied des Tsungli-yamên, Mandschure, und Ch'ung-li, Vize-Präsident im Zeremonien-Ministerium, Mongole, auf zwei chinesischen Panzerschiffen am 6. November 1890 in Chemulpo eingetroffen.

Die Abgesandten wurden daselbst von dem chinesischen Vertreter und den Beamten der chinesischen Gesandtschaft sowie der Konsulate in Söul und Chemulpo, einem Präsidenten des koreanischen Ministerium des Innern und zahlreichen koreanischen Beamten empfangen.

Am nächsten Tag reisten die Abgesandten mit großem koreanischen und einem chinesischen Gefolge von etwa 30 Mann bis zu dem Han-Fluß, wo sie in der Nähe von Mapo übernachteten, um am 8. vormittags ihren Einzug in die Hauptstadt zu halten.

Der König erwartete sie in einem Zelt außerhalb des Westthores und verneigte sich dreimal, als die das kaiserliche Schreiben sowie den neu verliehenen Rang der Königin-Mutter pp. enthaltenden Kästen dort vorbeigetragen wurden. Eine weitere Zeremonie fand daselbst nicht statt. Die Abgesandten passierten das Zelt des Königs ohne Aufenthalt. Der König kehrte dann durch das Westthor in den Palast zurück, während die Chinesen durch das Südthor in die Stadt einzogen, um sich sofort mit ganz kleinem Gefolge in den Palast zu begeben. Weder Herr Yuan noch irgend ein anderer der hiesigen chinesischen Beamten erschien in dem Zuge.

Auf dem Wege nach dem Palast wurden ihnen gleiche Ehren erwiesen wie dem König bei dessen Ausgängen. Die Buden längs der Straßen waren abgebrochen und die Straßen selbst gereinigt und mit Sand bestreut; die Truppen bildeten Spalier und ein zahlreicher koreanischer Troß mit Vorreitern, Eunuchen, Musikanten, Militär- und Zivilbeamten geleitete die Abgesandten. Abweichend von den bei den Prozessionen des Königs gebräuchlichen Zurüstungen waren die Zugänge zu den Seitenstraßen durch Zeugvorhänge abgesperrt.

Die Totenopfer wurden im Innern des Palastes abgehalten. Der König hat sich dabei den üblichen, auf seine Demütigung berechneten Zeremonien unterworfen und sowohl dem kaiserlichen Schreiben als auch den Abgesandten gegenüber seine Unterwürfigkeit durch dreimaliges Niederwerfen mit je dreimaligem Berühren des Bodens mit der Stirn (Abhandlung des Vize-Konsuls Budler vom Februar 1886 über das staatsrechtliche Verhältnis zwischen Korea und China[62]) bezeugen müssen.[63]

Am nächstfolgenden Tage stattete der König den Herren Hsü und Ch´ung, welche in dem alten Absteigequartier der chinesischen Gesandten Wohnung genommen hatten, seinen Besuch ab. Auch hierbei sollen die vorgeschriebenen Zeremonien, durch welche sich der König als den Untergebenen des Kaisers von China bekennt, auf das Gewissenhafteste beobachtet sein.[64]

Die Abgesandten verließen am 12. d. Mts. die Hauptstadt, wobei sich der König ebenso wie bei ihrer Ankunft vor das Westthor begeben hatte. Am 13. wurden dieselben mit großem Gefolge nach Mapo und von da am nächsten Tag nach Chemulpo geleitet, von wo sie am 14. mit den Kriegsschiffen nach China zurückkehrten. —

Am 9. d. Mts hatte Herr Yuan das abschriftlich anliegende Zirkular an die fremden Vertreter gerichtet, wodurch er dieselben benachrichtigte, daß die kaiserlich-chinesischen ´´Botschafter´´ wegen der Kürze ihres Aufenthalts in Söul außerstande wären, Besuche entgegenzunehmen. Der amerikanische Minister-Resident lud infolgedessen die Vertreter der Vertragsmächte ein, bei ihm über die Herrn Yuan zu erteilende Antwort zu beraten. In dieser Versammlung schlug Herr Heard vor, Herrn Yuan zu erwidern, daß die fremden Vertreter überhaupt nicht beabsichtigt hätten, den Abgesandten den ersten Besuch abzustatten. Der britische General-Konsul empfahl dagegen eine von ihm entworfene Note, in welcher unter Auslassung der Titel der beiden Abgesandten erklärt wurde, daß die

62 II de 87 i. a. ehrerbietigst beigefügt.

63 [„Der … müssen.“: Durchgestrichen von Dritten.]

64 [„Auch … sein.“: Durchgestrichen von Dritten.]

hiesigen Vertreter von den im Verkehr von Repräsentanten verschiedener Mächte bestehenden Gebräuchen nicht abzuweichen gedächten.

In der sich daran knüpfenden Erörterung betonten besonders der russische Geschäftsträger und der französische Kommissar, daß die Herren Hsü und Ch´ung den Rang und die Vorrechte von Botschaftern nicht beanspruchen könnten, weil eine entsprechende Anzeige von der chinesischen Regierung nicht erlassen worden wäre. Die von Herrn Hillier entworfene Note wurde schließlich mit einigen von Herrn Waeber vorgeschlagenen, unbedeutenden Abänderungen der Anlage gemäß von dem Minister-Residenten der Vereinigten Staaten, dem russischen Geschäftsträger und dem französischen Kommissar unterzeichnet. Herr Kondo, welcher der Konferenz nicht beiwohnte, hatte seine Abwesenheit mit Krankheit entschuldigen und Herrn Heard gleichzeitig benachrichtigen lassen, daß er seine Karten den Herren Hsü und Ch´ung bereits zugesandt hätte, weil er mit dem ersteren von früher her bekannt sei. Ich erklärte in der Versammlung, daß ich meines Erachtens über den Rang und den Titel der Abgesandten nicht zu befinden hätte, zumal da mit dem Verzicht derselben auf jeglichen Besuch die Frage für mich erledigt wäre, und daß ich deshalb die Note nicht unterzeichnen könnte. Herr Hillier, welcher meinen Ausführungen beipflichtete, enthielt sich ebenfalls der Unterzeichnung.

Es dürfte außer Zweifel stehen, daß die chinesische Regierung mit der Absendung der Kondolenz-Mission in erster Linie bezweckt hat, die Abhängigkeit Koreas von China zum unbestrittenen Ausdruck gelangen zu lassen. Diese Absicht hat der König sehr wohl erkannt und deshalb sowohl in Tientsin unter der Hand als auch in Peking durch eine Eingabe an den Thron die Mission zu hintertreiben versucht.

Die bezügliche Bittschrift soll anfangs September dem Kaiser durch die von dem König behufs Anzeige des Todes der Königin-Mutter entsandten Beamten unterbreitet sein und namentlich betonen, daß die chinesischen Abgesandten bei der Armut Koreas nicht ihrem hohen Rang entsprechend aufgenommen werden könnten. Chinesischerseits ist darauf indessen entschieden worden, daß die Gesandtschaft abgehen, mit Rücksicht auf die Armut Koreas jedoch nicht den Weg über Land, sondern ausnahmsweise über See nehmen sollte und daß ferner die üblichen Geschenke an die Gesandten in Wegfall kommen sollten.

Bestimmungsmäßig hat der König sämtliche Kosten der Reisen der chinesischen Gesandten und ihres Gefolges auf koreanischem Gebiet von der Grenze ab zu tragen. Außerdem hat er denselben Geldgeschenke in Höhe von 12000 chinesischen Unzen Silber (etwa 60000 Mark) zu verabreichen. Alles während ihres Aufenthalts in Korea koreanischerseits ihnen gelieferte Tafelgeschirr sowie die von ihnen benutzten Möbel usw. dürfen die Gesandten nach China mitnehmen.

In dem vorliegenden Fall hat die chinesische Regierung sämtliche Reisekosten der kaiserlichen Abgesandten bestritten und ihren hiesigen Vertreter telegraphisch angewiesen, darauf zu achten, daß die Abgesandten keine Geschenke annähmen. Dieselben haben deshalb die ihnen angebotenen silbernen Geschirre sowie die üblichen Geldgeschenke abgelehnt. Dagegen sollen sie, wie mir Herr Kondo mittheilte, Ginseng in bedeutenden Mengen aus Korea geschmuggelt haben.

Der japanische Geschäftsträger, welcher mich heute besuchte, äußerte über die Bedeutung der chinesischen Gesandtschaft seine Ansicht dahin, daß die Mission einen persönlichen Charakter trüge und lediglich die privaten Beziehungen zwischen dem Kaiser von China und dem König von Korea zum Ausdruck brächte, das staatsrechtliche Verhältnis der beiden Länder jedoch nicht berühre. Korea sei ein unabhängiger Staat, wenn auch der König einen untergeordneten Rang einnähme. Herr Kondo fügte hinzu, daß dies seine persönliche Auffassung wäre. Ob diese Auffassung von seiner Regierung geteilt würde, wußte er nicht.

Die japanische Regierung gibt auch in offiziellen japanischen Dokumenten dem König von Korea nicht das Prädikat „Majestät“ („heika“), sondern „Hoheit“ oder „königliche Hoheit“ („denka“).

Herr Kondo teilte mir gleichzeitig mit, daß ein kleiner Teil der koreanischen Würdenträger, unter ihnen der Neffe der Königin, General Min Yong Huan, dem König empfohlen hatte, sich unter Berufung auf frühere Vorgänge bei den Zeremonien vertreten zu lassen, daß indessen die weitaus größere Anzahl der höchsten Beamten chinesenfreundlich wäre und dem König geraten hätte, die alten Zeremonien auf das peinlichste zu beachten.

Dem Herrscher von Korea wurden nach seiner Besiegung durch die Mandschu äußerst demütigende Ceremonial-Pflichten auferlegt. Er wurde in dieser Hinsicht mit dem Fürsten der Liukiu-Inseln auf eine gleiche Stufe gestellt.

Abschriften dieses ganz gehorsamsten Berichts sende ich an die kaiserlichen Gesandtschaften zu Peking und Tokyo.

Krien.

Inhalt: Die zur Abhaltung von Totenopfern für die Königin-Mutter nach Korea entsandten Chinesischen Beamten betreffend.

Anlage zu Bericht № 83.
Abschrift

H. I. C. M.'s Residency
Söul, Corea, 9th Novbr. 1890.
(27th day 9th moon 15th year "Kwang Sü.")

Hon. H. A. Heard
〃 M. Kondo
〃 C. Waeber
〃 Colin de Plancy
〃 Hilier
〃 Krien.

Circular.

His Imperial Chinese Majesty's Ambassadors Their Excellencies Hsiu and Ch'ung request me to convey to the different Representatives and Foreign Residents at Söul that Their Excellencies is too much engaged during their short stay at the Capital and regret that they will not be able to receive any visitors.

(gez:) Yuan Sic Kwani
By S. Y. Tong.

Abschrift

Seoul, November 8. 1890.

Hon. Mr. Yuan

The undersigned, Representatives of the United States, of Russia and of France present their compliments to the Hon. Mr. Yuan and beg to acknowledge the receipt of his circular of this day's datum in which he informs them that Their Excellencies Hsiu and Ch'ung would not be at leisure to receive calls during their stay in this city.

While it would have given the undersigned much pleasure to have exchanged courtesies with the high officers representing H. J. C. M. 's Government, in connection with the special mission now visiting this country, the undersigned think it right to state that they had no intention of departing from the usages which are generally recognized as governing visits between Representatives of different Powers.

They avail etc.
(gez:) Augustine Heart.
C. Waeber.
V. Collin de Plancy.

Berlin, den 16. Februar. 1891.

I. A. 462 / 464

An
das Königl.
Oberhofmarschall-Amt
und das Königl.
Ober-Zeremonien-Amt.

cfr. A. 1420

x) unter hieraus auf die Abschriften-Marginalien

Dem (tit.) beehrt sich das Auswärtige Amt beifolgend einen Bericht des kaiserl. Gesandten in Peking vom 5. Dezember v. Js. nebst einer Anlage, betr. Beisetzungsfeierlichkeiten der Königin-Mutter von Korea[x)], zur gefälligen vertraulichen Kenntnisnahme (s. p. 2) [*sic.*] zu übersenden (und zur gef. Verfügung zu stellen). S, M. dem Kaiser und König hat der bezügliche Bericht bereits vorgelegen.

Dem
ad. 1: Königl. Ober-Zeremonien-Amt
ad. 2: Königl. Oberhofmarschall-Amt
ist der Bericht ebenfalls mitgeteilt.

i. m.

Die zur Abhaltung von Totenopfern für die Königin-Mutter nach Korea entsandten chinesischen Beamten betreffend.

PAAA_RZ201-018912_087			
Empfänger	Auswärtige Amt	Absender	Schulenburg
A. 1420 pr. 18. Februar 1891. pm.		Berlin, den Februar 1891.	

A. 1420 pr. 18. Februar 1891. pm. 2 Anl.

Berlin, den Februar 1891.

An das Auswärtige Amt. Hier.

Dem Auswärtigen Amt beehre ich mich den mir mittels Schreiben vom 16. d. Mts.[65] mitgeteilten Bericht des kaiserlichen Gesandten in Peking vom 5. Dezember v. Js. nebst einer Anlage, betreffend Beisetzungsfeierlichkeiten der Königin-Mutter von Korea, nach genommener Kenntnisnahme in der Anlage ganz ergebenst zurückzusenden.

Schulenburg.

Inhalt: Die zur Abhaltung von Totenopfern für die Königin-Mutter nach Korea entsandten chinesischen Beamten betreffend. 1 Anlage.

65 gehorsamst beigefügt.

Die anläßlich des Todes der Königin-Mutter entsandten chinesischen Beamten betreffend.

PAAA_RZ201-018912_088 ff.			
Empfänger	Caprivi	Absender	Krien
A. 1878 pr. 3. März 1891. p. m.		Söul, den 15. Januar 1891.	
Memo	cfr. A. 1104/93 J. № 37.		

A. 1878. pr. 3. März 1891. p. m. 1 Anl.

Söul, den 15. Januar 1891.

Kontrolle № 8.

An seine Excellenz
den Reichskanzler, General der Infanterie, Herrn von Caprivi.

Eurer Excellenz habe ich die Ehre im Anschluß an meinen ganz gehorsamsten Bericht № 83 vom 24. November v. J.[66] in der Anlage einen Ausschnitt aus der in Honkong erscheinenden Zeitung ''The Hongkong Telegraph'' vom 5. v. Mts., enthaltend einen Artikel über die anläßlich des Ablebens der Adoptiv-Mutter des Königs von Korea abgesandten chinesischen Beamten, ebenmäßig zu überreichen.

Der Artikel ist von dem entlassenen amerikanischen Militär-Instrukteur Major Lee unter Beihilfe des hiesigen chinesischen Legationssekretärs und Konsuls Tong verfaßt worden. Die darin angeführten amtlichen Schriftstücke sind dem Major Lee seitens des chinesischen Vertreters Yuan zur Benutzung überlassen worden.

Da der fragliche Artikel sich über das Vasallen-Verhältnis Koreas und die demütigenden Zeremonien, denen sich der König den chinesischen Abgesandten gegenüber hat unterziehen müssen, des Weiteren verbreitet, so dürfte die Annahme nicht fehlgehen, daß die gedachten Kommissare hauptsächlich zu dem Zweck, die Abhängigkeit Koreas von China zu konstatieren, entsandt worden sind.

Einen gleichen Bericht hat der Major Lee an den in Philadelphia herausgegebenen „Evening Telegraph“ abgeschickt.

Die Suzeränität Chinas über Korea ist in den letzten sechs Monaten seitens der

66 A. 901 ehrerbietigst beigefügt

hiesigen chinesischen Vertretung scharf betont worden.

Eine Abschrift dieses ganz gehorsamsten Berichts sende ich an die kaiserliche Gesandtschaft zu Peking.

Krien.

Inhalt: Die anläßlich des Todes der Königin-Mutter entsandten chinesischen Beamten betreffend.
1 Anlage

Anlage zum Bericht № 8.

THE HONGKONG TELEGRAPH,
FRIDAY, DECEMBER 5, 1890. |

KOREA.

China's Triumph-Korea's Doom.
(By our Special Correspondent.)

Seoul, 19th November, 1890.

In my last letter I described a Royal Korean funeral. It is now my luck to describe the obsequies of the Independence of a nation.

As the official documents, of which I give hastily translated extracts, have never yet been published they are worthy of being read with some attention.

After the demise of the Queen-Dowager, adopted mother of the reigning Prince of Korea, in accordance with established customs on the 23rd day of the seventh moon, Hung Chung Yung a high official, His Korean Majesty's Senior Envoy in Peking addressed the following communication to the Board of Rites at that capital: —

This small Kingdom, a vassal to the Throne, which has from time immemorial reaped the benefits of Imperial favor, even as lately as 1882 and 1884, notably during the two rebellions when the Throne raised us from the earth and saved our ancestors' ashes (bones), we thank again and again for having given us new life. But this small Kingdom has suffered grievously from these two rebellions and the people being in poverty during the past six or seven years the condition has been getting worse and worse. This unfortunate year the mother of my Prince died and the funeral expenses are such that we must economize. Most humbly prostrating ourselves we beg The Great Emperor to give us the instructions and the letter of Condolence which the Throne would be so gracious as to give me to take back to my Master, for we fear that if the Throne sends Envoys we will not be able to accommodate them properly—then would we be sinners evermore. We beg Your Celestial Graciousness, our most affectionate parents, to treat us like a red child (a new born babe) and not inflict any penalty upon us for expressing this desire. If Your Heavenly Majesty bestows the Letters of Condolence upon us to take back, so as to save the trouble of the Envoys, my Prince and my country will ever bathe in thankfulness."

The Imperial officials at Peking are diplomatists of experience, men not to be duped by such shallow arguments presented for the purpose of enabling the Korean King to evade his duty to his suzerain.

Thus ran the reply: *Rescript from the Throne: —Memorial noted.* That Kingdom for centuries past having been the Eastern vassal and reaped Our Graciousness always, on occasions of any death of any members of that Kingdom's household we have always sent Envoys to convey Our Sympathies. Such Missions have hitherto gone overland making many halts on the way; but this time, not having the least doubt but what that Kingdom is in poverty We will depart from the old rule 1 and make slight changes. Therefore the the mission shall proceed by water (sea) with the j Pei-yang squadron to land at that Kingdom's port Jenchuan (Chemulpo). When the ceremonial shall have been performed the mission shall return by the same route. By such a temporary change that Kingdom will incur no heavy expenses. When the Prince of that Kingdom presents you both with presents you are not allowed to accept anything. That prince hearing this Heavenly Declaration will forever be grateful. But you will see that all rites are strictly observed. Let this Decree of Mine be at once obeyed by the Superintendent of Peiyang (of the Northern Seas, Li Hung-chang the Viceroy of Chili). Let the Board of Rites at once instruct that King to obey."

With such scant ceremony was the so-called independent monarch of Great Korea treated.

A powerful cruiser was sent ahead to notify the proposed arrival, by sea, of the Imperial Envoys, Their Excellencies H'siu and Chung, both Vice-presidents of the Board of Revenue, Generals of the Imperial Guard, Men of the Dominant Races in China—a

Manchu and a Mongol. They came unguarded and alone. Being, however, received at Chemulpo or Jenchuan on November 6th by the President of the Home Office and Prefect of Seoul, the highest official in the Kingdom after the King; the Governor of the Province, eunuchs and other mighty mandarins. After sleeping in a specially prepared yamên on the 7th inst. they were met at the ferry Station of Mapoo by His Excellency General Yuan Si Kwai, the Imperial Resident in Korea. The King also sent to Chemulpo, a scroll containing the prescribed rites, which the Envoys had the privelege of perusing and correcting. In this case all was approved. They came in two men-of-war. The morning of the 8th inst. was fixed for their reception with Imperial, or at least regal, honors. For days past the city had been astir: Every booth on the Main Street, the South Gate and the West Gate Streets to say nothing of the roads outside the city, which perhaps had been undisturbed since the arrival and departure of the last Envoys in 1878, were ruthlessly removed. I went out early to see the preparations. The Palace Avenue was occupied by spear-police and banner-men bivouacking in echelon. Soon the stiring clamor of the clarions announced the arrival of the modern armed battalions of the guard, who began to form up in expectation of His Majesty's advent; an occurrence concerning which much doubt prevailed, as the Korean King's decrees and vacillative intentions had been known for some days past. His coming out meaning the recognition of the Imperial suzerainty; while his not doing so might have created serious difficulties. A narrow trail of red earth along the Palace Avenue and the streets already mentioned marked the proposed routes of the King's and the Imperial Delegates' processions. In compliance with ancient usage, which demands that the envoys see as little as possible of the Hermit Kingdom, every cross road was masked by large curtains of white linen, heavy guards of specially mustered gendarmes wearing on their hats the Imperial cognizance—a square of Yellow paper with a red seal—were stationed there and at the bridges. Outside the city similar precautions had been taken; but few people were on the streets though the hills around the city were crowded. A large white tent had been erected for the King outside the residence of the Governor of the Province, by the West Gate. Further, towards the South Gate, were two blue tents erected for the accommodation of the envoys.

At ten o'clock His Majesty arrived accompanied by his troops, his Gatling guns, his ponies, his standards, in short all the paraphernalia of his semi-barbarous royalty, and took his station in the tent. At that hour the Imperial Resident, returning from Mapoo; surrounded by his guards and suite swept through the Southern Gate. About an hour later the convoy hove in sight passing over the defile of the western road from the river. Executioners, banner-men with flags white, blue, crimson and principally yellow—the latter the Imperial colour —preceded by the royal band, led the van; then the three

Imperial Shrines—furnished by the Koreans—the first and second borne by two men only containing shoes of sycee to the value of two hundred taels, four rolls of silk and two pairs of large incense sticks, the third draped in yellow silk and - carried by eight men clad in yellow containing in a scroll the Imperial letter of Eulogy and Condolence, Afterwards arrived the Imperial Envoys borne high aloft in Korean palanquins, preceded by the red, black and white parasols and the other emblems of Imperial Authority, with a guard of eighty picked riflemen from the garrison at Jenchuan. The procession passed the royal tent without stopping; the obeisance's which the King made to the Shrines from within his tent being signaled by the discharge of three bombs from a mortar. Halting in front of the tents destined for them they partook of some refreshment, tea and pipes. The arrangement of his tent, however, did not seem to please the second Envoy and he expressed himself to the cringing Korean officials in terms perhaps more forcible than polite. The cortege filed onward to enter the city through the Song Yi Mun or Gate of Everlasting Courtesy. The police regulations were most strict. Apart from the fact that the Envoys were regarded as Imperial representatives and should, as such, be screened from the inquisitiveness of public gaze for fear their blood should sour, His Majesty had given peremptory orders that no foreigners should witness the ceremonial. All shops were closed, the walls were cleared and no Koreans allowed upon them. My uniform, some firmness and the judicious distribution of about twenty-five cents in Japanese silver, secured for myself and some friends immunity from these restrictions, and we were enabled to witness from the ramparts the entrance of Imperial Commissioners and their escort some six hundred strong, continually increased by the outlying detachments of police; and gendarmes, who fell into column as the pageant passed. But even then we had to crouch behind the parapet and peep through the embrasures.

Proceeding direct to the Palace the Imperial Shrines passing through the central portal, opened only for royalty or ministers plenipotentiary, the Emperor's Commissioner, entering by the East or most honorable gate, in their chairs and with their escort were received at the entrance of the second courtyard by the King Li Shi, well-named, and not Li Hung as described in the "Almanach de Gotha." The envoys went to the Great Audience Hall, which had been appropriately decorated. They keeping on the East side and His Majesty on the West, or least honorific side; the Letter of Condolence being placed upon a centre table. The King kneeling executed four kowtows, that is he prostrated himself abjectly, on all fours, touching the ground with his forehead each time; having burned an incense stick some eighteen inches long he *kowtowed* once more. The Envoys then took the Imperial Eulogy to the Hall, where was placed the mortuary tablet of the deceased Queen- Dowager; which was a narrow planed wooden shingle a little over a foot in height upon which was written the name of the departed, and placed vertically upon a stand was supposed to represent her personality. The scroll was then unfolded, the senior Envoy handing it to the King who respectfully, kneeling down, read it. The Imperial Commissioners still retaining their positions on the eastern side, during this ceremony. The King then wailed three times. "Igo! Igo! Igo" knelt three times, kowtowing thrice each time, calling out in a loud voice: "Man Soûei! Man Soûei! Man Man Soûei! Ten thousand years I Ten thousand years! Ten times ten thousand years! —as homage to his Imperial Master on the Dragon Throne at Peking. All the civil and military officials then knelt and repeated the same ceremony and the same cries, and then trumpets flourished and the royal band played.

The Imperial Commissioners then made three obeisances before the tablet, and wailed three times in the Manchu tongue "Uhû! Uhû! Uhû!"

I almost forgot to chronicle, that before they entered the Tablet Hall the Envoys retiring to a yellow silk tent changed their costumes for black robes, as also did His Majesty, who appeared at first in the unbleached hempen grass-cloth, indicative of the deepest mourning.

Leaving the Tablet Hall and again changing their costumes the representatives of the Son of Heaven met the King in a chamber in rear of the Audience Pavilion where, kneeling, once he performed three kowtows to each of them, a compliment which was returned. Wine and tea ' were served, the former in cups of silver. All officials then *kowtowed*—a compliment unacknowledged.

After going back to the Audience Hall, the lesser Kingdom again recognized its subjection to the Greater Empire, by its sovereign kneeling and executing four *kowtows* as the Envoys took their leave.

As ordered by the Imperial Edict, the disregarded and costly presents of the Monarch to his suzerain's Envoys remained upon the Eastern table of the Great Audience Hall, the incense burners occupying the Western table.

They then went to their reserved residence formerly known as Li-Pin-Se, a hall for receiving honored guests, now called the Nam-Pei-Kang, or Southern Palace, which had been specially fitted up to receive them. The Arrow Gate, the Shadow walls, the flagstaffs and all the apartments having been repainted at the King's expense.

The ninth being the anniversary of the death of an Imperial sovereign, on which day according to Chinese etiquette visits were not interchange¬ able, was spent by the Emperor's Deputies and the ruler to whom they were accredited in resting from the fatigues of their journey and the functions of the previous day.

Strange as it may seem, in spite of Declarations of Independence and treaties to the contrary, the right of justice high and low passed at once into the hands of the Imperial legates, as also the disposal of the keys of the capital. Morning and evening the King sent a eunuch from the Palace asking them to name the time for the opening and closing of the city gates. The signal for which was daily given, save on the ninth, by the consecutive explosion of three bombs at the Nam-Pel-Kang.

A large number of the highest Korean mandarins with troops camped in the spacious courtyards of the Chinese officials quarters.

On the tenth instant His Majesty accompanied 'by his usual escort, horse, foot and artillery, entered the Nam-Pel-Kang, by its Eastern gate; changed his costume for a blue one significant of half-mourning in a small house in the second courtyard; sent in by his Supreme Counsellor of State, two very large white cards, with his name inscribed in microscopic characters at the bottom. As soon as the Manchu and Mongol officers, saw the cards they said; "Ching," "Please come." The King entering the third court, which had been coveted with mats, took position in a tent on its West side, the Imperial representations facing him in two tents on the East side. The King bowed to the senior Envoy, who returned the salutation and a bow to the second one was also acknowledged, Mutual Inquiries concerning each other's health and well-being were made through the medium of interpreters, who groveled on the ground between the tents. The King, then requesting his Master's deputies to recede him, followed them. They through the Eastern portals, the King following through the Western portals, to the grand pavilion, supported on massive wooden columns painted black and white, where the tables had been spread, a collation was served. The food coming ready, prepared from the Palace, the Envoys declining then, as on all other occasions, to accept the silver dishes upon which their viands were served. King and Envoys each taking their proper places at separate tables; according to the rites. His Majesty to the West, the Envoys on the East.

During the repast the King asked the Imperial Commissioners, three times, to remain a few days longer; they replying each time, thanking His Majesty for his kindness, stated they must return to Peking as promptly as possible and report to the Throne.

After the banquet, which lasted perhaps an hour and a half, the King emerged and was taken leave of in the same courtyard and in the same manner in which he had been received by their Excellencies, changed his clothes again and returned to the Palace.

On the eleventh the ceremony of the departure of the Peking officials at the Governor's yamên outside the West Gate was substantially the same. Except that what in previous letters I have erroneously styled "Ing Dong," the great Curfew Bell, but, which should be called "In Chong," meaning "men prohibited"; formerly rung only at nights to clear the streets of males, so woman folk could walk abroad, was tolled as His Majesty left the Palace. The death knell of Korean liberty!! In this instance the King was the first to arrive entering under the three silken canopies in the three courtyards awaited the Arrival of the Emperors Emissaries, who came about half an hour later, and obtained access to the royal quarters after an interchange of messages by aides-de-camp bearing arrows— indicative of speed. Coming out the train defiled coastward to the West. Could it have been of significance: "that westward the course of Empire takes its way?'

Great drops of rain were falling, as though the Heavens were weeping at Korea's sorry plight. Flags were being furled, banners removed from their staves, arrow sheaves were being sheathed in oil paper covers, when His Korean Majesty left the Governor's hospitable yamên to return to his capital, where he may henceforth reign, but not govern. Having by Chinese action, his own lack of firmness and the want of ability of his so-called foreign advisers, been rendered as politically impotent as his eunuchs are physically.

It may and will be, claimed that the ceremonies I have just described were purely religious and devoid of any political meaning. The majority, however, of intelligent and thinking people out here are of the opinion that the recent action of Korea's ruler will necessitate the modification of her relations if not the abrogation of her treaties with several Great Powers. The United States, for instance, does not keep ministers-resident at the courts of vassal states—Consuls-General and Charges d'Affaires are usually sufficient if efficient. It is all very well for bureaucrats here and at home to deny the suzerainty of the Celestial Empire, but such can no longer be the opinion in the Far Far East. The contrary having just been palpably demonstrated by what the third Bonaparte would have called "the brutal and irrefutable logic of accomplished facts."

Ernennung des Amerikaners Greathouse zu Vize-Präsidenten im koreanischen Ministerium des Innern.

PAAA_RZ201-018912_094 ff.			
Empfänger	Caprivi	Absender	Krien
A. 2052 pr. 9. März 1891.		Söul, den 9. Januar 1891.	
Memo	cfr. A. 2295 // J. № 25.		

A. 2052 pr. 9. März 1891. a. m.

Söul, den 9. Januar 1891.

Kontrolle № 7.

An Seine Excellenz
den Reichskanzler, General der Infanterie, Herrn von Caprivi.

Eurer Excellenz habe ich die Ehre unter Bezugnahme auf den koreanische Angelegenheiten betreffenden Bericht des kaiserlichen Gesandten[67] zu Tokyo vom 9. November v. J. ganz gehorsamst zu melden, daß der bisherige amerikanische General-Konsul zu Yokohama, Greathouse, am 2. d. Mts. hier eingetroffen und zufolge einer Bekanntmachung der amtlichen Zeitung vom 4. d. Mts. zum Vize-Präsidenten im koreanischen Ministerium des Innern ernannt worden ist, um, wie die Bekanntmachung hinzufügt, die ihm von der Regierung vorgelegten Rechtsfragen zu erläutern.

Herr Greathouse wird also wohl zunächst mit der Prüfung der Reklamationen des deutschen Reichsangehörigen Maertens, der englischen Firma Jardine, Matheson & Co zu Shanghai, des Herrn Denny und der entlassenen amerikanischen Militär-Instrukteure Cummins und Lee sowie zahlreicher anderer gegen die Regierung geltend gemachter Ansprüche beauftragt werden.

Herr Denny wird dem Vernehmen nach binnen kurzem Korea endgültig verlassen.

Abschriften dieses ehrerbietigen Berichts sende ich an die kaiserlichen Gesandtschaften zu Peking und Tokyo.

Krien.

Inhalt: Ernennung des Amerikaners Greathouse zu Vize-Präsidenten im koreanischen Ministerium des Innern.

67 A. 12925/90 ganz ehrerbietigst beigefügt.

Abreise des Herrn Denny.

PAAA_RZ201-018912_098 ff.			
Empfänger	Caprivi	Absender	Krien
A. 2295 pr. 16. März 1891.		Söul, den 25. Januar 1891.	
Memo	J. № 58.		

A. 2295 pr. 16. März 1891. p. m.

Söul, den 25. Januar 1891.

Kontrolle № 11.

An Seine Excellenz,
den Reichskanzler, General der Infanterie, Herrn von Caprivi.

Eurer Excellenz habe ich im Anschluß an den ganz gehorsamsten Bericht № 7[68] vom 9. d. Mts. zu melden die Ehre, daß Herr Denny vor einigen Tagen Korea endgültig verlassen hat.

Wie mir Herr Greathouse vertraulich mittheilt, hat Herr Denny die ihm früher von der koreanischen Regierung zur Verfügung gestellte Wohnung erst geräumt, nachdem ihm koreanischerseits durch den amerikanischen Minister-Residenten mit gewaltsamer Entfernung gedroht worden ist. Von seinen Reklamationsansprüchen sei ihm etwa ein Viertel des verlangten Betrages gewährt worden.

Von anderer Seite höre ich, daß Herr Denny noch etwa $ 7000 ausgezahlt erhalten hat.

Abschriften dieses ganz gehorsamsten Berichts sende ich an die kaiserlichen Gesandtschaften zu Peking und Tokyo.

Krien.

Inhalt: Abreise des Herrn Denny.

68 A. 2052 ehrerbietigst beigefügt.

Wechsel in der Person des japanischen Geschäftsträgers.

PAAA_RZ201-018912_101 ff.			
Empfänger	Caprivi	Absender	Krien
A. 3066 pr. 8. April 1891.		Söul, den 13. Februar 1891.	
Memo	cfr. A. 5689 J. № 80.		

A. 3066 pr. 8. April 1891. a. m.

Söul, den 13. Februar 1891.

Kontrolle № 14.

An Seine Excellenz
den Reichskanzler, General der Infanterie
Herrn von Caprivi.

Eurer Excellenz habe ich die Ehre ganz gehorsamst zu berichten, daß nach einer mir vor einigen Tagen zugegangenen Benachrichtigung des bisherigen japanischen Geschäftsträgers, Herrn Kondo, derselbe am 8. d. Mts. die Geschäfte der hiesigen japanischen Legation seinem Nachfolger Herrn Kawagita Yoshisuko übergeben hat.

Der gegenwärtige japanische Geschäftsträger war zuletzt Konsul in San-Francisco.

Die Herren Kondo und Kawagita wurden am 9. d. Mts. von dem König von Korea in besonderer Audienz empfangen.

Herr Kondo hat heute Korea verlassen.

Abschriften dieses ganz gehorsamsten Berichts sende ich an die kaiserlichen Gesandtschaften zu Tokyo und Peking.

Krien.

Inhalt: Wechsel in der Person des japanischen Geschäftsträgers.

Die amerikanischen Militär-Instrukteure Cummins und Lee betreffend.

PAAA_RZ201-018912_104 ff.			
Empfänger	Caprivi	Absender	Krien
A. 3991 pr. 6. Mai 1891.		Söul, den 12. März 1891.	
Memo	J. № 133.		

A. 3991 pr. 6. Mai 1891. p. m.

Söul, den 12. März 1891.

Kontrolle № 19.

An Seine Excellenz,
den Reichskanzler, General der Infanterie,
Herrn von Caprivi.

Eurer Excellenz habe ich im Verfolg meines ganz gehorsamsten Berichts № 28[69] vom 14. März v. Js. zu melden die Ehre, daß die entlassenen amerikanischen Militär-Instrukteure Cummins und Lee anfangs dieses Monats ihr volles Gehalt bis zum Ablauf ihrer Verträge - 9. Mai 1890 - nebst dem kontraktlich bedungenen Rückreisegeld von der koreanischen Regierung ausgezahlt erhalten haben und in den nächsten Tagen Korea verlassen werden.

Eine Abschrift dieses ehrerbietigen Berichts sende ich an die kaiserliche Gesandtschaft zu Peking.

Krien.

Inhalt: Die amerikanischen Militär-Instrukteure Cummins und Lee betreffend.

69 A. 5676/90 i. a. ehrerbietigst beigefügt.

Reisebericht über Nord-Korea.

PAAA_RZ201-018912_107 f.			
Empfänger	Caprivi	Absender	Matzfeldt
A. 4828. pr. 1. Juni 1891. a. m.		London, den 30. Mai 1891.	
Memo	Je 1 Exempl. z. Vfg. 8. 6. nach Petersburg 200, Peking A. 14		

A. 4828. pr. 1. Juni 1891. a. m. 3 Anl.

London, den 30. Mai 1891.

Seiner Excellenz
dem Reichskanzler General der Infanterie, Herrn von Caprivi.

Eurer Excellenz beehre ich mich in der Anlage einen dem Parlament vorgelegten Bericht des Assistenten beim englischen Generalkonsulat in Söul(Korea), Mr. C. W. Campbell, über seine während der Monate September und Oktober 1889 ausgeführte Reise in Nordkorea in drei Exemplaren gehorsamst einzureichen.

Matzfeldt.

Inhalt: Reisebericht über Nord-Korea.

CHINA. № 2 (1891).

REPORT

BY

MR. C. W. CAMPBELL

OF A

JOURNEY IN NORTH COREA

IN

SEPTEMBER AND OCTOBER 1889.

Presented to both Houses of Parliament by Command of Her Majesty.
May 1891.

LONDON:
PRINTED FOR HER MAJESTY'S STATIONERY OFFICE
BY HARRISON AND SONS. ST. MARTIN'S LANE,
PRINTERS IN ORDINARY TO HER MAJESTY.
And to be purchased, either directly or through any Bookseller, from .
EVRE AND SPOTTISWOODE, East Harding Street, Fleet STREET, E.C., and
32, ABINGDON STREET, WESTMINISTER, S. W.; OR
JOHN MENZIES & Co., 12, HANOVER STREET, EDINBURGH, AND
88 and 90, WEST NILE STREET, GLASGOW; OR
HODGES, FIGGIS, AND Co., 104, GRAFTON STREET, DUBLIN.

[C.—6366.] Price 9d.

Report by Acting Vice-Consul Campbell of a Journey in North Corea in September and October 1889.

[With a Map.]

Mr. Hillier to the Marquis of Salisbury. — (*Received February* 24, 1891.)

My Lord, Söul, Corea, December 23, 1890.

IN the autumn of last year Mr. Campbell, Assistant to this Consulate-General, obtained a few weeks' leave of absence, which he occupied in making a journey to the northern frontier of Corea. In the course of this journey, which covered some 1,300 miles of country, much of which had never been visited by foreigners, Mr. Campbell twice crossed the peninsula, and his knowledge of the language enabled him to gather much useful information, which he has embodied in the interesting Report of which I have the honour to inclose a copy.

While a considerable portion of this narrative is occupied with descriptive matter that appeals more particularly to the general reader, Mr. Campbell has not failed to notice many facts bearing upon raining, forestry, agriculture, trade, and kindred topics, and I would venture to call attention to his remarks about the port of Wön-san, which confirm the views that are generally entertained with regard to its value as a feeder to the Northern districts. The decadence of the port appears certain as soon as facilities are given for reaching the important commercial area in the centre and west of the peninsula by way of P'yong-yang. This is undoubtedly the most thriving place in Northern Corea, and is destined ultimately to absorb the whole of the trade in foreign goods, which finds, or used to find, its way from Newchwang via the frontier mart of Eui-chu, and thence supplies the west coast of Corea as far south as the metropolitan province.

The information gathered at Wön-san with regard to the trade at Kyong-heung also confirms the general opinion respecting the worthlessness of this mart as an outlet for Russian commerce.

With reference to gold, on the subject of which so many diverse opinions have been expressed, Mr. Campbell's personal observation seems to place the existence of gold in large quantities beyond all doubt, but it is evident that unscientific working is the chief bar to a large output, which can only be obtained by a resort to Western methods.

The general impression that must be formed from a perusal of this Report is, that universal poverty prevails in spite of the existence of natural resources of a high order. The naturally apathetic and indolent character of the Corean, as Mr. Campbell points out in his concluding remarks, has much to do with this state of things, while another and very potent cause is the policy of seclusion that has been adopted by the rulers of this country until within recent times.

The effects of the opening of Corea to foreign intercourse are, however, already very marked. Trade is increasing each year to an almost surprising degree, and as the natives begin to realize that a market for their industries exists at the Treaty ports, there is every prospect of better things in the future. So long as the condition of the so-called roads in the interior remains as it is, the cost of transit must be an insuperable bar to any great commercial improvement, but, as I have already pointed out, the development of the coasting trade by means of steamers or Japanese junks would do much to remove existing obstacles, and increase the prosperity of the working classes.

It is satisfactory to note that during the course of his long wanderings, Mr. Campbell, with but one exception, met with the greatest civility wherever he went.

I have, &c.

(Signed) WALTER C. HILLIEIL

Inclosure.

Report by Acting Vice-Consul Campbell of a Journey in North Corea in September and October 1889.

TOWARDS the close of the summer of 1889 I was permitted to undertake a long-contemplated journey to the interior of Corea. It is only five or six years since the country was open to foreign intercourse, and though portions are fairly accurately known from the accounts of various travellers, it is still by no means difficult to make a journey through large districts which Europeans have never visited or described. To this large extent of *terra incognita* I naturally turned my attention, and, guided by a desire to combine the interesting with the unknown, I decided to go to the extreme north, to the Manchurian frontier. Here were the Tumen and Yalu Rivers, and the famous Paik-tu San, the "parent mountain" of Corea, and venerated accordingly. Most of this neighbourhood was completely new ground, at least on the Corean side, and the country to be traversed in reaching it was declared by the natives of Söul to be very promising from a commercial point of view.

Routes.

As to routes, the only satisfactory information I could glean at Söul, setting aside, of course, such as were known through the writings of Europeans, was from Corean Maps, which are excellent of their kind. Though absolutely wanting in scientific exactness, the relative positions of places and their distances apart, even in the most remote districts, are given with a degree of accuracy which I soon learnt to appreciate. They were my only check on the many erroneous directions, some of them gratuitously misleading, with which I was favoured whenever recourse was had to the wisdom of the inhabitants. In Corea the great highways are at everybody's fingers' ends, but once leave them, and no two men agree in knowledge of the country beyond their immediate neighbourhood.

Travelling equipment.

There was little choice in modes of travelling. For long distances ponies are the universal means of transport, and, personally, I much preferred riding to the sedan. Coreans of any consequence, however, always travel by chair; their servants accompany on foot, with an occasional jaunt, when tired, on the nearest baggage animal that affords a seat. As the journey I had in view was much longer than Coreans usually attempt, I felt bound to make a liberal allowance of mounts for my followers, three in number, comprising a youth who combined the offices of cook and "boy," a coolie to make himself useful and carry my guns, and a Chinese speaking interpreter.

My knowledge of Corean, though useful in many ways, was not equal to the strain imposed by honorific forms of speech in dealing with punctilious officials, and I greatly feared that local patois would render the little I knew comparatively useless. Chiefly for these reasons I saddled myself with Mr. Kang Yo-hoa, a clever Chinese-speaking Corean from the frontier town of Eui-chu (I-chou), with whom, in spite of many warm differences in the course of the journey, I had every reason to be satisfied. On the whole, he proved most helpful in expediting drivers, hurrying inn-keepers, acquiring information, and returning compliments.

With every desire to bring numbers within as narrow limits as possible, on account of the slight accommodation procurable in country villages, by the time Kang, the servants, our baggage (including a photographic apparatus), and myself were properly provided for, the train mounted to half-a-dozen ponies, each led by a "ma-pu," or driver.

The ultimate point of my trip was Paik-tu San, and as I had only too good reason to believe that heavy snows fall unusually early there, my original intention was to set out from Söul not later than the 20th August. About that date the summer heats in Mid-Corea show signs of abating, and by starting then I calculated to reach the Ch'ang-pai Shan before any considerable quantity of snow fell. However, my plans were unavoidably deranged by various accidents, and I was fain to content myself with getting off eleven days later, or not at all.

I had arranged to start early on the morning of the 31st August, but to get a large party under way in Oriental countries is always a difficult matter, and it is particularly so in Corea. What with restive ponies—diminutive stallions, whose prevailing characteristic is a violent antipathy to their own and every other species, dilatory "ma-pu," who are only diligent with their tongues, the adjustment of odd-shaped loads comprising everything from tinned provisions to a wire cot, servants haggling over the division of cash, and the hundred and one little things which help to delay and annoy at the last moment, it was past noon before I succeeded in clearing the east gate of Söul.

Söul to Keum-söng.

For four days I travelled along the main road to Wön-san, passing through the villages of Tarak-wön, Sol-moro, Man-sa Tari, and Pung-ch'ön, and the prefectural towns of Keum-hoa and Keum-söng. This road was traversed by Mr. Carles in 1884 and by many others since, so that it is hardly necessary to say much about it. A broad sandy track, intersected by numerous watercourses for some 20 miles out of Söul, it dwindles rapidly into a narrow bridle-path, stony and muddy in patches, along which the ponies followed each other at a steady walk. At no point during the four days' journey did it rise more than 900 feet above Söul level. Considerable detours were made in keeping to the lowest ground possible, and the elevation was gentle and gradual except at two or three places, where rough ridges of 700 feet or so were crossed. The country bore its happiest look. The harvest season was approaching, and excellent crops covered the valleys; rice in full ear, acres of luxuriant beans, long stretches of golden millet, tall *su-su* (*Holcus sorghum*), and fields of buckwheat, whose flowers lightened up the sombre green with attractive intervals of white.

Around the straw-thatched huts, which nestled singly or in clusters in sheltered situations, plots of the minor crops took up most of the space: chilli, radish-turnip, Chinese cabbage, broad-leaved tobacco, rows of castor-oil and patches of hemp and sesamum were universal, lotus was occasionally seen, while huts and wattle-fences were everywhere festooned with melons and runner-beans. The whole was a picture of prosperous husbandry, which one found hard to reconcile with the squalor of the houses and the poverty of the inhabitants.

Leaving Keum-söng the country alters considerably. The valleys become narrow, stony glens, shut in by steep heights of rugged character, thick cover abounds, forests are common on the loftier slopes, the soil and crops are poorer, and the population sparse.

On the fifth day I branched from the Wön-san road at a short distance beyond Ch'ang-to in order to pay a visit to the Keum-kang San, or Diamond Mountains. Following an ordinary path a couple of feet wide, we soon entered a stretch of rolling upland some 10 miles long and 2 or 3 broad, the first piece of open country we had met worth mentioning. It was a positive relief from the unending series of winding valleys, but our enjoyment was brief, for a sharp 250 feet descent to the valley of one of the Han affluents robbed us of our view, and treated us to a repetition of our previous experience. However, the repetition was richer in the picturesque. Our valleys were now wild and rocky; forests of mingled oak, pine, maple, and chestnut clothed the slopes; the undergrowth was unchecked by the fuel-gatherer's reaping-hook, and the cultivator had a harder battle to wage with gravelly river-beds and stony fields. The road, unfortunately, kept pace with the country, and became an endless subject of discussion among the pony-drivers, to all of whom it was perfectly new.

Tong-ku.

Bearing in a general easterly direction, we struck at noon a broad stream which was crossed in a large flat-bottomed cattle-boat. Where this ferry plied the river was 60 yards in width and ran to 15 feet deep, but it was only a pool in what I could see to be a long line of shallows and rapids. Beyond this lies Tong-ku, a village of 200 or 300 people, whose one title to more notice than its fellows rests in the possession of a dilapidated granary. These structures are common in remote districts. They were established some 300 years ago to assist the people in bad years, and as a paying Government speculation. Each was originally provided with a stock of grain, which was intended to be lent on good interest every spring, and perennially renewed with fresh material in the autumn. Many of these granaries look as if they never had a stock of grain since the first; still, in some places, some attempt is made to justify their existence.

Tan-pa Ryöng.

From Tong-ku we pushed on after the mid-day halt, and tried to make the foot of the Tan-pa Ryöng (Crop-hair Chain), the western barrier of the Keum-kang San region, but a smart shower towards the close of evening drove us for shelter to the nearest hamlet, composed of only two families, where my ponies and following found it a tight fit to secure shelter. Next morning the mountains were shrouded in mist, and a searching drizzle poured with little prospect of intermission. By dint of considerable exhortation the "ma-pu" were brought to face the rain, and the loads at last adjusted, we hurried up the valley to Mari-kai, a village at the foot of the Tan-pa Ryöng. The pass being too difficult for laden animals, bearers had to be engaged to carry the baggage across it. Knowing the almost invincible dislike of Coreans to working under rain, I felt that the prospect of further advance that day was poor; and when I was told that the Headman, upon whose aid I mainly relied, was absent, the task appeared utterly hopeless. The Headman's wife, however, exercised her husband's functions, and proved an ally as efficient as she was unexpected. A fine, buxom, middle-aged woman, she ordered the men about, hurried out scouts for additional bearers, rated reluctant ones with tremendous volubility, doled out "ma-kölli" (an inferior kind of spirit) to a few travellers detained by the rain, and found time withal to take a kindly interest in the bedraggled foreigner—the first she had ever seen—-and his dog. She strengthened an opinion I have gradually acquired, that women in these parts of the world, if the truth were known, fill a higher place and wield a far greater influence than theory accords them. In secluded country places like Mari-kai, where appearances are not so much studied as in populous neighbourhoods, one constantly notices instances in confirmation of this.

I was greatly impressed by the un-Corean behaviour of the bearers, for each one, as he made up his mind under the convincing arguments of Madame, seized the lightest and most comfortable load he saw and trotted off forthwith, instead of filling his pipe and settling down for a delightful parley over money matters. I put it all down to the unmistakable authority of our friend, a point on which I was undeceived later on.

Thanks to Mrs. Headman, before three hours had passed all the bearers were dispatched in advance, and we struck at once into a wooded dell, our path hemmed in by a dense, luxuriant vegetation, whose fragrant odours the rain seemed only to intensify. Soon the ground became rougher where summer torrents had cut away the earth, and huge, slippery, angular rocks with a profusion of ugly boulders amply justified the change from pack-animals to bearers. The track improved as we mounted, and finally wound up the slope to a height of 1,300 feet above Mari-kai before the summit of the ridge was attained. From this, in clear weather, the loftiest peak of the Keum-kang San is visible, and the name Tan-pa, literally "crop-hair," was given to the chain in the early days of Corean Buddhism to signify that those who once reached this point had taken refuge in the cloister, and should sever their connection with the world by parting with their hair.

I spent some moments peering in vain through the dense bank of mist and cloud for a glimpse of the promised view, then rapidly descended the eastern slope past some fields of potatoes amongst other crops, and overtook the baggage at Pi-namu Chöng, a collection of half-a-dozen huts. I was surprised to find that the bearers had deposited their loads, and were about to retrace their steps without troubling for pay or recompense. It cost me quite an effort to discover the reason. The fact was, that I had been treated as an officer in His Corean Majesty's service, chiefly through Mr. Kang's representations backed by a display of my credentials, and the peasants had been hauled out to carry my things just as they would have been told off to do so in the case of a Corean Government official. Of course, I had no desire to avail myself of such a questionable privilege, and I did my best to disabuse the minds of the poor shivering coolies by a donation in cash and a dose of spirits all round.

Corean corvée

The Corean system of forced labour thus unwittingly made use of is in constant and universal operation. It bears a resemblance to the old French corvée, in that it is chiefly restricted to roads, and helping people over them. A Corean official travelling on public business naturally expects to do so at the public cost, but his conception of public cost is usually anybody's cost except his own; and the Government rule being that travelling expenses must be borne by the districts passed through, in other words, that a locality must provide food, lodging, money, bearers, and beasts of burden on the spur of the moment whenever it is so unlucky as to have an official visitor, it is easy to understand that the progress of such persons through the country is not always smooth. When things are done as they should be, the officer on arrival at a prefectural or departmental town presents his documents at the Chief Magistrate's office, and requests so and so much assistance to carry him on to the next magistracy. If in haste he sends a messenger ahead to say so, and everything is made ready to expedite his journey, baggage ponies are sought from the ''yök'' or post-station, if there is one; if not, bulls or men are requisitioned (without remuneration) through the Headman; rooms are swept and garnished, and money collected. Sometimes, it is said, he finds it necessary to send out his servants to seize the Magistrate or Treasurer, and obtain the satisfaction of his wants by threats or duress; at others, these gentlemen make themselves invisible, and leave him to work his will on the people. By hook or by crook he provides himself. The bulls or ponies he ought to change at the next post-station, and the bearers are relieved at each village on the road (say, every 5 *li* or 2 miles), a process entailing considerable delay at the best of times. Unfortunately, he or his servants are not always satisfied with what is legally due to them. All Coreans of note are attended by a swarm of retainers, who frequently require little encouragement to rob and extort promiscuously. Worse than this, rapacious Magistrates (I don't think they are so common as rumour would have us believe) invariably make the demands of the visitor a pretext for harrying the neighbourhood. And when it is borne in mind that the business which calls the officer out on his travels often has as little connection with the people who entertain him as my journey had with the Marikai villagers, nobody will be surprised to learn that there are few sights more unwelcome to the Corean peasant who lives on a frequented road than the retinue of a "Nyang-pan."[70]

The direct bearing of this subject on European travellers in Corea is obvious. The foreigner is most likely to journey under the same outward conditions as the native

70 Term applied to officials of a certain rank.

officer, that is to say, with official passports and a large train of animals and servants; and if, as must happen, he be completely ignorant of the Corean language and customs, the chances are that he is made the vehicle of much injustice, without his being in the least aware of it.

From P'i-namu Chong, which we left at 8 o'clock next morning, the path descends to another feeder of the Han. This we followed, fording it three times in all, and keeping a north-easterly course through pine groves, fields of buckwheat and beans, broken occasionally by patches of marsh and rough gravel. Another two hours, skirting the hill-slopes over a path of dips and rises, and fording mountain streams, some of which were deep enough to wet the saddle, brought us to a "Hong-sal Mun" (Red Arrow gate, distinctive in Corea of buildings under Royal patronage), and, ten minutes afterwards, to Ch'ang-an Sa (Temple of Eternal Rest)—the original Keum-kang San Monastery.

Keum-Kang San

The broad chain of mountains which continues from the Ch'ang-pai Shan down through the middle of North Corea, and roughly follows the contour of the east coast from Puk-ch'öng southwards, suddenly starts near the 39th parallel of latitude from a succession of tame hills, with, for the most part, rounded summits and gentle slopes, into a lofty mass of precipitous, inaccessible rocks, whose serrated peaks and jagged outline earned for them many centuries ago the name of Keum-kang San, or Diamond Mountains. They occupy a fairly well-defined district of some 30 miles long by 20 miles broad in the north of the Kang-won Province, and are easily visible from the Eastern Sea, whence the main range is distant not more than 30 miles as the crow flies. Few places are more celebrated in any country than these mountains are in Corea. Their fame, indeed, extends beyond Corean limits, but chiefly as a Buddhistic centre, the Coreans, who are not remarkable devotees of Buddhism, esteeming them solely on aesthetic grounds. At Söul, a visit to Keum-kang San is very fashionable, and supplies all the material necessary for reputation as a traveller.

Buddhism

The early Buddhists were evidently the first to explore these, to all appearance, uninviting highlands. The absolute seclusion of the place and the severe grandeur of the scenery fulfilled conditions dear to the monastic mind in days when Buddhism was more of a reality and less of a sham than it is now. The religion seems to have spread to Corea some time in the 4th century of our era, and the first historical notice I have been able to unearth relating to Keum-kang San announces that in the reign of Pöp-heung (A.D. 515), a monarch of Silla, the monks Yul-sa and Chin-p'yo repaired and renovated the Ch'ang-an Monastery. [Silla, or, as it is pronounced in Chinese, Sin-lo, was the most important State of Corea before the old Ko-ryo dynasty amalgamated the peninsula into one kingdom, and, at the period of this notice, it occupied most of East Corea, including the present Kang-won Province.] This tallies with the tradition current at Ch'ang-an Sa, which loosely dates the existence of that, the oldest temple, from the T'ang period.

So far as I am aware, the region is only penetrable along the route which the monks have pioneered, and this may be briefly described as 7 or 8 miles of extremely rough torrent winding up the west slope to the watershed, which is 4,200 feet above sea level, and a 25 miles' descent of wild mountain path on the other side. Ch'ang-an SA is superbly situated a little way up the western slope. The lofty hills which wall in the torrent on the north recede for a few hundreds of yards and rejoin it again, leaving in the interval a semi-circular space of level ground upon which the temple is built. Nothing could be more effective than the deep green setting of this half-circlet of hills rising up like a rampart from the rear of the buildings, and rendered additionally pleasing to the eye by a symmetrical covering of leafy forest and shrub. In front, the water swishes and swirls through huge, tumbled, granite blocks, here and there softening into a clear pool, with just enough commotion in it to invite the bather. Beyond this again towers a conical buttress of the Keum-kang San, thickly clothed with pines and tangled undergrowth for half its height. The peak possesses the characteristics peculiar to the range. Gaping seams and cracks split it vertically from the summit down until vegetation hides the rock, at sufficiently regular intervals to give one the impression of looking at the pipes of an immense organ. The topmost ribs are almost perpendicular, and gleam bare and blue in the evening sun, but lower down the cracks and ledges afford a precarious lodging to a few adventurous conifers and stunted oaks. The whole forms a *coup-d'œil* of mountain, forest, and flood which it would be hard to match anywhere.

The monastery consists of half-a-dozen detached buildings scattered about, in no particular arrangement, the best of them no more than 40 feet from the ground to the pitch of the roof. Externally, all are of the usual Corean type—oblong, with massive tiled roofs and deep overhanging eaves, which often shelter an abundance of wood-carving. The panels of the doors are cut into a sort of open-work, which allows a modicum of light to penetrate into the interior. The horizontal beams on which the roof rests are ornamented with figures of mythical animals in green and gold, the projecting rafters are gaudily painted, and over the entrance to each structure is an inscription-board bearing its name—usually fanciful and high-sounding—in white or gold letters.

The interiors of the shrines proper are lofty; huge pillars, a yard in diameter, made of single timbers, support the roof, and the ceilings are panelled, and curiously, though pleasingly, embellished with intricate designs in many colours. The principal shrine at

Ch'ang-an Sa is called the Sa-saing Chön, or " Hall of the Four Sages," and contains three Buddhas in different attitudes of meditation, sixteen Lo-hans with their attendants, and a remarkable picture, worked in silk and gold, of Buddha and his disciples, which the monks declared had come from China at the foundation of the monastery, some 1,400 years ago. The altar is canopied with a bewildering reticulation of wood-work in three tiers, also gorgeously painted and decorated. This, too, belonged to the original building, as did the massive pine pillars; everything else is modern. The figures of Buddha are of clay, gilt, and the cast of countenance is distinctly Corean. Behind the Sa-saing Chön is an annexe containing three images of Hindoo appearance. They are of cast-iron, gilt as usual, and came from Sö-yö, the Chinese Hsi-yü (India), a long time ago. A magnificent "salisburia" shades this annexe in front, and the parterre is brightened by a bed of asters.

The only other shrine of importance is dedicated to the Ruler of the Buddhistic Hall, Chi-chang, and his ten Tai-wang, or Princes. Behind each Prince hangs a picture representing him sitting in judgment, and depicting the horrible tortures and punishments that await violators of the law.

From Ch'ang-an Sa the ponies, with the heavier baggage, had to be sent back a portion of the way we had come, in order to turn the northern flank of the Keum-kang San, and follow the practicable route across the mountains to the east coast. This done, the monks took complete charge of us. To ascend the torrents, a species of mountain chair is kept at all the principal monasteries. It consists of two stout 10-foot poles, lashed a couple of feet apart, with a narrow seat across the centre, which is provided with slender supports for the back, arms, and legs. The bearers are lay members, usually kept to attend to menial services, whom long practice has enabled to manipulate the rickety "na-myö" over ugly ground with great steadiness and dexterity.

Our wants in every particular were studied by the good monks, a stamped circular was dispatched to the temples in front, asking them to prepare for us, and a cicerone accompanied us to explain the "sights," supervise the conduct of bearers, and hand the party safely into the custody of the relieving contingent. I ought to mention that the road jurisdiction of each monastery is fixed to a point half-way towards its neighbour on either side, and we never failed to meet the fresh chairs and bearers at these boundaries.

The 7th, 8th, and 9th September were spent in crossing the mountains and visiting the principal monasteries. From a hill behind P'yo-un Sa, where we stayed the first night, the great view of the Keum-kang San, called "The Twelve Thousand Peaks," is obtained. I was impolite enough to protest against the needless exaggeration of numbers which the first glance at the chain in front revealed, but my expostulations were met with the news that every little jagged protuberance was a peak, and that in any case no one had ever attempted to count them. The path all along here was about as bad as it could be. The sides of the glen sprang up straight from the bed of the rushing stream, and there was no option but to clamber laboriously over the huge boulders. When the road left the torrent it was to traverse slippery, sloping rocks, some of which the monks had essayed to render less dangerous by a foothold of pine-trunks, held in place by pegs driven into crevices.

Our cicerone had a story to tell of every pool or abnormal rock, and the place teemed with associations, mythical, historical, and Buddhistic. From P'yo-un Sa we followed the torrent through Man-pok Tong (grotto of myriad cascades), where a round hole, evidently worn by pebbles in the solid granite bed of the stream, is pointed out as the wash-basin of some Bodhisattva with a terribly long name; past Po-tök Am, an altar to Kuan-yin (Goddess of Mercy), built some 100 feet up in the face of the rock, and partly supported there by a hollow cylindrical pillar of iron resting on a projection below; past the Lion Stone, beyond which the Japanese invaders of 1592 were too scared to advance; the Fire-Dragon Pool; several second-rate shrines; the Myo-kil Sang, a figure of Buddha 30 feet high, carved in the living rock; and on up to An-mun Chai (Goose Gate Terrace), the dividing ridge and the highest point (4,200 feet) reached by me in the journey across Corea.

The estimation in which each particular scene or prospect was held by Corean pilgrims might be easily gauged by the numbers of names chiselled in the rocks near at hand. The fantastic confusion of Man-pok Tong appealed especially to their sense of the picturesque, for every accessible foot of stone surface had its quota of Chinese characters, which were very useful indeed in affording a foothold on the smooth, treacherous rocks.

At An-mun Chai the Yu-chöm Sä (first temple on the eastern slope) people awaited us, and we were borne rapidly down, halting on the way at a beautiful pool to partake of a refection which the monks had thoughtfully sent out to meet us. What struck me most about Yu-chöm sä was its newness, explained by the fact that the old buildings had been burnt to the ground seven or eight years previously, and its cleanliness, not so easily explained at first sight. Coreans generally have an unmistakable regard for the "great molecular author of existence," but the monks at Yu-chöm Sa were astonishingly clean in dress, person, and belongings, all out of respect, it afterwards appeared, to the wishes of the Superintendent, who was a determined enemy of dirt in any shape or form. The principal altar, a twining structure with niches in which fifty-three little images of Buddha are placed, and the excellent decorative paintings and frescoes, are also noteworthy. Besides, Yu chöm Sa is almost as well favoured by nature as Ch'ang-an Sä in situation and surroundings.

The last day in this region was spent in accomplishing the descent of the east slope, whence we got our first view of the Japan Sea, and, skirting the mountains to Sin-kyei Sa, a large monastery situated at the north-east foot of the Keum-kang San. Here the Diamond Mountains rise up stern and bare, every peak and point standing sharply out against the clear sky, to a height of 5,000 feet, but northward the range soon melts into commonplace hills, or dies away in rugged spurs on the sea shore.

Altogether, the district boasts of forty shrines, tended by 300 or 400 monks, a few nuns, and a host of lay servitors. The great majority of the monks are congregated at the four chief monasteries, and the nuns possess a small sanctuary or two, where they find sufficient to do, apart from religious exercises, in weaving cotton and hempen garments, and other womanly occupations. The monks, when not in residence at the monasteries, travel all over the country alms'-bowl in hand, chanting the canons of Buddha from door to door, soliciting subscriptions to the building of a new altar or for the repair of an old one, and begging from day to day the food and resting-place which are rarely denied them. On the road they wear the same long, white robe as other Coreans; the only distinctive feature is the hat, a peculiar one, and specially worn by them when travelling.

It would take a volume to exhaust the subject of hats, but at present it is enough for me to say that by no section of the Corean people are they wrought into so many fanciful shapes as by the Buddhists. The travelling hat is a large umbrella-like framework of cane a foot and a-half in diameter at the brim, and closing to a sharp point at the top. The whole is covered with smooth rush matting, bound at the brim into a hexagon by a narrow edging of white cotton, and fitted inside with a circle of cane to clasp the head. Nuns may often be seen trudging along, staff in hand, and their hats are even more striking; a wisp of fine, flexible straw elaborately bound at one end, cut sharply off at the other, so as to make it a foot long, and quaintly dumped on the crown of the head. At home the monk wears a flowing robe, with wide, loose sleeves, called the "kasa," and the usual rosary. His inner and nether vestments are those of ordinary Coreans, as also is the foot-gear, but the hats and caps defy a short description. Mourning garments of hemp are worn by disciples who have lost their teacher, and by all monks on the death of their Superior or Abbot.

Each monastery is governed according to its consequence by Superiors of the first or second class, called ''Chong-söp'' and "Sön-tong;" and many of the altars and shrines are under the charge of chief monks, or "Pang-chang." The selection of these is arranged amongst the monks themselves, though frequently in the case of rich establishments local officials lend the weight of their authority to the nomination of favourites. Fresh elections are supposed to take place every year, but, as a matter of fact, the existing incumbents are continued in office without question, unless they give rise to dissatisfaction in the performance of their duties. Yu-chöm Sa was presided over by a Chöng-söp, who had held the position for several years. It seems that the election of a Chöng-söp has to be confirmed by the Board of Rites at Söul; beyond this I did not learn that the Corean Government assumed any control over the Buddhist hierarchy. The monks are recruited from two sources: from children whose parents have got rid of them on account of poverty, or because they are weakly, and from grown-up persons whom the contrast between the peaceful indolence of these lovely mountain retreats and the struggle for existence elsewhere has allured into monastic vows. Several of the men whose history I inquired into told me that they had originally come to Keum-kang San to *ku-kyöng* (to view the scenery), and had found the place too charming to leave it. So well are the attractions recognized in Corea, that it is quite a common thing for parents to visit the temples in search of sons who have disappeared without apparent cause. The Pang-chang of one of the Ch'ang-an Sa shrines was discovered by his poor old mother in this way after years of absence, and his vows being irrevocable, she sought and was accorded an asylum in the lay quarter. One of the lay dependents, an eccentric, unkempt figure, attracted my attention: originally a small dealer in the Ch'ung-ch'öng Province, evil fortune overtook him, and he fled in a mad frenzy to Keum-kang San. Similar cases were numerous, but I understood most of the servitors to be the descendants of people connected with the monasteries. Bearing in mind the easy-going character of the Coreans, the only wonder to me was that so few had taken to this lazy do-nothing life; but I daresay the monks use a wise discretion in admitting people to their ranks, and then, on the other hand, the contempt in which the tonsure is commonly held must always act as a strong deterrent.

The revenue to support this head-quarters of Corean Buddhism is mainly drawn from landed property, which has been attached to the monasteries from time immemorial. Most of it lies on the eastern side of the Keum-kang San, on the road leading from Yu-chöm Sa to Sin-kyei Sä. At two or three of the hamlets there I was told that all the excellent rice-fields in sight belonged to the monks, who let them to cultivators at an ordinary rental, generally payable in produce. Besides this, much reliance is placed on charitable offerings to defray the cost of new buildings and other extraordinary expenses. At Chemulpo I once overhauled the subscription list of an itinerant Buddhist from Keum-kang San, who I found had collected an amount equal to 20*l*., chiefly from magnates of Söul, as testified by the cards and signatures of the donors. At all events, I was informed that the whole of Yu-chön Sa had been rebuilt within the last seven years at a, for Corea, fabulous cost by means of voluntary subscriptions; I saw new works progressing at Ch'ang-an Sa, the money for which, 3,000 or 4,000 dollars, proceeded from the same source; and the Superior of P'yo-un Sa spoke to me most hopefully of a descent be meditated on Söul to solicit donations towards the extension and restoration of his tumble-down monastery. All this munificence in face of universal poverty and the prevalent want of faith in Buddha was very perplexing, and I could only attempt to account for it by the fact that nearly every temple in Corea possesses from one to several monumental boards commemorating the names of benefactors, and sometimes the money extent of their virtues.

The monks do not shine as earnest exponents of their faith. Few of them know much of Buddhism or its history, and none could make any pretence to explain intelligibly the purport of the books they use at their services. The pronunciation of a few constantly recurring Sanscrit and Thibetan syllables are the stock-in-trade of all, though many possess a respectable knowledge of Chinese, which is the Corean embodiment of everything we mean by the word "education." One would look far for the remotest tinge of religious fervour amongst the dull, cadaverous creatures who predominate in most monasteries. On the whole, the shrines themselves are not wanting in the impressiveness characteristic of holy places; but whatever effect this might be calculated to have on the minds of devout persons must certainly be dissipated by the perfunctory mummery which is dignified with the name of worship. *Bona fide* pilgrims in search of spiritual comfort are rare; I only came across two.

The character of the Corean monk stands, if anything, lower than that of his Chinese confrere. The charge of profligacy is freely preferred against him, probably with truth, by those who know more about him than I do. Still, if my short stay at Keum-kang San does not enable me to testify to vices, it at least furnishes me with the opportunity of noting a good quality or two. The monks are polite as a class, and open-handed hospitality they conceive to be a simple duty. They refuse to accept any payment for entertainment or for services rendered, but are not above releasing the richer guests from all sense of obligation by accepting money offerings to their temples. Temple quarters at any time are considerably in advance of ordinary inn accommodation, for the reason that the inmates are usually less intrusive than the tag-rag and bob-tail of a Corean town; but the genuine kindness and consideration shown to me at Keum-kang San were new sensations, and made my visit there by far the pleasantest of my travelling experiences in Corea.

Tong-ch'yön.

I had originally intended to walk the 100 *li* from Sin-kyei Sa to Tong-ch'yön, where the ponies awaited us, but the weather being hot I decided to hire animals at the nearest post-station, 3 miles off. To do this I made use of a special document issued by the

President of the Corean Foreign Office, recommending me to the care of the officials of the districts I might pass through, and directing them to furnish me with whatsoever I wanted in food, transport, or money. In payment, I was to give my note of hand redeemable at Söul. It took Kang an hour and a-half, during which I had to ask him repeatedly to moderate his language, before our slender requirements were satisfied. The post-station was a poor one, and we had to be content with one pony—my mount, a bull which Kang bestrode with great gravity, and a couple of bearers for the baggage. Our course was now north-west. We soon struck the sea-coast and kept along it a good deal of the way to Tong-ch'yön, now then breaking inland to avoid impassable rocks, or to make a short cut across a projecting neck.

On the coast of the Kang-wön Province arc the "P'al-kyöng," or Eight Views, which have a great reputation for beauty throughout Corea. I passed within 5 miles of two of them, but was too hurried to pay them a visit. Perhaps I should have stretched a point to do so had I not been told that they were in every respect inferior to what I had already seen at Keum-kang San.

At Tong-ch'yön I made my first acquaintance with rural authority. The only current in the country are two descriptions of brass cash, the "tang-o —about 2,000 to the £—used in Söul and its neighbourhood, and the "ip-ch'yön"—4,000 to the £—everywhere else. Silver is absolutely useless at any but the largest cities. In travelling, of course, the weight and bulk of these coins make a large stock impossible, and the periodical replenishment of the purse, therefore, becomes a matter of serious importance. Though I had started from Söul with a supply sufficient to carry us to Wön-san, donations, voluntary but unavoidable, to the monasteries, had drained it considerably, and at Tong-ch'yön, the seat of a Prefect, I thought it advisable to borrow 10 or 15 dollars' worth of cash on the strength of my Foreign Office letter. I struck the place, however, at an unfortunate time. A week before, the people, maddened by persistent extortion, had risen against their rulers, and the Prefect, as well as his leading myrmidons, had been forced to take an abrupt departure by night to escape the violence of the mob. At the time of my arrival everything was peaceful again, and there was nothing on the surface to show that aught had occurred to ruffle the usual calm of Corean provincial life. I made my application for a loan to the clerk in charge at the magistracy, and he soon responded by sending exactly half the amount I had asked for. I should have rested content with this, but in the course of a simple inquiry as to why my small demand had been reduced, the District Treasurer informed Kang with great heat that "I ought to consider myself lucky to get what I did. He didn't know me from Adam, and couldn't conceive ray object in flying about the country borrowing money on the authority of a Foreign Office despatch. It was true the despatch said I would pay everything back through the Foreign Office at Söul, but he had never heard of the Foreign Office, and didn't believe it would honour my drafts any way." There was a good deal in what the man said, so much so, that I refused to have anything to say to his money. The Foreign Office is a comparatively new creation arising out of foreign Treaties, and likely to be unknown to local officials in remote districts. Nevertheless, I wanted money, so next day at Hyöp-kök, the chief town of a Department, and only 30 *li* north-west from Tong-ch'yön, I again tried the effect of the Foreign Office letter, with much the same result. The Magistrate of the place had been degraded recently for extortion, and the government was temporarily in the hands of a "choa-su," or coadjutor. However, he screwed up courage to lend me 10 dollars, an effort which exhausted the local treasury, on condition that I repaid it at Wön-san instead of at Söul, and defrayed the expenses to and fro of the messenger he sent with me. The whole transaction pointed to the interesting conclusion that there was a much greater lack of confidence in an important Government Office than in a complete stranger like myself.

Tong-ch'yöu to Wön-san.

From Tong-ch'yön to Wön-san the seaboard was thinly populated, and much productive-looking ground lay idle. Our road ran along the coast in full view of the sea, either ploughing through the sandy beach, or slowly mounting a cliff, or crossing a spur of the hills. There was little shelter anywhere from the violence of wind and wave, but wherever a natural protection of any sort existed in conjunction with a convenient strand, the fishing village, of probably 100 inhabitants, and impregnated with most insupportable odours, was certain to be found. The fish from this neighbourhood, when salted and dried, are taken to Wön-san by boat, and thence find their way all over Central Corea. Salterns, similar to those of Japan and China, were common and in full operation. The manufacture of salt from sea-brine is carried on as long as the weather permits, roughly speaking, from May to October, and is evidently a paying concern, in spite of heavy imposts and "squeezes." Nearing Broughton Bay we turned westward, and, passing from Kang-wön into the Province of Ham-kyöng, joined the Söul road 2 or 3 miles out from the Treaty port of Wön-san, which we reached at noon on the 13th September.

Agriculture.

The sole industry, with slight exception, of the region traversed in this roundabout journey of some 250 miles, is agriculture, carried on under disadvantages inseparable from the nature of the country. Corea, as everybody knows, is a land of mountains. Go where you will, a stretch of level road is rare, and one of level plain rarer still. The view from any prominent height is always the same: the eye ranges over an expanse of hill-tops, now running in a succession of long billowy lines, now broken up like the wavelets in a choppy sea, often green with forest, but just as often bare, brown, and forbidding. One knows that the Japanese and Chinese contend successfully with similar conditions, and that they have brought the art of cultivation to a degree of perfection which Westerns only expect to see in a garden, but such is not the case in Corea. The Corean is not in the habit of contending with anything, much less with natural difficulties, and the traveller looks in vain for the terrace cultivation and irrigation works which make the hills of Japan and South China yield their share of the earth's good fruits. Where water is abundant and easily manageable, the lower reaches of the valleys are taken up with rice, the higher portions with millet, beans, buckwheat, &c. A particularly favourable slope, all the better if it faces the south, is usually as much as the sides of the valley are called upon to contribute to cultivation. There is considerable waste about the paths and paddy-dykes, weeds are rank and numerous, hedges— when they exist—straggling, and an utter want of the prim neatness so conspicuous in far Eastern farming forces itself on the attention everywhere. Much of the newly-broken ground is naturally stony, and little effort is exercised to make it less so. One peasant, whom I admonished on the point, met me with the excuse that it all the stones were removed there would be nothing left, and many of his neighbours seemed to hold the same opinion.

Considering the small amount of labour and care expended on agricultural operations, the crops are good, and speak volumes for the fertility of the soil, for, as far as my observation goes, manure is not employed to the extent it ought to be. Some inkling of the rotation of crops exists, but it is not pursued on any system. All good land—rice-fields excepted—in Central and South Corea is capable of bearing two crops a-year: a winter crop of wheat or barley, followed by one of turnips, melons, beans, &c. Poor land is seldom cropped more than once in two years. When everything is approaching ripeness, watch-sheds, raised on poles to a height of 10 to 12 feet from the ground, are erected at all points, chiefly near melon-patches, and a night-and-day watch is maintained against thievish depredators. This argues badly for Corean honesty, but it is fair to add that such a watch is only held to be necessary in the case of fields adjoining the great highways.

A plough is used to till the ground, and a huge shovel wielded by three or five men— one guiding it by the long handle, the others on either side straining or jerking it with ropes attached to the blade—to break turf. The other implements in common use are a short sharp-pointed hoe, which fills the place of spade, hoe, and shovel, a reaping hook, a wooden barrow, and a bamboo rake. Rice is threshed by seizing a wisp in both hands and beating the grain out over a log or board; or, in the case of poor people, each head is taken separately, and the ears scraped off with a knife. Other cereals as well as beans and pulse are dealt with by flails, the threshing-floor as often as not being the public road.

Winnowing is done by throwing the grain up in the wind. The hulling of rice is accomplished with a stone quern, as is the grinding of flour. For these purposes the "pang-a," worked by the hand, by the foot, or by water, is also used. The hand "pang-a" is a wooden mortar, usually 2 feet of tree trunk hollowed at one end, in which the grain is pounded with a heavy iron hammer. In the foot "pang-a" a weighty timber, fitted with a wooden peg for a pestle, is so balanced that a slight pressure raises the peg end a few feet above a rough granite mortar, which is bedded in the ground to receive it. The "mul" or water "pang-a" is the same instrument provided with a trough, into which a runlet of water from the nearest stream is diverted; when full the trough descends, empties, and the pestle then falls with considerable force on the grain beneath. In some places one sees as many as a dozen of these "mul-pang-a" worked by the same stream.

The ox is the farmer's great assistant. In Mid-Corea he is a splendid beast, hardy, tractable, and bearing a strong resemblance in build to our short-horn stock. A cane or iron ring for which his nostrils are pierced when young suffices to control him, and he is early accustomed to his constant work of load-carrying. The load is adjusted evenly in a wooden pack-saddle; if composed of small or loose articles, in panniers of plaited straw. In limited districts, and where the state of the roads permits it, a wooden sled, made of two slender poles bent at an obtuse angle by pressure, and kept about 4 feet apart by cross-bars, is fitted to the ox, so that one end rests on his neck while the bent portions of the poles act as runners on the ground. On this cut produce is brought in from the fields, and brushwood for fuel from the mountains. Ploughing, too, is all done with the ox, rarely or never with the pony. The products of the dairy are practically unknown. Milk is greatly esteemed, but the poor milking capacity of the cow is barely equal to the task of rearing the calf, and very little attempt is made to feed it artificially. While at work, draught cattle, like ponies, are fed on coarse fodder and a boiled slash of beans, chopped straw, and rice-husks. A good bull is highly prized, and not readily parted with. The Coreans say it takes five years to bring him to maturity, and then he is worth the large sum of from 20 to 30 dollars, say 41., in the Söul neighbourhood; elsewhere his value varies considerably. The other domestic animals are black, hairy pigs, wily gaunt creatures, and horribly loathsome; wolfish dogs, possessing a surprising nose for foreigners; and fowls that almost equal their wild congeners, the pheasants, in powers of flight and wariness.

Population.

That this part of the country is not populous is a conclusion arrived at without hesitation, though I should be at a loss to convey my impressions on the point in figures. Hamlets of a dozen or twenty houses are numerous in the cultivated valleys, but on the whole road from Söul to Wön-san I did not pass a dozen places of 200 houses, or, say, 1,000 inhabitants. Of course, it would be wrong to form any general opinion from this. The south of Corea is reputed to be twice as thickly populated as the north, and the occasional presence of South Corean immigrants in the Ham-kyöng and P'yöng-an Provinces tends to prove an overplus somewhere.

There are two distinct types of the country town or village; the purely agricultural, which lies away from the beaten track, and that which depends as much on the entertainment of travellers as it does on farming. Any wayside *étape* furnishes an example of the latter kind. The road enters between two higgledy-piggledy lines of low, mud-walled, straw-thatched hovels, thrown up at random, without regard to convenience or effect. Heaps of refuse, open sewers, malodorous pools, stacks of fuel, nude sun-tanned children disporting themselves, and occasionally a crowd of eager disputants, all combine to make it a very indifferent thoroughfare. Most of the houses are inns or eating-houses, which do not aspire to provide lodging as well as entertainment. The main gate of the inn leads directly from the street into a quadrangle, bounded on two sides by open sheds, which are provided with troughs for the reception of pack animals, and on the other two sides by the guest rooms and kitchen. The host's quarters are usually, though not always, situated in the rear, and secluded from the traffic. The courtyard is untidy, often garnished with a powerful pig-stye or dunghill, and littered with fodder or earthenware pitchers and vats, whose contents are invariably the pickles and condiments so precious to Corean stomachs. In some convenient corner is the large iron cauldron in constant use for the preparation of provender for the ponies and bulls. The kitchen, a dark, noisome place presided over by a slatternly wench, I never had the fortitude to examine closely. My food was usually cooked in the courtyard over a charcoal brazier, and in my own utensils.

Fortunately, the guest rooms are bereft of furniture; nothing but a reed mat spread over the mud-floor, and some small blocks of wood for pillows, and, consequently, it does not take much time to sweep and clean them. In cold weather they are comfortably, sometimes uncomfortably, heated by means of flues passing under the clay floor. The landlord is a good-natured, dirty fellow, whose assistance is always in demand to unload or reload animals, a process in which he is a great adept. He or some of his folk must be up hours before daybreak to boil food for the ponies and bulls, for the Corean traveller is seldom later than cock-crow in starting from his inn. The worst feature about Corean inns is the vermin; they are of all sorts, and their numbers at times exceeded my most sanguine expectations.

The eating-shop, on the other hand, is completely open to the street with the exception of a shelf, on which the viands are exposed. These vary slightly with the season and locality, but small, ragged bits of raw beef, slices of bean-curd, boiled pork, salt fish, sprouted beans, chopped turnips, chillies, and steamed dough in rolls are the common stock-in-trade. The fittings consist of a rude furnace of stone and mud supporting a pot always full of a seething brown broth, a rice-copper, a bench of brass basins and spoons, a collection of coarse china bowls containing many coloured abominations, and an earthenware pan of glowing charcoal, kept constantly engaged with a gridiron, on which scraps of meat, or tit-bits composed of three or four onions and shreds of beef skewered on a wooden spit, are roasting. Wine is to be had at these houses and at the inns, except in very poor localities. Attendance is usually male; women superintend the cooking and the distribution of food according to the wants of customers. On two occasions, however, I came across the Corean "barmaid," whose finery, good looks, and free tongue seemed to be as popular as she desired.

The site of the agricultural village is a hill-slope facing the south. Over this the houses are scattered irregularly, and there is not much attempt at a street anywhere. Each dwelling stands in its own patch of garden, hemmed in by a neat fence of interlaced stems to mark the limits of possession, or to prevent fowls from entering, and before each door is the threshing-floor of beaten clay, the workshop of the family. The stream which runs past the foot of the hill, or courses down a gully in its side, is lined with women and girls washing clothes with sticks instead of soap, preparing cabbages for pickle, or steeping hemp. The view over such a place is pleasing; uneven terraces of straw-thatch gaily decked with the bright green foliage and yellow star-shaped flowers of climbing gourds and melons, plots of red chillies, wide-branching castor plants growing to the level of the roofs, peach and pear trees on which the fruit is just ripening, dark glossy-leaved persimmons—all the tints of nature, in fact, heightened by contrast with the white-robed figures of the people.

Trade.

As for trade, there is very little to be seen on the Söul Won-san road: some loads of dried fish to Söul, and a few of hides to Chemulpo for export, were all I noticed. At the district towns and large villages foreign goods are offered for sale in neat booths, 6 or 8 feet square. The walls of these tiny establishments are draped with grey shirtings, Victoria lawns, and cheap towels, mingled with native cottons and grass-cloth. The proprietor squats tailor-fashion on the boarded platform or floor, and around him is displayed a varied collection of needles, Japanese matches and mirrors, Prussian blue in card boxes, and aniline dyes in bottles, cheap knives, santonin lozenges (these, the dyes and the needles, are of German origin), ribbons and braid, brass pipe-bowls and mouth-pieces of native make, and long cane stems for pipes. A sign of the advancing times is occasionally observed in cigarettes and lacquered holders of Japanese manufacture, and cheap foreign soaps modelled into shapes which present a maximum of surface with a minimum of substance. A bale or two of Manchester goods lends an imposing air of substantiality to a stock which might be easily bought outright for 2*l* or 3*l*.

Minerals

Although this tract of country rejoices in names suggestive of an El Dorado- "Keum-sŏng" (gold city), "Keum-hoa" (gold flower)—there are no apparent signs of mineral wealth. Gold is currently reported to exist everywhere across the peninsula. The washings at P'yŏng-kang—a little north of my route which were visited by Mr. Carles in 1885, are the most prolific in Central Corea. The only miners I met were three or four men digging iron-stones out of the bed of a stream near Ch'ang-to, and the only worker in metal noticeable outside the large towns is the blacksmith, whose tiny charcoal forge is rarely idle.

Mammals and birds.

To judge from appearances, no country should be better stocked with game, for once clear of the populous towns, and there are not many of these, forest and cover are abundant. I did not myself see anything to speak of, for the simple reason that I had no time to spare for purely sporting purposes, but I was frequently assured that pheasant, quail, pig, deer, and hare abounded in the hills, and that tiger and bear were obtainable with patience and luck. The only quadruped I noticed was a little striped squirrel (*Sciurus striatus*). The birds were such as I had been accustomed to observe around Söul. In the rice-fields were snipe, snippets, the large egret (*Herodias alba modesta*), the common blue heron (*Ardea cinerea*), wagtails (M. *ocularis* and *paradoxa*), ducks and teal in small numbers, and occasionally the pink ibis (*Ibis nippon*). The long grass was peopled with buntings (E. *cioides*, E. *spodocephala*, E. *fucata*), and the edges with tit-thrushes (*Suthora webbiana*) and red-starts (*Ruticilla aurorea*). Magpies, crows, pigeons, doves, and Brahminy kites frequented populous neighbourhoods, and rooks once or twice flocked in the broader valleys. In the wild districts nearing Keum-kang San, the chatter of the lovely blue magpie (*Cyanopolius cyanus*) was often heard, and tits (P. *mino*r, P. *varius*) and warblers (*Reguloides superciliosus*) flitted noisily through the pines. I also noticed a grey shrike (L. *sphenocercus*), the golden oriole (0. *diffusus*), the common cuckoo, the little blue king-fisher, several woodpeckers (P. *major*, *Gecinus canus*, *Yungipicus scinthilliceps*), a nut-hatch (*Sitta amurensis*), Brandt's jay, and a few hawks and eagles which I was unable to distinguish.

Wŏn-san to Ham-heung.

Wön-san[71]was opened to Japanese trade in 1879, and to foreign trade generally in 1883. Long before that time, however, it was well known in Corea as the most important seaport on the east coast. A few miles to the north of the Wön-san anchorage is the branch of Broughton Bay, known as Port Lazareff, which experts hold to be one of the best natural havens in this part of the world.

There is little to add to previous Reports on Wön-san. The bustling, prosperous, dirty Corean town increases in population, and must now possess fully 15,000 inhabitants. The foreign quarter is a good mile away to the north, near a promontory, which affords a convenient landing-place for shipping and discharging cargo. There are two Settlements, the Japanese founded in 1879, and the Chinese only recently. The Japanese, as the earliest comers, have acquired all the best ground available for sites, though more than half of it is still unoccupied by buildings. The Chinese Settlement modestly consists of two or three acres on the promontory, and the Chinese Consul considered himself fortunate to secure this much, so difficult is it now to obtain land which shall be at once convenient to the custom-house, and outside the Japanese quarter. Other nationalities are so far unrepresented, except by the members of the Customs staff, and the import of foreign goods rests so completely in the hands of Japanese traders, that they are likely to remain unrepresented for some time to come. But should the trade ever warrant the allotment of a Settlement for Westerns only, considerable difficulty must be experienced in securing space to suit the usual requirements of merchants. There are 500 Japanese and 40 Chinese at Wön-san.

Perhaps I should say a word or two about the prospects of the place. In opening the port, it was clearly intended to provide for the wants of North-east Corea, roughly comprising the Provinces of Ham-kyöng and Kang-wön. So far as exports are concerned, of course, this is the case, but at present the greatest market for Wön-san imports is P'yöng-yang, which is on the west coast, and fully 150 miles distant by land. I was told at the house of a Corean merchant, where I noticed bales of shirtings being divided into smaller packages for transportation into the interior, that 70 per cent. of the Manchester imports went to P'yöng-yang, most of the remainder north to Ham-heung, Puk-ch'öng, and Kapsan, and little or nothing southward. Mr. Creagh, the Commissioner of Customs, was inclined to rate the percentage of P'yöng-yang trade even higher. The actual extent of this overland traffic may be gauged from the Customs Returns, which show that of grey shirtings alone over 140,000 pieces were imported at Wön-san during 1888. Now as P'yöng-yang is practically a seaport, and very little farther from Chemulpo than it is from

71 Called also Gensan by the Japanese, and Yuensan by the Chinese.

Wön-san, it is safe to conclude that this expensive system of transport right across the peninsula, which, in the case of shirtings, must add 7 or 8 per cent, to their cost, cannot last long. The only constant means of water communication between Chemulpo and P'yöng-yang is the Corean junk, and this is proverbially dangerous to shippers, not so much from the perils of the sea as from the wiles and trickery of its owner. However, the establishment of a reliable coasting service is only a question of time, and with its coming, or the opening of P'yöng-yang to foreign trade, a matter which has been strongly urged by the Japanese authorities, and is at present, I believe, under serious consideration, Wön-san must retrograde and relapse into its natural position as the port of Ham-kyöng and Kang-wön, two of the poorest provinces of Corea. Under present circumstances, the trade steadily increases, the total values for 1886, 1887, and 1888 being 145,000*l*., 170,000*l*., and 200,000*l*. respectively: 70 or 80 per cent. of the imports are British goods of the ordinary descriptions, shirtings, drills, lawns, muslins, yarn, &c. The exports to foreign countries are few and insignificant, chiefly beans and cowhides to Japan, but the excess in value of imports over exports is more than balanced by gold, which leaves Wön-san in respectable quantities during the autumn. Trade at all the Corean ports is little else than barter, and so it must remain until a more convenient and less fluctuating medium of exchange than the cash is brought into general use. Piece-goods are traded much more satisfactorily for their value in beans or gold dust than for the coin of the realm. At Wön-san up-country consignments are usually paid for in gold dust brought down by a trusty messenger, who does his best to avoid the appearance of bearing a precious burden. I have seen 400*l* worth of gold dust which was carried 170 miles in a bundle of pipe stems, but the most usual receptable is a cloth girdle worn next the skin.

After my experiences at T-ong-ch'ön and Hyöp-kök, 1 resolved to have nothing to say to the Corean exchequer. I learnt that some of the leading firms in the Corean quarter of Wön-san had correspondents in the large towns of Ham-kyöng and P'yöng-an, and, by the kindness of Mr. Creagh, I made the acquaintance of Chang, a courteous old merchant from Eui-chu, who assisted me with drafts on a few of the principal places on my route, as well as with letters of recommendation to such of his friends as I was likely to meet. All these I found invaluable. Mr. Creagh also introduced me to a Secretary of the Trade Superintendency, who had travelled to Paik-tu San in 1888 with a Commission appointed to inspect the frontier from Mu-san, on the Tumen, to the White-peaked Mountain itself. Beyond graphic description of the dangers and fatigues to be undergone, I gained little or no information from this gentleman. The 100 miles from Mu-san to Paik-tu San was one unbroken stretch of forest without path or habitation, the abode of gnomes, sprites, and other supernatural monsters. If I did not credit him, he said, I should go to Mu-san and see a man there whose neck had grown so long in one night incautiously spent alone in the forest, that he had to keep it propped by a stick bandaged on behind, and so forth.

We left Wön-san in the forenoon of the 16th September, and followed the road which lines the coast northward to the Tumen and Russian territory. In the three days' journey to Ham-heung no less than five prefectural towns and a goodly number of thriving villages were passed. The altered character of the hills, which were much more sloping than heretofore, accounted for the extended proportion of soil under cultivation, and for the corresponding increase in population. Yet there was a marked change for the worse in the yield of the crops. I saw nothing to equal the productiveness to which I became accustomed on the journey from Söul to the east coast.

Salmon.

Salmon frequent the shallow streams north of Wön-san, the Yöng-heung River particularly, and are eagerly trapped by the natives. The season was in full swing at the period of our visit, and fine fish, averaging 10 lbs. in weight, were cheap and plentiful. The village nearest a river has the monopoly of fishing it. The instinct which drives the salmon to ascend fresh-water rivers is well known; indeed, the mode of capture is based on this knowledge. Two parallel nets are stretched across the stream a short interval apart, that nearest the sea being lowered almost level with the water, and the other raised beyond the fish's power of leaping. Before daybreak the first net is raised, and the salmon, which have accumulated in the intermediate space in a fruitless endeavour to jump the obstruction, are netted or speared by torchlight. The price of a salmon was usually 2*d.* or 3*d.* At Sari-wön I was informed that the yearly income of the inhabitants from this source was about 200*l.*

Yong-heung

Yong-heung, the capital of a prefecture and some 40 miles north of Wön-san, is remarkable as the place of origin of the reigning family of Corea. The tombs of the early ancestors lie about 6 miles to the east of the town, which is a small one of 3,000 or 4,000 inhabitants.

Fairs.

Fairs were common along this route, as, indeed, they are in all the populous districts of Corea. The road was always animated with a concourse of merry, brightly dressed people, wending their way to the market town; squads of women carrying jars and baskets of melons, pears, chillies, &c., on their heads and suckling babies on their backs—some of these will have covered 10 miles before reaching the fair; little girls in scarlet jackets and long petticoats hanging on to the skirts of their mothers; bullock-carts laden with brushwood for fuel; provisions of many kinds borne by ponies or men; sturdy coolies perspiring under lofty wooden frameworks, to which assortments of earthenware pots and turned wooden dishes are attached; and, more numerous than all, the pleasure-seeker, or "ku-kyöng-kun," in holiday attire, strutting along in company with half-a-dozen companions, gesticulating, laughing, and cracking jokes productive of the most hilarious mirth. Such throngs greeted the foreigner with amused surprise, sometimes a trifle rudely, but always good naturedly. The women in most cases behaved as properly conducted Corean women ought to do when their faces run the risk of being scanned by a stranger, and turned their backs on him; yet frequently all scruples vanished before an overpowering curiosity to take in the particulars of so odd a costume, or to discuss the singularity of the equipage.

The main street of the town or village is the market-place. It often widens into a sort of place where straw booths are hastily erected for the occasion; but ordinarily, each man exposes his wares on some boards or on a cloth spread on the ground in the most convenient spot he can secure. Few luxuries are to be found among the articles for sale, and there is absolutely nothing to appeal to aught but the stomach of the foreigner. Fruit sellers protecting their melons and peaches from the incursions of passers-by; vendors of tobacco, who now and again brush the dust off the long wrinkled leaves, or sprinkle them with water to prevent them from disintegrating; heaps of fresh salmon and bales of dried fish; barley, rice of many qualities, beans, and pulse exposed in rough trays of straw matting, or packed in straw bags; charcoal tied up in diminutive bundles for sale at a cash a-piece; rows of cast-iron pots and boilers, whose only merit is cheapness; wicker-ware, in the shape of neat baskets, trays, and panniers; a jeweller with a board for a shop and a few silver rings and hair-pins for his stock; a seller of hempen sandals and big iron hob-nails; a mender or maker of hats, whose sign is the rim of an old hat dangling from the roof of his shed; all these and many more are seen at large fairs. Foreign goods are exposed in numbers of small booths similar to those which I have already described. The throng of eager bargainers is always great; but the most noticeable feature about these markets is the large proportion of women present, sometimes as much as half. The fair is evidently more of a distraction than a business to the sex.

Ham-heung.

Ham-heung, the seat of the Governor of the Ham-kyöng Province, is prettily situated on the slope of a gentle hill, overlooking the So-chin River, which is here 500 yards wide, but so shallow in September that bulls and carts ford it easily. It is not a large place—30,000 people is about the extent of its population; yet it is far and away the most considerable in North-east Corea. The walls, which are in excellent repair, and look surprisingly neat in consequence of a little whitewash, inclose a space of half-a-mile square. Perhaps two-thirds of this only is occupied by buildings, the northern and hilly portion containing a lot of wooded or open ground to the rear of the Governor's residence, but extensive suburbs line the river —crossed by a substantial bridge of hewn logs supported on piles—and stretch away towards the south.

Seen from above, Ham-heung is interesting enough. The buildings comprising the "Yöng-mun" or Governor's residence rise in terraces to the north, where the hill is crowned by a grove of pines; the mass of houses below is not so closely packed as usual, and the dead brown of the thatch is in consequence relieved by an incessant movement of motley figures in the irregular streets; the prim gates and walls bear the appearance of things intended more for ornament than use. Beyond flows the broad river, its sandy bed cropping up in dry patches, where women congregate to wash clothes; and further still large rice-fields, interspersed with cultivated eminences, stretch away in endless succession to the mountains, which are blue with the haze lent by distance. Five miles down river—Ham-heung lies 10 or 15 miles from the sea—is the ancestral palace of the present dynasty, a circumstance which invests the neighbourhood with no ordinary interest in the eyes of the natives. Ham-heung bears a closer inspection than most Corean cities. This is, doubtless, scant praise, but the streets are decidedly cleaner, the houses more trim, and the people tidier and, better-looking than any I had seen elsewhere in the country. There are considerable evidences of trade. A bazaar of square box-like booths, well-stocked with the usual varieties of foreign and native goods, follows the exterior of the south and west walls, and is always brisk with life and movement.

Provincial government.

The special importance of Ham-heung, however, lies in the fact that it is the seat of a provincial government. Formerly, the whole of Ham-kyöng was under one "Kam-sa" or Governor, but of late years the province has been split into two distinct administrations, one guided from Ham-heung and the other from Kyöng-söng, a city 300 miles further up the coast. This division has reduced the extent of the Ham-heung Kam-sa's jurisdiction so much, that it is scarcely fair to present his government as a typical one; nevertheless, it is that with which I am best acquainted, both through actual travel and personal intercourse with officials, and the observations which follow must be understood to apply to it more particularly.

The west division of Ham-kyöng includes thirteen prefectures of varying degrees of consequence, ranging from the thickly-populated districts around Wön-san to the uninhabited forests of the White-peaked Mountain. Each of these is administered by a Magistrate, who is subject to the orders of the Governor alone, and who in turn wields a very arbitrary authority over numbers of subordinate officers, military and civil. The theoretical unit is the "tong" of five families, under a "tong-chu," or Headman, who is elected for a fixed term, or for life, according to circumstances. (I say theoretical, because, as a matter of fact, the Headman usually controls a larger area than that indicated by five families.) His duty is to keep the revenue registers, which should be revised every three years, and he is held responsible for the general good behaviour of those under his charge. Each collection of five "tong" is superintended by an "il-chöng," who is directly under the authority of the village Elders. It is nothing but the patriarchal system worked to its fullest limits, and narrowing as it ascends until it culminates in the person of the Sovereign, who is the father of his people.

The Governor and principal Magistrates are natives of Söul, who owe their appointments to Court influence, and they take up their posts with the firm intention of becoming rich during their three years of office. Of course, everybody recognizes that they must make money; the only point on which conflict arises is the question of amount. The perquisites of the different districts are well known- for instance, it was said that the Prefect of Ham-heung, if he confined his wants to what he was certain to get without undue measures, ought to be worth 500*l.* or 600*l.* at the finish of his term, the Kapsan Magistrate, 200*l.*, and so on. As nothing can remain a secret in Corea, the officer no sooner shows signs of exceeding these limits than he becomes the subject of lively discussion; if he keeps within them, a tablet is erected in commemoration of his beneficent rule near the scene of his labours. It is a mistake to suppose that the Corean peasant is long-suffering under extortion, or that every Corean Magistrate extorts. The character of a local official is easily ascertainable by a few diplomatic inquiries, and I have heard as many praised for their moderation—Corean for justice—as I have heard condemned for the contrary. The checks on misrule are few, but powerful in their way. In the first place, as the Coreans, borrowing a Chinese proverb, say, *tam koan o rei*, grasping officials mean rascally retainers; in other words, the Magistrate alone cannot misgovern—he must reckon with his agents. Now, though the Magistrate is always a perfect stranger to the country he rules, and therefore likely to betray little affection for it, it is not so with his personnel. Beyond some friends and relations whom he has brought with him from Söul to help him to bear the burdens of office, there are few else around him who do not belong to the locality, and it is only natural to suppose that these should find it to their interest to keep on good terms with life-long neighbours and their own kindred. I am free to admit that the yamên-runner cannot often be painted in very rosy colours, yet no one who has travelled in Corea and noticed the good-humoured cordiality of his relations with immediate neighbours can refuse to credit him with a share of the milk of human kindness. What usage entitles him to receive he exacts relentlessly, and probably loses no opportunity of going beyond this when a safe chance presents itself; but those who ought to know say that he, too, has frequently to be coerced before his superiors can enter on a career of wholesale spoliation. Again, the character of the people is naturally excitable and passionate. Nowhere can a riot be more easily provoked than in Corea; one drunken man to lead is sufficient, as I can myself testify. The "man-in-kyo," or myriad-bearered sedan—the name explains itself—is not seldom placed at the disposal of obnoxious officials, and nothing can be more justly dreaded by them. A lot of Court influence is required to counteract the loss of prestige resulting from it. The experience sometimes ends in an indictment for extortion, which, if established, means the very humiliating and painful punishment of a beating on the shins in the most public thoroughfare of Söul, but a Court official can easily shuffle out of such predicaments by judiciously transferring the blame to his inferiors, who are given very little opportunity of defending themselves.

The foreigner, in his estimate of Corean institutions, must judge a good deal from fugitive impressions at the best of times. He soon finds that much of the actual daily life of the peasant is withheld from his prying gaze, and the conclusion follows that the methods and doings of the governing classes are beyond accurate personal observation. All, or nearly all, that he learns about them is at second-hand. However, the houses in which these people live and labour are frequently open to his inspection, and they furnish a curious index to the administration of the country. The first Magistracy I visited was that of a small prefectural town on the east coast. The buildings formed a square of 50 or 60 feet, with a small piece of open yard in the centre. The entrance lay on the south through a roofed gate, the doors of which were marked with the "monad," or Corean Government insignia, in red, white, and black colours. The exterior looked substantial, orderly, and neat; not so the interior. Facing the gate, the floor raised 3 or 4 feet from the ground, was a long room completely open to the south, except a portion 10 or 12 feet square partitioned off to serve as the Magistrate's office. The open room was his courthouse. Tattered mats were spread at random over the wooden floor, and an earthenware pot holding a few embers of charcoal, for the purpose of lighting the everlasting pipe, stood in the centre. The unplastered mud walls were cracked woefully, the pillars supporting the heavy tiled roof were rarely perpendicular, and the rafters were grimed with smoke and covered with aged cobwebs. To complete the unbusinesslike aspect of the place a bundle of saplings lay in a corner, dirty robes hung on the walls and beams, and pipes, besoms, and gourds were scattered about the floor. The office was papered, but the paper was sooty and scribbled over with Chinese characters where it was not pasted with dirty rosters and other memoranda. Recesses in the walls were fitted with doors and locks for the reception of the archives and funds of the district, the heatable clay floor was covered with rush mats which did not appear to have been disturbed for years, and half-a-dozen small blocks of wood for pillows explained the principal use to which the room was put. Most of the court-yard below was taken up with brushwood, implements for thrashing refractory persons, and a very unpleasant refuse trough. There was absolutely nothing, except the gate, to stamp the official character of the place. The rosters, it is true, showed a staff of twenty or thirty clerks, and they were fittingly represented by some discontented-looking men, one or two the worse for liquor, who wandered aimlessly in and out the gate. I had an opportunity of seeing how the office work is carried on. A round table no bigger than a footstool was produced, and with it an ink-stone, Chinese ink, and hair pencils. Squatting on a mat, the writer seized a thick roll of paper in the left hand, and, without supporting it in any way—I have rarely seen a Corean write on a table— dashed off his letter, gradually unrolling the paper with his fingers as he progressed. The bystanders, including my man Kang, interrupted him with voluble suggestions and objections, to most of which he seemed to pay a certain measure of attention. The latter was then cut off the roll, neatly folded into a narrow oblong, so that the pasting of one corner sufficed to close it, impressed with a seal or two, addressed, and, after some altercation, dispatched.

Many of the smaller country yamêns resemble this one in every particular. The buildings are frequently larger, and rendered more imposing by pavilions and two-storied gates, but repulsive untidiness and neglect are common to all. At Ham-heung, however, the residences of the higher provincial authorities were maintained in much better style, and the internal arrangements were neat, luxurious even. I had previously known the Governor when he was President of the Foreign Office at Söul, and though I had made it a rule to avoid the official hospitality usually extended to foreigners travelling in the interior, Cho Pyöng-sik's cordial and pressing invitations to occupy his guest rooms on the ground of old acquaintance made me deviate from my rule for once. My quarters were comparatively cosy, bare of furniture of course, but free from disagreeable accessories. Altogether the yamên covered a large extent of ground, the buildings were good and solid-looking, and the appearance of the whole was enhanced by a broad, well-kept road, leading to the principal entrance.

Corean entertainments.

The Governor was very ill with malarial fever when I reached Ham-heung. A few doses of quinine rapidly banished this, but, being still too weak to amuse me himself, he good-naturedly insisted on placing me in the hands of his Prefect. The usual entertainment followed. The "show" place of Ham-heung is a pavilion overlooking the river, said by the Coreans—no mean judges of scenery—to furnish the best view in the neighbourhood. Thither I was borne in a chair, accompanied by the Prefect and a host of gaily-robed followers. The repast provided looked excellent, and, to a very hungry man who did not object to an undue flavouring of chillies in everything, it might have been appetising. Fortunately or not, I had taken the ordinary precaution of a substantial meal beforehand, so that I am unable to do much more than enumerate the dishes: a bowl of boiled chicken and soup and another of rice and minced meat, dishes of boiled beef cut up in thin slices, salted vegetables, *crataegus* leaves coated with sugar, sliced pears and persimmons, little tots of soy and oil, wheaten cakes sweetened with honey and fried in oil, and a bowl of water decorated with chilli shreds and slices of raw turnip— the whole unmistakably dominated by a dish of raw tripe, a Corean tit-bit, which smelt evilly. The bowls, chopsticks, and spoons were of brass, the other utensils of rude porcelain. A superior sort of liqueur, resembling Curacao, called "sweet red dew," and an infusion of ginger, were the beverages. After the meal, which I took particular pains to shorten, a band of musicians struck up a slow, plaintive, timeless strain, and a bevy of "Ki-saing," or dancing girls, were ushered in. Their dance is nearly always the same. To Coreans it is a pathetic story in postures, and some Western connoisseurs profess to discover in it a great deal of beauty and originality; but to my mind the performance may be vaguely described as a not unpleasing mixture of minuet and quadrille, with a dash of the reel towards the finish.

This is the stereotyped entertainment of Corea, a combination of all that is best in the country of beauty, music, dramatic representation, and eatables. The "ki-saing" and musicians are specially maintained by the local authorities for the delectation and amusement of themselves and their guests, and no opportunity of employing their services in beguiling the time would seem to be lost. Foreign Visitors and strangers like myself are, besides, favoured with presents of articles of food, such as eggs, fowls, beef, fruit, wine, &c. These are difficult to refuse, and frequently become an unmitigated nuisance from the demoralizing effect they produce on the minds and bodies of one's followers, to whom they are nearly always relegated.

Ham-heung to the Yalu River.

We left Ham-heung on the 21st September to continue our journey along the coast as far as Puk-ch'ŏng. The first day of ten and a-half hours fast travelling, exclusive of halts, brought us to Hong-wŏn, a prefectural city situated near the sea, which shows signs of having been a place of greater consequence than it is now, and the second day of equally hard going saw us at Puk-ch'öng. On both days the road was kept till long after nightfall, a practice which can scarcely be recommended in Corea. Once the Corean closes his house for the night he strongly objects to reopen it, especially to a large party, for any consideration. A single experience of the difficulty encountered in obtaining a lodging after dark would entitle one to stamp the people as a very inhospitable race, whereas it is barely sufficient to say that they are exactly the reverse. I have been more than once surprised to hear foreigners inveigh against the Coreans for inhospitality, and I can only conjecture that those who complained must have been the victims of late journeying.

Puk-ch'öng

Punk-ch'öng, after Ham-heung the most important town in this part of Corea, is the seat of a "Pu-sa" or Prefect, and has a population of 6,000 or 7,000 inhabitants. It is built in the form of a square, on a level space at the foot of the hills which determine the coast. The walls are mathematically straight, about as long 1,000 yards—in one direction as in the other, and are built of rough stonework to a height of 20 feet on the outside. On the inside a solid bank of earth backing supports the masonry, and, being planted with willows and pines, affords an agreeable promenade, which the natives are not slow to enjoy. The river in the broad stony valley below is a torrential stream split into half-a-dozen channels by lines of gravelly debris, and is absolutely useless except for irrigation purposes. The striking features about Puk-ch'öng are the roofs of the houses, mostly birch-bark kept from curling by rows of moderately heavy stones, and chimneys in the form of hollow tree-trunks. It is needless to say that fires are frequent. Few things are more inflammable than birch-bark, and the Coreans themselves admit that the wooden chimneys are unsafe. The official buildings are remarkably good, and testify more than anything else to the comparative opulence of the neighbourhood, which profits alike by the traffic along the coast to Kyöng-söng and Wön-san, and by the inland trade to the mining districts of Tan-ch'ön and Kapsan.

Foreign trade.

The trade from Wön-san is chiefly in Manchester cottons. These mount the coast as far as, if not farther than, Kyöng-söng, which is nearly 200 miles north-east of Puk-ch'öng, and penetrate the interior, always in rapidly diminishing quantities, to the Yalu. It is interesting to note the progressive increase in prices occasioned by the cost of carriage: in Wön-san the Corean foot of grey shirtings-the piece of 38 yards measures 62 or 63 Corean feet-is sold retail at 40 to 45 cash (2 1/2d,), in Ham-heung at 50 cash (3d.), in Puk-ch'öng at 55 to 60 cash (3 1/2d), and in Kapsan at 70 to 75 cash (4 1/2d). North of Kyöng-söng the small demand for foreign goods is supplied from the Wladiwostock market. Doubtless, with a view to extend the influence of this market in

North Corea, a trade Convention had been concluded a year previously between the Russian and Corean Governments, under the terms of which the duties levied on foreign articles at Treaty ports were reduced in favour of imports overland through Russian territory.

Kyöng-heung

Kyöng-heung, a town on the Tumen River, and close to the few miles of Russian frontier which are conterminous with Corea, was at the same time declared open to the residence of Russian subjects, and it was evidently hoped to create a market there after the style of Kiakhta and Maimaichin. My inquiries at Puk-ch'öng did not elicit much to justify such a hope. Kyöng-heung is a squalid town of perhaps 1,000 inhabitants. It has been described to me as a "miserable hovel, half in ruins," and not at all the sort of place to attract persons who wish to better their fortunes or to make money. For about ten years a small trade with Wladiwostock-principally cottons and dyes in return for cattle-has been in existence, but my informant, the leading merchant of Puk-ch'öng, spoke of it rather contemptuously, asserting that there was not a single Corean of capital north of Kyöng-söng, and that the Tumen neighbourhood was too poor to produce one. The Russian Convention was news to him; his correspondent at Kyöng-heung had not mentioned anything about it.

Tumen River

From all accounts, it is fairly certain that the trade by this overland route cannot attain much importance under present conditions. Goods deposited at Kyöng-heung, after a land journey of 140 miles from Wladiwostock are hardly likely to be on an equal footing with the same class of goods discharged on the jetty at Wön-san, notwithstanding the 2 1/2 per cent. reduction of duty in favour of Kyöng-heung. The area open to Russian commerce is, therefore, confined to the basin of the Tumen and the country southward for some 150 miles, all of which, as I have already stated, is poor even in Corean estimation. The Tumen, too, is an insignificant river, and by no means deserves the singular reputation which journalism has thrown around it. That it forms the north-east boundary of Corea for almost its entire length is its chief claim to political consideration. Its commercial importance is of the slightest. Like all East Corean rivers, it is shallow, sandy, and channelless. Near the mouth it is probably a mile wide, including the sandbanks in the centre, but at Kyöng-heung, which is 30 miles from the sea, its width is no more than 200 or 300 yards. Up to Kyöng-heung only about two feet of water can be absolutely depended on, and the navigation is therefore limited to flat-bottomed boats, the largest of which are capable of floating five or six tons of timber. The farthest point to which boats of any sort ply is, I believe, 60 or 70 miles from the coast.

At present the only marketable products of North-east Corea are cattle and timber. Yet the forests are being denuded rapidly by gangs of irresponsible Chinese, without, so far as I could learn, any serious interference from the local Corean authorities, and the cattle, formerly so plentiful, have within the last few years been decimated by a murrain of the deadliest kind. Accounts varied, but none placed the loss from this scourge at less than 80 per cent. of the total number of beasts in the districts affected.

The road from Ham-heung to Puk-ch'öng is passable. As a rule, it is broad— 10 or 12 feet—and free from obstructive ditches, but it is not so level as I was led to expect. At two points in this journey of 67 miles we were 1,000 and 800 feet above the valleys on either side, while ridges of minor elevation were quite as frequent as elsewhere in Corea. I gathered also that the road northward to the Tumen was similar in character, and certainly not better, so that merchandize carried over it cannot lie under any particular advantage by reason of speedy or less costly transit.

Puk-ch'öng to Kapsan.

From Puk-ch'öng there are two routes to Paik-tu San; that which is usually travelled by the Corean Frontier Commissions via Kil-chu and Musan, and another leading directly northward through Kapsan. The former is much the more interesting, but I was forced by the lateness of the season to adopt the direct road, which is at least 200 miles shorter. On the 23rd September, then, we struck inland, and, following the Puk-ch'öng River for some 25 miles, to its source, in fact, next day reached the crest of the range, which here fringes the highlands of North Corea.

Hu-ch'i Ryöng.

The ascent of the Hu-ch'i Ryöng, as this chain is called, is abrupt and picturesque. One breaks from the deep-wooded glen, which has been rising and narrowing all the way from Puk-ch'öng, up the mountain-side through a magnificent forest of oak and birch, whose only denizens appeared to be confiding little squirrels and thrushes. The top of the pass (4,300 feet) brought us in contact with our first specimen of the Corean backwoods, that is to say, with log-houses and birch smoke. The settlement, consisting of six or eight huts, depends almost entirely on the Kapsan—Puk-ch'öng traffic for subsistence, for Hu-ch'i Ryöng is a recognized halting-place which no one would dream of passing, no matter how hurried. Small crops of oats, hemp, and potatoes, of excellent quality, are grown in cleared land in the vicinity, but everything else, including the commonest necessaries, is procured from the sea-coast. The evidences of trade at Hu-ch'i Ryöng were considerable. During the four or five working hours I spent there I counted upwards of fifty ponies in the few yards of street, most of them bound north, with loads of grey shirtings and old used cotton, those going southward bearing burdens of rudely-smelted copper, hemp, and birch-bark.

The character of the country traversed in our progress to the north was completely novel. We had left warm, low-lying valleys producing rice and cotton, and had entered a plateau-like region where these crops are impossible, their places being taken by oats, millet, and hemp. On the sea-coast it was still summer, yet 20 or 30 miles inland severe frosts had blanched the tops of the firs and converted the bright green turf and shrubbery into withered brown masses of wearying tameness. The 100 miles' journey from the Hu-ch'i Pass to the Yalu at Hyei-san was a gradual descent, with few remarkable irregularities, from a height of 4,300 feet to 2,800 feet above sea-level. It was mostly rolling or undulating country, a good deal of it very suitable, I should say, for grazing purposes. For a short distance below the pass our way lay through woodlands, broken by an occasional marshy glade, uncultivated, and almost uninhabited.

Clearings have been recently made here and there by the simple method of setting fire to the timber, and there were many indications that the population was increasing, but it was only on nearing Kapsan that large tracts of cultivated land were observed. Isolated houses, or clusters of two or three, were noticeably frequent, a point which sufficiently indicates the immaturity of these parts. Besides, the log-huts plastered with clay, roofed with thatch or shingle, and fenced with rude palisades for protection against the incursions of wild beasts, conveyed an impression of primitiveness which the remains of charred tree-stumps in many of the fields helped to strengthen. As one would expect, game was plentiful. In a five minutes' walk from our resting-place at Chang-ka I flushed scores of pheasants, and a native hunter told me that, an hour before my arrival, two deer had come down to drink at the stream in front of the village. Being out of powder he was unable to bag them, he explained. All the streams, which here belong to the Yalu system, contain excellent trout. They are caught by the rod with a horsehair line and a rude fly made of a few deer-hairs tied roughly to the hook. Two nice fish of from 1/2 lb. to 1 lb. weight were brought to me at Hoang-su Wön, and I was told that larger trout were common, but, as a rule, the Corean angler has to exercise as much patience for as small results as his brother in Britain.

Kapsan.

At noon on the 27th September we were ferried across a branch of the Yalu and an hour later entered Kapsan. At Söul I had heard much of this place. The neighbourhood is popularly supposed to contain most of the mineral wealth of Corea, and I expected to find, in consequence, a busy mining town, wealthy populous, and noisy. I was never more thoroughly disappointed. Kapsan is a collection of perhaps 300 houses inclosed by an apology for a wall, which is crumbling where it has not already fallen. The yamên exhibited the universal symptoms of decay, the huts were patched and rickety, the birch-bark roofs-the bark is kept in place by a layer of earth—nourished a forest of tall weeds which had been withered by the frost, and lent a peculiarly depressing effect to the scene; the streets were unusually filthy, and scoured by troops of ill-favoured curs and pigs while, as for the inhabitants, they were without exception the idlest and rudest Coreans I had come across, and appeared to divide their day and part of their night pretty equally between inspecting my belongings and carousing. I inquired the reason why nobody seemed to be doing any work. The question occasioned not a little surprise—it is one which no Corean would think of putting so bluntly; but I was soon informed, with all the outward signs of joy and satisfaction, that the Prefect had been suspended from his functions for some grave irregularity, and was only permitted to transact business of a pressing nature pending a decision of the Central Government at Söul. It was positively amusing to watch the earnestness with which the matter was discussed by every soul in the place. I could not discover that it concerned any one but the Prefect himself, a colourless individual who had earned neither the love nor dislike of his people. The national fondness for idleness and gossip is pronounced, but nowhere else was it brought more vividly to my notice.

There is no doubt that Kapsan was once a very flourishing place. Its antiquity can hardly be disputed. In Corea, as in many other far Eastern countries architecture is rarely permanent, and so little attention is devoted to heirlooms that the archaeological observer seldom meets with a single relic on which he can found a satisfactory calculation. Tradition, however, says that Kapsan was for a long time the capital of some of the many small States which divided Corea in pre-historic times, while its consequence in more modern days may be judged from the circumstance that the Chinese at the Corean Gate, which is 400 miles away, called the early the tribute bearers "Chia-shan Kao-li Jen," or Kapsan Coreans, to distinguish them from the natives of Eui-chu and P'yöng-yang. At present, it seems to have fallen signally from its high estate. Officially, it is still the seat of a Prefect, but commercially, it is merely a stage on the roads to the mining districts around. The miserable poverty of the town itself was remarkable; my servants even commented on it. Such was the dearth of ready money, that a leading tradesman on whom I had a letter of credit for 10,000 cash, or 2*l*.10*s*., had to spend the best part of a day collecting the amount from his friends and neighbours.

A day's journey northward through a long-settled, well-cultivated region brought us to Un-ch'ong, where there are gold washings. On the way I called on a ''millionnaire, to whom I had letters from my Gensan acquaintance. His home, a country house 4 miles out of Kapsan, was in keeping with his reputation for opulence being compact, well built, and in thorough repair. I found him in a clean papered, comfortable room, seated (Turkish fashion) before a breakfast of rice, pickles, and stewed venison. He was an excellent type of the Corean country magnate, fat, proud, sly, and hospitable. His wealth was partly hereditary, but the old gentleman was well known as a successful speculator through middlemen in gold dust and foreign goods, and was wise enough, in view of the temptations he offered to official interference, to keep his money engaged in commercial ventures at Wŏn-san, P'yŏng-yang, and other distant places. Though the possessor of many acres, and by far the richest man in a district as large as an English county, he was unable, or said he was, to produce 5*l.* in ready money. My references, he admitted, were the best possible, yet the most he could or would do for me was to give me an order for 10,000 cash on an agent of his at Un-ch'ong. The gold season was finishing, and cash was "tight." I now learnt for the first time that sycee and Japanese silver dollars are easily negotiable at the gold washings, and I should strongly recommend any future traveller, if he wants to solve a most vexatious difficulty, to bear this in mind.

Gold.

If I have not touched on the subject of gold already, it is not for want of material. It is one on which the Corean is always voluble. His country is impregnated with the precious dust, he says; it exists everywhere, and I am inclined to think, from my personal experience, that this statement is one of the truest he makes. At the first blush, the stranger may be excused if he laughs at it. Never by any chance, does he see a gold trinket worn or for sale. Its use in art work is infinitesimal; workers in silver abound, but there are none in gold. In truth, the vast majority of the people are too poor to cultivate ornamentation so precious and the few who are rich enough know better than to make themselves singular in this respect. Nevertheless, in view of the assured fact that gold has been mined in Corea for hundreds of years, its utter absence, either in the shape of jewel, ornament, or coin, is remarkable. Gold always leaves the country, we are informed, in explanation; there is no use for it in Corea, and therein lies the key to the fabulous stories of Corea's mineral wealth, which were current before the advent of Treaties. A very slight production of gold suffices to attract attention to any country; it is therefore, easy to understand that the comparatively large quantities which passed steadily through Eui-chu aud Fu-san, when these were the only outlets to foreign markets, gave rise to the wildest conjectures.

In Japan especially the most absurd notions prevailed, for there gold is practically non-existent, and thither the lion's share of the gold of Corea has always found its way. Indeed, there is every reason to suppose that all, or nearly all, the gold Japan possessed before she was thrown open to foreign commerce was of Corean origin. Nowadays one learns, on the unimpeachable authority of the Customs Returns, that the export of gold is far from despicable. The figures by no means answer the expectations raised by native reports, but they forbid the pardonable scepticism which foreigners formerly exhibited towards the subject of Corean gold mines. I should also add that they present a very inadequate idea of the actual, not to say possible, gold-producing power of the country, for it is a well-known fact that large quantities of gold go abroad which do not come under Customs cognizance.

Mining for gold in Corea is almost entirely "placer." The individual areas worked are rarely large, few fields employing as many as 500 persons. Sometimes they are completely in the hands of people resident in the vicinity, and exploited in common, but all the greater washings are as renowned in Corea as elsewhere for collecting the riff-raff of the population from every part of the country. Indiscriminate gold-seeking is prohibited by law under the severest penalties. Government authorization is the first step towards opening a "prospect;" when opened, it is kept under strict official supervision.

The public revenue is derived from a heavy fee paid monthly by each miner while at work, the old system of a royalty on the output being much too productive of disturbances. As it is, the licensing fees vary with the locality, or the caprice of the superintending officer, and revolts among the miners constantly occur. Whenever these assume a serious character, the authorities at once display an Oriental conception of the art of government, by closing the mines (thereby doing a cruel injustice to the neighbourhood), executing a few of the individuals who were probably most deeply wronged, and permitting the prime authors to escape wholly or with slight punishment.

The miners usually work in gangs of a dozen or so. At popular washings where space is an object, their "claim," called a *pata* (field), is perhaps seven or eight yards square, and carries with it the right to connect it by a sluice with the nearest stream.

The mode of working is simplicity itself. Three or four of the band loosen the soil at the bottom of the pit-I saw none more than 15 feet deep; two or three pass it up in baskets to the surface, a couple are constantly engaged babbling water into the sluice, and the remainder take their ease above until it comes their turn to relieve the people at work. The gold-bearing clay is then carried to a washing hole where the panners deal with it. I have it on the authority of an old Californian miner that the Corean panners handle their wooden bowls with uncommon dexterity, and allow very little "dust" to escape them. In many other ways the Corean miners show the fruits of long experience, but their *bête noire*, water, is and has always been an insoluble problem. Pumping appliances are unknown, and for want of them the deeper and presumably richer deposits are everywhere untouched. The water has only to overcome the baling capacity of a couple of pails, and with a "hal su öpso" (no help for it), the gang betakes itself to fresh ground, with the sad consciousness that the claim it has left retains most of its riches. Of course, "tail-races," and elaborate ones, too, are constructed wherever the nature of the ground permits but they soon become unmanageable and have to be abandoned.

Gold-fields occur near the coast, from Wön-san to Ham-heung, the most prolific being those of Yöng-heung and Chöng-p'yöng. It was impossible to obtain reliable information with regard to them, and I could not spare time to look for myself. Judging from the numbers of men and boys I saw in the unmistakable clay-stained breeches of the gold-digger, it was clear to me that they must be extensive. At Kapsan, too, much is heard of the washings of Tan-ch'ön, the neighbouring- prefecture on the east. Report says they are the richest in Corea.

Later on I visited a typical northern gold-field at Un-ch'ong, near the Yalu; thither at the height of the season, that is to say, immediately after the summer rains, the *auri sacra fames* attracts as many as 500 men; by the first week in October hosts had begun to make the work of washing cold and disagreeable, so disagreeable that barely 150 miners were at work; and, finally, winter puts a stop to everything, though not unfrequently a few enthusiasts are still found who pursue their avocation by laboriously breaking the ice-bound earth with picks, and melting it in a cauldron.

Each miner at Un-ch'ong paid a tax of 5*s*. monthly to the provincial Government, and fees amounting to 1*s*. a-month to the local authorities. None of them were rich, or ever hoped to be. The Chief of one gang, a remarkable "rolling stone," who had been to Wladiwostock, Japan, Shanghae, and Peking, in the course of a tempestuous career, assured me that if his men averaged 15 dollars (2*l*. 10*s*.) a-month clear earnings they were very lucky.

On my return journey to Söul a month later I also passed through the districts of Syöng-ch'ön, Eun-san, and Cha-san, in the Province where much gold is produced, and altogether I saw some fair examples of the Corean gold-fields but nothing brought the possible auriferous wealth of the country so forcibly to my mind as the following circumstance: - Journeying south from Samsu, we were stopped early in the day by a branch of the Yalu, which was too deep to ford. While the ferry-boat, a sort of twin "dug-out," was transporting the ponies and baggage across by instalments, my attention was drawn to a man who was washing something in the river a few yards away. I soon noticed the usual scanty equipment of the gold-digger-a wooden bowl, short-handled hoe, and wicker basket; but there was no pit in sight, and no other person working. To my astonishment, he turned to the river bank on which we were all standing, scraped a basketful of sand and gravel from the surface, and proceeded to wash it. The sands were hardly Pactolian, for I could scarcely see the few particles of gold which resulted. It was the ferryman's who, while business was slack and the weather good, amused himself in this way. "He had only lately discovered the existence of gold in the river bank," he said, in response to my questions; "he had not made deeper researches, and had not turned gold-digger, because occupation was not lucrative enough; besides, he had no license, and the ground was not suited for proper washings—too much water." And so it is I strongly suspect throughout the country, for I was repeatedly told that gold was known to exist in places where no attempt was made to work it. One would think that people so poor would rush to acquire, no matter how slowly or laboriously, the riches hidden everywhere around them. I could have scarcely believed that even Corean indolence was proof against such temptation, but here was evidence of the fact. On the other side of the river was a small village, where I noticed two or three able-bodied men smoking imperturbably, who, in any other country, would have been delving for wealth. It is difficult to account satisfactorily for this singular indifference. No doubt the Government prohibition has its effect on private enterprise, and a gold washing opened under official auspices entails an amount of intercourse with their Rulers that most Coreans would beg to be excused. Besides, the gold-digger is held in contempt as a turbulent sort of adventurer, who is always poor in spite of his hard work. "He digs gold," it is scornfully said; "well, why isn't he rich?"

Chinese on the frontier.

During the evening I spent at Un-ch'ong I was disagreeably reminded of the presence of Chinese, by hearing somebody inquire in unmistakable Shan-tung tones for "that low devil." I was in the privacy of my room at the time, *en deshabille*, enjoying the luxury of a camp chair, nevertheless, I felt it my duty to meet the fellow's wishes without delay. Two years had elapsed since I had been called such a name—Corean rudeness goes no farther than "yang-in" (foreign man), used ignorantly and without any opprobrious meaning—and perhaps long disuse had made me sensitive. My visitor was considerably astonished at the "devil's" sepulchral emergence, and, dropping his swagger, forthwith took to his heels, but I arrested his flight, and in the presence of an admiring crowd of Coreans, many of whom were acquainted with Chinese, I gave him full particulars concerning myself. From all accounts, the neighbourhood I was about to enter was a rough one, and it was absolutely necessary to nip all demonstrations of disrespect in the bud, in order to accomplish the object of my journey without trouble. Mr. Yüan, the Chinese Resident at Söul, whose name is a terror to Chinese evil-doers throughout Corea, had courteously furnished me with letters to officials on the Manchurian frontier, and as the indefatigable Kang seized every opportunity to mention the fact, I was never afterwards treated with the slightest incivility by Chinese.

There were thirty or forty Chinese at Un-ch'ong, wood-cutters who had felled their trees and prepared their raft, but who had been unable to take it down the Yalu owing to the paucity of the previous summer's rains, and the consequent low state of the river. While waiting for better luck in the ensuing year, they eked out a threadbare existence by selling spirits and Chinese pastry to the gold-diggers. They well knew that Corea was a forbidden land to them, and for that reason kept as near the frontier as they could during their peregrinations. Along the timbered valleys of the Yalu and its tributaries, and, I am given to understand, on the Tumen also, similar bands of hardy Shantungese may be encountered, as well on the Corean side as on the Chinese side of the rivers. Winter and spring are passed in cutting trees and collecting them at a suitable point in the river, where the raft is constructed. As soon as the rains swell the volume of water sufficiently, the raft is piloted down to the mouth of the Yalu, whence the timber, is carried by junk to Newchwang and Tien-tsin. All this is accomplished under circumstances of considerable hardship and danger, particularly during the passage of the timber down stream, for the river often rises so suddenly that rafts become unmanageable, and involve their owners in the destruction which speedily overtakes them. "Lumbering" on the Yalu is a very old industry, so old that the lower reaches of the river, it is said, are denuded of marketable timber, yet, curiously enough, hardly a single Corean is engaged in it. Of course, the Coreans are perfectly aware that Chinese have no right to appropriate timber on the south bank of the Yalu, but the supineness of the officials, combined with the indifference of the people, makes everything possible to a few determined men, and so it happens that forests, which ought to be a lucrative source of revenue to the Corean Government, only serve as a means of livelihood to some hundreds of enterprising Chinese.

Leaving Un-ch'ong on the morning of the 29th September, an hour's going brought us to the crest of the ridge overlooking the Yalu, whence, the day being clear, we got our first view of the famous Paik-tu San ("White-peaked Mountain"). Its renown was at once comprehensible, for distant as it was, the view was majestic. The white irregular mass towered, without any marked or prominent peak, head and shoulders over the surrounding hills, though one could see that it was not very lofty, as mountains go. To my great grief the glass revealed that, whatever might be the cause of its colour at other times, the whiteness was then due to snow, which some Chinese present told me had fallen during a nor'-wester I had encountered a few days previously on the road from Puk-ch'ŏng to Kapsan. Just at the point where this mountain is first visible a small temple has been erected for the purpose of offering sacrifices—made by the King of Corea every year on the 4th of the 8th moon- to the Paik-tu San deities. At Söul I was led to believe that the officials deputed to perform this function actually ascended the mountain, but they prefer a compromise the efficacy of which has apparently never been doubted.

Hyei-san.

A short, sharp descent brought us to Hyei-san, a military out-post on the Yalu, and, according to my information, the last notable abode of men in the direction I wished to travel. All my inquiries hitherto about Paik-tu San, and the best mode of approaching it, elicited little beyond that Hyei-san was the point we had to make for. Arrived at Hyei-san we were recommended to go to Po-ch'ön, a station 15 miles further up the Yalu, and positively the last in that direction, and thither I induced the Kapsan pony-drivers, with difficulty, to carry my belongings. Hyei-san stands on a small bluff, and has some of the appearance of a fort, but there is no garrison. The officer in charge had an escort of half-a-dozen soldiers, only two or three of whom were in uniform, and exercised jurisdiction over the civil community, some 200 in number. At the yamên I noticed a prisoner in the "cangue:" it was the old story in Corea—" drunk and disorderly."

The Yalu.

The Yalu at Hyei-san is a good trout-stream, and no more. Bull-sleds ford it regularly with loads of timber, and, though 40 or 50 yards wide, its depth cannot often exceed 3 feet. A few "dug-outs" are kept at suitable points for the use of foot-passengers. Our straightest road to Po-chön was to follow the river, but the banks are so high and precipitous, and so densely clad with trees, that we had to make a long detour through the few remaining valleys under cultivation, and over more than one steep, wooded hill.

Pãik-tu San.

Originally a small frontier post, Po-ch'ön has completely lost its military character, and is now a collection of ten families presided over by a small official, who considers it no honour to be the last representative of Corean rule in this quarter. Here at last I met a man, a combination of hunter and farmer, who had ascended Paik-tu san and seen the lake on its summit; and, under his guidance, I made dispositions for the journey. My baggage was cut down to the finest limits, and resolved itself into a blanket, a change or two of clothes and foot-gear, Liebig's extract, hard biscuits, a flask of brandy, medicines, a rifle, shot-gun and some cartridges pocket aneroid, watch, photographic, apparatus, and boiling-point thermometers. Four bearers-two were guides who professed to know every path in the Paik-tu San forests—carried these and a supply of millet sufficient to last the the six Coreans of the party for three weeks.

The expedition at ordinary times would only take ten or twelve days, but the season was late, and precautions had to be taken against snow, which it was declared fell so heavily at this period of the year as to make travelling impossible for days together. The journey can only be made on foot, though ponies and bulls are utilized by the hunters—speed is never an object to them—to carry small compact loads everywhere through the forest.

Sacrificial offerings to local deities.

After the usual delays, we succeeded in quitting Po-ch'ŏn at noon on the 1st October, but only to stop again 2 miles further on at the house of a well-known hunter, for various reasons. One of the bearers repented at the last moment and found a substitute, while the guides sought high and low for clean white rice, a rarity on the Yalu, which was done up in small paper parcels of an ounce or two for sacrificial purposes. A large portion, nearly a pound, was set apart for Paik-tu San itself, if we ever reached the mountain, as our leading guide remarked dubiously. The utmost care was taken of these rice offerings. I was disposed at first to look on them as part of a perfunctory performance carried out for form's sake, but the consternation which once seized the whole party, including my man Kang, at their supposed loss, was too genuine to permit a doubt of the true feelings of the Coreans in the matter.

Next morning, as luck would have it, heavy rain fell, but, fearful of fresh defections, I seized the first moment that the downpour relapsed into a drizzle to start my band of bearers and followers. We struck at once into a dense forest of fir, larch, pine, oak, and polar, which extended with slight intermissions of open ground all the way to Paik-tu San. Our road was that followed by the hunters in their excursions in search of deer-horns and sable-skins, and was probably no better nor worse than any other forest path. My only complaint against it was that it was unnecessarily tortuous. We were continually crossing and recrossing streams, making long detours to avoid fallen trunks, and winding among the trees, absolutely regardless of the points of the compass, and exactly as the pioneers of the route had blazed the way. Occasionally we encountered dense thickets, where I usually left portions of my clothing, and spongy marshes, which the bearers anathematized, but as a rule, our path was obstructed only by tree-trunks, and was very pleasant walking. We marched in single file, the forest not admitting of any other order, and I was glad to observe that no one dawdled. I soon learnt the reason.

The first clearing we passed through was a typical backwood's scene; three log cabins lining a rill of water, a few acres of dark forest loam closely dotted with charred tree-stumps, short zig-zag furrows overrun with weeds—the whole girdled by an appropriate setting of thick woods. It was a lovely place, and yet uninhabited. I asked why. "Can't you guess?" rejoined one of the bearers, a sententious character. "Are not those houses good, and this land rich? It would take at least two years' work and a capital of 3,000 cash (less than 1*l.*) to make such a good home as this. Nobody lives here, just because a tiger has taken a fancy to the place." During the previous winter and spring four persons out of a total of ten were killed by one marauding tiger, and the brute was known to infest the neighbourhood still.

In Corea the tiger occupies as large a share of public attention as he does in India. The stories of the beast's ravages are extravagant, and, taken in connection with the paucity of skins for sale, breed considerable incredulity among foreigners who have not visited the interior. Leopards are undoubtedly common. One has only to live in Söul for a winter to be satisfied of that. Even the foreign Legations have been favoured by their presence. In the winter of 1887-88, one who made the Russian Legation his home for the space of a day or more created considerable sensation, and, indeed, rarely a winter passes that it is not possible to shoot a leopard within the walls of the city. But one has to go farther afield for tigers. It was at Wön-san that I first heard serious mention of them. The boys going to the hills in broad daylight to cut brushwood for fuel carried tin-plates and miniature gongs, with which they kept up a perpetual jingle to scare off their enemy. Mr. Creagh, the Commissioner, declared that it was not safe to walk about the Settlement at night, and to lend force to his statement showed me the house of a European tide-waiter, a few yards away and nearer the jetty, whence a large retriever had been carried off by a tiger only three or four days before my arrival. From Wön-san north as far as Ham-heung the "ma-pu" objected earnestly to travelling after dark, owing to the frequent reports of deaths from predatory tigers.

At Hu-ch'i Ryöng a man-eater was reported in the vicinity, and on my return journey I found he had claimed a fresh victim in the nephew of the Headman, a lad of 15, who had incautiously ventured a few yards from his door at nightfall to fetch a log of wood. In fact, every third village on my route from Wön-san to Po-ch'ön had some terrible story, new or old, to relate. But all paled before the experiences of the settlers in the Yalu backwoods. In and around Po-ch'ön some eighteen persons had fallen victims within the last year, and as three tigers, one a confirmed man-eater, were reported to lurk in the district, the survivors in some places were simply wondering with curious *insouciance* who was to go next.

In one clearing only did I see anything approaching to "funk." There the huge tracks of a tiger dating from the previous night were too plainly visible in the soft soil, and the poor settlers were huddled in their houses, the dogs even sharing the general dread, and refusing to wander at large. The stories of tiger attacks were curiously alike. The victim nearly always forfeited his life through sheer imprudence. The presence of a man-eater is bruited abroad, and terror prevails for a fortnight. Then little by little the novelty of the danger wears off, and risks are taken needlessly, and even recklessly, until a fresh death serves as a startling reminder that the ferocious beast is ever watchful and ready to exact his tribute. Work in the fields has been delayed longer than was prudent, and the way home lay through a dangerous piece of wood; the wife or child went a few paces from the door at night to fetch a log of wood or a pan of water; or the husband sallied forth, pipe in mouth, to while away the tedious evening hours with a next-door neighbour — such were the common tales which the poor people were never tired of relating. In the thinly-populated districts of the extreme north, no efforts appeared to be made to check the ravages of tigers, but, later on, during my return journey across the Province of P'yöng-an, I learnt that bodies of hunters were frequently collected at the instance of the Government to hunt down these pests when they become markedly troublesome. The tiger trap is also quite an institution in parts of North Corea. Nearly every village in wooded districts possesses one. It is a box-like arrangement, constructed of heavy timbers and huge stones, and sufficiently large to admit the tiger without affording him room for movement. The seizure of the bait usually a live pig, releases a falling door, and the imprisoned beast is supposed to be dispatched by spears and swords thrust through the clinks of the trap. I say supposed, for I could not ascertain beyond a doubt that a tiger had ever been caught in these traps.

To return to our narrative: the first day's journey brought us to a small village on the Yalu, about 11 miles north-east of Po-ch'ön. This place, called Kip-heun Kai, does not appear in the Corean Maps. Next day at noon we passed the last inhabited house, and for that night and the six following we were dependent for shelter on hunters' huts, which their owners had deserted at the close of the deer-horn season two months before. Hitherto, I had been very fortunate in my weather. The small proportion of four or five rainy days out of a total of thirty odd had almost led me to leave the elements out of my calculations. Now, however, that success or failure was merely a question of weather, the tables were summarily and unmistakably turned against me. The first snow of the season had fallen a week previously, and the hunters thought that if we reached Paik-tu San before a fresh fall occurred, the ascent of the mountain might be accomplished without difficulty. On this slender chance our hopes rested. During the third day in the forest rain and sleet occurred intermittently, but on the fourth snow fell so thickly and continuously, that more than once I felt tempted to give the order to retrace our steps. On that afternoon (5th October) we forded the Yalu, crossing into Chinese Manchuria, and had just taken refuge from the blinding storm in a broken-down hut, when by a curious coincidence the owner of the place, a Corean, appeared on the scene with three companions and two ponies laden with provisions and hunting gear. He had come to trap sable, and, naturally enough, was by no means pleased to find his little shanty occupied by a band of men who showed every disposition to remain where they were. As soon as we all had dried our clothes and had something warm to drink he thawed considerably, and, entering into our plans with zest, agreed to show us a short cut to Paik-tu San, which would save us a good day's journey.

Next morning, then, he led us northward along the Manchurian side of the Yalu, over ground so difficult that we were sometimes forced to descend to the water's edge and climb over the boulders. Two hours of this brought us to the junction of the two streams which here form the Yalu, and, following the western and smaller one to its source, we ascended rapidly into an open valley covered with deep snow. The banks of this stream, and, indeed, of the Yalu for a short distance below, were like a V-shaped railway cutting, sheer, clean, and absolutely devoid of vegetation, for denudation was too rapid to permit the slightest growth. Near the junction, the cleft was fully 100 yards wide at the top, but 150 feet below the water trickled over a bed scarcely 3 yards broad.

Our volunteer guide soon got tired of the snow; for that matter, so did we. Reaching a point whence the view for 3 miles before us was unrestricted, he showed us a depression in the range in front which we had to make for, and explained to my Po-ch'ön men with great minuteness how we should proceed afterwards. Nothing I could offer the man would induce him to go a step further with us. The sable season was a very short one, and he had to take every advantage of it, he said, and though I promised the equivalent of many sable-skins, I suppose his experience of such promises (unfortunately, I had brought no money with me, as the hunters told me there was not the slightest use for it) was not satisfactory. However, my original guides, in whom, by this time, I had no great confidence, were satisfied that they knew all that was necessary, and we toiled on, myself, the lightest burdened, in advance, the others taking advantage of my footsteps in the snow in following. We camped for tiffin-always a long business with the Coreans, who had to boil and wash their millet—below the Täi-mun Ryöng, the depression before mentioned, and it was fully 3 o'clock before we succeeded in surmounting the ridge. Just opposite was Paik-tu San. The day had cleared wonderfully; the clouds, which rarely desert the summit, possibly because of the lake, had disappeared, and we got our one good look at this hoary ancestor of the Ch'ang-pai Shan. The near view was not striking; a short 4 miles as the crow flies separated us from the crest. We were scarcely more than 2,000 feet below the level of the jagged peaks that mark the position of the lake, so that the massiveness of the mountain as seen from a distance was not apparent.

There was no time to waste. The snow was a foot and a-half deep, and some 6 miles of unknown country still remained to be traversed before nightfall. Blazed trees and broken twigs showed us the way down the valley, across a feeder of the Sungari-according to the Coreans, the Tai-mun range divided the Yalu from the Sungari basin and on up to a hunter's hut, the last occupant of which I afterwards learnt had been devoured so completely by a tiger, that not a bone of him was ever found. The place was *funeste*, and no one tarried. The guides were now thoroughly at fault. Our destination-a hut only 1,000 feet or so from the top of Paik-tu San—could hardly have been more than 2 or 3 miles away, and though the snow was getting deeper, the slope was pretty easy and gradual. After considerable delay and search the oldest guide discovered a torrent he knew or said he knew, and forthwith led us up it. By this time we had passed beyond the zone of dark-foliaged for and pine into one of bare-branched larch or spruce, which covers the upper regions of the mountain. Two miles of this torrent sufficed to exhaust the bearers, and halts were long and frequent. For myself, I was buoyed up by the thought that I was at last on Paik-tu San, and that every step was a gain.

Night was closing in, and the guide had just told me that we were yet a couple of miles from our hut when he commenced to stagger, and before I could catch him he fell in the snow. I tried to revive him with brandy, but all my efforts seemed to increase the violent paroxysms that shook him from head to foot. While rolling in agony and almost speechless, he still contrived to say something that caused the bearers to deposit their loads in a twinkling; several hands seized his pouch, produced therefrom a packet or two of rice neatly tied up in white paper, and one man threw the grain towards the four quarters, while the rest invoked the "San-sin" or mountain genii, in a set prayer or incantation. We were all too exhausted to think of carrying the poor man on even if the way were known to us (the other guide was useless as such), so there was nothing for it but to camp where we were. It did not take the Coreans long to fell half-a-dozen trees and build a huge fire around which we huddled, sticking our feet into the blaze to keep them front freezing. The Coreans slept, drenched as they were. As for myself, the novelty of the experience forbade sleep, and I passed most of my time dosing my patient with Liebig's extract for want of any better remedy. At dawn a large portion of the sacrificial rice was boiled, the iron pot containing it was deposited on a rock, and each man in turn prostrated himself repeatedly before it, all the while offering prayers to the "San-sin" for the safety of the party. The sick man watched the ceremony intently, occasionally begging someone to repeat his share, and seemed immensely relieved when it was finished. To my surprise and amusement the rice was portioned out and eaten with gusto, instead of being scattered around for the benefit of the spirits.

It was very hard to turn back from my purpose on the threshold of accomplishment, yet no other course lay open to me. The Coreans were superstitious on account of the guide's illness, which was as strange to them as it was to me; the man was far too weak to attempt any more climbing; the snow was much deeper than an inexperienced mountaineer like myself cared to encounter without proper guides; and, worse than all, the weather looked threatening. A severe fall of snow meant little short of destruction to our lightly-provisioned party if it caught us in this remote place, and alone as I was the risk was greater than I cared to take. Back we went. The return journey through the forest was accomplished without mishap, though more than once I had reason to congratulate myself that I had not lingered another day on the slope of Paik-tu San. I may mention that the hut I should have reached but for the guide's misfortune was the T'ang-shan, where Messrs. James, Fulford, and Younghusband stayed during their visit to the mountains in the summer of 1886.

Paik-tu San or Lao-pai Shan ("Old White Mountain"), as it is at present called by the Chinese of Manchuria, is the most remarkable mountain, naturally and historically, in this part of Asia. The perennial whiteness of its crest, now known to be caused by pumice when not by snow, made the peoples that beheld it from the plains of Manchuria give it names whose meanings have survived in the Chinese Ch'ang-pai Shan, or Ever White Mountain. This designation, originally assigned to the White Mountain alone, has been extended to the whole range without apparent reason, for no other peak of it, as far as is known, can pretend to perpetual whiteness, whether of pumice or snow. There is a Ch'ang-paik San in Corea in latitude 41° 30' north and longitude 128° 30' east, which must approach if it does not exceed Paik-tu San in height, but the Coreans do not credit it with a snowy covering for more than nine months of the year, and a European traveller who has seen it informs me that it is wooded to the summit, quite unlike the White Mountain, which is bare of forest for the last 1,000 feet of its height. The great point of interest in Paik-tu San, apart from its whiteness, is the lake—12 miles in circuit according to Mr. James and his party, the only Europeans who have seen it —which lies in the broad top of the mountain at a height of 7,500 feet above sea level, and is supposed to be the source of the three Rivers Yalu, Tumen, and Sungari. The Tai Tai-ki, "Great Lake," as the Coreans call it, is the centre of a mass of legend and fable. It is a sacred spot, the abode of beings supernatural, and not to be profaned by mortal eye with impunity. Curiously enough, neither Chinese nor Coreans have the faintest notion of the real character of Paik-tu San. The Chinese say that the lake is an "eye of the sea," and the Coreans tell you that the rock of which the mountain is composed floats in water, for lumps of pumice were common on the Yalu near Hyei-san: with a simple statement of these facts all are satisfied, and think further conjecture useless. My crude geological explanations, that this "tsu-shan" (ancestral mountain) of Corea was a burnt-out volcano, whose crater had been filled with water by springs, were listened to with polite wonder, and treated with much less credulity than they deserved. I pointed to the black dust, to the clinkers, and to the rocks, many of which looked as if they had been freshly ejected from some subterranean furnace, but to no purpose. If the occurrences I spoke of had taken place they must have been handed down by tradition, and it was useless to cite lapse of time—Coreans are not accustomed to geological periods—to people whose history extends as far back as 4,000 years ago.

As I have said before, there is nothing but forest from Po-ch'ŏn to Paik-tu San. Most of it is fairly level, and it is by a succession of small abrupt rises that one is brought to an elevation of 6,200 feet on the Tai-mun Ryŏng. Thence as far as the eye could reach to the north-east the same brown forest stretched at 2,000 or 3,000 feet below us. The timber in the portion traversed by me was neither remarkably large nor good—in fact, the small size of the trees, compared with those growing along the Yalu, led me to examine the soil wherever an uprooted stump or a freshly dug deer-pit furnished the opportunity. Beyond a thin coating of leaf-mould on the surface, there was seldom anything else but pumice, broken to the size of a very coarse sand. According to the hunters, this was the sub-soil everywhere in the forest, and to my knowledge it extends for 40 miles at least to the south from Paik-tu San.

Nearing the mountain the steep, clean-cut banks of the rivers again furnish evidence, clear to the most ungeological eye, of the volcanic origin of the country. Some of these banks exposed a section of over 100 feet in depth, and at one of the deepest portions I counted thirteen layers of black, volcanic dust, all varying in thickness, and each separated from the layer above by a thin stratum of light-coloured mould, pumice, and pebbles. So fine was this dust that the least breath of wind caught it, and scattered it freely over the adjoining snow, to which it gave a grimy, sooty appearance.

One does not notice much animal life in these forests; a few partridges and other small birds reminded us that they were not absolutely tenantless. Bears, probably the common brown species (*U. Arctos*), are numerous during the summer months, according to the hunters. Tiger, leopard, sable, ermine, and deer (*Cervus mantchuricus* and C. *elaphus*), are the remaining noteworthy mammals. C. *mantchuricus* is the poor beast that is pursued so relentlessly for his budding horns, perhaps the dearest medicine in the Chinese pharmacopoeia.

Sable is trapped assiduously throughout the valleys of the Yalu and Tumen during the first two months of winter; hundreds of Coreans find this a congenial employment, and the major share of the skins captured, several thousands annually I was told, goes to

China. The insect pests are very numerous in the summer months. Mosquitos, gnats, and gad-flies make the lives of the settlers in the backwoods perfectly burdensome for two or three months of the year, and ponies and bulls succumb quickly to their attacks. The houses are kept constantly filled with birch-smoke to drive them off; cattle are protected by fires of green wood in the open, while the men who work in the fields carry coils of rope made from dried *artemisia*, which burns slowly, and emits a pungent odour, for the same purpose.

Here one comes across the most primitive form of ownership in land; the right of a body of hunters to kill game over a tract of country to the exclusion of all other persons.

Mr. Fulford, in his Report of a journey in Manchuria, has given an interesting description of the hunter's guild, which practically owns and rules the forest to the north and west of Paik-tu San. The Coreans have no such guild, probably because they have not so much to fear from bandits, but each hunter has a recognized right of ownership over a rudely defined district in the neighbourhood of his hut. Over this he hunts and traps deer in summer, and sable at the beginning of winter, altogether spending about five months of the year in the forest; the remaining seven are passed at his home on or near the Yalu, either tilling his ground or living in idleness on the proceeds of hunting seasons.

Perhaps I cannot do better to describe the conditions of life in this region than give a short notice of a well-to-do hunter who lives near Po-ch'ön. For eleven generations his family had farmed land at Un-cho'ng, and, like most Corean farmers, lived from hand to mouth. Fifteen years previously he scraped together 1,000 cash (1 dol. 50 c.), and bought a "shooting," 15 miles long by 6 miles broad, in the forest from an improvident hunter. In company with some relatives he trapped assiduously, all the while improving the value of his district by building huts and digging deer-pits, until at present it possesses three lodges (I slept at two of them) and seventy deer-pits, and is worth 10,000 cash (15 dollars, or 27*l.* 10*s.*). His income varies. A lucky deer-horn season means comparative opulence but in his whole experience he had only one such season. The summer of 1889 was absolutely fruitless; not a single pair of the proper marketable deer-horns. An average sable season will produce twenty skins, for which he gets 1 dollar (or 3*s.*) a-piece. Owing to his prosperity, Chöng-koan Chong also holds a sort of official position as head hunter of his district. The Corean authorities do not tax hunters; their procedure is much more diplomatic. In the early spring of each year, rice, cloth, and money are distributed to needy trappers by their local officials, with the understanding that the value must be returned in spoils of the chase, which eventually go to the Court at Söul, or to the Governor of the province. Chöng managed this system in his neighbourhood, and evidently made a fair income therefrom.

The Chinese are rapidly populating their frontier. Many of the ever-increasing army of wood-cutters and raftsmen settle down permanently wherever they see a chance of making a livelihood. One could not fail to be struck by the good-humoured relations existing between Coreans and Chinese in the Hyei-san neighbourhood at least. There is a good deal of condescension about the Chinaman who speaks of the Corean as the "little-countryman" and of himself as the "big-country man,"[72] but it is displayed with tact, and is seldom offensive. The Corean tacitly acknowledges his superior energy, tenacity of purpose, and power of self-denial, and does not object to being patronized by a man who provides him with excellent liquor—for a consideration, and who is always in a position to help him over a bad season on reasonable terms. Large numbers of Coreans have settled on Chinese territory. I believe that most of them work for the benefit of Chinese, by whom they are maintained and directed, a state of dependence exactly suited to their ambitionless character. On the other hand, I only saw one instance of a Chinese squatter on Corean ground-a hunter who had built a hut in the forest near Paik-tu San.

The relative merits of the Chinese and Coreans as colonists are here brought irresistibly to notice. The Corean's hut is barely large enough for his family; his live stock consists of a dozen fowls, two or three pigs and a dog and his clearing produces just sufficient grain and hemp to keep him supplied with meals and clothes. The soil being rich, not half his time is occupied in accomplishing this much, yet he scarcely thinks of putting his leisure to use in extending his clearing or enlarging his hut; all this spare time he loafs, loafs shamelessly, with the full approval of his neighbours, who follow his example. I happened once to rest for an hour or so at the house of a Chinese settler on the north bank of the Yalu where things were very different. Some twelve years before he had come empty-handed, but now his cleared land followed the river for half-a-mile, and his homestead was quite an imposing array of buildings. He had several Coreans working for him, his outhouses were filled with produce, amongst which I noticed European cabbages and turnips, and a drove of forty pigs and several head of cattle roamed over the stubble. Like many other Chinese along the Yalu, he possessed a still, which was kept constantly at work manufacturing a fiery spirit from Kaoliang (*Holcus sorghum*), held in great request by the Coreans. I was struck by the fact that none of the Chinese who made this spirit drank it. On the other hand, if the Coreans were the drunkards, not a few Chinese were addicted to opium, a vice in my experience unknown in Corea.

72 "Little country" and "big country" are common colloquial terms for Corea and China respectively

From Po-ch'ön we journeyed westward to Sam-su, the seat of a Prefect, where I hoped to procure animals to carry our baggage across the mountains to Cha-söng.[73] My first intention was to float down the Yalu from Hu-chu to Eui-chu, but this was impossible owing to shallows or rapids above Mao-erh Shan, which is really the highest navigable point on the river, and at Sam-su I was reluctantly compelled through lack of time to renounce further acquaintance with the frontier. Sam-su was even smaller and poorer than Kapsan. There was not a pony in the place for hire, and the 140 miles of road to Cha-söng, said to be exceptionally difficult, were destitute of a single post-station. Turning southward, we stopped once more at Kapsan to make arrangements for the journey across country to P'yöng-yang via Chang-chin.

During our second stay at Kapsan I encountered my first serious difficulty with the Coreans. The suspended Magistrate was in the same position as when I passed through before, but the people had become, if anything, more unruly and riotous. To escape the usual tiresome questioning and scrutiny I shut myself in my room, a proceeding which I afterwards learnt was much resented by these revellers. Kang was then pestered beyond endurance, and, of his own motion, sent repeatedly to the Magistrate for a couple of runners to mount guard over the inn gate and prevent drunken people from entering. Next morning (14th October), shortly after the baggage and myself had cleared the south gate, Kang—always last, by the way —was stoned as he was leaving the city. His cries attracted my notice, and when I turned back to his assistance the mob desisted. It occurred to me that, being a peppery fellow, he was partly to blame, so, to avoid delay, I told him to mount his pony, and as soon as he got well off I followed on foot. The mob increased, but I was thoroughly accustomed to Corean crowds by this time, and not thinking for a moment that I should be attacked, I paid no attention to it. I was soon undeceived. To make a long story short, I was treated to a very bad quarter-of-an-hour, from which I just contrived to extricate myself with whole bones. What pained me most was the loss of my watch and aneroid, both damaged beyond use by stones or by struggling. The matter was much too serious to pass over. I returned to Kapsan at once, arresting three of my principal assailants on the road—-by this time a couple of yamên runners had been sent to our aid, —and demanded an investigation. The Magistrate listened to my story, the

73 Cha-söng is situated on a Corean branch of the Yalu, and is the highest point on the Corean side, to which boats of any size are taken. Salt is brought here in the autumn for distribution over the interior, and I hoped to secure a salt-junk for my journey to Eui-chu.

culprits kneeling and knocking their heads on the ground outside all the while; and as my statements were corroborated in every particular by several official attendants, no defence was attempted. In fact, the only reason the drunken ringleader could offer for attacking me was that, being tired by a long day's journey, I had shut myself up and refused to hold a levee of Kapsan roysterers. The Magistrate was unable to deal with so grave an offence, and told me that he had to send the prisoners to Ham-heung for punishment. An example was necessary, and, in order to make certain that the men were punished and that they should not be allowed to escape, I felt it my duty to go to P'yöng-yang, by way of Ham-heung, instead of Chang-chin. I should miss seeing a lot of new country, but that could not be helped.

While waiting for my baggage to be reloaded a squad of the older inhabitants, headed by the "Choa-su," or coadjutor, came to express their regrets at the occurrence, tried to induce me to pardon the rioters, and to let the matter drop. I explained to them that, as I had escaped without any particular damage, and was never likely to revisit Kapsan, it could not cost me much to accede to their wishes, but that I owed some consideration to future travellers, who might be treated as I was unless strong measures were taken to show the people that foreigners were not to be ill-used with impunity. Another deputation overtook me next day while travelling, with the same request to urge, and the word being passed on in some extraordinary manner, I was not given a moment's peace until I left Puk-ch'öng.

At Puk-ch'öng I was strengthened in my determination to have the men properly punished by the tribulations of a Japanese trader whom I found cooped up in one of my landlord's guest-rooms, not daring to venture out on the street lest he should be stoned by mischievous boys. He was making a trial of the markets along the coast to Kyöng-söng with a few bales of muslins, lawns, silks, and shirtings, and, so far, had met with fair success. In this man's case his nationality was the objectionable feature, for the Japanese invasion of 1592 is still remembered in parts of Corean with true Oriental bitterness.

Ham-heung was reached on the 20th October. The Governor having recovered from his fever, I was able to interview him in person. He threatened to be far too severe with the prisoners, of whose coming he had already been informed. I had to beg him to moderate his punishments, but to warn the Magistrates throughout his province that foreigners, being authorized by Treaty to travel in Corea, were entitled not only to protection from officials, but also to common courtesy from the people. He was not surprised to learn from me that the proper significance of foreign Treaties was really unknown to Government officers in the interior. Though I did not convince him that this ignorance was generally detrimental, yet he gave me readily to understand that the people of Kapsan, at least, would be thoroughly enlightened as soon as possible.

While I was interviewing the Governor, Prefect was engaged with a deputation of Japanese merchants from Wön-san, who had come to request the removal of a recently-imposed prohibition on the export of beans. The demand for beans in Japan was great, and the growing crops of Southern Ham-kyöng had been mortgaged early in the summer to enterprising Japanese. When the Corean authorities discovered that all the beans in the country were practically bought up in this way, they felt it their duty to issue a prohibition on export, with the result that the Japanese traders could neither recover their advances to cultivators- no one pays back a cash loan with greater reluctance than a Corean-nor realize the value of the beans. The deputation was finally informed that the prohibition would not be removed. The Governor was of opinion that beans were far to dear in Ham-kyöng, and he was determined to have them cheap. I regretted that I did not hear of the incident until after I had left Ham-heung, else I might have ventured to give the Governor a friendly lesson in political economy.

From Ham-heung we had to return on our old route almost to Ko-wön before we could strike into the road that leads across the peninsula to P'yong-yang. There is very little to say about the latter. Two days were spent in crossing the axial range of Corea. The highest pass encountered, called the Kö-rin Ryöng, was hardly more than 3,000 feet above sea-level. There was absolutely no traffic on this part of the road, very few inhabitants, and, consequently, little cultivation. The mountains, too, were bare of forest timber, being for the most part covered with a "chapparal" of stunted oaks and chestnuts, now browned and sered by the frost.

Before entering the village of Orikai we joined the P'yöng-yang-Wön-san highway, which was a vast improvement on the miserable bridle-path we had followed over the mountains. The traffic was now brisk and continuous; long lines of pack ponies going westward laden with foreign goods, chiefly cotton shirtings, and sea-weed were met by small consignments of tobacco and cowhides bound for Wön-san. At Ka-chang, where we arrived on the 27th October, a fair was being held. Salt was greatly in request for the winter's consumption, and sold at 1*s.* the "mal" of about 15 lbs. The houses at Ka-chang, and the villages in the neighbourhood, are mostly roofed with thick unsquared slates, averaging an inch in thickness. The grain of these slates was regular, and I have not much doubt that they could be quarried suitably thin with proper appliances and skill. Here, Ka-chang, I observed also that an octroi was levied on all goods, foreign as well as native, other than food staples and travellers' baggage. The amount was inconsiderable, 20 or 25 cash (1 ½ d.) on each ponyload of shirtings, value roughly 12*l*.. but the circumstance is worth mentioning as a clear infraction of foreign Treaties, which provide that no tax whatever shall be levied on foreign merchandize during transit in the interior. This octroi or *li-kin,* according to my informants was levied at three other places on the Wön-san-P'yöng-yang route.

On the sixth day from Yöng-heung- we reached P'yöng-yang, thus ending our journey westward. This city and the road between it and Söul are beaten ground, and I have little to add to previous Reports. P'yöng-yang impressed me more favourably from a commercial point of view than any other place I had visited in North Corea. It is situated in the midst of a rich agricultural country, within easy distance of important gold washings and coal deposits, and its river, the Ta-tong, is navigable to ships of moderate burthen to within 15 miles of the city. At P'yöng-yang itself the river is fully 200 yards broad and 20 feet deep, but a few miles below it shallows so much at one or two points that even the native junks are compelled to wait for favourable tides to ascend or descend. Trade is brisk at P'yöng-yang. The quantity of foreign goods, chiefly cottons, exposed for sale was very large, and there is every indication that the demand for these still increases. Eui-chuj the frontier mart of pre-Treaty days, has been supplanted gradually by P'yöng-yang until at present one might say that the important overland trade from Newchwang of only a few years ago, a trade which furnished the west coast of Corea as far south as the populous metropolitan province with its supplies of foreign cottons and Chinese silks, is absolutely a thing of the past.

Leaving P'yöng-yang, I paid a flying visit to the only reputable coal mine in North Corea, discovered some four years previously by a Corean who had travelled in Japan. It lies 3 miles south of P'yöng-yang, and probably 10 from the nearest anchorage for steamers. The coal, a soft anthracite, burning with a slight, clear flame, and leaving little ash, has been used by the foreign community at Söul and elsewhere, and found very satisfactory for ordinary heating purposes.

The mine proved to be a hole in the side of a low hill, from which very little coal had been dug, and that little surface coal, but the seam is undoubtedly rich and properly worked, should prove most lucrative.

The Coreans of the neighbourhood do not use the coal, and are inclined to look upon this mine as a curse rather than a blessing. The working of it, when it is worked, is entirely in the hands of the P'yöng-yang authorities, and, as in all Government undertakings of the kind, the natives of the locality are compelled to furnish a considerable amount of labour, which, if not forced, is gratuitous.

Another six days from P'yöng-yang southward, over the best travelled road in Corea (*vide* Reports of Messrs. Aston and Carles), brought me to Söul and the termination of my journey. In the course of it, with the exception of the few instances I have mentioned,

I was treated with the utmost civility and kindness by people and officials alike. At many places I was greeted with the pardonable suspicion which most conservative persons exhibit towards novelties, but I was glad to notice that this wore off with better acquaintance in nearly every instance. The difficulty was to convince the country folk that I intended to pay for what I wanted. Once doubt on this point was removed, everything was plain sailing-; in fact, the bag containing the cash was frequently my most persuasive ally in the settlement of a bargain.

To complete the foregoing sketch of the country traversed in my two months' journey, I add some observations on the inhabitants generally, which, I trust, may prove of interest.

Society is divided theoretically by the Coreans into three broad classes: the "sang," or upper, "chung," or middle, and the "ha," or lower. In reality the gradations in the social scale are endless, as in most countries which are civilized or semi-civilized. In Corea, however, the shades of difference are accentuated in a manner unknown to Europeans by honorific modes of speech which are dictated by usage, and are a matter of right than of courtesy.

The "Nyang-pan" represents the upper class of Corean society. The term "nyang-pan" —literally "two orders"—originally indicated rank of a certain degree in either the civil ("tong-pan") or military ("sö-pan") service only, but it is now applied to the descendants of all important officials, no matter whether these have acquired rank or not. Ancestry, of course, counts for a great deal in such a class. At one time, those alone who were descended from the officers of the early Kings of the present dynasty were held to be proper "nyang-pan." In process of time later arrivals have acquired the title, but the old families have never failed to look on such as interlopers, to be treated with scant courtesy, unless they are rich and influential. The upper ranks of officialdom are, in fact, the peerage of Corea, and they are open only to member of "nyang-pan" families who are powerful at Court.

The "nyang-pan" enjoys many of the usual privileges of nobility. He is exempt from arrest, except by command of the King or the Governor of the province in which he resides, and then he is not liable to personal punishment except for the gravest crimes, such as treason or extortion. He wields an autocratic sway over the inmates of his house, and has full license to resent any real of fancied insult levelled at him by "Ha-in" just as he pleases. At the same time, the "nyang-pan" lies under one great obligation, *noblesse oblige*; he cannot perform any menial work, or engage in any trade or industrial occupation. Outside the public service, teaching is the only form of employment open to him. If he seeks any other, he sinks irrevocably to the level of his occupation. There is no law laid down on the point. The penalty is enforced socially, and is part of the unwritten code of "nyang-pan" etiquette. These privileges and obligations have naturally influenced the character of the class, so that the officeless "nyang-pan," no matter how poor, is proud and punctilious as a Spanish hidalgo, not above negotiating a loan with the most shameless effrontery, yet keen to resent the slightest shade of disrespect from an inferior.

The "nyang-pan," consequently, who fails to secure office is practically condemned to an idle existence. His life passes, in the case of a man in easy circumstances, in the most hum-drum monotony. The internal economy of his household is under the control of his women-folk, a supervision over the expenditure being about his only share in it. The most of the time he spends at home is passed in the "sarang" (reception room), usually a small room 10 or 12 feet square, with a heat-able clay floor, over which oil-paper has been pasted. The furniture seldom exceeds a few mats, hanging-scrolls, and a small table provided with writing requisites. Here he sees his friends, plays chess, and "yi-aki" (chats) eternally, with the assistance of wine or ginger-tea. (The tea of China is a rarity in Corea.) The remainder of his time is taken up by visits to his friends, where the same ceremony is gone through. By way of occupation, he often reads a Chinese book, or he may even study for the examinations, but he is well aware that chance and influence, or money, have much more to do with success in these than the most prodigious learning, and he is likely to restrict his efforts to acquiring a workaday knowledge of literature in the vent of unexpected success. His sole amusements are drinking-bouts and feasts, which are often graced by the presence of "ki-saing", or professional dancing-girls, and pic-nics at places well known for beautiful scenery, where he competes with his fellows in writing Chinese verses.

The "nyang-pan" of Söul, at least, sets some store by personal cleanliness, and is not by any means ignorant of the use of soap and water. He cultivates a pale complexion, the paler the better, is excessively careful in the arrangement of his hair and beard, which must be always tidy and trimmed, is fastidious within-often beyond-his means in the matter of dress, hat, and shoes, and, what specially distinguishes him from the gentry of many other East-Asian peoples, his hands are clean and his nails are carefully kept. I have been struck repeatedly by the beautiful hands of Corean officials, small, shapely, white as possible, with well-shaped, carefully-trimmed nails. When he walks abroad, which is quite often because of the expense of sedan-hire, his gait is *sui generis*, slow, and dignified, with head erect and shoulders thrown back. When occasion requires him to hurry, a rare occurrence, he still maintains a measured swing which few earthly considerations would quicken into a run. The "nyang-pan" walk is well recognized in Corea, where it is aped by all who have the means to don stylish clothes.

To his equals the "nyang-pan" is always courteous and polite. With them he bandies jests with the greatest good-humour, and exercises a great deal of judgment in his demeanour towards older persons, and those who are entitled to his respect. In general, foreigners find that Coreans of this class are well-bred people, endowed with good taste and tact, and polished in their manners and conversation. Towards "ha-in," however, the "nyang-pan" is popularly supposed to behave with great injustice and cruelty. No doubt this is true in very many instances, but, so far as my observation goes, I should say that the reports current on the subject are exaggerated.

The income of a well-to-do "nyang-pan" generally proceeds from estates in the country, either in the shape of produce, or rent paid in money or kind by the tenants. Fuel, represented by brushwood and grass cut from the uncultivated hills, also comes from this property of his, and rice and fuel complete the list of Corean necessaries of life, as well to the "nyang-pan" as to the peasant. The poorer "nyang-pan", and their name is legion, eke out a threadbare existence as tutors, or hangers-on, in the bureau of men in office.

This aristocracy of Corea has its cliques, and very pronounced ones they are. The four principal, called the "Sa-saik" (four colours), are political, and took their origin some 300 years ago in disputes over rites and ceremonies. The names of these parties in the order of their present importance are "No-ron," "So-ron," "Nam-in," "So-puk" or "Puk-in." All have, I understand, monopolized the Court favour at some time or other, and each has been ousted in turn by a policy of intrigue and violence. The original causes of difference have been lost sight of long since, but the divisions are maintained by hereditary hatreds of the most virulent nature. At present the "Sa-saik" do not intermarry, and intercourse between them is usually of a formal character. The present King, however, does not countenance these political feuds; hence it follows that the four sections are all represented, more or less prominently, in the government of the country. Besides the "Sa-saik" there are three other bodies who possess all or most of the privileges of "nyang-pan," viz., the "Il-myong," "Chung-in," and "Hyang-chok."

The sons of "nyang-pan" by concubines are "Il-myöng." In a country like Corea, where concubinage is the rule among the higher classes, such a body is bound to be numerous. It is so, and it acquires a power from its numbers which is, fortunately, balanced by the fact that, politically, it is spread over the "Sa-saik." Formerly "Il-myong" could not hold positions of importance under the Crown, but latterly the restrictions in this respect have been removed or ignored, and they are found in the highest posts.

The " Chung-in" are said to be descendants of " nyang-pan" who were executed for treason during the reign of Chong-chöng, one of the early Kings of the present dynasty[74].

They furnish a number of the junior secretaries and interpreters in public offices. "Chung-in" are allowed to trade in a wholesale way; they are the King's agents for the sale of red ginseng. Formerly, when "Chung-in" accompanied the Tribute Missions to China and Japan as interpreters, they were allowed to take with them restricted quantities of native produce, which were bartered for articles esteemed in Corea. In time, this privilege became a species of trade, from which the "Chung-in" reaped considerable pecuniary benefit and corresponding influence.

The "Hyang-chok" are the "squires" or "country-gentlemen" of Corea. They differ widely from the Söul "nyang-pan" in habits and manners, possessing little to distinguish them in outward appearance—except their hats—and bearing from comfortable peasants. They are generally the leading people in their villages, and are employed as "adjoints" to assist Magistrates, who are usually strangers to their districts, on account of their special knowledge of the locality.

"Ha-in," literally "low men," comprise all those orders whose birth or fortune does not entitle them to be classed in the preceding categories. Probably, four-fifths of the Corean nation come under this denomination.

The merchant, in whom we are more particularly interested, is included with the "ha-in," the Coreans, in common with Chinese and Japanese, holding that trade is an ignoble pursuit. Since the opening of the country to intercourse with the world this prejudice has suffered, and there is no doubt that the respectable merchant, although compelled to use humble forms of speech as of yore, has practically advanced some steps in the estimation of the "nyang-pan."

The merchant who sells an article is rarely the manufacturer. Every important native industry labours under the incubus of monopolies held by middle-men. In Söul, for example, there are six great guilds which control the trade of the neighbourhood in Chinese silk, cotton goods, hemp cloth, grass cloth, Corean silk, and paper. Every yard of silk and every sheet of paper sold in Söul is supposed to pass through the proper guild. A retail dealer found with a piece of grass cloth which does not bear the seal of the guild as evidence that the prescribed tax has been paid is liable to summary fine and punishment at the hands of the guild itself, without reference to any other tribunal. As these guilds pay a good round sum to the Government for their privileges, the system is held to be merely an easy means of collecting revenue, and its manifold abuses are lost sight of. The producer and petty trader are always at the mercy of the guild, which in turn is the prey of the bureaucracy. Every profitable concern is marked with unerring

74 There are various stories current about the origin of this class.

penetration, and "squeezed" in all sorts of ways. It is undoubtedly for this reason that such a thing as a native bank or pawn-shop is unknown in Corea. Possibly the want of the pawn-shop is totally unfelt, as I have rarely seen anything in a Corean house which would commend itself to the favourable consideration of a pawnbroker, but a bank is really a desideratum. The straits to which the country people are driven in default of a safe repository for their savings are sometimes ludicrously ingenious. In districts where brigandage occurs during the winter season, it is manifestly dangerous to keep large quantities of "cash" in the houses, so when the frost sets in money is often taken to a field, deposited in a hole, and water is poured gradually over the coins until the whole is frozen into a solid mass. The great merit of this plan in that no one can realize the hoard readily, or without the knowledge of the watchful owner.

There is a good deal of misconception current about the stature and physique of Coreans. The average man is of medium height, say 5 ft. 5 in., is well formed, and not unpleasing in appearance. The "ha-in" is strong in build, capable of much endurance if provided with food, and the heavy loads he can carry on his back are astonishing to Europeans. In manners, he is polite enough. His disposition is bright, good-humoured, and easy-going. To set off these good qualities he is unreliable, improvident, incorrigibly last, and his habits are often unspeakable. He knows not order or neatness, and has a very superficial acquaintance, sometimes none at all, with cleanliness. Mentally he is well endowed, I should say indeed exceptionally well-endowed, and but for the lack of energy, a sort of "borntiredness," which pervades the race, his natural abilities would place him at least on a level with Chinese and Japanese under any circumstances.

Education is summed up in knowledge of Chinese, which is studied exactly as the Chinese themselves learn their language, by committing whole books to memory. Ignorance of everything else, of the most ordinary scientific facts, and even of the Corean language, is the fashion when it is not a reality. Philosophical speculation is common, but Corean ideas of natural science are very chaotic. A short anecdote will illustrate this nicely. A well-known merchant of Chemulpo was asked by his Corean compradore, a man of some education, whether or no he had ever seen a dead sparrow, that is to say, a sparrow that had died a natural death. My friend could not remember that he had. He was then asked how the foreign "savants" accounted for such a phenomenon, for such it was, considering that vast numbers of sparrows in the world, and the huge families they reared every year. The answer to this being unsatisfactory, the Corean gave his explanation, a popular one, that dying sparrows betook themselves to the sea-shore, dived into the mud, and became clams. "How else," he added, triumphantly, "could you account for the number of clams along the coast?"

In conclusions, I should like to say that the main impression I have wished, to convey in these pages is that, though her people live in squalor and poverty, Corea is naturally a rich country, and one of excellent capabilities in every way. In my opinion, this fact is not always remembered sufficiently. Rough comparisons are made with Japan and China, very much to Corea's disadvantage, but it is seldom mentioned that the people, and not the country, are most to blame for this inferiority. To any one who has lived in Corea, it is obvious that her present backward condition is due simply to the inert character of the people. This bare statement, however is very unjust to the Corean. The conditions under which he lives, and especially those under which he has lived until recently, must in common fairness be urged in extenuation of his shortcomings. It will be readily admitted that centuries of the most rigid seclusion from the world, spent under the influence of an all-pervading tyrannical officialism, is not a wholesome apprenticeship for any race. It is true that China and Japan passed through much the same experience. The comparison with China is soon dismissed, for China is large enough to be her own world, and she has never been so overrun with officials as Corea is at this moment, but that with Japan is entitled to consideration. Travelers who pass casually through Japan and Corea always wonder that the civilization of the former should have been so advanced, of the latter so backward, in pre-Treaty times, and this in spite of the assertion of history, that Japan was indebted to Corea for many of the aids to her present superiority. I venture to think that this was due to the radically different systems of government prevailing in the two countries. In Japan the feudal system created bonds of mutual assistance and confidence, which the centralized Government of Corea absolutely forbids, the lord of the soil, though compelled to exact his quota of Imperial expenses from the tenant, was still a permanent resident, and, as such, directly interested in the well-being and advancement of his people. The Corean Governor or Magistrate is appointed from the capital, through favour of the King or some other adventitious circumstance, and his whole aim is concentrated usually on amassing as much wealth as the term of his office allows him. Which of the two is the better system for promoting and fostering the arts and industries which go to build up a progressive civilization there can be no doubt. At any rate, it is certain that the Corean character would alter for the better under an administration which would insure people in the lawful possession of their property, protect them from arbitrary molestation, and furnish them thereby with an incentive to honest exertion.

Söul, July 25, 1890. (Signed) C. W. CAMPBELL.

ITINERARY: Söul to Paik-tu San.

Barometric Readings, Distances, &c.

Place.	Date.		Hour.		Barometric Reading (corrected)	Temperature Fahrenheit	Distance in miles (own reckoning)	Distance in *Li* (Corean reckoning)	Weather.
	1889				Inches				
Söul	Aug.	31	11.45	a.m.	29 - 95	82	..	..	Fair
Tarak-won	‘’	31	6	p.m.	29 - 95	..	9 1/2	30	
‘’	Sep.	1	6	a.m.	29 - 91	68	..	..	Rain
Sol-moro	‘’	1	11.15	a.m.	29 - 58	..	..	..	
Man-sa Tari	‘’	1	6.15	p.m.	29 - 60	..	27	90	
‘’	‘’	2	6.45	a.m.	29 - 68	66	..	..	Unsettled.
P’ung-ch’ön	‘’	2	12.15	p.m.	29 - 50	83	..	..	
Sai Sul-mak	‘’	2	6.35	p.m.	29 - 31	74	28 1/2	90	Clear.
‘’	‘’	3	7.40	a.m.	29 - 45	69	..	..	Fair.
Chil-mök	‘’	3	1.5	p.m.	29 - 13	..	..	..	
‘’	‘’	3	3.45	p.m.	29 - 12	80 5	..	..	
Su-kei-mi	‘’	3	7.15	p.m.	29 - 01	..	27	80	
‘’	‘’	4	7.10	a.m.	29 - 04	68	..	..	Fair.
Tong-ku	‘’	4	1.10	p.m.	29 - 32	79	..	..	
‘’	‘’	4	3.40	p.m.	29 - 27	..	..	..	
Sin-pyöng	‘’	4	6.40	p.m.	28 - 81	74	22 1/2	60	
‘’	‘’	5	9	a.m.	28 - 81	70	..	..	Rain.
Mari-kai	‘’	5	10.30	a.m.	28 - 44	..	..	..	
‘’	‘’	5	1.45	p.m.	28 - 40	..	..	..	
Tan-pa Ryöng (Pass)	‘’	5	3.15	p.m.	27 - 11	..	..	..	
Pin-namu Chöng	‘’	5	4.20	p.m.	28 - 25	63	8	30	
‘’	‘’	6	8.30	a.m.	28 - 33	60	..	..	Fair.
Puk-ch’ang	‘’	6	9.40	a.m.	28 - 55	..	..	..	
Ch’ang-an Sa	‘’	6	12.45	p.m.	28 - 10	..	..	..	
‘’	‘’	6	3.30	p.m.	28 - 09	..	12	40	
‘’	‘’	7	9	a.m.	28 - 14	72	..	..	Fair.
Pyo-un Sa	‘’	7	10.40	a.m.	27 - 78	..	1 3/4	10	Fair.
‘’	‘’	7	3	p.m.	27 - 78	..	..	..	
‘’	‘’	8	7.45	a.m.	27 - 88	..	..	..	Fair.
An-mun Chai (Pass)	‘’	8	1	p.m.	25 - 79	..	..	..	
Yu-chom Sa	‘’	8	4.30	p.m.	27 - 49	..	8	40	
‘’	‘’	9	6	a.m.	27 - 56	..	..	..	Fair.
‘’	‘’	9	9	a.m.	27 - 61	..	..	..	
Sin-kyei Sa	‘’	9	6.15	p.m.	29 - 63	..	25	80	
‘’	‘’	10	6.20	a.m.	29 - 73	..	..	..	Fair.
Yang-chin Yök	‘’	10	9.5	a.m.	30 - 16	..	..	..	
Tu-pai Yök (on the Sea)	‘’	10	7.25	p.m.	30 - 20	..	18	60	
‘’	‘’	11	7.30	a.m.	30 - 16	..	..	..	Fair.
Tong-ch’ön	‘’	11	11.10	a.m.	30 - 09	..	10	40	
Hyök-kök	‘’	12	11.40	a.m.	30 - 16	..	9	30	Fair.
Sin-pyöng-chang	‘’	12	2.45	p.m.	30 - 11	..	..	..	
Ha-chang-chin	‘’	12	7.35	p.m.	30 - 14	..	17	60	
‘’	‘’	13	8	a.m.	30 - 21	..	..	..	Fair.

Wön-san	‘’	13	2.10	p.m.	30 - 24	..	19	60	Thunderst
‘’	‘’	16	10.40	a.m.	30 - 36	..	..	..	orm.
Ti-kyöng	‘’	16	2.5	p.m.	30 - 35	..	..	..	Fair.
Op-ka-chi-ki	‘’	16	6	p.m.	30 - 28	..	18	60	
‘’	‘’	17	7.15	a.m.	30 - 33	..	..	..	
Tök-chi-chang	‘’	17	11.5	a.m.	30 - 34	..	..	..	Fair.
Yöng-heun	‘’	17	4.40	p.m.	30 - 31	..	25	80	
‘’	‘’	18	8.15	a.m.	30 - 35	..	..	..	
Cho-wön	‘’	18	12.45	p.m.	30 - 21	..	..	..	Fair.

Place.	Date.		Hour.		Barometric Reading (corrected)	Temperature Fahrenheit	Distance in miles (own reckoning)	Distance in *Li* (Corean reckoning)	Weather.
	1889				Inches				
Chöng-pyöng	Sept. 18		6.25	p.m.	30 - 26	..	26	80	Rain.
"	"	19	7.30	a.m.	30 - 36	..	..	..	
Ham-heung	"	19	12 NOON		30 - 34	..	..	..	Rain
"	"	21	7.40	a.m.	30 - 13	62	..	..	Unsettled.
Im-tong-wön	"	21	1.10	p.m.	29 - 66	..	..	..	
Hang-kal Ryöng (Pass)	"	21	4.40	p.m.	28 - 60	..	..	..	
Hong-wön	"	21	8.25	p.m.	30 - 27	..	34 1/2	95	Fair.
"	"	22	7.15	a.m.	30 - 35	..	..	..	Fair.
Pa-mum Ryöng	"	22	10.30	a.m.	29 -92	..	..	..	
Pyöng-p'o Yök	"	22	12 NOON		30 - 12	..	..	..	
To-chi Ryöng	"	22	4.10	p.m.	29 - 26	..	..	..	
Puk-ch'öng	"	22	7.35	p.m.	30 - 09	..	33	95	
"	"	23	1.45	p.m.	30 - 12	..	..	..	Fair.
Chang-heung	"	23	6.35	p.m.	29 - 78	..	15	45	
"	"	24	7.10	a.m.	29 - 77	49	..	..	Fair.
Chyei-in-koan	"	24	10.30	a.m.	29 - 11	..	..	..	
"	"	24	1	p.m.	29 - 09	74	..	..	
Hu-ch'i Ryöng	"	24	5.25	p.m.	25 - 86	..	22	60	
"	"	25	8	a.m.	25 - 81	42	..	..	Wind.
Hoang-su-wön	"	25	11.35	a.m.	26 - 30	..	..	..	
"	"	25	2.20	p.m.	26 - 28	..	..	..	
Chang-ka Ch'am	"	25	6.50	p.m.	26 - 38	..	24 1/2	65	Rain.
"	"	26	7.50	a.m.	26 - 42	46	..	..	Unsettled.
Pass ..	"	26	9.55	a.m.	25 - 20	..	..	..	
Neung-kui Ch'am	"	26	12.20	p.m.	26 - 90	..	..	..	
"	"	26	2.20	p.m.	26 - 86	..	..	..	
Ho-rin Ch'am	"	26	4.40	p.m.	27 - 02	..	21	65	Fair.
"	"	27	7.50	a.m.	27 - 03	47	..	..	Fair.
Kapsan	"	27	11.55	a.m.	27 - 34	..	12 1/3	45	Wind.
"	"	28	8	a.m.	27 - 35	36	..	..	Wind.
Tong-in	"	28	12.15	p.m.	27 - 22	52	..	..	
"	"	28	2	p.m.	27 - 22	..	..	..	
An-kan Ryöng	"	28	3.28	p.m.	26 - 09	..	..	..	
Un-ch'ong	"	28	5.45	p.m.	27 - 49	..	28	80	Clear.
"	"	29	8	a.m.	27 - 55	..	..	..	
Hyei-san (Yalu)	"	29	10.30	a.m.	27 - 74	..	..	..	
Po-ch'ön	"	29	6.10	p.m.	27 - 49	..	20	65	
"	Oct	1	8	a.m.	27 - 54	..	..	..	Fair.
Po-t'a-wu	"	1	12.20	p.m.	27 - 42	..	2 1/4	10	
"	"	2	8.40	a.m.	27 - 45	..	..	..	Rain.
Clearing in forest	"	2	11.45	a.m.	26 - 91	..	..	..	
Ridge in forest	"	2	3.30	p.m.	26 - 28	..	..	..	
Kip-heun Kai	"	2	4.30	p.m.	27 - 16	..	12	45	
"	"	3	7	a.m.	27 - 26	30	..	..	Clear.
Ridge above ditto	"	3	7.40	a.m.	26 - 85	..	..	..	

Cha-ka Mu-ri	‘’ 3	8.30 a.m.	27 - 06	..	..	..	
Elevated forest	‘’ 3	3.50 p.m.	25 - 94	..	..	..	
I-myön Su	‘’ 3	6.10 p.m.	26 - 22	..	26	60	
‘’	‘’ 4	8.5 a.m.	26 - 29	31	..	..	Snow.
Sai-pak Pong	‘’ 4	11.40 a.m.	25 - 65	..	..	..	
‘’	‘’ 4	1.10 p.m.	25 - 65	44	..	..	
So-paik San	‘’ 4	5.5 p.m.	25 - 71	..	20	40	
‘’	‘’ 5	7.50 a.m.	25 - 72	31	..	..	
Crest of a slpoe	‘’ 5	10 a.m.	25 - 03	..	..	..	
Ta-ch’a Kai	‘’ 5	10.54 a.m.	25 - 46	..	..	..	
Chi-tang-I (hut on Chinese side of Yalu)	‘’ 5	2.5 p.m.	25 - 21	..	17	40	Sleet und hail.
‘’	‘’ 6	8.50 p.m.	25 - 32	31	..	..	
Tai-mun Ryöng	‘’ 6	3 p.m.	24 - 20	43	..	..	Clear.
Camp in the open slope of Paik-tu San	‘’ 6	5.30 p.m.	24 - 32	..	14 637	30 1.910	

39.

RETURN Journey.-Paik-tu San to Söul.

Place.	Date.		Hour.		Barometric Reading (corrected)	Temperature Fahrenheit	Distance in miles (own reckoning)	Distance in *Li* (Corean reckoning)	Weather.
					Inches				
			.				637	1,910	
Tai-mun Ryŏng	Oct.	7	10	a.m.	24 - 19	40	..	..	Unsettled
Chi-tang-i	‘’	7	3.40	p.m.	25 - 22	..	14	30	
‘’	‘’	8	8.30	a.m.	25 - 33	30	..	..	
Ta-ch’a Kai	‘’	8	11.15	a.m.	25 - 45	..	..	..	
So-paik San	‘’	8	1.40	p.m.	25 - 60	..	17	40	Snow and
‘’	‘’	9	5.30	a.m.	25 - 76	..	..	..	sleet.
Sai-pak Pong	‘’	9	8.25	a.m.	25 - 61	..	..	..	Unsettled.
I-myŏn Su	‘’	9	12.40	p.m.	26 - 22	..	20	40	
Cha-ka Muri	‘’	10	6.30	a.m.	26 - 88	..	..	..	Clean.
Kip-heun Kai	‘’	10	9.10	a.m.	27 - 29	..	26	60	Fair.
Po-ch’on	‘’	11	8	a.m.	27 - 61	..	14	45	
Un-ch’ong	‘’	11	1	p.m.	27 - 66	..	15	40	Fair.
Koang-saing-ni	‘’	11	6.35	p.m.	27 - 73	..	6	20	
‘’	‘’	12	7.45	a.m.	27 - 86	..	..	..	
Sam-su	‘’	12	11.45	a.m.	27 - 35	..	10	30	Windy,
Hai-myŏng	‘’	12	5.45	p.m.	27 - 66	..	6	20	but clear.
Hŏ-rin Ch’am	‘’	13	10.30	a.m.	27 - 68	..	8	25	
Kapsan	‘’	13	4	p.m.	27 - 45	..	14	45	
Hŏ-rin Ch’am	‘’	14	..		..	..	12 1/2	45	Fair.
Neung-kui Ch’an	‘’	15	..		..	..	7	20	
Hu-ch’i Ryŏng	‘’	16	..		..	..	38 1/2	110	Fair.
Puk-ch’ŏng	‘’	17	..		..	..	37	105	Fair.
Ham-heung	‘’	20	..		..	..	67 1/2	190	Fair.
Chŏng-pyŏng	‘’	22	..		..	..	14	50	Fair.
Yong-heung	‘’	23	..		..	..	26	80	Fair.
Nong-ŏ Kol	‘’	24	..		..	..	18	60	Fair.
Wŏn-mŏk-i	‘’	24	..		..	..	11	35	Fair.
Tŏ-ro Kol	‘’	25	..		..	..	13	45	Fair.
Tol-ko-kai	‘’	25	..		..	..	12	40	Fair.
Orikai	‘’	26	..		..	..	12	40	Fair.
Tun-pyŏng-i	‘’	26	..		..	..	14	45	Fair.
Ka-ch’ang	‘’	27	..		..	..	12	35	
Ki-ch’ang	‘’	27	..		..	..	15	45	
O-tol Ta-ri	‘’	28	..		..	..	13	40	
Hu-liŏn Kŏ-ri	‘’	28	..		..	..	12	40	
Ku-sa-wŏn	‘’	29	..		..	..	13	45	
P’yŏng-yang	‘’	29	..		..	..	15	45	
Chung-hoa	‘’	31	..		..	..	..	50	
Hoang-chu	Nov.	1	..		..	..	..	40	
Pong-san	‘’	1	..		..	..	..	40	
Kong-su-wŏn	‘’	2	..		..	..	..	40	

P'yön-p'ung Pa-wei	‘’	2	..	..	..	..	40	
Tol-moro P'a-pal	‘’	3	..	..	..	..	50	
Keum-ch'ön	‘’	3	..	..	..	..	50	
Ch'öng-sok	‘’	4	..	..	..	..	50	
Song-to	‘’	4	..	..	..	..	25	
Chang-tan	‘’	5	..	..	..	..	40	
P'a-chu	‘’	5	..	..	..	..	40	
Ko-yang	‘’	6	..	..	..	..	40	
Söul	‘’	6	..	..	..	170	40	
Total						1,319	3,965	

The barometer readings and the temperatures are fairly trustworthy. The aneroid used (Casella 5408, compensated) was tested before the journey by M. Waeber, H.I.R.M. Chargé d' Affaires, who maintains a meteorological station in Söul, and found substantially correct. During the journey I checked the readings by means of boiling-point thermometers. Unfortunately, the instrument was damaged at Kapsan during a riot, and I could not, therefore, have it retested on my return to Söul.

(Signed) C. W. CAMPBELL.

Berlin, den 8. Juni 1891.

A. 4828.

An

1. den (tit) Herrn von Schweinitz
   St. Petersburg № 200
2. den (tit) Herrn von Brandt
   Peking № A. 14

Ew. tit. beehre ich mich beifolgend ein Exemplar des englischen Blaubuchs „China № 2 (1891)", enthaltend den Bericht einer Reise in Nord-Korea für die dortigen Archive erg. zu übersenden.

N. S. E
M

Wechsel in der Person des japanischen Vertreters.

PAAA_RZ201-018912_152 ff.			
Empfänger	Caprivi	Absender	Krien
A. 5689 pr. 26. Juni 1891.		Söul, den 4. Mai 1891.	
Memo	J. № 221.		

A. 5689 pr. 26. Juni 1891. p. m.

Söul, den 4. Mai 1891.

Kontrolle № 27.

An Seine Excellenz
den Reichskanzler, General der Infanterie, Herrn von Caprivi.

Eurer Excellenz habe ich die Ehre im Anschluß an den ganz gehorsamsten Bericht № 14 vom 13. Februar d. J.[75] ebenmäßig zu melden, daß der japanische Vertreter Herr Kawagita am 8. März gestorben ist. Derselbe war kurz vor seinem Tode zum Minister-Resident befördert worden.

Sein Nachfolger, Oberstlieutenant T. Kajiyama, welcher vordem etwa fünf Jahre lang, zuerst als Militär-Attaché und später als Legations-Sekretär, bei der japanischen Gesandtschaft in Peking tätig gewesen ist, traf am 17. v. Mts. hier ein und überreichte vorgestern dem König von Korea sein Beglaubigungsschreiben. Nach stattgehabter Antrittsaudienz hat er mittels Schreibens vom 2. d. Mts. den hiesigen Vertretern angezeigt, daß er die japanischen Gesandtschaftsgeschäfte als Minister-Resident übernommen habe.

Abschriften dieses ehrerbietigen Berichtes sende ich an die kaiserlichen Gesandtschaften zu Peking und Tokyo.

Krien.

Inhalt: Wechsel in der Person des japanischen Vertreters.

---

75 A. 3066 ehrerbietigst beigefügt

Betreffend die Lage in Korea nach mittheilungen des dort beglaubigten amerikanischen Minister-Residenten.

PAAA_RZ201-018912_155 ff.			
Empfänger	Caprivi	Absender	Brandt
A. 6872 pr. 4. August 1891.		Peking, den 17. Juni 1891.	
Memo	mtg. 7. 8 London 598. Petersburg 269. Washington A. 1		

A. 6872 pr. 4. August 1891. a. m.

Peking, den 17. Juni 1891.

A. № 120.

Seiner Excellenz
dem Reichskanzler, General der Infanterie, Herrn von Caprivi.

Der amerikanische Gesandte in Korea, Mr. Heard, ein langjähriger Freund von mir, hat vor kurzem mit seiner Familie einige Wochen bei mir zugebracht und habe ich dadurch Gelegenheit gehabt, mit ihm eingehender die koreanischen Verhältnisse zu besprechen.

Herr Heard bezeichnet die Koreaner, Beamte wie Volk, im allgemeinen als durchaus fremdenfreundlich, sieht aber einerseits in dem Verhalten der chinesischen Regierung gegen den tributären Staat, andererseits in der Anwesenheit der Missionare im Innern genügenden Grund zu Besorgnissen für die Zukunft.

Die Sympathien der Koreaner neigten nach der Seite Chinas, aber das Verhalten des letzteren, namentlich das rohe Auftreten des chinesischen Residenten Yuan, habe weite Klassen der Bevölkerung den chinesischen Interessen entfremdet; für den Augenblick werde diese Stimmung indessen kaum ins Praktische übertragen werden. Nach einer alten Prophezeiung solle in diesem Jahr der Sturz der Dynastie bevorstehen und diese Voraussetzung habe nicht nur den überhaupt sehr schwachen und unselbständigen König, sondern auch die früher recht energische Königin jeder Entschiedenheit und Willenskraft beraubt. Darauf sei auch zurückzuführen, daß bei dem Leichenbegängnis der Königinmutter der König dringend um eine Schutztruppe amerikanischer Matrosen gebeten habe; er, Heard, habe diesen Wunsch nur in soweit erfüllen können, daß er fünfzig Mann von der Besatzung eines gerade im Hafen von Chemulpo liegenden Kriegsschiffes der Vereinigten Staaten angeblich zum Schutz der Gesandtschaft habe nach Söul kommen lassen, womit der König schließlich auch zufrieden gewesen sei, nachdem er dreimal auf die Gesandtschaft geschickt und gebeten habe, die Wache doch in den Palast zu verlegen.

Von den schließlichen Plänen seiner Landsleute, des General Le Gendre und des früheren amerikanischen Generalkonsuls in Japan, Greathouse, welche als Berater im koreanischen Diensten stehen, behauptet Herr Heard nichts zu wissen; ich halte das nicht für unmöglich, da ich einerseits weiß, wie verschlossen Herr Le Gendre ist und ich andererseits annehmen möchte, daß die beiden Rathgeber sich selbst über das, was sie wollen, noch nicht klar sind. -In einer oder der anderen Weise die Unabhängigkeit Koreas zu betätigen und zu dem Zweck in erster Linie die finanzielle Lage des Landes zu heben, dürfte wohl im Wesentlichen als das vorläufige Ziel anzusehen sein.

Mit seinem russischen Kollegen hat Herr Heard stets auf dem besten Fuß gestanden; ich möchte annehmen, daß Herr Waeber, dessen Thätigkeit durch seine eigene Regierung sehr eingeschränkt worden ist, es nicht ungern gesehen haben wird, daß sein amerikanischer Kollege es übernommen gehabt hat, die koreanische Regierung gegen China zu steifen.

In Betreff des Verhaltens der Japaner in Korea bemerkte Herr Heard, daß dieselben wenig beliebt seien; sie verhielten sich im allgemeinen ruhig, es könne aber wohl keinem Zweifel unterliegen, daß sie die russische und chinesische Politik mit argwöhnischen und eifersüchtigen Augen überwachten und entschlossen sein dürften, bei einem sich zwischen diesen beiden Staaten über Korea entspinnenden Streit tätig einzugreifen.

Von einigen Unterredungen mit dem englischen Gesandten hier, Sir John Walsham, erzählte Mr. Heard, daß derselbe sich in der allerentschiedensten Weise für die Notwendigkeit der Aufrechterhaltung des Abhängigkeitsverhältnisses Koreas zu China ausgesprochen habe.

Über eine Zusammenkunft, welche Herr Heard am 13. Juni in Tientsin mit dem Generalgouverneur Li-hung-chang gehabt, schreibt er mir, daß derselbe ihn sehr freundlich empfangen, aber in einer langen Auseinandersetzung immer wieder darauf zurückgekommen sei, daß China niemals dulden könne, daß Korea unabhängig sei; er habe ihn dann aufgefordert bei dem König und dem Präsidenten des Auswärtigen Amts in Söul dahin zu wirken, daß dieselben jeden Gedanken an die Unabhängigkeit Koreas fahren ließen und sich China willig unterwürfen, was er mit der Bemerkung abgelehnt habe, daß er bei dem König von Korea beglaubigt sei und einen solchen Auftrag nicht übernehmen könne.

Amerikanischerseits stützt man sich, wie ich aus Herrn Heard's Äußerungen habe entnehmen können, in der Beurteilung des Verhältnisses Koreas zu China auf die Verträge sowie auf die bei Abschluß derselben von koreanischer Seite abgegebene, chinesischerseits gebilligte Erklärung, daß Korea administrativ und politisch unabhängig sei. Daß man sich in Washington mit weitergehenden, politischen Plänen trage, möchte ich für den Augenblick nicht annehmen, man gefällt sich dort aber ersichtlich in der Rolle eines Beschützers und Vermittlers, wie man ja solche auch China und Japan gegenüber vertragsmäßig zu erwerben gesucht hat, was freilich nicht ausschließt, daß bei einer weiteren Entwicklung der maritimen Streitkräfte der Vereinigten Staaten mit der Kraft auch die Lust kommen mag, in die Geschicke der nächsten westlichen Nachbarn entscheidend einzugreifen, was dann allerdings voraussichtlich zu Zerwürfnissen mit dem jetzigen Freund Rußland führen dürfte. Doch steht dies wohl noch in zu weiter Ferne, um in den Kreis politischer Erwägungen gezogen zu werden.

Der kaiserlichen Gesandtschaft in Tokyo habe ich Abschrift dieses ganz gehorsamsten Berichts zugehen lassen.[76]

Brandt.

Inhalt: Betreffend die Lage in Korea nach mittheilungen des dort beglaubigten amerikanischen Minister-Residenten.

76 [„Der … lassen.“: Durchgestrichen von Dritten.]

Berlin, den 7. August 1891.

A. 6872.

An
Die Missionen in

1. London № 598
2. St. Petersburg № 269
3. Washington A. № 17

Ew. p übersende ich anbei ergebenst Abschrift eines Berichts des K. Gesandten in Peking vom 17. Juni d. J., betreffend die Lage in Korea noch mittheilungen des dort beglaubigten amerikanischen Minister-Residenten,
zu Ihrer Information.

N. S. E.
H

Betreffend angebliche Intrigen in Korea zur Herbeiführung eines russischen Protektorats.

PAAA_RZ201-018912_163 ff.			
Empfänger	Caprivi	Absender	Brandt
A. 8169 pr. 14. September 1891. a. m.		Peking, den 30. Juli 1891.	

A. 8169 pr. 14. September 1891. a. m.

Peking, den 30. Juli 1891.

A. № 164.

Vertraulich.

Seiner Excellenz

dem Reichskanzler, General der Infanterie, Herrn von Caprivi.

Eurer Excellenz beehre ich mich ganz gehorsamst zu berichten, daß nach mittheilungen des hiesigen japanischen Gesandten, Herrn Otori, welche nach der Angabe desselben auf Privatnachrichten aus Söul und Artikeln japanischer Zeitungen beruhen, der koreanische Prinz Min-yon-ik, dessen Flucht aus Korea den Gegenstand meiner ganz gehorsamsten Berichte A. 230[1], A. 238[2], A. 248[3] vom 18. und 25. August und 9. September 1887 gebildet hatte, und welcher sich seit dieser Zeit in mehr oder weniger bedrängten finanziellen Verhältnissen in Hongkong aufgehalten hat, wieder den Versuch gemacht habe, ein koreanisches Gesuch um russisches Protektorat in den Weg zu leiten.

Nach Herrn Otori würde ein Telegramm des Prinzen des Inhalts, daß Korea sich endlich nach einer solchen Anlehnung umsehen müsse, daß China zu hochmütig, Japan zu intrigant und nur Rußland vertrauenswürdig sei, die Veranlassung zu einer lebhaften Debatte in einer am 29. Juni in Söul stattgehabten Versammlung hoher Staatbeamter gegeben haben, in der sich die Mehrzahl für ein an Rußland zu richtendes Gesuch um Schutz ausgesprochen, der Gedanke aber schließlich infolge des Widerspruchs der Königin, welche energische Entschlüsse Chinas gefürchtet habe, aufgegeben worden sei.

Was an diesen mittheilungen, die mir und auch meinen anderen Kollegen aus Korea nicht bestätigt worden sind, Wahres sein mag, muß ich dahingestellt sein lassen; es ist aber nicht unmöglich, daß Prinz Min die bevorstehende Heimkehr des russischen Geschäftsträgers in Söul, Waeber, mit Urlaub nach St. Petersburg zu benutzen gesucht habe, seinen langgehegten Wunsch, als koreanischer Gesandter nach Rußland zu gehen, ins Werk zu setzen, oder daß Herr Waeber der Versuchung nicht habe widerstehen können, in Begleitung eines koreanischen Abgesandten und mit einem Schutzgesuch in der Tasche als Beweis seiner ersprießlichen Thätigkeit in St. Petersburg zu erscheinen.

Ich muß übrigens hinzufügen, daß bereits vor ungefähr acht Tagen eine der englischen, in Shanghai erscheinenden Zeitungen die Nachricht brachte, Herr Bin (die japanische Aussprache von ´´Min´´) werde nach St. Petersburg gehen, um dort um Erteilung des russischen Protektorats für Korea zu bitten.

Der kaiserlichen Gesandtschaft in Tokyo und dem kaiserlichen Konsulat in Söul habe ich Abschrift dieses ganz gehorsamsten Berichts zugehen lassen.

Brandt.

Inhalt: Betreffend angebliche Intrigen in Korea zur Herbeiführung eines russischen Protektorats.

Russisch-chinesische Beziehungen.

PAAA_RZ201-018912_167 ff.			
Empfänger	Caprivi	Absender	Bülow
A. 8237 pr. 16. September 1891.		St. Petersburg, den 12. September 1891.	
Memo	mitg. 17. 9. nach London 718, Peking A. 29		

A. 8237 pr. 16. September 1891. a. m.

St. Petersburg, den 12. September 1891.

№ 301.

Seiner Excellenz
dem Reichskanzler, General der Infanterie, Herrn von Caprivi.

Die ´´Wiener Politische Correspondenz´´ brachte unter dem 29. v. Mts. die Nachricht, die russische Regierung habe einen geheimen Vertrag mit Korea abgeschlossen. Nach demselben übernehme Rußland die Verpflichtung, Korea im Kriegsfall seine Unterstützung angedeihen zu lassen, wogegen ihm die Errichtung einer Flottenstation auf genannter Insel gestattet werden würde.

Wie ich vertraulich höre, hat der chinesische Gesandte, Herr Chu, durch diese Nachricht beunruhigt, die Frage an den Vertreter des Ministers des Äußeren gerichtet, ob in der That dergleichen Abmachungen zwischen Rußland und Korea stattgefunden hätten. Herr Chichkim hat daraufhin versichert, die erwähnte mittheilung der ´´Wiener Politischen Correspondenz´´ sei aus der Luft gegriffen.

Wie ich des weiteren erfahre, werden die Verhandlungen über Erneuerung des chinesisch-russischen Handelsvertrages erst beginnen, nachdem der russische Gesandte in Peking eingetroffen ist.

Bülow.

Inhalt: Russisch-chinesische Beziehungen.

Berlin, den 17. Sept. 1891.

zu A. 8237.

An
die Botschaften in
1. London № 718. (Sicher!)
2. Peking A. 29.

Euerer pp übersende ich anbei ergebenst Abschrift eines Berichts des K. Geschäftsträgers in St. Petersburg vom 12. d. Mts, betreffend Russisch-Chinesische Beziehungen,
zu Ihrer Information.

N. d. H. k. St. S.

Konflikt zwischen Japanern und Koreanern auf der Insel Quelpart.

PAAA_RZ201-018912_172 ff.			
Empfänger	Caprivi	Absender	Holleben
A. 10219 pr. 21. November 1891. a. m.		Tokyo, den 14. Oktober 1891.	
Memo	cfr. A. 10411. cf. A. 319/92 J. № 171 A.		

A. 10219 pr. 21. November 1891. a. m. 1 Anl.

Tokyo, den 14. Oktober 1891.

C. № 74 A.

Seiner Excellenz
dem Reichskanzler, General der Infanterie, Herrn von Caprivi.

Auf der zu Korea gehörigen Insel Quelpart ist es kürzlich zu einem blutigen Zusammenstoß zwischen Japanern und Koreanern gekommen, welcher vielleicht ernstliche Folgen haben kann. Da es einstweilen unmöglich ist, hier authentische Nachrichten zu erhalten, von Söul aus aber mir amtliche Nachrichten noch nicht vorliegen, so beschränke ich mich für jetzt darauf, Eurer Excellenz in der Anlage eine, von dem Dolmetscher-Eleven Thiel angefertigte Zusammenstellung der durch die hiesigen Zeitungen über den Vorfall gebrachten Nachrichten gehorsamst zu überreichen.

Abschrift dieses gehorsamsten Berichts nebst Anlage ist der kaiserlichen Gesandtschaft in Peking und dem kaiserlichen Konsulat in Söul übermittelt worden.

Holleben.

Inhalt: Konflikt zwischen Japanern und Koreanern auf der Insel Quelpart.
1. Anlage

Anlage zum Bericht C. № 74 A. vom 14. Oktober 1891

Aufzeichnungen über den Quelpart-Zwischenfall.

Die erste sensationelle Nachricht über einen blutigen Zusammenstoß zwischen japanischen und koreanischen Fischern erschien am 12. September in der "Choya Shimbun". Danach sollten Bewohner der Insel Quelpart - Koreanisch Chechuto, Japanisch Seishuto - japanische Fischer beim Landen angegriffen, über 40 derselben getötet und eine große Anzahl verwundet haben. Die "Nichi Nichi Shimbun" vom 14. September gab darauf folgende, wesentlich abweichende Darstellung: Nach einem Schreiben der koreanischen Regierung an den japanischen Vertreter in Söul seien japanische Fischer auf Chechu gelandet und hätten dort einen Koreaner getötet, seien dann in die Häuser der Koreaner eingedrungen und hätten vieles zerstört und geraubt. Von der Tötung von Japanern sei keine Rede. Die koreanische Regierung verlange nun Genugtuung, und der japanische Vertreter in Söul habe dies unter dem 27. August d. J. an das Auswärtige Amt in Tokyo telegraphiert. Man habe darauf das Kriegsschiff "Chokai" mit einem koreanischen und einem japanischen Beamten an Bord zur Untersuchung des Sachverhalts an Ort und Stelle gesandt. Der Grund der Feindseligkeiten liege darin, daß die japanischen Fischer von Tsushima entgegen einem von der japanischen Regierung Korea gemachten Zugeständnis schon vor dem 1. November in den in der Nachbarschaft Chechus befindlichen Gewässern zu fischen begonnen hätten. Die Zeitungen gaben nunmehr die verschiedensten Darstellungen vom Sachverhalt, suchten im wesentlichen immer die Koreaner als Angreifer hinzustellen und führten mehr oder weniger einleuchtende Motive hierfür an: Die Koreaner von Chechu seinen halbbarbarische, reizbare, zu Gewalttaten neigende Leute, - besonders ihre Weiber, die gleich den Männern dem Fischereigewerbe oblägen, haßten die Japaner -, sie beneideten sie um ihre besseren Fischereigerätschaften und ihre größere Geschicklichkeit im Fischfang, auch hielten sie sich durch den japanisch-koreanischen Handelsvertrag übervorteilt, da die durch denselben den Japanern zum Fischfang freigegebenen koreanischen Gewässer bedeutend fischreicher seien, als die den Koreanern freigegebenen japanischen. Die Angaben über Tote und Verwundete auf beiden Seiten schwankten beträchtlich hin und her. Als Datum des Zusammenstoßes wurde der 22. August angegeben. Endlich am 7. Oktober wurde die Rückkehr des "Chokai" in Nagasaki gemeldet. Derselbe brachte den Bericht des mit der Untersuchung des Falles beauftragt gewesenen japanischen Konsuls zu Jinseng. Hiernach hätten seit Anfang Juli v. J. zwischen Japanern und Koreanern vielfach Reibereien und blutige Zusammenstöße stattgefunden. Am 7. Juli seien eine Anzahl japanischer Fischerboote durch einen heftigen

Wind zum Landen in Chechu gezwungen worden. Die Eingeborenen hätten sie sofort mit Speeren und Schwertern angegriffen und die Japaner hätten sich mit Schwertern und Schußwaffen ihrer Haut gewehrt. Es seien zwei Japaner und sieben Koreaner getötet und mehrere Personen verwundet worden. Die Ursache zu den Reibereien sucht auch der Konsulatsbericht in dem Neid der koreanischen Fischer. Da die Enquete nur durch Vernehmung der Chechu-Leute geführt wurde und nicht einmal zur Feststellung der beteiligten japanischen Fischer führte, kann dieselbe noch nicht als abgeschlossen betrachtet werden, und sowohl der Gouverneur von Nagasaki wie der Konsul in Jinseng sind beauftragt worden, weiteres Material zu sammeln.

Entsendung des Generals Le Gendre nach Japan.

PAAA_RZ201-018912_182 ff.			
Empfänger	Caprivi	Absender	Holleben
A. 10411 pr. 26. November 1891.		Tokyo, den 26. Oktober 1891.	
Memo	J. № 187 A.		

A. 10411 pr. 26. November 1891. p. m.

Tokyo, den 26. Oktober 1891.

C. № 79 A.

Seiner Excellenz,
dem Reichskanzler, General der Infanterie, Herrn von Caprivi.

Eurer Excellenz beehre ich mich gehorsamst zu melden, daß der bekannte amerikanische General Le Gendre, welcher jetzt als Beirat der koreanischen Regierung fungiert, von dieser nach Tokyo entsendet worden ist, augenscheinlich um die Quelpart-Angelegenheit, über welche ich kürzlich berichtet habe[77], zu begleichen. Seinen eigenen Angaben nach besteht seine Hauptaufgabe darin, mit der hiesigen Regierung wegen Revision verschiedener Punkte des japanisch-koreanischen Vertrages zu unterhandeln, doch meinte Vicomte Enomotto, er habe zu dergleichen jetzt keine Zeit. Nach russischen Nachrichten ist die Stellung des Herrn Le Gendre in Söul einigermaßen erschüttert, hauptsächlich weil es ihm nicht gelungen ist, die gewünschten Anleihen abzuschließen; aus diesem Grund habe derselbe seine Entsendung nach Japan, und zwar mit möglichst weitem Programm, betrieben.

Was die Quelpart-Angelegenheit anbelangt, so sagte mir Vicomte Enomotto, es liege ihm jetzt eine authentische Darstellung des Vorganges seitens der japanischen Vertretung in Söul vor, danach reduziere sich die Schuld der Japaner auf ein Minimum, Tötungen seien überhaupt nicht vorgekommen.

Abschrift dieses gehorsamsten Berichts lasse ich der kaiserlichen Gesandtschaft in Peking und dem kaiserlichen Konsulat in Söul zugehen.

Holleben.

Inhalt: Entsendung des Generals Le Gendre nach Japan.

77 A. 10219 ehrerb. beigefügt.

Zusammenstoß zwischen japanischen und koreanischen Fischern auf Quelpart.

PAAA_RZ201-018912_186 ff.			
Empfänger	Caprivi	Absender	Reinsdorf
A. 319 pr. 11. Januar 1892.		Söul, den 5. November 1891.	
Memo	J. № 471.		

A. 319 pr. 11. Januar 1892. a. m.

Söul, den 5. November 1891.

Kontrolle № 58.

An Seine Excellenz,
den Reichskanzler, General der Infanterie, Herrn von Caprivi.

Zu dem Eurer Excellenz durch den kaiserlichen Herrn Gesandten in Tokyo erstatteten Bericht vom 14. Oktober d. J.[78] über Zusammenstöße zwischen koreanischen und japanischen Fischern auf der Insel Quelpart im Juni und Juli d.J. habe Eurer Excellenz ich die Ehre ganz gehorsamst hinzuzufügen, daß, nachdem die Vorfälle durch den Gouverneur von Chöllado im Juni telegraphisch nach Söul gemeldet worden waren, die koreanische Regierung einen Sekretär des Ministeriums des Innern zu Untersuchung der Angelegenheit nach Quelpart entsandte; dieser Beamte wurde jedoch für seine Ermahnungen, mit den Japanern Frieden zu halten, von den Einwohnern durchgeprügelt und von der Insel fortgejagt. Die koreanische Regierung wandte sich an den hiesigen japanischen Vertreter mit dem Ersuchen, solange bis sie Ordnung und Ruhe wiederhergestellt, den japanischen Fischern die Ausübung der Fischerei in Quelpart zu verbieten; die Japaner verzichteten auf die Ausübung des Fischereirechts für 6 Monate, und es begab sich auf Herrn Kajiyama's Veranlassung der japanische Konsul von Chemulpo, Herr Hayashi, zusammen mit einem koreanischen Abgesandten, dem Vizepräsidenten des Auswärtigen Amts Pak-Yong-won, zur Untersuchung der Konflikte auf einem japanischen Kanonenboot nach Quelpart; diese Beamten sind nach 5-wöchentlicher Abwesenheit am 16. v. M. hierher zurückgekehrt und haben ihre respektiven Berichte dem koreanischen Auswärtigen Amt, beziehungsweise dem japanischen Ministerresidenten, eingereicht.

---

78 A. 10219 ehrerbietigst beigefügt.

Nach koreanischer Darstellung haben Zusammenstöße am 8. und 20. Juni und am 12., 18. und 21. Juli an 7 verschiedenen Orten der Küste stattgefunden und sind dabei auf koreanischer Seite 4 Mann, deren Namen usw. genannt werden, getötet und 23 mehr oder weniger schwer verwundet worden; die Japaner hätten nicht nur ohne die vorgeschriebene Erlaubnisscheine gefischt, sondern auch die von den koreanischen Fischern gelegten Netze ihres Inhalts beraubt und zerstört; die Koreaner waren in ihren Booten herbeigeeilt, die Japaner hätten aber auf sie geschossen, wären gelandet und hätten Reis, Kleider und Haustiere gestohlen und Weiber und Kinder mißhandelt. Nach Herrn Hayashi beschränken sich die Vorgänge auf Schlägereien, wie sie auf Quelpart schon zu wiederholten Malen vorgekommen sind, infolge der gegenseitigen Eifersucht zwischen den japanischen und koreanischen Fischern; Tötungen von Japanern seien überhaupt nicht vorgekommen, ernstliche Verletzungen nur in 2 Fällen.

Die beständigen Reibereien zwischen den Fischern der beiden Nationen in Quelpart, wo der größte Teil der Bevölkerung vom Fischereibetreib lebt und wo auch die Japaner wegen des ausgezeichneten Reichtums an Awabimuscheln mit Vorliebe die Perlmuschelbänke befischen, haben schon zu verschiedenen Malen dem Gouverneur von Chöllado und dem Präfekten von Quelpart Veranlassung zu Beschwerden in Söul gegeben, und haben beide nach den neulichen Vorgängen dringend verlangt, daß den Japanern das Recht der Fischerei um Quelpart gänzlich entzogen werde. Die koreanische Regierung behauptet den Bewohnern von Quelpart gegenüber ziemlich machtlos zu sein, und es ist bekannt, daß sie auf der Insel große Autorität nicht besitzt. Artikel 12 der japanisch-koreanischen Fischereikonvention von 12. November 1889 giebt ihr die Handhabe, das Recht des Fischereibetriebes für Japaner in Korea zu beschränken zu suchen. Nach dem genannten Artikel können Zusätze und Abänderungen der Konvention, welche die Erfahrung als wünschenswert erscheinen läßt, nach gegenseitiger Verständigung vorgenommen und die Gebühren für die Fischereierlaubnis nach Ablauf von 2 Jahren nach Unterzeichnung der Konvention durch Übereinkunft wieder abgeändert werden. Korea will nun einmal die Gebühren für Japaner bedeutend erhöhen und andererseits die japanische Regierung bestimmen, das Recht des Fischereibetriebes durch ihre Untertanen an der Küste von Quelpart ausdrücklich und gänzlich aufzugeben; sie stützt sich bei der letzteren Forderung auf ein Gutachten, welches der als Rechtsbeistand des Königs hier lebende, frühere amerikanische Generalkonsul zu Yokohama, Greathouse, dahin abgegeben hat, daß nach dem Wortlaut der japanisch-koreanischen Handelsbestimmungen vom Jahre 1883, § 41, das Recht der Fischerei für Japaner in Korea sich eben nur auf die Küste des Festlandes der Provinz Chöllado beziehe, nicht aber auch auf die Küste der in administrativer Beziehung zur Provinz Chöllado gehörigen Insel Quelpart.

Auf Veranlassung des Präsidenten des Auswärtigen Amts hat der König seinen politischen Rathgeber, den amerikanischen General Le Gendre, welcher lange Jahre in Japan tätig war und bei maßgebenden Personen in Tokyo beträchtlichen Einfluß besitzen soll, am 12. Oktober nach Japan geschickt, um bei der dortigen Regierung eine Revision der Fischereikonvention resp. der Handelsbestimmungen in dem gedachten Sinne durchzusetzen.

Abschrift dieses ganz gehorsamsten Berichts sende ich an die kaiserlichen Herren Gesandten zu Peking und Tokyo.

Reinsdorf.

Inhalt: Zusammenstoß zwischen japanischen und koreanischen Fischern auf Quelpart.

[ ]

PAAA_RZ201-018912_194 f.			
Empfänger	Caprivi	Absender	Brandt
A. 556 pr. 18. Januar 1892. a. m.		Peking, den 5. Dezember 1891.	

Abschrift.

A. 556 pr. 18. Januar 1892. a. m.

Peking, den 5. Dezember 1891.

A. № 293.

Seiner Excellenz,

den Reichskanzler, General der Infanterie, Herrn von Caprivi.

Wie Eurer Excellenz ich bereits zu berichten die Ehre gehabt, geben die vor einigen Wochen in der östlichen Mongolei ausgebrochenen Unruhen hier zu keinen Besorgnissen Veranlassung. Dagegen sollen einige der Banden, welche sich besonders an den Ausschreitungen gegen ihre christlichen Landsleute beteiligt haben, auf dem Wege nach der Mandschurei begriffen sein und ist es immerhin nicht unmöglich, daß die dadurch erregte Aufregung sich auch bis nach Korea fortpflanze.

Ich habe unter diesen Umständen das K. Konsulat in Söul und den ältesten Offizier der ostasiatischen Station, Herrn Korvettenkapitän Hellhoff, Kommandanten S. M. Kbt. "Wolf", davon verständigt, daß, soweit sich die Lage der Dinge in China bis jetzt übersehen lassen, der Ausführung einer Requisition des genannten K. Konsulats für die Anwesenheit eines von S.M. Kanonenbooten in Chemulpo diesseits Bedenken nicht entgegenstehen würden.

gez. Brandt.

Orig. i. a. China 1

Korea.

PAAA_RZ201-018912_197 ff.			
Empfänger	Caprivi	Absender	P. Mettering
A. 1002 pr. 2. Februar 1892. a. m.		London, den 31. Januar 1892.	

A. 1002 pr. 2. Februar 1892. a. m. 1 Anl.

London, den 31. Januar 1892.

№ 55.

Seiner Excellenz,
den Reichskanzler, General der Infanterie, Herrn Grafen von Caprivi.

Der heutige "Observer" bezeichnet die gerüchtweise bevorstehende Abdankung des Königs von Korea zu Gunsten seines noch im Kindesalter stehenden Sohnes als ein Ereignis von großer politischer Tragweite. Dieses kleine Reich, welches erst seit zehn Jahren dem fremden Handel geöffnet sei, sei während dieser ganzen Zeit der Schauplatz gefährlicher Intrigen gewesen. Auf der einen Seite mache China seine Suzeränitätsrechte auf Korea geltend, auf der anderen habe Korea als unabhängiger Staat mit Japan und europäischen Mächten Beziehungen angeknüpft. Während Japan den chinesischen Suzeränitäts-Ansprüchen den erbittertsten Widerstand entgegensetze, hätten wiederum diese beiden ostasiatischen Reiche ein gemeinsames Interesse daran, daß Korea nicht unter den Einfluß einer europäischen Nacht gelange. Schließlich stritten sich im Land selbst zwei große Familien, die Mins und die Kims, um den Thron, und es sei nicht vorauszusehen, ob unter der Regierung eines Kindes der Friede des Landes gesichert bleiben werde.

Eurer Excellenz beere ich mich den betreffenden Zeitungsausschnitt beifolgend gehorsamst zu überreichen.

Für den kaiserlichen Botschafter
P. Mettering.

Inhalt: № 55. London, den 31. Januar 1892. Korea.

[Anlage zu Bericht № 55]

THE OBSERVER, JANUARY 31, 1892.

The report that the King of Corea is about to abdicate in favour of his son, who is still a child, is, if correct, of much political importance. The little peninsular kingdom, though open to foreign trade and residence for about ten years only, has, during almost the whole of that time, been the scenes of intrigues, foreign and domestic, of the most dangerous character. On the one hand, there is the claim of China to suzerainty over Corea, which is maintained with characteristic Chinese tenacity; while, on the other, Corea has entered into relations with Japan and the Western Powers on the footing of an independent nation. Apart from her alleged rights as suzerain, China has that paramount interest in the future of the peninsula that a great Power must always have in an adjacent small one which is threatened by other great Powers. Whether Russia has now any territorial designs in Corea is not of so much importance as the fact that the Corean peninsula in the hands of a Western Power would be regarded by the Chinese and the Japanese as a menace to them. Great Britain has her interests in Corea, also, arising out of our vast Eastern trade. Meantime, although Chinese and Japanese interests are practically the same in the peninsula, the two countries are not on the friendliest terms in regard to Corea. Japan is the vehement antagonist of the Chinese claims to suzerainty. In addition, there are domestic disturbances and difficulties caused by the ambitions and rivalries of two great families, which lead to revolutions and popular outbreaks in the capital. At present the Min family is in power under the sovereign, and their antagonists are murdered or in exile; but occasional riots in Seoul show that their tenure of power is by no means secure. What with Chinese, Japanese, and Russians, Mins and Kims, not to speak of rival foreign advisers, it is perhaps no wonder that the King should seek in a Buddhist monastery the peace and tranquility which he cannot have on the throne. But it is impossible to foretell how an infant on the throne may affect the peace of the country, and with it the peace of the whole of Eastern Asia.

Betreffend die innere Lage Koreas und die Fortschritte der Japaner in demselben.

PAAA_RZ201-018912_201 ff.			
Empfänger	Caprivi	Absender	Brandt
A. 2073 pr. 7. März 1892.		Peking, den 4. Januar 1892.	

A. 2073 pr. 7. März 1892. a. m. 1 Anl.

Peking, den 4. Januar 1892.

A. № 1.

Seiner Excellenz,
den Reichskanzler, General der Infanterie, Herrn von Caprivi.

Eurer Excellenz habe ich die Ehre in der Anlage ganz gehorsamst Auszug aus einem mir von bestunterrichteter Seite aus Söul zugegangenen Privatschrieben zu überreichen, welches interessante Angaben über die innere Lage Koreas wie über die Fortschritte, welche die Japaner in letzter Zeit in dem Lande gemacht haben, enthält.

Daß viele, die innere Ruhe des Landes ernstlich bedrohende Elemente vorhanden sind, kann wohl keinem Zweifel unterliegen, ebenso wie, daß die Fortschritte der Japaner auf die Dauer die Eifersucht der Chinesen rege machen und dadurch zu einem verstärkten Druck der letzteren Veranlassung geben werden.

Eurer Excellenz habe ich daher auch geglaubt, die mir zugegangenen Nachrichten nicht vorenthalten zu sollen und bitte nur, dieselben hochgeneigtest als ganz vertrauliche betrachten und behandeln zu wollen.

Brandt.

Inhalt: Betreffend die innere Lage Koreas und die Fortschritte der Japaner in demselben.

Anlage zum Bericht A. № 1 vom 4. Januar 1892.

Abschrift

Söul, December 7. 1891.

It is hard to say what the state of things is here. The Coreans take the greatest interest in what is going on in China and think the present dynasty, if defeated, will seek refuge here and that Corea will become the battle-field. Apart from Chinese affairs they have a good deal to think on their own account. The Min family, who have all the good places in the kingdom, with the Say Do, Min-Yong-chun at their head, are exceedingly unpopular and with the Queen who is pushing them and spends lots of money on sorceresses etc. are said to be the object of attack. The Queen is of that family and Ming-Yong-chun is very rapacious selling offices, but that is a matter of course. He goes beyond that, however, for when he has got his money, he turns out the incumbent and sells the place again. And this is not liked. The king „laisse faire". The Tai wan kun is said to be at the head of the insurrectionary movement and Kim-ok-kim is collecting a band of ruffians in Japan to make a descent on Korea.

Then there is great discontent everywhere owing to the increase in the cost of living and all the lower classes of nobility are in great distress. They cannot work to augment their resources, and their incomes are barely sufficient to keep them from starving. Any change would be welcome.

So it has been currently reported and believed that before this year is out, there would be a determined effort to upset the existing order of things, and though all this may be only talk, it comes to me from such high and various sources that I cannot neglect it altogether.

One bad feature is the indiscipline of the soldiers. They are badly fed and paid- or not at all- and instead of trying to put down the robbery, they are themselves the worst robbers of all. They break into isolated houses, strip them, and assault men and women in the streets.

Just now and pour comble de malheur the Government have started the Mint and propose to coin dollars, 20 cents, 5 cents and 1 cent pieces. The entire management will be Japanese; the head manager was manager of a leading National Bank and gets I am told $500 a month. The entire working staff comes from the Osaka mint. It is variously stated that they (the Government) have $500000 to put into the scheme themselves and that they have borrowed $250000 from the Japanese.

These latter are rapidly taking possession of Corea commercially. The Chinese are nowhere with them; 95% of the export trade is in their hands, they have practically all the steamers and everywhere there are crowds of them, in all the ports and through the country. I should not be surprised if the opening of Ting yang were the result of the negotiations now going on between Japan und Corea. In this part of the country the old prejudice against them is disappearing and in Söul a Japanese school for teaching Korean has recently been opened, but in the North they are still hated.

Die auf den oesterreichisch-koreanischen Handelsvertrag bezügliche koreanische Rechtsverwahrung.

PAAA_RZ201-018912_208 ff.			
Empfänger	Caprivi	Absender	Waldthausen
A. 7117 pr. 18. August 1892. a. m.		Tokyo, den 6. Juli 1892.	
Memo	J. № 122 A.		

A. 7117 pr. 18. August 1892. a. m.

Tokyo, den 6. Juli 1892.

C. № 50 A.

Seiner Excellenz,
den Reichskanzler, General der Infanterie, Herrn Grafen von Caprivi.

Der hiesige oesterreichisch-ungarische Gesandte Freiherr von Biegeleben hat mir mit Bezug auf den von ihm kürzlich abgeschlossenen oesterreichisch-koreanischen Handelsvertrag nachträglich mitgeteilt, man habe koreanischerseits versucht, dem Vertrag eine die Unabhängigkeit Koreas betreffende Rechtsverwahrung der gleichen Art beizugeben, wie dieselbe auch bei früheren Vertragsschlüssen von koreanischer Seite dem Vertreter des anderen kontrahierenden Teiles übergeben worden sei. Die fragliche Verwahrung sei ein von Seiner Majestät dem König von Korea an Seine Majestät den Kaiser von Oesterreich gerichtetes Schreiben. Dasselbe entbehre jedoch gänzlich der für derartige Schreiben an einen Souverän erforderlichen Formen. Im Eingang desselben stehe als Adresse: "An den Kaiser von Oesterreich". Dann folge unmittelbar der mit keinen Formalien versehene, rein logisch gehaltene Text der Rechtsverwahrung, und darunter befände sich ohne jede Schlußformel die Unterschrift des koreanischen Königs.

Freiherr von Biegeleben hat, wie er mir sagte, die Entgegennahme und Weiterbeförderung eines derartig unformellen Schreibens an seinen Souverän verweigert. Der hiesige koreanische Geschäftsträger, Herr Kwon-Chai-Hiung, soll hierüber sehr bestürzt gewesen sein, hat aber schließlich, nachdem alle Versuche, den Freiherrn von Biegeleben zur Annahme des Dokumentes zu bewegen, fehlgeschlagen waren, dasselbe nach Korea zurückgeschickt. Der mit der Zurückbringung beauftrage Beamte ertrank unterwegs, das Schriftstück selbst gelangte jedoch glücklich nach Söul. Die koreanische Regierung schickte es demnächst dem Geschäftsträger mit dem Auftrag zurück, den erneuten Versuch zu machen, es an den oesterreichischen Gesandten abzuliefern. Letzterer blieb indes trotz der dringenden Bitten des Herrn Kwon-Chai-Hiung auf seinem Standpunkt stehen und ließ sich schließlich nur dazu herbei, sich damit einverstanden zu erklären, daß es Dokument zwar von dem Geschäftsträger zu oesterreichischen Gesandtschaft gesandt und dort abgegeben, daß es aber weder an seine Adresse weiterbefördert, noch der Empfang desselben bestätigt werden sollte. Auch machte dabei Herr von Biegeleben den Geschäftsführer ausdrücklich darauf aufmerksam, daß eine in dieser Form ohne Empfangsbestätigung abgegebene und an ihre Adresse nicht weiterbeförderte Rechtsverwahrung jeder rechtlichen Wirksamkeit entbehren werde. Herr Kwon-Chai-Hiung hat demnächst, wie der österreichische Gesandte mir des weiteren mittheilte, das Schriftstück in einen schönen Kasten verpackt auf der oesterreichischen Gesandtschaft abgeben lassen, eine Empfangsbestätigung aber nicht erhalten, und wird nun das Dokument auf der gedachten Gesandtschaft dauernd liegen bleiben.

Abschrift dieses gehorsamsten Berichts habe ich der kaiserlichen Gesandtschaft in Peking und dem kaiserlichen Konsulat in Söul übersandt.

Waldthausen.

Inhalt: Die auf den oesterreichisch-koreanischen Handelsvertrag bezügliche koreanische Rechtsverwahrung.

Die neuen koreanisch-japanischen Streitigkeiten auf Quelpart und die Verhandlungen des Generals Le Gendre.

PAAA_RZ201-018912_214 ff.			
Empfänger	Caprivi	Absender	Waldthausen
A. 7119 pr. 18. August 1892.		Tokyo, den 11. Juli 1892.	
Memo	J. № 123 A.		

A. 7119 pr. 18. August 1892. a. m.

Tokyo, den 11. Juli 1892.

C. № 52 A.

Seiner Excellenz,
den Reichskanzler, General der Infanterie, Herrn Grafen von Caprivi.

Eurer Excellenz beehre ich mich gehorsamst zu melden, daß[79] Nach hierher gelangten Nachrichten haben Ende Mai d. J. auf der koreanischen Insel Quelpart erneute Streitigkeiten zwischen der dortigen koreanischen Bevölkerung und japanischen Fischern stattgefunden. Das Ergebnis derselben ist gewesen, daß ein Koreaner getötet und mehrere verwundet wurden, die japanischen Fischer aber von der Insel vertrieben und die Schuppen, welche dieselben dort errichtet hatten, zerstört worden sind. Die japanische Regierung hat, sobald sie von dem Vorgefallenen Kenntnis erhielt, ein Kriegsschiff zum Schutze der japanischen Interessen nach Quelpart entsandt.

Nach Artikel 41 der koreanisch-japanischen Handelsbestimmungen vom 25. Juli 1883 sind die Japaner nur berechtigt, in gewissen koreanischen Küstengewässern die Fischerei auszuüben. die Frage der Zugehörigkeit der Gewässer von Quelpart zu den gedachten Küstengewässern ist bekanntlich bei den Verhandlungen, welche hier zur Zeit zwischen dem General Le Gendre und der japanischen Regierung in Betreff der Revision der erwähnten Handelsbestimmungen stattfinden, koreanischerseits bestritten worden. Aber auch wenn diese Frage bejaht werden muß, so ist es doch den Japanern auf Quelpart ebensowenig wie auf den anderen in Betracht kommenden Küstengebieten erlaubt, sich niederzulassen oder irgendwelche Baulichkeiten zu errichten. Bei den obenerwähnten Streitigkeiten dürften daher die Japaner jedenfalls insoweit im Unrecht sein, als sie zur

79 [„Eurer … daß“: Durchgestrichen von Dritten.]

Erbauung und Benutzung ihrer von den Koreanern zerstörten Schuppen, deren sie sich teils zum Wohnen, teils zum Unterbringen und Trocknen der Fische bedient zu haben scheinen, keine Befugnis hatten. Was den Verlauf der Verhandlungen betrifft, die zwischen dem General Le Gendre und der japanischen Regierung geführt werden, so sind dieselben nach dem im April d. J. erfolgten Eintreffen des von letzterer behufs Erteilung von Informationen hinsichtlich Quelpart nach Tokyo berufenen Direktors einer japanischen Fischereigesellschaft in Fusan wieder aufgenommen worden Der genannte General hat mir vertraulich mittheilt, daß die japanische Regierung inzwischen bestimmte Vorschlage behufs Revision der Handelsbestimmungen gemacht und er dieselben nach Rückfrage in Söul beantwortet habe. Die Frage, um welche es sich gegenwärtig bei den Verhandlungen im wesentlichen handle, sei folgende: Für die Japaner sei es von großer Wichtigkeit, nicht bloß zur Ausübung der Fischerei in koreanischen Küstengewässern, sondern auch zum Trocknen der Fische in den betreffenden koreanischen Küstendistrikten berechtigt zu sein. Er habe daher, um die japanische Regierung den koreanischen Wünschen günstiger zu stimmen, derselben erklärt, daß Korea bereit sein würde, Japan das Recht des Trocknens der Fische an einem bestimmten, geeigneten, koreanischen Ort einzuräumen. Japanischerseits sei dann aber gleich dieses Recht für sieben verschiedene Plätze gefordert worden.

General Le Gendre ist bei seinen langwierigen Verhandlungen mit der japanischen Regierung besonders im Anfang auf große Schwierigkeiten gestoßen. Er glaubt aber jetzt dem Ziel wesentlich näher gekommen zu sein und hofft, daß er aufgrund der Anregung der Frage des Zugeständnisses des Rechts zum Trocknen der Fische in der Lage sein werde, die Verhandlungen schließlich doch zu einem befriedigenden Abschluß zu führen.[80]

Abschrift dieses gehorsamsten Berichts habe ich der kaiserlichen Gesandtschaft in Peking und dem kaiserlichen Konsulat in Söul übersandt.

Waldthausen.

Inhalt: Die neuen koreanisch-japanischen Streitigkeiten auf Quelpart und die Verhandlungen des Generals Le Gendre.

---

80 [„Der genannte Gegeral … Abschluß zu führen.“: Durchgestrichen von Dritten und darüber “*und ist Aussicht vorhanden, dieselben schließlich zu einem befriedigenden Abschluß zu führen.*” geschrieben.]

Gerüchte über ein Attentat auf den Vater des Königs von Korea.

PAAA_RZ201-018912_221 ff.			
Empfänger	Caprivi	Absender	Krien
A. 7124 pr. 18. August 1892.		Söul, den 30. Juni 1892.	
Memo	cfr. A. 8196 J. № 251		

A. 7124 pr. 18. August 1892. p. m.

Söul, den 30. Juni 1892.

Kontrolle № 36.

An Seine Excellenz,
den Reichskanzler, General der Infanterie, Herrn Grafen von Caprivi.

Eurer Excellenz beehre ich mich ganz gehorsamst zu berichten, daß in der letzten Zeit hierselbst Gerüchte im Umlauf sind, wonach in der Nacht vom 18. auf den 19. d. Mts. ein Attentat auf den Vater des Königs, den früheren Regenten (Tai-ön-kun) stattgefunden hat.

Im Schlafzimmer desselben soll eine Pulver-Explosion erfolgt sein, durch welche der Fußboden aufgerissen worden sei; der Tai-ön-kun habe indessen zufällig in einem anderen Raum geschlafen. Unter dem Fußboden habe man 3 Kisten Pulver aufgefunden, von denen jedoch nur der Inhalt der einen Kiste explodiert sei. Als Anstifterin des Attentats wird im Volk die Königin bezeichnet, deren Haß gegen den Vater des Königs hier allgemein bekannt ist.

Der Präsident des Auswärtigen Amts erklärte mir indessen heute, daß diese Gerüchte vollkommen grundlos wären.

Eine Abschrift dieses ehrerbietigen Berichts sende ich an die kaiserliche Gesandtschaft zu Peking.

Krien.

Inhalt: Gerüchte über ein Attentat auf den Vater des Königs von Korea.

Die Gerüchte über das Attentat auf den Vater des Königs von Korea betreffend.

PAAA_RZ201-018912_225 ff.			
Empfänger	Caprivi	Absender	Krien
A. 8196 pr. 29. September 1892.		Söul, den 29. Juli 1892.	
Memo	J. № 280.		

A. 8196 pr. 29. September 1892. a. m.

Söul, den 29. Juli 1892.

Kontrolle № 39.

An Seine Excellenz,
den Reichskanzler, General der Infanterie, Herrn Grafen von Caprivi.

Eurer Excellenz beehre ich mich im Verfolg meines ganz gehorsamsten Berichts № 36 vom 30. v. Mts.[81] ebenmäßig zu melden, daß nach hiesigen glaubhaften Nachrichten der Kaiser von Japan anläßlich der Gerüchte über das Attentat auf den Tai-ön-kun an den König von Korea, und ebenso der japanische Minister des Äußeren an den Vater des Königs, Ende vorigen Monats Glückwunschtelegramme gerichtet haben, welche am hiesigen Hof einen äußerst peinlichen Eindruck hervorgebracht haben.

Für die Grundlosigkeit der Gerüchte hat der Präsident des koreanischen Auswärtigen Amts dem russischen Geschäftsträger gegenüber einen indirekten Beweis geführt. Herr Min hat nämlich Herrn Dmitrevsky erklärt: Wenn das Attentat wirklich stattgefunden hätte, so würde der Tai-ön-kun, um seine Gegner (d. h. die Königin und deren Anhänger, insbesondere die Familie Min) bloßzustellen, sämtliche höhere Beamten zu sich beschieden, ihnen den aufgerissenen Fußboden gezeigt und sich über die Anschläge seiner Feinde auf das Bitterste beschwert haben. Seinem ganzen Charakter nach würde er überhaupt dafür gesorgt haben, daß das mißlungene Attentat im Volke möglichst bekannt würde. — Thatsächlich wäre derselbe jedoch vollständig ruhig geblieben. —

Auch der hiesige chinesische Vertreter Yuan hält die Gerüchte für durchaus grundlos. Abschriften dieses ehrerbietigen Berichts sende ich an die kaiserlichen Gesandtschaften zu Peking und Tokyo.

Krien.

Inhalt: Die Gerüchte über das Attentat auf den Vater des Königs von Korea betreffend.

---

81 A. 7124 ehrerb. beigefügt.

Betreffend eine auf die inneren Zustände Koreas bezügliche Denkschrift eines koreanischen Staatsministers.

PAAA_RZ201-018912_229 ff.			
Empfänger	Caprivi	Absender	Brandt
A. 8629 pr. 17. Oktober 1892.		Tschifu. den 1. September 1892.	
Memo	cop. mitg. 19. 10. London 73, Petersburg 369, Washington A. 48, Tokyo A. 5.		

A. 8629 pr. 17. Oktober 1892. a. m. 1 Anl.

Tschifu. den 1. September 1892.

№ A. 195.

Seiner Excellenz,
den Reichskanzler, General der Infanterie,
Herrn Grafen von Caprivi.

Eurer Excellenz habe ich die Ehre in der Anlage die auszugsweise Übersetzung eines auf die Zustände in Korea bezüglichen Schriftstücks zu überreichen, welches mir hier zugänglich geworden ist.

Es ist eine von dem dritten der drei Staatsminister, Cho, an den König von Korea gerichtete Eingabe, welche sich in scharfen Ausdrücken über die in der Verwaltung dadurch im Lande herrschende Unordnung ausspricht. Was der Verfasser, der sich persönlich als Lebemann und Spieler keines besonderen Rufes erfreuen soll, mit diesem Schriftstück beabsichtigt hat, ist nicht recht klar; vielleicht hat es nur den Zweck, einen sonst notwendig gewordenen Rücktritt mit dem Schein patriotischer Entrüstung zu decken, oder auch ihm bei einer politischen Umwälzung eine Rolle als Führer zu sichern. Man wird aber wohl nicht Unrecht tun, wenn man annimmt, daß das Schriftstück in erster Linie gegen den übermächtigen Einfluß der Königin gerichtet ist, in deren Hand die ganze Regierungsgewalt vereinigt zu sein scheint.

Der genaue Inhalt des Schriftstücks ist nicht bekannt; es befinden sich verschiedene, unter sich nicht genau übereinstimmende Abschriften im Umlauf, von denen eine einen auf den als verderblich bezeichneten Stellenverkauf bezüglichen Paragraphen, eine andere einen solchen gegen die in letzter Zeit in den buddhistischen Tempeln häufig vorgenommenen großen Opfer enthalten soll. Die letztere Bemerkung wird als ein direkt gegen die Königin, deren Vorliebe für den buddhistischen Kultus bekannt ist, gerichteter Angriff angesehen.

Cho hat infolge dieser Eingabe seine bereits früher wiederholt erbetene Entlassung erhalten; auch der an Jahren sehr alte Premier-Minister Shim ist zurückgetreten; ihre Nachfolger waren Mitte August noch nicht ernannt, da niemand Lust zu haben scheint, unter der im Palast allmächtigen Königin die Verantwortlichkeit der Regierung nach außen zu übernehmen.

Zu große Bedeutung möchte ich dem Schriftstück nicht beilegen, aber es ist immerhin ein Symptom mehr dafür, daß in Korea recht vieles faul ist und daß man sich darauf gefaßt machen muß, äußere Verwicklungen aus den unbefriedigenden Zuständen hervorgehen zu sehen.

Brandt.

Inhalt: betreffend eine auf die inneren Zustände Koreas bezügliche Denkschrift eines koreanischen Staatsministers.

Anlage zum Bericht vom 1. September 1892.

Söul, den 28. Juli 1892.

Der Minister der rechten Seite Cho (d. h. der dritte im Rang, der mittlere ist der erste, der linke, dessen Stelle übrigens seit einiger Zeit nicht besetzt gewesen, der zweite.) hat sich dem König gegenüber wie folgt ausgesprochen.

Alle öffentlichen Angelegenheiten befinden sich in einer so jämmerlichen Verfassung, daß unser Land kaum den Namen eines solchen verdient.

Die Rathgeber und Beamten des Königs, sowohl zur Rechten wie zur Linken, gehorchen nur und erteilen keinen Rat; alles bei Hofe schweigt und niemand wagt, die Wahrheit zu sprechen. S. M. kann die Tatsachen nicht erfahren, selbst wenn Er Sich bemüht zu hören, was in der Politik vorgeht und wie die wahre Lage der Dinge ist.

Zu strafen liegt in der Hand des Königs und die Strafe muß dem Verbrechen entsprechen; sie darf nicht nach Gunst leicht oder schwer ausfallen. Und doch sehen wir Verbrecher, die den Tod verdienen, frei umhergehen. Wie kann das Gesetz so zum Spott gemacht werden!

Augenblicklich leben die Beamten von Erpressungen; dem sollte abgeholfen werden. Das Volk der acht Provinzen kann nicht in Ruhe leben, weil die Beamten derselben nicht ihre Pflicht tun und der Zensor sie nicht überwacht, wie er dies tun sollte. Augenblicklich tun die Beamten in den drei südlichen Provinzen ihre Schuldigkeit, wie der Zensor jüngst berichtet, aber es ist zu bemerken, daß die Beamten, welche in denselben entlassen werden, alle armen Distrikten angehören und daß die Stimme des Volks bei der Beurteilung der öffentlichen Angelegenheiten nicht gehört wird; wir wissen, daß die Beamten, die entlassen werden sollten, nicht entlassen werden. Warum wird das Land so gestraft?

Wo es eine Regierung gibt, sollte auch eine den Verhältnissen entsprechende Stufenleiter von Besoldungen für die Beamten bestehen. Sie sollten reichlich für ihre Dienste bezahlt werden. Warum haben nun in der letzten Zeit die monatlichen Gehaltszahlungen aufgehört? Der Beamte, dem diese Pflicht obliegt, macht nicht einmal einen Versuch sie zu erfüllen. Das ist nicht allein ungerecht denjenigen gegenüber, die von ihrem Gehalt zu leben haben, sondern es schadet dem Ruf des Landes. Was würde man sagen, wenn ein Herr, der seine Diener zur Arbeit anhält, sich dann weigerte, ihnen zu zahlen, was er schuldig ist? Werden dieselben nicht ihrer Unzufriedenheit Ausdruck geben?

Das größte aller Übel aber und worunter das Volk am meisten leidet, ist das Geld; ein Cash wird für fünf gerechnet und fünf Cash für einen (d.h. es herrscht allgemeine Verwirrung); die Preise schwanken täglich und alles wird teurer. Das Volk in der Hauptstadt und auf dem Lande ist voller Besorgnis und die Aufregung kann nicht niedergehalten werden.

Eine solche Regierung ist schmachvoll in den Augen der benachbarten Länder. Das Heilmittel ist in der Abänderung der bestehenden Mißbräuche und in einer vollständigen Sinnesänderung des Königs zu suchen. Zeit ist nicht zu verlieren oder es wird bald zu spät sein; möge der König das sorgfältig überlegen.

Was die Regierung anbetrifft, so pflegten kleine Angelegenheiten in den betreffenden Ämtern erledigt zu werden; jetzt muß alles direkt zum König gebracht werden, was große Verwirrung, besonders in der inneren Verwaltung hervorruft.

Seine Majestät besitzen die erhabenste Tugend und wir können nicht hoffen, seinesgleichen zu sehen; warum sind das Land und das Volk so in sich zerfallen? Die Lage des Königs, der nirgends Unterstützung findet, ist schlimmer als sie je in der Vergangenheit gewesen, wenn die Sachen so weitergehen wie bisher, was soll aus dem Land werden!

Berlin, den 19. Oktober 1892.

zu A. 8629.

An
die Missionen in
1. London № 135.
2. St. Petersburg № 369.
3. Washington A. 43.
4. Tokio A. 5.

Euerer pp. übersende ich anbei ergebenst Abschrift eines Berichts und K. Gesandten von d. d. Tschifu. des 1. v. Mts., betreffend die inneren Zustände Korea's,
zu Ihrer Information.

N. d. H. St. S.

S. M. S. "Alexandrine" in Chemulpo. Audienz des Kommandanten bei dem König.

PAAA_RZ201-018912_239 ff.			
Empfänger	Caprivi	Absender	Krien
A. 9205 pr. 5. November 1892.		Söul, den 12. September 1892.	
Memo	Orig. s. p. r. 8.11. R. Mar. Amt J. № 344.		

A. 9205 pr. 5. November 1892. a. m.

Söul, den 12. September 1892.

Kontrolle № 43.

An Seine Excellenz,
den Reichskanzler, General der Infanterie, Herrn Grafen von Caprivi.

Eurer Excellenz beehre ich mich ganz gehorsamst zu berichten, daß S. M. S. "Alexandrine", Kommandant Kapitän zur See von Frantzius, am 2.d.Mts. von Tschifu kommend in Chemulpo eintraf.

Ich reiste an demselben Tag dorthin, um dem Herrn Kommandanten meinen amtlichen Besuch abzustatten und kehrte mit ihm sowie seinem Adjutanten, Unter-Leutnant zur See, Grafen von Posadowsky-Wehner und dem Unter-Zahlmeister Hemsky nach Söul zurück, wo die Herren einige Tage als meine Gäste verweilten.

Am 8. d. Mts. hatte ich die Ehre, den Herrn Kapitän und seine beiden Begleiter dem König vorzustellen. Der König war bei der Audienz ganz besonders liebenswürdig. Er äußerte wiederholt seine Freude, Offiziere der Kaiserlichen Marine, von der er so viel Rühmliches gehört hätte, persönlich kennen gelernt zu haben und drückte mehrmals die Hoffnung aus, auch den Geschwaderchef, Herrn Admiral v. Pawelsz, demnächst in seiner Hauptstadt begrüßen zu können.

Herr Kapitän von Frantzius kehrte mit seiner Begleitung am folgenden Tag nach Chemulpo zurück und verließ mit S.M.S. "Alexandrine" gestern die dortige Reede, um zunächst in koreanischen Gewässern Schießübungen vorzunehmen und sich dann nach Tschifu zurückzubegeben.

Die Anwesenheit des Herrn Kommandanten in Söul hat, wie Eurer Excellenz ich, ohne mich der Übertreibung schuldig zu machen, versichern darf, viel dazu beigetragen, das

Ansehen des Reiches bei den Koreanern zu erhöhen und meine Stellung bei der koreanischen Regierung zu befestigen.

Eine Abschrift dieses ehrerbietigen Berichts sende ich an die kaiserliche Gesandtschaft zu Peking.

Krien.

Inhalt: S. M. S. "Alexandrine" in Chemulpo. Audienz des Kommandanten bei dem König.

Berlin, den 8. November 1892.

zu A. 9205

[dem Staats-Sekretär des Reichsmarine-Amts, Herrn Vize-Admiral Hollmann]

Der anliegende Bericht des K. Konsuls in Söul (Korea) vom 12.September d.J., S.M.S. "Alexandrine" in Chemulpo, Audienz des Kommandanten bei dem König betreffend, wird Seiner Excellenz dem Staats-Sekretär des Reichsmarine-Amts, Herrn Vize-Admiral Hollmann, zur gefälligen Kenntnisnahme unter Rückerbittung ergebenst übersandt.

N. S. E.
M

[ ]

PAAA_RZ201-018912_244			
Empfänger	Freiherrn Marschall	Absender	Büchsel
A. 9773 pr. 24. November 1892. p. m.		Berlin, den 23. November 1892.	

A. 9773 pr. 24. November 1892. p. m. 1 Anl.

Berlin, den 23. November 1892.

An den kaiserlichen Staatssekretär des Auswärtigen Amts, Kammerherrn,
Herrn Freiherrn Marschall von Bieberstein
Excellenz.

Eurer Excellenz beehre ich mich beifolgend den mit sehr gefälligem Schreiben vom 8. d. Mts. - A9205/5874[82] - zugesandten Bericht des kaiserlichen Konsuls in Söul vom 12. September d. Js., betreffend Audienz des Kommandanten S.M.S. "Alexandrine" bei dem König von Korea, nach Kenntnisnahme mit verbindlichstem Dank ganz ergebenst zurückzusenden.

In Vertretung:
Büchsel

82 gehorsamst beigefügt

Betreffend angebliche rußische Eisenbahnprojekte in Korea.

PAAA_RZ201-018912_245 ff.			
Empfänger	Caprivi	Absender	Brandt
A. 10419 pr. 15. Dezember 1892.		Peking, den 1. November 1892.	
Memo	cf. A. 667/93		

A. 10419 pr. 15. Dezember 1892. a. m.

Peking, den 1. November 1892.

A. № 242.

Seiner Excellenz,
den Reichskanzler, General der Infanterie,
Herrn Grafen von Caprivi.

Nach einer auf einem Bericht des englischen General-Konsuls Hillier in Söul beruhenden mittheilung des englischen Geschäftsträgers Mr. Beanclerk würde russischerseits der Plan des Baues einer Eisenbahn von Wladivostok nach Fusan, durch ganz Korea von Norden nach Süden, eifrig betrieben werden und ein bekannter, sehr reicher russischer Kaufmann in Tientsin, namens Startzeff, sich um die Erlangung der Konzession zu dem Bau bemühen.

Mir sind über dieses Projekt keinerlei Nachrichten, weder durch den kaiserlichen Konsul Krien, dessen Aufmerksamkeit ich auf das Gerücht gelenkt habe, noch von anderer Seite, zugegangen; ich möchte auch, selbst wenn es sich um ernste russische Bemühungen nach dieser Richtung handeln sollte, bei dem unzweifelhaft sehr starken Widerstand von chinesischer und japanischer Seite an einen Erfolg derselben nicht glauben.

Brandt.

Inhalt: Betreffend angebliche rußische Eisenbahnprojekte in Korea.

연구 참여자

[연구책임자] 김재혁 : 출판위원장·독일어권문화연구소장·고려대학교 독어독문학과 교수

[공동연구원] 김용현 : 출판위원·고려대학교 독어독문학과 교수
Kneider, H.-A. : 출판위원·한국외국어대학교 독일어학과&통번역대학원 교수
이도길 : 출판위원·고려대학교 민족문화연구원 HK 교수
배항섭 : 출판위원·성균관대학교 동아시아학술원 교수
유진영 : 출판위원·고려대학교 독일어권문화연구소 연구교수

[전임연구원] 한승훈 : 고려대학교 독일어권문화연구소 연구교수
이정린 : 고려대학교 독일어권문화연구소 연구교수

[번역] 박성철 : 고려대학교 독어독문학과 교수(R18909)
권영경 : 고려대학교 독일어권문화연구소 연구원(R18910)
한상민 : 한국외국어대학교 독일어과 전임연구원(R18911)
강명순 : 고려대학교 독일어권문화연구소 연구원(R18912)
김인순 : 고려대학교 독일어권문화연구소 연구원(R18912)

[보조연구원] 박진홍 : 고려대학교 대학원 한국사학과 박사수료
박진우 : 고려대학교 대학원 독어독문학과 석사과정
서진세 : 고려대학교 대학원 독어독문학과 석사과정
Mueller, M. : 고려대학교 대학원 독어독문학과 석사과정
이세한 : 고려대학교 독어독문학과 학사과정
곽민준 : 고려대학교 독어독문학과 학사과정
박지수 : 고려대학교 독어독문학과 학사과정
손우헌 : 고려대학교 한국사학과 학사과정
이원준 : 고려대학교 한국사학과 학사과정

[탈초 · 교정] Seifener, Ch. : 고려대학교 독어독문학과 부교수
Wagenschütz, S. : 동덕여자대학교 독일어과 외국인 교수
Kelpin, M. : 고려대학교 독어독문학과 외국인 교수

1874~1910

독일외교문서 한국편 4

2019년 6월 17일 초판 1쇄 펴냄

옮긴이 고려대학교 독일어권문화연구소
발행인 김흥국
발행처 보고사

책임편집 황효은
표지디자인 손정자

등록 1990년 12월 13일 제6-0429호
주소 경기도 파주시 회동길 337-15 보고사 2층
전화 031-955-9797(대표), 02-922-5120~1(편집), 02-922-2246(영업)
팩스 02-922-6990
메일 kanapub3@naver.com / bogosabooks@naver.com
http://www.bogosabooks.co.kr

ISBN 979-11-5516-908-7 94340
979-11-5516-904-9 (세트)

정가 50,000원